International Container Multimodal Transport
国际集装箱多式联运

主 编 孟祥茹
副主编 宋 伟 姜 华

人民交通出版社股份有限公司
China Communications Press Co.,Ltd.

内 容 提 要

本书系统地讲述了国际集装箱多式联运的基本理论和运输组织。全书共十一章,包括绪论,国际集装箱多式联运设施设备,国际海运集装箱运输组织,国际海运集装箱业务,铁路集装箱货物运输,公路集装箱货物运输,航空集装箱货物运输,内河集装箱货物运输,国际集装箱多式联运费用计收,国际货物运输公约,国际多式联运责任、保险及货损处理。

本书可作为交通运输、物流工程、物流管理、国际航运相关专业的教材或教学参考书,也可供从事交通运输与物流管理工作的技术人员和管理人员自学参考。

*本书配备多媒体教学课件和丰富的视频教学资源,每章后有综合练习题。如需课件、视频教学资源、课后习题参考答案以及样书等,请与本书责任编辑联系。

图书在版编目(CIP)数据

国际集装箱多式联运/孟祥茹主编. —北京:人民交通出版社股份有限公司,2017.8
ISBN 978-7-114-13905-5

Ⅰ.①国… Ⅱ.①孟… Ⅲ.①国际运输—集装箱运输—联合运输—教材 Ⅳ.①U169.6

中国版本图书馆 CIP 数据核字(2017)第 201204 号

书　　名:	国际集装箱多式联运
著 作 者:	孟祥茹
责任编辑:	司昌静
出版发行:	人民交通出版社股份有限公司
地　　址:	(100011)北京市朝阳区安定门外外馆斜街3号
网　　址:	http://www.ccpcl.com.cn
销售电话:	(010)59757973
总 经 销:	人民交通出版社股份有限公司发行部
经　　销:	各地新华书店
印　　刷:	北京虎彩文化传播有限公司
开　　本:	787×1092　1/16
印　　张:	22.75
字　　数:	564 千
版　　次:	2017 年 8 月　第 1 版
印　　次:	2024 年 2 月　第 3 次印刷
书　　号:	ISBN 978-7-114-13905-5
定　　价:	49.00 元

(有印刷、装订质量问题的图书,由本公司负责调换)

前言

国际集装箱多式联运是一种利用集装箱进行联运的运输组织方式,它通过采用海、陆、空等两种以上的运输手段,完成国际连贯货物运输,打破了过去海、铁、公、空等单一运输方式互不连贯的传统做法。当前,提供优质的国际多式联运服务已成为集装箱运输经营者增强竞争力的重要手段。

国际集装箱多式联运是一门不断发展的综合性交叉学科,涉及交通运输学、运输组织学、管理学和经济学等多个学科。本书以理论联系实际为原则,在现有研究的基础上,参考近期的研究成果对国际集装箱多式联运组织进行了深入、系统的研究。本书系统讲述了国际集装箱多式联运的有关理论知识,除了讲述集装箱运输、国际多式联运的基本概念及业务组织技术以外,还突出了大交通的理念,使学生明确组织多式联运的目的是充分发挥各种运输方式的优势,以最少的资源投入取得最大的经济效益,充分满足国民经济和社会发展对交通运输的需求,这是运输合理化的一种重要组织手段。

本书具有以下特点:

(1)逻辑性强。章节设计按照国际集装箱多式联运的基本知识、多式联运设施设备、海运集装箱运输组织与业务、铁路集装箱运输组织与业务、公路集装箱运输组织与业务、航空集装箱运输组织与业务、内河集装箱运输组织与业务的思路进行,符合学生循序渐进的学习习惯。

(2)实践性和应用性较强。每章提供综合练习题,以便学生巩固、运用所学的理论知识。

(3)内容丰富,结构新颖。每章开始提供了本章的教学目标,给出了教学要求,对于各知识点及需要学生掌握的程度进行了说明。

(4)内容完整系统、重点突出,所用资料力求更新、更准确地解读关键问题点。该书在注重运输组织理论知识的同时,强调运输组织知识的应用性。

本书由孟祥茹负责结构设计、草拟提纲、组织编写和最后的定稿工作。具体编写分工如下:第一章、第三章、第六章、第七章、第九章由孟祥茹(山东交通学院)编写,第十章、第十一章由宋伟(交通运输部交通干部管理学院)编写,第四章、第八章由姜华(山东交通学院)编写,第二章、第五章由孙建萌编写,全书绘图及习题由孙建萌负责。在编写过程中,本书参考了有关书籍和资料,在此向其作者表示衷心的感谢!本书的出版得到人民交通出版社股份有限公司的大力支持,在此一并表示衷心的感谢!

由于作者水平所限,书中难免存在疏漏之处,敬请读者批评指正。

作　者
2017 年 6 月

目录

CONTENTS

第一章 绪论 ··· 1
  第一节 国际集装箱多式联运的发展 ··· 2
  第二节 国际集装箱多式联运的含义及特点 ·· 5
  第三节 国际多式联运的运输组织形式 ··· 11
  第四节 国际集装箱多式联运系统构成 ··· 19
  综合练习题 ··· 22

第二章 国际集装箱多式联运设施设备 ··· 24
  第一节 集装箱 ·· 25
  第二节 集装箱运输船舶 ·· 40
  第三节 集装箱码头 ·· 47
  第四节 集装箱货运站 ··· 57
  第五节 集装箱堆场 ·· 61
  综合练习题 ··· 69

第三章 国际海运集装箱运输组织 ··· 71
  第一节 国际海洋运输概述 ·· 72
  第二节 集装箱船舶运行组织 ··· 76
  第三节 集装箱船舶配积载 ·· 88
  综合练习题 ··· 99

第四章 国际海运集装箱业务 ·· 101
  第一节 航线集装箱配备量的确定 ··· 102
  第二节 航线集装箱租箱量的确定 ··· 107
  第三节 集装箱的空箱调运 ·· 112
  第四节 集装箱货物进出口业务 ·· 120
  综合练习题 ··· 126

第五章 铁路集装箱货物运输 ·· 128
  第一节 铁路集装箱货物运输概述 ··· 129
  第二节 铁路集装箱运输组织 ··· 133
  第三节 集装箱铁水联运组织 ··· 139
  第四节 集装箱铁水联运港站组织 ··· 153
  综合练习题 ··· 158

第六章 公路集装箱货物运输 ·· 160
  第一节 公路集装箱运输概述 ··· 161

第二节　公路集装箱运输的发展模式 ·· 169
　　第三节　集装箱公铁联运组织 ·· 179
　　第四节　集装箱公铁联运单证 ·· 185
　　综合练习题 ··· 193

第七章　航空集装箱货物运输 ·· 195
　　第一节　航空货物运输基础知识 ·· 196
　　第二节　航空集装箱运输组织 ·· 206
　　第三节　航空集装箱运输设备 ·· 215
　　第四节　航空货运单证 ··· 226
　　综合练习题 ··· 237

第八章　内河集装箱货物运输 ·· 240
　　第一节　内河集装箱货物运输概述 ··· 241
　　第二节　内河集装箱运输组织 ·· 245
　　第三节　集装箱江海联运组织 ·· 248
　　第四节　集装箱顶推船队甩挂水水联运组织 ··································· 258
　　综合练习题 ··· 270

第九章　国际集装箱多式联运费用计收 ·· 272
　　第一节　国际集装箱多式联运运费 ··· 273
　　第二节　国际集装箱海运运价与运费 ·· 276
　　第三节　铁路运价与运费 ·· 283
　　第四节　公路运价与运费 ·· 290
　　第五节　航空运价与运费 ·· 294
　　综合练习题 ··· 303

第十章　国际货物运输公约 ··· 305
　　第一节　国际海上货物运输公约 ·· 306
　　第二节　国际铁路货物运输公约 ·· 313
　　第三节　国际航空货物运输法律 ·· 319
　　第四节　国际公路货物运输公约 ·· 325
　　第五节　多式联运法律法规 ··· 328
　　综合练习题 ··· 331

第十一章　国际多式联运责任、保险及货损处理 ································ 333
　　第一节　国际集装箱多式联运责任 ··· 334
　　第二节　国际集装箱多式联运保险 ··· 341
　　第三节　国际多式联运货损事故处理 ·· 346
　　综合练习题 ··· 354

附录　教学参考资源 ·· 356

参考文献 ··· 357

第一章 绪 论

通过本章学习,学生应了解国际集装箱多式联运的产生和发展;了解国际集装箱多式联运的概念和优点;掌握多式联运的基本形式;掌握国际多式联运的运输组织形式;了解国际集装箱多式联运的系统构成。

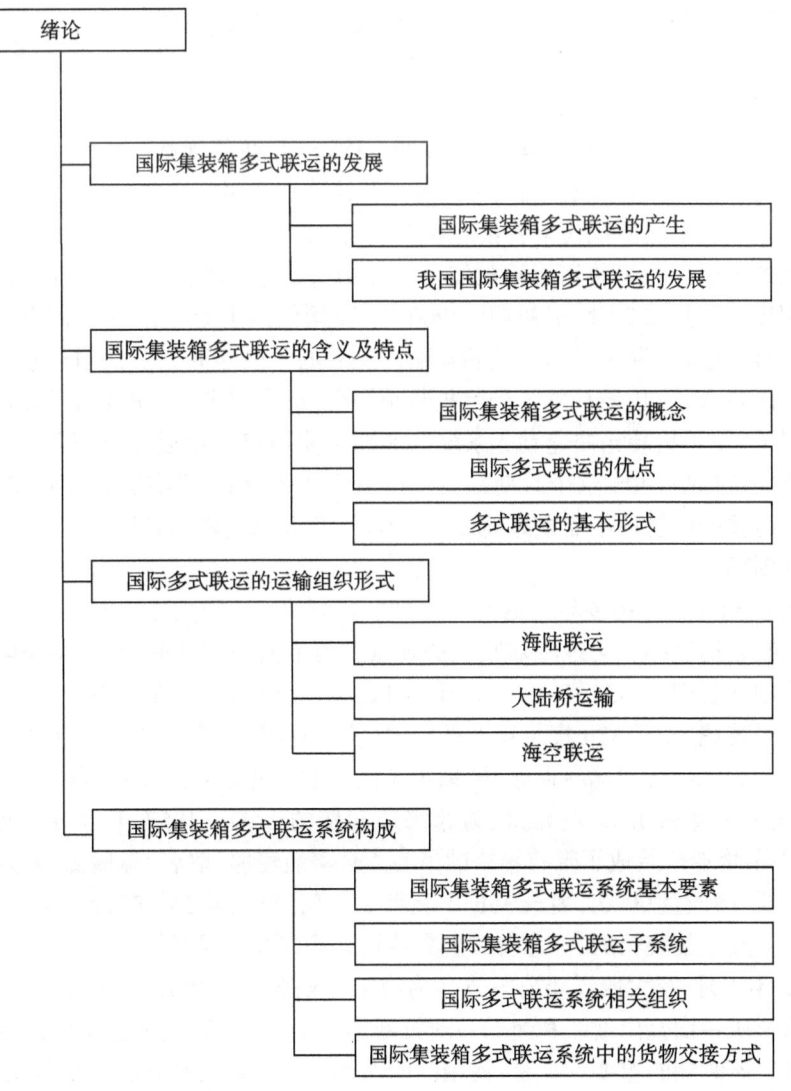

国际集装箱运输是一种先进的现代化运输组织方式,与传统的件杂货散货运输方式相比,它具有运输效率高、经济效益好和服务质量优的特点。正因如此,集装箱运输在世界范围内得到了飞速发展,已成为世界各国国际贸易的最优运输方式。尤其是经过几十年的发展,随着集装箱运输软硬件成套技术臻于成熟,20世纪80年代集装箱运输已进入国际多式联运时代。

第一节 国际集装箱多式联运的发展

一、国际集装箱多式联运的产生

集装箱运输起源于英国。早在1801年,英国的詹姆斯·安德森(James Anderson)博士就提出将货物装入集装箱进行运输的构想。纵观集装箱运输的发展历史,它经历了从无到有、从小到大的过程,并逐渐发展成为现代化的运输组织方式。集装箱运输的发展经历了萌芽期、开创期、成长期、扩展期、成熟期五个阶段。

情景导入

可通过观看国内外企业宣传片引导学生认知国际集装箱多式联运。

集装箱运输概览

1. 萌芽期

1830—1956年为集装箱运输的萌芽期。1830年,在英国铁路上首先出现了一种装煤的容器,也出现了在铁路上使用大容器来装运件杂货。1845年,在英国铁路上出现了酷似现代集装箱的载货车厢。1853年,美国铁路也采用了容器装运法,这是世界上最早出现的集装箱运输的雏形。1880年,美国试制了第一艘内河用的集装箱船。正式使用集装箱是在20世纪初期。1900年,英国铁路上首先出现了较为简单的集装箱运输。1917年,美国铁路上试行集装箱运输。随后的十余年间,德、法、日、意相继出现了集装箱运输。1933年,在巴黎成立了国际集装箱协会,负责制定统一的集装箱标准。1952年后,美国建立了"军用集装箱快速勤务系统",实现了使用集装箱运输弹药和其他军用物品。该时期的重要特征是:由于这个时期社会生产力还比较落后,没有充足而稳定的适箱货源,致使集装箱运输的优越性不能很好地发挥,影响了集装箱运输的开展。

2. 开创期

1956—1966年为集装箱运输的开创期。1955年,美国人麦克林(Malcom Mclean)首先提出了集装箱运输必须实现海陆联运的观点。为了便于海陆联运,他主张陆运和海运由一个公司控制和管理。1956年4月26日,美国泛大西洋船公司在一艘T-2型油船甲板上设置了一个可装载58只35ft集装箱的平台,取名"马科斯顿号",航行于纽约至休斯敦航线上。经过3个月的试运行,"马科斯顿号"取得了巨大的经济效果,平均每吨货物的装卸费从原来的5.83美元下降到0.15美元,仅为原来装卸费的1/37。1957年10月,该公司又将一艘C-2型件杂货船改装成了带有箱格的吊装式全集装箱船,取名"盖脱威城号"。该船设有集装箱装卸桥,载质量9000t,装载35ft集装箱226只,箱总重25t,航行于纽约到休斯敦,这是世界上第一艘全集装箱船,标志着海上集装箱运输方式正式开始。

1960年4月,泛大西洋船公司改名为海陆运输公司。1961年5月,该公司陆续开辟了纽约—洛杉矶—旧金山航线和纽约—阿拉斯加航线,从而奠定了在美国国内进行集装箱运输的基础。该时期的重要特征是:使用的船舶都是经济货船改装成的集装箱船,没有专用的集装箱泊位,使用的都是非标准的17ft、27ft和35ft的集装箱,集装箱运输航线局限于美国国内。

3. 成长期

1966—1971年为集装箱运输的成长期。1966年4月,海陆运输公司(原美国泛大西洋船公司)以经过改装的全集装箱船开辟了纽约至欧洲集装箱运输航线。1967年9月,马托松船公司将"夏威夷殖民者"全集装箱船投入到日本至北美太平洋沿岸航线。一年后,日本有6家船公司在日本至加利福尼亚之间开展集装箱运输。紧接着日本和欧洲各国的船公司先后在日本、欧洲、美国和澳大利亚等国家和地区开展了集装箱运输。随着海上集装箱运输的发展,世界各国普遍建设集装箱专用码头。该时期的重要特征是:①集装箱运输从美国本土逐步走向国际化;②从事集装箱运输的船舶是中小型集装箱船(第一代集装箱船),载箱量为700~1000TEU(标准箱);③出现了集装箱专用泊位;④集装箱规格趋于国际标准化,统一采用国际标准化组织(ISO)规定的20ft和40ft的标准集装箱。

4. 扩展期

1971年至20世纪80年代末为集装箱运输的扩展期。1971年年底,世界13条主要航线基本上实现了件杂货集装箱化。集装箱船舶运输能力迅速增加,1970年约为23万TEU,1983年达到208万TEU。这个时代把"门到门"的运输目标导向国际多式联运的系统化方向,开始构筑系统运输和联运系统,20世纪70年代到80年代,是计算机软件发展时代,这也为集装箱运输成熟期的到来做好了准备。该时期的重要特征是:①集装箱船舶运输能力迅速增加,出现了载箱量为2000TEU的第二代集装箱船;②世界各国普遍建设集装箱专用泊位,1983年集装箱专用泊位达到983个,港口设施不断现代化,许多集装箱专用泊位开始配备跨运车、第二代集装箱装卸桥及堆场轮胎式龙门起重机;③电子计算机得到更广泛采用,现代化管理水平有很大提高;④1980年5月在日内瓦通过了《联合国国际货物多式联运公约》,并在美国出现了集装箱多式联运方式。

5. 成熟期

20世纪80年代末至今为集装箱运输的成熟期。目前,集装箱运输已遍及全球,发达国家件杂货运输的集装箱化程度已达80%以上。船舶运力、港口吞吐能力和内陆集疏运能力三个环节之间衔接和配套日趋完善,与集装箱运输有关的硬件和软件日臻完善,各有关环节紧密衔接、配套建设;集装箱运输多式联运获得迅速发展,发达国家之间的集装箱运输已基本实现了多式联运,发展中国家多式联运的增长势头也十分可观。20世纪90年代,集装箱运输市场竞争日趋激烈,各船公司为了求生存、求发展,纷纷组建联营体和"环球联盟"。其重要特征是:①与集装箱运输有关的硬件与软件日臻完善,各有关环节紧密衔接;②集装箱运输系统的现代化水平不断提高,集装箱船舶大型化和全自动化,集装箱专用泊位高效率化,集装箱运输的集疏运系统等配套建设;③管理方法科学化,管理手段现代化,广泛采用EDI(电子数据交换)系统,实现集装箱动态跟踪管理等;④集装箱多式联运获得迅速发展,发达国家之间的集装箱运输基本实现了多式联运,发展中国家多式联运增长迅速。

二、我国国际集装箱多式联运的发展

1973年9月,天津港第一次接卸进口国际集装箱,揭开了我国国际集装箱运输的序幕。1978年9月,中国远洋运输总公司开辟了第一条上海—澳大利亚的集装箱运输航线。1980年,天津港建成中国(不含港澳台)第一个集装箱码头。我国国际集装箱运输经历了从20世纪70年代开始起步、80年代打基础、90年代进入快速发展的阶段。

1. 我国国际集装箱多式联运发展现状

我国国际集装箱运输在20世纪70年代迈出了可喜的第一步。1980年,全国港口国际集装箱吞吐量达到6.4万TEU。国家和各地政府及有关部门相继建立了专职机构,制定了一些优惠政策和法规,积极扶持集装箱运输的发展,并加强对这项工作的领导和管理。交通运输部门和外经贸部门积极筹措资金,建立集装箱船队,建设集装箱专用码头泊位、口岸后方集疏运系统及集装箱运输信息管理系统。1989—1991年,我国组织了以上海港为枢纽港的集装箱运输系统(多式联运)的工业性试验,使我国的国际集装箱运输管理系统和现代化信息管理系统进一步规范化,逐渐向国际惯例靠拢。

近十几年来,我国港口集装箱运输发展迅速,港口集装箱吞吐量已连续多年排在世界第一。在整体上,我国港口的集装箱吞吐量增长速度已经陆续领先全球的其他国家和地区的港口了。无论是在2014年世界十大港口集装箱吞吐量排名表上还是在2015年世界十大集装箱港口吞吐量排名表,在世界十大港口中有7个来自中国。2015年,我国沿海和内河港口中(不含港澳台),集装箱吞吐量排名前十位的港口依次是上海港、深圳港、宁波—舟山港、青岛港、广州港、天津港、大连港、厦门港、营口港、苏州港,连云港港列全国港口第十一位、沿海港口第十位。

2. 我国集装箱船队的发展

我国集装箱船队运力大幅提升。按照20ft的标准箱计算,2015年年初我国船东在全球集装箱船队中所占的份额仅为7%,但是却拥有25%的全球集装箱船订单。这正是国内不同类型的船东多管齐下而取得的成果。

(1)国有船东占主导地位

我国集装箱船队主要是由国有班轮运输企业所主导的。国有船东的集装箱船队规模占我国集装箱船队规模的86%。中远集团和中海集团作为国内主要的国有班轮运输企业,运力遥遥领先于其他国有船东,中远集团和中海集团不断调整船队结构,10000TEU以上的船舶在其集装箱船队中所占比例已经达到了19%。这一趋势充分反映了两大航运巨头正在尝试利用超大型集装箱船的规模经济效应来降低其航线运营成本,尤其是通过订造一批载箱量更大的集装箱船投入远东—欧洲航线。而这一举措也使得其订单的平均载箱量提升至14000TEU,是目前船队平均运力的2倍之多。

(2)民营船东稳健发展

在国内集装箱船市场中,民营船东的地位与除中远、中海之外的其他国有船东类似,主要经营亚洲内部航线以及中国内河和沿海航线。民营船东的集装箱船运力占我国集装箱船运力总量的11%。在船舶大型化方面,相比中远和中海的大幅增长,民营船东的集装箱船订单的平均载箱量(2100TEU)与目前相比仅有小幅上升。其中,海丰国际作为国内最大的民营船东,在2013年订造了4艘1800TEU的集装箱船舶,进一步地巩固了其在亚洲区域航线上的优势地位。

(3)融资租赁公司或市场新贵

我国集装箱船队发展的又一亮点是国内融资租赁公司的加入。尽管融资租赁公司在目前国内集装箱船队中所占份额仅为3%,共计4艘集装箱船于2014年交付,但它们的新船订单却以51万TEU的规模占到了我国集装箱船订单的61%,并且平均载箱量达到11000TEU。班轮运输市场对于新造船的融资需求推动了国内这些融资租赁公司纷纷以非经营性船东的身份加入造船市场。这些新集装箱船一经交付,将以经营租赁的方式长期租给国外的班轮运输公司进行营运,例如地中海航运。

由此看来,中远集团和中海集团凭借着庞大的船队规模以及与其他班轮公司在主要航线上所组成的航运联盟,仍将在我国集装箱船队中占据主导地位。但是随着超大型集装箱船的陆续交付,国内融资租赁公司凭借其快速扩张的船队规模,将与中远和中海一起推动我国集装箱船队的发展。

第二节　国际集装箱多式联运的含义及特点

一、国际集装箱多式联运的概念

情景导入

可通过港口码头集装箱货运、集装箱码头多式联运仿真、多式联运与公路运输对比等深入理解国际集装箱多式联运。

港口码头集装箱货运

集装箱码头多式联运仿真

多式联运与公路运输对比

国际多式联运是在集装箱运输基础上发展起来的,是以实现货物整体运输的最优化效益为目的的一种国际货物运输组织形式。由于集装箱运输的飞速发展,使多式联运成为国际货物运输业的主要方式之一。它打破了过去海、陆、空等单一运输方式互不连贯的传统做法,而是将海、铁、公、空等单一运输方式有机结合起来,构成一种跨国(地区)的连贯运输方式,被称为运输业的一次革命。由于集装箱在不同运输方式之间的转运十分方便,所以集装箱运输在多式联运中得到极为普遍的应用。也正因如此,虽然集装箱运输并不一定要由多式联运组成,多式联运也并不一定要利用集装箱来装运,但实务中人们常常将两者混同使用。如果赋予两者相同的含义,那么它们的区别在于:前者是技术上的名词,而后者则是法律上的术语。

1. 相关概念

(1)国际多式联运

"多式联运"一词最早见于1929年的《华沙公约》。1980年5月,在日内瓦召开了由84个国家和地区参加的国际多式联运会议,通过了《联合国国际货物多式联运公约》,将国际多式联运定义为:按照多式联运合同,以至少两种不同的运输方式,由多式联运经营人将货物从一国境内接管货物的地点运至另一国境内指定交付货物地点。

(2)国际多式联运经营人

国际多式联运经营人指其本人或通过其代表订立多式联运合同的任何人,是事主而不是发货人的代理人或代表,也不是参加多式联运的承运人的代理人或代表,并负有履行合同的责任。

（3）多式联运合同

多式联运合同指多式联运经营人凭以收取运费、负责完成或组织完成国际多式联运的合同。

（4）多式联运单据

多式联运单据指证明多式联运合同及证明多式联运经营人接管货物并负责按照合同交付货物的单据,一般称为多式联运提单。

（5）发货人

发货人指其本人或以其名义或代表按照多式联运合同将货物实际交给多式联运经营人的任何人。

（6）收货人

收货人有权提取货物的人。

（7）货物

货物包括由发货人提供的任何集装箱、货盘或类似的装运工具或包装。

（8）契约承运人与实际承运人

契约承运人：指签订运输合同的承运人。在多式联运中,是指与发货人签订多式联运合同的承运人,即多式联运经营人。

实际承运人：指实际完成运输的承运人。在多式联运中,是指实际完成运输全程中某一区段或几个区段货物运输的分运人。这些实际承运人与多式联运经营人订立区段运输合同并据以完成区段运输,但他们与联运合同中的发货人没有合同关系。

2. 国际多式联运的特征

国际多式联运通常是以集装箱为运输单元,将不同的运输方式有机地组合在一起,构成连续的、综合性的一体化货物运输。通过一次托运、一次计费、一份单证、一次保险,由各运输区段的承运人共同完成货物的全程运输,即将货物的全程运输作为一个完整的单一运输过程来安排。它是一种以方便托运人和货主为目的的先进的货物运输组织形式。结合国际上的实际做法,可以看出,构成国际多式联运必须具备以下特征或基本条件。

（1）必须订立一个多式联运合同

该运输合同明确规定多式联运经营人与托运人之间的权利、义务、责任、豁免的合同关系和多式联运的性质,也是区别多式联运与一般货物运输方式的主要依据。合同是多式联运经营人与发货人订立的、符合多式联运条件的运输合同。该合同是以多式联运经营人签发多式联运单证(即多式联运提单)证明的、有偿、承揽和非要式的合同。

（2）必须使用一份全程多式联运单据

该单证应满足不同运输方式的需要,并按单一运费率计收全程运费,并证明多式联运合同及证明多式联运经营人已接管货物并负责按照合同条款交付货物所签发的单据。

（3）必须是至少两种不同运输方式的连续运输

至少使用两种或两种以上的运输方式,而且必须是不同方式之间的连续运输。这是一票货运是否属于多式联运的最重要的特征。

（4）必须是国际货物运输

这不仅是区别于国内货物运输,更重要的是涉及国际运输法规的适用问题。多式联运的货物主要是集装箱或集装化的货物。可见,即使采用两种以上不同运输工具完成的国内货物运输也不属于国际多式联运的范畴。

（5）必须由一个多式联运经营人对货物运输的全程负责

该多式联运经营人不仅是订立多式联运合同的当事人，也是多式联运单证的签发人。当然，在多式联运经营人履行多式联运合同所规定的运输责任的同时，可将全部或部分运输委托他人（分承运人）完成，并订立分运合同。但分运合同的承运人与托运人之间不存在任何合同关系。无论涉及几种运输方式，分为多少个运输区段，其全程运输都是由多式联运经营人完成或组织完成，多式联运经营人要对运输全程负责。

二、国际多式联运的优点

国际多式联运是国际运输发展的方向。开展国际集装箱多式联运具有许多优越性，主要表现在以下几个方面。

1. 统一化、简单化

所谓统一化、简单化，主要表现为在国际多式联运方式下不论货物运程有多远，不论由几种运输方式共同完成对货物的运输，并且不论运输途中对货物进行多少次转换，所有一切运输事项均由多式联运经营人负责办理。而货主只需要办理一次托运、订立一份运输合同、支付一次费用、办理一次保险，从而省去托运人办理托运手续的许多不便。同时，由于多式联运采用一份货运单证，统一计费，因此也可简化制单和结算手续，节省人力和物力。此外，一旦运输过程中发生货损货差，由多式联运经营人对全程运输负责，从而也可简化理赔手续，减少理赔费用。如果运输过程中发生货物灭失或损害，由多式联运经营人对全程运输负责，而每一运输区段的承运人对自己运输区段的货物损害承担责任。这种做法不会影响多式联运经营人对每一运输区段实际承运人的任何追偿权利。

2. 缩短货物运输时间，提高运输质量

以集装箱为运输单元，实现"门到门"运输，尽管经过多次换装、过关，但保持运输单元里货物不动，只保持外表良好、铅封完整即可，减少了中间环节，货损、货差、被盗可能性大大降低，在很大程度上提高了货物的运输质量。全程由专业人员组织，衔接紧凑、配合较好、中转及时、停留时间短，从而使运输速度提高。在国际多式联运方式下，各个运输环节和各种运输工具之间配合密切，衔接紧凑，货物所到之处中转迅速及时，大大减少货物的在途停留时间，从根本上保证了货物安全、迅速、准确、及时地运抵目的地，相应地降低了货物的库存量和库存成本。

3. 降低运输成本，节约运杂费

联运经营人与区段承运人和各代理人长期合作，对方一般给予优惠运价或较低佣金。通过对运输路线的合理选择和运输方式的合理使用，可降低全程的运输成本。货主在货物交由第一承运人以后即可取得货运单证，并据以结汇，从而提前了结汇时间，这不仅有利于加速货物占用资金的周转，而且可以减少利息的支出。采用集装箱，节省包装和保险费用。一张单证、单一费率，简化制单结算手续，节省人力、物力、财力。

4. 提高运输组织水平，实现合理运输

对于区段运输而言，各种运输方式的经营人各自为政、自成体系，其经营业务范围受到限制，货运量相应也有限。多式联运扩大到世界范围，其他与运输有关的行业如仓储、港口、代理、保险、金融等都可以通过参加多式联运扩大业务。国际多式联运是由专业人员组织的全程运输，这些人对世界的运输网、各类承运人、代理人、相关行业和机构及有关业务都有较深的了解和紧密的关系，可以选择最佳的运输路线，使用合理的运输方式，选择合适的承运人,实现最佳的运输衔接与配合,从而大大提高运输组织水平,充分发挥现有设施和设备的作用,实现合理运输。

5. 其他作用

从政府的角度来看,发展国际多式联运具有以下重要意义:有利于加强政府部门对整个货物运输链的监督与管理;保证本国在整个货物运输过程中获得较大的运费收入分配比例;有助于引进先进的运输技术;减少外汇支出;改善本国基础设施的利用状况;通过国家的宏观调控与指导职能保证使用对环境破坏最小的运输方式达到保护生态环境的目的。

三、多式联运的基本形式

1. 协作式多式联运

(1) 定义

协作式多式联运,是指两种或两种以上运输方式的不同运输企业按照统一的公约、规章或商定的协议,共同将货物从接管货物的地点运到指定交付货物的地点的联运。

协作式多式联运是国内货物联运的基本形式。在协作式多式联运下,参与联运的承运人均可受理托运人的托运申请,接收货物,签署全程运输单据,并负责自己区段的运输生产;后续承运人除负责自己区段的运输生产外,还需要承担运输衔接工作;最后承运人则需要承担货物交付以及受理收货人的货损、货差的索赔。在这种体制下,参与联运的每个承运人均具有双重身份。对外而言,他们是共同承运人,其中一个承运人(或代表所有承运人的联运机构)与发货人订立的运输合同,对其他承运人均有约束力,即视为每个承运人均与货方存在运输合同关系;对内而言,每个承运人不但有义务完成自己区段的实际运输和有关的货运组织工作,还应根据规章或约定协议,承担风险,分配利益。

(2) 类型

根据开展联运的依据不同,协作式多式联运可进一步细分为法定多式联运和协议多式联运两种。

①法定多式联运:指不同运输方式的运输企业之间根据国家运输主管部门颁布的规章开展的多式联运。目前,铁路、水路运输企业之间根据《铁路水路货物联运规则》开展的水陆联运属于此种联运。在这种联运形式下,有关运输票据、联运范围、联运受理的条件与程序、运输衔接、货物交付、货物索赔程序以及承运之间的费用清算等,均应符合国家颁布的有关规章的规定,并实行计划运输。

这种联运形式有利于保护货主的权利和保证联运生产的顺利进行,但缺点是灵活性较差,适用范围较窄,它不仅在联运方式上仅适用铁路与水路两种运输方式之间的联运,而且对联运路线、货物种类、数量及受理地、换装地也做出了限制。此外,由于货主托运前需要报批运输计划,给货主带来了一定的不便。法定多式联运通常适用于指令性计划物资、重点物资和国防、抢险、救灾等急需物资的调拨。

②协议多式联运:指运输企业之间根据商定的协议开展的多式联运。比如,不同运输方式的干线运输企业与支线运输企业或短途运输企业,根据所签署的联运协议开展的多式联运,属于此种联运。与法定多式联运不同,在这种联运形式下,联运采用的运输方式、运输票据、联运范围、联运受理的条件与程序、运输衔接、货物交付、货物索赔程序,以及承运人之间的利益分配与风险承担等,均按联运协议的规定办理。与法定多式联运相比,该联运形式的最大缺点是联运执行缺乏权威性,而且联运协议的条款也可能会损害货主或弱小承运人的

利益。

(3)协作式多式联运的运输过程

协作式多式联运的组织者是在各级政府主管部门协调下,由参加联运的各种方式的运输企业和中转港站共同组成的联运办公室(或其他名称),货物全程运输计划由该机构制订。这种联运组织下的货物运输过程如图1-1所示。

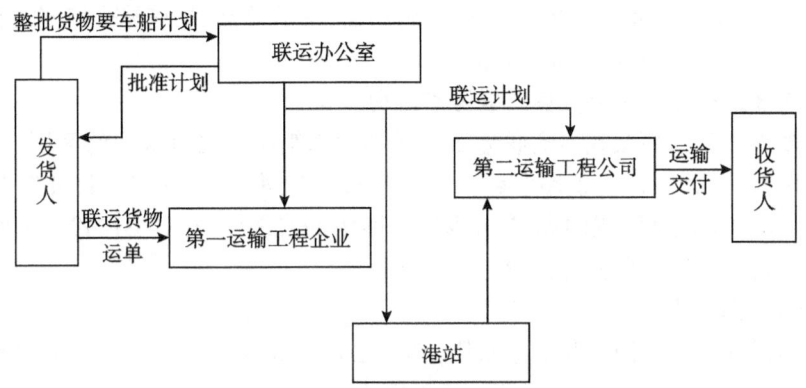

图1-1 协作式多式联运的运输过程

2. 衔接式多式联运

(1)定义

衔接式多式联运是指由一个多式联运企业[以下称多式联运经营人(MTO)]综合组织两种或两种以上运输方式的不同运输企业,将货物从接管货物的地点运到指定交付货物的地点的运输。在实践中,多式联运经营人既可能由不拥有任何运输工具的国际货运代理、场站经营人、仓储经营人担任,也可能由从事某一区段的实际承运人担任。但无论如何,多式联运经营人都必须持有国家有关主管部门核准的许可证书,能独立承担责任。

(2)衔接式多式联运的运输过程

衔接式多式联运的全程运输组织业务是由多式联运经营人完成的。这种联运组织下的货物运输过程如图1-2所示。

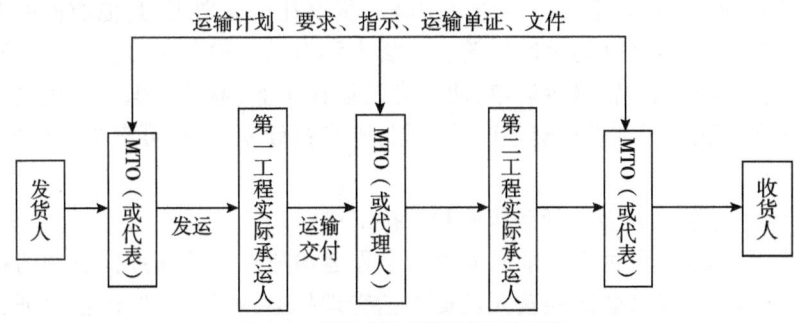

图1-2 衔接式多式联运的运输过程

在衔接式多式联运下,运输组织工作与实际运输生产实现了分离,多式联运经营人负责全程运输组织工作,各区段的实际承运人负责实际运输生产。在这种体制下,多式联运经营人也具有双重身份。对于货主而言,他是全程承运人,与货主订立全程运输合同,向货主收取全程运费及其他费用,并承担承运人的义务。对于各区段实际承运人而言,他是托运人,与各区段实际承运人订立分运合同,向实际承运人支付运费及其他必要的费用。很明显,这种运输组织与运输生产相互分离的形式,符合分工专业化的原则,由多式联运经营人"一手托两家",不但方便了货主和实际承运人,也有利于运输的衔接工作,因此这种方式是联运的主要形式。在国内联运中,衔接式多式联运通常称为联合运输,多式联运经营人则称为联运公司。我国在《合同法》颁布之前,仅对包括海上运输方式在内的国际多式联运经营人的权利与义务,在《海商法》和《国际集装箱多式联运规则》中做了相应的规定,对于其他形式下国际多式联运经营人和国内多式联运经营人的法律地位与责任,并未做出明确的法律规定。《合同法》颁布后,无论是国内多式联运还是国际多式联运,均应符合该多式联运合同中的规定,这有利于我国多式联运业的发展壮大。

3. 协作式多式联运和衔接式多式联运的区别

协作式多式联运与衔接式多式联运的含义和运输组织方法有很大的区别,各自具有独有的特征与优势。以下根据《铁路水路货物联运规则》《海商法》《国际集装箱多式联运规则》《合同法》等有关法律法规的规定,并参照实践中的习惯做法,对协作式多式联运与衔接式多式联运的特征做简要分析与比较。

(1)关于应用范围

协作式多式联运仅在国内联运中采用,其中法定多式联运仅适用于铁路与水路之间的联运;而衔接式多式联运不仅在国际货物运输中广泛采用,而且在国内货物运输中采用的比例也在迅速增加。

(2)关于多式联运经营人的性质

在协作式多式联运下,各联运换装港、站大都设置联运机构,以便于协调换装作业及衔接工作,但联运机构不具备法人资格,不能独立承担责任。而衔接式多式联运下的多式联运经营人应持相应的许可证书,能够独立承担责任,这是衔接式多式联运开展的必备条件。目前,妨碍这种联运形式发展的因素之一是运输市场上存在大量无法独立承担责任的非法多式联运经营人。

(3)关于计划运输

在法定多式联运下,国家运输主管机关批准下达的联运计划是发货人办理托运的前提条件和参与承运的承运人办理货物衔接的依据。对于中央部属物资的联运计划,应由发货人的主管部门分别向交通运输部门提送月度联运货物托运计划表,其他物资由发货人向起运港或起运站提送,该联运计划批准后转发发货人和有关运输企业、港站,以便发货人凭此办理货物托运,填写水陆货物联运运单,便于有关运输企业、港站组织货物运输。协议多式联运和衔接式多式联运无须事先提报联运计划,不实行计划运输,可直接办理托运,填写运单或提单。

(4)关于全程运输所涉及的商务作业和衔接工作

在协作式多式联运下,由实际承运人负责全程运输所涉及的商务作业和衔接工作。而在衔接式多式联运下,多式联运经营人负责包括受理托运、收货、签发运输单据、收取运费、运输衔接、交付、受理货方的索赔等所有商务作业和衔接工作,实际承运人不与货方直接发生关系。

(5)关于运费标准、全程单一费率及运费核收办法

在法定多式联运中,运费标准由国家统一制定。在协议多式联运和衔接式多式联运中,运费标准由双方协商,在分段计价时,如果某一区段实行国家定价,则该区段不能采取协议价。在国内多式联运中,一般无法做到全程单一(统一)费率,大多采取按运输方式分段计费,运费核收大多采取全程一次收费为主、分段收费为辅的方法。

第三节　国际多式联运的运输组织形式

国际多式联运是采用两种或两种以上不同运输方式进行联运的运输组织形式。这里所指的至少两种运输方式可以是海陆、陆空、海空等,这与一般的海海、陆陆、空空等形式的联运有着本质的区别。后者虽然也是联运,但仍是同一种运输工具之间的运输。众所周知,各种运输方式均有自身的优点与不足。一般来说,水路运输具有运量大、成本低的优点;公路运输则具有机动灵活,便于实现货物门到门运输的特点;铁路运输的主要优点是不受气候影响,可深入内陆和横贯内陆,实现货物长距离的准时运输;航空运输的主要优点是可实现货物的快速运输。由于国际多式联运严格规定必须采用两种及两种以上的运输方式进行联运,因此这种运输组织形式可综合利用各种运输方式的优点,充分体现社会化大生产、大交通的特点。国际多式联运具有其他运输组织形式无可比拟的优越性,因此这种国际运输新技术已在世界主要国家和地区得到广泛的推广和应用。目前,有代表性的国际多式联运主要有远东—欧洲、远东—北美等海陆空联运,其组织形式包括海陆联运、大陆桥运输和海空联运。

一、海陆联运

海陆联运是国际多式联运的最主要运输组织形式,也是远东—欧洲多式联运的主要组织形式之一。这种运输组织形式以航运公司为主体,签发联运提单,与航线两端的内陆运输部门开展联运业务,与大陆桥运输展开竞争。目前,世界主要集装箱航运地区有远东、西欧、北美和澳大利亚,这四个地区货运量大,消费水平高,适于集装箱运输的货源充足,连接这几个地区的集装箱航线便成为全球海上集装箱航运干线,分别是:太平洋航线、大西洋航线、印度洋航线(远东—欧洲航线)。

1. 太平洋航线

(1)远东—北美西海岸航线

该航线包括从中国、朝鲜、日本及俄罗斯远东海港到加拿大、美国、墨西哥等北美西海岸各港的贸易运输线。

(2)远东—加勒比海航线

北美东海岸航线,该航线经夏威夷群岛南北至巴拿马运河后到达。

(3)远东—南美西海岸航线

从中国北方沿海各港出发的船只多经琉球庵美大岛、硫黄列岛、威克岛、夏威夷群岛以南的莱恩群岛穿越赤道进入南太平洋,至南美西海岸各港。

(4)远东—东南亚各航线

该航线是中、朝、日货船去东南亚各港,以及经马六甲海峡去印度洋、大西洋沿岸各港的主要航线。东海、台湾海峡、巴士海峡、南海是该航线船只的必经之路,航线繁忙。

(5)远东—澳大利亚、新西兰及西南太平洋岛国各航线

远东至澳大利亚东南海岸分两条航线:中国北方沿海港口到澳大利亚东海岸和新西兰港口的船只,需走琉球久米岛、加罗林群岛的雅浦岛进入所罗门海、珊瑚湖;中国至澳大利亚之间的集装箱船需在我国香港加载或转船后经南海、苏拉威西海、班达海、阿拉弗拉海后,再经托雷斯海峡进入珊瑚海。中国、日本至澳大利亚西海岸的航线经菲律宾的民都洛海峡、望

加锡海峡以及龙目海峡进入印度洋。

（6）澳大利亚、新西兰—北美东西海岸航线

由澳大利亚、新西兰至北美海岸，多经苏瓦、火奴鲁鲁等太平洋上重要航站到达；至北美东海岸，则取道社会群岛中的帕皮提，过巴拿马运河后到达。

2. 大西洋航线

（1）西北欧—北美东海岸航线

该航线航运历史悠久，是西欧、北美两个世界工业最发达地区之间的原燃料和产品交换的运输线，运输极为繁忙，船舶大多走偏北大圆航线。该航区冬季风浪大，并有浓雾、冰山，对航行安全有威胁。

（2）西北欧、北美东海岸—加勒比航线

西北欧—加勒比航线多半出英吉利海峡后横渡北大西洋。北美东海岸各港出发的船舶，一般都经莫纳、向风海峡进入加勒比海。除去加勒比海沿岸各港外，还可经巴拿马运河到达美洲太平洋岸港口。

（3）西北欧、北美东海岸—地中海、中东、亚太地区航线

苏伊士运河—亚太航线西北欧、北美东海岸—地中海—苏伊士航线属世界最繁忙的航段之一，它是北美、西北欧与亚太海湾地区间贸易往来的捷径。该航线一般途经亚速尔、马德拉群岛上的航站。

（4）西北欧、地中海—南美东海岸航线

该航线一般经西非大西洋岛屿—加纳利、佛得角群岛上的航站。

（5）西北欧、北美东海岸—好望角—远东航线

该航线一般是巨型油轮的航线。佛得角群岛、加拿利群岛是过往船只停靠的主要航站。

（6）南美东海岸—好望角—远东航线

这是一条以石油、矿石为主的运输线。该航线处在西风漂流海域，风浪较大。一般西航偏北行，东航偏南行。

3. 印度洋航线

印度洋航线以石油运输为主，此外还有大宗货物的过境运输。

（1）波斯湾—好望角—西欧、北美航线

该航线主要由超级油轮经营，是世界上最主要的海上石油运输线。

（2）波斯湾—东南亚—日本航线

该航线东经马六甲海峡（20万载重吨以下船舶可通行）或龙目海峡、望加锡海峡（20万载重吨以上超级油轮可通行）至日本。

（3）波斯湾—苏伊士运河—地中海—西欧、北美运输线

该航线可通行30万吨级的超级油轮。

除了以上三条石油运输线之外，印度洋其他航线还有：远东—东南亚—东非航线；远东—东南亚、地中海—西北欧航线；远东—东南亚—好望角—西非、南美航线；澳大利亚、新西兰—地中海—西北欧航线；印度洋北部地区—欧洲航线。

4. 中国主要海运航线

海运航线按航程的远近分为远洋航线和近洋航线。远洋航线指航程距离较远，船舶航行跨越大洋的运输航线，如远东至欧洲和美洲的航线。我国习惯上以亚丁港为界，把去往亚丁港以西，包括红海两岸和欧洲以及南北美洲广大地区的航线划为远洋航线。近洋航线指

本国各港口至邻近国家或地区港口间的海上运输航线。我国习惯上把航线在亚丁港以东地区的亚洲和大洋洲的航线划为近洋航线。

(1) 近洋航线

①港澳线：到我国的香港(Hongkong)和澳门(Macao)地区。

②新马线：到新加坡(Singapore)和马来西亚的巴生港(Port Kelang)、槟城(Penang)和马六甲(Malacca)等港。

③北婆罗洲线，又称北加里曼丹(Kalimantan)线：到马来西亚沙捞越地区的古晋(Kuching)、米里(Miri)以及侍巫(Sibu)等港；沙巴地区的山达根(Sandakan)、斗湖(Tawan)、哥打基纳巴卢(Kota Kinabalu，又称亚庇)和拉布安(Labuan，又称纳闽)等港以及文莱、苏丹的斯里巴加湾(Bandar Seri Begawan)。

④暹罗湾线，又称越南、柬埔寨、泰国线：到越南海防(Haiphong)、柬埔寨的榜逊(Kompong Som)和泰国的曼谷(Bangkok)等港。

⑤科伦坡、孟加拉湾线：到斯里兰卡的科伦坡(Colombo)和缅甸的仰光(Rangoon)、孟加拉国的吉大港(Chittagong)和印度东海岸的加尔各答(Calcutta)等港。

⑥菲律宾线：到菲律宾的马尼拉(Manila)港。

⑦印度尼西亚线：到爪哇岛的雅加达(Djakarta)、泗水(Surabaya)、三宝垄(Semarang)，苏门答腊岛的巨港(Palembang，又称巴邻旁)、苏拉威西岛的望加锡(Makasar)等港。

⑧澳大利亚、新西兰线：到澳大利亚的悉尼(Sydney)、墨尔本(Melbourne)、布里斯班(Brisbarne)和新西兰的奥克兰(Auckland)、惠灵顿(Wellington)、利特尔顿(Lyttelton)等港。

⑨巴布亚新几内亚线：到巴布亚新几内亚的莱城(Lae)、马丹(Madang)、腊包尔(Rabaul)、威瓦克(Wewak)和莫尔兹比港(Port Moresby)等港。

⑩南太平洋岛屿线：到所罗门(Solomon)的基埃塔(Kieta)、霍尼亚拉(Honiara)、瓦努阿图(Vanuatu)的维拉港(Port Vila)、圣土(Santo)，斐济(Fiji)的劳托卡(Lautoka)、苏瓦(Suva)，新喀里多尼亚(New Caledonia)的努美阿(Noumea)，西萨摩亚(Western Samoa)的阿皮亚(Apia)和东萨摩亚的帕果帕果(Pago Pago)等港。

⑪日本线：到日本九州岛的门司(Moji)和本州岛的神户(Kobe)、大阪(Osaka)、名古屋(Nagoya)、横滨(Yokohama)和川崎(Kawasaki)等港。

⑫波斯湾线：到巴基斯坦的卡拉奇(Karachi)，伊朗的阿巴斯(Bandar Abbas)、霍拉姆沙赫尔(Khorramshahr)，伊拉克的巴士拉(Basra)，科威特的科威特港(Kuwait)，巴林的巴林港(Bahrain)，沙特阿拉伯的达曼(Damman)，卡塔尔的多哈(Doha)，阿拉伯联合酋长国的迪拜(Dubai)，阿曼的米纳卡布斯(Mina Qaboos，旧名马斯喀特)等港的航线。

(2) 远洋航线

①红海线：到也门的亚丁(Aden)、荷台达(Hodeida)，约旦的亚喀巴(Aqaba)，吉布提共和国的吉布提(Djibouti)，埃塞俄比亚的阿萨布(Assab)，苏丹民主共和国的苏丹港(Port Sudan)和沙特阿拉伯的吉达(Jiddah)港等。

②地中海线：到地中海东部黎巴嫩的贝鲁特(Beirut)、的黎波里(Tripoli)，叙利亚的拉塔基亚(Latakia)，地中海南部埃及的塞得港(Port Said)、亚历山大，阿尔及利亚的阿尔及尔、奥兰，地中海北部意大利的热那亚，法国的马赛，西班牙的巴塞罗那和塞浦路斯的利马索尔等港。

③西北欧线:到比利时的安特卫普,荷兰的鹿特丹,德国的汉堡、不来梅,法国的勒弗尔,英国的伦敦、利物浦,丹麦的哥本哈根,挪威的奥斯陆,瑞典的斯德哥尔摩和哥德堡,芬兰的赫尔辛基等港。

④美国、加拿大线:到加拿大西海岸港口温哥华,加拿大东海岸港口蒙特利尔、多伦多,美国西海岸港口西雅图、波特兰、旧金山、洛杉矶,美国东海岸港口纽约、波士顿、费城、巴尔的摩、波特兰和美国墨西哥湾港口的莫比尔、新奥尔良、休斯敦等港口。(美国墨西哥湾各港也属美国东海岸航线)。

⑤南美洲西岸线:到秘鲁的卡亚俄,智利的阿里卡、伊基克、瓦尔帕莱索、安托法加斯塔等港。

二、大陆桥运输

在国际多式联运中,大陆桥运输(Land Bridge Transport)起着非常重要的作用,是一种国际联合运输,它是远东—欧洲国际多式联运的主要形式,目的在于缩短运输距离,减少运输时间,节约运输总费用支出。

1. 产生背景

大陆桥运输是开展集装箱运输以后的产物,出现于1967年。当时,苏伊士运河封闭、航运中断,而巴拿马运河又堵塞,远东与欧洲之间的海上货运船舶,不得不改道绕航非洲好望角或南美,致使航程距离和运输时间倍增,使得油价上涨航运成本猛增,当时正值集装箱运输兴起。在这种历史背景下,大陆桥运输应运而生。从远东港口至欧洲的货运,于1967年年底首次开辟了使用美国大陆桥运输路线,把原来的全程海运,改为海、陆、海联合运输,取得了较好的经济效果,达到了缩短运输里程、降低运输成本、节省运输时间的目的。

2. 大陆桥运输的概念

大陆桥运输是指采用集装箱专用列车或货车,把横贯大陆的铁路或公路作为中间"桥梁",使大陆两端的集装箱海运航线与专用列车或货车连接起来的一种连贯运输方式。简单地说,就是两边是海运,中间是陆运,大陆把海洋连接起来,形成海—陆联运,而大陆起到了"桥"的作用,所以称为"大陆桥"。严格地讲,大陆桥运输也是一种海陆联运形式,只是因为其在国际多式联运中的独特地位,所以在此将其单独作为一种运输组织形式。从形式上看,大陆桥运输是海陆海的连贯运输,但实际在做法上,已在世界集装箱运输和多式联运的实践中发展成多种多样的方式。

大陆桥运输一般都是以集装箱为媒介,因为采用大陆桥运输,中途要经过多次装卸,如果采用传统的海陆联运,不仅增加运输时间,而且大大增加装卸费用和货损货差,以集装箱为运输单位,则可大大简化理货、搬运、储存、保管和装卸等作业环节,同时集装箱是经海关铅封的,中途不用开箱检验,而且可以迅速直接转换运输工具,所以采用集装箱是开展大陆桥运输的最佳方式。大陆桥运输是借助不同的运输方式,跨越辽阔的大陆或狭窄的地峡,以沟通两个互不毗连的大洋或海域的运输形式。如从太平洋东部的日本,通过海运到俄罗斯远东沿海港口纳霍德卡和东方港等,后再经西伯利亚大铁路等陆上交通,横跨亚欧大陆直达欧洲各国或沿海港口,再利用海运到达大西洋沿岸各地,这类货物运输即为典型的大陆桥运输。

3. 西伯利亚大陆桥

西伯利亚大陆桥(Siberian Land Bridge,SLB)也称第一条亚欧大陆桥,是指使用国际标准集装箱,将货物由远东海运到俄罗斯东部港口,再经跨越亚欧大陆的西伯利亚铁路运至波罗的海沿岸如爱沙尼亚的塔林或拉脱维亚的里加等港口,然后再采用铁路、公路或海运运到欧洲各地的国际多式联运的运输线路。西伯利亚大陆桥或称亚欧第一大陆桥,东起俄罗斯东方港,西至俄芬(芬兰)、俄白(白俄罗斯)、俄乌(乌克兰)和俄哈(哈萨克斯坦)边界,过境欧洲和中亚等国家。由此可见,它在沟通亚欧大陆、促进国际贸易中处于重要地位。

西伯利亚大陆桥于1971年由原全苏对外贸易运输公司正式确立,西伯利亚大陆桥是目前世界上最长的一条陆桥运输线,它大大缩短了从日本、远东、东南亚及大洋洲到欧洲的运输距离,节省了运输时间。从远东经俄罗斯太平洋沿岸港口去欧洲的陆桥运输线全长13000km,而相应的全程水路运输距离(经苏伊士运河)约为20000km。从日本横滨到欧洲鹿特丹,采用陆桥运输不仅可使运距缩短1/3,运输时间也可节省1/2。此外,在一般情况下,运输费用还可节省20%~30%,因此对货主有很大的吸引力。

西伯利亚大陆桥运输包括"海铁铁""海铁海""海铁公"和"海公空"四种运输组织方式。由俄罗斯的过境运输总公司担当总经营人,它拥有签发货物过境许可证的权利,并签发统一的全程联运提单,承担全程运输责任。至于参加联运的各运输区段,则采用"互为托运、承运"的接力方式完成全程联运任务。可以说,西伯利亚大陆桥是一条较为典型的过境多式联运线路。

由于西伯利亚大陆桥所具有的优势,使它的声望与日俱增,在短短的几年时间就有了迅速发展。但是,西伯利亚大陆桥运输在经营管理上存在一些问题,如港口装卸能力不足、铁路集装箱车辆的不足、箱流的严重不平衡以及严寒气候的影响等,在一定程度上阻碍了它的发展。尤其是随着我国兰新铁路与中哈边境的土西铁路接轨,一条新的"亚欧大陆桥"形成,为远东至欧洲的国际集装箱多式联运提供了又一条便捷路线,使西伯利亚大陆桥面临严峻的竞争形势。

4. 新亚欧大陆桥

新亚欧大陆桥,是第二条亚欧大陆桥。1990年9月12日,随着中国兰新铁路与哈萨克斯坦土西铁路接轨,连接亚洲、欧洲的第二条大陆桥——新亚欧大陆桥正式贯通。新亚欧大陆桥东起中国的连云港,西至荷兰的鹿特丹港,全长10837km,其中在中国境内4143km,途经中国、哈萨克斯坦、俄罗斯、白俄罗斯、波兰、德国和荷兰7个国家,可辐射30多个国家和地区,如图1-3所示。1991年7月20日,开办了新疆—哈萨克斯坦的临时边贸货物运输。1992年12月1日,由连云港发出首列国际集装箱联运"东方特别快车",经陇海铁路、兰新铁路,西出边境站阿拉山口,分别运送至阿拉木图、莫斯科、圣彼得堡等地,标志着该大陆桥运输的正式开办。该大陆桥运量逐年增长,并具有巨大的发展潜力。

新亚欧大陆桥为亚欧开展国际多式联运提供了一条便捷的国际通道。远东至西欧,经新亚欧大陆桥比经苏伊士运河的全程海运航线,缩短运距8000km,比通过巴拿马运河缩短运距11000km。远东至中亚、中近东,经新亚欧大陆桥比经西伯利亚大陆桥,缩短运距2700~3300km。该大陆桥运输线的开通缓解了西伯利亚大陆桥运力紧张的状况。新亚欧大陆桥在中国境内经过陇海、兰新两大铁路干线,它在徐州、郑州、洛阳、宝鸡、兰州分别与京沪、京广、焦柳、宝成、包兰等重要铁路干线相连,具有广阔的腹地。

新亚欧大陆桥正式运营后,亚太地区运往欧洲、中近东地区的货物可经海运至中国连云港上"桥",出中国西部边境站阿拉山口后,进入哈萨克斯坦国境内边境站德鲁日巴换装,经中间的边境站、港,再通过铁路、公路、海运继运至西欧、东欧、北欧和中近东各国。而欧洲、中近东各国运往亚太地区的货物,进入中国西部边境站阿拉山口换装,经中国铁路运至连云港后,再转船继运至日本、韩国、中国香港、中国台湾、菲律宾、新加坡、泰国、马来西亚等国家和地区。

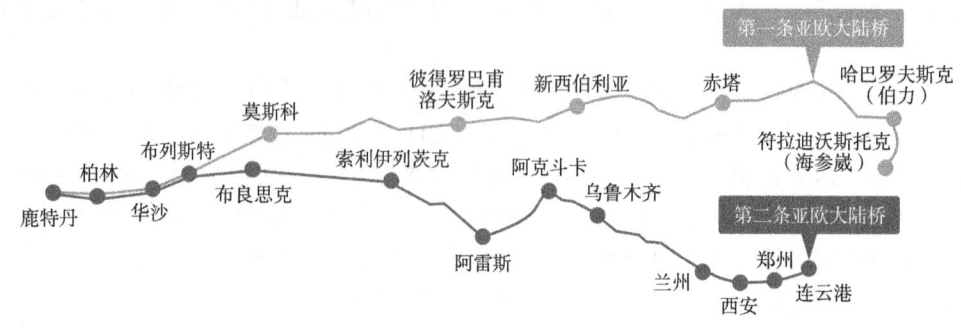

图1-3 新亚欧大陆桥示意

5. 北美大陆桥

北美大陆桥(North American Land Bridge)是指利用北美的大铁路从远东到欧洲的"海陆海"联运。该大陆桥运输包括美国大陆桥运输和加拿大大陆桥运输。美国大陆桥有两条运输线路:一条是从西部太平洋沿岸至东部大西洋沿岸的铁路和公路运输线;另一条是从西部太平洋沿岸至东南部墨西哥湾沿岸的铁路和公路运输线。美国大陆桥于1971年年底由经营远东—欧洲航线的船公司和铁路承运人联合开办"海陆海"多式联运线,后来美国几家班轮公司也投入运营。目前,主要有四个集团经营远东经美国大陆桥至欧洲的国际多式联运业务。这些集团均以经营人的身份,签发多式联运单证,对全程运输负责。加拿大大陆桥与美国大陆桥相似,由船公司把货物海运至温哥华,经铁路运到蒙特利尔或哈利法克斯,再与大西洋海运相接。

北美大陆桥是历史最悠久、影响最大、服务范围最广的大陆桥运输线之一。据统计,从远东到北美东海岸的货物大约50%以上是采用双层列车进行运输的,采用这种大陆桥运输方式比采用全程水运方式通常要快1~2周。例如,集装箱货从日本东京到欧洲鹿特丹港,采用全程水运经巴拿马运河或苏伊士运河通常需5~6周的时间,而采用北美大陆桥运输仅需3周左右的时间。

随着美国和加拿大大陆桥运输的成功运营,北美其他地区也开展了大陆桥运输。墨西哥大陆桥(Mexican Land Bridge)就是其中之一。该大陆桥横跨特万特佩克地峡(Isthmus Tehuantepec),连接太平洋沿岸的萨利纳克鲁斯港和墨西哥湾沿岸的夸察夸尔科斯港,陆上距离182n mile(海里)。墨西哥大陆桥于1982年开始运营,目前其服务范围还很有限,对其他港口和大陆桥运输的影响还很小。

北美大陆桥运输对巴拿马运河的冲击很大,由于大陆桥运输可以避开巴拿马运河宽度的限制,许多海运承运人开始建造超巴拿马型集装箱船,增加单艘集装箱船的载运箱量,放弃使用巴拿马运河,使集装箱国际海上运输的效率更为提高。

6. 北美小陆桥和北美微陆桥

(1)北美小陆桥

北美地区的陆桥运输不仅包括上述大陆桥运输,而且还包括北美小陆桥(Mini Land

Bridge,MLB)和北美微陆桥(Micro Bridge Transport)等运输组织形式。北美小陆桥运输从运输组织方式上看与北美大陆桥运输并无大的区别,只是其运送的货物的目的地为沿海港口。目前,北美小陆桥运送的主要是日本经北美太平洋沿岸到大西洋沿岸和墨西哥湾地区港口的集装箱货物,也承运从欧洲到美国西部及海湾地区各港的大西洋航线的转运货物。北美小陆桥在缩短运输距离、节省运输时间上效果是显著的。以日本—美国东航线为例,从大阪至纽约全程水运经巴拿马运河航线距离 9700n mile,运输时间 21～24 天。而采用小陆桥运输,运输距离仅 7400n mile,运输时间 16 天,可节省 1 周左右的时间。

(2)北美微陆桥

北美微陆桥运输与北美小陆桥运输基本相似,只是其交货地点在内陆地区。北美微陆桥运输有时也被称为"内陆点多式联运"(Interior Point Intermodal,IPI)或半陆桥运输(Semi Land Bridge Transport)。

北美微陆桥运输是指经北美东、西海岸及墨西哥湾沿岸港口到美国、加拿大内陆地区的联运服务。随着北美小陆桥运输的发展,出现了新的矛盾。如货物由靠近北美东海岸的内地城市运往远东地区或反向运输,首先要通过美国、加拿大内陆城市的国内运输,以国内提单运至北美东海岸交船公司,然后由船公司另外签发由东海岸出口的国际货运单证,再通过国内运输运至北美西海岸港口,然后海运至远东。货主认为,这种运输不能从内地直接以国际货运单证运至西海岸港口转运,不仅增加费用,而且耽误运输时间。为解决这一问题,微陆桥运输应运而生。进出美国、加拿大内陆城市的货物采用微陆桥运输既可节省运输时间,也可避免双重港口收费,从而节省费用。例如,往来于日本和美国东部内陆城市匹兹堡的集装箱货,可从日本海运至美国西海岸港口,如奥克兰,然后通过铁路直接联运至匹兹堡,这样可完全避免进入美东的费城港,从而节省了在该港的港口费支出。具体来说,集装箱货物先是通过海运到达美国西海岸的港口[洛杉矶(Los Angeles)、长滩(Long Beach)、西雅图(Seattle)、奥克兰(Auckland)等],或美国墨西哥湾的港口[休斯敦(Houston)、新奥尔良(New Orleans)、莫比尔(Mobile)等],或美国东海岸的港口[波特兰(Portland)、波士顿(Boston)、纽约(New York)、费城(Philadelphia)、巴尔的摩(Baltimore)、诺福克(Norfolk)、查尔斯顿(Charleston)、萨凡纳(Savannah)等],然后通过铁路集装箱运输或集装箱拖车运输,通过陆路将货物运至美国内陆城市,这些内陆城市就是 IPI 点了,因这段陆运而收取的费用就是 IPI Charge,IPI Charge 也叫内陆转运费。

(3)北美微陆桥与北美大陆桥和北美小陆桥的区别

北美微陆桥(IPI)这种方式跟北美大陆桥运输和北美小陆桥运输(MLB)有点类似,但是并不等于北美大陆桥运输或北美小陆桥运输。北美大陆桥是"海—陆—海"联运,北美小陆桥是"海—陆"联运。北美微陆桥也是"海—陆"联运,似乎与北美小陆桥一样。但是,北美微陆桥联运的目的地必须是内陆点(Interior Point),而北美小陆桥运输(MLB)目的地则是沿海港口(Coastal Port),这是 IPI 和 MLB 的根本区别。

(4)北美微陆桥运输与 OCP 运输的区别

在美国还有一个 OCP 运输(Overland Common Points,内陆公共点或陆上公共点,简称 OCP),跟北美微陆桥(IPI)在运输方式、路径上差不多,它们都是海运 + 陆运(铁路或公路),目的地都是内陆城市。但是,OCP 运输不属于多式联运,因为 OCP 的海运段和陆运段分开签单、运费也是分开结算、运输责任也分开、投保也要分开,虽然形式上和多式联运相似,但实质不一样。如运输责任,在到岸价的情况下,IPI 方式是:卖方(发货人)要承担的运输责任一直到内陆点交货为止;而 OCP 方式是:卖方(发货人)要承担的责任则到目的港卸船为止,卸货港至内陆点这一段则由收货人负责。IPI 方式是:全程都由卖方和同一多式联运经营人负责;全程只签发一份货运单据(多式联运单据);全程只按同一费率收取一次运费。

  OCP 的含义是指可享有优惠费率通过陆上运输可抵达的区域,即使用两种运输方式,卸至美国西海岸港口的货物通过铁路运抵美国内陆公共点。必须满足的基本条件如下:一是货物最终目的地(交货地)必须属于 OCP 地区范围;二是货物必须经由美国西海岸港口中转,即卸货港必须是美国西海岸港口。OCP 运输时应注意以下几点:OCP 运输的最终目的地应属于 OCP 地区范围,且只能以 CFR/CIF 作为价格术语;OCP 运输下的集装箱货物,卖方(发货人)承担的责任、费用终止在美国西海岸港口;收货人收到货物单证 10 天内,必须申请进口保税运输,以保证货物最终运抵交货地;OCP 运输的集装箱货物,在买卖合同和信用证栏内应加注"OCP 运输"字样,签发提单时应与买卖合同、信用证要求相符;采用 OCP 方式运输,既使货物的最终目的地分散在美国内陆的几个地方,只要把所有货物品名并列在一份提单上即可。

三、海空联运

  海空联运又称为空桥运输(Air-bridge Service)。在运输组织方式上,空桥运输与陆桥运输有所不同。陆桥运输在整个货运过程中使用的是同一个集装箱,不用换装,而空桥运输的货物通常要在航空港换入航空集装箱。不过,两者的目标是一致的,即以低费率提供快捷、可靠的运输服务。

  海空联运方式始于 20 世纪 60 年代,但到 20 世纪 80 年代才得以较大的发展。采用这种运输方式,运输时间比全程海运短,运输费用比全程空运少。20 世纪 60 年代,将远东船运至美国西海岸的货物,再通过航空运至美国内陆地区或美国东海岸,便出现了海空联运。当然,这种联运组织形式是以海运为主,只是最终交货运输区段由空运承担。1960 年年底,原苏联航空公司开辟了经由西伯利亚至欧洲的航空线。1968 年,加拿大航空公司参加了国际多式联运。20 世纪 80 年代,出现了经由中国香港、新加坡、泰国等至欧洲的航空线。目前,国际海空联运线主要有以下几条。

  ①远东—欧洲航线。目前,远东与欧洲间的航线有以温哥华、西雅图、洛杉矶为中转地,也有的以中国香港、曼谷、海参崴为中转地。此外还有的以旧金山、新加坡为中转地。

  ②远东—中南美航线。近年来,远东至中南美的海空联运发展较快。因为此处港口和内陆运输不稳定,所以对海空运输的需求很大。该联运线以迈阿密、洛杉矶、温哥华为中转地。

  ③远东—中近东、非洲、澳洲航线。这是以中国香港、曼谷为中转地至中近东、非洲的运输服务。在特殊情况下,还有经马赛至非洲、经曼谷至印度、经中国香港至澳洲的联运线,但这些线路货运量较小。

  总体来讲,运输距离越长,采用海空联运的优越性就越大,因为同完全采用海运相比,其运输时间更短,同直接采用空运相比,其费率更低。因此,从远东出发将欧洲、中南美以及非洲作为海空联运的主要市场是合适的。

第四节　国际集装箱多式联运系统构成

国际集装箱多式联运系统是一个涉及面广并由诸多子系统构成的大系统,是一项复杂的运输系统工程。因此,必须对国际集装箱多式联运进行系统认知,以实现系统最优化。

一、国际集装箱多式联运系统基本要素

1. 适箱货源

并不是所有的货物都适合于集装箱运输。从是否适用于集装箱运输的角度,可将货物分成4类。

①物理与化学属性适合于通过集装箱进行运输,且货物本身价值高,对运费的承受能力大的货物。

②物理与化学属性适合于通过集装箱进行运输,货物本身价值较高,对运费的承受能力较大的货物。

③物理与化学属性上可以装箱,但货物本身价值较低,对运费的承受能力较差的货物。

④物理与化学属性不适于装箱,或者对运费的承受能力很差,从经济上看不适于通过集装箱运输的货物。

第一种货物称为"最佳装箱货",第二种货物称为"适于装箱货",第三种货物称为"可装箱但不经济的装箱货",第四种货物称为"不适于装箱货"。集装箱运输所指的适箱货源,主要是指前两类货物。对于适箱货源,采用集装箱方式运输是有利的。

2. 标准集装箱

关于集装箱的定义,在各国的国家标准、各种国际公约和文件中,都有具体规定,其内容不尽一致。国际标准集装箱是国际集装箱多式联运的必要设备,各国还有自己的国内和地区标准集装箱,如我国国家标准中,规定有两种适于国内使用的标准集装箱(5D与10D)。对集装箱的有关内容,将在本书第二章中详细论述。

3. 集装箱船舶

集装箱船舶是集装箱的载运工具,是完成集装箱运输任务的重要手段。集装箱船舶经历了一个由非专业向专业转化的过程。最早的集装箱船舶是件杂货与集装箱混装的,没有专门的装载集装箱的结构。发展到现在,国际海上集装箱运输使用的集装箱船舶均已专业化,而且船型越来越大。内河运输的集装箱船,大多是由原来的驳船改造的。

4. 集装箱码头

集装箱码头是集装箱不同运输方式换装的枢纽,是国际集装箱多式联运系统的重要组成部分,也是集装箱的集散地。集装箱港口码头与集装箱水路运输密切相关,集装箱水路运输的两端必须有码头,以便装船与卸船。早期的集装箱码头也与件杂货码头交叉使用,是在件杂货码头的基础上配备少量用于装卸集装箱的机械,用于处理混装的件杂货船舶上的少量集装箱。目前,这类码头在我国一些中小型的沿海港口和内河港口还可以经常看到。现代化的集装箱码头已高度专业化,码头前沿岸机配置、场地机械配置、堆场结构与装卸工艺配置均完全与装卸集装箱配套。

5. 集装箱货运站

集装箱货运站(CFS)在整个集装箱运输系统中发挥了承上启下的重要作用,是一个必不可少的基本要素。按集装箱货运站所处的地理位置和不同的职能,可分为设在集装箱码头内的货运站、设在集装箱码头附近的货运站和内陆货运站三种。集装箱货运站的主要职能与任务是:①集装箱货物承运、验收、保管与交付;②拼箱货的装箱和拆箱作业;③整箱货的中转;④实箱和空箱的堆存和保管;⑤票据单证的处理;⑥运费、堆存费的结算等。

6. 集装箱卡车

集装箱卡车主要用于集装箱公路长途运输、陆上各节点(如码头与码头之间、码头与集装箱货运站之间、码头与铁路办理站之间)之间的短驳以及集装箱的"末端运输"(将集装箱交至客户手中)。

7. 集装箱铁路专用车

集装箱铁路专用车主要用于铁路集装箱运输,即主要用于集装箱的陆上中长距离运输和所谓的"陆桥运输"。

二、国际集装箱多式联运子系统

国际集装箱多式联运子系统是集装箱运输的各个"基本要素"以不同的方式组合起来,大致可以分为以下子系统。

1. 集装箱水路运输子系统

集装箱船舶、集装箱码头与集装箱货运站等基本要素,可组合成集装箱水路运输子系统。集装箱水路运输子系统完成集装箱的远洋运输、沿海运输和内河运输,是承担运量最大的一个子系统。集装箱水路运输子系统由集装箱航运系统和集装箱码头装卸系统两个次级系统组成。

2. 集装箱铁路运输子系统

集装箱铁路专用车、集装箱铁路办理站与铁路运输线等组成了集装箱铁路运输子系统。它是集装箱多式联运的重要组成部分。随着"陆桥运输"的发展,集装箱铁路运输子系统在整个集装箱多式联运中起着越来越重要的作用。

3. 集装箱公路运输子系统

集装箱卡车、集装箱公路中转站与公路网络构成了集装箱公路运输子系统。集装箱公路运输子系统在集装箱多式联运过程中完成短驳、串联和"末端运输"的任务。在不同的国家和地区,由于地理环境和道路基础设施条件的不同,集装箱公路运输子系统处于不同的地位,发挥着不同的作用。

4. 集装箱航空运输子系统

在相当长一段时期内,由于航空运输价格昂贵、运量小,集装箱航空运输占的份额很小。近年来,随着世界经济整体的增长,航空运输速度快、对需求响应及时、可缩短资金占用时间等优越性逐渐显现出来。航空集装箱运输子系统的地位正在逐渐提高。

三、国际多式联运系统相关组织

随着国际集装箱运输的逐步发展、成熟,与之相适应的、有别于传统运输方式的管理方法和工作机构也相应地发展起来,形成了一套适应集装箱运输特点的相关组织,主要如下。

1. 经营集装箱货物运输的实际承运人

经营集装箱货物运输的实际承运人包括经营集装箱运输的船公司、联营公司、公路集装箱运输公司、航空集装箱运输公司等。

2. 无船承运人（NVOCC）

在集装箱运输中无船承运人也被译为无船承运业务经营者（Non-vessel Operating Common Carrier，NVOCC）。NVOCC 经营集装箱货运的揽货、装箱、拆箱、内陆运输及经营中转站或内陆站业务，但它是不掌握运载工具的专业机构，称为无船承运人。它在承运人与托运人之间起着中间桥梁作用。

3. 集装箱租赁公司

国际集装箱租赁业务几乎与集装箱的海上运输业务同时产生。在集装箱租赁业务起步初期，租箱业务的规模很小，班轮公司多使用自有集装箱。到了 20 世纪 60 年代末 70 年代初，随着集装箱运输业务的扩大、集装箱制造业的迅猛发展以及集装箱国际标准化的制定，集装箱租赁业务异军崛起。集装箱租赁是随集装箱运输发展而兴起的一种新兴业态，集装箱租赁公司专门经营集装箱的出租业务。

4. 联运保赔协会

一种由船公司互保的保险组织，对集装箱运输中可能遭受的一切损害进行全面统一的保险。这是集装箱运输发展后产生的新的保险组织。

5. 集装箱堆场

集装箱堆场（Container Yard，CY）是具体办理集装箱在码头的装卸、交接、保管的部门，它受托运人或其代理人以及承运人或其代理人的委托提供各种集装箱运输服务。CY 仅指集装箱码头的堆场，不可指其他地方的集装箱堆场。

6. 集装箱货运站

集装箱货运站（Container Freight Station，CFS）是在内陆交通比较便利的大中城市设立的供集装箱交接、中转或其他运输服务的专门场所。集装箱货运站又叫拼箱货站或中转站，主要为拼箱货（LCL）服务，它是 LCL 办理交接的地方。其主要职能为：对出口货，从发货人处接货，把流向一致的货拼装在柜中；对进口柜，负责拆柜并交货给收货人。大多 CFS 设在港口内或港区附近，少数设于内陆，称为内陆货站（Inland Depot）。

四、国际集装箱多式联运系统中的货物交接方式

在集装箱运输中，集装箱货物的交接点一般为集装箱码头堆场（CY）、货装箱货运站（CFS）、发货人或收货人的工厂或仓库（DOOR）。所以，当采用多式联运方式运输集装箱时，集装箱货物的交接方式有以下几种。

①门到门交接方式（DOOR—DOOR）：由发货人仓库将集装箱货物运至收货人仓库。

②门到场交接方式（DOOR—CY）：由发货人仓库将集装箱货物运至卸货港码头堆场。

③门到站交接方式（DOOR—CFS）：由发货人仓库将集装箱货物运至卸货港集装箱货运站或内陆货运站。

④场到场交接方式（CY—CY）：由装货港码头堆场将集装箱货物运至卸货港码头堆场。

⑤场到门交接方式（CY—DOOR）：由装货港码头堆场将集装箱货物运至目的地收货人的工厂或仓库。

⑥场到站交接方式（CY—CFS）：由装货港码头堆场将集装箱货物运至卸货港集装箱货

运站或内陆货站。

⑦站到门交接方式(CFS—DOOR)：由码头集装箱货运站或内陆货运站将集装箱货物运至收货人的仓库或工厂。

⑧站到场交接方式(CFS—CY)：由码头集装箱货运站或内陆货运站将集装箱货物运至卸货港码头堆场。

⑨站到站交接方式(CFS—CFS)：由码头集装箱货运站或内陆货运站将集装箱货物运至收货人的码头集装箱货运站或内陆货站。

综合练习题

一、单项选择题

1. 班轮公司运输的集装箱货物的交接方式通常是(　　)。
   A. CY/CFS　　　B. CFS/CFS　　　C. CY/CY　　　D. CFS/CY
2. 国际海运集装箱按用途不同可以分成不同类型的集装箱，其中"FR"代表(　　)。
   A. 干货箱　　　B. 超高箱　　　C. 挂衣箱　　　D. 框架箱
3. 集装箱箱号的格式一般前三位为集装箱公司的代码，第4位为U，加上后(　　)位数字，其中最后一位为校验码。
   A. 7　　　B. 6　　　C. 5　　　D. 4
4. CY－CY集装箱运输条款是指(　　)。
   A. 一个发货人、一个收货人　　　B. 多个发货人、多个收货人
   C. 一个发货人、多个收货人　　　D. 多个发货人、一个收货人
5. 卫检对集装箱查验,要求其做到(　　)。
   A. 清洁、干燥　　　B. 无味、无尘
   C. 清洁、无味　　　D. 清洁、干燥、无味、无尘

二、多项选择题

1. 下列何种术语不属于集装箱整箱接受、拆箱交付方式(　　)。
   A. DOOR/CY　　　B. DOOR/CFS　　　C. TACKLE/CFS　　　D. CY/TACKLE
2. 国际集装箱运输的形成和发展过程可以分为(　　)。
   A. 萌芽期　　　B. 开创期　　　C. 成长期　　　D. 扩展期
   E. 成熟期
3. 集装箱运输通常涉及的运输方式有(　　)。
   A. 水路运输　　　B. 道路运输
   C. 铁路运输　　　D. 管道运输
   E. 航空运输
4. 美国地区运输条款有(　　)。
   A. OCP　　　B. MLB　　　C. IPID　　　D. DDC
   E. DDP
5. 开展多式联运的基本条件包括：(　　)。

A. 多式联运经营人必须与发货人订立多式联运合同,多式联运经营人必须对全程运输负责
B. 即使是国际多式联运,多式联运经营人接管的货物也无需是国际运输的货物
C. 使用两种或两种以上的不同运输方式,而且必须是不同运输方式下的连续运输
D. 多式联运的费率为全程单一运费费率

三、名词解释

1. 集装箱运输
2. 集装箱运输系统
3. 国际多式联运
4. 集装箱货运站
5. 无船承运人(NVOCC)

四、简答题

1. 简述集装箱运输产生的原因。
2. 简述国际集装箱运输的发展沿革。
3. 简述国际集装箱运输的发展趋势。
4. 简述国际多式联运的特征及发展趋势。
5. 集装箱货物的交接形态、交接地点、交接方式有哪些?

第二章　国际集装箱多式联运设施设备

学习目标

通过本章学习,应掌握集装箱的基本知识;掌握集装箱运输船舶的发展、分类;了解集装箱码头的功能、特点、类型;掌握集装箱码头的布局;了解集装箱货运站的基本知识;掌握集装箱堆场的相关知识。

知识架构

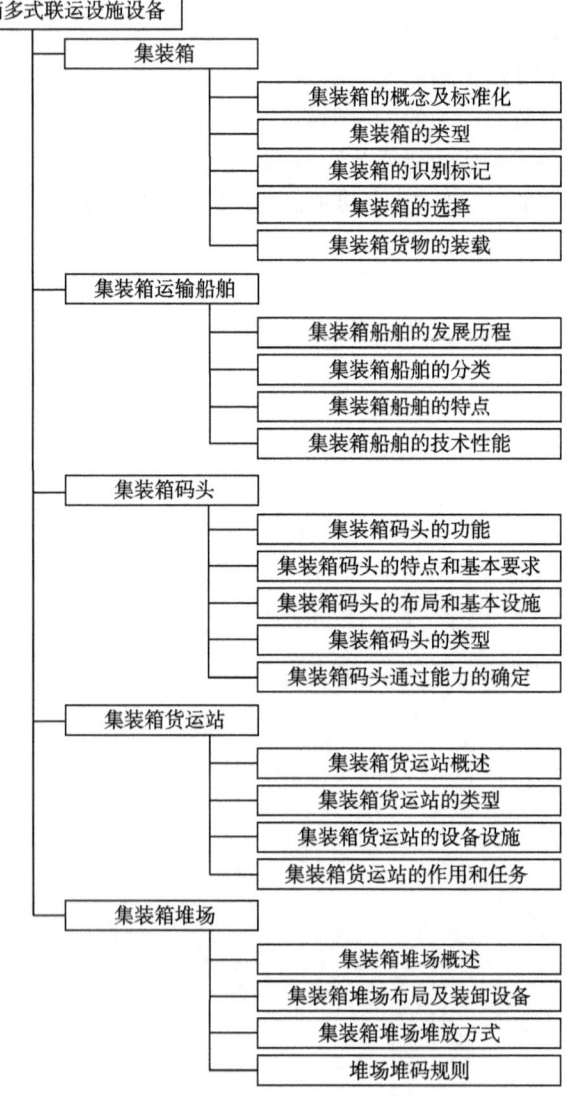

国际集装箱在运输过程中经历诸多环节,涉及多种运输设施、设备,如集装箱、集装箱运输船舶、集装箱码头、集装箱货运站等。

第一节　集　装　箱

情景导入

可利用物流货柜、专业海运集装箱、冷藏集装箱、集装箱装箱量估算等资料认识集装箱类型和装箱量的概念。

物流货柜

专业海运集装箱

冷藏集装箱

集装箱装箱量估算

一、集装箱的概念及标准化

1. 集装箱(Container)的定义

集装箱是用于装载货物、便于机械化装卸和运送的一种集装化工具。关于集装箱的定义,国际上不同国家、地区和组织的表述有所不同。许多国家现在基本上采用国际标准化组织(ISO)对集装箱的定义,即集装箱是一种供货物运输的设备,应满足以下条件:①具有足够的强度和刚度,可长期反复使用;②适于一种或多种运输方式载运,在途中转运时,箱内货物不需换装;③具有便于快速装卸和搬运的装置,特别是从一种运输方式转移到另一种运输方式;④便于货物的装满和卸空;⑤具有 1m³ 及其以上的容积。简单地说,集装箱是具有一定强度、刚度和规格,专供周转使用的大型装货容器。使用集装箱转运货物,可直接在发货人的仓库装货,运到收货人的仓库卸货,中途更换车、船时,无需将货物从箱内取出换装。

目前,中国、日本、美国、法国等国家,都全面地引进了 ISO 的定义。除了 ISO 的定义,还有《集装箱海关公约》(CCC)、《国际集装箱安全公约》(CSC)、英国国家标准和北美太平洋班轮公会等对集装箱下的定义,内容基本上大同小异。我国国家标准《集装箱术语》(GB/T 1992—2006)中,引用了国际标准化组织的定义。

集装箱运输是运输方法上的一次革命,是使件杂货运输合理化、科学化和现代化的标志。

集装箱标准化是指集装箱产品在设计、材料使用、配件、结构、形状、尺寸、重量、内体积和外体积等参数,以及制造工艺、使用和管理等都按照国际标准化组织的规定与要求进行统一生产的规范集装箱。集装箱国际标准,具体包括:集装箱定义,术语,规格尺寸、总重量、试验方法及强度要求,角件结构,标志方法,操作方法等一系列标准与规定。

集装箱标准化,可为集装箱运输设备的标准化、规范化及其选型提供依据,可使散杂货物搬运与装卸通过集装箱及其运输设备实现专业化、机械化、自动化,实现货物高效率和高质量位移,使各种运输方式具有通用性和载运互换性,实现最大的经济性。在硬件标准化的基础上,实现软件标准化,可以提高集装箱运输的经济效益。因此,集装箱标准化是现代货物运输和物流的重要手段和技术基础,是形成整个流通领域一体化的重要保证,是技术发展和社会大生产的需要。集装箱运输,就是在集装箱标准化为动力的推动下发展起来的。

2. 集装箱主要参数

(1)外部尺寸

外部尺寸是指包括集装箱永久性附件在内的集装箱外部最大的长、宽、高尺寸。它是确定集装箱能否在船舶、全(半)挂车、货车、铁路车辆之间进行换装的主要参数,是各运输部门必须掌握的一项重要技术资料。

(2)内部尺寸

内部尺寸是指集装箱内部最大的长、宽、高尺寸。它决定集装箱内容积和箱内货物的最大尺寸。

(3)容积

按集装箱内尺寸计算的装货容积。同一规格的集装箱,由于结构和制造材料的不同,其容积略有差异。

(4)自重(空箱质量)

自重是指空集装箱的质量,包括各种集装箱在正常工作状态下应备有的附件和各种设备,如机械式冷藏集装箱的机械制冷装置及其所需的燃油。

(5)载重(载货质量)

集装箱最大容许承载的货物质量,包括集装箱正常工作状态下所需的货物紧固设备及垫货材料等在内的质量。

(6)总重(额定质量)

总重是集装箱的自重和载重之和,即集装箱的总质量。它是营运和作业的上限值,又是设计和试验的下限值。

(7)自重系数

自重系数指集装箱的自重与载重之比。集装箱自重系数越小越好。自重系数小,表明在集装箱自重既定的情况下,能够装载较多的货物。铝合金集装箱的优点就在于它的自重系数较小。

(8)比容

比容指集装箱内部的几何容积与载重之比。集装箱的比容大,表明在同样载质量的情况下,它可以装载较大体积的货物,具有较大的使用范围。

(9)比面

比面指集装箱箱底的全部面积与其载质量之比。集装箱比面大,表明在同样载质量的情况下,可以装载较多占用放置面积较大的货物。

集装箱比容是反映封闭式集装箱装载能力的技术参数,集装箱比面则是反映敞开式集装箱装载能力的技术参数。杂货集装箱参数如表2-1所示。

杂货集装箱参数　　　　　表2-1

参数		20ft箱		20ft箱		20ft箱		40ft箱		40ft箱	
材质		A(铝制)		B(铝制)		C(钢制)		A(铝制)		B(铝制)	
单位		mm	ft	mm	ft	mm	ft	mm	ft	mm	ft
外部尺寸	长	6058	19~10.5	6058	10~10.5	6058	19~10.5	12192	40	12192	40
	宽	2438	8	2438	8	2438	8	3438	8	2438	8
	高	2438	8	2438	8	2438	8	2591	8~6	2591	8~6

续上表

参数		20ft箱 A(铝制)		20ft箱 B(铝制)		20ft箱 C(钢制)		40ft箱 A(铝制)		40ft箱 B(铝制)	
单位		mm	ft	mm	ft	mm	ft	mm	ft	mm	ft
内部尺寸	长	5930	19~5.44	5884	19~3.65	5888	19~3.81	12062	39~6.87	12052	39~6.5
	宽	2350	7~8.5	2345	7~8.94	2331	7~7.76	2350	7~8.5	2342	7~8.18
名义高度		2260	7~4.94	2240	7~4.18	2255	7~7.45	2380	7~9.86	2367	7~0.37
净空高度		2180	7~1.8	2180	7~1.8			2305	7~6.68		
门框尺寸	宽	2350	7~8.5	2342	7~8.18	2340	7~8.12	2035	7~8.5	2347	7~8.37
	高	2154	7~0.81	2135	7~0.16	2143	7~0.37	2284	7~5.68	2265	7~5.27
单位		m³	ft³	m³	ft³	m³	ft³	m³	ft³	m³	ft³
容积		31.5	1112	30.9	1091	31	1095	67.6	2386	66.5	2348
单位		kg	lb	kg	lb	kg	lb	kg	lb	kg	lb
自重		1600	3530	1700	3570	2230	4920	2990	6600	3410	7500
总重		24000	52913	24000	52913	24000	52913	30480	67200	30480	67200
载重		22400	49383	22300	49163	21770	47993	27490	60600	27070	59700

3. 国际标准集装箱

目前,通用的第1系列国际标准集装箱共有13种规格。其外部尺寸可分为以下类别。

(1) A 系列集装箱

这类集装箱长度均为40ft,宽度均为8ft,由于高度的不同可以分为四种:1AAA,高度为9ft6in;1AA,高度为8ft6in;1A,高度为8ft;1AX,高度小于8ft。

(2) B 系列集装箱

这类集装箱长度均为30ft(实际小于30ft),宽度均为8ft,由于高度不同可以分为四种:1BBB,高度为9ft6in;1BB,高度为8ft6in;1B,高度为8ft;1BX,高度小于8ft。

(3) C 系列集装箱

这类集装箱长度均为20ft(实际小于20 ft),宽度均为8ft,由于高度不同可以分为三种:1CC,高度为8ft6in;1C,高度为8ft;1CX,高度小于8ft。

(4) D 系列集装箱

这类集装箱长度均为10ft(实际小于10ft),宽度均为8ft,由于高度不同可以分为两种:1D,高度为8ft;1DX,高度小于8ft。

第1系列集装箱外部长、宽、高均有相关"公差"的规定。基本尺寸加公差只能小于标准外部尺寸。第1系列集装箱外部尺寸、公差和总重如表2-2 所示。

国际标准集装箱现行箱型系列　　　　表2-2

规格	箱型	长度 L(mm)		宽度 W(mm)		高度 H(mm)		总重(kg)
		基本尺寸	公差	基本尺寸	公差	基本尺寸	公差	
40ft	1AAA 1AA 1A 1AX	12192	0~10	2438	0~5	2896 2591 2438 <2438	0~5	30480

续上表

规格	箱型	长度 L(mm)		宽度 W(mm)		高度 H(mm)		总重(kg)
		基本尺寸	公差	基本尺寸	公差	基本尺寸	公差	
30ft	1BBB 1BB 1B	9125	0~10	2438	0~5	2896 2591 2438	0~5	25400
	1BX					<2438		
20ft	1CC 1C	6058	0~6	2438	0~5	2591 2438	0~5	24000
	1CX					<2438		
10ft	1D	2991	0~5	2438	0~5	2438	0~5	10160
	1DX					<2438		

关于第1系列集装箱的长度尺寸标准,还需说明如下:由于在火车、卡车的同一车皮、堆场的同一箱位可装载(堆存)一个40ft集装箱的位置,必须可同时装载(堆存)两个20ft集装箱或一个30ft与一个10ft集装箱,所以,实际上除了40ft集装箱的长度允许正好为40ft外,30ft、20ft、10ft的集装箱长度均必须小于其公差长度。其长度尺寸关系如图2-1所示,图中i为间距,国际标准规定其值为3in(76mm)。

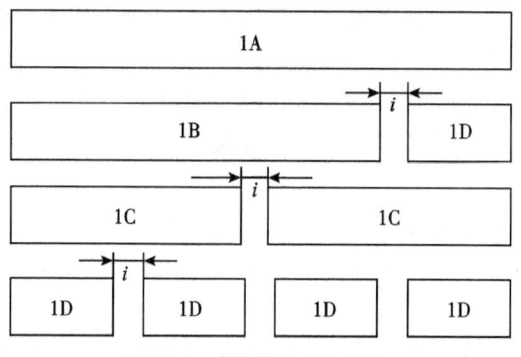

图2-1 集装箱尺寸配合图

注:1A型:40ft(12192mm)。1B型:30ft(9125mm)。1C型:20ft(6058mm)。1D型:10ft(2991mm)。i(间距) = 3in(76mm)。各种集装箱箱型之间的尺寸关系为:$1A = 1B + i + 1D = 9125 + 76 + 2991 = 12192$ mm;$1B = 1D + i + 1D + i + 1D = 3 \times 2991 + 2 \times 76 = 9125$ mm;$1C = 1D + i + 1D = 2 \times 2991 + 76 = 6058$ mm。

目前,在海上运输中,经常使用的是1AA和1CC型集装箱。上述A、B、C、D四类集装箱中,以A类与C类(长度分别为40ft和20ft)集装箱最为通用,其总数量也较多。从统计的角度上看,将一个C类集装箱(长度为20ft)称为1个标准箱(TEU);一个40ft的集装箱计为2个标准箱;一个30ft的集装箱计为1.5个标准箱;一个10ft的集装箱计为0.5个标准箱。

4. 中国国家标准集装箱

国际标准集装箱,是由ISO第104技术委员会制定的集装箱。第104技术委员会成立于1961年,是研究海陆联运用的大型集装箱国际标准的技术委员会。我国于1978年6月16日正式以"中国标准协会"(China Association for Standardization,CAS)的名义,申请加入ISO,并于9月1日被正式批准为ISO成员。在国家标准局的领导下,1980年3月成立了"全国集装箱标准化技术委员会",并对口于国际 ISO/TC104,该委员会此后制定和颁布了一系列集装箱国家标准。

国家标准集装箱一般是各国政府按国际标准的参数,并考虑本国的具体技术条件而制定的。我国现行国家标准集装箱如表 2-3 所示。

我国现行国家标准集装箱　　　　表 2-3

型号	高度 H(mm)		宽度 W(mm)		长度 L(mm)		总重(kg)
	基本尺寸	公差	基本尺寸	公差	基本尺寸	公差	
1AA	2591	0~5	2438	0~5	12192	0~10	30480
1A	2438	0~5	2438	0~5	12192	0~10	30480
1AX	<2438	0~5	2438	0~5	12912	0~10	30480
1CC	2591	0~5	2438	0~5	6058	0~6	20320
1C	2438	0~5	2438	0~5	6058	0~6	20320
1CX	<2438	0~5	2438	0~5	6058	0~6	20320
10D	2438	0~5	2438	0~5	4012	0~5	10000
5D	2438	0~5	2438	0~5	1968	0~5	5000

注:①5D 和 10D 两种箱型主要用于国内运输,其他 6 种箱型主要用于国际运输。
②C 型箱额定质量仍为 20320kg,实际使用中采用 24000kg。

目前,世界上通用的是国际标准集装箱,除标准箱外,现在世界上还有不少非标准集装箱。如非标准长度集装箱有美国海陆公司的 35ft 集装箱、总统轮船公司的 45ft 及 48ft 集装箱;非标准高度集装箱,主要有 9ft 和 9.5ft 两种高度集装箱;非标准宽度集装箱有 8.2ft 宽度集装箱等。由于经济效益的驱动,目前世界上 20ft 集装箱总重达 24t 的越来越多,而且普遍受到欢迎。

二、集装箱的类型

集装箱可以分别按用途、材质、结构等进行分类。

1. 按集装箱的用途分类

(1) 干货集装箱

这种集装箱也称为杂货集装箱,用来运输无须控制温度的件杂货,使用范围很广,常用的有 20ft 和 40ft 两种。其结构特点常为全封闭式,一般在一端或侧面设有箱门,箱内设有一定的固货装置。这种箱子在使用时一般要求清洁、水密性好。对装入这种集装箱的货物要求有适当的包装,以便充分利用集装箱的箱容。干货集装箱如图 2-2 所示。

图 2-2　干货集装箱

(2) 开顶集装箱

这种集装箱的箱顶可以打开,货物能从上部吊装吊卸,适于装载大型货物和重货,如钢铁、木材、玻璃集装架等。开顶集装箱如图 2-3 所示。

(3)通风集装箱

通风集装箱一般在其侧壁或顶壁上设有若干供通风用的窗口,适用于装运有一定通风和防潮要求的杂货,如原皮、水果、蔬菜等。如果将通风窗口关闭,它可以可作为杂货集装箱使用。通风集装箱如图2-4所示。

图2-3　开顶集装箱　　　　　　　　　　　图2-4　通风集装箱

(4)台架式集装箱

这种集装箱是没有箱顶和侧壁,甚至连端壁也去掉而只有底板和四个脚柱的集装箱。这种集装箱可以从前后、左右及上方进行装卸作业,适合装卸长大件货和重货,如重型机械、钢材、钢管、钢锭、木材等。台架式集装箱如图2-5所示。

(5)平台式集装箱

这种集装箱是在台架式集装箱基础上再简化而只保留底板的一种特殊结构的集装箱。主要用于装卸长大笨重货物,如重型机械、钢材、整件设备等。平台的长度和宽度与国际标准集装箱的箱底尺寸相同,可使用与其他集装箱相同的紧固件和起吊装置。平台式集装箱形状类似铁路平板车,是仅有底板而无上部结构的一种集装箱。平台式集装箱装卸作业方便,适宜装长度达6m以上、宽4m以上、高4.5m左右以及重量可达40t的货物。并且两台平台集装箱可以连接起来装80t的货,用这种集装箱装运汽车极为方便。平台式集装箱如图2-6所示。

图2-5　台架式集装箱　　　　　　　　　　图2-6　平台式集装箱

(6)冷藏集装箱

冷藏集装箱是以运输冷冻食品为主,能保持锁定温度的保温集装箱。它是专为运输鱼、肉、新鲜水果、蔬菜等食品而设计的特殊集装箱。冷藏集装箱如图2-7所示。

(7) 罐式集装箱

这种集装箱专门用来装运液体货,如酒类、油类、化学品等。它由罐体和框架两部分组成,罐体用于装液体货,框架用于支撑和固定罐体。罐体的外壁采用保温材料以使罐体隔热,内壁一般要研磨抛光以避免液体残留于壁面。为了降低液体的黏度,罐体下部还设有加热器。对罐体内温度可以通过安装在其上部的温度计进行观察。罐顶设有装货口,罐底设有排出阀。装货时货物由罐顶部装货口装入,卸货时则由排出阀流出或从顶部装货口吸出。罐式集装箱如图2-8所示。

图2-7 冷藏集装箱

图2-8 罐式集装箱

(8) 汽车集装箱

这种集装箱专门用来装运小型汽车。其结构特点是无侧壁,仅设有框架和箱底。为了防止汽车在箱内滑动,箱底专门设有绑扎设备和防滑钢板。大部分汽车集装箱为上下两层。汽车集装箱如图2-9所示。

(9) 动物集装箱

这是一种专门用来装运鸡、鸭、猪、羊等活禽、活牲畜的集装箱。该种集装箱一般配有食槽,并能遮蔽阳光,具有良好的通风条件。动物集装箱如图2-10所示。

图2-9 汽车集装箱

图2-10 动物集装箱

(10) 服装集装箱

这种集装箱的特点是,在箱内侧梁上装有很多根横杆,每根横杆上挂有许多吊扣或绳索,供服装挂运。这种无包装运输方法不仅节约了包装材料和包装费用,而且减少了人工劳动,提高了服装的运输质量。服装集装箱如图2-11所示。

(11) 散货集装箱

这种集装箱用于装运粉状或粒状货物,如大豆、大米、各种饲料等。在箱顶部设有2~3个装货口,在箱门的下部设有卸货口。使用集装箱装运散货,一方面提高了装卸效率,另一方面提高了货运质量,减轻了粉尘对人体的侵害和对环境的污染。散货集装箱如图2-12所示。

2. 按集装箱的制造材料分类

集装箱的制造材料应尽量采用质量轻、强度高、耐用以及维修保养费用低的材料。现代的大型集装箱都不是用一种材料制成的，而是用钢、木材、铝合金和玻璃钢中的几种材料混合制成的。按制造集装箱的主体材料划分，集装箱可分为以下几种。

(1) 钢制集装箱

其框架和箱壁板皆用钢材制成，主要优点是强度大，结构牢固，焊接性和水密性好，能反复使用，价格低廉，易修理，不易损坏；主要缺点是防腐能力差，箱体笨重，相应地降低了装货能力。

图2-11　服装集装箱

图2-12　散货集装箱

(2) 铝合金集装箱

铝制集装箱有两种：一种是由钢架铝板制成；另一种是仅框架两端用钢材，其余用铝材而制成。它的主要优点是自重轻、不生锈、外表美观、弹性好、不易变形，提高了集装箱的装载能力；主要缺点是铝合金集装箱的造价相当高，焊接性也不如钢制集装箱，受碰撞时易损坏。

(3) 不锈钢集装箱

一般多用不锈钢制作罐式集装箱。不锈钢集装箱的主要优点是不生锈，耐蚀性好，强度高；主要缺点是价格高，投资大。

(4) 玻璃钢集装箱

玻璃钢集装箱是在钢制框架上装上玻璃钢复合板构成的，主要优点是强度大、刚性好，具有较高的隔热、防腐和耐化学侵蚀能力，易于清扫、洗涤，修理简便，维修费用较低，集装箱内容积较大等。其主要缺点是自重大、造价高。

3. 按集装箱的箱体结构分类

普通货物集装箱的箱体结构有内柱式、外柱式、折叠式和薄壳式四类。

(1) 内柱式集装箱

它的侧柱或端柱位于侧壁或端壁之内，优点是外表平滑，受斜向外力不易损坏，印刷标志也比较方便，外板与内衬板之间留有空隙，故防热效果好，并能减少货物的湿损率，在修理和更换外板时，不需要取下箱内衬。

(2) 外柱式集装箱

它的侧柱或端柱是在侧壁或端壁之外，故受外力时，对外板不易损伤，有时可以不要内衬板。

(3)折叠式集装箱

它的主要部件(指侧壁、端壁和箱顶)能简单地折叠或分解,再次使用时可以方便地再组合起来。优点是在回收和保管时能缩小箱的体积,提高运输的经济效果。但由于各主要部件是用铰链连接的,故其强度受影响。

(4)薄壳式集装箱

与一般集装箱结构(由骨架承受荷重、箱的外板与骨架是铆接或焊接在一起的)不同,所有的部件组成一个刚体,近似飞机结构。它的优点是重量轻,整体可以承受所发生的扭力而不会引起永久变形,但工艺要求高。

三、集装箱的识别标记

为了方便集装箱运输管理,国际标准化组织(ISO)规定的集装箱标记有必备标记和自选标记两类。每类标记中又分识别标记和作业标记两种。每类标记都必须按规定大小,标识在集装箱规定的位置上,如图2-13所示。

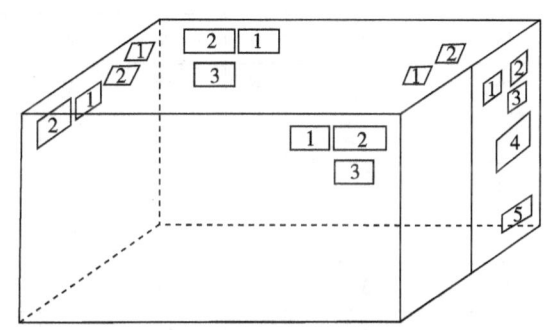

图2-13 集装箱标记代号的位置

1－箱主代号;2－箱号或顺序号,核对数字;3－集装箱尺寸及类型代号;4－集装箱总量、自重和容积;
5－集装箱制造厂名及出厂日期

1. 识别标记

识别标记如 ABCU001234 ①。

(1)箱主代号

箱主代号即集装箱所有人代号,"ABC"表示箱主代码,用3个大写拉丁字母表示。为防止箱主代号出现重复,所有箱主在使用代号之前应向国际集装箱局(BIC)登记注册。目前,国际集装箱局已在多个国家和地区设有注册机构,我国在北京设有注册机构。国际集装箱局每隔半年公布一次在册的箱主代号一览表。

(2)设备识别代号

设备识别代号分别为"U""J"和"Z"三个字母。"U"表示集装箱,"J"表示集装箱所配置的挂装设备,"Z"表示集装箱专用车和底盘车。

箱主代号和设备识别代号一般四个字母连续排列,如"ABCU",表示箱主代号为"ABC",设备识别代号为"U"。

(3)顺序号

顺序号又称箱号,用6位阿拉伯数字表示。若有效数字不足6位,则在前面加"0",补足6位。如有效数字为1234,则集装箱号应为001234。

(4)核对数字

核对数字由 1 位阿拉伯数字表示,列于 6 位箱号之后,置于方框之中。

设置核对数字,是为了防止箱号在记录时发生差错。运营中的集装箱频繁地在各种运输方式之间转换,如从火车到卡车再到船舶等,不断地从这个国家到那个国家,进出车站、码头、堆场、集装箱货运站。每进行一次转换和交接,就要记录一次箱号。在多次记录中,如果偶然发生差错,记错一个字符,就会使该集装箱从此"不知下落"。为避免出现此类"丢失"集装箱及所装货物的事故,在箱号记录中设置了一个"自检测系统",即设置一位"核对数字"。该"自检测系统"的原理如下。

①将箱主代号 4 个拉丁字母与箱号 6 位阿拉伯数字视作一组,共 10 个字符。

前 4 位拉丁字母与等效数值一一对应,如表 2-4 所示。

等 效 数 值 表　　　　　　　　　　表 2-4

箱主代号		箱主代号		顺序号	箱主代号		箱主代号		顺序号
字母	等效数值	字母	等效数值	数字或等效数值	字母	等效数值	字母	等效数值	数字或等效数值
A	10	H	18	0	O	26	V	34	7
B	12	I	19	1	P	27	W	35	8
C	13	J	20	2	Q	28	X	36	9
D	14	K	21	3	R	29	Y	37	
E	15	L	23	4	S	30	Z	38	
F	16	M	24	5	T	31			
G	17	N	25	6	U	32			

②箱主代号的 4 位等效数值与 6 位箱号,共 10 个数字,分别乘以 $2^0 \sim 2^9$ 的加权系数。

③将所有乘积累加,然后除以模数 11,所得的余数,查余数与核对数值对照表(如表 2-5 所示),就可求得核对数字。

余数与核对数值对照表　　　　　　　　　　表 2-5

余数	核对数字	余数	核对数字	余数	核对数字
10	0	6	6	2	2
9	9	5	5	1	1
8	8	4	4	0	0
7	7	3	3		

在集装箱运行中,每次交接记录箱号时,在将"箱主代号"与"箱号"录入计算机时,计算机就会自动按上述原理计算"核对数字";当记录人员键入最后一位"核对数字"与计算机计算得出的数字不符时,计算机就会提醒箱号记录"出错"。这样,就能有效避免箱号记录出错的事故。

例 2-1　集装箱的箱主代号和顺序号为 ABZU123456,求其核对数字。

解:其等效数值、加权系数和乘积之和可列表求得,如表 2-6 所示。

求核对数字的计算表 表2-6

名　称	代　号	等效数值	加权系数	乘　积
箱主代号	A	10	2^0	10
	B	12	2^1	24
	Z	38	2^2	152
	U	32	2^3	256
顺序号	1	1	2^4	16
	2	2	2^5	64
	3	3	2^6	192
	4	4	2^7	512
	5	5	2^8	1280
	6	6	2^9	3072
合计	—	—	—	5578

从表2-6中得乘积之和为5578,除以模数11,即5578/11＝507……1,查表2-5,当余数为1时,核对数字为1。

2. 作业标记

(1)额定重量和自重标记

集装箱的额定重量(空箱质量)和箱内装载货物的最大容许重量(最大容许质量)之和,即最大工作总重量(Max Gross Mass),简称最大总重,以 R 表示。集装箱的自重(Tare Weight)又称空箱重量(Tare Mass),以 T 表示。它包括各种集装箱在正常工作状态下应备有的附件和各种设备,如机械式冷藏集装箱的机械制冷装置及其所需的燃油;台架式集装箱上两侧的立柱;开顶集装箱上的帆布顶篷等。

例 2-2　COSU 001234　$\boxed{2}$

　　　　RCX2030
　　　　MAX GROSS:1234(kg)
　　　　TARE 382(kg)

解:依照相关标志规定,反映了以下集装箱的情况。

COSU——箱主代号,表示中国远洋运输公司;

001234——顺序号;

$\boxed{2}$——核对数字;

RCX——国籍代码;

20——尺寸代号,表示20ft长、8ft高;

30——类型代号,表示冷冻集装箱;

GROSS:2234(kg)——最大总重量2234kg;

TARE 382(kg)——空箱重量382kg。

(2)超高标记

凡箱高超过2.6m(8ft6in)的集装箱均应标打下列必备标记。

①在集装箱两侧标打集装箱高度标记,该标记为黄色底上标出黑色数字和边框。

②在箱体每端和每侧角件间的顶梁及上侧梁上标打长度至少为 300mm(12in) 的黄黑斜条的条形标记。

(3) 通行标记

集装箱在运输过程中要能顺利地通过或进入他国国境,箱上必须贴有按规定要求的各种通行标记,主要有安全合格牌照、集装箱批准牌照、检验合格徽、防虫处理板和国际铁路联盟标记。

另外,装有危险货物的集装箱,应有规格不小于 250mm × 250mm 的至少 4 幅《国际海运危险货物规则》类别标志,并贴于外部明显的地方。集装箱的标志如图 2-14 所示。

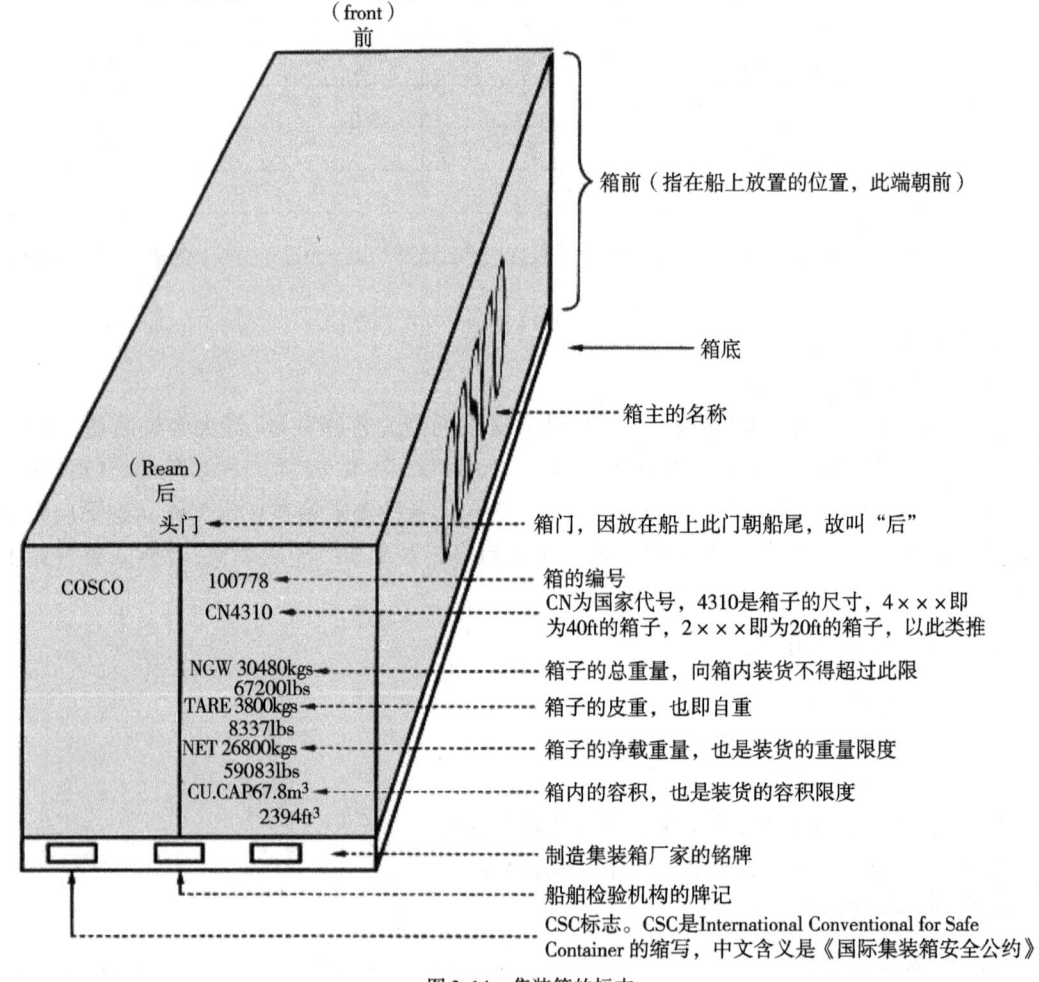

图 2-14　集装箱的标志

四、集装箱的选择

集装箱的选择主要包括集装箱类型的选择和集装箱数量的确定两方面内容。

1. 集装箱类型的选择

正确选择集装箱的类型,是集装箱运输组织管理的重要工作。选择箱型,应首先了解以下内容。

(1) 货物特性

货物特性决定了运输要求,如危险品、易碎品、鲜活易腐品等货物特性不一,对箱型选择也就不同。

(2) 货物种类与货名

为了保证货物运输安全无损,仅仅了解货物的一般特性是不够的。例如对危险货物来说,不能只知道它是危险货物就满足了,还要进一步了解它是属于哪一类危险货物,是爆炸品、易燃品还是腐蚀性货物;还要具体了解它的货名,是鞭炮、电影胶卷还是硫酸;此外,还要知道它有无包装,是什么包装;货物是清洁的还是脏的,有没有气味等。

(3) 货物包装尺寸

由于我国货物运输包装规格繁多,要选择相适应的集装箱型号,必须了解货物包装尺寸,以便选择合适的配置方法(如横平放、直平放、竖正放等),充分利用箱容容积。

(4) 货物质量

任何集装箱可装货物的质量都不得超过集装箱的载货质量,有时货物质量虽小于载货质量,但由于该货物是集中载荷而可能造成箱底强度不足,这时就必须采取措施,利用货垫使集中载荷分散均布。

(5) 集装箱运输过程

应考虑整个运输过程由哪几种运输工具运送,是否需要转运和换装作业,采用何种作业方式,运输过程中的外界条件如何,是否高温、多湿,拆箱地点的设备和条件如何等。运输过程不同,箱型也应不同。

(6) 箱型选择还应遵循的原则

货物外部尺寸应与集装箱内部尺寸相适应,以成公倍数为最佳;按货物比容选择最有利比容(或比面)的集装箱;优先选择自重系数较小的集装箱;集装箱外部尺寸应与运输工具尺寸相适应,也以成公倍数为最佳。

2. 集装箱数量的计算

箱型选定后,还应计算所需的集装箱数量。为此,首先应了解集装箱的单位容重的概念。

集装箱的单位容重是指集装箱的最大载货质量除以集装箱的容积所得的商。要使集装箱的容积和载货质量都能满载,就要求货物的密度等于集装箱的单位容重。实际上集装箱装货后,箱内的容积或多或少会产生空隙,因此,集装箱内实际可利用的有效容积为集装箱的容积乘上箱容利用率。表2-7给出了20ft和40ft杂货集装箱以及20ft开顶集装箱和台架式集装箱的单位容重。

集装箱的单位容重　　　　　　　　　　　表2-7

集装箱种类	载货质量		集装箱容积		箱容利用率为100%时的单位容重		箱容利用率为80%时的单位容重	
	kg	lb	m^3	ft^3	kg/m^3	lb/ft^3	kg/m^3	lb/ft^3
20ft 杂货集装箱	21790	48047	33.2	1172	656.3	41.0	820.4	51.3
40ft 杂货集装箱	27630	60924	67.8	2426	407.5	25.1	509.4	31.4
20ft 开顶集装箱	21480	47363	28.4	1005	756.3	47.1	945.4	58.9
20ft 台架式集装箱	21230	46812	28.5	1007	744.9	46.5	931.1	58.1

(1) 计算整箱货物的集装箱需用量

在计算集装箱所需数量之前,先要判定这批货物是重货还是轻货,再求出每个集装箱的最大装载量和有效容积,就可以算出该批货物所需要的集装箱数量。其计算方法如下:

①对于重货,即货物单位体积质量大于集装箱有效容积的单位容重,则用货物质量除以集装箱的载货质量,即得所需要的集装箱数量。

②当货物单位体积质量等于集装箱有效容积的单位容重时,既可按质量计算也可按体积计算,都可以求得集装箱的需要数量。

③对于暂不能判定是重货还是轻货的,可先按容积计算,求出每个集装箱可能装运的货物件数,再用货物件数乘以每件货物质量,并与集装箱的载货质量进行比较。如果货物质量小于集装箱载货质量,那么就按货物总体积除以集装箱容积计算所需集装箱数;反之,则按货物总质量除以每个集装箱的载货质量,计算所需的集装箱个数。

例 2-3 现有需要装箱的电气制品货物(纸箱包装)共 750 箱,体积为 117.3m³(4141ft³),质量为 20.33t(44827lb),问需要装多少个 20ft 杂货集装箱?

解: 先求货物密度。

货物密度 = 20330 ÷ 117.3 ≈ 173.3(kg/m³)

从表 2-7 中查得箱容利用率如果为 80%、20ft 杂货集装箱的单位容重为 820.4kg/m³。因货物密度小于箱的单位容重,所以所装电气制品为轻货。

集装箱的有效容积 = 33.2 × 0.8 = 26.56(m³)

所需集装箱数为货物体积除以集装箱有效容积,即:

117.3 ÷ 26.56 ≈ 4.4(个)

所以,需要 5 个 20ft 杂货集装箱才能把该批纸箱包装的电气制品装完。

(2)计算拼箱货物的集装箱需用量

对于拼箱货物,应当轻重货物搭配装载。为使配装效果较好,配装货物的品种宜少,以一种重货与一种轻货配装最为有利。拼装货物应是发至同一到达站的货物,同时,必须使所装货物的加权平均单位体积质量等于或接近于集装箱的单位容重,从而使集装箱的容积装满,载货质量也得以充分利用。

轻重货物正确的配装比例,可按以下公式计算:

$$P_b = P_w + P_l \tag{2-1}$$

$$V_y = V_w + V_l = \frac{P_w}{Y_w} + \frac{P_l}{Y_l} \tag{2-2}$$

式中:P_b——集装箱载重(t);
P_w——应装重质货物的质量(t);
P_l——应装轻质货物的质量(t);
V_y——集装箱有效内容积(m³);
V_w——应装重质货物的体积(m³);
V_l——应装轻质货物的体积(m³);
Y_w——重质货物单位体积的质量(t/m³);
Y_l——轻质货物单位体积的质量(t/m³)。

由此可推出:

$$P_w = \frac{P_b - V_y Y_l}{1 - \frac{Y_l}{Y_w}} \tag{2-3}$$

$$P_l = P_b - P_w \tag{2-4}$$

为了减少集装箱的回程空载,有时要把普通杂货装在各种特殊集装箱内。这些特殊集装箱的容积一般比杂货集装箱小,因此,在计算集装箱数量时应特别注意。

根据国外装载经验,利用各种特殊集装箱装载杂货时,其装载量经验值如表2-8所示。

国外特殊集装箱装载杂货的装载量经验值(单位:吨)　　　　表2-8

集装箱类型	可装载量/容积吨	集装箱类型	可装载量/容积吨
20ft 动物集装箱	13	20ft 冷藏集装箱	17.5
20ft 通风集装箱	21	20ft 台架式集装箱	14
20ft 散货集装箱	21	20ft 开顶集装箱	21

五、集装箱货物的装载

选用集装箱装载的货物千差万别,装载的要求也各不相同,但一般应满足以下基本要求。

1. 质量的合理分配

根据货物的体积、质量、外包装的强度以及货物的性质进行分类,把外包装坚固和质量较重的货物装在下面,外包装较为脆弱、质量较轻的货物装在上面。装载时要使货物的质量在箱底均匀分布,否则,有可能造成箱底脱落或底梁弯曲。如果整个集装箱的重心发生偏移,当用扩伸抓具起吊时,有可能使集装箱倾翻。此外,还可能造成运输车辆前后轮质量分布不均。

2. 货物的必要衬垫

装载货物时,要根据包装的强度来决定对其进行必要的衬垫。对于外包装脆弱的货物、易碎货物应夹衬缓冲材料,防止货物相互碰撞挤压。为填补货物之间和货物与集装箱侧壁之间的空隙,有必要在货物之间插入垫板、覆盖物之类的隔货材料。要注意对货物下端进行必要的衬垫,使质量分布均匀。对于出口集装箱货物,若其衬垫材料属于植物检疫对象的,箱底最好改用非植检对象材料。

3. 货物的合理固定

货物在装箱后,一般都会产生空隙。由于空隙的存在,必须对箱内货物进行固定处理,以防止在运输途中,尤其是海上运输中由于船体摇摆而造成货物坍塌与破损。货物的固定方法有以下几种。

(1) 支撑

用方形木条等支柱使货物固定。

(2) 塞紧

货物与集装箱侧壁之间用方木等支柱在水平方向加以固定,货物之间插入填塞物、缓冲垫、楔子等防止货物移动。

(3) 系紧

用绳索、带子等索具或用网具等捆绑货物。

由于集装箱的侧壁、端壁、门板处的强度较弱,因此在集装箱内对货物进行固定作业时,要注意支撑和塞紧的方法,不要直接撑在这些地方,应设法使支柱撑在集装箱的主要构件上。此外,也可将衬垫材料、扁平木材等制成栅栏来固定货物。绑扎固定对于缓冲运输中产生的冲击和振动具有明显效果。

4. 货物合理混装

货物混装时,要避免相互污染或引起事故。

(1) 干湿货物的混装

液体货物或有水分的货物与干燥货物混装时,如果货物出现泄露渗出液汁或因结雾产生水滴,就有可能引起干燥货物的湿损、污染、腐败等事故,因此,要尽可能避免混装。当然,如果湿货物装在坚固的容器内,或装在下层,也可以考虑混装。

(2) 尽可能不与强臭货物或气味强烈的货物混装

如肥料、鱼粉、兽皮等恶臭货物以及胡椒、樟脑等强臭货物不得与茶叶、咖啡、烟草等香味品或具有吸臭性的食品混装。对于与这些恶臭、强臭货物混装的其他货物,应采取必要措施,有效阻隔气味。

(3) 尽可能不与粉末类货物混装

水泥、肥料、石墨等粉末类的货物与清洁货物不得混装。

(4) 危险货物之间不得混装

危险货物之间混装容易引起着火和爆炸等重大灾害,因此不得混装。

5. 装卸集装箱内货物,应尽量创造条件用机械操作

集装箱内货物的装卸作业方式,随箱型和货物品种而异。如散装货箱可用抓斗或皮带机装箱,用倾斜方式卸箱;开顶集装箱可用吊车装箱、卸箱;侧开门式集装箱可用叉车装箱、卸箱;端开门式大型通用集装箱,可用小型机械出入箱内装箱、卸箱等。

集装箱货物装箱后,装拆箱作业人员应缮制货物装箱单,按有关规定施加封志,并按要求在箱体外张贴运输及有关标志。

6. 货物装箱其他注意事项

货物装箱时还应注意以下几方面:

①包装不同的货物应分别装载,以防止互相碰撞造成包装破损。

②有尖角或突出部分的货物之间,应用木板等材料分隔,以免损伤其他货物。

③严格遵守货物包装上的规定,如严禁倒置的货物必须正放。

④包装不整、不牢固和破损的货物不得装箱。

⑤采取有力措施,防止因运输时间长、外界条件差而损害货物。

⑥装箱时应考虑卸箱的难易及所需条件,为卸货创造方便。

第二节　集装箱运输船舶

一、集装箱船舶的发展历程

集装箱船舶是指在设计和制造时,已经考虑适宜载运国际标准集装箱的各种要求与条件,能安全、有效从事海上集装箱货运和在港口进行装卸的水上载运工具。世界上第一艘集装箱船是美国于1957年用一艘货船改装而成的,它的装卸效率比常规杂货船高10倍,停港时间大为缩短,并减少了运货装卸中的货损量。从此,集装箱船得到迅速发展,到20世纪70年代已成熟定型。集装箱船在其

情景导入

通过世界上最大的集装箱货船及其停靠认识集装箱运输船舶。

世界上最大的集装箱货船

世界上最大的集装箱货船停靠实景

历史演变中,随着航运业的需求和造船技术的发展,经历了一个由小到大的发展过程。

1. 第一代集装箱船

出现于 20 世纪 60 年代,横穿太平洋、大西洋的 17000～20000 总吨集装箱船可装载 700～1000TEU,这是第一代集装箱船。

2. 第二代集装箱船

出现于 20 世纪 70 年代,40000～50000 总吨集装箱船的集装箱装载数增加到 1800～2000TEU,航速也由第一代的 23 节提高到 26～27 节,这个时期的集装箱船被称为第二代。

3. 第三代集装箱船

在 1973 年爆发石油危机以后,由于第二代集装箱船航速过高不经济,因此出现第三代集装箱船,这代船的航速降低至 20～22 节,船体尺寸增大,集装箱的装载数达到 3000TEU,因此第三代集装箱船是高效节能型船。

4. 第四代集装箱船

出现于 20 世纪 80 年代后期,集装箱船的航速再次提高,集装箱船大型化的限度则以能通过巴拿马运河为准绳,这一时期的集装箱船被称为第四代。第四代集装箱船集装箱装载总数增加至 4400TEU。由于采用了高强度钢,船舶重量减轻了 25%;大功率柴油机的研制,大大降低了燃料费,又由于船舶自动化程度提高,船员人数减少,集装箱船的经济性进一步提高。

5. 第五代集装箱船

作为第五代集装箱船的先锋,德国船厂建造的 5 艘 APLC-10 型集装箱船可装载 4800TEU,这种集装箱船的船长、船宽比为 7:8,使船舶的复原力增大,被称为第五代集装箱船。

6. 第六代集装箱船

1996 年春季竣工的 Rehina Maersk 号集装箱船,最多可装载 8000TEU,这个级别的集装箱船拉开了第六代集装箱船的序幕。

7. 第七代集装箱船

目前,国际上还没有通用的关于第七代集装箱船的标准,通常装载 10000TEU 集装箱以上。以欧登赛船厂建成 13640TEU 的集装箱船并投入运营为代表。2011 年 2 月,马士基航运公司在韩国大宇造船海洋订造了 10 艘单船箱位 18000TEU 的超大型集装箱船,世界上最大的集装箱船横空出世。世界集装箱船航运业也进入了 18000TEU 时代。

在 21 世纪的前 10 年时间里,从 8000TEU 到 13000TEU,再到马士基航运公司订造的 18000TEU,集装箱船大型化发展速度惊人。集装箱船大型化发展演变过程中典型船型基本参数如表 2-9 所示。

值得说明的是,马士基航运公司所订造的 18000TEU 集装箱船被称为"3E"级船,即拥有规模经济、能源效率和环保绩效,属于集装箱船航运业的革新产品。该船总长 400m,型宽 59m,型深 73m。比马士基航运公司第一艘配载 15500TEU 集装箱的万箱船"艾玛·马士基"号长度增加了 4m,宽度增加了 3m,运力却增加了 16%,载箱量增加了 2500TEU,排放量却减少了 20%。

表 2-9 集装箱船大型化发展演变过程中典型船型基本参数

演变(代)	载箱位(TEU)	总长(m)	型宽(m)	吃水深度(m)
第一代	750	180	25	9
第二代	1500	225	29	11.5
第三代	3000	275	32	12.5
第四代	4500	275	39	13.5
第五代	5500	325	41	14.1
第六代	8000+	345	43	14.5
第七代	13640	398	56	16
第八代(三星重工)	16000	400	—	—
第九代(马六甲型)	18000	470(450)	60	21(15.7)

二、集装箱船舶的分类

1. 按航程与运营性质的不同分类

按航程与运营性质的不同,可以分为远洋大型的集装箱船,沿海或短途国际运输的中、小型集装箱船,以及1970年出现的专为远洋大型集装箱船服务的所谓集装箱"支线船"。

(1) 小型集装箱船

通常用于短途海上集装箱运输,其型宽一般不超过23m,载箱量在1000TEU以下。

(2) 支线集装箱船

最大装载量约为1500~2000TEU。这种支线船作为大船与港口之间的联系工具,既为大船"转运"集装箱,也为港口接运集装箱。

(3) 巴拿马型集装箱船

装载量可达到大约4500TEU。该船型的主尺度(船长、船宽、吃水)都能达到巴拿马运河所能允许的极限值。这类船型最初出现于20世纪70年代初,作为第三代集装箱船。

(4) 超巴拿马型集装箱船

装载量在4000~4500TEU以上,主尺度不受巴拿马运河限制,载箱量超过4000TEU的格栅式全集装箱船。伴随着第四代集装箱船的出现而出现。

(5) 苏伊士型集装箱船[超大型集装箱船(ULCS)]

苏伊士运河长约163km,宽80~135m,没有船闸,苏伊士型集装箱船在设计上主要是基于通过苏伊士运河的尺度。最有可能的尺度是宽度约50m或57m,相应最大吃水为16.4m或14.4m,载箱量12000TEU。2006年出现的真正意义上的超大型集装箱船是"艾玛·马士基"号,载箱量可达15500TEU,船舶总长397m,型宽56m,型深30m,最大吃水15.5m,航速25.5节以上。

(6) 马六甲型集装箱船

马六甲型集装箱船是目前世界上最大型的船型,命名来源于马六甲海峡。第一代超大型集装箱船11000~12000TEU左右,新一代马六甲超大型3E级集装箱船能够并列23排装载18000TEU,船体底部可以堆放11层集装箱,顶部最多可放10层,集装箱船全长400m,宽

59m,高73m,约20层楼高,主甲板可放下3个足球场,造价1.85亿美元。3E级的集装箱船的螺旋桨,每个重达70t。船体设计成U形使得甲板下方有更多的空间。船体的前进速度最大能达到每小时41km。总长为500km的电缆为硕大的船体提供动力,连接着驾驶台和船体的关键系统。3E集装箱船"3E"这个名字来源于三个基本设计理念:因大运量而产生的经济效益,能源上的高效和更加环保。该设计使平摊到每个集装箱上的耗油量减少37%,二氧化碳排量减少50%。马士基公司2013年引入的3E级集装箱船就取得了立竿见影的效果,2013年上半年,该公司的利润大增56%,至10亿美元。

2. 按照装运集装箱情况分类

集装箱船是以载运集装箱为主的专用运输船舶,按照装运集装箱情况可分为全集装箱船、部分(半)集装箱船、可变换集装箱船、滚装船和载驳船五种。

(1)全集装箱船

全集装箱船是指专门用以装运集装箱的船舶,是将全部货舱及上甲板都用于装载集装箱。它与一般杂货船不同,舱内设有固定或活动式的格栅结构,装有垂直导轨,便于集装箱沿导轨放下,四角有格栅制约,可防倾倒。可堆放3~9层集装箱,舱盖上和甲板上设置固定集装箱的系紧装置,可堆放3~6层,便于集装箱左翼及定位的船舶。

(2)部分(半)集装箱船

这类船舶在中部口径大且方正的货舱安装格导装置,专门载运集装箱,而在船艏和船艉部分货舱按载运散杂货设计,装载普通杂货,因为船的艏艉部分形状不规则,若用于装载集装箱则舱容浪费太大。半集装箱船由于集装箱货与杂货混装于一船,有时既需停靠集装箱码头又需停靠杂货码头进行装卸作业,因此与全集装箱船相比,半集装箱船营运效率较低,也增加了港口使用费。但是,对于那些适箱货源不足而有大批钢材等重件货的航线,或因港口设施不能装卸全集装箱船的航线,部分集装箱船有其独特的优越性。半船舶自配装卸设备,集装箱采用吊上吊下装卸作业,这类船舶一般投放在集装箱货物进出口量不大、码头缺乏专门装卸与堆放集装箱的设施设备条件的航线。在世界船队中,部分集装箱船的比重逐年下降,因船舶同时装载集装箱与件杂货,在有些港口需要移泊作业,仅在某些特殊航线中采用。

(3)可变换集装箱船

可变换集装箱船也称为兼用集装箱船,它是专门用以装运集装箱的船舶,用于集装箱运输。这类船舶在部分舱内装有可拆式格导装置,甲板与舱盖上设有集装箱定位构件,可以根据航线情况和货运要求变换构件以接载集装箱货物或其他货物,如件杂货或散货等。它和全集装箱船不同,其货舱内装载集装箱的结构为可拆装式的。所以,它既可装运集装箱,必要时也可装运普通杂货。集装箱船航速较快,大多数船舶本身没有起吊设备,需要依靠码头上的起吊设备进行装卸。多用途散/集两用船也做此归类。这类船舶通常投在尚不具备集装箱班轮运输航线上,港口装卸效率较低。这种集装箱船也称为吊上吊下船。

(4)滚装船

滚装船又称"滚上滚下"型船和"开上开下"型船,是把装有集装箱及其他件杂货的半挂车或装有货物的带轮的托盘作为货运单元,由牵引车或叉车直接通过船侧、船首或船尾的开口处跳板进出货船装卸的船舶。滚装船是在汽车轮渡上发展起来的,由西北欧和美国率先于20世纪五六十年代在区域性航线上投入营运。滚装船也有第一代、第二代、第三代之分,在国际商船队中占有一定比例,单船载箱量大小不等。近海运输中,一般为400~10000总吨、10000~18500载重吨、可载运数百集装箱的中小型滚装船,航速在14~15节左右。远洋航线上,一般采用10000总吨以上、30000载重吨、可载运2000TEU以上的滚装船,航速约20节。

船舶特点:在船艉、船艏或侧舷处设有开口跳板,船舱宽大,舱内设有升降设备和通道,船舶靠泊后,跳板与码头连接,集装箱随预载在底盘车、平板拖车或铲车开进开出船舶舱内并运用升降甲板与通道进行船舱内各层甲板(大船有4~5层甲板)的集装箱装卸作业。

船舶跳板类型有:直跳板、斜跳板、可旋转跳板。

营运特点:货运适宜多种类货物,包括集装箱、超大件等;码头不需要桥吊设备及其巨额投资(投资一般为集装箱专用码头的25%);装卸方便、快捷,效率高;便于集装箱货物门到门运输。缺点:货舱利用率低,舱内货物,尤其是带轮货物,需要有相应的绑扎设备以保证运输过程中货物的稳定性和安全性;需要安装排除废气设备,造价高。

(5)载驳船

载驳船又称子母船,用于河海联运,其作业过程是:先将驳船(尺寸统一的船,又称子船)装上货物,再将驳船装上载驳船(母船)运至目的港后,将驳船卸下水域,由内河推船分送至目的地港装卸货物并待另一次运输。此概念产生于20世纪50年代初,运作于60年代中的美国和日本。载驳船的优点是不需码头和堆场,装卸效率高,停泊时间短,便于河海联运。其缺点是造价高,需要配备多套驳船以便周转,需要泊位条件好的宽敞水域作业,且适宜于货源比较稳定的河海联运航线。因此,虽然美国早在1963年就建造了第一艘载驳船,但并未得到很大发展。按装卸驳船的方式,载驳船分为"拉希"式载驳船(LASH)、"西比"式载驳船(SEABEE)、"巴卡特"型载驳船(BACAT)和"巴可"型载驳船(BACO)四种。

①"拉希"式载驳船(LASH),又叫普通载驳船,是数量最多的一种载驳船。舱内为分格结构,每一驳格可堆装4层子驳,甲板上堆装2层。为便于装载驳船,在甲板上沿两舷设置轨道,并有可沿轨道纵向移动的门式起重机,以便起吊子驳进出货舱。

②"西比"式载驳船(SEABEE),又叫海蜂式载驳船,是一种双舷、双底、多层甲板船。甲板上沿纵向设运送子驳的轨道,尾部设升降井和升降平台(升降机),其起重量可达2000t。子驳通过尾部升降平台进出母船而不是用门式起重机吊装进出母船,当子驳被提升至甲板同一水平面后,用小车将驳船滚动运到指定位置停放。

③"巴卡特"型载驳船(BACAT),它的船型特点是单首、双体、双尾(尾部是燕尾叉开形式),因此又叫双体载驳船,装卸方式与"西比"型相同。船舶上甲板可装载"巴卡特"驳8~10只;双体间的隧道中可绑拖3只"拉希"型驳船,载驳总数为13只,属小功率低速小型船舶。

④"巴可"型载驳船(BACO),又称浮坞式载驳船,其主要特点是:子驳进出母船,既不是由门式起重机吊进、吊出,也不是利用升降平台的升降进出母船,而是利用载驳船(母船)先下沉一定深度,打开船首或船尾的门,使驳船浮进浮出,用浮船坞方式将驳船(子驳)浮进、浮出进行装卸和运输。此种载驳船不需配备起重设备,但需要在水深较大的水域中作业,在使用条件上受到了限制。

三、集装箱船舶的特点

集装箱船完全是一种新型的船,它没有内部甲板,机舱设在船尾,船体其实就是一座庞大的仓库,可达 400m 长,再用垂直导轨分为小舱。当集装箱下舱时,这些集装箱装置起着定位作用,船在海上遇到恶劣天气时,它们又可以牢牢地固定住集装箱。集装箱都是金属制成的,而且是密封的,里面的货物不会受雨水或海水的侵蚀。集装箱船一般停靠专用的货运码头,用码头上专门的大型吊车装卸,其效率可达每小时 1000~2400 吨,比普通杂货船高 30~70 倍。

①集装箱船最大的特点是它所装的都是标准规格的集装箱,因此集装箱船在船型与结构方面与常规杂货船有明显的不同,它采用垂向直壁式结构,外形瘦长,通常设置单层甲板,上甲板平直,设有巨大的货舱口,舱口宽度可达船宽的 70%~80%,舷边只留了很小宽度的甲板边板。机舱及上层建筑通常位于船尾,以留出更多甲板面积堆放甲板集装箱。甲板及货舱口盖上设有固定的绑扎设备,甲板上可堆放 2~6 层集装箱,货舱内部装有固定的格栅导架,以便于集装箱的装卸和防止船舶摇摆时货箱的移动。根据船舶大小,舱内可堆放 3~9 层集装箱。货舱舷部一般做成双壳体,这对船舶的强度和航海性能都是有利的。集装箱的装卸通常是用岸上的专用起重机集装箱装卸桥来进行,因此,绝大多数的集装箱船上不设起货设备。集装箱船由于装卸效率高,船舶停港时间短,为加快船舶周转,要求其具有较高航速,通常为 20~30 节(海里/小时),高的可达 33 节以上。由于甲板上装载集装箱对稳性要求较高,而这样的开口明显对船的抗弯、抗扭和横向强度不利。为了弥补这些不足,集装箱船在结构上通常采用下列加强措施:采用具有水密舷边舱的双舷侧;增加甲板板和舷侧板的厚度;加大两个货舱口之间的舱口端横梁和甲板横梁的尺寸。由于货舱的开口大,为了保证强度,必须采用相应的加强措施。出于装卸方便的要求,从抗扭强度上考虑,最方便的就是在舷侧设内纵壁和抗扭箱;从稳性角度考虑,最方便的就是在舷侧设压载水舱。

②集装箱船货舱区域的舷侧都具有双层壳板,其货舱载货的有效宽度和货舱宽度差不多。内舷侧纵壁对甲板大开口造成的总纵强度的削弱做了补偿。此外,舷边舱还能提高船体的抗沉性和用作压载水舱。舷边舱内一般设置平台甲板,对增加总纵强度和刚度都有帮助,同时,平台甲板还可用作人员通道。集装箱船舷侧多采用纵骨架式,有些船舶将上层平台甲板以下采用横骨架式,上层平台与甲板间采用箱形结构作为抗扭箱,以提高船舶的抗扭强度和总纵强度。

③由于集装箱船甲板外飘、航速快,船体受到波浪的冲击力比较大,造成的冲荡应力就比较大,再加上总纵合成应力比较大,所以船体内结构所受的弯矩值也就比较大,进而所选取的构件尺寸也应较大一些。和一般货船比,所受应力较大,疲劳问题更严重,从而对上甲板的设计与施工、舱口围板的设计与施工都提出了较高的要求。

④为了装更多的集装箱,集装箱船通常设计成大的货舱开口和狭长的甲板条船舶,这使得船体的水平弯曲、扭转效应、横向强度在其总纵强度中所占的比例明显上升,舱口角隅处也会有明显的应力集中。而随着货舱开口的宽度增加,应力集中也越来越明显,在机舱前端壁为纵横构件的交汇处,应力集中达到了最大。一般的船舶货舱上甲板角隅采用抛物线形、椭圆形、圆弧形。临近机舱处的甲板角隅的应力集中最大,若设计成抛物线形等常规形式,则需要很大的圆弧半径,这要求集装箱与纵舱壁、横舱壁的间隙更大,也会影响布置的合理性,所以通常在角隅处设计成负半径的结构形式。而舱口角隅的大小也将影响到集装箱的布置以及构件的布置。

⑤为了获得更大的空间,装更多的集装箱,集装箱船的艏部线型往往外飘很严重,并且舷侧肋骨与外板夹角也很小。而且集装箱船的航速很高,通常大于 20kn,并且伴有较高冰区等级,这对船首的外板抨击加强也提出了很高的要求。有冰区加强的集装箱船在艏部的外

板厚度增加比较明显,并且肋骨尺寸也有较大的增加,另外在冰区加强的区域内设置了大量的防倾肘板。集装箱船的艏楼上通常设有挡浪板或防浪罩。

现代集装箱船正向着大型化、高速化、多用途方向发展。据预测,到 2020 年将以 12000～18000TEU 级集装箱船舶为主流船型,集装箱船型向 22000TEU 级发展;到 2040 年将以 18000～22000TEU 级集装箱船舶为主流船型,集装箱船型向 24000TEU 级发展,还可能出现 28000TEU 级船舶;到 2060 年将以 22000～28000TEU 级集装箱船舶为主流船型,集装箱船型向 30000TEU 级发展。我国集装箱船研制虽然起步较晚,但发展速度却很快。比如已建造了许多集装箱船,大力发展集装箱运输,仅深圳港就开辟了 200 条国际集装箱班轮航线,上海港集装箱月吞吐量超过 300 万 TEU。上海港已经是世界上集装箱吞吐量最大的港口。上海生产的集装箱装卸机械也已经达到国际先进水平,在世界各大港口被广泛采用。近几年来,我国还出口集装箱船,在世界各地海洋上可以看到我国建造集装箱船的身影。总之,我国从包括集装箱、集装箱装卸机械、集装箱船舶的制造和出口,到大吨位集装箱码头的建造、集装箱远洋船队的建立以及国际集装箱枢纽港的建设,标志着我国的集装箱运输系统已经进入世界领先行列。

四、集装箱船舶的技术性能

1. 船舶的航行性能

(1) 浮性

船舶在各种装载情况下保持一定浮态的性能,称为船舶的浮性。船舶具有浮性是由于船舶具有浮力,浮力的大小等于船舶所排开同体积水的重量。储备浮力的大小与船的用途、结构、航行季节和区域等因素有关。为了保证船舶具有一定的储备浮力,其吃水绝不允许超过相应的装载水线。

(2) 船舶吃水

船舶吃水是指船底龙骨外缘到实际水线间的垂直距离。船舶吃水是一个变数,在不同的载重量情况下有不同的吃水,同时也反映了船舶一定的载重量。船舶首部吃水量值称为首吃水(d_F),船舶尾部吃水量值称为尾吃水(d_A),船中部吃水量值称为船中吃水或平均吃水(d_M)。船舶的平均吃水也可以用六面水尺求得。

(3) 船舶吃水差

当船体由于装载或其他原因产生船舶纵倾时,其首尾吃水就会不相等,产生的首尾吃水差额称为吃水差(t)。

(4) 稳性

船舶受外力作用离开平衡位置而倾斜,当外力消除后能自行恢复至原平衡位置的能力,称为船舶的稳性。

(5) 抗沉性

船舶破损浸水后仍保持一定浮态和稳性的能力,称为船舶的抗沉性。

(6) 快速性

船舶的快速性,就是指船舶主机以较小的功率消耗而得到较高航速的性能。

(7) 适航性

船舶在多变的海况中的运动性能和营运条件,称为船舶的适航性。

(8) 操纵性

船舶操纵性是指船舶能保持或改变航行方向的性能。

2. 船舶的重量性能

运输船舶的重量性能包括船舶的排水量和载重量,以吨(t)为计量单位。

(1) 排水量

排水量指船舶浮于水面时所排开水的重量,也等于船的总重量。排水量又可根据不同装载状态分为:

①空船排水量:指船舶空载时的排水量,也就是空船重量。

②满载排水量:指船舶满载时的排水量,即船舶在满载水线下所排开水的重量。

(2) 载重量

载重量指船舶所允许装载的重量。载重量有总载重量、净载重量和船舶常数。

①总载重量:指在任一水线下,船舶所允许装载的最大重量。

②净载重量:指船舶所能装载的最大限度的货物重量。

③船舶常数:指实际空船重量与新船出厂资料上空船重量之间的差值。

(3) 船舶载重线标志

根据船舶航行于不同航区和季节,分别规定了船舶的最小干舷及允许使用的载重水线,称为船舶的载重线。它用载重线标志的形式,勘绘在船的中部两舷外侧,以限制船舶的最大吃水。

3. 船舶的容积性能

(1) 集装箱船舶货舱容积

集装箱船因其货舱和甲板均装载集装箱,故以船舶标准箱容量来表示。

(2) 船舶登记吨位

登记吨位是指按吨位丈量规范所核定的吨位。它是为船舶注册登记而规定的一种以容积折算的专门吨位。

第三节　集装箱码头

情景导入

可以通过观看集装箱码头实景、集装箱码头作业情景和集装箱船在鹿特丹港各码头卸货认识集装箱码头。

集装箱码头实景

集装箱码头作业

集装箱船在鹿特丹港各个码头卸货

一、集装箱码头的功能

集装箱码头是指包括港池、锚地、进港航道、泊位等水域以及货运站、堆场、码头前沿、办公生活区域等陆域范围的、能够容纳完整的集装箱装卸操作过程的、具有明确界限的场所。集装箱码头是水陆联运的枢纽站,是集装箱货物在转换运输方式时的缓冲地,也是货物的交接点。在传统的运输链中,集装箱码头只是供集装箱船舶停靠和装卸作业的场所,在现代物流链中,集装箱码头被赋予了更多的功能。

1. 集装箱码头是海运与陆运的连接点、是海陆多式联运的枢纽

现代运输中,海运占有85%以上的份额,国际集装箱运输都是以海运为中心,通过码头这一连接点,将海运与两岸大陆的陆运连接起来,并通过内陆运输,实现货物从发货人直至收货人的运输过程。在集装箱多式联运中,绝大部分是海陆多式联运,集装箱码头不仅是海上运输和陆上运输的连接点,同时与运输有关的货物、单证、信息以及集拼、分拨、转运、存储等业务管理也在集装箱码头交叉、汇集,从而使集装箱码头成为多式联运的枢纽。

2. 集装箱码头是换装转运的中心

随着集装箱船舶的大型化,国际集装箱海运格局发生了根本的变化,从原来单一的港到港运输转变为干线与支线相结合、以枢纽港中转为中心的运输,形成了"中心—辐射"的新运输格局。在这一新运输格局中,集装箱码头,尤其是处于重要地位的大型国际集装箱码头成为不同区域的国际货物转运中心,通过集装箱码头的装卸转运,把干线与支线有机地结合起来,从而实现大型集装箱船舶的规模效益,实现货物从始发港到目的港的快速运输。

3. 集装箱码头是物流链中的重要环节

现代物流把运输和与运输相关的作业构成一个从生产起点到消费终点的物流链,在这个物流链中,力求在全球寻求最佳的结合点,使综合成本最低、流通时间最短、服务质量最高。由于集装箱码头具有不可替代的重要地位和作用,已成为现代物流中重要的环节,并为物流的运作提供了一个良好的平台。现代国内外的大型港口均纷纷进军现代物流业,说明了现代物流已赋予了集装箱码头新的功能,也为现代集装箱码头提供了更大的发展空间。

二、集装箱码头的特点和基本要求

1. 集装箱码头的特点

(1)码头作业的机械化、高效化

现代集装箱码头无论是岸边装卸还是水平搬运和堆场堆垛等作业,均已全部实现机械化,能够采用大型先进的集装箱专用机械设备,进行快速、高效、连续地作业。一艘3000~4000TEU的集装箱船,可以当天到港、当天离港。目前,国际先进的集装箱码头装卸桥的作业效率已达80TEU/h左右,随着装卸机械和装卸工艺的不断改进,集装箱码头的装卸效率仍可进一步提高。

知识链接

观看集装箱装卸技术。

集装箱装卸技术

(2)码头生产管理的计算机化、信息化

随着计算机技术和通信技术的快速发展,集装箱码头在生产作业管理中已实现计算机管理。采用先进的计算机生产管理系统,对集装箱码头各项生产作业进行有效的组织、计划、指挥、控制,大大提高了作业效率,避免了复杂和重复的人工作业。与此同时,Internet(互联网)、EDI技术也被广泛应用于集装箱码头,即在集装箱码头的计算机生产管理系统中,通过EDI与货主、货代、船公司、船代、外理以及"一关三检"等口岸管理机构实现快速而高效的信息沟通和信息交换,一些重要的运输单证,如舱单、船图、装箱单等已实现无纸化。码头生产管理的另一个趋势是智能化和自动化,国内外一些先进的集装箱码头,如上海港、鹿特丹、新加坡等,已实现了堆场作业和检查口作业的自动化。

(3) 码头设施的大型化、深水化

随着集装箱船舶的大型化,集装箱码头,尤其是大型集装箱码头纷纷改建、扩建和新建泊位,以接纳更大的集装箱船舶靠泊和装卸。目前,青岛港前湾集装箱港区拥有目前世界上最大的集装箱码头。共有 21 个泊位,岸线 6577m,堆场面积 415 万 m^2。可以接卸世界最大的装载 1.9 万 TEU 的超大型集装箱船舶。青岛港集装箱船舶作业效率先后八次打破世界纪录,8000TEU 以上船舶泊位效率稳居全球行业第一。该港口还建立了由 100 多条国际直达航线组成的国际航运网络。全球前 20 强的船公司都在此开辟了航线。每月来往世界各地航班达到 700 多班。航线和航班的密度位居中国北方港口第一。

2. 集装箱码头的基本要求

(1) 具有供集装箱船舶安全进出港的水域和方便装卸的泊位

集装箱船进出港的水域包括航道、调头区、锚地等,水域不仅要求足够的水深,同时要求足够的宽度或面积,以供集装箱船安全进出港。集装箱码头的泊位是集装箱船舶停靠和作业的主要场所,泊位水深应能满足挂靠的最大集装箱船的吃水要求。例如 3000~4000TEU 集装箱船的吃水为 -12.5m,5000TEU 以上集装箱船吃水为 -14m。泊位的总长应能满足各航线集装箱船的挂靠频率,同时,每一泊位的长度也应视集装箱船舶的大小而定。目前,3000~4000TEU 集装箱船要求的泊位长度为 300m,5000TEU 以上的集装箱船舶的标准泊位长度为 350m。

(2) 具有一定数量技术性能良好的集装箱专用机械设备

目前,我国集装箱码头绝大多数采用集装箱装卸桥龙门吊装卸工艺系统,该工艺系统也为世界各国大多数集装箱码头所采用。这种装卸工艺系统各机种的分工配合是:由集装箱装卸桥承担岸边船舶的集装箱装卸,由集装箱牵引车承担岸边到堆场的集装箱水平搬运,由轮胎式龙门吊承担堆场集装箱的堆取和搬移。集装箱码头不仅要配备数量足够、技术性能良好的集装箱专用机械,还应满足这三个主要作业环节的能力配比,以保证码头作业连续、高效地进行。

(3) 具有宽敞的堆场和必要堆场设施

堆场占有集装箱码头主要面积,这是因为堆场在集装箱码头有着十分重要的作用:供出口集装箱暂时堆存,以便发货人报关和码头配载后装船出运;供进口集装箱暂时堆放,以便收货人报关后提运;此外,堆场也是对所有进入码头的集装箱进行调度管理的作业场所。随着集装箱船舶的大型化和集装箱码头作业的高效化,对堆场的面积要求也更高。例如一个 350m 的标准泊位,其面积要求大致为 350m × 500m = 175000m^2。除足够的堆场面积外,集装箱码头还要为堆场作业配备必要的设施,如集装箱牵引车道路、龙门吊行走线路及跨箱区作业转换地点、夜间作业的照明设施、冷藏箱区的供电系统、危险品箱的喷淋降温设备以及洗箱、熏箱的排污系统等。

(4) 具有必要的装拆箱设备和能力

目前,我国集装箱运输中绝大部分采用 CY—CY 交接方式,这使得集装箱码头的装拆箱功能被弱化,但由于运输服务的多样化以及国际商品的小批量、多品种化,CFS—CFS 交接方式仍不断出现,特别是一些货主要求码头代装箱、代拆箱,集装箱码头仍应保留必要的装拆箱的设施和能力,以满足集装箱运输市场的要求。装拆箱的设施主要包括货物仓库、装拆箱作业堆场和装拆箱作业机械等。

(5) 具有完善的计算机生产管理系统

集装箱码头机械化、高效化、大规模的作业特点,必须配备与之相适应的完善的计算机生产管理系统,采用先进的管理手段和管理方法,充分发挥集装箱码头的最佳效益,同时为货主、船公司提供良好、及时和周到的服务。现代集装箱码头无一例外地将计算机生产管理系统作为码头建设的重点,其核心是在满足当前生产需要的前提下,根据国际集装箱运输发展新趋势、新特点、新工艺、新技术不断提升和完善系统功能。

(6) 具有通畅的集疏运条件

在集装箱运输系统中,集装箱码头处于一个重要节点的位置,通过这个节点完成集装箱从发货地到收货地的运输全过程。因此,集装箱码头除注重提升本身的硬件、软件技术外,还应注重与内陆集疏运联成一个有机系统,通过公路、铁路、内河甚至航空等多种运输方式,把分散在内地各处的集装箱汇集到码头装船出口,同时通过内陆集疏运系统将大量卸下的进口集装箱及时地运送到目的地。从国外先进的集装箱运输经验看,内陆集疏运条件是否良好,是影响集装箱码头是否能够快速发展的一个极其重要的因素。

(7) 具有现代化集装箱运输专业人才

人是生产力中最活跃、最有决定性的影响因素,对于现代化集装箱码头更是如此。先进的管理模式和管理手段、高效的集装箱专用机械和设备、科学的作业程序和方法,无一不需要与之相应的现代化集装箱专业人才。没有国际集装箱运箱的专业知识和业务技能,就无法对先进的集装箱运输进行有效的管理,也就不能发挥集装箱码头应有的重要作用。

三、集装箱码头的布局和基本设施

1. 布局

集装箱码头的整个装卸作业是采用机械化、大规模生产方式进行的,因此集装箱码头的布局与传统的件杂货码头有着根本的不同。集装箱码头要以船舶作业为核心进行布局,将码头与船舶连接成一个有机整体,从而实现高效的、有条不紊的连续作业。这就要求集装箱码头上各项设施合理布置,并使它们有机地联系起来,形成一个各项作业协调一致、相互配合的有机整体,形成高效的、完善的流水作业线,以缩短车、船、箱在港口码头的停泊时间,加速车、船、箱的周转,降低运输成本和装卸成本,实现最佳的经济效益。

适应吊装式全集装箱船装卸作业的集装箱专用码头的平面布置如图 2-15 所示。

对于集装箱专用码头,码头布置主要要求集装箱泊位岸线长为 300m 以上,集装箱码头陆域纵深应能满足各种设施对陆域面积的要求。由于集装箱船舶日趋大型化,载箱量越来越多,因此,陆域纵深一般为 350m 以上,有的集装箱码头已高达 500m;码头前沿宽度一般为 40m 左右,这取决于集装箱装卸工艺系统及集装箱岸壁起重机的参数和水平运输的机械类型;一般码头前沿不铺设铁路线,不考虑车船直取的装卸方式,以确保码头前沿船舶装卸效率不会因此而受影响;每一集装箱专用泊位,配置两台岸壁集装箱起重机。集装箱堆场是进行集装箱装卸和堆存保管的场所,集装箱堆场的大小,应根据设计船型的装卸能力及到港的船舶密度决定。有关资料表明,岸线长 300m 的泊位,堆场面积达 105000m^2,甚至更大,这还与采用的装卸工艺系统和集装箱在港停留时间有关;集装箱货运站(拆装箱库)可布置在集装箱码头,一般布置在大门与堆场之间的地方,也可布置在集装箱码头以外的地方;所有通道的布置应根据装卸工艺与机械要求而定。

2. 基本设施

根据集装箱码头装卸作业、业务管理的需要,集装箱码头应由以下主要设施构成。

(1) 泊位(Berth)

泊位是指满足停靠一艘集装箱船舶要求的水域。泊位是供集装箱船舶停靠和作业的场所,一艘设计标准船型停靠码头所占用的岸线长度或占用的趸船数目。泊位长度一般包括船舶的长度和船与船之间的必要安全间隔。安全间隔值的大小根据船舶大小而变化,泊位的数量与大小是衡量一个码头规模的重要标志。一座码头可能由一个或几个泊位组成,视其布置形式和位置而定。

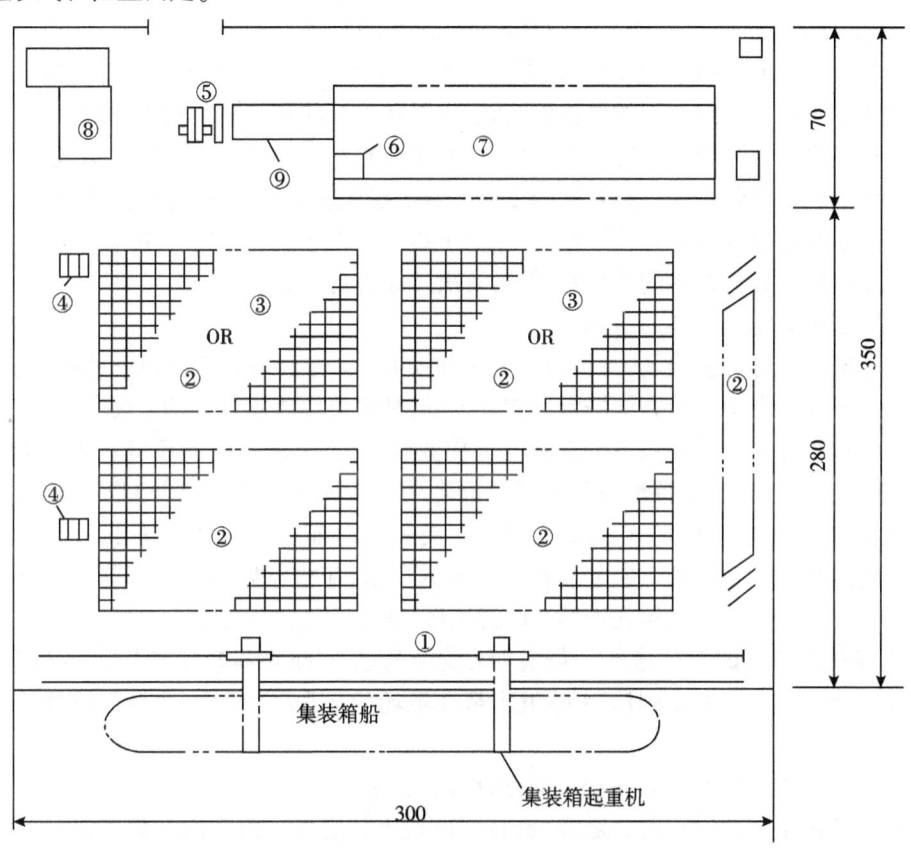

图 2-15　集装箱码头的标准布局(单位:m)

①-码头前沿;②-编组场;③-集装箱堆场;④-调头区;⑤-大门;⑥-控制塔;⑦-拆装箱库;
⑧-维修车间;⑨-办公楼

泊位主要由码头岸线和码头岸壁组成,码头岸线是供来港装卸的集装箱船舶停靠使用,长度根据所停靠船舶的主要技术参数及有关安全规定而定;码头岸壁一般是指集装箱船停靠时所需的系船设施,岸壁上设有系缆桩,用于船靠码头时通过缆绳将船拴住,由于集装箱船型较大、甲板箱较多、横向受风面积大,因此系缆桩要求有更高的强度,碰垫也多采用性能良好的橡胶制成。集装箱码头通常采用顺岸式,其优点是建造成本相对较低,从岸线到堆场距离较近,装卸船作业也较方便,同时对多个泊位的码头来说,还可以因装卸量的不同便于装卸桥在泊位间移动。

(2) 码头前沿(Dock Apron)

码头前沿是指泊位岸线至堆场的这部分区域面积,设有岸边集装箱起重机及其运行轨道。码头前沿的宽度通常由三个部分组成。①从泊位岸线至第一条轨道,这部分的面积主要供船舶系解缆作业、放置舷梯以及设置装卸桥供电系统、船舶供水系统以及照明系统之用,其宽度一般为 2~3m;②装卸桥轨距,这部分面积主要用于安装集装箱装卸桥和布置集装箱牵引车的车道。轨距视装卸桥的大小而定,一般为 15~30m,轨距内的车道宽度视装卸工艺而定,底盘车工艺和龙门吊工艺每车道宽3.5m(2.5m车宽+1m余量),由于装卸桥在结构上有一部分空出在轨距之间,故 16m 轨距可布置 3 条车道,30m 轨距可布置 7 条车道。③第二根轨道至堆场的距离,这部分面积是供装卸时辅助作业和车辆进入堆场转 90°弯时使用,其宽度一般为 10~25m。所以,码头前沿的宽度一般为 40m 左右。

(3)集装箱编排(组)场(Container Marshalling Yard)

集装箱编排(组)场又称前方堆场,是指把准备即将装船的集装箱排列待装以及为即将卸下的集装箱准备好场地和堆放的位置,通常布置在码头前沿与集装箱堆场之间,主要用于出口集装箱或进口集装箱的临时堆放,以加快船舶装卸的作业效率。从一个泊位看,其面积应能堆放该泊位停靠最大船舶载箱量的 2 倍。通常在集装箱编排场上按集装箱的尺寸预先在场地上用白线或黄线画好方格即箱位,箱位上编上"箱位号",当集装箱装船时,可按照船舶的配载图找到这些待装箱的箱位号,然后有次序地进行装船。

(4)集装箱堆场(Container Yard,CY)

集装箱堆场又称后方堆场,是指进行集装箱交接、保管重箱和安全检查的场所,有的还包括存放底盘车的场地。后方堆场紧靠前方堆场,是码头堆放集装箱的主要部分,用于堆放和保管各种重箱和空箱。按箱务管理和堆场作业要求,后方堆场通常还进一步分为重箱箱区、空箱箱区、冷藏箱箱区、特种箱箱区以及危险品箱箱区等。集装箱码头因陆域面积的大小不同,有的把堆场明确地划分为前方和后方,有的只对前后做一大致划分,并无明确的分界线。堆场面积的大小必须适应集装箱吞吐量的要求,应根据船型的装载能力及到港的船舶密度、装卸工艺系统,集装箱在堆场上的排列形式等计算、分析确定。

集装箱在堆场上的排列形式一般有"纵横排列法"(即将集装箱按纵向或横向排列,此法应用较多),"人字形排列法"(即集装箱在堆场放成"人"字形,适用于底盘车装卸作业方式)。

(5)集装箱货运站(Container Freight Station,CFS)

集装箱货运站有的设在码头之内,也有的设在码头之外。码头内的集装箱货运站主要工作是装箱和拆箱,作为集装箱码头的辅助功能,集装箱货运站通常设于码头的后方,其侧面靠近码头外接公路或铁路的区域,以方便货主的散件接运,同时又不对整个码头的主要作业造成影响。货运站除了拼箱货物进行拆箱和装箱,还对这些货物进行储存、防护和收发交接的作业场所,主要任务是出口拼箱货的接收、装箱,进口拼箱货的拆箱、交货等。货运站应配备拆装箱及场地堆码用的小型装卸机械及有关设备,货运站的规模应根据拆装箱量及不平衡性综合确定。详见本章第四节。

(6)控制塔(Control Tower)

控制塔是集装箱码头各项生产作业的中枢,集组织、指挥、监督、协调、控制于一体,是集装箱码头重要的业务部门。现代集装箱码头多用计算机生产作业系统进行管理,控制塔计算机与各部门、各作业现场以及各装卸搬运机械的计算机终端通过有线或无线连接,成为码头各项作业信息的汇集和处理中心。对于尚未实现计算机实时控制的集装箱码头,控制塔应设在码头的最高处,以便能清楚看到码头所有集装箱的箱位及全部作业情况。

(7)大门(Gate)

这是集装箱码头的出入口,也是划分集装箱码头与其他部门责任的地方。所有进出集装箱码头的集装箱均在门房进行检查,办理交接手续并制作有关单据。

(8)维修车间(Maintenance Shop)

维修车间是集装箱码头对集装箱专用机械设备以及集装箱进行检修和保养的场所。维修车间的规模应根据集装箱的损坏率、修理的期限、码头内使用的车辆和装卸机械的种类、数量及检修内容等确定。维修车间应配备维修设备。

(9)集装箱清洗场(Container Washing Station)

集装箱清洗场主要任务是对集装箱污物进行清扫、冲洗,一般设在后方并配有多种清洗设施。

(10)码头办公楼(Terminal Building)

集装箱码头办公大楼是集装箱码头行政、业务管理的大本营,目前已基本上实现了电子化管理,最终达到管理的自动化。

四、集装箱码头的类型

根据我国《港口集装箱码头分级标准》,集装箱专用码头按照其所能接卸集装箱船舶的船型,划分为 A 型、B 型、C 型、D 型、E 型五种类型。

1. A 型集装箱专用码头

A 型集装箱专用码头是指装卸条件能够满足 5000DWT(DWT:DEAD WEIGHT TONNAGE,载重吨)(载箱量 500TEU 左右)的集装箱专用船舶满载时作业要求的集装箱码头。

A 型集装箱码头设施设备的基本标准:①进港航道宽度应大于 80m,航道水深应大于 7m;②单一泊位长度应大于 140m,连片式泊位平均单一泊位长度应大于 130m,码头前沿纵深大于 30m,泊位水深应大于 7m;③每百米岸线至少配备 0.6 台集装箱装卸桥(单一泊位至少应配备 1 台集装箱装卸桥),其外伸距应大于 22m,每台装卸桥的台时效率应大于 20 箱/h;④水平运输机械应采用牵引车挂车、集装箱叉车、集装箱正面吊等集装箱运输专用设备;⑤单一泊位对应地面箱位数应大于 400 个,至少应配 2 台龙门起重机或者 1 台龙门起重机,与集装箱叉车、集装箱正面吊等专用设备配合作业;⑥大门至少应配备 4 车道。

2. B 型集装箱专用码头

B 型集装箱专用码头是指装卸条件能够满足 10000DWT(载箱量 1000TEU 左右)的集装箱专用船舶满载时作业要求的集装箱码头。

B 型装箱码头设施设备的基本标准:①进港航道宽度应大于 99m,航道水深应大于 8.5m;②单一泊位应大于 170m,连片式泊位平均单一泊位长度应大于 155m,码头前沿纵深应大于 30m,泊位水深应大于 8.5m;③每百米岸线至少配备 0.7 台集装箱装卸桥(单一泊位至少应配备 1 台集装箱装卸桥),其外伸距应大于 22m,每台装卸桥的台时效率应大于 20 箱/h;④单一泊位对应地面箱位数应大于 800 个,至少应配 5 台龙门起重机;⑤大门应配备 4 车道。

3. C 型集装箱专用码头

C 型集装箱专用码头是指装卸条件能够满足 30000DWT(载箱量 3000TEU 左右)的集装箱专用船舶满载时作业要求的集装箱码头。

C 型装箱码头设施设备的基本标准:①进港航道宽度应大于 150m,航道水深应大于 12.5m;②单一泊位应大于 301m,连片式泊位平均单一泊位长度应大于 270m,码头前沿纵深应大于 35m,泊位水深应大于 12m;③每百米岸线至少配备 0.8 台集装箱装卸桥(单一泊位至少应配备2台集装箱装卸桥),其外伸距大于35m,每台装卸桥的台时效率应大于25箱/h;④单一泊位对应地面箱位数应大于1900个,至少应配8台龙门起重机,应使用堆高机、正面吊等高机动辅助设备;⑤大门配备6车道,建议进、出码头大门分开设置,进口大门必须配备集装箱卡车重载磅秤;⑥配置完善的集装箱码头管理信息系统和EDI系统。

4. D型集装箱专用码头

D型集装箱专用码头是指装卸条件能够满足50000DWT(载箱量5000TEU左右)的集装箱专用船舶满载时作业要求的集装箱码头。

D型集装箱码头设施设备的基本标准:①进港航道宽度应大于165m,航道水深应大于13.5m;②单一泊位长度应大于353m,连片式泊位平均单一泊位长度应大于320m,码头前沿纵深不小于35m,泊位水深应大于13m;③每百米岸线至少应配备0.9台集装箱装卸桥(单一泊位至少应配备3台集装箱装卸桥),其外伸距大于35m,每台装卸桥的额定台时效率应大于40箱/h;④建议使用双小车集装箱装卸桥和具有多箱起吊能力的集装箱吊具等先进的作业设备,以提高工作效率;⑤单一泊位对应堆场地面箱位数应大于2600个,至少应配备10台龙门起重机,为适应自动化趋势,建议使用轨道龙门起重机。应使用堆高机、正面吊等高机动设备进行辅助作业;⑥大门至少应配备6车道,进、出码头大门应分开设置;⑦应配置完善的集装箱码头管理信息系统和EDI系统,建议采用RFID(射频识别)技术。

5. E型集装箱专用码头

E型集装箱专用码头是指装卸条件能够满足70000DWT以上(载箱量6000TEU以上)的集装箱专用船舶满载时作业要求的集装箱码头。

E型集装箱码头设施设备的基本标准:①进港航道宽度应大于189m,航道水深应大于14.6m;②单一泊位长度应大于360m,连片式泊位平均单一泊位长度应大于330m,码头前沿纵深应大于45m,水深应大于14m;③每百米岸线至少应配备1台集装箱装卸桥(单一泊位至少应配备4台集装箱装卸桥),其外伸距大于43m。每台装卸桥的额定台时效率应大于50箱/h;④建议使用双小车集装箱装卸桥和具有多箱起吊能力的集装箱吊具等先进的作业设备,以提高工作效率;⑤堆场地面箱位数应大于4000个,至少应配备12台龙门起重机,为适应自动化趋势,建议使用轨道龙门起重机、堆高机、正面吊等高机动机械进行辅助作业;⑥新建E型集装箱码头堆场建议采用高层集装箱库以减少占地面积,提高装卸效率;⑦大门应配备8车道,进、出码头的大门应分开设置;⑧应配置完善的集装箱码头管理信息系统和EDI系统,建议采用RFID技术。

五、集装箱码头通过能力的确定

1. 集装箱专用码头通过能力计算

集装箱专用码头每百米岸线年通过能力可按公式(2-5)计算:

$$P_t = \eta n P K_1 T_y t_g A_p (1 - K_2)(1 - K_3) \tag{2-5}$$

式中:P_t——集装箱专用码头每百米岸线通过能力(TEU);

η——集装箱专用码头每百米岸线年通过能力修正系数,可根据码头经营环境、管理水平、库场条件、集疏运条件以及码头大门能力、口岸条件等因素确定,一般取0.5~1.0,也可以采用专家评价方法得到;

n——每百米岸线配备的集装箱装卸桥台数;

P——集装箱码头配备的集装箱装卸桥设计台时效率(自然箱/h);

T_y——码头年营运天数,根据各港历史水文、气象资料取值,一般取 330~350 天;

t_g——昼夜装卸作业时间(h),一般取 24h,不少于 22h;

A_p——装卸桥利用率基数(%),取值如表 2-10 所示;

K_1——集装箱标准箱折算系数,$K_1 = 1 + K$,K 为 40' 集装箱所占比例,取值如表 2-10 所示;

K_2——装卸桥同时作业干扰系数(%),取值如表 2-10 所示;

K_3——装卸船作业倒箱率(%),包括开关舱盖,取值如表 2-10 所示。

集装箱专用码头每百米岸线年通过能力参数取值　　　　表 2-10

码头分级	A 型	B 型	C 型	D 型	E 型
装卸桥利用率基数 A_p	0.6	0.6	0.65	0.7	0.7
折算系数 K_1	1.4~1.6	1.4~1.7	1.5~1.7	1.5~1.7	1.6~1.8
干扰系数 K_2(%)	0~1	1~3	2~4	3~4	3~5
倒箱率 K_3(%)	0~3	1~5	2~6	3~7	3~8

2. 集装箱专用码头每百米岸线年通过能力修正系数

集装箱专用码头每百米岸线年通过能力修正系数建议采用以下的专家评价方法。

$$\eta = 0.2B_1 + 0.2B_2 + 0.15B_3 + 0.2B_4 + 0.1B_5 + 0.15B_6$$

其中 $B_1 \sim B_6$ 为集装箱码头每百米通过能力影响因素的大小,取值方法如表 2-11 所示。

集装箱码头每百米通过能力的影响因素　　　　表 2-11

指标名称	比重	评价标准				
		差	较差	一般	较好	好
经营环境 B_1	0.2	差:腹地有限,货源缺乏,周边码头竞争激烈,B_1 取 50% 较差:腹地较少,货源较缺乏,周边码头竞争较激烈,B_1 取 60% 一般:货源量一般,周边码头偶有竞争,B_1 取 75% 较好:腹地较广阔,货源较丰富,周边码头竞争较小,B_1 取 90% 好:腹地广阔,货源丰富,周边码头竞争小,B_1 取 100%				
管理水平 B_2	0.2	差:信息化水平极低,装卸及配载水平低,装卸工人不能有效执行任务,B_2 取 50% 较差:信息化水平较低,装卸及配载水平较低,装卸工人较低水平完成任务,B_2 取 60% 一般:信息化水平一般,装卸及配载水平一般,装卸工人基本有效执行任务,B_2 取 75% 较好:信息化水平较高,装卸及配载水平较高,装卸工人能较高水平完成任务,B_2 取 90% 好:信息化水平高,装卸及配载水平高,装卸工人能有效执行任务,B_2 取 100%				
库场条件 B_3	0.15	差:库场面积严重不满足该泊位通过能力的要求,集装箱在堆场平均库存时间 12 天以上,B_3 取 50% 较差:库场面积较难满足该泊位通过能力的要求,集装箱在堆场平均库存时间 8~12 天,B_3 取 60% 一般:库场面积基本满足该泊位通过能力的要求,集装箱在堆场平均库存时间 5~8 天,B_3 取 75% 较好:库场面积较好满足该泊位通过能力的要求,集装箱在堆场平均库存时间 3~5 天,B_3 取 90% 好:库场面积满足该泊位通过能力的要求,集装箱在堆场平均库存时间小于 3 天,B_4 取 100%				

续上表

指标名称	比重	评价标准				
		差	较差	一般	较好	好
集疏运条件 B_4	0.2	好:集疏运系统通畅,集疏运能力强,B_4 取 100% 较好:集疏运系统较通畅,集疏运能力较强,B_4 取 90% 一般:集疏运系统一般,集疏运能力一般,B_4 取 75% 较差:集疏运系统较堵塞,集疏运能力较差,B_4 取 60% 差:集疏运系统堵塞,集疏运能力弱,B_4 取 50%				
大门条件 B_5	0.1	好:大门采用先进技术,交通顺畅,无拥堵状况,B_5 取 100% 较好:大门交通较顺畅,集卡通过较顺畅,B_5 取 90% 一般:大门交通一般,集卡基本可以顺畅通过,B_5 取 75% 较差:大门交通较堵塞,集卡经常性不能顺畅通过,B_5 取 60% 差:大门交通堵塞,集卡通过不顺畅,B_5 取 50%				
口岸环境 B_6	0.15	好:集装箱货物通关速度快,B_6 取 100% 较好:集装箱货物通关速度较快,B_6 取 90% 一般:集装箱货物通关速度一般,B_6 取 75% 较差:集装箱货物通关速度较差,B_6 取 60% 差:集装箱货物通关速度慢,不能及时清关,B_6 取 50%				

3. 多用途码头每百米岸线集装箱通过能力的确定

多用途码头作业标准:①进港航道与单一泊位应能满足集装箱船舶进出与停靠的要求;②水工建筑参数应满足集装箱码头建设要求;③单一泊位应至少配备 1 台起吊能力大于 40t 的起重设备,集装箱装卸船应使用集装箱专用吊具,对于能够满足自带起重设备的小型集装箱船舶装卸条件的内河集装箱专用码头或者滚装码头对此不做要求;④建议配备 1 台专用集装箱装卸桥;⑤应采用牵引车挂车、集装箱叉车、集装箱正面吊等集装箱装卸搬运专用设备;⑥用于堆放集装箱的堆场容量应大于码头通过能力的 5%,堆场作业应使用集装箱叉车、集装箱正面吊、堆高机等专用设备;⑦大门应至少配备 2 条集装箱专用车道。

多用途码头每百米岸线集装箱通过能力可按公式(2-6)计算:

$$P'_t = \eta' n' P' K'_1 T'_y t'_g A'_p (1 - K'_3) \tag{2-6}$$

式中:P'_t——多用途码头每百米岸线集装箱通过能力(TEU);

η'——多用途码头每百米岸线集装箱年通过能力修正系数,可根据码头经营情况、管理水平、航道条件、库场条件、集疏运条件以及码头大门能力等因素确定,一般取 0.5~1.0;

n'——每百米岸线配备的岸壁式起重机台数;

P'——多用途泊位配备的可起吊集装箱的岸壁式起重机设计台时效率(自然箱/小时);

T'_y——多用途泊位年营运天数,根据各港历史水文、气象资料取值,一般取 330~350 天;

t'_g——昼夜装卸作业时间(h),根据该港口码头的实际情况取值,一般取 18~22h;

A'_p——多用途泊位用于装卸集装箱船舶的时间比例(%),根据该码头的实际情况取值;

K'_1——集装箱标准箱折算系数,$K_1 = 1 + K$,K 为 40′集装箱所占比例,取 1.0~1.3;

K'_3——装卸船作业倒箱率(%),包括开关舱盖,取 0~2%。

第四节 集装箱货运站

一、集装箱货运站概述

1. 集装箱货运站概念

集装箱货运站(Container Freight Station,CFS)是国际集装箱多式联运中极其重要的环节,通过集装箱货运站,可形成一个有机的、深入内陆的运输网络,有效地进行集装箱货物的集中和疏运,实现集装箱的"门到门"运输。

集装箱货运站是指拼箱货物拆箱、装箱、办理交接的场所,如图 2-16 所示。它作为集装箱进出口业务的集中枢纽站,为进出口贸易的实际运作起到了不可忽略的作用。它是集装箱运输关系方的一个组成,在集装箱运输中起到重要作用。它办理拼箱货的交接,配载积载后,将箱子送往集装箱堆场(Container Yard,CY),并接受 CY 交来的进口货箱,进行拆箱、理货、保管,最后拨给各收货人。同时,也可按承运人的委托进行铅封和签发场站收据等业务。

图 2-16 集装箱货运站

2. 集装箱货运站的主要功能

集装箱货运站的主要功能区包括生产区、生产辅助区、站前办公区和生活区四个部分。其中具体包括了闸口、空箱堆存区、拆装箱区、托运区、提货区、仓库、冷藏箱区及冷藏箱预检测试区、故障箱及修箱区、办公区等功能区域。集装箱货运站模型如图 2-17 所示,集装箱货运站仓库模型如图 2-18 所示,集装箱货运站堆放场模型如图 2-19 所示。

图2-17 集装箱货运站模型

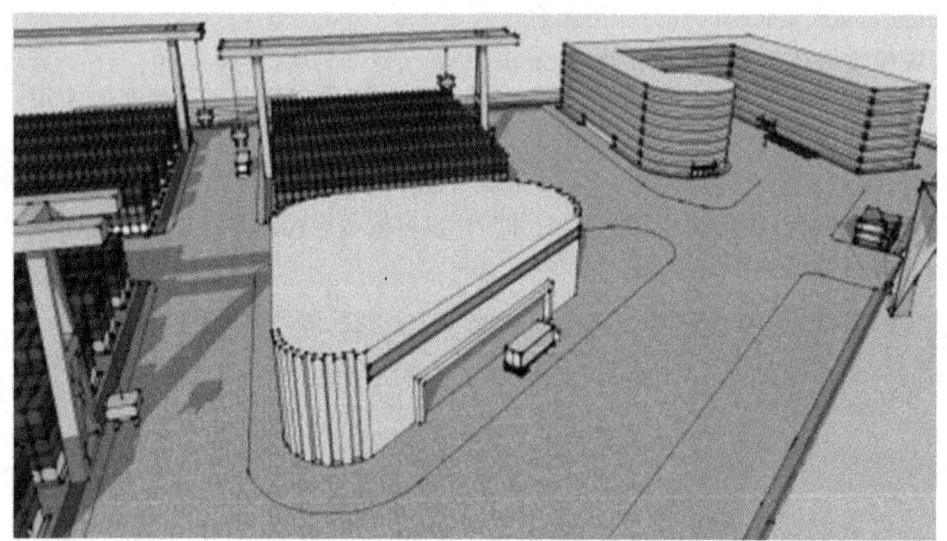

图2-18 集装箱货运站仓库模型

图2-19 集装箱货运站堆放场模型

集装箱货运站仓库平面布置类型可分为"一"字形、"L"字形及"T"字形,如图2-20、图2-21和图2-22所示。由于集装箱的拆装箱作业库房一般分设装箱库房和拆箱库房,采用"L"形和"T"形仓库,可以保证分区明确和联系方便。

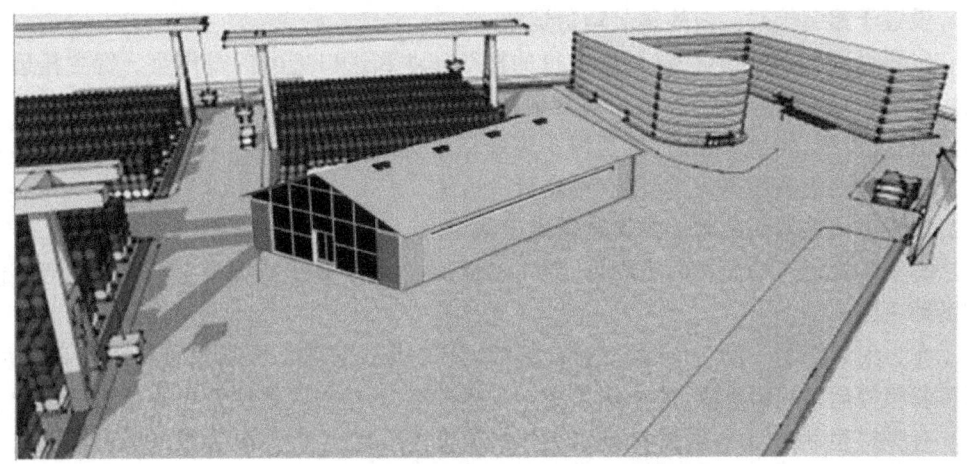

图2-20 集装箱货运站"一"字形仓库模型

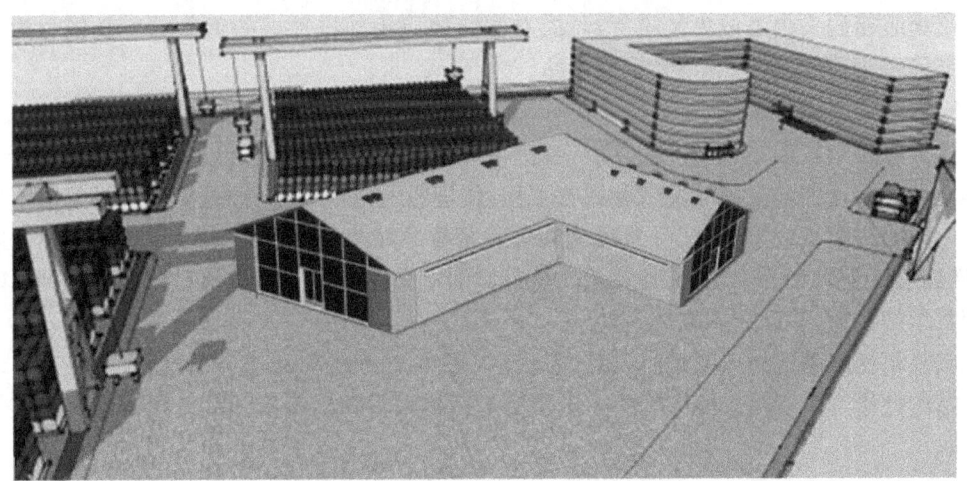

图2-21 集装箱货运站"L"字形仓库模型

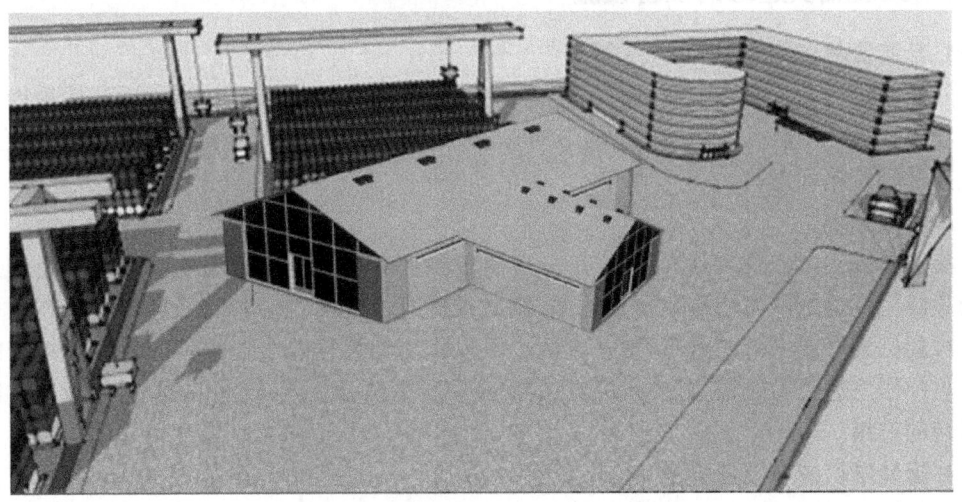

图2-22 集装箱货运站"T"字形仓库模型

二、集装箱货运站的类型

集装箱货运站主要可分成三类。

1. 设置于集装箱码头内的集装箱货运站

它主要处理各类拼箱货,进行出口货的拼箱作业和进口货的拆箱作业。货主托运的拼箱货,凡是出口的,均先在码头集装箱货运站集货,在货运站拼箱后,转往出口堆箱场,准备装船;凡是进口的,均于卸船后,运至码头集装箱货运站拆箱,然后向收货人送货,或由收货人提货。一般的集装箱码头,均设有集装箱货运站。

2. 设置于集装箱码头附近的集装箱货运站

这类集装箱货运站设在码头附近,独立设置,不隶属于集装箱码头,之所以这样设置,一般有两种原因:

①作为集装箱码头的一个缓冲地带,缓解码头的场地紧张。有的集装箱码头业务繁忙,自身集装箱货运站规模有限,或堆场紧张。有些拼箱、拆箱作业就拉到码头外集装箱货运站进行。有些拼箱货卸船后,直接拉到码头外集装箱货运站,可提高码头堆场的利用率。上海与香港由于码头狭小,经常有这类集装箱货运站。

②集装箱码头内不设集装箱货运站,在集装箱码头外设独立的货运站。我国台湾的一些集装箱码头,存在这样的集装箱货运站。

3. 内陆集装箱货运站

这类集装箱货运站设于内陆,既从事拼箱货的拆箱、装箱作业,也从事整箱货的拆箱、装箱作业。有的还办理空箱的发放和回收工作,代理船公司和租箱公司,作为空箱的固定回收点。内陆的拼箱货或整箱货,可先在这类集装箱货运站集货、装货,然后通过铁路和公路运输,送往集装箱码头的堆场,准备装船。从口岸卸下的进口箱,经铁路和公路运输,到内陆集装箱货运站拆箱,然后送到收货人处。

集装箱铁路基地站或办理站,有的要从事一些拆箱和拼箱的业务,所以通常兼有集装箱货运站的性质。集装箱公路中转站一般都要进行拼箱货的拆装箱,所以,同时都是集装箱货运站。

三、集装箱货运站的设备设施

1. 带装货月台的仓库

集装箱货运站一般均要配备有一定面积的仓库,用以集货与暂时储存拆箱后等待提取的货物,仓库除了储存区,一般还应有装箱区、拆箱区。同时,仓库应配备装箱、拆箱月台,便于直接进行装箱和拆箱。

2. 堆箱场地

集装箱码头内的集装箱货运站,不一定要单独拥有自己的堆箱场地。而集装箱码头附近的集装箱货运站及内陆集装箱货运站,则必须拥有一定面积的集装箱堆场。一方面可以暂时堆存已装好或中转的重箱,另一方面也可以作为集装箱码头集中到达或卸船箱子的疏运地点。作为船公司或租箱公司收箱点的集装箱货运站,还应有较大的场地,用以堆放回收或周转的空箱。

3. 拆装箱机械与堆场机械

用于拆箱、装箱的机械,主要是小型叉车;用于堆场的机械,主要是集装箱叉车、汽车吊等。规模较大的集装箱货运站,可以配备集装箱正面吊,用于堆场和装车、卸车。

4. 辅助设施

①洗箱场地用于某些集装箱装货前的清洗。

②修箱部门有条件的集装箱货运站可设置修箱部门,开展修箱业务。

③集装箱卡车停车场和加油站集装箱货运重箱和空箱,以及货物的运进、运出,一般都使用集装箱卡车进行,所以通常应备一定面积的集装箱卡车停车场和加油站。

④修理车间用于修理集装箱货运站装拆箱机械和堆场机械。

⑤管理与生活后勤设施包括集装箱货运站业务管理建筑和生活建筑。

四、集装箱货运站的作用和任务

1. 集装箱货运站的主要作用

①设置于集装箱码头内的集装箱货运站的作用主要是拼箱货的拆箱和装箱,同时负责出口拼箱货的集货和进口拼箱货拆箱后的暂时储存工作。

②设置于集装箱码头附近的集装箱货运站的作用除与设在码头内的集装箱货运站相同外,通常还可能有以下作用:作为集装箱码头的缓冲堆箱场,在出口箱大量到达与进口箱集中卸船、码头堆场难以应付的时候,作为码头的第二堆场;代理船公司与租箱公司,作为空箱提箱与交箱的场所。

③内陆集装箱货运站除进行集装箱拼箱货的装箱与拆箱外,还充当联系经济腹地的纽带和桥梁,作为某一地区的集装箱集散点,进行一些箱务管理业务和空箱调度业务,加速箱子周转,提高整个地区集装箱多式联运的效率。

2. 集装箱货运站的主要任务

①集装箱货物的承运、验收、保管和交付;

②拼箱货的装箱和拆箱作业;

③整箱货的中转;

④重箱和空箱的堆存和保管;

⑤货运单的处理,运费、堆存费的结算;

⑥集装箱及集装箱车辆的维修、保养。

第五节 集装箱堆场

一、集装箱堆场概述

集装箱堆场(Container Yard,CY)是指办理集装箱重箱或空箱装卸、转运、保管、交接的场所。它是集装箱运输关系方的重要组成部分,在集装箱运输中起到重要作用。集装箱堆场通常称为集装箱码头堆场,有些地方也叫场站。集装箱码头堆场是指集装箱码头内用于储存和保管重箱或空箱和搬运集装箱的专设区域,为海运和陆运的顺利衔接起到缓冲中转作用。

1. 集装箱堆场的概念

(1)集装箱前方堆场

集装箱前方堆场(Marshalling Yard)是指在集装箱码头前方,为加速船舶装卸作业,暂时堆放集装箱的场地。其作用是：当集装箱船到港前，有计划、有次序地按积载要求将出口集装箱整齐地集中堆放，卸船时将进口集装箱暂时堆放在码头前方，以加速船舶装卸作业。

(2) 集装箱后方堆场

集装箱后方堆场(Container Yard)是集装箱重箱或空箱进行交接、保管和堆存的场所。有些国家对集装箱堆场并不分前方堆场或后方堆场，统称为堆场。集装箱后方堆场是集装箱装卸区的组成部分，是集装箱运输"场到场"交接方式的整箱货办理交接的场所，实际上是在集装箱装卸区"大门口"进行交接的。

(3) 空箱堆场

空箱堆场是指专门办理空箱收集、保管、堆存或交接的场地。它是专为集装箱装卸区或转运站堆场不足时才予以设立。这种堆场不办理重箱或货物交接。它可以单独经营，也可以由集装箱装卸区在区外另设。有些国家，经营这种空箱堆场，须向航运公会声明。

(4) 中转型码头堆场

集装箱码头在集装箱运输中的功能不同，码头堆场各功能箱区的布局也就不同。集装箱码头按功能主要有两种：中转型码头和进出口型码头。中转型码头所装卸的集装箱主要是中转集装箱，其物流作业过程主要是船舶装卸作业和码头内堆场整理作业，道口和陆侧其他进出码头的作业很少。因为是中转型码头，其进口箱和出口箱比例很少，故设置较少的出口箱区靠近泊位，较少的进口箱区靠近道口。中转型码头堆场大部分是按泊位、按航线设置固定的中转箱区。例如，在马来西亚PTP码头中，95%的集装箱是中转箱，堆场中转箱箱区位于相对应的泊位之后，前沿设有少量的出口箱区，后方设有少量的进口箱区，中转箱箱标区内有对应的船公司航线代码。

(5) 进出口型码头堆场

集装型进出口型码头所装卸的集装箱主要是当地货物或需要经过码头陆侧运输网络转其他陆上运输方式的集装箱，中转箱量很少，其物流作业过程主要是船舶装卸作业、码头内堆场整理作业、道口和陆侧其他进出码头的作业。因为是进出口型码头，其进口箱和出口箱比例很大，所以设置较多的出口箱区靠近海侧泊位，较多的进口箱区靠近后方陆侧道口，少部分是中转箱区放在进口和出口箱中间。在青岛前湾QQCT二期码头中，90%的集装箱是进出口箱，堆场前沿箱区是出口箱区，中间是进口箱区和少量中转箱区，最后方是进口空箱箱区，各箱区也按泊位同船舶泊位窗口相对应。

2. 集装箱堆场的功能

集装箱运输除了海上运输之外，更多的是在陆地上的运输。陆上的集装箱堆场在集装箱运输中是一个不可缺少的组成部分，在整个过程中起着相当重要的作用。

(1) 集装箱交接功能

在集装箱运输中，集装箱的交接工作是一个重要环节，其中集装箱堆场与提/还箱人间的交接往往是划分集装箱经营人(包括集装箱所有人、承运人等)与用箱人(指集装箱货物的托运人、收货人以及他们委托的货运代理人)责任的基础。在集装箱出口时，船公司应向货主提供适载和适货的集装箱，即通常所说的"完好的集装箱"；托运人或其代理人在船公司堆场提取空箱时，应该对集装箱进行检查，并在相应的设备交接单(Equipment Interchange Receipt, EIR)上与堆场经营人一起签字确认；若未在设备交接单上进行批注，则被认为船公司提供的集装箱是完好的。设备交接单被认为是集装箱管理工作中较为重要的一份单证，进/出场的设备交接记录也被认为是集装箱交接双方的原始依据。集装箱的进/出场日期可以反映出用箱人使用集装箱的时间。在正常的集装箱运输中,为了便于货主安排货物出运或提取货物,一般船公司都给货主一段集装箱免费使用的时间,超过了这段时间,货主则要按标准支付给船公司集装箱超期使用费。租箱公司收取租箱费是根据集装箱出租的时间来计算的,集装箱的进/出场日期一般是计算租箱使用期限的依据。

(2) 集装箱检验和修理功能

集装箱的使用寿命一般在10年左右。在这段时间之内,无论是集装箱的自然消耗和损坏,还是人为损坏,除了失去修理价值的,在集装箱投入正常的营运之前,这些损坏的箱子都必须修理;而且从理论上来说,损坏的集装箱修复得越快越好,因为船舶在航行中对集装箱进行一定的检验和修理是属于特殊情况,一般集装箱的检验和修理都要在陆上完成。因此,集装箱经营人需要通过合同方式即集装箱修理协议,委托集装箱堆场经营人对集装箱进行检验和修理。所以,堆场对集装箱的检验和修理,也是伴随着集装箱的运输而进行的。有人估计,1年间因集装箱修理所花费的费用在20亿美元以上。

集装箱检验是集装箱修理前的必要工作。集装箱是否需要进行修理是由集装箱的检验结果而定的。相对于集装箱进场交接时的检查,堆场对集装箱的检验要复杂得多。除了要检查有无明显自然损坏和人为损坏以外,堆场还需要根据集装箱经营人规定的标准对集装箱进行检验,必要时得出具详细的检验报告或修理估价单。当然,为了使集装箱检验结果更具有权威性,集装箱经营人还聘请独立验箱师到堆场进行检验,这也是一个较为通常的惯例。

目前,较有影响的检验标准是国际集装箱出租者协会(Institute of International Container Lessors, IICL)制定的IICL标准。因为在租箱实践中通常都使用IICL标准,人们又将IICL标准俗称为商业标准。由于IICL标准的商业性质,船公司认为自有集装箱在正常的营运过程中没有必要也使用IICL标准,并出于对降低集装箱修理费的考虑,制定了各自的集装箱适货检验标准。虽然各公司的适货检验标准没有统一的规定,但要求基本相近,并且都比IICL标准要宽松一些。

(3) 集装箱堆存功能

集装箱从新箱出厂到旧箱彻底报废的整个服务过程,也就是集装箱堆存的需求同样伴随着整个营运的过程。①箱厂在向买方交新箱之前,所有的空箱必须要有场地堆存,且数量很多,箱厂在其场地紧张的情况下往往要寻找一些公共的堆场堆存其集装箱。②租箱公司的集装箱在再次出租前也需要有堆场堆存集装箱。租箱公司在接受承租人退租箱后,也需要有堆场堆存这些空箱。③船公司大量正常营运的集装箱在从运输工具到交给货主前必须经过堆场作为过渡,无论是空箱还是重箱都需要在堆场堆存。特别在货运的淡季,船公司有必要在各口岸储备大量的空箱,以满足货运旺季时的用箱需求。此时,集装箱堆场已成为一个集装箱的"储存站"。

当然,集装箱经营人作为集装箱堆场的客户,在对集装箱的堆存方面同样会提出许多管理方面的要求,这在其与堆场签订的集装箱堆存协议中有详细的约定。它包括堆场的场地条件、装卸箱设备、堆存要求、集装箱的日常管理和一整套报表等内容。

集装箱公共堆场可能同时堆存数家、甚至数十家经营人的集装箱。有时集装箱尚未出场,已经由A公司经营的集装箱成了B公司的集装箱,而B公司经营的集装箱又成了C公司经营的集装箱,又由于各个公司的具体要求不完全一致,加上集装箱种类多样、状态也经常会发生变化(如坏箱修复后成为好箱、重箱拆空后成为空箱、空箱装箱后成为重箱),这都要求集装箱堆场有较高的管理水平,有较为完善的集装箱管理体系。

(4)集装箱货运功能

集装箱储运公司一般都有大面积的货运仓库和集装箱堆存场地,频繁、高效地进行集装箱的装拆箱作业。如在出口时,储运公司在仓库接收货主发送来的货物,将出口的货物集中之后,进行合理的配积载,并装入集装箱,随后将装好的集装箱送至码头堆场等待装船。如果这些储运公司能够作为"无船承运人"的话,那么在它们接受货主交付的货物之后还能签提单,这就体现了集装箱运输的高效性。由于这类储运公司普遍都有相当规模的堆存场地,因此集装箱的货运业务也是集装箱堆场综合功能之一。

在国际集装箱多式联运的发展中,大型的集装箱储运公司更是显示了极大的优势,是集装箱运输由大海向陆地不断延伸的节点,越来越成为集装箱运输中不可缺少的部分。它们所进行的运输活动参与到了货主的生产活动之中,实实在在地向货主提供了增值服务。所有这些货运活动都对集装箱堆场提出了相当高的要求。集装箱堆场有许多形式,各个堆场功能的侧重面也有所不同。随着港口集装箱装卸量迅速上升,集装箱港内堆场的场地面积越来越难以满足要求,所以在一些大的集装箱口岸,为了更好地取得港口集装箱装卸的规模效益,集装箱港内堆场的功能主要是集装箱由船舶到陆地或由陆地到船舶的集疏运。集装箱堆场的其他功能开始向港外转移,于是在靠近码头的区域出现了许多港外集装箱堆场。与集装箱港内堆场相比,港外堆场也有其一定的优势,它是一个纯粹的集装箱堆场,具有更强的专业性,能够提供更完善的服务。尤其在集装箱的检验和修理方面,港外堆场可以发挥更好的作用。再则,由于场地费用比港区内要低,所以港外集装箱堆场的各项费用也比港内堆场便宜。

二、集装箱堆场布局及装卸设备

1. 集装箱堆场布局

通常情况下,集装箱码头堆场按照箱区功能划分,分为出口重箱箱区、进口重箱箱区、中转箱箱区、空箱箱区、冷藏箱箱区、超限箱箱区和危险品箱箱区,后四种统称为特种箱区。集装箱堆场布局如图2-23所示。

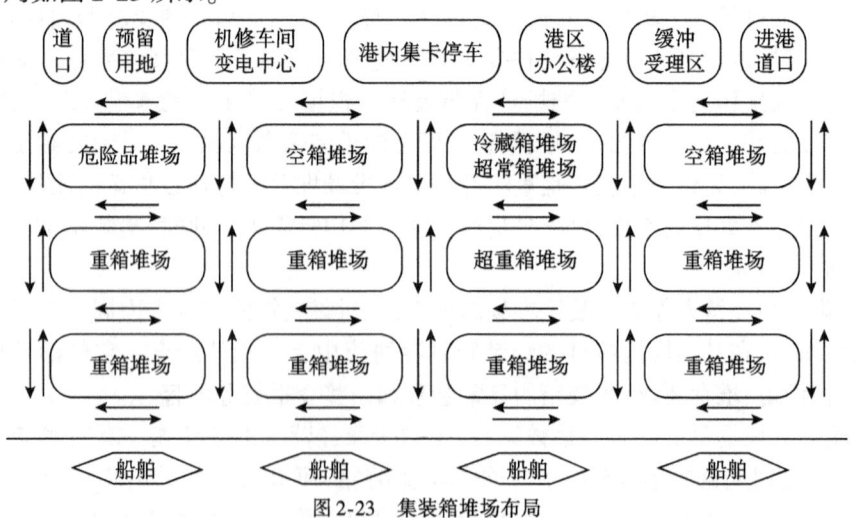

图2-23 集装箱堆场布局

在码头堆场的实际运营中,人们一般习惯将出口重箱置放于码头堆场前方,以便于集装箱船舶的装卸作业,缩短船舶在港时间;将中转箱置放于堆场中间区域;将进口重箱、冷藏箱、危险品箱和空箱置放于码头堆场后方。目前,堆场管理已进行实时控制,码头堆场的功能划分能够采用更为灵活多变的方式,甚至采用进出口箱混合堆放模式,即靠前堆场混合堆放进出口重箱,靠后堆场则堆放特种箱,如空箱、冷藏箱、危险品箱等。

图 2-24 为集装箱箱区作业立体图,该图为一个 8 贝(Bay)8 排(Row)5 层(Stack)的集装箱箱区立体图。各功能箱区内,都画有一个以 20ft 集装箱箱底为标准单位的用于堆放集装箱的长方形格子,习惯称之为场箱位(Slot)。在每个箱区的两端,都标有对应的编号,通常称为箱区号(Yard Code,YC)。对堆存在堆场上的集装箱,其位置都有唯一编码标识,通常称之为场箱号位(Yard Location Code,YLC),又称"箱位号",是由分别代表箱区号、行号、列号和层号,共 5~7 位代码共同组成的。如图 2-25 所示,阴影部分箱区的编码方式为 A0123,代表 A 箱区 01 贝第 2 排第 3 层。

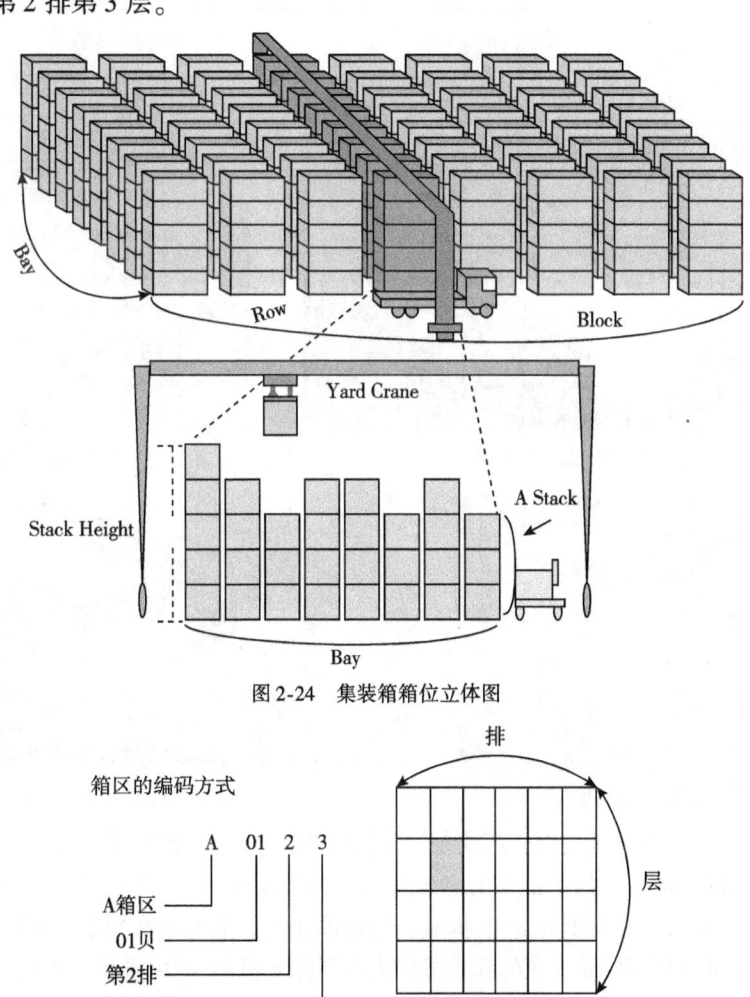

图 2-24 集装箱箱位立体图

图 2-25 集装箱码头堆场场箱位编码方式示意

2. 集装箱堆场装卸设备

集装箱码头堆场内的装卸设备有很多种,如集装箱叉车(如图 2-26 所示)、正面吊运机

(如图 2-27 所示)、轮胎式龙门起重机(如图 2-28 所示)、轨道式龙门起重机(如图 2-29 所示)、跨运车(如图 2-30 所示)等。在集装箱码头堆场的作业中,各装卸机械设备发挥着不同的作用,共同完成堆场内集装箱的装卸和堆高作业。

情景导入

观看几种堆场装卸设备如何工作。

集装箱车载式叉车

哥特瓦尔德港口移动式起重机与特雷克斯正面吊

特雷克斯港口集装箱跨运机

图 2-26　集装箱叉车

图 2-27　集装箱正面吊运机

图 2-28　集装箱轮胎式龙门起重机

图 2-29　集装箱轨道式龙门起重机

目前,国际上通用的做法是以轨道式龙门起重机、轮胎式龙门起重机和跨运车作为堆场内重箱作业的主要装卸和堆高工具,同时辅以正面吊运车和叉车等作业机械设备来完成堆场内的重箱作业,正面吊运车和叉车主要负责倒箱、拆装箱等辅助作业。值得注意的是,目前,绝大多数亚洲和中东部地区的港口均以轮胎式龙门起重机作为主要作业机械,国内港口也不例外,主要是因为轮胎式龙门起重机具有堆场面积利用率高、作业面大、装卸效率高、故障率低和操作简单等特点,上述特点决定了其适合于大中型专业化集装箱码头堆场的作业。而空箱的堆垛作业和装卸作业则通常以叉车和正面吊作为主要作业机械。现阶段,大部分国内港口仍然采用叉车来进行港口的空箱作业,其堆垛高度一般为 3~6 层,最高可达 9 层。然而,近年来,随着不断提高的专业化水平,正面吊运机在码头的实际运营中也得到了大量的应用。一般来说,正面吊运车的堆垛为

7~8层,最高可达10层。还有一个显著特点是能够进行跨箱作业,灵活方便和增加堆场利用率。

三、集装箱堆场堆放方式

目前,集装箱码头主要采用进出口箱分开堆放和进出口箱混合堆放两种集装箱堆放方式来对进出口重箱进行集中管理。

1. 进、出口箱混合堆存方式

进出口箱混合堆存方式(如图2-31所示)应用适合于堆场场地较为紧张的港口,如香港港和宁波—北仑港。这种堆放方式的最大优点就是能够充分利用已有的堆场空间资源,使得堆场的空间利用率达到最大,进而能够减少重复作业箱。然而这种堆放方式的缺点也显而易见的,由于进出口箱混合堆放在一起,因

图2-30　集装箱跨运车

而,很容易造成集装箱堆场倒箱率的偏高,并且进出口箱混合作业时,作业流程复杂。此外,这种堆存方式一般采用较大的堆高,这样势必会加大龙门吊的作业难度,降低其实际工作效率。

2. 进出口箱分开堆放方式

进出口箱分开堆放方式(如图2-32所示)一般适用于堆场场地资源相对富裕的集装箱码头,采用这种堆放方式的集装箱码头堆场,通常将集装箱码头划分为前方堆场和后方堆场两部分。前方堆场用于存放出口箱以便装船之需,缩短船舶在港时间;后方堆场用于存放进口箱以便满足客户提箱的需要,提高客户满意度。采用此种堆放方式,对于堆场场地资源不是很紧张的码头来说,一方面,可以减少堆场取箱和进箱作业的复杂程度,从而达到降低倒箱率的目的,另一方面,能够有效改善堆场作业设备的作业效率。此外,对于进出口箱量不平衡的码头,如果采用分开堆放方式,那么港口当局就可以依据进出口箱的重要性来分配堆存面积,给箱量高的箱型分配更多的堆存面积。采用进出箱分开堆放方式,还可以使得箱区具体作业流程清晰化,便于对重点箱区的管理。降低堆场管理的难度,提升港口服务的满意度。

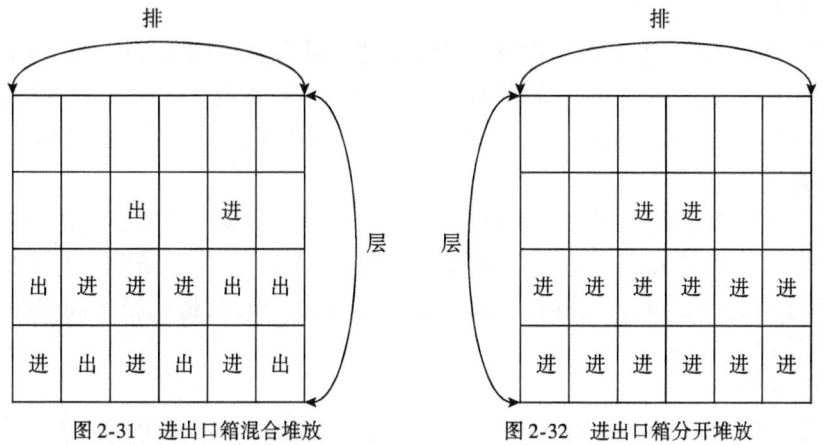

图2-31　进出口箱混合堆放　　图2-32　进出口箱分开堆放

3. 两种堆放方式的比较

从上述对进出箱分开堆放和混合堆放两种不同堆放方式的分析中,总结出两种堆放方式的优缺点如表2-12所示。从表2-12中知混合堆放和分开堆放各有优缺点,港口码头应根

据堆场空间资源和吞吐量等信息来选择合适的空间堆放方式。

两种不同堆放方式优缺点的比较分析　　　　　　　表 2-12

方式	优点	缺点
分开堆存	作业复杂程度较低,堆场设备作业效率较高,能有效降低翻箱率	堆场空间资源未能得到充分利用
混合堆存	堆场空间资源能够得到充分开发利用	设备作业效率相对较低,翻箱率相对较高

四、堆场堆码规则

1. 出口箱箱区堆码规则

在配载装船过程中,为了提高出口箱的装船效率,尽量减少装船时翻箱量,出口箱在码头堆场进行堆放时,必须遵循一定的原则,一般来说,遵循以下几个原则选项。

①按排堆放。相同卸货港、相同重量吨级的出口箱堆放于同一排内;但同一贝位内的不同排,则可以堆放不同卸货港、不同重量吨级的出口箱。在为出口箱进场堆存选择箱位时,遵循空排选位策略。

②按贝位堆放。在同一贝位内,堆放相同卸货港、相同重量吨级的出口箱。在出口箱进场堆存时,按空贝位选位策略执行。

③按贝位、排堆放。同一贝位内,堆放相同卸货港、不同重量吨级的出口箱;而该贝位内的同一排内,堆放相同卸货港、相同重量等级出口箱。在进场堆存时,按空位选位。

④在同一贝位中,靠近车道的两排一般堆放较重的出口箱,最里面的两排一般堆放较轻的出口箱,较中间的排一般堆放中等重量等级的出口箱。此外,也应遵循重箱不压轻箱的基本原则。

⑤在多条路进箱时,有两种方式可选择:一种是根据集卡的车号判别交替进箱,如第一辆车进 A 区,则第二辆车 B 区,以此类推;另一种是先进完 A 区,然后再进 B 区。

2. 进口箱箱区堆码规则

进口箱卸船,其进口重箱堆放于堆场进口重箱区,主要采用全场混堆、半混堆和分票堆存三种堆存模式。三种堆存方式各有利弊,实际运作过程中应视具体情况客观分析。

(1) 全场混堆

全场混堆即进口箱不分船名航次,将其随机卸至码头的进口箱区各块。采用这种模式,场地机械和码头桥吊之间,形成多台桥吊对应多台场地作业机械的作业模式,极大地提高了作业灵活性,占用机械少,在场地机械不足时,较好地提高卸船作业的效率,但提箱时翻箱率极高。

(2) 半混堆

半混堆即同一船名航次下进口集装箱,按照自然箱箱型集中堆放于对应的进口重箱区中,这种方式,场地机械和码头吊桥之间,形成 1 台桥对应 1~2 台场地作业机械的作业模式。其灵活性较混堆要差,占用的轮胎吊较多。采用这种模式,造成箱区利用率略低,但可降低提箱翻箱率。

(3) 分票堆存

分票堆存即按相同进口船名航次集中堆放基础上,再将相同进口提单号的集装箱集中堆放。这种方式,为满足严格分票的作业要求,场地机械和码头桥吊之间,形成 1 台桥吊至少配备 2 台以上场地作业机械的作业模式。其灵活性较前两种方式更差,占用的轮胎吊更多,比较适合进口量大,场地机械较多的码头,同时也特别适合中转型集装箱码头的卸船作业。

当然，目前也出现了以前两种方式为基础，结合第三种方式的改进型方式，即在同一贝位中，将相同船名航次或相同提单号的进口箱，集中堆放在同一排中。

3. 空箱箱区堆码规则

空箱箱区堆码规则的选定，须依据该空箱的具体类型确定不同的考虑因素，来做出具体的堆码规则。

对于进口空箱区，根据持箱人、箱型不同，将空箱箱区再划分为不同储存区。相同持箱人和相同箱型的空箱堆放在基本固定的空箱区域。空集装箱在进出场堆场作业时，按持箱人和箱型选定对应区域。空箱区一般使用空箱叉车作业，其堆码规则同叉车堆放规则。

对于出口空箱区，则是按同船名、同航次和同出口卸货港口的空箱，堆放在一起。出口空箱区可以放在叉车作业区，也可放在RTG(轮胎式龙门起重机)或RMG(轨道式龙门起重机)作业区，其堆码规则同作业机械堆放规则。

4. 特种箱堆码规则

(1)危险品箱区

装有危险货物的集装箱称为"危险品箱"(Dangerous Cargo Container)，根据国际危险品箱运输规则的隔离要求，按危险货物的不同类别分开堆场。主要是堆存高度和各等级箱之间的间隔距离。

(2)特种箱箱区

特种箱需与普通箱(General Cargo Container)分开堆放，一般按箱型分开堆放。对超大件集装箱(超长、超宽或超高)，一般都使用平板集装箱、折叠框架集装箱、固定框架集装箱或开顶集装箱来装超大件货物，为保证作业和储存安全，一般仅堆放1层高。

①平板空集装箱，可以相互叠加成组堆放。折叠空框架集装箱，可以将两头折叠挡板收起来后，如平板空集装箱一样，互相叠加成组堆放。固定框架空箱或空开顶集装箱，按持箱人分类用空箱堆放原则堆放。

②台架箱(Platform Based Container)、平台箱(Platform Container)进特种箱堆场。

③敞顶集装箱(Open Top Container)进场时，如果所装货物不超高，那么与普通集装箱堆放在一起；如果所装货物超高，那么堆放在特种集装箱堆场。

④冷藏箱(Reefer Container)堆放在冷藏箱堆场。冷藏集装箱如果装载普通的货物，作为普通集装箱使用，应与普通集装箱堆放在一起。如果既是冷藏集装箱，又是危险品集装箱，则进冷藏集装箱堆场。

⑤罐状集装箱(Tank Container)堆放在普通集装箱堆场。若装有危险货物，与危险品集装箱一同堆放。

堆场堆码规则是码头堆场管理中一个重要的内容，该规则能保证集装箱的堆放安全，在操作上也能最大限度地减少翻箱。它是码头堆场计划管理人员经过长期的实践和不断优化，才得出的适合码头自身特点的堆场作业规则。

综合练习题

一、单项选择题

1. 集装箱长、宽、高的外部尺寸分别是40ft、8ft 尺、9.6ft 尺，这种集装箱是(　　)。

A. 1A B. 1AAA C. 1C D. 1B

2. 国际海运集装箱按用途不同可以分成不同类型的集装箱,其中"FR"代表(　　)。
   A. 干货箱 B. 超高箱 C. 挂衣箱 D. 框架箱

3. 集装箱箱号的格式一般前三位为集装箱公司的代码,第4位为U,加上后(　　)位数字,其中最后一位为校验码。
   A. 7 B. 6 C. 5 D. 4

4. CY-CY集装箱运输条款是指(　　)。
   A. 一个发货人、一个收货人 B. 多个发货人、多个收货人
   C. 一个发货人、多个收货人 D. 多个发货人、一个收货人

5. 卫检对集装箱查验,要求其做到(　　)。
   A. 清洁、干燥 B. 无味、无尘
   C. 清洁、无味 D. 清洁、干燥、无味、无尘

二、多项选择题

1. 集装箱以制造材料分为(　　)。
   A. 钢制集装箱 B. 铝合金集装箱
   C. 铜制集装箱 D. 不锈钢集装箱
   E. 玻璃钢制集装箱

2. 集装箱的重量分为(　　)。
   A. 自重 B. 载重 C. 额定自重 D. 额定重量

3. 集装箱能力包括(　　)。
   A. 装卸能力 B. 堆码能力 C. 栓固能力 D. 箱底承载能力

4. 集装箱的识别标记包括(　　)。
   A. 箱主代号 B. 额定重量 C. 顺序号 D. 核对数字

5. 国际集装箱船舶的类型有(　　)。
   A. 部分集装箱船 B. 全集装箱船 C. 可变换集装箱船 D. 滚装船

三、名词解释

1. 集装箱
2. 集装箱码头
3. 集装箱堆场
4. 集装箱货运站
5. 前方堆场

四、简答题

1. 集装箱的类型有哪些?
2. 集装箱有哪些主要标志?
3. 集装箱船舶的类型有哪些?
4. 简述集装箱船舶箱位编号方法。
5. 集装箱货运站的主要作用有哪些?

第三章　国际海运集装箱运输组织

 **学习目标**

通过本章学习,学生应了解国际海洋运输的基本知识;掌握集装箱船舶运行组织;了解集装箱码头的功能、特点、类型;掌握集装箱码头的布局;掌握集装箱船舶的配积载的相关知识。

 **知识架构**

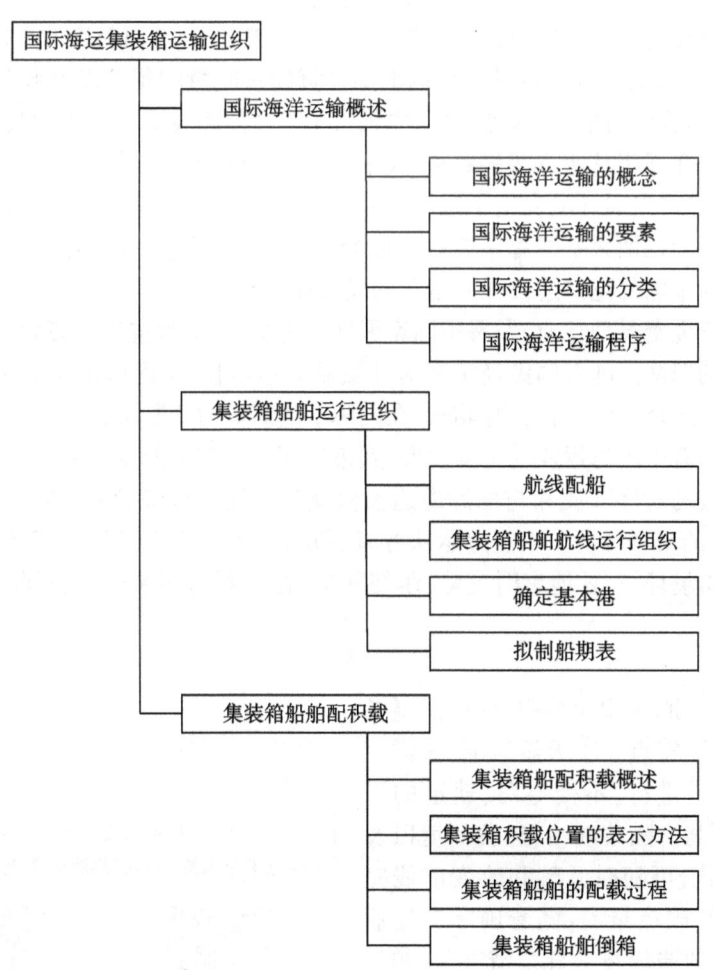

随着集装箱运输的迅猛发展,国际集装箱运输得到推广和普及,集装箱数量也日益增多,如何合理组织集装箱船舶,优化航线配船,解决集装箱空箱调运问题,从而提高整个集装箱运输系统的运营效益和综合社会效益,成为目前集装箱承运人关注的焦点。

第一节　国际海洋运输概述

一、国际海洋运输的概念

1. 定义

国际海洋运输又称国际海洋货物运输,简称国际海运,是指使用船舶通过海上航道在不同国家和地区的港口之间运送货物的一种方式。海洋运输是国际贸易中最主要的运输方式,占国际贸易总运量中的 2/3 以上。我国绝大部分进出口货物,都是通过海洋运输方式运输的。

随着中国经济的快速发展,中国已经成为世界上重要的海运大国之一。目前全球有 19% 的大宗海运货物运往中国,有 20% 的集装箱运输来自中国;而新增的大宗货物海洋运输之中,有 60%~70% 是运往中国的。中国的港口货物吞吐量和集装箱吞吐量均已居世界第一位;世界集装箱吞吐量前 10 大港口中,中国占了 7 个。随着中国经济影响力的不断扩大,世界航运中心正在逐步从西方转移到东方,中国海运业已经进入世界海运竞争舞台的前列。

目前,世界经济发展环境发生了很大的变化,世界经济中心已经开始向亚太地区转移。世界经济的发展会在西太平洋海岸掀起一股新的热潮,而且进一步加强区域经济和跨国集团的开发都在为中国的港口建设和海运业的发展提供有利条件。

海运业是资金密集型行业,发展中国家因缺少资金,大多数进出口货物运输都不得不受控于发达国家的船队。随着国民经济和对外贸易高速增长,中国海上交通运输业得到了持续快速发展。海运量不断增长,中国海运在国际上的影响力不断增强,已成为繁荣全球海运的重要因素。随着中国海运业的迅猛发展,其市场环境也在不断发生着深刻变化,尤其是中国政府采取积极的对外开放和与国际海运惯例接轨的海运政策法规,为海运业提供了"竞争、开放、透明"的市场环境。中国海运从业者,包括来华投资经营的外商必须时刻了解、研究自身所处的市场环境,才能审时度势,掌握航向,在不断遇到新情况、不断解决新问题中,得以发展、壮大。

2. 特点

海洋运输是国际商品交换中重要的运输方式之一,具有以下特点。①天然航道:海洋运输借助天然航道进行,不受道路、轨道的限制,通过能力更强。随着政治、经贸环境以及自然条件的变化,可随时调整和改变航线完成运输任务。②载运量大:随着国际航运业的发展,现代化的造船技术日益精湛,船舶日趋大型化,第 7 代集装箱船的载箱能力已超过 10000TEU。③运费低廉:海上运输航道为天然形成,港口设施一般为政府所建,经营海

> **知识链接**
>
> 了解《中华人民共和国国际海运条例》和《中华人民共和国国际海运条例实施细则》。
>
>
>
> 中华人民共和国　　中华人民共和国国际
> 国际海运条例　　　海运条例实施细则

运业务的公司可以大量节省用于基础设施的投资。船舶运载量大、使用时间长、运输里程远、单位运输成本较低,为低值大宗货物的运输提供了有利条件。

海洋运输也有明显的不足之处:如海洋运输易受自然条件和气候的影响,航期不易准确,遇险的可能性也大。

二、国际海洋运输的要素

海洋运输基本要素包括船舶、航线、港口。

1. 船舶

船舶是海上运输主要工具,其主要分三大类:货船、客船和客货船。货船的主要类别有:①杂货舱;②散装船;③冷藏船;④木材料;⑤油轮;⑥集装箱船;⑦滚装船;⑧载驳船。

2. 航线

航线主要指海上船舶航行道路。主要分类为:①按时间和港口是否固定划分,有定期航线、不定期航线;②按航行水域范围划分,有沿海航线、近洋航线、远洋航线。

3. 港口

港口主要指提供水陆联系的一个节点,作为国家的运输通道或门户,通过海洋运输运行对外贸易。具有以下三项基本功能:①出口贸易,从港口周围地区集中的出口货物可通过港口水运运出;②进口贸易,从国外进口的货物可通过港口再分配到内地用户;③货物集散地。

港口类别:①按港口基本功用划分,有商港、军港、避风港(又称中途港)和渔港;②按使用目的划分,有存储港、转运港、经过港;③按地理位置划分,有海(湾)港、内河港、河口港;④按国家政策划分,有国内港、国际港、自由港;⑤按建设难度划分,有天然港、人工港;⑥按港口和腹地交通联系划分,有以内河航道沟通为主的港口、以铁路集散货物为主的港口、以管道集散为主的港口、以公路或其他交通线集散货物为主的港口。

三、国际海洋运输的分类

1. 按海洋运输的经营方式分类

一般件杂货海洋运输,按经营方式,可分为班轮运输(定期船运输)和租船运输(不定期船运输)两类。

(1)班轮运输(Liner Shipping)

班轮运输又称为定期船运输,包括杂货班轮运输和集装箱班轮运输。班轮运输是指班轮公司将船舶按事先制订的船期表,在特定航线的各挂靠港口之间,为非特定的众多货主提供规则的、反复的货物运输服务,并按事先公布的费率或协议费率收取运费的一种营运方式。

班轮运输最早出现于19世纪初,美国首先采用。1818年,美国黑球轮船公司开辟了纽约至利物浦的定期航线,用帆船进行运输,用以运送海外移民、邮件和货物。1824年,英国跟随美国之后,开辟了伦敦、汉堡、鹿特丹之间以蒸汽机船经营的班轮航线,19世纪40年代又扩展到中东、远东和澳大利亚。此后,日本、德国、法国等轮船公司均经营班轮运输,设有横渡大西洋、太平洋的环球运输航线。中国于19世纪70年代开始沿海和长江的班轮运输。20世纪初,在长江和其他内河开展班轮运输。新中国成立后,开辟了大连—上海定期港班轮货运航线。1961年,中国远洋运输总公司成立,开始建立中国远洋运输船队和国际班轮航线。班轮运输的特点是"四定一负责"。①具有"四固定"的特点,即是固定航线、固定港口、固定船期和相对固定的费率,这是班轮运输的最基本特征;②班轮运价内包括装卸费用,即货物由承运人负责配载装卸,承托双方不计滞期费和速遣费;③承运人对货物负责的时段是从货物装上船起,到货物卸下船止,即"船舷至船舷"或"钩至钩";④承运双方的权利义务和责任豁免以签发的提单为依据,并受统一的国际公约的制约。

(2)租船运输(Shipping by Chartering)

租船运输又称为不定期船运输,是指租船人向船东租赁船舶用于货物运输,是一种既没有事先制订的船期表,也没有固定的航线和挂靠港,而是追随货源,按照货主对运输的要求安排船舶航行的航线,组织货物运输,并根据租船市场行情确定运价或租金水平的一种经营方式。

租船方式主要有定程租船和定期租船两种。定程租船,又称程租船,是以航程为基础的租船方式,船方必须按租船合同规定的航程完成货物运输任务,并负责船舶的运营管理及其在航行中的各项费用开支。程租船的运费一般按货物装运数量计算,也有按航次包租金额计算。定期租船,又称期租船,是按一定时间租用船舶进行运输的方式,船方应在合同规定的租赁期内提供适航的船舶,并负担为保持适航的有关费用。租船运输的特点是:①租船费用较班轮低廉,且可选择直达航线,故大宗货物一般采用租船运输;②租船运输是根据租船合同组织运输的,租船合同条款由船东和租方双方共同商定;③一般由船东与租方通过各自或共同的租船经纪人洽谈成交租船业务;④不定航线,不定船期,船东对于船舶的航线、航行时间和货载种类等按照租船人的要求来确定,提供相应的船舶,经租船人同意进行调度安排;⑤租金率或运费率是根据租船市场行情来决定;⑥船舶营运中有关费用的支出,取决于不同的租船方式由船东和租方分担,并在合同条款中注明;⑦各种租船合同均有相应的标准合同格式。

2. 按集装箱航线的地位分类

根据集装箱航线的地位及挂靠港口的不同,船舶运输可以分为干线运输和支线运输。

(1)干线运输

所谓的干线是指航线距离一般较远的航线,而干线运输就是船舶在干线上航行,是在相对固定的世界主要集装箱航线的运输。干线运输一般货源稳定,运量大,班轮公司的实力强大,挂靠港数量少,挂靠港装卸能力强,经济腹地经济总量庞大,对货物的消化能力或中转能力强。负责干线运输的船舶载重量较大、吃水较深、航行速度较快,鉴于以上的种种条件要求船舶挂靠的港口多为深水港,这类港口一般是各区域的沿海经济贸易中心,这类港口多称为枢纽港。目前,世界主要的集装箱航线有:①远东—北美航线,实际上又可分为两条航线,即远东—北美西岸航线和远东—北美东海岸、海湾航线;②远东—欧洲、地中海航线也被称为欧洲航线,它又可分为远东—欧洲航线和远东—地中海航线两条;③北美—欧洲、地中海航线实际由三条航线组成,分别为北美东海岸、海湾—欧洲航线,北美东海岸、海湾—地中海航线和北美西海岸—欧洲、地中海航线;④远东—澳大利亚航线;⑤澳、新—北美航线;⑥欧洲,地中海—西非、南非航线等。

(2)支线运输

支线运输是指在某些区域内的集装箱运输。支线也可以称为补给线,是指干线之外的航线。大型港口与小型港口之间的货物要依靠支线运输完成,因此也称支线为喂给线。与负责干线运输的船舶不同,负责支线运输的船舶,对挂靠港口的深度限制一般较小。这类船舶通常在枢纽港和喂给港之间往返,完成它们之间的货物运输。

四、国际海洋运输程序

在以 CIF 或 CFR 条件成交、由卖方安排运输时,其工作程序如下。

(1)审核信用证中的装运条款

为使出运工作顺利进行,在收到信用证后,必须审核证中有关的装运条款,如装运期、结汇期、装运港、目的港是否能转运或分批装运,以及是否指定船公司、船名、船籍和船级等,有的还要求提供各种证明,如航线证明书、船籍证等,对这些条款和规定,应根据我国政策、国际惯例,要求是否合理或是否能办到等来考虑接受或提出修改要求。

(2)备货报验

备货报验是根据出口成交合同及信用证中有关货物的品种、规格、数量、包装等的规定,按时、按质、按量地准备好应交的出口货物,并做好申请报验和领证工作。冷藏货要做好降温工作,以保证装船时符合规定温度要求。在我国,凡列入商检机构规定的"种类表"中的商品以及根据信用证、贸易合同规定,应由商检机构出具证书的商品,均需在出口报关前填写"出口检验申请书"申请商检。有需鉴定质量或进行动植物检疫或卫生安全检验的,都要事先办妥,取得合格的检验证书。做好出运前的准备工作,货证都已齐全,即可办理托运工作。

(3)托运订舱

编制出口托运单后,即可向货运代理办理委托订舱手续。货运代理根据货主的具体要求按航线分类整理后,及时向船公司或其代理订舱。货主也可直接向船公司或其代理订舱。当船公司或其代理签出装货单,订舱工作即告完成,就意味着托运人和承运人之间的运输合同已经缔结。

(4)保险

货物订妥舱位后,属卖方保险的,即可办理货物运输险的投保手续。保险金额通常是以发票的 CTF 价加成投保,加成数根据买卖双方约定,如未约定,则一般加 10% 投保。

(5)货物集中港区

当船舶到港装货计划确定后,按照港区进货通知并在规定的期限内,由托运人办妥集运手续,将出口货物及时运至港区集中,等待装船。做到批次清、件数清、标志清。要特别注意与港区、船公司以及有关的运输公司或铁路等单位保持密切联系,按时完成进货,防止因工作脱节而影响装船进度。

(6)报关工作

货物集中港区后,把编制好的出口货物报关单连同装货单、发票、装箱单、商检证、外销合同和外汇核销单等有关单证向海关申报出口,经海关关员查验合格放行后方可装船。

(7)装船工作

在装船前,理货员代表船方,收集经海关放行货物的装货单和收货单,经过整理后,按照积载图和舱单分批接货装船。装船过程中,托运人委托的货运代理应有人在现场监装,随时掌握装船进度并处理临时发生的问题。装货完毕,理货组长要与船方大副共同签署收货单,交与托运人。理货员如发现某批有缺陷或包装不良的货品,即在收货单上批注,并由大副签署,以确定船货双方的责任。但作为托运人,应尽量争取不在收货单上批注以取得清洁提单。

(8)装船完毕

托运人除向收货人发出装船通知外,还可凭收货单向船公司或其代理换取已装船提单,这时运输工作即告一段落。

(9)制单结汇

将合同或信用证规定的结汇单证备齐后,在合同或信用证规定的议付有效期限内,向银行交单,办理结汇手续。

第二节　集装箱船舶运行组织

船舶运行组织是指对船舶生产活动的全面计划和安排。集装箱航线船舶运行组织的主要内容有:为航线选配适航的船舶(航线配船);确定航线船舶集装箱箱量的配置;基本港的确定;拟订船期表,确定发船密度和投放运力等。

一、航线配船

1. 航线配船概念及其类型

集装箱班轮航线配船是班轮公司日常经营过程中面对的非常重要的决策调度问题。如何在满足技术可行性和经济合理性的前提下,最合理地将班轮公司船队中不同额定载箱量的船舶配置到班轮公司所经营各条航线上去,是航线配船的关注点。主要内容是既要在技术上根据客观条件及实际情况所确定的满足航线和船舶的技术要求,又要在经济上在满足运量的情况下合理安排班轮公司的所有船舶而使班轮公司的总利润最大。

集装箱班轮航线配船类型分为单线多船、多线单船及多线多船型三种。

①单线多船型是最简单的配船类型。其配船步骤首先是将不适用于在某航线上航行的船只排除,再逐船进行对其效益指标进行计算,最后由高到低排列船舶经济效益,依次进行选择,直到满足运输任务。

②多线单船型比单线多船型的复杂之处在于其发生在运量大于运力时。因此,其配船步骤是在对无法满足航线任务的船只排除后,然后对剩下的船只逐船计算效益指标,最后先将经济效益高的船舶配备在该航线以实现技术可行,直至完成所有的航线配船。

③多线多船形式最复杂的航线配船类型,指的是在有多种船舶类型和多条航线的情况下的合理配船问题。配船过程可以分为:第一步,分析航线港行条件与船舶技术营运性能是否匹配,此步需符合安全优质原则;第二步,给出航线经济效益高、技术营运行性能好的配船方案,此步需符合经济合理原则;第三步,按照既定指标筛选计算方案,选出最优方案,此步需符合其他衡量评价方案合理性的条件。

2. 集装箱班轮航线配船原则

(1)系统化原则

同时兼顾企业的整体效益与单条航线的效益来优化航线。总的来说,是指要以系统化的思想作为指导,基于整个集装箱班轮航线网络和企业整体两个角度同时优化。

(2)船型相近原则

同一航线应尽量配备相近或相同载箱量的集装箱船,以方便实现航线均衡运营,同一航线应尽量配备相似的物力、人力,以有利于降低管理难度。

(3)大船配大线原则

当船舶参数较大时增大航线参数会很大程度上减少单位运输成本。因此,在航距长且装卸率高的航线上应该提高船舶航速和吨位来提高运输量。

(4) 准班原则

多服务于大货主、承运高价值货的班轮公司为吸引客户,提供优质服务,最大的保障是保证航线稳定性和准班率。为使班轮公司在市场竞争中不被淘汰,确保班轮准班率是其区别于干散和液散运输最有力的保障。

(5) 船速相同原则

为保证船期,同一航线上的集装箱船在各航段的航速应保持大体一致。

(6) 合理配船原则

由于其他竞争者的加入所形成的压力、货运量的变化和政府政策改变等因素的影响,多数情况下班轮公司的航线配船策略并不是固定的,要不断调整配船方案,合理配备船舶对提高集装箱班轮公司总利润至关重要。这是因为,一旦航线配船确定,就需要投入非常大的人力、物力,以保证班轮公司正常运转,此时临时更改配船方案可能给班轮公司带来很大的经济损失。

3. 集装箱班轮航线配船的影响因素

影响集装箱班轮航线配船的因素分为外部因素和内部因素。外部因素主要包括运输需求量和航线距离;内部因素主要包括来自班轮公司内部运营管理的船舶航速和发船频率。

(1) 运输需求量

每条航线上港口间所产生的货量。相邻两港间需要承载的箱量包括前序所有港口运往该港口对后续港口产生的所有箱量。当船正向行驶时,第三、第四个港口(标号3、4)之间的承运箱量为,该航段的前三个港口(标号1、2、3)分别到该航段的后两个港口(标号4、5)的集装箱数量之和。数量关系式如下:

$$Q_{34} = q_{14} + q_{15} + q_{24} + q_{25} + q_{34} + q_{35} \qquad (3\text{-}1)$$

式中: Q_{34}——船舶在航段34间需要承载的货量;

q_{14}、q_{15}、q_{24}、q_{25}、q_{34}、q_{35}——从前面的港口到后面港口的集装箱运输需求量。

另外,航段上的集装箱需求量影响不同航线上所配备的船型。当航线上集装箱需求量大时需要配备大型的船舶;相对小型的船舶则应该配备在运量较少的航线上,从而保证船舶的高载箱率。在解决实际问题时,可以根据该理论初步预测各航段的运量,并依据航段的加权平均运量或者最大运量筛选出各航线应配备的船型。

(2) 航线距离

船舶在海上两地间的航行路线指海上航线。以起讫点命名的沟通两地的路线是其广义上的定义,比如沟通上海至广州的申广航线及中国至美国的中美航线;海图上的计划航线等具体航迹路线是其狭义上的定义。应根据船舶状况、航行地区的气象、水文地理及航行任务等拟订该航次的具体航线。航线距离指的是航迹线的长度是决定航行时间的因素之一。同时,航海气象状况越恶劣,航线越长,需要配备船舶的性能也应越高,一般只能配备大型船只才能满足此种状况的要求。另外,为了保障船公司服务质量,长距离航线应投入较多数量的船舶。

(3) 船舶航速

根据造船方要求,设计集装箱船时依据船型的条件,选取特定功率的主机可以使出厂船舶有设计航速。船舶投入运营后,为达到最佳营运状态,在航行中使用不同航速,但始终介于最低航速与最高航速之间。主机保持稳定转速下的最低航速和主机额定功率所能达到的最大速度分别指最低航速和最高航速,最低航速通常是最高航速的30%。

集装箱班轮航线配船问题在两个方面受船舶航速的影响。第一,在某条航线上船舶航行速度越快,航次往返时间和船舶在航线上的周转时间越短。这样,减少航线上配备的船舶数量也能满足该航线上的货运需求,保证服务质量。另外,航速提高导致船舶燃油消耗量增加,船舶航速与其燃油消耗量之间的关系是:燃油消耗量随着航速的增加而呈现指数增长;燃油消耗量在航速超过一定范围后急剧增加。船舶营运成本中燃油成本所占的比重由于轻重油价差的增大和国际燃油价格的不断攀升而不断增大,甚至能占到船舶营运成本的50%左右。由此可知,船速的提高虽然能够加快发班频率,缩短航次时间,但运营成本也随之增加,所以船舶在航线上运营必定存在最优航速。对于单只船舶,在特定航线上保持最优航速航行才能实现其经济性,并且为使班轮公司效益最大,应该对整个船队的收益进行整体优化。

二、集装箱船舶航线运行组织

1. 集装箱班轮航线特点

集装箱班轮航线具有固定的航线、固定的挂靠港口、固定的船期和相对固定的费,它们一起构成集装箱班轮运输最基本的特征。班轮航线有如下几个特点:

(1) 船期准

一般情况下,集装箱船舶的性能都很好,平均运行速度相对较高,不易受气候变化的影响。集装箱船因为其标准化的作业单元使得装卸作业效率非常高;同时,集装箱码头具有较高的机械化作业程度,物品在港装卸时间比杂货班轮大大降低。以上的种种条件都更有效地保证了集装箱班轮的准班期率。

(2) 班期固定

由于班轮公司具有较高的准班率,因此能够确保航线的班期是固定不变的。挂靠频率的高低从某种程度上能够反映出班轮企业的服务水平,同时,也为集装箱码头安排靠泊计划和作业计划提供了更加便利的条件。更为班轮公司进行市场开发化及提高市场份额起到了不可忽视的作用。

(3) 靠泊港口较少

随着集装箱船的规模不断增大,集装箱班轮公司为了实现船舶大型化所带来的规模经济效益,需要挂靠少数几个港口来满足载货量的要求,挂靠港口数量少的另一个好处是降低了班轮的航次时间。

(4) 船队规模小

在保证其他条件相同的条件下,运载同样多数量的物品,集装箱船的使用量远远低于杂货船。

2. 集装箱航线流转系统

一个重箱在集装箱航线流转系统中的运行过程如图3-1所示。最开始,集装箱要通过内陆集疏运系统,如火车或者集卡,将重箱运输到装货港堆场等待装船,这一部分是物品在港口等待装船的库存环节;等船舶靠港之后,将货物装入船舶,开始海上运输过程,这一部分是物品在途库存的环节;当物品到达目的港后,物品卸船至堆场等待货主提货,集装箱运输过程结束。

库存时间是影响库存成本的决定性因素,因此,要节约库存成本需要对集装箱流转的运行过程进行优化,缩短海上航行时间和在港等待时间。因为班轮运输是按照相对固定的时间在固定的航线上运行,所以前后两次到达同一个港口的时间间隔是固定的,在这一固定的时间段内,假设航线上以此港口作为装货港的物品均匀到港,在堆场等待装运。集装箱在堆场待运的等待时间同经济订货批量(EOQ)模型中库存持有时间类似,船舶的挂靠频率越大,则待运货物的等待时间越短,相应的时间成本越低。挂靠频率的高低影响了整个班轮航线系统的成本与效率。

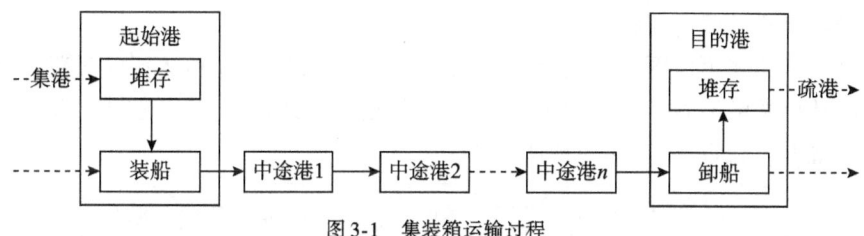

图3-1 集装箱运输过程

3. 集装箱航线优化的必要性

(1) 揽取货源、增加满舱率

航线经营人在选择挂靠港口时需要考虑港口的货源是否充足,以及港口腹地能否对其进行货源补给以揽取足够的货物,增加船舶满舱率。如果不能满足港口的这些要求就会限制班轮企业的揽货能力,降低航线的赢利水平。若班轮公司提前分析这些问题,科学决策挂靠港,就会占据主动地位,牢固地掌握货源的供给,降低航线经营风险。通常情况,绝大多数的货运需求仅分布在少数几个核心港口,其他货运需求分布在其他港口。但是,班轮航线停靠全部港口的可能性是极小的,这是由于集装箱船在驶入以及驶出每一个港口的时候是需要支付巨额的港口费用的,如果该港口的货量是不充足的,航线运输的收益就不能抵偿航线成本,班轮公司不能获利,就不会挂靠该港口,而去挂靠货运需求充足的港口。因此,为了揽取充足的货源,提高船舶的满舱率有必要对航线系统进行优化。

(2) 船舶的大型化发展要求

集装箱造船技术的发展进步促使全球集装箱船的数量大幅增加,同时单船载箱容量不断增大。集装箱船的大型化使得集装箱船的舱位数量大幅度增加,这需要有充足的货源作为前提。货运需求的稳定性和充足性就成为提高集装箱班轮运输企业收益的制约因素。集装箱船的大型化也提高了对港口自然条件的选择标准,只有那些货源充足、自然条件优良、政策利好、途经班轮干线的港口可以满足要求,成为班轮公司优先挂靠的港口。因此,班轮公司有必要科学地分析各个备选港口之间的货运需求量及港口的水深等自然条件或者是装卸效率等影响航次时间的技术条件,来合理选择可以赢利并可以长期挂靠的港口作为经停港。

(3) 缩短航次时间

班轮运输自产生以来,就其标准化的运作模式取得了快速的发展,班轮运输的航次时间固定并且运输质量高。海上航行时间和在港停泊时间构成了班轮运输的航次时间,在港停泊时间由装卸作业时间及非生产性等待时间两部分组成。在港装卸作业时间由港口对之间的货运需求量决定;非生产性等待时间则与港口的排队拥挤程度及挂靠港口的数目有关;航线长度对海上航行时间起直接影响作用,航线的距离会随着靠港数目的增加而延长,同时挂靠顺序的改变也会使航线距离发生改变。

综上所述,航次时间是由航线挂靠港口的数量及顺序共同决定的,航线挂港过多,相应的航次时间就越长,班轮运输就无法发挥时间优势。

4. 集装箱航线模式

集装箱航线网络是由多种简单模式的航线复合而成的复杂航线网络结构。集装箱航线运输模式主要有三种:两点往返航线模式、钟摆型航线模式和环形航线模式。集装箱洲际运输服务往往是由以上三种航线模式的组合来完成的。

两点往返航线模式是最简单的航线模式,船舶仅仅挂靠始发港和终点港,其运行航线是由两端的港口组成的闭合回路。

钟摆型航线模式可由图 3-2 表示,该图表示出了航线的结构和运行的过程。钟摆航线指的是船舶从始发港沿着一个方向驶去,到达目的港后返回始发港,该航线的运行路线与钟摆运行的轨迹非常相近,所被叫为钟摆航线。

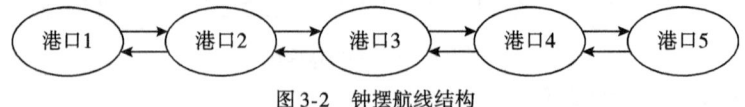

图 3-2 钟摆航线结构

环形航线模式可由图 3-3 表示,该图表示出了航线的结构和运行的过程。环形航线模式可分为环形航线和轴辐式航线两种子模式,也称为基本港模式和核心港模式。

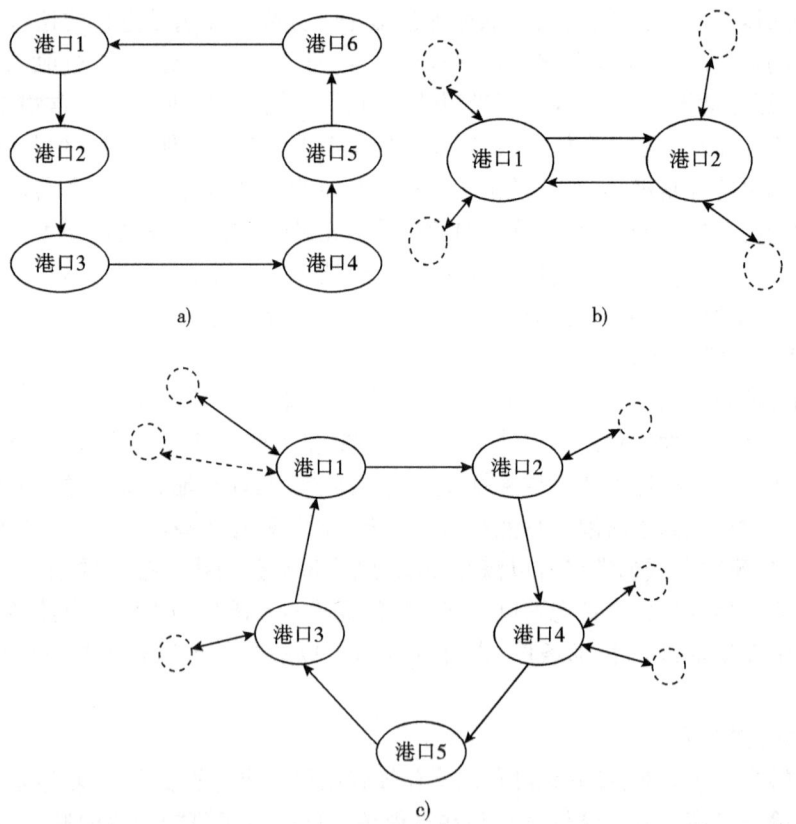

图 3-3 环形航线结构

基本港模式[如图 3-3a)所示]:船东靠泊所有选择的挂靠港口,不需要中转作业。它的特点同核心港模式相反,可以节省中转运输所产生的相关费用,但因为增加船舶进出港时间而增加了固定成本支出,此外由于航线延长需要更多船舶才能保证班期,该模式在中短途航线中较为常见。核心港模式[如图3-3b)所示]:船东选择主要大型港口为靠泊港口,其他喂给小港口则通过其他运输方式将集装箱运至靠泊港口进行中转完成运输服务。该模式的优势在于减少大型船舶的进出港口作业时间,降低该航线所需船舶数量和船舶固定成本支出,但却需要支付相应的中转运输费用。该模式多用于从事洲际运输的大型装箱船航线。

混合模式[如图3-3c)所示]:由于上述两种模式各有优劣,实际上多数航线采取的是这两种模式的混合模式,以达到最佳的运营效果。

这里所涉及的支线港口应视为一个广义港口,即这些港口既可以是一些实际港口通过支线船舶进行衔接,也可以为其他航线通过中转港进行衔接,或者内陆站点通过汽车或者火车等运输方式完成支线喂给的运输服务。

三、确定基本港

集装箱班轮航线基本港的选择与确定,是集装箱船舶运行组织的关键。航线挂靠港的确定,关系到承揽航线港口货运量的多少及船舶往返航次时间的长短。在确定基本港时,应考虑以下的影响因素。

1. 港口自然条件

港口自然条件航线选择的影响是最直接的,航线范围内的自然条件与航线的安全运营密切相关。航线所挂靠港口的地理位置、气象、航道水文情况、码头泊位的多少都会引起航线的规划。船公司在进行选择时,一般都会要求靠港的地理位置需靠近目标航线的基本航行路径,港口气候条件良好,港口必须具备一定的规模,现有泊位、航道水深也必须满足目标航线所需船队船型吃水等航行安全要求。

这样考虑的不仅仅是安全问题,也涉及经济问题。例如船舶顶风航行时,当风浪增大到一定程度,风浪的阻力增大,船速将会下降。为避免主机超负荷和防止巨浪对船体的打击,船长也会调整航向、降低主机转速。受季风的影响,大洋上会形成表层海流,也将造成船舶实际航速的下降。而且,船舶在大风浪中如想保持原来船速就必须提高主机转速,转速与燃油消耗是成三次方正比关系。因此,在大风浪中赶班期不仅对安全不利,容易造成船体浪损,还会大大增加燃油消耗,这是得不偿失、不经济的。在航线规划初期,对于航行时间的预算通常要有所预留,航次时间越短,应变性更好,根据经验适当调整,以降低天气原因对整个班期的影响。

2. 港口货源因素

航运需求是由国际贸易的需求派生出来的,所以当贸易的货物流的数量、方向发生变化时,运输的航线也应进行相应地调整。作为航运服务产品的提供者,运费是航运企业收入的主要来源,大量货运需求就是运费收入的可靠保证,船公司在进行航线规划和港口选择时考虑航线经济性能的首要因素。在做出开辟航线、撤销航线或调整航线的决策前,对相关经济贸易状况的宏观判断是最先要考虑的重要因素。有时,某航线经济贸易发展前景乐观,成上扬趋势时,为了抢先培育和占领市场,船公司明知暂时不会获利也会决定开辟航线;有时虽然对已开航线的贸易经济环境不乐观,船公司也宁可采用优化航线或削减运力的办法,等待转机,不能轻易退出已经形成的市场。

在全球化的今天,贸易格局日新月异,新航线的开辟和原有航线的调整都越加频繁。尤其是随着生产的国际化,大型跨国公司和集团纷纷在海外建立自己的生产据点,这就产生了原料、初加工以及制成品的全球运输需求,其运量之大、货源分布之广和流向之多前所未有。

这些大型跨国公司洲际运输量在整个货运量中的比重稳定增长。船公司同跨国公司建立良好的合作关系就等于有了充足的运量保证。应成为船公司经营的一项重要战略。而且运量充足，舱位利用率高，势必促使运价上扬；反之，运量不足，舱位利用率低，也必然导致运价下降。这是市场供求关系决定的必然法则。所以，应尽量在同一港口尽可能多地完成整个航线的装卸任务，那么所选港口自身具有的集装箱海运需求量必须达到一定的水平；同时，港口应具备一定的集装箱航班密度，能够保证支线货源的供给。

3. 港口收费费率水平

港口收费是船舶或货物进出港口停泊期间，由于使用港口提供的设施和服务，而向港口有关部门支付的全部费用的总称。各港的港口收费种类繁多，主要有按船舶吨位征收的船舶吨税，按船舶总（净）吨收取的引水费、港务费、系解缆费等，以及拖轮费、码头费等。具体的计费标准各不相同，十分复杂。如拖轮费有的根据船舶大小、拖轮马力使用时间收费，有的则采用包干费率的办法；吨税有的按照总吨每港次收取，有的采用包干方式收取；引水费有的只根据船舶吨位收取，有的则还要考虑船舶主尺度。并且引水费、港务费、系解缆费的收取还存在一般费率和加班费率的差别。

根据相关文献研究结果，集装箱航线成本构成中，航行期间发生的费用只占18%，而港口发生的费用占航次费用总和的82%，其中大部分为集装箱装卸费用。在最初航线规划时，各港收费项目的种类，费率的高低，是决定航次成本的重要因素，也是决定是否停靠该港的重要参照依据。

4. 港口效率

港口效率的高低对缩短船舶在港停泊时间，加速船舶周转，提高船舶运输能力、降低运输成本起着重要作用，进而影响船公司航线停靠港口的选择。港口效率主要指的是港口装卸效率，港口辅助系统的效率以及港口集疏运系统的效率。

（1）港口装卸效率

集装箱装卸设备和装卸工艺流程要具备高的装卸能力及装卸效率。由上述内容可知，集装箱干线航线要求所停港口具备大量集装箱的通过量，这就对港口装卸效率提出更高的要求。如果港口装卸效率低，则船舶在港时间增加，船舶航运成本上涨，就会带来规模不经济。国内外许多资料都表明，在一定的运距和航速的条件下，船舶运输能力，随着装卸效率的提高而增加，而且随着船舶吨位的增大，提高装卸效率使运输能力的增加越明显。同样，从运输成本角度来看，随着装卸效率的提高，船舶合理吨位也随之增大，能够实现规模经济。由此可见，较高的装卸效率对船公司十分有利。

（2）港口辅助系统的效率

船舶到港后要进行船舶和货物的进出境申报，经过相关部门进行查验、征缴税费、查验核准后才能靠泊，进行装卸作业，这就是港口口岸通关。这一环节涉及很多运输单证和贸易单证的流转和信息的流通，工作效率也因港而异。

货物的通关速度是货主选择运输路径的一个重要标准，尤其是对时间要求严格的特殊货种。港口通关效率高的港口会吸引更多的货主，港口通关效率低的港口就流失货源，托运人的这种选择活动将改变港口集装箱货运需求量的格局，进而影响船公司航线挂靠港口的规划。中转港运量大，对通关速度的要求也随之提高。如果港口能够在服务和管理上具备发达的通信网络实现快速信息传递、动态跟踪、查询等完善的信息服务和先进的计算机管理，能够快速、准确、无误地实现船舶和货物的快速通关，必将带来整个航线的经济性。此外,其他辅助系统要有现代化的海上交通管理中心、先进的助航设施,可以在海事调查、仲裁、油水供应等方面提供服务,还要有大型船队、海事救捞中心。也包括一些相关的行业和围绕这些行业发展起来的相关市场与中心,例如航运交易市场、运输市场、租船市场、买造船市场、船员劳务市场、海上保险市场、航运信息市场、航运资本金融市场以及与国际航运经济及法规等相关的各种国际组织和国际论坛等。

(3) 港口集疏运系统的效率

中转港是干线与支线运输的衔接点,也是大量集装箱的集散地,在整个运输网络中扮演了缓冲的作用。干线船舶卸下集装箱货物离港后并不意味着运输活动的结束,还要将箱暂时堆存在堆场,安排支线运输中转或是直接通过公路或铁路送达到内陆收货人处。船舶和货物如若不能及时疏散,在港留滞将产生额外的停泊费和集装箱堆场使用管理费以及集装箱租赁费用等,大大增加了船公司和货主的经营成本。所以,船公司在做干线挂靠港选择时都要求所经干线港口还必须具备畅通的支线运输系统,主要包括公路、铁路、沿海、内河、航空支线运输系统,大面积的库场设施与货物分配中心以保证集装箱支线货源的供给和快速流通,避免阻塞。

根据以上各个基本因素,经综合分析和论证后确定航线基本港。

四、拟制船期表

1. 船期表概述

班轮船期表是班轮船公司根据班轮运输业务的需要,对外向托运人等货方发布的关于班轮运输安排的公告、通知。它对于班轮公司和货方顺利完成运输、交货的任务具有重要的作用。在班轮营运中,不论是严格按船期表运行的班轮,还是定线不严格定期的班轮,都需要预先编制船期表。班轮船期表是以表格的形式反映船舶在空间和时间上运行程序的计划文件。班轮船期表的主要内容包括:航线编号、船舶名称,航次编号,始发港、中途港、终点港的港名,到达和驶离各港的时间,其他有关的注意事项等。一般每月为周期发布,本月月底发布下月船期表。拟制船期表还要考虑船舶数量、船舶规模、航速、挂港数量、港口工班工作制度以及与其他运输方式运行时刻衔接配合等因素。其形式如表3-1所示。

船 期 表 表3-1

东南亚—美西周班航线(S. E. A)								
船名 VSL	航次 VOY	宁波 NBO	厦门 XIA	中国香港 HKG	盐田 YIN	长滩 LGB	温哥华 VCR	横滨 YOK
川河 CHUANHE	109E/W	08/26 – 26	08/27 – 28	08/28 – 30	08/30 – 31	09/11 – 14	09/16 – 17	09/27 – 27
皖河 WANHE	115E/W	09/02 – 02	09/03 – 04	09/04 – 06	09/06 – 07	09/18 – 21	09/23 – 24	10/04 – 04

船公司制订并公布班轮船期表有多方面的作用:首先是为了招揽航线途经港口的货载,既满足货主的需要,又体现海运服务的质量;其次是有利于船舶、港口和货物及时衔接,使船舶有可能在挂靠港口的短暂时间内取得尽可能高的工作效率;最后是有利于提高船公司航线经营计划的质量。各班轮公司根据具体情况,编制公布的船期表是有所差异的。通常,近洋班轮航线因航程短且挂靠港少,船公司能较好地掌握航区和挂靠港的条件以及港口装卸

效率等实际状况,可以编制出时间准确的船期表,船舶可以严格按船期表规定的时间运行。远洋班轮航线由于航程长、挂靠港多、航区气象与海况复杂,船公司难以掌握航区、挂靠港、船舶在航线上运行可能发生的各种情况,在编制船期表时对船舶运行的时间必须留有余地。集装箱运输具有速度快、装卸效率高、码头作业基本上不受天气影响等优点,所以,集装箱班轮航线可以编制十分精确的船期表。

班轮具有定期的规则性,而这一特点是通过它的船期表反映出来的,因此,制订班轮船期表是班轮营运管理工作的一项重要内容,也是一项经常性的工作。班轮在营运过程中涉及船舶、港口、航区或航道等众多环节,影响的因素较多,其中有些因素是船公司无法控制的客观条件,这就给船期表的制订造成了一定的困难。班轮船期表制订的成功与否不仅会影响船舶的正常运行,而且直接关系到船公司的运输服务质量、信誉以及营运经济效果,因此,制订好班轮船期表具有十分重要的意义。

2. 编制船期表的基本要求

(1) 船舶的往返航次时间(班期)应是发船间隔时间的整倍数

这是由航线上投入的船舶艘数不能为小数这一客观要求所决定的,因为在船舶往返航次时间 $t_{往返}$、发船间隔时间 $t_{间}$、航线配船数 m 之间存在如下关系:

$$m = \frac{t_{往返}}{t_{间}} \tag{3-2}$$

(2) 船舶到达和驶离港口的时间要恰当

船舶应尽量避免在非工作时间(周六、周日、节假日、夜间)到达港口,以减少船舶在港口的非工作停泊,加速船舶周转。港口白天工班多,雇用装卸工人容易,且装卸费用相对比较便宜,所以船舶应尽可能在当地时间早晨6时左右抵达港口,船舶一靠上码头,马上就可以进行装卸作业,减少等待工人的时间和夜间工作的加班费用。船舶驶离港口的时间也应根据实际情况加以考虑。例如,在5天工作制的一些港口,周五这一天货源相对比较充足,所以安排船舶周五晚上开航对提高船舶载重量利用率有一定的效果。当几个班轮公司的船舶同时使用某港口的同一码头时,装卸公司一般都具体安排每艘船舶的具体停泊时间,在这种情况下,制订船期表时还必须考虑这方面的时间限制问题。为方便起见,船舶抵离港时间都应通过时差换算成当地时间。

(3) 船期表要有一定的弹性

这是指船期表列出的船舶运行的各项时间应留有余地,以适应外界条件变化所带来的影响。例如,船舶海上航行时间是按照航线距离除以船舶速度定额得到的。由于海上风、浪、流对航速的影响较为复杂,所以在船期表的制订过程中,应根据统计资料或经验数据,对航行时间加以修正。港口停泊时间的计算也应根据具体情况,如码头装卸效率的不稳定、潮水的影响等,预先给出一定的富余时间。

此外,船期表应尽可能方便船公司揽货的需要,使船舶能够取得良好的经济效益。通常把运费收入或利润作为评价班轮船期表经济效果的指标。

3. 船期表的编制方法

制订班轮船期表时,应较详细地了解和掌握有关船舶、港口、货流、航线的资料、数据。例如,投入到航线的船舶的航速、艘数,港口所在的时区、进出港口所需的时间、港内停泊时间、港口的工作习惯非工作时间,航线上港口间的距离、运河的情况、每个航段的自然条件等。

(1) 航线发船间隔时间的计算与处理

航线发船间隔时间是指从一个班次的船舶驶离港口起,直至下一个班次的船舶再次驶离该港的时间间隔。其计算公式如下:

$$t_{间} = \frac{\alpha_{发} \cdot D_{净} \cdot t_{历}}{\sum Q} \qquad (3-3)$$

式中: $\alpha_{发}$——船舶在货运量较大方向上的发航装载率(%);

$D_{净}$——船舶净载重量(t,TEU);

$t_{历}$——历期时间(d);

$\sum Q$——历期时间内,航线始发港至目的港各种货物数量之和(t,TEU),取往返航向中货运量较大的方向。

班轮的发船间隔时间必须具有一定的规则性,如远洋运输常以月、旬、周为一个班次,沿海、江河及短途班轮常以周或几天为一个班次,等等。计算所得的发船间隔时间须按规则要求加以调整。发船间隔时间反映航线上船舶连续均衡营运的节奏。在班轮运输中,船舶营运保持连续均衡的节奏是十分重要的,妥善控制发船间隔时间并非可以忽视的小事。如果班轮发船间隔时间不规则,就会引起运行上的混乱,对货主和港口都有所不便,并影响船舶揽货和在港作业的效率,使船公司遭受不必要的经济损失。

(2) 班期(往返航次时间)计算

对于在航线上运行的船舶,其运行班期按其生产周期计算,计算依据是:航线里程、船舶航速、港口装卸效率和在港装卸货物的数量、其他可能发生的耗时因素(如通过运河等)。航线上船舶的往返航次时间,是船舶在空间上完成一个循环的总延续时间。其计算公式如下:

$$t_{往返} = t_{正航} + t_{反航} + \sum t_{始停} + \sum t_{终停} + \sum t_{中停} \qquad (3-4)$$

式中: $t_{正航}, t_{反航}$——航线正向(去向)与反向(返向)的航行时间,其中包括进出港和过运河的时间(d);

$\sum t_{始停}, \sum t_{终停}, \sum t_{中停}$——航线上所有始发港、终点港及中途港的停泊时间(d)。

(3) 航线配船数计算

在一定航线条件下,为了维持某一发船间隔时间,需要几艘船舶投入到航线上编队运行。其配船数的计算公式如下:

$$m = \frac{t_{往返}}{t_{间}} \qquad (3-5)$$

由于船舶数不能为小数,这就要求船舶往返航次时间是航线发船间隔的整倍数。按照式(3-4)计算出的往返航次时间通常达不到这个要求,这时就需要调整 t 往返,多数情况下采取延长实际往返航次时间的办法,人为地使两者成为倍数关系。

班轮航线通常需要配置多艘船舶,除非航线里程极短。如果班轮公司实力有限,其航线配船数就可能少于根据货载占有的可能所决定的数量。在具体计算上应注意到航线货载运输要求在往返航向上可能出现的不平衡性,一般应把往返航向中较大的货运量作为计算依据。

(4) 航段时间的计算与调整

在以上计算的基础上,根据船舶往返航次时间和各单向航次时间,结合航线具体挂靠港和在港作业的情况,可以分别计算出两港之间各航段的航行时间和在港停泊时间,并按航线起运港发船的具体日期,推算出船舶到离各港口的具体日期(该船再次由原起运港始发的具体日期是发船间隔时间某一倍数后的某一日期,再次到离其他各港也符合同样的规律)。

在掌握了有关资料的基础上,按照下面给出的公式就可以计算出船舶到达及驶离航线上各个港口的时间,确定出船舶在整个航次中的运行时间:

$$ETA_{(i)} = ETD_{(i)} + t_{航(ij)} + t_{航富(ij)} + t_{时差(ij)} \quad (3\text{-}6)$$

$$ETD_{(i)} = ETA_{(i)} + t_{停(i)} \quad (3\text{-}7)$$

$$t_{航(ij)} = \frac{L_{间(ij)}}{v} + t_{出(i)} + t_{进(j)} \quad (3\text{-}8)$$

$$t_{时差(ij)} = t_{区(j)} - t_{区(i)} \quad (3\text{-}9)$$

$$t_{停(i)} = t_{装卸(i)} + t_{停富(i)} + t_{延(i)} \quad (3\text{-}10)$$

$$t_{隔(i)} = t_{港非(i)} - ETD_{(i)} \quad (3\text{-}11)$$

$$t_{总富} = \sum_{i} t_{航富(ij)} + \sum_{ij} t_{停富(i)} \quad (3\text{-}12)$$

$$t_{差} = ETA_{虚(1)} - ETA_{(1)} \quad (3\text{-}13)$$

式中: i,j ——船舶停靠的上一港口和下一港口,j 是紧邻 i 港的第一个港口;

ETA ——Estimated Time of Arrival,预计到达某港的时间(h);

ETD ——Estimated Time of Departure,预计离开某港的时间(h);

$t_{航}$ ——两港间的航行时间,其中包括进出港时间(h);

$L_{间}$ ——两港间的距离(n mile);

v ——船舶的航速(kn);

$t_{进},t_{出}$ ——船舶进、出港时(h);

$t_{航富}$ ——船舶航行的富余时间(h);

$t_{区}$ ——港口所在地的时区,规定东时区为正,西时区为负;

$t_{时差}$ ——两港间的时差,船舶由西向东行驶时时差为正,相反方向为负(h);

$t_{停}$ ——船舶在港口的总停泊时间(h);

$t_{装卸}$ ——船舶在港口装卸货物的时间(h);

$t_{停富}$ ——船舶在港口的富余时间(h);

$t_{延}$ ——船舶在港口的延误时间(h);

$t_{总富}$ ——船舶往返航次的总富余时间(h);

$t_{隔}$ ——船舶驶离港口的时间与同一个港口的下一个非工作时间的时间间隔(h);

$t_{港非}$ ——港口的非工作时间,包括周六、周日、节假日、夜间等(h);

$t_{差}$ ——航线始发港的实际到港时间与虚拟到港时间的时间差(h);

$ETA_{虚(1)}$ ——始发港虚拟到港时间(h)。

公式(3-5)和公式(3-9)中的富余时间是根据某航段或某港口的具体情况,由船公司调度人员凭经验或历史统计数据分配的时间储备,以便使所制订的船期表时间具有伸缩性,从而适应外界条件的变化。

$t_{隔}$ 这一参数的引入是衡量船舶在某一港口遇到非工作时间进港的可能性的大小,便于到港时间的调整。$t_{差}$ 的功能是确定实际往返航次时间与计划往返航次时间的差异情况,它的大小表示调整往返航次时间的余地有多大。

计算各项时间时以"天/小时:分"为单位。在给定的挂靠港口中,令第一个挂靠港的预计到港时间(此时,是虚拟到港时间)为星期日零时零分,即 $ETA_{虚} = SU/00:00$。然后应用上述公式就可计算出其他港口的各项时间,也可计算出第一个挂靠港新的 ETA 值,即 $ETA_{(1)}$。比较 $ETA_{虚(1)}$ 和 $ETA_{(1)}$ 可计算出 $t_{差}$,根据 $t_{差}$ 的大小,可以利用增加挂靠港口或分配 $t_{航富}$、$t_{停富}$ 的办法,使 $t_{差}$ 趋近于零。如果在上述计算过程中某个港口由于到港时间不适当(非工作日到港)而发生了延误,可调整 $ETA_{虚(1)}$,使发生延误的港口的到港时间发生变化,错开该港的非工作时间。重复上述计算,直至船舶在所有港口都不发生延误,时间储备根据需要也相应地分配到各港口和航段中,且 $t_{差}$ 值为零时,才认为此船期表是可行的。

下面通过具体例子来说明这种方法的具体应用。

例 3-1 某船公司班轮航线挂靠港口为 $G = \{LIV, ROT\}$,$H = \{NYC, BAL, POR\}$,港口的有关资料见表 3-2,计划 $t_{往返} = 3$ 周,船速 $v = 22$ kn。运用上面介绍的公式和计算方法,代入有关数据,得到了如表 3-3 所示的船期表。

某船公司班轮航线挂靠港口的有关资料　　　　　　　　　　　表 3-2

港 名	$t_{区}$/h	$t_{卸载}$/h	$t_{进}$/h	$t_{出}$/h	非工作时间		
					星期六	星期日	00:00—08:00
LIV	0	22	2.5	2.0	×	√	√
ROT	1	19	3.0	2.5	√	√	√
NYC	−5	18	3.0	2.0	√	√	√
BAL	−5	14	9.0	8.5	×	√	√
POR	−5	9	2.5	2.0	×	√	√

注:×——不工作;√——工作。

某船公司班轮航线船期表　　　　　　　　　　　表 3-3

港 名	ETA	$t_{装卸}$	$t_{停富}$	$t_{停}$	$t_{隔}$	ETD	$t_{航}$	$t_{航富}$
LIV	TU/11:57	0/22:00	0/08:00	1/06:00	2/06:00	WE/18:00	1/11:16	0/08:00
ROT	FR/14:16	0/19:00	0/00:00	0/19:00		SA/09:16	6/13:03	0/14:00
NYC	SA/06:19	01/18:00	0/00:00	0/18:00		SU/00:19	0/22/35	0/00:00
BAL	SU/22:55	0/14:00	0/00:00	0/14:00	4/11:05	NO/12:55	0/11:00	0/00:00
POR	NO/23:55	0/09:00	0/00:00	0/09:00	3/15:05	TU/08:55	6/08:03	0/14:00

注:$t_{总富} = 1/20:00$,$t_{差} = 0/00:03$。

总的来看,该船期表基本上满足了要求。其中 $t_{差} = 0/00:03$,表明实际往返航次时间刚好等于计划的往返航次时间;在任何港口都没有发生因星期六到港而引起的延误;各港离港时间也符合要求。另外,ROT—NYC 和 NYC—ROT 两个跨洋航段受海上风浪影响较大,分别给它们各增加 14h 的富余时间;在 LIV—ROT 航段,考虑到在 LIV 港船舶需要等潮水,因此增加了 8h 的航行时间储备;LIV 港本时期内装卸效率偏低,需要加上 8h 的港口时间储备。为避开星期六到达 BAL 港和 POR 港,第一始发港 LIV 的虚拟到港时间由开始的星期日/00:00,逐步调整到星期二/12:00。同一班轮航线上几艘船舶的运行时间规律同上,其具体日期依次相距一个发船间隔时间。

在时间和日期调整方面,应充分考虑各挂靠港口的条件和规定,避免不利因素,利用有利条件,尽量将星期六及星期日安排在航行过程中(星期班轮尤应如此),应选择并安排最合适的进出港口的时间等。班轮船期表公布的时间范围视不同航线的情况而异,一般除航线定船、定港、定时等基本情况外,以每月度的安排为主要内容。

第三节　集装箱船舶配积载

一、集装箱船配积载概述

集装箱船舶货物配积载工作中,涉及船舶性能、货物种类、航线、气候、风浪等复杂的条件,必须满足集装箱船的稳性、强度(包括集装箱的强度)、吃水差和充分发挥集装箱船装载能力等要求,同时,还要保证集装箱货物的运输质量,减少集装箱内货物的数量和质量损失,保证甲板集装箱的安全和为中途港装卸货提供方便。

情景导入

观看集装箱装船过程,了解集装箱船舶配积载。

集装箱装船过程

1. 配积载的概念

配积载指船舶在装卸集装箱前,在遵循配积载基本原则的基础上,根据集装箱的不同性质,确定集装箱在船上的具体位置,帮助形成集装箱装卸顺序。配积载计划以配积载图的形式表示。装船计划并非具体考虑每个集装箱的情况,而是将集装箱按照其大小、类型、重量和其在堆场中的位置来进行归类,因为集装箱运上船以后会根据这些特征放在不同的舱位。对于船只来说,集装箱的装船计划非常重要,它直接影响到船舶的离岸时间和船舶的利用率。

2. 集装箱船舶的装箱容量指标

当航次箱源较多时,校核集装箱船的装箱容量与航次订舱单所列的集装箱数量是否相适应,是编制集装箱船预配配载计划的一项重要内容。表征集装箱船装箱容量大小的指标包括以下几方面。

(1) 20ft 箱容量

是指集装箱船所能承运 20ft 箱的最大箱位数。许多集装箱船上都设计有一些仅适合装载 40ft 集装箱的箱位,如在船尾部的舱面上常常设计有纵向跨度为 40ft 的装箱底座。这些箱位仅能装载 40ft 集装箱,不能装 20ft 的集装箱,不能计入 20ft 箱的最大容量。例如"中河"轮 20ft 箱容量为 3022TEU,另有 371 个 40ft 箱位仅适合装载 40ft 集装箱。又如"林园"轮 20ft 的箱位容量为 614TEU。其中 70 个箱位仅能装 20ft 集装箱。

(2) 40ft 箱容量 (TEU)

是指集装箱船所能承运 40ft 箱的最大箱位数。这项容量指标并非是集装箱标准箱容量的一半,这是因为集装箱船每个货舱长度往往难以都被设计成安排 40ft 箱位所需长度的整数倍,或者为提高集装箱船的舱位利用率,常常在船舶舱形变化较大部位设计长度较短的 20ft 箱位。例如"中河"轮 40ft 箱容量为 1481TEU,另有 802 个 20ft 的箱位仅适合装 20ft 的集装箱,该轮有 2220 个 20ft 箱位既适合装载 2220 个 20ft 箱又适合装载 1110 个 40ft 箱。"林园"轮 40ft 箱位容量为 272TEU。

(3) 集装箱船舶的标准箱容量(20ft 换算箱容量,TEU)

这是指船舶所能承运各类集装箱的最大换算容量(TEU),又称标准箱容量,是指 20ft 集装箱的相当容量,即指 20ft 集装箱的最大容量加上 40ft 集装箱换算成 20ft 集装箱的数量。

它表征集装箱船规模的重要指标,如中远集团"中河"轮的该项容量为3764TEU。"冰河"轮为1696TEU。"林园"轮的标准箱位容量是614TEU。

(4)特殊箱容量

船舶承运如危险货箱、冷藏箱、非标准箱、平台箱等特殊箱数量的最大限额。

集装箱船的危险货箱装载容量有一定限制。同一船舶常常有些货舱的设计决定了不容许装载任何危险货箱,另一些货舱的设计则仅限于装载《国际海运危险货物规则》(简称《国际危规》)定义的几类危险货箱。因此,在为集装箱船选配大量仅限于舱内配载的危险货集装箱时,必须考虑船舶的这一限制条件。如"中河"轮的船舶资料规定,第1、第7和第8舱不容许装载任何危险货箱,第2和第3舱(舱内设有灭火或降温的喷水装置)容许装载除第5.2类以外的危险货箱,其余货舱允许装载除第1类(不包括第1.4类)和5.2类以外的危险货箱。冷藏集装箱装船后多数需要船舶电站连续提供电源。受船舶电站容量和电源插座位置的限制,每一集装箱船所能承运的冷藏箱最大数量和装箱位置通常是确定的。如"中河"轮冷藏箱容量为240TEU,其中有20TEU仅适合装20ft的冷藏箱,20FEU仅适合装40ft的冷藏箱,以及180TEU既适合装20ft又适合装40ft的冷藏箱。

(5)巴拿马运河箱容量

巴拿马运河当局规定,过运河的任何船舶不得因舱面堆装的货物而阻挡驾驶台的瞭望视线。多数集装箱船的舱面前部有不少箱位将阻挡驾驶台的瞭望视线,因而,过运河前这些箱位将不能使用,使船舶的装箱容量减少,如"中河"轮舱面前部有79TEU特定箱位在通过巴拿马运河时不得使用。"玉河"轮的标准箱容量1686TEU,但根据巴拿马运河当局对船舶盲区的要求,其通过该运河的标准箱容量为1619TEU。

3. 集装箱船配积载的原则

广义上的集装箱船舶配积载是一个复杂的综合性问题,需要满足船舶的运输要求,还要考虑集装箱码头合理、有序、有效地组织生产,提高整个系统的作业效率。

(1)保证船舶良好的稳性

所谓稳性,是指船舶受外力(如风力、浪涌)作用而发生倾斜,当外力消失后自动回到原来平衡位置的能力。稳性是衡量航行安全的最重要指标,特别是由于集装箱船甲板装有大量集装箱,会使得整个船体重心上升,造成船舶稳性下降,配载的时候必须充分考虑这一因素,满足集装箱船的稳性要求。

(2)保持船舶适当的吃水差

吃水差是指船舶艉艏吃水的差值,适当的吃水差可以使船舶具有良好的航行性能,节省燃油,充分发挥主机功率。在配载中应注意集装箱箱量和箱重的纵向分布,以满足船方的吃水要求。不同的港口、码头配载时在吃水差方面的要求不同。

(3)满足船体强度要求

一是不超过船舶允许的堆积负荷。集装箱船的舱内和舱面,均按设计规定了堆积负荷,在配载时要做到每列集装箱的总重量不能超过其允许的堆积负荷,否则将影响船舶的强度结构,危及安全航行,这在配载超重箱时尤其要加以注意。二是防止船体中拱。集装箱船为了最大限度地多装运集装箱,舱口均设计为大开口,加上集装箱船都为艉机型,空船的重量集中在船后部,这对船体的纵向强度不利,如配载不当会造成船体中拱。

(4)充分利用船舶的装载能力

衡量集装箱船装载能力的主要指标有两个:箱位利用率和载重量利用率。这两个指标的高低将直接影响船公司营运的经济效益。船舶满舱不满载或满载不满舱的装载状况经常发生,需要根据航线情况,遵循效益最大化的原则,在这两种装载状况中寻找其平衡点。

(5) 避免中途倒箱

班轮营运的集装箱船通常有多个挂靠港口,且各港口多数都需要装卸部分集装箱。因此,集装箱船配载时应当尽量减少先卸港箱被后卸港箱压住或堵住其卸箱通道的现象发生,以免中途倒箱,降低装卸速度,造成损失。

(6) 避免同卸港箱子过分集中

这样一方面可以尽可能多地用岸吊同时作业,从而提高整体装卸效率,减少船舶滞港时间。一般来说一般须相隔 2~3 个 BAY 才能同时装卸,所以当某一卸港的箱量较大,超过一个舱容量而必须分舱时,应至少相隔 1 个舱(2 个 BAY)配置,这样 2 台装卸桥才能同时作业,避免形成"重点"舱以保证装卸效率和船期。

(7) 避免"一边倒"配箱

所谓"一边倒"配箱,是指将某港或数港的箱子同时配于船的左侧或右侧。"一边倒"配箱,无论对装船或是卸船妨碍都很大,特别是在中途港卸船时,会造成船舶在短时间内出现横倾,使装卸作业困难,影响装卸速度,因此,配载时要力求避免一边倒配载,将同港或数港的箱子对称地配于船舶左右两侧。

(8) 满足特种箱配载要求

特种箱由于结构特点、尺寸特点或重量特点,对配载均有一定的特殊要求,如冷藏箱必须配于冷藏箱区;危险品箱必须满足相互间距要求和船舶对危险品箱的限制要求;超高箱必须配于舱内或舱面的最上层等。这类特殊集装箱的箱位选配、系固、途中保管等需要考虑满足《国际危规》、船上货物系固手册以及挂靠港的一些特殊规定。

(9) 符合堆场取箱规则

集装箱码头因采用的装卸工艺系统不同,使用的机械不同,因而堆场取箱规则也不同,在制订配载计划时,应考虑本码头的堆箱规则以免频繁地翻箱倒箱而无法顺利装船。

(10) 符合单船作业计划要求

单船作业计划是围绕单船装卸而制定的一份较详尽的任务书,包括离靠泊时间、开工完工时间、作业总箱量、作业路数、机械配备及各工班的任务、进度等。配载时必须考虑单船作业计划的总体要求,其中最重要的是作业路数。集装箱船箱容量少则几百 TEU,多则数千 TEU,最新的船舶最大积载量超过 1 万 TEU,其 BAY 位也从十几个到七八十个。配载时要根据船舶停靠泊位和出口箱在堆场的分布,合理安排不同卸港的 BAY 位,避免各作业线路交叉,并力求水平运输距离最短,特别在多路作业时,配载人员更要仔细安排各卸港箱的 BAY 位,避免各路作业在堆场取箱的冲突、各类机械在移动上的冲突以及水平运输线路的冲突,在确定重点舱作业的前提下,使各路作业有条不紊地连续进行。

(11) 确保机械合理、有序地移动

配载时要考虑尽量使船边机械,堆场机械减少翻箱,使小车和大车行走路线最短,从而提高作业效率和装卸作业效率,其中重要的是不要使大车频繁地来回移动。

二、集装箱积载位置的表示方法

为了准确地表示每一个集装箱在船上的装箱位置,便于计算机管理和有关人员正确辨认,集装箱船每一装箱位置应按国际统一的代码编号方法表示。目前,集装箱船箱位代码编号是采用 ISO/TC104 委员会规定的方法。以集装箱在船上呈纵向布置为前提,集装箱在船舶上的位置称为船舶箱位。集装箱船船舶箱位通常用 6 位阿拉伯数字表示,每两位数代表一个含义,分别为行(Bay)、列(Row)和层(Tier)。

1. 行位(Bay No.)

前两位表示行位,即集装箱在船上的前后位置。根据集装箱的规格不同,行位又有两种表示方法。从船首向船尾,20ft 箱位为奇数,依次用 01、03、05、07、09、11……表示,40ft 箱位为偶数,依次用 02、06、10、14……表示。图 3-4 为集装箱船舶的行排列。

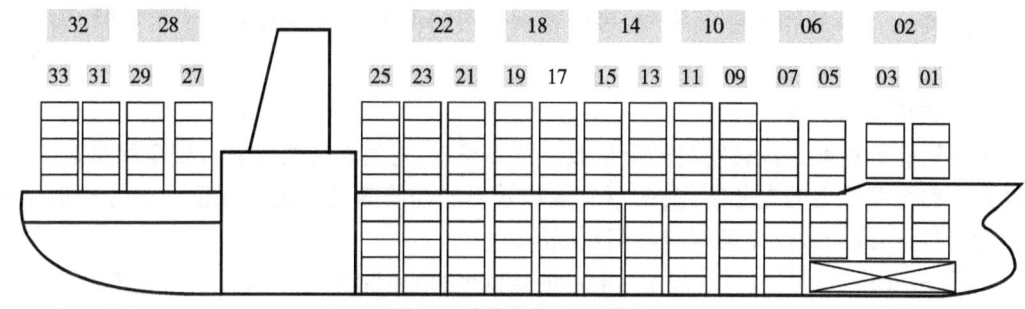

图 3-4 集装箱船舶的行排列

2. 列位(Row No.)

中间的两位数字表示列位,即集装箱在船上的左右位置。列位以船舶纵轴为基准,表示分别向两舷编号。从中间向右舷的列号为奇数,依次用 01、03、05、07、09、11……表示;从中间向左舷的列号为偶数,依次用 02、04、06、08……表示;如果列位总数为奇数,则中间列号用 00 表示。如图 3-5 所示。

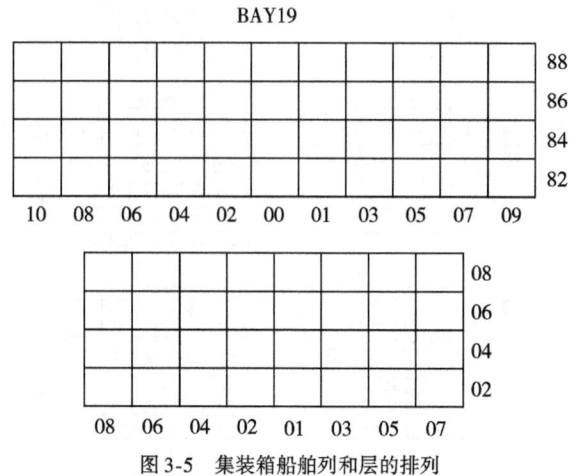

图 3-5 集装箱船舶列和层的排列

3. 层位(Tier No.)

最后两位数字表示层位,即集装箱在船上的上下位置。层位分甲板层位和舱内层位两种。甲板层位由下往上依次用 82、84、86、88……表示;舱内层位由下往上依次用 02、04、06、08……表示。舱内层位和甲板层位非全船最底层的层号大致上以距船舶基线高度相同、其层号亦相同的原则来确定,如图 3-5 所示。

显然,全船每一集装箱箱位,都对应于唯一的以六位数字表示的箱位坐标;反之,一定范围内的某一箱位坐标,必定对应于船上一个特定而唯一的装箱位置。

三、集装箱船舶的配载过程

集装箱船舶的配载过程,一般情况下,首先由集装箱船公司配载中心根据船舶航次订舱情况,编制船舶某航次在某挂靠港的集装箱预配图,然后将此图直接送给码头集装箱装卸公司,或者用传真、电传、EDI 等方式发送给船舶代理,再由船舶代理转交给集装箱装卸公司。码头集装箱装卸公司根据船公司(或其代理人)提供的出口集装箱装货清单及预配清单、集装箱预配图,结合码头实际进箱堆存实际情况,编制出口集装箱实配图,再将实配图经船方审核确认后,复印若干份于装船开工前交有关职能部门实施,最后按此对船舶进行装卸作业。集装箱装船完毕后,再由理货公司的理货员按船舶实际装箱情况,编制最终配载图。

1. 集装箱船的预配

集装箱船的预配是集装箱船舶配积载的重要环节,它关系到船舶航行安全和货运质量,关系到船舶装载能力的充分利用,关系到运输效率和经济效益。为了保证科学合理地预配集装箱,应按照配积载原则编制集装箱预配图。

预配图是由船公司(或其代理人)编制的,是依据船舶积载能力和航行条件等,按不同卸货港顺序以及集装箱装货清单上拟配的集装箱数量,编制而成的全船行箱位总图,将集装箱船上每装 20ft 箱的行箱位横剖面图自船首到船尾按顺序排列而成的总剖面图。图 3-6、图 3-7 为集装箱基本预配图。

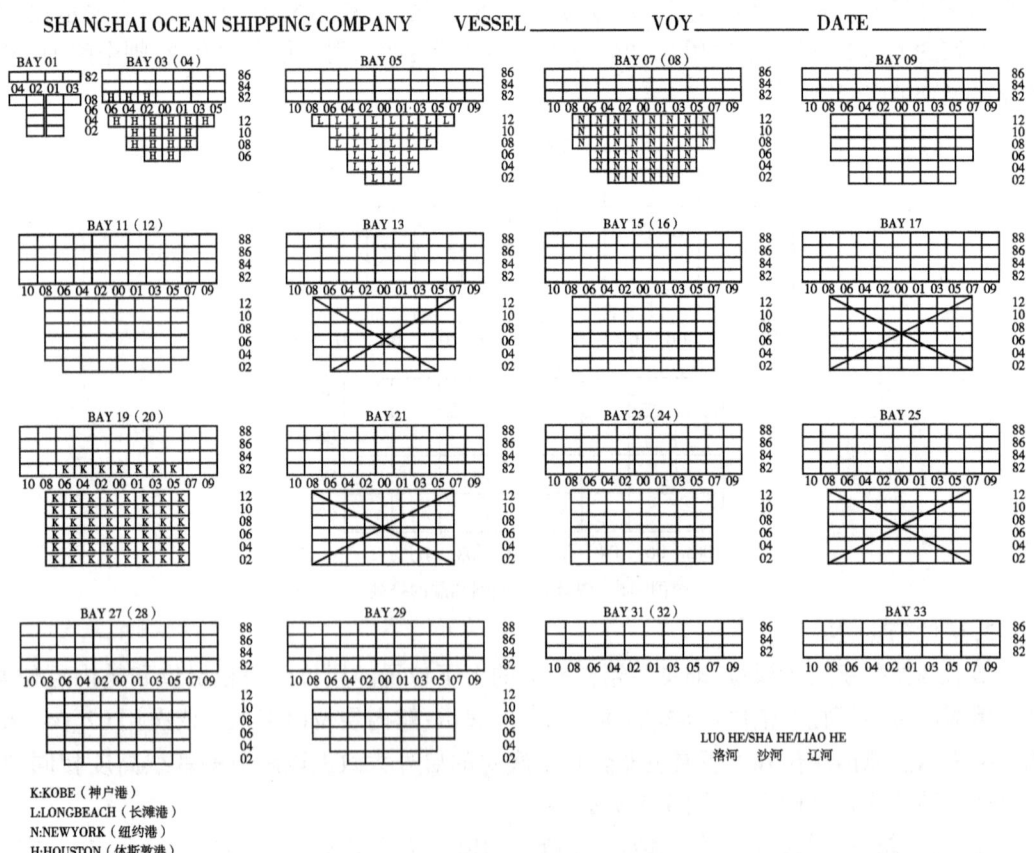

图 3-6 集装箱预配图(字母图)

(1) 预配字母图

图 3-6 为预配字母图。不同卸货港采用不同的颜色标绘。卸港的标色,则在图上给予说明,若有困难,可在排号下面或箱位旁边用符号标注。图 3-6 上每个箱位内用一个英文字母(如 K、L、N、H)表示该箱的卸箱港,如第 5 排舱内去长滩港有 30 个箱。

(2) 预配重量图

图 3-7 为预配重量图。图中每个小方格代表 1 个 20ft 集装箱,小方格中所标的数字是以吨表示的集装箱总重。如图 3-6 第 5 排舱内共装 30 个箱,其中 10 个箱每箱重 20t,6 个箱每箱重 19t,6 个箱每箱总 17t,5 个箱每箱总 16t,3 个箱每箱总 15t。

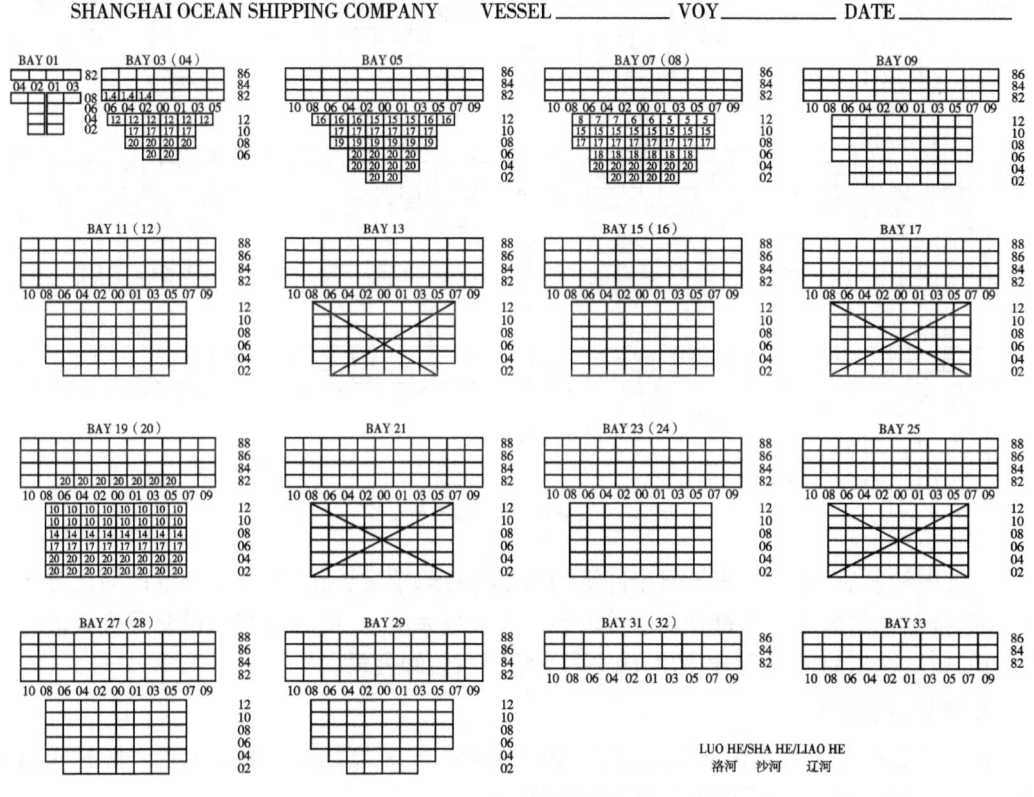

图 3-7 集装箱预配图(重量图)

有时为了区分,20ft 集装箱通常只在小方格中涂上一半颜色(◪◨)。

40ft 集装箱是用在同一舱相邻的前后两个小方格表示,集装箱的总重和卸港的着色均标绘在前一个小方格上,将小方格全部着色(■),后一个小方格用"⊠"表示此箱位已被 40ft 集装箱占用。

(3) 冷藏箱及危险货箱预配图

图 3-8 为冷藏箱及危险货箱预配图。危险货物箱用"O"圈在所配箱位的小方格上,旁边用"D"加上数字表示国际危规的类别等级,如"D6.1"表示该箱装的是《国际危规》第 6.1 类危险品。有些不用"O",而用深颜色标绘。也有的用"H"或用"IMO""IMCO"表示危险货物箱。但在其后仍需标注上危险货物的《国际危规》类别等级。如第 7 排舱内装 1.4 级危险货物箱 6 个。其卸箱港、重量见图 3-6、图 3-7 第 7 排。

冷藏集装箱在小方格上标注"R",空箱在小方格上标注"E",如第 19 排甲板上底层装有

7个冷藏箱。其卸箱港、重量见图3-6、图3-7第19排。

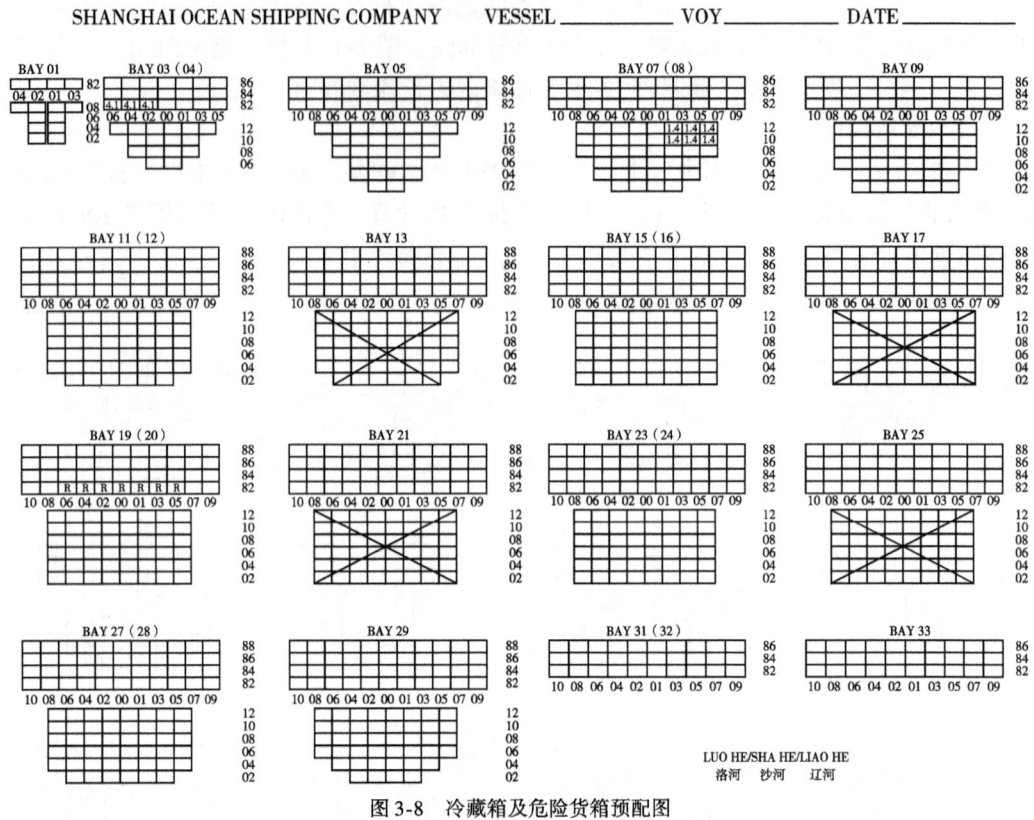

图3-8 冷藏箱及危险货箱预配图

预配图绘制后,应认真审核每个卸港的箱量与订舱单是否相符、每个卸港的箱区分布是否合理、特殊箱的配位是否符合要求等内容。经审核无误后,可将预配图送交码头集装箱装卸公司,或发送给船舶代理,再由船代交码头集装箱装卸公司。

2. 集装箱船的实配

集装箱装卸公司收到预配图后,按照预配图的要求,根据码头上集装箱的实际进箱量及在码头上的堆放情况,着手编制集装箱实配图。

集装箱实配图是由全船行箱位总图和每行一张的行箱位图组成,如图3-9、图3-10所示。

(1)封面图

封面图又叫总图(Master Plan),表明集装箱纵向积载情况;行(排)箱位图(Bay Plan)是船舶某一装20ft箱的行箱位横剖面图,表明集装箱横向积载情况。它是对集装箱船行箱位总图上某一行箱位横剖面图的放大。在该图上可以标注和查取某一特定行所装每一集装箱的详细数据。

总图与预配图不同,在集装箱实配图的封面图上,通常只标注集装箱的卸港和特殊箱。标记卸港的标注方法有两种:一种是用一个大写的英文字母表示卸港,如上海港以S表示;另一种是用不同颜色表示不同卸港。特殊箱的标注方法同预配图一样。如图3-9a)、图3-9b)所示。

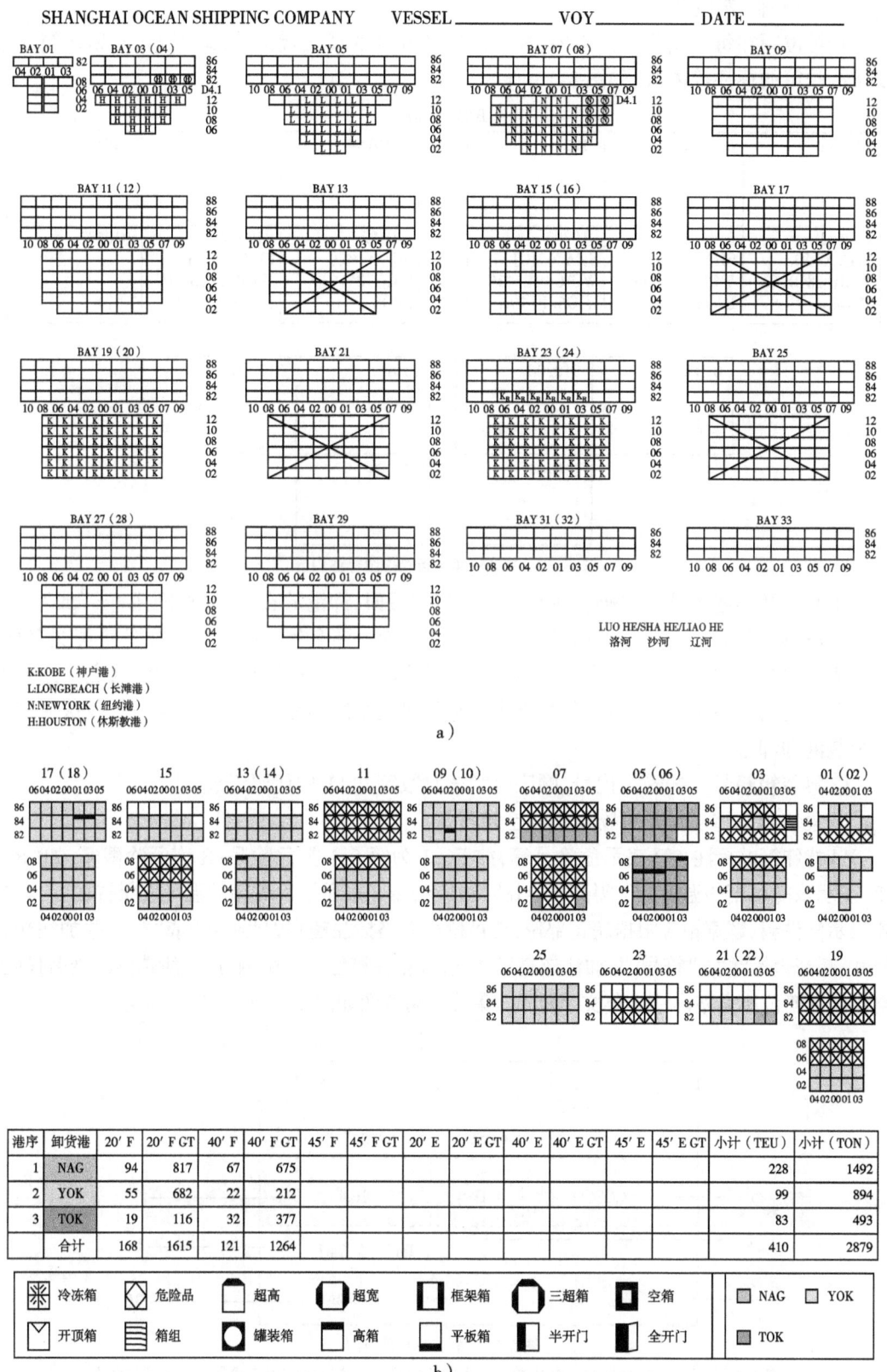

图 3-9 集装箱封面图

(2)行(排)箱位图

行箱位图在每个箱位的方格内,标注装港及卸港的英文代码、集装箱箱号、集装箱总重以及特殊箱的标注等内容,如图 3-10 所示。

BAY. 01

010684	010484	010284		010184	010384	010584
010682 SHA X MO. WCIU 2810163 IMO6.1 19.6	010482 SHA X MOJ. WCIU 2810939 IMO6.1 19.6	010282 SHA X MOJ. WCIU 0623435 IMO6.1 19.7		010182 SHA X MOJ. WCIU 2515390 IMO6.1 19.7	010382 SHA X MOJ. WCIU 2805640 IMO6.1 19.6	010582

010406	010206		010106	010306
	010204		010104	

图 3-10　集装箱实配行箱位图标注内容

①装港及卸港的英文代码。通常将装港放在后面,卸港放在前面,中间用"×"或"/"连接;但也有只标卸港,不标装港;有的将装港放在前面。港名代码按常规应标三个英文字母。如上海港以"SHA"标注,但也有标注两个英文字母的。一般每个箱位小方格内应标注装港和卸港的代码。但有的为了省事,当整排或整层集装箱卸港相同时,只在这一排或这一层标一个装港和卸港。

②集装箱箱号。按箱主代号、顺序号和核对数字共 11 位代码组成。

③集装箱总重。包括货物重量和空箱重量。

④特殊箱的标注。D 表示危险品箱,如 D6.1 为第 6.1 类危险品;R 表示冷藏箱,如"R - 18"表示该冷藏箱的温度应不得高于 - 18℃;"F + 2 + 4"表示该冷藏箱的温度应保持在 2 ~ 4℃;M 表示邮件箱;超宽箱应根据超宽部位,在箱位小方格标注超宽符号"<"或">",并加注超宽尺寸;超高箱标注"¯"符号,并加注超高尺寸;选港箱在箱位小方格内,注上所选港的港名代码;空箱应在箱位小方格内注上英文字母 E。集装箱箱位图如图 3-11 和图 3-12 所示。

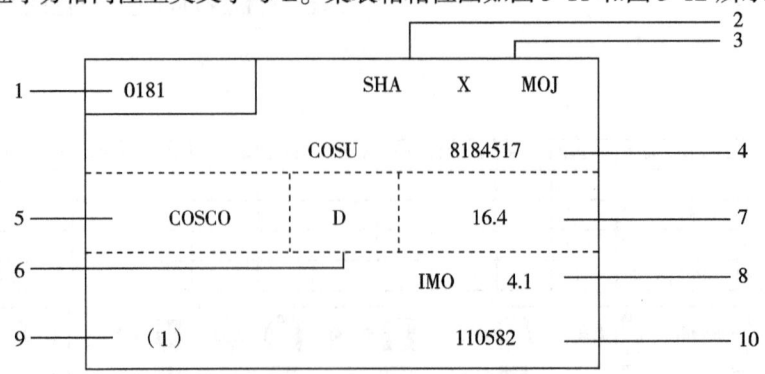

图 3-11　集装箱行箱位图

1 - 箱格顺序号;2 - 卸货港;3 - 装货港;4 - 集装箱编号;5 - 集装箱使用人代号;6 - 集装箱状态;
7 - 集装箱总重量;8 - 备注;9 - 到港顺序号;10 - 箱位号

	06	04	02	00	01	03	05
88							
86			SHA/SHA IE YMCU4008218 40' GP 3.9 ST 060286	SHA/SHA IE TEXU4479604 40' GP 3.9 ST 060086			
84	SHA/SHA IE TTNU4050250 40' GP 3.9 SIT 060684	SHA/SHA IF TINU9263984 40' GP 9'6" 23.7 SIT 060484	SHA/SHA IF CRXU9251031 40' GP 9'6" 11.8 ST 060284	CQG/CQG IZ TGHU7834960 40' GP 10.8 SNL 060084	SHA/SHA IF AMFU432806 40' GP 9'6" 9 SIT 060184	SHA/SHA IF TGHU7028265 40' GP 9'6" 22.2 SIT 060384	SHA/SHA IE STTU4989119 40' GP 3.9 SIT 060584
82	SHA/SHA IF SNTU4012796 40' GP 26.6 SNT 060682	SHA/SHA IF GLDU4085630 40' GP 27.9 SNT 060482	ZJG/ZJG IZ TGHU4480610 40' GP 23.2 SNT 060282	SHA/SHA IF SNTU4019759 40' GP 27 SNT 060082	SHA/SHA IF FSCU3532095 20' GP 3.5 STT 050182	SHA/SHA IE STTU2997429 20' GP 18.5 SIT 050182	CHD/CHD TINU3279535 20' GP 20.3 SIT 050582

	04	02	00	01	03
08	CQG/CQG IZ GLDU4077418 40' GP 7.2 SnT 060408	SHA/SHA IF TGHU4439154 40' GP 12 SIT 060208	CQG/CQG IZ SNTU4013196 40' GP 8 SNT 060008	SHA/SHA IF CRXU4561923 40' GP 7.9 SIT 060108	CQG/CQG IZ CRXU4785158 40' GP 9.2 SNT 060308
06	CQG/CQG IZ SNTU4014680 40' GP 7.4 SNT 060406	SHA/SHA IF TEXU4799342 40' GP 12.2 SIT 060206	ZJG/ZJG IZ TINU4329374 40' GP 20.1 SIT 060006	SHA/SHA IF SITU4988576 40' GP 28.9 SIT 060106	SHA/SHA IF GSTU8334231 40' GP 13.5 SIT 060308
04		SHA/SHA IF YMCU4008732 40' GP 18 SIT 060204	ZJG/ZJG IZ TEXU4186660 40' GP 21.3 SIT 060004	CQG/CQG IZ TINU5270250 40' GP 9 SNT 060104	
02		SHA/SHA IF UESU4125832 40' GP 18.8 SNT 060202	SHA/SHA If TTTU4992391 40' GP 26.7 SiT 060002	SHA/SHA IF SNTU4023770 40' GP 27 SnT 060102	

图 3-12 集装箱行箱位实配总图

（3）实配图的审核

集装箱船舶的船长和大副了解航线状况、本船航次油水的配置与消耗、船舶的装载特性、途中各挂靠港的作业特点等细节内容，并对船舶和集装箱的运输安全负责。因此，集装箱实配图编制完成后，集装箱装卸公司在装船前应送给船长或大副做全面审核。经船方审核确认后，即可按实配图进行装船作业。

船长或大副收到集装箱实配图后，应认真审核以下内容：

①核对集装箱每个卸港的数量是否正确。

②核对每列集装箱的堆积负荷是否超过船舶允许的负荷，否则应调整到允许值范围内。

③核对特殊箱的配位是否符合要求，否则应给予调整。

④审查各装卸港的箱位安排是否合理，是否便于中途挂靠港加载或卸箱，否则应给予调整。

⑤校核适配后的稳性、吃水差及纵向强度，确保航行安全及货物质量。

3. 集装箱最终积载图

集装箱船实配积载计划在装箱过程中会因某些原因需要作一些修改。集装箱船现场理货员对每一装船集装箱箱号、所配箱位等均作记录。在集装箱装船结束后，由船舶理货员根据船舶实际装载情况及每个集装箱在船上的箱位，编制最终积载图（Final Bay Plan），大副负责进行实际装载条件下船舶稳性、船体受力、吃水和吃水差的核算。最终积载图是港口有关部门编制船舶中途卸箱或加载计划的主要依据。集装箱装船统计表如表 3-4 所示。

集装箱装船统计表　　　　　　　　　　　　　　　　表 3-4

POL	POD	LAX 20ft	LAX 40ft	VAN 20ft	VAN 40ft	NOR 20ft	NOR 40ft	BOS 20ft	BOS 40ft	TOR 20ft	TOR 40ft	MIA 20ft	MIA 40ft	Total
HKG	Full	94 652.0	51 571.0	96 902.0	24 436.0	80 777.0	32 466.0	163 1111.0	6 126.0	65 860.0	18 562.0	100 1430.0	24 304.0	753 8197.0
	Empty													
	Reefer					8 104.0					4 48.0			2 152.0
	Dangerous	8 66.0												8 66.0
	Platform								2 42.0					2 42.0
	Ventilated		2 14.0											2 14.0
	Total	102 718.0	53 585.0	96 902.0	24 436.0	88 881.0	32 466.0	163 1111.0	8 168.0	65 860.0	22 608.0	100 1430.0	24 304.0	

注：1. 表中 POL 指装货港（Port of Loading），POD 指卸货港（Port of Discharging）。
　　2. 表中第一行为箱量（自然箱个数），第二行为总量（单位为公吨）。

四、集装箱船舶倒箱

面对集装箱航运业飞速发展，如何使集装箱码头的作业效率跟上吞吐量的增加已成为一项重要的研究项目。不论是集装箱船舶的运输效率还是集装箱码头堆场的作业效率都有待于提高，其中翻倒箱就是影响作业效率的一个重要因素。翻倒箱直接增加了机械设备和人工的操作工作量，可以由岸边起重机的起吊动作计算一个集装箱的装卸效率。装或卸一个集装箱各需要一个起吊动作，若是倒箱操作，则需要一次卸下和一次装上两个动作。除了与装卸设备的工艺技术有关，更重要的是配载决策人员的调度决策方法问题。

1. 倒箱的概念

倒箱是船舶配载必须解决的问题，倒箱产生的原因与集装箱船的结构、多港挂靠的要求及船舶的稳性要求等有关。在某行位中的一个垂直的列中，集装箱只能从该列的垂直方向存取，如果一个集装箱马上要在即将挂靠的目的港卸箱，而需要在后续港才卸载的部分集装箱在该箱同一列且在其上方堆存，那么在当前挂靠的方口，压在该箱上的目的港为后续港口的这部分箱子就必须先同卸载箱一同卸载下来，然后随当前港需要装载的集装箱一起配载装船。集装箱船的装载单元是集装箱，集装箱由货船内垂直方向的栅格导柱固定，其主要的装载特点是集装箱必须只能沿着垂直方向吊入和吊出。

如果需要卸载以当前港为目的港的一个集装箱，而该集装箱上面堆放有以后续港为目的港的箱子，那么就必须先卸下后面港口的集装箱，才能将当前港的集装箱取出，然后再把刚才卸下的后面港的集装箱装在船上，这就是所谓的倒箱，倒箱也可以称为揭箱或倒柜。

倒箱操作使岸边起重设备不得不增加工作时间来完成集装箱的顺利装卸，这就导致船舶在港口的停泊时间变长，增加了靠泊费用，如果停靠时间太长还可能导致延误班期，增加延期费用，这样就造成运费成倍增加。所以，倒箱还不能带来任何的经济效益，如果需要在甲板下进行倒箱操作，则代价会更大。一般而言，不可避免地会产生倒箱，但如何有效地减少倒箱越来越受到各集装箱堆场和码头的关注。如果配载方案好的话,可以最大限度地减少倒箱量,保证经济效益。

2. 倒箱产生的原因

在集装箱码头堆场现场作业和船舶装卸作业时倒箱经常发生,主要原因有以下几点。

①因为大型集装箱船舶的船舶载箱量大,航行沿线挂靠港口多,每个港口都有装卸箱,很难满足每个港口不倒箱。

②在中间挂靠港,每个码头配载人员为了最大限度地减少倒箱数量,会根据经验确定发箱顺序,对一些集装箱的位置进行调整,但大多数时候缺乏对整个装船作业的全局考虑,只减少了当前港的倒箱操作,没能从根本上减少整个航线上的倒箱操作,不合理的落箱位置可能造成后续港口的二次倒箱甚至多次倒箱。

③为了满足船舶稳性、强度与吃水等要求产生的倒箱。一般情况下,集装箱船舶配载引起的倒箱是不可避免的,但有效的配载计划可以减少倒箱的数量,使配载计划不产生倒箱操作,是配载员在配载过程中主要考虑的问题之一。

3. 集装箱船舶配载中的倒箱操作

倒箱作业增加了集装箱运输成本,延长了船舶在港时间,而且没有任何效益而言。如果倒箱是发生在甲板下,则代价会更大,因为要卸下甲板上部分集装箱,并打开舱盖才能取到要卸的箱子。为了说明这个问题,下面举一个例子。

假设某航次有三个挂靠港 W、Y、Z,只有一个行位装卸集装箱,W 作为始发港,将要发到 Y 港和 Z 港的箱子都装在这一个行位里,因为考虑到船舶稳性,到达 Y 港的箱子都是重箱,而到 Z 港的货物箱子数量多而且重量轻,所以在装船的时候将几个 Y 港的箱子装载到比较低的层位,在 Z 港箱子之下,当该船到达 Y 港时卸下到 Y 港的集装箱,在 Z 港箱下的几个 Y 港箱也要被卸载,这时就需要将压在上面的 Z 港箱先卸下,等 Y 港箱卸载完成后再同其他要装载的箱子一并装回行位中,这就是倒箱的一种情况。如图 3-13 所示。

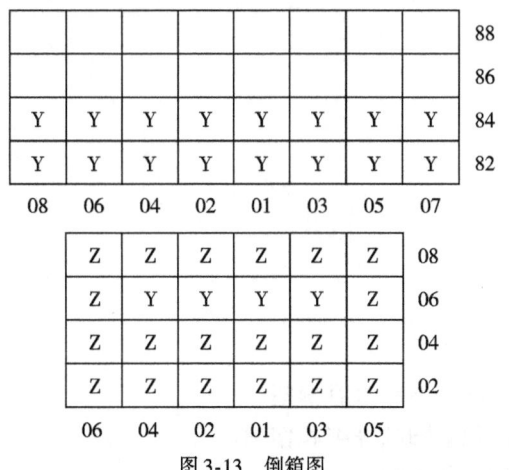

图 3-13　倒箱图

综合练习题

一、单项选择题

1. 集装箱码头泊位岸线长的要求为(　　)。

　　A. ≥200m　　　　B. ≥300m　　　　C. ≥400m　　　　D. ≥350m

2. 在堆场中,6行5层共30个箱位的间位,实际只能放( )只箱子。
   A. 30　　　　　　B. 28　　　　　　C. 26　　　　　　D. 25
3. 对于四超箱通常限于堆放( )。
   A. 1层　　　　　 B. 2层　　　　　 C. 3层　　　　　 D. 不超过3层
4. 在配积载时仍未明确具体卸货港的集装箱称为( )。
   A. 直装船集装箱　B. 选港集装箱　　C. 加载集装箱　　D. 平板集装箱
5. 集装箱船舶的箱位表示方法由( )和列、层组成。
   A. 区　　　　　　B. 位　　　　　　C. 排　　　　　　D. 度

二、多项选择题

1. 贝位图的220686表示该集装箱长度为40ft,位于船舶的( )贝,装在甲板上第( )层。
   A. 24~26　　　　 B. 21~23　　　　 C. 27~29　　　　 D. 3
2. 贝位图的140284表示该集装箱长度为( )ft,位于船舶的( )贝,装在甲板上第2层。
   A. 40　　　　　　B. 13~15　　　　 C. 20　　　　　　D. 11~13
3. 集装箱船舶预配图由( )组成。
   A. 字母图　　　　　　　　　　　　B. 重量图
   C. 行箱位图　　　　　　　　　　　D. 冷藏箱和危险货物箱图
4. 集装箱船舶实配图由( )组成。
   A. 封面图　　　　B. 重量图　　　　C. 行箱位图　　　D. 字母图
5. 集装箱船舶最终积载图由( )组成。
   A. 装船统计表　　B. 重量图　　　　C. 最终封面图　　D. 最终行箱位图

三、名词解释

1. 箱位容量
2. 箱位号
3. 行箱位总图
4. 行箱位图
5. 倒箱

四、简答题

1. 集装箱船舶配积载的基本要求有哪些?
2. 简述集装箱船舶配积载图的种类和作用。
3. 简述集装箱船舶配积载过程。
4. 为什么要对集装箱船舶箱位进行6位数编号?
5. 为什么要在集装箱配积载过程中使用不同的配积载图?它们之间的区别和联系是什么?

第四章　国际海运集装箱业务

 学习目标

通过本章学习,学生应掌握航线集装箱配备量的确定;掌握航线集装箱租箱量的确定;了解集装箱空箱调运的相关知识;了解集装箱货物进出口业务的内容。

 知识架构

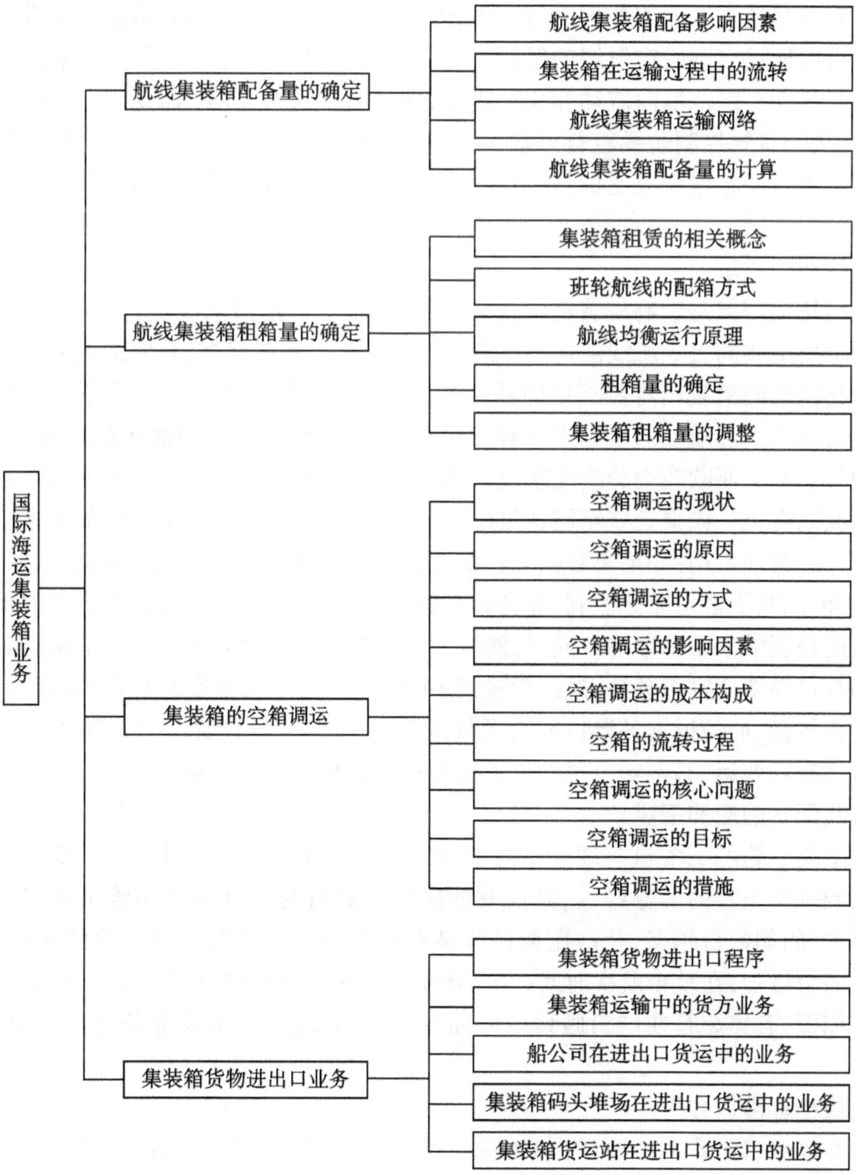

```
                                    ┌── 航线集装箱配备影响因素
                                    ├── 集装箱在运输过程中的流转
             航线集装箱配备量的确定 ──┤
                                    ├── 航线集装箱运输网络
                                    └── 航线集装箱配备量的计算

                                    ┌── 集装箱租赁的相关概念
                                    ├── 班轮航线的配箱方式
             航线集装箱租箱量的确定 ──┼── 航线均衡运行原理
                                    ├── 租箱量的确定
                                    └── 集装箱租箱量的调整

                                    ┌── 空箱调运的现状
国际                                 ├── 空箱调运的原因
海运                                 ├── 空箱调运的方式
集装 ──┤                             ├── 空箱调运的影响因素
箱业       集装箱的空箱调运 ─────────┼── 空箱调运的成本构成
务                                   ├── 空箱的流转过程
                                    ├── 空箱调运的核心问题
                                    ├── 空箱调运的目标
                                    └── 空箱调运的措施

                                    ┌── 集装箱货物进出口程序
                                    ├── 集装箱运输中的货方业务
             集装箱货物进出口业务 ──┼── 船公司在进出口货运中的业务
                                    ├── 集装箱码头堆场在进出口货运中的业务
                                    └── 集装箱货运站在进出口货运中的业务
```

集装箱与船舶一样,都是班轮公司提供海上集装箱运输服务的基本硬件。在班轮公司的运输成本结构中,与集装箱相关的费用一般占有较大比重,且具有较大的可变性。除了购买自有箱的资金成本和租用箱的租金成本,集装箱的管理费用也较高。集装箱随货物流动到的地点,必须有相应的代理进行跟踪管理,如堆场堆放、货运站装箱拆箱、坏箱维修等,每个环节都会产生相应的费用。航线上的箱量配备及构成与箱子的使用成本直接相关,进而影响到班轮公司的总运输成本和经济效益。

第一节 航线集装箱配备量的确定

一、航线集装箱配备影响因素

集装箱班轮航线不仅要考虑航线的船舶配置问题,还要考虑航线的集装箱配备量问题。船舶配置调整是从宏观上调整运力的主要形式,当集装箱航线的运力供给需要进行微调时,班轮公司可以通过合理确定航线的箱量配备及构成对航线运力进行灵活调整,使运力可以满足航线货量在一定范围内波动变化的需要,保证航线运力与货运需求在一定时期内达到相对平衡,从而有效控制航线经营风险。因此,合理地确定航线上集装箱的配备数量,适当地选择租箱策略即箱量构成比例,对班轮公司的经营风险规避及运营成本控制起着至关重要的作用。

1. 航线货运需求

航线的货运需求是影响集装箱配备的主要因素,而货运需求决定运力供给。集装箱与船舶的合理搭配共同决定航线的运力供给。航线上货运需求越多,需要提供的运力越大,用于承载货物流动的集装箱需要配备的就越多。对于航线货运需求较为平稳的情况,集装箱的配备相对简单。若航线的货运需求存在时空波动变化,则不宜用简单的货物平均需求进行箱量配备。对于亚欧或中美航线来说,航线上的货运量并不是常年稳定在某个值,而是存在明显的波动变化。如果集装箱配备量过多,则在货运需求淡季会有大量集装箱闲置,导致大量的堆存和管理费用;如果集装箱配备量过少,则在货运需求旺季不可避免地发生大量甩货现象,不但限制了公司充分盈利,还会影响班轮公司的服务质量,降低对货主的吸引力,对公司日后的揽货带来不利影响。同时,航线上各个港口间的货流也存在不平衡现象,出口货量较多的港口易造成空箱短缺,进口货量较多的港口易发生大量空箱堆存的现象。此时,如何合理配备箱量,如何根据各港口的货运量进行箱量配备,既能充分满足航线货运需要,又能合理进行空箱调运,对班轮公司的成本控制和风险控制至关重要。

2. 航线配置的船舶规模

航线上集装箱的配备量与船舶的配置情况是对应的,两者共同决定航线的运力供给。班轮公司要维持正常的运输经营,其需要的集装箱数量与拥有的船舶舱位数成正比关系。即船型越大,船舶数目越多,相应配套的集装箱就越多。配船数量还影响到航线的发班间隔。若配船数增加,在整个航次时间一定的情况下,发班间隔缩短,集装箱装船机会增加,待装船时间缩短,若集装箱在港口腹地内陆周转的时间比较长,则要配备更多的箱子以补充周转。

3. 航线挂靠港口数量

航线挂靠港口数量的增加意味着船舶进港靠泊等待次数增多,进而延长船舶完成整个往返封闭航次所需要的时间。往返航次时间的延长降低了船舶载运集装箱的整体周转速度。因此,在航线货运量一定的情况下,班轮公司需要增加集装箱配备量以弥补因集装箱在船时间的延长而造成的用箱缺口。

4. 船舶往返航次所需时间

船舶往返航次所需时间指船舶完成一个完整航次所耗用的时间,包括海上运输时间和港口靠离泊等待、装卸作业的时间。往返航次所需时间的长短反映集装箱的整体周转速率,时间越长,说明集装箱被占用的时间越长,周转速率越低,为满足货运需求,集装箱的配备量必须有所增加。同时,为保证一定的发班频率,船舶往返时间越长,需要的船舶数量就越多,由前面的分析可知,配置的船舶数目越多,相应的箱量配备就越大。

5. 集装箱在港口及其腹地内的周转时间

集装箱在港口及其腹地内的周转时间对航线集装箱配箱量有重要影响。集装箱内陆周转时间是指,在船舶挂靠航线上的任一港口,进港集装箱从船上被卸下时起,经过内陆的周转后,到再次被装上该航线投入运营的船舶,并准备装运出港时为止的这段时间。一般来说,集装箱在港口及其腹地的周转时间越长,需要的集装箱配备量就越多。箱子在腹地周转的时间长短与航线的发班间隔存在不同的对比情况。若集装箱在港口腹地的周转时间小于该航线的发班间隔,则该港口配备的集装箱数量只需要满足在该港箱位分配量最大的航次上所需要的集装箱数量;若该港的集装箱腹地周转时间大于发班间隔,则该港口需要配备两倍或两倍以上的下一个航次所挂靠班轮在该港分配的箱位数。集装箱配备量的增多会增加箱子在港口的堆存费用。在保证满足航线用箱需求的情况下,班轮公司必须采取有效的经营策略提高集装箱在港口及其腹地的周转速度,减少集装箱的周转时间,从而充分发挥每一个集装箱的效用,缩减箱子在港口的堆存费用。

二、集装箱在运输过程中的流转

为完成托运人委托的运输服务,集装箱通常需要经历从船公司堆场或码头提空箱开始到货主仓库、工厂或者是集装箱货运站装重箱,再经内陆运输到码头堆场等候装船,装船后经海上运输(部分货物还需要中转)至目的港,货物在目的港卸船后至码头堆场,经公路或铁路等内陆运输后至收货人仓库、工厂或集装箱货运站,待收货人拆箱完毕后返空至班轮公司指定还箱点(堆场/码头等),如果发生损坏,则需要安排修理,然后进入空箱待用状态。集装箱在运输过程中的流转如图4-1所示。

三、航线集装箱运输网络

在实际运输生产中,班轮公司的航线布局及挂靠港口构成集装箱运输基本网络,内陆运输服务延伸了集装箱运输网络的覆盖范围。因此,运输网络通常具有挂靠港口多、服务网点分布广、船舶航行时间长短不一、货物流向复杂等特点。图4-2为集装箱运输网络示意。

集装箱便是在这个庞大、复杂的运输网络中,完成了一次又一次的运输服务。由于集装箱具有标准化和专业化的特点,因此单个集装箱并非固定在某一特定的运输线路上来回运输,而是根据客户的运输需要和集装箱的位置和状态,在整个运输网络中被随机使用,即当完成一次由提空到装重,经内陆运输后装船,通过海上运输到目的港卸船,再经内陆运输后拆箱返空的全部过程后,会被随机投入下一个运输服务中或安排空箱回运至下一个装箱点。

除特殊情况外,下一个运输服务线路一般都不是前一次运输的返程,而是一个完全不同的运输线路。所有集装箱都是在这个复杂的运输网络中完成首尾相连、路线随机的运输服务,直至集装箱退役或其他原因导致无法继续使用为止。

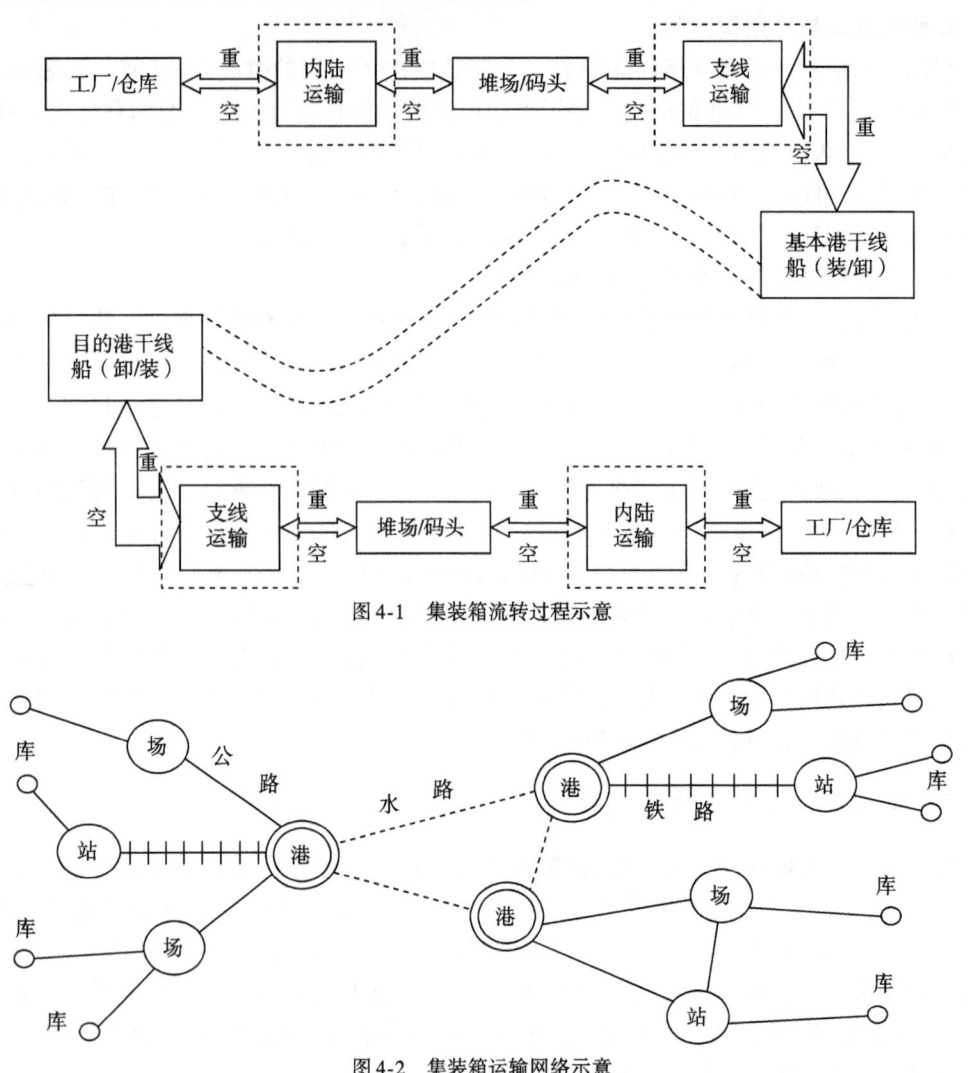

图4-1 集装箱流转过程示意

图4-2 集装箱运输网络示意

四、航线集装箱配备量的计算

集装箱班轮航线为简单的直达航线,仅挂靠两个端点港,该航线的班轮公司在两端点港既无调剂箱又无周转机动箱,且不考虑箱子修理与积压延误、特种箱使用不平衡等为典型条件。

1. 典型条件下航线集装箱配备量的计算

(1)航线集装箱配备量 S 的确定

$$S = KL \tag{4-1}$$

式中:S——航线集装箱配备量(TEU);

K——航线集装箱配备套数;

L——每套集装箱的数量(如船舶满载则为船舶载箱量,TEU)。

(2) 航线集装箱配备套数 K 的确定

$$K = \frac{T}{I} \tag{4-2}$$

式中：T——航线集装箱平均总周转天数(天)；
　　　I——发船间隔(天)。

(3) 航线集装箱平均总周转天数 T 的确定

航线集装箱平均总周转天数，为集装箱船舶往返航次时间与集装箱在端点港平均港口堆存期和内陆周转时间之和的总和，即：

$$T = T_R + \sum T_X = T_A + T_R + T_B (X \text{ 取 } A、B) \tag{4-3}$$

式中：T_R——集装箱船舶往返航次时间；
　　　T_X——集装箱在端点港平均港口堆存期和内陆周转时间之和，取决于集装箱返抵港口的天数和返抵箱量的比例。

当 $T_X < I$ 时：

$$T_X = I$$

(4) 发船间隔 I 的确定

发船间隔取决于集装箱船舶往返航次时间及航线配置的船舶艘数，即：

$$I = \frac{T_R}{N} \tag{4-4}$$

式中：N——航线配置船舶艘数。

(5) 每套集装箱数量 L 的确定

$$L = Df \tag{4-5}$$

式中：D——集装箱船舶的载箱量(TEU)；
　　　f——集装箱船舶载箱量利用率(根据航线具体情况确定)。

例 4-1 某集装箱班轮公司在其经营航线上配置 3 艘载箱量为 2500TEU 的集装箱船舶，船舶往返航次时间为 30 天。集装箱在内陆周转的情况如下：在端点港 A，集装箱内陆周转情况随集装箱返抵港口的天数与返抵箱量的变化而变化，其中 75% 的箱量在 10 天之内返抵港口待装船；15% 的箱量在 20 天内返抵港口待装船；其余 10% 的箱量在 30 天内返抵港口待装船。在端点港 B，35% 的箱量在 10 天之内返抵港口待装船；28% 的箱量在 20 天内返抵港口待装船；20% 的箱量在 30 天内返抵港口待装船；其余 17% 的箱量在 40 天内返抵港口待装船。试求集装箱船公司在该航线上每艘船需配备多少套集装箱(TEU)？

解： ① 求发船间隔 I：
$I = T_R/N = 30/3 = 10$(天)
② 求两端点港平均港口堆存期和内陆周转天数：
A 港内陆平均周转天数 $T_A = 10 \times 75\% + 20 \times 15\% + 30 \times 10\% = 13.5$(天)
B 港内陆平均周转天数 $T_B = 10 \times 35\% + 20 \times 28\% + 30 \times 20\% + 40 \times 17\% = 21.9$(天)
③ 航线集装箱平均总周转天数 T：
$T = T_A + T_R + T_B = 30 + 13.5 + 21.9 = 65.4$(天)
④ 航线集装箱配备套数：
$K = T/I = 65.4/10 = 6.54$(套)

⑤平均每艘船套数为:

$K/3 = 6.54/3 = 2.18(套)$

例4-2 某集装箱班轮公司在其经营航线上配置3艘载箱量为2500TEU的集装箱船舶,船舶往返航次时间为30天。集装箱在内陆周转的情况如下:在端点港A较理想,平均港口堆存期和内陆周转时间之和为7天;在端点港B,集装箱内陆周转情况随集装箱返抵港口的天数与返抵箱量的变化而变化,其中,60%的箱量在10天之内返抵港口待装船;30%的箱量在20天内返抵港口待装船,其余10%的箱量在30天内返抵港口待装船。如果船舶载箱利用率为80%,试求集装箱船公司在该航线上需配备多少个集装箱(TEU)?

解: ①求发船间隔I:

$I = T_R/N = 30/3 = 10(天)$

②求T_A:

集装箱在端点港A的平均港口堆存期和内陆周转时间之和T_A实际为7天,小于发船间隔I,在计算上应将发船间隔10天作为集装箱在端点港A的内陆平均周转时间,即

$T_A = 10(天)$

③求T_B:集装箱在端点港B的内陆平均周转时间T_B按集装箱返抵港口待装船天数与返抵箱量的比例计算,即:

$T_B = 10 \times 60\% + 20 \times 30\% + 30 \times 10\% = 15(天)$

④求集装箱平均总周转天数T:

$T = T_A + T_R + T_B = 10 + 30 + 15 = 55(天)$

⑤求航线集装箱需配备的总套数K:

$K = T/I = 55/10 = 5.5(套)$

⑥求每套集装箱配备的数量L:

$L = Df = 2500 \times 80\% = 2000(TEU)$

⑦求该航线所需配备的集装箱总数S:

$S = KL = 5.5 \times 2000 = 11000(TEU)$

2. 实际情况下航线集装箱配备量的计算

航线配箱量还与集装箱在内陆周转过程中可能发生的修理、积压和延误(如货主提箱后长期占用不能返空、海关扣押、集装箱严重毁坏)等情况密切相关;需考虑由于各种集装箱箱型在往返航向上的使用量不平衡需增加箱量数;还需考虑在挂靠两个以上港口时需在中途港配置周转箱量等。

实际情况下航线集装箱配备量S的计算公式:

$$S = (KDf + \sum C_i L_i + S_N + R_N)\lambda \qquad (4-6)$$

式中:L_i——中途港卸箱量(设中途卸箱后再装同样数量的集装箱),$i = 1, 2, \cdots, m$,为中途港编号;

C_i——中途港箱量系数(如$T_i \leq I$,$C=1$;$T_i > I$,$C > 1$);

S_N——往返航次特种箱不平衡所需增加的箱数;

R_N——全程周转期内港口内陆修理、积压和延误总箱量;

λ——富裕系数,一般取值在1.05~1.10;其余符号意义同前。

应该指出,在往返航次时间不变的情况下,如缩短发船间隔,配置的船舶艘数就增加,集装箱装船的机会增多,集装箱返回港口等待装船的时间就会减少,集装箱在端点

港内陆平均周转天数因此而下降,因而平均每艘船配备的集装箱套数会随着航线配置的船舶数的增加而减少。但是,当航线船舶数增加到一定数目时,由于码头堆存能力不足,集装箱管理水平未跟上,内陆集疏运能力的制约,集装箱内陆周转时间及港口堆存期反而增加。

在发船间隔不变的情况下,集装箱配备总套数与其航线平均总周转时间成正比关系。中途挂靠港的多少以及箱型的不平衡等将直接影响航线集装箱的需备量。在满足航线货源需要的情况下,班轮公司应想方设法缩短集装箱的港口堆存期和内陆周转期,加速船舶的周转,以减少航线集装箱需备量,从而节省班轮公司购置箱的巨额投资或租金,这对降低集装箱运输总成本、提高船公司经济效益具有重要意义。

第二节　航线集装箱租箱量的确定

一、集装箱租赁的相关概念

1. 集装箱租赁的概念

集装箱租赁就是班轮公司从集装箱租赁公司(简称租箱公司)租入集装箱以满足运营需要的一种设备获取方式。根据集装箱租赁协议,租箱公司在约定的时间、地点向班轮公司提供一定数量的集装箱,班轮公司则必须按照协议规定的租金费率及支付方式向租箱公司支付租金作为使用集装箱的代价。班轮公司租箱的需求常常因时、因地有所不同,集装箱租赁的方式也是多种多样。因此,应根据具体情况,结合自身的经营实力,经营航线的特点等因素,与租箱公司进行商议,灵活采用不同的租赁方式来满足用箱需求。

2. 集装箱箱天的概念

集装箱箱天的概念是指船公司一定数量的集装箱在时间上的累积(TEU·DAY),它反映了船公司在某个时期拥有可供使用的全部集装箱资源情况。比如1万TEU一天的箱天数量就是1万TEU·DAY,1万TEU 10天的箱天数量就是10万TEU·DAY。这样船公司在一定时期内拥有的箱天数就是在这段时期内每天拥有的全部集装箱数量之和。比如2016年1月某船公司拥有的箱天数就是从2016年1月1日开始到1月31日期间内每天的集装箱保有总量之和;而该公司全年拥有的集装箱箱天数就是该公司从2016年1月1日开始到12月31日期间内每天的集装箱保有总量之和。

3. 集装箱租赁的优点

集装箱租赁业务是为集装箱运输行业提供服务的,对于班轮公司来说,租箱与自行采购集装箱比较,具有以下优点。

(1)避免巨额资金的即时投入

集装箱价格昂贵,一个20ft箱出厂时价就要1800多美元。班轮公司如需开辟集装箱航线,船东自备箱往往要上千个,需要大量资金来采购集装箱,有了租箱公司,只付少许租金租箱就可以了。

(2)全球提箱、全球还箱的便利

班轮公司对箱体的需求是变化的、不平衡的,全球提箱、还箱只有租箱公司可以做到,这大大地解决了班轮公司的调箱难题。

（3）集装箱需求地点的供应保障

任何一个班轮公司都不可能在其任何一个需求地点都有存箱,而租箱公司则可相对满足他们的要求,尽可能地保障集装箱的供应。

有了上述的优势,租箱业务发展迅速,租箱公司的箱量一直占全世界总箱量的45%以上。在中国,特别是近洋班轮公司和内贸线班轮公司的箱队中,租箱量占总箱量的90%以上。集装箱租赁是一个长期稳定获利业务,主要为欧美基金投资,利润主要靠付清集装箱生产成本、财务成本和管理成本后的其他租箱收益和集装箱处理残值。集装箱租赁行业需要巨额资金,专业性强,所以一般企业很难涉足。现活跃在此市场上的前12位租箱公司大都为美、欧基金支持的。

二、班轮航线的配箱方式

班轮公司为了有效控制经营风险,在航线集装箱量的配备上,并非投入巨额资金购买航线运营中需要的所有集装箱,而是采用两种方式:一种是班轮公司自己购买集装箱;另一种是向租箱公司租用集装箱,租箱一般又分为期租、程租和灵活租赁。配箱方式的不同不仅产生的用箱成本与闲置费用不同,而且也影响着班轮公司的箱务管理和决策经营。

1. 自有箱

自有箱是指集装箱班轮公司自己出资购买的集装箱,其所有权与使用权完全归班轮公司所有。对于具有一定资金实力的班轮公司,尤其是那些经营国际集装箱班轮运输的大型班轮公司,投资购买一定数量的自有集装箱作为固定资产,在保障航线运力供给与提升企业形象方面具有重要意义。在使用成本方面,自有箱的箱天费用比租箱费率低,而且更为重要的是,其箱天成本不受集装箱租赁市场上租箱费率变化以及供给与需求平衡波动的影响。在闲置风险方面,由于集装箱的造价较高,自有箱的购置需要投入大量资金,一方面增加了资本投入,加大了融资难度;另一方面,当航线货运需求下降,货源不足时,过多的自有箱将会出现部分闲置,极易造成巨大的投资闲置风险,不但不能为班轮公司产生任何经济效益,还会因为需要日常的堆存、保养、维修等产生大量箱管费用。此外,班轮公司还要承担其折旧费用及运营过程中的空箱调运费用。

2. 租用集装箱

（1）期租

期租是指租用人在一定时间内租用集装箱的租赁方式。租期内可以像自有箱一样自由调配使用。根据租期的长短,分为长期租用与短期租用两种形式。

长期租箱是指班轮公司向租箱公司租用且租期超过半年的集装箱,主要有租买式和租还式两种形式。对于资金实力不够雄厚的班轮公司来说,采用长期租箱是解决用箱需求的一个有效途径。因为班轮公司只需花费一定的租金就可以获得箱子的长期使用权,特别是在集装箱造价较高的时期,对解决班轮公司资金流短缺有重要帮助。班轮公司在租赁期内,只需依照合同规定,按期按规定支付租金给租箱公司即可。

长期租箱的日租金费用一般与租期的时间长短成反比,即租期越长,日租金越低。相对于自有箱折算过来的箱天费用,长期租箱的单箱日租金还是要高一点。但长期租箱在降低闲置风险方面较自有箱有一定的优势,当航线上货运需求降低时,因为租期有限,班轮公司可以通过较少租箱量来调整航线运力供给,以期避免多余的自有箱长期闲置而引发的箱管费用增加。有时,甚至在租期未满的情况下,班轮公司采取撕毁合约,强制退箱的方式终止箱子租用,虽然会给租箱公司赔付一定的违约金,但当租用箱量较大时,很可能赔付的违约金远小于一直持有众多长期租箱带来的闲置费用。因此,长期租箱在控制闲置风险方面较自有箱有更多的灵活性。

短期租箱是指班轮公司根据航线货运需求变化需要而临时租用,以解决箱子供给不足的暂期租箱。短期租箱有两种类型、一种是有时段的租箱,如个月租期;另一种是程租箱,如在单航次或往返航次租用。在使用成本方面,短期租箱的日租金比长期租箱要高,因为租期较短。在闲置风险方面,由于短期租箱一般用于满足航线货运需求高峰时对运力供给的额外需求,所以其租用时间一般很短,货运需求高峰一过即可终止租用。可见短期租箱的闲置风险较长期租箱要低,使用的灵活性上也是三种箱子租赁方式中最高的。在合适的时间租用合理数量的短期租箱可以对航线运力供给进行有效地短期微调。

(2)程租

程租是指租期由航程时间决定的租赁方式,一般分为单程租赁和往返程租赁两种。

在单程租赁情况下,租箱人仅在起运港至目的地的港单程使用集装箱,这种方式一般用于一条航线上往返程货源不平衡的场合,减少空箱回运。如果从集装箱租赁行情好的地方采用单程租赁到行情差的地方,租箱人一般要支付提箱费和还箱费,以弥补箱公司调运空箱的费用。

往返程租赁一般用于来返程有货源的航线,这种方式的租期由来返程所需时间决定,有时可不限于一个往返程。

程租方式一般对提箱、还箱地点有严格限制,租金比期租要高。有些地方,把短期租赁与程租通称为临时租赁或即期租赁。

(3)灵活租赁

灵活租赁在租期上类似于长期租赁(一般为一年),而在箱子的具体使用上类似于短期或程租方式。在灵活租赁合同中,除明确租期外还订有租箱人每月提箱、还箱的数量和地点。在这种租赁方式下,租箱人在租期内至少保证租用一定数量的箱子(一般可多租),这就类似于长期租赁;但在具体使用过程中这些箱子并不是固定不变的,租箱人可根据自己的实际需要,在合同规定的时间、地点、数量下随租随还,这又类似于短期或程租。采取这种方式可使租箱人能更好地适应货源不平衡、季节不平衡等变化的需要。灵活租赁金较临时(即期)租赁低,与长期租赁接近。

三、航线均衡运行原理

为提高航线运行质量,班轮公司在进行航线资产配置时,必须要充分考虑航线的均衡运行,充分保证航线运行的稳定性。由于航线上各港口间货物流向不均衡,使得部分港口出现较大空箱缺口,部分港口空箱过量积压,导致航线运行失衡。为了保证航线能均衡运行,班轮公司不得不向部分端港增补或者调配空箱,必要时采用昂贵的临时租箱。这不但降低了箱子的流转效率,还造成大量的航线维护工作,增加了用箱成本。航线的资产配置是否合理,一个重要评价指标是将配置的船舶与集装箱投入使用后,航线是否能均衡运行。

以环绕航线为例,航线均衡运行原理是指当航线上的船舶规模、配箱数量确定后,船舶在各个港口的装货量必须等于卸货量。这是由于货物流向的不对称,导致出口地区发生大量的重箱外流,而进口地区卸下重箱后生成大量空箱,为了避免两地区集装箱量分布失衡,进口地区在卸下重箱后必须将等量空箱运回出口地区。这样各个港口的配箱数量才能保持稳定不变。下面以四个端港构成的环绕航线为例进行说明。

假设货物流向分布量分别是 2/3、1/3,即 1 号港装船出口 600TEU,其中运往 2 号港 400TEU,运往 3 号港 200TEU;2 号港装船出口 600TEU,其中运往 3 号港 400TEU,运往 4 号港 200TEU,以此类推。如图 4-3 所示,船舶在 2 号港卸下了 4 号港到 2 号港、1 号港到 2 号港的重箱分别 200TEU、400TEU,装上了 2 号港前往 3 号港和 4 号港的重箱分别 400TEU、200TEU,装、卸箱量相等。同理,船舶在其他港口的装、卸箱量均相等。当货运需求不平衡时,则通过空箱调运进行均衡。因此,船舶在环绕航线上的均衡运行,不仅能充分利用船舶舱位,还实现空箱调运、降低运营成本,这对航线的经营管理有重要指导意义。

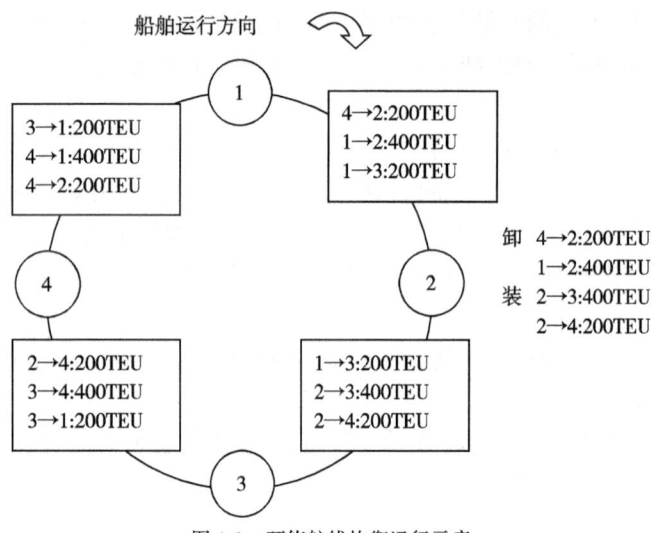

图 4-3 环绕航线均衡运行示意

四、租箱量的确定

合理确定航线自备箱量与租箱量,对船公司提高企业经济效益和市场的竞争能力,具有极其重要的意义。从理论上讲,通过自备箱的用箱成本与租赁箱的用箱成本相比较,运用线性规划方法,根据成本最小化原则,就可以求出租箱量。但是,用这种属于静态规划的方法求出的租箱量,一般难以适应市场的动态变化。

简便实用的计算方法是根据"最小自备量原则"来确定船公司的年度总租箱量,然后再进一步分别确定长期租箱量和短期的租箱量。假设预计某年每月用箱量为 $M_i(i=1\sim 12)$,试确定公司年租箱量、年长期租箱量和年短期租箱量。根据"最小自备量原则"计算租箱量步骤如下:

(1)求年度用箱总量 S_T

$$S_T = \sum M_i = M_1 + M_2 + \cdots + M_i \tag{4-7}$$

式中:M_i——资料预测年的月用箱量数据(TEU)。$i=1,2,\cdots,12$。

(2)求年度最低自备箱量 S_S

$$S_S = 12\min(M_i) \tag{4-8}$$

式中:$\min(M_i)$——资料预测年的最低月用箱量数据(TEU)。

(3)求年度租箱量 S_C

$$S_C = S_T - S_S \tag{4-9}$$

(4)求年度长期租箱量 S_{LC}

$$S_{LC} = 1/2(S_C + 12m - S_S - \sum |m - M_i|) = S_C - 1/2\sum |m - M_i| \quad (4\text{-}10)$$

式中：m——平均每月应备箱量(TEU)，$m = S_T/12$。

(5)求年度短期租箱量 S_{SC}

$$S_{SC} = S_C - S_{LC} \quad (4\text{-}11)$$

例 4-3 某集装箱运输船公司预计 2018 年每月用箱量如表 4-1 所示，试确定公司年租箱总量、年长期租箱量和年短期租箱量。

某集装箱船公司预计 2018 年度每月用箱量　　表 4-1

月份	1	2	3	4	5	6	7	8	9	10	11	12
月用箱量(万 TEU)	5.1	3.1	3.8	3.6	5.4	2.8	5.7	4.4	5.6	3.8	5.8	4.9

解：①计算年总用箱量 S_T：

$S_T = \sum M_i = M_1 + M_2 + \cdots\cdots + M_{12} = 5.1 + 3.1 + 3.8 + 3.6 + 5.4 + 2.8 + 5.7 + 4.4 + 5.6 + 3.8 + 5.8 + 4.9 = 54(万 TEU)$

②计算年最小自备量 S_S：

$S_S = 12\min(M_i) = 12 \times 2.8 = 33.6(万 TEU)$

③计算年租箱量 S_C：

$S_C = S_T - S_S = 54 - 33.6 = 20.4(万 TEU)$

④计算年长期租箱量 S_{LC}：

$m = S_T/12 = 54/12 = 4.5(万 TEU)$

$S_{LC} = 1/2(S_C + 12m - S_S - \sum |m - M_i|)$

$= 1/2 \times [20.4 + 12 \times 4.5 - 33.6 - (|5.1 - 4.5| + |3.1 - 4.5| + |3.8 - 4.5| + |3.6 - 4.5| + |5.4 - 4.5| + |2.8 - 4.5| + |5.7 - 4.5| + |4.4 - 4.5| + |5.6 - 4.5| + |3.8 - 4.5| + |5.8 - 4.5| + |4.9 - 4.5|)]$

$= 1/2[20.4 + 54 - 33.6 - 11] = 14.9(万 TEU)$

⑤计算年短期租箱量 S_{SC}：

$S_{SC} = S_C - S_{LC} = 20.4 - 14.9 = 5.5(万 TEU)$

五、集装箱租箱量的调整

由于集装箱班轮航线上的货源变化快，集装箱船公司随时需要根据实际用箱量的增减来调整租箱量，以降低用箱成本。租箱量的调整方法如下：

(1)计算月需求量 U

$$U = 30\frac{L}{I} \quad (4\text{-}12)$$

式中：U——航线集装箱月需求量(TEU)；

L——每套集装箱的数量(TEU)，如船舶满载则为船舶载箱量；

I——发船间隔(天)。

将该公式进行变换，可得：

$$I = 30L/U \quad (4\text{-}13)$$

(2) 确定航线实际配箱总量 S 与航线集装箱平均总周转天数 T、月需求箱量 U 之间函数关系

$$S = LK = LT/I = LT/(30L/U) = TU/30$$

(3) 租箱量的调整方法

已知：$T_a \sim T_g$，T 为平均总周转时间（预计与实测值）；

$U_a \sim U_g$，U 为航线月集装箱需求量（预计与实测值）；

$S_a \sim S_g$，S 为航线集装箱需配备量（预计与实测值）；

$a、b、c、d、e、f、g$ 为预计状态。

集装箱租箱量的调整方法如表 4-2 所示。

集装箱租箱量的调整方法　　　　　　　　　　　　表 4-2

集装箱平均总周转情况	集装箱需求变化情况	航线集装箱需配备箱量	因果关系	调整办法
1. $T_a = T$	$U_a > U$	$S_a > S$	需求上升，箱子需备量增加	短期租箱
2. $T_b = T$	$U_b < U$	$S_b < S$	需求下跌，箱子需备量减少	退还租赁箱
3. $T_c > T$	$U_c = U$	$S_c > S$	周转率下降，箱子需备量增加	短期租箱
4. $T_d < T$	$U_d = U$	$S_d < S$	周转率提高，箱子需备量减少	退还租赁箱
5. $T_e > T$	$U_e < U$	$S_e < S$	需求下跌，部分箱闲置	等待需求恢复
6. $T_f > T$	$U_f < U$	$S_f < S$	周转率下降，月承运量亦减少	提高周转率
7. $T_g < T$	$U_g > U$	$S_g = S$	周转率提高，月承运量亦提高	改善周转率或扩大货源

表 4-2 所列的集装箱租箱量的调整方法，对准确地预测航线集装箱月需求量 $U_a \sim U_g$ 至关重要。

第三节　集装箱的空箱调运

集装箱运量在飞速增长的同时，其弊端也逐渐呈现出来并表现得越来越显著，如空箱的调运。运量的增长，同时也引起了空箱调运量的增长，日益突出的空箱调运难度增大以及空箱调运成本上升等问题，直接影响到运输企业的经济效益和市场竞争力。在班轮公司的各项运营成本中，集装箱管理成本已经成为仅次于港口运营费的第二大成本，占到整个运营成本的 1/5 左右，而在整个集装箱的管理成本中，空箱调运费用又占到 1/4。据某航运咨询公司调查报告显示，目前全球的集装箱空箱调运量已占集装箱总运量的 20% 以上。

一、空箱调运的现状

据统计，国际集装箱运输包括多式联运中，空箱的比例极大，海运集装箱中，空箱的比例高达 20% 之多，北欧主要港口的统计数字表明吞吐量中至少 15% 是空箱。根据汉堡港和鹿特丹港的数据，进出这两个港口的空箱比重为 13% ~ 14%；另外两个欧洲大港——安特卫普港和马赛福斯港的数字表明空箱的比重高达 20%，其中马赛福斯港的出口箱中空箱极少，进口箱中空箱的数量超过 1/3，这四个欧洲大港中的总吞吐量中，平均空箱比例达 15%。美国西海岸的加利福尼亚三大港口（洛杉矶、长滩和奥克兰），洛杉矶港的空箱量占 20% 左右，而长滩港的空箱量占吞吐量的 15% 左右，奥克兰港空箱的比例高达 26%；日本进出港口的集

装箱中有 16% 是空箱。

在我国,由于货物进出口不平衡,导致空箱运输比例更高。以中国海运集团为例,中海集装箱运输公司(简称中海运)在经营的各个航线上都存在空箱调运的问题,空箱调运总量占总集装箱流动的比例约为 20%。为了有效管理空箱,中海运根据集装箱网络管理系统的箱管信息,预计在计划期内可拆空的进口重箱数量,并结合堆场、码头提供的数据可以统计出口岸在场空箱,各分中心代理结合这两方面的数据,每日 12 点之前上报本地空箱盘存;同时依据当地市场情况和用箱需求情况,定时上报用箱计划。箱管中心根据上报数据,通过对各口岸需求量和空箱量之间的差值判断缺箱地和缺箱数量,结合市场部门对不同地区市场变化的判断,制订空箱的调运、新箱投放、租箱、到期箱退租等计划,以维持各个口岸合理的集装箱保有量,达到"用最少的箱子来保证各港口用箱的需求"。

二、空箱调运的原因

集装箱空箱调运,根本原因在于货物运输需求和运力供给之间的不平衡,国家和地区间产业的分布不均,重箱流向的不平衡,空箱和闲置箱的日益增长。其中有些是无法避免的,有些是由运输的不合理、不科学造成的。将这些原因总结为两类:客观原因和主观原因。

(1)客观原因

空箱调运问题的客观原因是非人为因素,主要是集装箱运输的起运地和目的地之间的物资交流不平衡、集装箱港站的集疏运系统的发展滞后以及国家和区域之间人口分布不均、经济发展的不协调等原因。空箱调运的客观原因如图 4-4 所示。

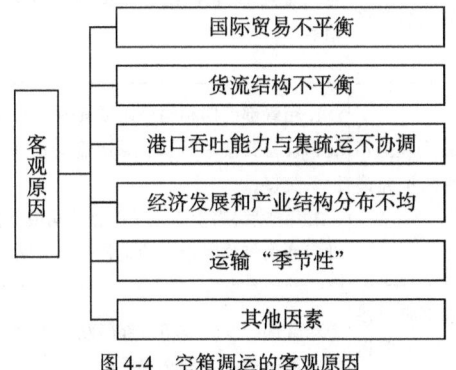

图 4-4 空箱调运的客观原因

(2)主观原因

集装箱运输需要相关机构、人员之间的参与,而这些机构、人员之间的不配合、不协作以及企业经营不妥和管理不善,往往引起空箱调运,即调运的主观原因,其主要表现如图 4-5 所示。

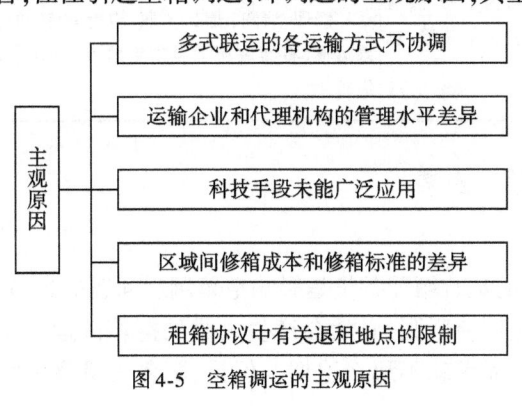

图 4-5 空箱调运的主观原因

三、空箱调运的方式

按集装箱的运输流程，空箱的调运主要有六种方式，如表4-3所示。

六种主要的空箱调运方式 表4-3

调运方式	产生原因	操作注意事项
港到港的调运	货源不平衡及航线货物流向不平衡等原因，造成各港空箱数量的不平衡	1. 箱管部门与货运部门配合，尽快掌握各港的空箱数量，及时做好调运安排； 2. 各港集装箱代理人做好报关、装运等工作，根据调运计划，及时将空箱按类型、数量运抵指定港口； 3. 为了降低调运成本，各运输企业尽可能安排本企业的船舶调运空箱； 4. 及时掌握船舶的配载情况，在不影响重箱运输的前提下，充分利用船舶的剩余舱位调运空箱
港到堆场、货运站、中间站的调运	空箱在某些港口的大量积压，因此须将空箱调运至各个堆场、货运站等地	1. 箱管部门须尽早掌握空箱的到达时间、数量，及时（提前）为各堆场、货运站、内陆运输部门签发"集装箱设备交接单"，联系运输单位，采取直取方式或尽早将空箱调运至指定地点； 2. 港场间调运时，经常将各堆场闲置集装箱调运至港口，相关部门须及时与代理人及堆场联系，及时将空箱调运至港口
堆场、货运站间调运	除少部分空箱在港口堆存，大量的空箱堆存于堆场和货运站，因此堆场、货运站间常进行空箱调运	场地间调运，箱管部门应制订调运计划，联系运输单位（水路、公路、铁路），签发"集装箱设备交接单"，将空箱从指定提箱点调运至指定的收箱点
临时租箱的调运	运输过程中，某运输企业空箱储备量不足而调运时间不允许从而临时租箱并调运	1. 箱管部门向租箱公司或其他运输企业联系，提出租用申请，取得"集装箱设备交接单"后，联系运输企业，将租借空箱调运至指定场地，并做好设备交接； 2. 用毕后，将空箱运至租箱公司或其他运输企业指定的地点，或与租箱部门商议将临时租用的集装箱转为期租集装箱，并支付运费
还箱的调运	运输市场不景气或货源不足时，为了降低运输成本须及时返还部分租用的集装箱	箱管部门及时与租箱部门联系办理还箱手续，按租箱部门指定的地点将空箱运还并办理交接手续
其他调运	拆空的集装箱须从收货人运至还箱地点，同时为了修理、清洗、改装、熏蒸、检验集装箱，也须空箱调运	1. 空归还的集装箱，箱管部门及时掌握该箱的动态，以便空箱能及时安排使用； 2. 修理、清洗、改装、熏蒸、检验集装箱时，箱管部门须做好调运计划，联系运输，将集装箱运至指定地点，以期集装箱满足载货要求，加快箱的周转

四、空箱调运的影响因素

(1) 集装箱配备量

运输企业在区域内的集装箱配备量是影响空箱调运问题的最直接因素。若区域内的集装箱配备量很少，集装箱周转紧张，必然会产生大量的空箱调运。相反，如果集装箱配备量很大，那么对空箱调运的需求就不那么迫切。但是，配备大量集装箱，使集装箱的配备量大于需求,多余的集装箱需要在各个港站进行存储,由此产生存储成本,所以运输企业一般都会根据货源情况以及自身的集装箱管理水平尤其是空箱调运水平适量配备集装箱。

(2)租箱费率

在集装箱配备量既定的情况下,某地区空箱供应不足时,为了满足客户的空箱需求,运输企业就只有选择调运空箱或(和)租箱。若租箱费率高于调运成本,为降低成本,运输企业只能尽可能地调运空箱来满足用箱需求;反之,若租箱费率低于调运成本,那么租箱就成了空箱供给的首要来源。

(3)集装箱售价

在缺乏空箱的地区,若集装箱售价非常低,运输企业也可以考虑直接购买集装箱以解决紧迫的用箱需求,从而节省更高的空箱调运费用。目前,远东和东南亚地区集装箱成本较低,可以通过在这些地区购买集装箱使进出口货物不平衡的地区用箱需求得到缓解。但是,一般集装箱的售价要远远高于租赁或者调运空箱的成本,所以用购箱策略来满足临时性用箱需求是不常见的。

(4)运输方式

一般,公路集装箱空箱的调运等同于常规的货物运输,在运输时间和运输能力等方面不受限制;海运集装箱空箱调运时间较长而且运输能力受重箱载积率的影响;而铁路集装箱运输受这些因素的影响程度介于两者之间。

(5)运价水平

各种运输方式的运价水平也是影响空箱调运策略的重要因素,相对而言,水运是最便宜的运输方式,但是运输时间较其他运输方式长,而且这种运输方式在班轮船期之外很难实现,不如公路运输灵活;而公路运输运价在几种运输方式里是最贵的,铁路运输次之。在进行空箱调运时也应该考虑各种运输方式的运价,选择合理的运输方式。

(6)航线中挂靠港的停靠顺序及频率

航线挂靠港的停靠顺序主要有三种形式,如图4-6所示。

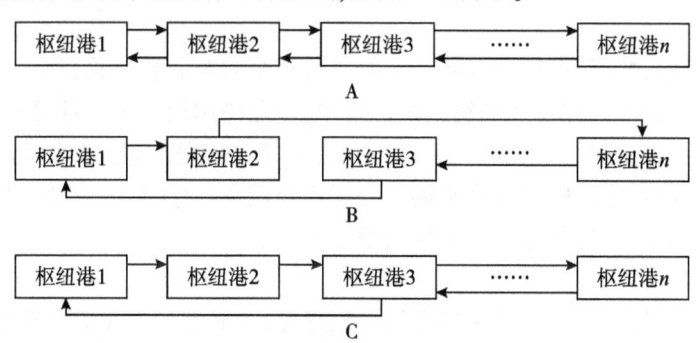

图4-6 航线挂靠港的停靠顺序

在形式A中,班轮去向挂靠所有港,回向依次挂靠所有港,每个往返各港均挂靠两次。

在形式B中,船舶去向挂靠某港口,回向就不再挂靠,每个往返各港均挂靠一次。

在形式C中,船舶挂靠各港口不规则,无论去向还是回向,每个往返港口挂靠一次且不限于一次。

船舶挂靠港口的频率也直接影响到空箱调运中"何时运"的问题。因为班轮运输是按照固定的船期表在固定的航线上按固定的顺序挂靠固定的港口的规则运输,因此空箱调运的实现时间要根据船期表来安排。制订空箱调运方案时,应当充分考虑到这一点,对各港口的调运量提前做出安排,以便在船舶挂靠的时候调出或补充空箱。

(7)管理水平

集装箱管理水平的低下是造成空箱调运的主要因素之一,因此提高集装箱管理水平会大大减少不必要的空箱调运。

五、空箱调运的成本构成

空箱的调运成本作为船运企业的日常运营成本之一,对船运企业的经济效益影响极大,因此有必要分析其构成,以采取措施降低成本,获取更多的经济效益。从空箱调运流转过程造成的实际经济损失来看,其调运成本主要包括以下五大部分。

(1)空箱自身成本

这部分成本包括集装箱的正常折旧或租金、维修费用以及日常管理费用(不包括堆存费用)等。如自备箱,以一只20ft钢质标准干货集装箱为例,出厂价为2200美元(集装箱造价受国际钢材、木材价格影响巨大),按8年使用年限计算(各大型船公司或租箱公司都有各自标准),剩余价值按照350美元计,其每日折旧费用为0.634美元,40ft标箱各类数据一般为20ft标箱的1.6倍。

(2)海上运输成本

从海上运输环节看,海上运输成本主要包括以下几部分:从在船舶到港之前,空箱在港口的堆场或仓库存储而产生一定的存储成本;空箱从堆场或仓库拖运至起运码头需要拖运成本;起运地码头和目的港口码头的装卸产生装卸费用;在港口之间的运输产生运输成本;若到达目的港时间远早于交接时间又需产生存储费。

(3)陆上运输成本

当空箱调运涉及内陆运输时,还应包括内陆运输费用。目前,船公司普遍提供内陆点服务,而随着服务的完善、门到门服务的加强,内陆货物的比重也会越来越大,这部分重箱的进入必将产生空箱,并且由于地区贸易量的不平衡和货物种类的差异,势必造成空箱在内陆的移动。

(4)租箱成本

集装箱价格昂贵,如果运输企业运营中的集装箱全为企业自备箱,那么集装箱的购买投资将是一笔不菲的成本。在现实的集装箱运输中,企业的用箱一般一部分是自备箱,另一部分是租箱。若自备的空箱仍不能满足客户的用箱需求,或者空箱的调运耗时太长影响客户运输的按时开展,或者空箱的调运成本远远高于租箱成本,这时运输企业一般采取租箱策略来满足客户的空箱需求,这就会产生相应的租箱成本。

(5)存储成本

在空箱供大于求的情况下,过多的空箱就地存储,这必然产生相应的空箱存储成本。

六、空箱的流转过程

伴随集装箱货物的流通过程,如图4-7所示,集装箱实现了两种状态的重复变化:一是位移的变化,即从出发地到目的地;二是集装箱装载状态的变化,即空箱到重箱然后再到空箱,并如此循环下去。

从图4-7可以看出,客户的货物运输需求产生了空箱需求,开始向集装箱运输企业或货运代理处申请订舱;运输企业或货运代理收到订舱申请后将邻近港口或集装箱内陆散点的完好空箱送到客户处,若邻近港口或集装箱内陆集散点的空箱不能满足客户需求,就需要从邻近的内陆集散点或港口调运空箱,或者从租箱公司租赁空箱;客户将所运货物装箱后,空箱变成重箱,并将其送到集装箱内陆集散点或港口;重箱经内陆集疏运系统运至港口,由船舶将其运至枢纽港口;经过海上干线运输系统后重箱到达目的地所在的枢纽港;经过支线运输或者内陆集疏运系统,重箱到达最终目的地;收货人拆箱卸货后,重箱变成空箱并运往就近的港口或内陆集散点,或者调运至需要空箱的港站而被新的客户申请使用,或者归还给租箱公司。空箱的流转过程如图4-8所示。

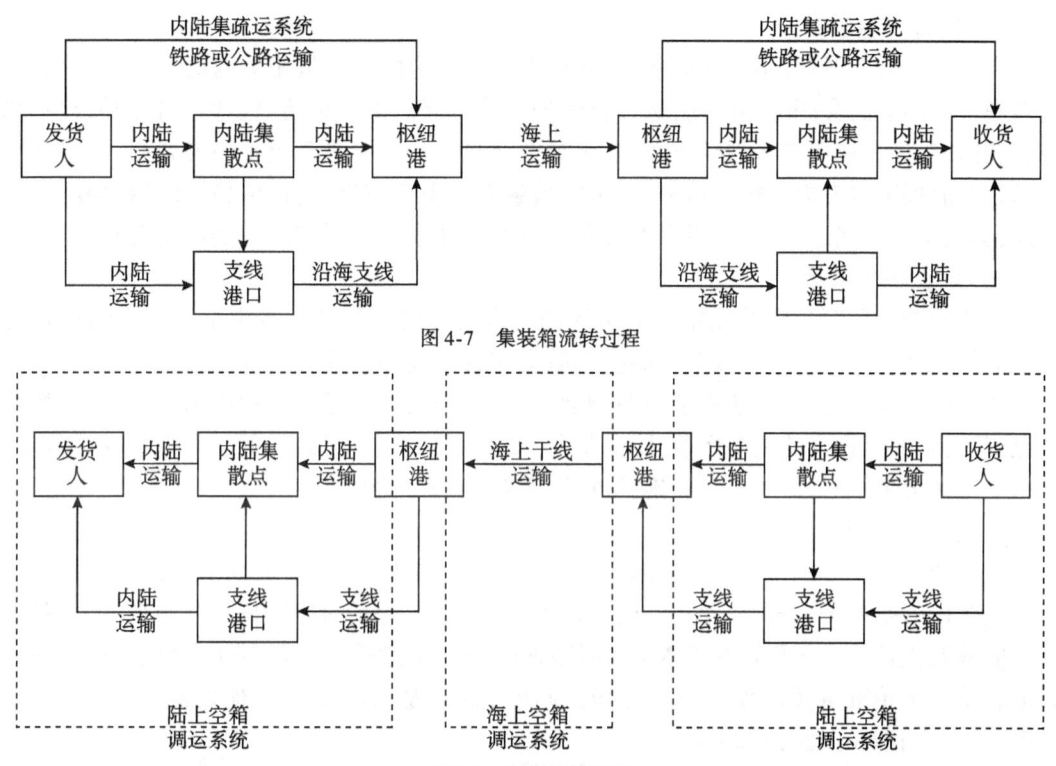

图 4-7 集装箱流转过程

图 4-8 空箱流转过程

由图4-8可知,集装箱空箱调运系统由五部分组成,即枢纽港口、支线港口、内陆集散点、客户收发货人以及链接港站之间的运输线路。根据空箱流转过程,空箱调运系统分为海上空箱调运和陆上空箱调运两个子系统。国际贸易中,所有陆上集装箱都要汇集到枢纽港口,经海上运输到达目的地所在的枢纽港。由于贸易的不均衡,海上运输会产生巨大的空箱流,因此枢纽港是空箱调运的主要发生点。陆上调运只是针对较小区域的空箱调配,一般由公路和铁路完成,由于调运路径和运输方式的不同,使得许多调运方案可以相互替代。

七、空箱调运的核心问题

为了保证运输的正常进行,集装箱运输企业必须投资购买一定数量的集装箱,其量的多少直接影响到企业的运营成本。为了追求经济利益的最大化,运输企业根据运营航线的货源以及集装箱的周转时间等因素来确定合理的集装箱配备量,因此运输企业集装箱的配备量是固定的。而集装箱运输市场运输需求的随机性,使得自备空箱的数量时而供不应求,时而供大于求,供小于求时企业选择租箱策略。为了满足运输需求并获取更大的利益,运输企业不得不认真考虑空箱的调运问题:何时、从何处、将多少数量的空箱调,运至空箱需求地,这也是空箱调运的核心问题。

(1) 何处调运空箱

由于运输过程的空箱供应地和目的地随着运输需求的变化而变化(如某一时点 A 地是空箱的供应地,下一时点就可能是空箱的需求地),而且供给地的各型空箱供给量和需求地的各型空箱需求量也随时变化着。因此,运输企业必须合理安排空箱的调运路线,即从哪个供给地将各型空箱调运至各个需求地,同时还须考虑空箱调运的可达性,即能否从某港口、场站调运空箱。

(2) 何时调运空箱

客户订舱后,空箱并不能立即获得,而是需要花一定的时间从相关的港站调运,这就必须考虑空箱调运的合理运输时间,选择合适的运输方式。由于集装箱运输班轮的航线和船期都较固定,为了获取更多的经济效益,运输企业只有尽可能提高重箱的装载率,在保证重箱运输的前提下再考虑空箱的运输,而重箱数量具有不确定性,这就增加了调运的复杂度。因此,运输企业在调运空箱时,不得不认真考虑调运的时间,以满足客户的运输需要。

(3) 调运多少空箱

空箱的调运需要一定的成本。空箱的调运也要考虑目的地的需求量和出发地的供给量,如果调运的数量过多,那么多余的空箱就会在目的地存放,同时可能下次需要将这些剩余的空箱调运至他处,这就造成了空箱调运的重复运输,增加了调运的成本;若调运的数量不足,就会影响托运人的正常运输,使企业失去部分经济利益。因此,为了获取最大的利润,在做空箱调运决策时,需要科学安排、认真计算空箱的调运量。

(4) 如何采取租箱策略

空箱的来源主要是重箱拆箱后返还的部分以及港站剩余的空箱,如果这两部分空箱仍不满足客户的空箱需求量,或者从其他港口和场站调运空箱的运输时间不满足条件时,那么就只能采取租箱策略。租箱的成本会因时因地而异,在经济利益的驱使下,运输企业不得不采取科学的租箱策略,即考虑是从其他地方调运空箱还是租箱,以及在何处租箱。

(5) 采取何种运输方式调运

在内陆调运空箱时有两种运输方式可供选择,即铁路运输和公路运输。两种运输方式各有其优缺点和经济距离,如铁路运输的运量大、运输成本低、可达性受限制等。因此,制订调运计划时,需要从运输成本、运输时间和运输的可达性等方面综合考虑,以便选择最佳的运输方式。

八、空箱调运的目标

总的来看,集装箱的供需之间是平衡的。但是由于种种原因,比如港口吞吐能力与集疏运能力不协调,拆箱后空箱返还不及时,以及重箱流向的不均衡等因素,使得集装箱供需在短时间内或者部分区域不平衡,需要通过调运来平衡供需。调运需要耗费时间和成本,而调运的目标就是要满足客户需求和成本最小,具体体现在以下两个方面。

(1) 以托运人的满意度为目标

企业经营的目的就是利润,利润源于客户,企业提供的服务满足了客户需求,才能实现利润,这对于集装箱运输企业也不例外。空箱的调运优化,实质就是为了满足客户的运输需求,在规定的时间内,把客户需要的各型完好空箱从空箱产生地调运至客户所在的场站,也就是要满足客户对空箱的时、质、量的要求。若这些要求没得到满足,客户就会转而寻求其他的服务水平更高的企业,那么原来的运输企业就会失去这部分市场。若客户仍然选择原来的运输企业,就须等待更长的时间以使空箱的时、质、量等要求得到满足,这样因运输的不及时就会给客户带来不可估计的损失,同时运输企业也会失去部分收益。所以,一旦运输企业的空箱服务不能满足托运人需求,就会失去相应的收益,造成企业的信誉和客户满意度下降,在激烈的竞争环境下,这对企业的长期发展极其不利。因此,运输企业调运空箱时,应科学制订空箱的调运方案,尽可能地满足客户的空箱需求,使客户对服务水平感到满意。

在建立模型时,若以客户满意度最大为目标函数,就必须充分考虑影响客户满意度的各种因素,通过科学方法将客户满意度定义为损失或者收益的相关函数,考虑如何决策才能减少客户的损失,实现客户满意度最大化。

(2)以成本最小化为目标

空箱调运对运输企业并不产生直接的收益,相反还会增加其运营成本,如空箱运输成本、装卸成本、场站存储成本和租箱成本等。为了实现调运方案的最优化,就须以成本最小为最终目的。因此在建模时,须充分考虑空箱调运时可能产生的各种费用,以调运成本的最小化为目标函数,科学地制订调运方案。在市场经济条件下,为了实现良好的经济效益,运输企业就需要通过各种科学的方法、合理的策略来尽可能地满足托运人的需求,并最终实现成本的最小化,这也是本文在建立模型时所设立的目标。

九、空箱调运的措施

合理的空箱调运,对于运输企业加快集装箱的周转,降低运营成本,提高企业的经济效益和市场竞争力具有重要意义。运输企业通过提升管理水平,科学合理地制订调运计划,政府部门给予政策上的支持,科学规划运输通道和港口建设,共同为空箱的调运提供方便,以节约成本。以下是国内外目前在空箱调运方面所采取的主要方法以及建议。

(1)基于公司联盟的空箱调运

国内外公司间的竞争,是单个公司之间的竞争发展到集团联盟之间的竞争。对于集装箱运输企业,为了提高市场竞争力,也可采战略联盟的策略,以降低空箱调运成本,提高空箱的利用率。运输企业之间开展集装箱互用合作,将提高合作团体整体的集装箱使用率,并减少空箱的调运,降低整体的集装箱运营成本。由于集装箱运输的货运量在随时变化,各港站的空箱供需也在不断变化。因此,部分集装箱运输企业空箱积压的港站可能成为某些企业空箱供不应求的港站,在科学、周密的运输计划的前提下,合作的企业之间通过相互调配空箱可实现"双赢",现今的集装箱运输不乏这样的实例。

中远集装箱运输有限公司(简称中远集运)与川崎汽船(中国)有限公司、阳明海运股份有限公司、韩进海运等班轮运输企业间形成了战略性的用箱合作。中远集运在某些航线的港口的富余空箱以适当的方式(如转租、免费使用等)提供给合作联盟的其他运输企业使用,然后在空箱需求地或调运费较低的地区收回空箱,从而大大减少中远集运的空箱调运费用。同时,中远集运在空箱需求地向其他运输企业提供集装箱,以解决该地区的缺箱问题。在欧洲和北美还有许多中介机构专门从事此项业务,其目的就是将某企业多余的空箱提供给在该地区有空箱需求的运输企业使用,然后由用箱方将空箱还到箱主有空箱需求的指定地点,如此操作,可以减少联盟内各家运输企业的空箱调运量。

(2)充分发挥空箱效用

一是建立集装箱现代箱务信息化管理系统,强化集装箱跟踪管理系统;二是科学预测货流、货源,为制订合理的空箱调运计划和空箱的调运提供了保证;三是加快集装箱周转,充分满足客户对集装空箱的需求,以实现集装箱最大化利用;四是合理布局取箱、还箱点,为了方便托运人取箱和还箱,同时为托运人提供更为周到的服务,吸引了更多的货源,提高了其服务水平,增强了市场竞争力。

(3)航线调整与设置

合理调整航线,改变航线的挂靠港以实现集装箱的合理化运输,改变集装箱运量不均衡的局面,以减少由此带来的损失。在空箱积压的港站的近航程范围有大量适箱货物,通过合理调整航线,以降低空箱的调运成本。

(4)国际集装箱枢纽港的建设

随着全球经济贸易的加强和集装箱运输市场的进一步开放,国际集装箱运输港口的功能也越来越完善,大多从传统单一的中转港、集散地转变成具有综合服务功能的国际集装箱运输网的枢纽港口,以实现集装箱运输的发展。

(5)开发、应用新型集装箱

如开发具有综合性用途的集装箱,缓解某种集装箱供不应求的局面;改变集装箱的结构,使其在空箱状态下占据较少的空间,在运输工具运能限制条件下运载更多的空箱,同时重箱较传统集装箱能装载更多的货物。这些新型集装箱的使用,可以有效地提高集装箱的利用效率并减少空箱的调运成本。比如,为了与标准53ft拖车内部尺寸相匹配,美国施奈德物流公司与另外两家公司合作设计了一种新型易折叠多式联运集装箱,以便有多种用途并提供更多的内部空间,增加航线的灵活性。这种新型箱能容纳25个托盘,并且比标准多式联运集装箱装运的托盘货物多10%~15%,它的尺寸能满足公铁运输及其转运,并大大提高了装卸效率。

第四节 集装箱货物进出口业务

国际海运集装箱运输中,集装箱货物进出口是一个很重要的运输环节。随着国际海运的日趋频繁,在实践中已逐渐形成了与其相适应的集进出口货运程序。在运输过程中各责任方包括船公司、收发货人、集装箱码头、货运站等应划清责任界限,做好责任范围内的各项业务工作和应办理的事项,完成集装箱货物的交接。

一、集装箱货物进出口程序

1. 出口程序

(1)订舱

发货人(或其代理人)应根据贸易合同或信用证条款规定,在货物托运前一定时间(口头或书面)向船公司或船务代理公司申请订舱。船公司或船代根据自己的运力、航线等具体情况决定是否接受。

(2)接受托运申请

如船公司或船代接受发货人或货代订舱申请,则在双方议定船名、航次等信息后,以发给货方的场站收据副本(海关联单)上盖章表示确认,并着手编制订舱清单(按船舶、航次),然后分送集装箱码头(或内陆港站)堆场、集装箱货运站,以此安排空箱及货物交接。

(3)发放空箱

除货主使用自备箱外,通常整箱货由发货人凭船方签署的提箱单到指定的码头(或内陆港站)的堆场领取(提走空箱),并办理设备交接单手续。拼箱货使用的空箱由双方议定的交接货物的集装箱货运站负责领取。

(4)拼箱货装箱

发货人将货物(不足一整箱且以原来形态)交至集装箱货运站,由货运站根据订舱清单、场站收据和船方的其他指示负责装箱、加封并制作装箱单,然后将重箱运至码头堆场。

(5)整箱货交接

发货人负责装箱并将已加海关封志的整箱货运至码头(内陆港站)堆场,堆场业务员根据订舱清单、场站收据及装箱单验收货物,在场站收据上签字后退还给发货人。

(6)换取提单

发货人签署的场站收据向集装箱运输经营人或其代理人换取提单后到银行结汇。

(7)装船运出

码头装卸区根据装船计划,将出运的集装箱调整到前方堆场,待船舶到港后装船出运。

2. 进口程序

(1)做好卸船准备

在船舶抵达目的港前,起运港船代要将有关单证、资料寄、传给目的港船代。目的港船代应及时通知各有关方(港口装卸、三检、堆场、收货人等)做好卸船准备,船代应制作交货记录。

(2)卸船拆箱

一般集装箱从船上卸下后,要先放在码头(或由集装箱运输经营人办理保税手续后继续运至内陆港站)堆场。整箱货将准备交付给收货人,拼箱货由堆场转到集装箱货运站,拆箱分拨后准备交付。船代将交货记录中的到货通知书寄送收货人。

(3)收货人付费换单

收货人接到货运通知单后,在信用证贸易下应及时向银行付清所有款项后,取得有关单证(正本提单等);并凭提单和到货通知书向船代换取交货记录其余手续(提货单等)。

(4)交付货物

整箱货物交付在集装箱堆场进行;拼箱货交付在集装箱货运站进行。堆场和货运站应凭海关放行的提货单,与收货人结清有关费用(保管费、再次搬运费、滞期费、拆箱费)后交付货物并由双方签署交货记录。由于整箱货是连同集装箱一起提取的,故整箱货提货时应办理设备交接单手续。

(5)还箱

收货人从堆场提取的重箱运到自己的仓库拆箱后,应将空箱尽快运回堆场,凭设备交接单办理还箱手续。

二、集装箱运输中的货方业务

1. 发货人(出口)业务

(1)签订国际贸易合同

国际贸易合同是各国经营进出口业务的企业开展货物交易最基本的手段。这种合同不仅关系到合同当事人的利益,也关系到国家的利益以及国与国之间的关系,因此国际贸易合同具有重要的作用。

(2)备货

备货就是进出口公司根据合同和信用证规定,向生产加工及仓储部门下达联系单(有些公司称其为加工通知单或信用证分析单等），要求有关部门按联系单的要求，对应交的货物进行清点、加工整理、刷制运输标志以及办理申报检验和领证等项工作。

（3）订舱和提取空箱

发货人按贸易合同规定的装运期向承运人提出订舱申请，在承运人接受后制作场站收据。如货物是由发货人自行装箱的整箱货，发货人凭承运人（或船代）签发的提箱单到指定堆场提取空箱并办理设备交接单手续。

（4）报关

发货人凭场站收据、出口许可证等单证向海关申报，海关同意放行在场站收据上加盖放行章。

（5）货物装箱交运

对发货人自行装箱整箱货，发货人负责货物装箱、制作装箱单，并在海关加封后凭场站收据、装箱单、设备交接单、出口许可证、衡量、特种货物清单等单证将重箱送至集装箱堆场（码头或内陆港站堆场）交运，取得堆场签署的场站收据正本。对于拼箱货，发货人凭场站收据、出口许可证、特种货物清单等单证将货物运至指定的集装箱货运站交运，并取得货运站签署的场站收据正本。

（6）投保

出口货物若以 CIF 或 CIP 或类似的价格条件成交，发货人应负责办理投保手续并支付保险费。

（7）交付运费，换取提单和结汇

在预付运费情况下，发货人应在支付全部运费后凭场站签署的场站收据正本向承运人（或船代）换取提单；如运费到付的，则可凭已签署的场站收据正本直接换取提单。取得提单正本后，附上贸易合同及信用证上规定的必要单据，即可与银行结汇。

（8）向收货人发出装船通知

在以 FOB、CFR、FCA 和 CPT 等价格条件成交时，发货人在货物装船后有向收货人发出装船通知的义务，以便收货人及时对货物投保。

2. 收货人（进口方）业务

①签署贸易合同，申请开证。

②租船订舱。以 FOB、FCA 等价格条件成交的货物，收货人有租船订舱的责任。订舱后收货人有义务将船名、装船期等通知发货人。

③投保。对以 FOB、CFR、FCA、CPT 等价格条件成交的货物，收货人（进口方）有责任投保和支付保险费用。

④支付货款，取单。开证行收到起运地银行寄来的全套运输单据后，收货人必须向开证行支付货款（或开信托收据）才能领取全套单证（提单正本等）。

⑤换取提货单（交货记录）。收货人凭正本提单及到货通知书向承运人（或船代）换取提货单（交货记录）并付清的全部费用。

⑥进口报关。进口报关是指收货人或其代理向海关申报进口手续和缴纳进口税的法律行为。海关根据报关人的申报，依法进行验关。海关经查验无误后，才能放行。

⑦提货及还箱。若进口货物为整箱货，进口商通常在集装箱堆场提货；若进口货物为拼箱货，进口商应在集装箱货运站提货。

⑧货损索赔。收货人在提货时发现货物与提单（装箱单）不符时，应分清责任及时向有

关责任方(发货人、承运人、保险公司)提出索赔,并提供有效单据和证明。

三、船公司在进出口货运中的业务

1. 船公司在出口货运中的业务

在现行的国际集装箱运输关系人中,船公司占主导地位。因此,船公司作为国际集装箱运输中枢,如何做好集装箱的配备,掌握货运情况,在各港口之间合理调配集装箱,接受订舱,并以集装箱码头堆场、货运站作为自己的代表方,向发货人提供各种服务是极为重要的。

(1)配备集装箱

要进行集装箱运输,首先要配备集装箱,特别是采用集装箱专用船运输时,由于该种船舶的特殊结构,只能装载集装箱运输。为此,经营集装箱专用船舶的船公司,需要配备适合专用船装载运输的集装箱。

(2)掌握货源情况

船公司通常采用两种货源情况,并据以部署空箱计划。①暂定订舱:通常在船舶到港前30天左右提出,由于掌握货源的时间太早,对这些货物能否装载在预定的船上,以及这些货物最终的托运数量是否准确,都难以确定;②确定订舱:通常是在船舶到港前7~10天提出,一般来说,都有确定具体的船名、装船时期。

(3)接受托运及接受货物

接受托运申请在订舱单或场站收据上签章。如需空箱,办理空箱交接单手续。CY接货一般由船公司委托堆场接受;CFS接货一般由集装箱货运站作为船公司的代理人接受;在DOOR接货一般由船公司或其代表接货,并安排接货地至码头堆场的内陆运输。接受货物后,起运港船公司或船代要及时签发提单。

(4)装船

通过各种方式接受的货物,按编制的堆场计划堆放后,在船靠泊后即可进行装船。装船的一切工作由码头堆场负责进行。

(5)制作、寄送有关单证

为了能及时向收货人发出通知,以及能使目的港码头堆场编制卸船计划和有关内陆运输等工作的需要,在集装箱货物装船离港后,船公司或其代理即行缮制有关装船单证,从速送到卸船港。

2. 船公司在进口货运中的业务

(1)接受各装船港寄送的单据,做好卸船准备

①从装船港船代处取得有关单证;②根据单证制作完整的卸船计划,包括船舶预计到港计划,卸船计划,集装箱码头堆场安置、保管、交货计划,拆箱、分类计划等,并将计划通知有关的执行人;③根据货物舱单、集装箱号码单、提单副本、特殊货物表等向海关及有关方面办理进口卸货申请、集装箱暂时进口、保税运输、危险品申报等手续。

(2)制作和寄送有关单证

①船舶预计到港通知书:向收货人或通知人寄送的说明货物情况和船舶预计到港日期;②交货通知书(交货记录):交货通知书是船舶抵港时间、卸船计划和时间确定后,船公司或船代通知收货人具体交付时间的单据(交货记录第一联)。一般先电话通知,然后寄送书面通知。

(3)卸船与交货

集装箱的卸船与交货计划,主要由码头堆场负责办理,但收货人在接到船公司寄送的船

舶预计到港通知后,有时会通知船公司,提出在其方便的时间提供提货的机会。对收货人的这种要求,船公司应即转告集装箱码头堆场,在交货时,尽可能满足收货人的要求。

(4)签发提货单

船公司或船代根据收货人出具的交货通知、正本提单或与银行共同出具的担保书(正本提单未到时),并在结清到付运费和其他费用后,签发提货单。

四、集装箱码头堆场在进出口货运中的业务

1. 码头堆场在出口货运中的业务

①空箱发放。集装箱一般船公司通过委托关系存放在码头和内陆港站的堆场,这些堆场作为集装箱代理人对存放的集装箱行使管理权。凭提箱单向发货人或其代表发放空箱,办理设备交接单手续。对于需要在 CFS 使用的空箱,根据承运人指示发放,办理设备交接单手续。

②制订堆场作业计划、船舶积载图与装船计划。

③接收货物(实箱)。

④组织装船。

2. 码头堆场在进口货运中的业务

(1)做好卸船准备工作

接受船代交送的有关单证;根据单证安排卸货准备,并制订卸船计划、堆场计划及交货计划。

(2)组织卸船与堆放

码头堆场根据制订的卸船计划从船上卸下集装箱后,并根据堆场计划堆放集装箱,从船上卸下的集装箱如存放在码头堆场时,应该注意:①空箱与实箱应分开堆放;②了解实箱内货物的详细情况;③是否要安排中转运输;④在码头堆场交货,还是在货运站交货;⑤预定的交货日期。

(3)交货

对已卸船的集装箱货物由码头堆场负责办理货物交接工作。交货的主要对象有收货人、集装箱货运站或内陆承运人。①交给收货人:收货人或其代理人到堆场提货时,应出具船公司或船代签发并由海关放行的提货单。经核对无误后,堆场将集装箱交收货人。交货时堆场与收货人双方在交货记录上签字交接。如交接的货物有问题或运输途中有批注,应把问题及批注记入交货记录。②交给集装箱货运站:一般是拼箱货。由集装箱货运站到堆场提取集装箱到货运站拆箱后交给收货人。如果码头堆场和货运站是各自独立的机构,交接时应制作交接记录,否则可由双方在装箱单上签字作为交接的依据。③交给内陆承运人:这种情况一般是集装箱交货要继续运往内陆地区的最终交货地点(内陆场站或收货人的工厂、仓库)。如果海上承运人的责任在码头堆场终止,堆场与内陆承运人以交货记录进行交接,如海上承运人承担全程运输责任,内陆承运人或是海上承运人的分包承运人时,码头堆场取得船公司的指示后,只需与内陆承运人办理内部交接手续即可,待运至最终交货地后再办理交货记录。交货时,堆场应与收货人办理设备交接单手续。

(4)收取有关费用

发生保管费、再次搬运费、集装箱超过免费使用期的滞期费或其他费用。

(5)制作交货报告与未交货报告

在交货工作结束后,码头堆场应根据实际交货情况制作交货报告送交船公司或船代。如收货人未能提货,应制作未交货报告送交船公司或船代。

(6)集装箱回收

收货人在堆场提货时一般连同集装箱一起提取。提货后收货人尽可能在免费用箱期内拆箱、卸货,并将空箱运回码头堆场。堆场应负责集装箱回收工作,并办理设备交接单手续。如发生滞期费,则回收时应加收这些费用。

五、集装箱货运站在进出口货运中的业务

1. 集装箱货运站在出口货运中的业务

(1)办理货物交接

在货物不足以装满一整箱,而贸易合同,或信用证条款又规定要用集装箱装载运输时,这时,货物一般都送至集装箱货运站,由集装箱货运站根据托运的货物种类、性质、包装、目的港地,将其与其他货物一起拼装在集装箱内,并负责将已装货的集装箱运至码头堆场。集装箱货运站在根据订舱单接受托运的货物时,应查明这些货物是否已订舱,如果货物已订舱,货运站则要求货物托运人提供码头收据、出口许可证,然后检查货物的件数与码头收据记载是否相符,货物的包装是否正常,是否适合集装箱运输,如无异常情况,货运站即在码头收据上签字。反之,应在码头收据的备注栏内注明不正常的情况,然后再签字。如不正常的情况较严重,可能会影响以后的安全运输,则应同有关方联系决定是否接受这些货物。

(2)积载装箱

货运站根据货运到站情况,在达到一定数量后即开始装箱。装箱时,应根据货物所运至的目的港地装箱,不要造成货物损害,尽量不出现亏舱,以充分利用箱子的容积。货物装箱时还应注意:①集装箱的选择(规格、种类、结构等);②拼装时应注意货物的不同性质;③应注意到箱子的最大装载量和单位面积负荷量;④根据货物包装决定在箱内的堆高高度;⑤货物在箱内的安全系固等。

(3)缮制装箱单

货运站在进行货物装箱时,必须制作集装箱装箱单,装箱单的作用已在出口货运单证中有所说明,制单时必须清楚、准确。

(4)将拼箱的货箱运至码头堆场

货运站在装箱完毕后,货运站代表承运人在海关监管之下,对集装箱加海关封志,并签发场站收据。同时,应尽快与码头堆场取得联系,将已装货的集装箱运至码头堆场。

2. 集装箱货运站在进口货运中的业务

(1)拆箱交货业务

①做好交货准备工作:从船公司或船代处取得相关单证;与码头堆场联系确定提箱时间并制订拆箱交货计划。

②发出交货通知:向收货人发出交货日期通知。

③从堆场领取载货的集装箱:办理设备交接单或内部交接手续。

④拆箱交货及还箱:从箱内取出货物一般按装箱单记载顺序进行,取出货物按票堆存,作业结束后尽快还箱。货运站代表承运人向收货人交付货物。收货人领货时应出具船公司

或其他运输经营人签发的、海关放行的提货单(交货记录),货运站核对票、货无误后,交付货物。交货时应与收货人在交货记录上签字,有异常应注明情况。

⑤收取有关费用:保管费、再次搬运费等。

⑥制作交货报告与未交货报告:集装箱货运站在交货计划截止后或交货工作结束后,应根据货物已交付情况制作交货报告,根据积压在库中的未交付货物情况制作未交货报告,寄送船公司或其他运输经营人,作为他们处理损害赔偿、催提或采取必要措施的依据。

(2)疏运及内陆堆场交货作业

集装箱货物由船上卸到码头堆场后,如需要继续运输,码头堆场应根据其流向统一组织到各内陆港站的运输。由于各内陆港站距离港口较远,集装箱货物的疏运大多通过铁路采用专列、快班车或整车形式运输。这些货物通过铁路专用线运达后,内陆港站的主要业务有:

①接收有关单证,做好接、卸准备工作。

②办理货物交接,组织卸车并把货物运至堆场堆放。

③在堆场交付货物。

④对需要继续运输的货物(DOOR交付条款或内陆中转站堆场交付条款)统一组织进一步疏运工作。一般采取两种形式:一种是受联运经营人的委托直接由货运站运抵收货人工厂和仓库交付;另一种是在堆场交联运经营人指定的陆运承运人继续运输。这两种情况下交付货物时,均需办理交付手续(凭提单或提货单提货及交货记录手续、收费等)及设备交接单手续。

⑤回收空箱:集装箱内陆港口型货运站是集装箱运输系统中的重要组成部分,其集疏运的功能是保证集装箱运输取得规模效益的基本条件之一,在集装箱货物多式联运中发挥着重要作用。

综合练习题

一、单项选择题

1. 船舶所有人将一艘特定的船舶出租给承租人使用一段时间的租船方式是(　　)。
   A. 航次租船　　B. 定期租船　　C. 包运租船　　D. 光船租船

2. 在以下的租船方式中,严格地说,不同于运输承揽方式,而是一种财产租赁的是(　　)。
   A. 航次租船　　B. 定期租船　　C. 包运租船　　D. 光船租船

3. 由船舶所有人负责提供一艘船舶,在指定的港口之间进行一个航次或几个航次运输指定合伙物的租船方式的是(　　)。
   A. 航次租船　　B. 定期租船　　C. 包运租船　　D. 光船租船

4. 租船运输又称为(　　)。
   A. 买船运输　　B. 不定期船运输　　C. 定期船运输　　D. 班轮运输

5. 班轮运输又称为(　　)。
   A. 买船运输　　B. 不定期船运输　　C. 定期船运输　　D. 租船运输

二、多项选择题

1. 常见的租船方式有（　　）。
   A. 航次租船　　　B. 定期租船　　　C. 包运租船　　　D. 包期租船
   E. 光船租船

2. 集装箱运输的主要单证有（　　）。
   A. 集装箱运输的提单与运单　　　　B. 向口岸各单位进行申报的单证
   C. 进出口运输单证　　　　　　　　D. 国际方式联运单证

3. 以下哪些不属于进出口运输单证？（　　）
   A. 海运单　　　　　　　　　　　　B. 集装箱装箱单
   C. 特殊货物清单　　　　　　　　　D. 国际航空货运单
   E. 提货通知单

4. 远洋运输采用的方式主要有（　　）。
   A. 买船运输　　　　　　　　　　　B. 班轮运输
   C. 定期船运输　　　　　　　　　　D. 租船运输
   E. 不定期船运输

5. 班轮运输的优点包括（　　）。
   A. 特别适合零星小批量货物的运输　B. 货物运送及时、快捷
   C. 特别适合大批量货物的运输　　　D. 能满足各种货物对运输的要求
   E. 能承担货物转运工作

三、名词解释

1. 集装箱箱天
2. 箱位比
3. 期租
4. 程租
5. 灵活租赁

四、简答题

1. 影响航线集装箱配备量的主要因素是什么？如何减少航线集装箱配备量？
2. 集装箱班轮公司租赁的作用是什么？集装箱租赁合同的主要条款有哪些？
3. 产生空箱调运的原因有哪些？集装箱班轮公司如何减少空箱调运？
4. 简述集装箱货运站进出口货运业务。
5. 简述发货人和收货人进出口货运业务。
6. 简述集装箱船公司进出口货运业务。
7. 简述集装箱码头堆场进出口货运业务。

第五章 铁路集装箱货物运输

通过本章学习,学生应了解铁路集装箱货物运输的基本知识;掌握铁路集装箱运输的内容;了解集装箱铁水联运的发展;掌握集装箱铁水联运的运输组织模式;了解集装箱铁水联运港站组织的内容。

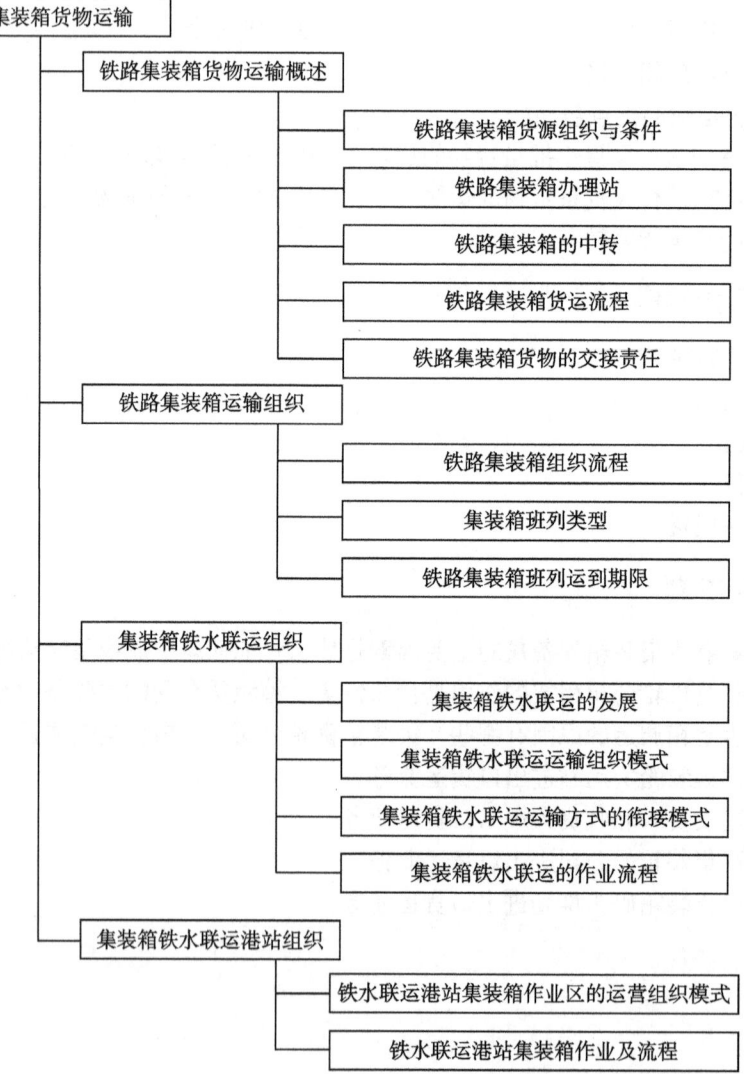

发达国家件杂货物运输的集装箱化率已超过80%,铁路集装箱运输也占到了铁路货物运输的20%～40%,如美国已达到49%,法国为40%,英国30%,德国20%,日本基本上把全部适箱货物都纳入了集装箱运输。虽然近年来日本铁路货运不断萎缩,但集装箱运输却得到快速发展,已占货运量的33%。

第一节 铁路集装箱货物运输概述

一、铁路集装箱货源组织与条件

1. 铁路集装箱货源组织形式

(1)整列的集装箱货源

整列集装箱货源一般较少,但在与海运联运,即与集装箱码头相连的枢纽站接运时,由于集装箱船载箱量大,铁路则需要编排整列的、到达同一终点站的集装箱直达列车。

(2)整车的集装箱货源

整车的集装箱货源较普遍,目前,有些国家铁路集装箱专用车长度一般为18.3m(60ft),最长达27.4m(90ft),一节整车

观看集装箱专列。

集装箱专列

可装载3～4个6.1m(20ft)的集装箱。有些国家的铁路为了争取集装箱货源,规定集装箱运价按整车收取,集装箱总长不得超过24.4m,装多装少均按车计费。

(3)整箱的集装箱货源

对货运量较少的货主来说,在其货源能装满一个整箱,但不够一节整车时,有些国家铁路为方便这些货主托运集装箱,吸引这类客源,则采取按箱计费的办法。

(4)拼箱的集装箱货源

拼箱的集装箱货源是由运输部门根据不同货主托运的货物,加以整理后装载的集装箱货物,也就是一个箱子装几个货主的货物。

2. 铁路集装箱货源组织的条件

(1)必须在铁路集装箱办理站办理运输

集装箱运输是通过集装箱来运送货物的,所以开办集装箱运输的车站必须具备场地、装卸机械、专业管理人员等条件。

(2)必须是适合集装箱运输的货物

铁路集装箱以装运贵重货、易碎品、日用品等货物为主,因为这些货物价值较高,运输过程中又不易发生被盗、丢失、损坏等货运事故。在货源少的情况下,也可装运其他适箱货源。

(3)必须符合一批办理的手续

所谓按一批办理的条件是指:"一是每批货物必须是同一吨位的集装箱,二是每批货物至少在一箱以上。"

(4)由发、收货人装箱、拆箱

通常,铁路集装箱运输的货物,从装箱、加封、启封到拆箱,应由发货人、收货人负责。铁路凭封印即铅封与发货人办理收箱、运输并以发货人的封印向收货人办理交付。

(5)必须由发货人确定重量

由于大多数铁路车站不具备衡量集装箱货物重量的条件,所以集装箱运输的货物只能

实现由发货人申报、确定的办法,发货人对自己申报和确定的货物重量负有责任,承担由于货物超重而造成的一切损害。

二、铁路集装箱办理站

1. 铁路集装箱办理站的类型

铁路集装箱办理站按其业务性质与办理范围的不同可分为两种:一种是集装箱运量较大,是定期直达列车始端或终端站;另一种是集装箱运量较小,仅办理集装箱运输业务,称为办理站。

2. 集装箱办理站具备的条件

①有一定数量且稳定的集装箱货源;②有装卸、搬运集装箱的机械设备;③有一定面积且是硬化面的堆场;④有办理业务的专业人员;⑤具有与其他运输方式相衔接的条件。

3. 铁路集装箱办理站的职能

集装箱办理站一般都具有两种职能:商务职能和技术职能。

(1) 商务职能

商务职能包括受理集装箱货物的托运申请,办理装卸箱业务,编制用车计划,向到站发出到达预报通知,编制有关单证,核收有关费用,装箱、拆箱以及加封等。

(2) 技术职能

技术职能包括提供适合装货、运输的集装箱,安排集装箱装卸、搬运等机械,联系其他运输方式,联系铁路之间的联运等。

三、铁路集装箱的中转

负责铁路集装箱中转的中转站的主要任务是把来自不同车站的集装箱货物,通过组织计划重新按到站装车,将集装箱货物以最快的速度运至到站。在进行集装箱中转时,有时会发现集装箱箱体损坏或封印丢失、失效等情况。一旦发现,中转站要立即会同有关部门清点货物,编制详细的记录说明情况,补封后继续运送。如箱体损坏危及货物运输质量时,应对箱内货物进行换箱。铁路集装箱中转站的作业流程如下。

1. 编制中转站配装计划表

(1) 核对中转计划表

核对中转计划表主要内容有去向、主要到站和存箱数、已开始作业和待运的站存箱数。站存箱数必须以货票与集装箱逐批、逐箱进行复查,然后再与中转计划表的数字进行核实。

(2) 确定中转车的去向

审核到达货票,并根据达到待送车的货票统计中转集装箱去向,确定重车卸货后的新去向。

(3) 做集配计划

集配计划是按去向、主要到站站别统计得出的,内容包括停留在堆场的集装箱、各达到车装载的集装箱以及各货车之间相互过车的箱数。

(4) 确定作业顺序

根据集配计划,结合送车顺序,确定货车送入后的中转车作业顺序。

(5)传达中转作业计划

货运员和装卸工组对计划进行复查核对,做好作业前的准备。在复查中不但要对数字进行复查,还要检查箱体、铅封状态、标签、箱号是否与箱票记载一致。

2. 中转作业

①集装箱中转作业顺序一般是在货车送妥后,根据中转作业计划,首先卸下落地箱,再将过车箱装载到应过的车上,最后整理仍在车上的其他货箱。在进行车内整理作业时,要检查留于车内的集装箱的可见箱体和铅封状态,以便划分责任。

②进行装载。

③中转作业完毕后对货车进行加封。

④中转作业后的整理工作。中转的整理工作,既是中转作业结束后对中转工作质量的检查,也是下一次作业的开始。主要包括货运票据的整理,报表填记,复查中转作业完成的质量。

四、铁路集装箱货运流程

1. 确定集装箱承运日期表

集装箱承运日期表是集装箱计划组织运输的重要手段,其作用在于使发货人明确装往某一方向或到站的装箱日期,有计划地安排货物装箱以及准备短途搬运工具等。通过承运日期表,使铁路内外紧密配合,共同搞好集装箱货物计划运输。

2. 接受集装箱货物

它是在接受发货人的托运后,由货运公司审批运单。审批的方法包括:

①随时受理。按装箱计划或承运日期表规定的日期,在货物运单上批注进箱日期,然后将运单退还给发货人。

②集中受理。集中审批,由受理货运员根据货物运单,按去向、到站分别登记,待凑够一车集中一次审批,并由发货人取回运单。

③驻在受理。是指车站在货源比较稳定的工厂、工矿区设受理室,专门受理托运的集装箱货物。在货物运单受理后,批准进箱日期,或由驻在货运员把受理的运单交货运室统一平衡,集中受理。

④电话受理。是指车站货运室根据发货人电话登记托运的货物,统一集配,审批后用电话通知发货人进箱日期,在进箱的同时,向货运室交运单,审核后加盖进货日期标记。

3. 审核货物运单

受理货运员接到运单后,按有关规定逐项详细审核下列内容:

①托运的货物能否装载集装箱运输。

②所到站能否受理该吨位、种类、规格的集装箱。

③应注明的事项是否准确、完整。

④有关货物重量、件数、尺码等是否按规定填写。

4. 空箱发放

①发送货运员在接到运单后,应核实批准进箱日期,审核运单填写是否准确,并根据货物数量核对需要发放的空箱数,有不符时应和受理货运员核实。

②对实行门到门运输的货物,应开具"集装箱门到门运输作业单"交发货人,填写集装箱门到门运输登记簿。

③会同发货人共同检查空箱箱体状态,发货人在"集装箱门到门运输作业单"上签字后,领取空箱。应注意的事:如发货员认为所领取的空箱不能保障货物安全运输时,应予以更换;如无空箱更换时,发货人有权拒绝使用;如使用后发生货损行为,应由车站负责。

④发送货运员有义务向发货员介绍箱子的内部尺寸、容积和货物积载法,这样不仅能充分利用箱容、载重量,而且能使货物牢固安全。

⑤货物装箱后,由发货人关闭箱门,并在规定的位置悬挂标签和加封。

⑥加封后,应将封志环节插入封盘落销。

5. 集装箱货物的接受和承运

发送货运员在接收集装箱货物时,必须对由发货人装载的集装箱货物逐箱进行检查,符合运输要求的才能接受承运,接收集装箱货物后,车站在货物运单上加盖站名、日期,标明此时货物已承运。所谓承运是指发货人将货运的集装箱货物移交铁路开始,直到将货物交给收货人时为止。

6. 装车

装车货运员在接到配装计划后到站确定装车顺序,应做到:

①装车前,对车体、车门、车窗进行检查,看是否过了检查期,有无运行限制,是否清洁等。

②装车时,装车货运员要做好监装,检查待装的箱子和货运票据是否相符、齐全、准确,并对箱体、铅封状态进行检查。

③装车后,要检查集装箱的装载情况,是否满足安全运送的要求,如使用棚车装载时还要加封。装车完毕后,要填写货车装载清单、货运票据,除一般内容的填写外,还应在装载清单上注明箱号,在货运票据上填写箱重总和,即包括货重和箱体自重。

7. 卸车

①做好卸车前的准备工作,首先要核对货运票据、装载清单等与货票是否相一致。然后确定卸车地点,并确定卸箱货位。

②卸车前,还应做好货运检查,检查箱子外表情况和铅封是否完整。

③开始卸车,对棚车进行启封,并做好监卸和卸货报告。如在卸车过程中发生破损应做出记录,以便划分责任。

④做好复查登记,要以货票对照标签、箱号、封号,在运单上注明箱子停放的货位号码,根据货票填写集装箱达到登记簿和卸货卡片。

8. 集装箱货物的交付

交货时,交箱货运员在接到转来的卸货卡片和有关单据后,认真做好与车号、封号、标签的核对,核对无误后通知装卸工组交货,并当面点交收货人。收货人在收到货物后应在有关单据上加盖"交付讫"的戳记。对门到门运输的集装箱货物,应填写门到门运输作业单,并由收货人签收。对由收货人返回的空箱,应检查箱体状况,在门到门运输作业单上盖章。

上述集装箱货运流程所说的集装箱均指铁路专用箱。国际标准箱的运输条件和规定主要有:

①国际集装箱在铁路上只限用20ft、40ft箱。

②由货主自备的上述两种货箱则限在专用路线办理,但20ft箱范围可放宽。

③使用国际标准箱运输货物,由发货人加铅封,铁路与发货人、收货人之间交接凭封印办理。

④国际联运的国际标准箱按国际铁路货物联运协定及其细则的有关规定办理。

⑤运输国际标准箱应使用敞车或平车装运。装载时箱门应相对,间距不超过200mm。使用平车时,应捆绑加固。

五、铁路集装箱货物的交接责任

1. 铁路与发货人、收货人之间的交接

铁路集装箱的交接均应在铁路货场内进行,主要检查箱体状态、铅封。铁路集装箱启运时应由发货人将集装箱堆放在指定的货位上,关好箱门,并与发货人按批逐箱与货签核对,经检查接收完毕后,在运货单上加盖承运日期戳记即表明已接受承运。

铁路在交付集装箱时,则应根据收货人提交的货物运单,与集装箱达到登记簿进行核对,然后到货场会同收货人按批逐箱进行检查对照,经确认无误后,将集装箱向收货人进行一次点交,并注销交货卡片,交付责任完毕,责任即告终止。

2. 铁路货运员之间的交接

铁路货运员之间的交接,一是按同一工种因班次交替而进行的交接;二是不同工种之间的工作交接。

对于上述两种交接,交接双方均应到现场实现对口交接。交者与接收者应采取以票对箱,或以箱对票的方法,按批逐箱进行检查,交接后双方在交接簿上签章,以分清责任。

3. 集装箱破损的责任划分及其记录的编制

集装箱的破损大致有两种情况:一种是指由某一单位或个人的责任造成集装箱未及时修理、定期修理;另一种通常是指箱子的全损或报废。

上述两种损害按其责任可分为:发货人、收货人的过失责任;承运人的过失责任;第三者的过失责任;不可抗力、意外原因、自然灾害;铁路装卸工人的过失;铁路货运员的过失。

凡属于上述责任造成的损坏箱、破损箱,以及货主自己的集装箱在铁路运输过程中发生的破损,都由货运员按箱编制集装箱破损记录。

第二节 铁路集装箱运输组织

一、铁路集装箱组织流程

1. 铁路集装箱承运和交付方式

经济社会不断发展,运输市场客户需求逐渐呈现多元化状态。为满足运输市场的需求,铁路集装箱运输必须推出多种运输产品和更加完善的服务模式,以满足市场需求,同时提高企业的经济效益。铁路集装箱取送货可以有多种方式存在。针对承运有三种方式:一是客户把货物运送到车站的装箱点进行货物装箱;二是铁路生产部门提供车辆上门接货,然后在车站进行装箱;三是铁路生产部门提供空箱上门装箱。针对交付也有三种方式:一是客户安排车辆到车站进行货物的接运;二是铁路生产部门提供车辆送货;三是铁路生产部门提供集卡上门送货,如图5-1所示。

> 知识链接
>
> 了解铁路集装箱运输规则。
>
>
>
> 铁路集装箱运输规则

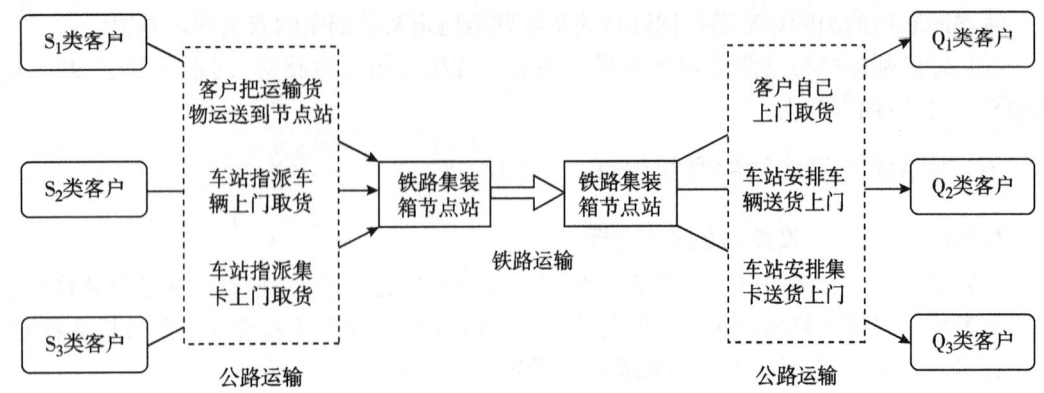

图 5-1 铁路集装箱三种方式流程

三种方式的选择,一方面要根据车站能力而提供不同的承运和交付方式,另一方面也要让客户进行自主选择。各种方式均有自身的优缺点,可以根据实际情况来具体实施。三种取送货方式比较如表 5-1 所示。

三种取送货方式比较　　　　表 5-1

类型	优　　点	缺　　点
一	1. 节省了车站车辆取货去程时间。 2. 可以减少铁路运输部门的投资	1. 货物装卸次数增加、费用增加、货损率增加。 2. 对车站装箱、掏箱能力要求高
二	1. 为客户提供更全面的服务。 2. 提高车站运输车辆的运输效率,提高重出重进的比例	1. 货物装卸次数多、费用增加、货损率增加。 2. 对车站装箱、掏箱能力要求高。 3. 车站投资增加
三	1. 为客户提供更全面的服务。 2. 提高车站运输车辆的运输效率,提高重出重进的比例。 3. 减少装卸次数和装卸费用,减少货损。 4. 减少车站装箱、掏箱成本	1. 车站集卡投资增加。 2. 集装箱周转周期延长、需求数量增加

通过表 5-1 可以看出,在集装箱数量比较少的情况下一般采用前两种取送方式,在集装箱数量充裕的情况下采用第三种取送方式。

2. 铁路集装箱承运组织流程

客户具有集装箱运输需求以后,通过网络或电话等方式进行运输业务的了解和查询。通过了解和查询,结合客户企业的实际需要进行集装箱箱位预订或申请集装箱运输。利用网络进行集装箱箱位预订或申请集装箱运输。包括的内容有:货物发送地址、货物运达地址、运输班列类型、货物品名、货物类型、货物数量、是否是特货和取送货方式等。运输部门接收到运输需求的申请以后针对客户提供的资料结合实际生产能力快速地进行订单审批。审批的内容包括:能够为客户提供的集装箱班列类型、集装箱数量、上门取货时间(或是货物运到车站的时间、地点)、应付运费金额等。最后客户利用网络进行集装箱箱位预订或申请,并利用网上银行完成运费支付。整个过程在 30min 内完成。

客户采用第一种方式。客户在成功预订集装箱箱位或申请集装箱运输以后,车站信息系统根据车站的装箱区域实际生产情况以及预订班列的发车时间来安排货物装箱。车站管理系统给客户提供一个明确的货物运到时间。客户在收到货物送到时间后,立即安排车辆进行货物运送，以确保在规定的时间内能把货物运送到指定地点，以便进行货物装箱。在客户把货物运送到车站指定地点以后，对货物进行清点核对，安排货物装箱。装箱完成后根据该客户所预定的箱位进行堆场堆放或是直接装车，完成承运。

客户采用第二种方式。客户在成功预订集装箱箱位或申请集装箱运输以后，车站信息系统根据车站运输车辆实际生产情况以及预订班列的发车时间来安排车辆上门取货。车站管理系统给客户提供车辆到达时间段，客户根据车辆到达时间段安排生产。当车辆到达以后，进行货物清点核对，同时组织货物装车。车辆在装车完成以后返回车站指定装箱地点进行货物装箱。装箱完成以后根据该箱预订班列进行堆场堆放或者直接装车。

客户采用第三种方式。客户在成功预订集装箱箱位或申请集装箱运输以后，车站信息系统根据车站运输集卡实际生产情况以及预订班列的发车时间来安排集卡进行上门取货。车站管理系统给客户提供集卡到达客户指定地点的时间段，客户则根据集卡到达的时间段来安排生产。当集卡到达以后，进行货物清点核对，同时组织货物装箱，完成承运。集卡在完成装箱以后返回车站指定位置进行集装箱装卸。同时，车站根据堆场情况以及预订班列对取送到站的集装箱进行堆放或装车。

3. 铁路集装箱交付组织流程

集装箱班列到达终点车站以后，需要把货物交付给收货人。

客户采用第一种方式。若承运的客户选择该模式进行交付，则运输部门把集装箱准时保质的运送到车站就完成了运输任务，最后仅剩下与收货人的交付。通过班列实时的运行情况，可以确定集装箱的到站时间，从而确定最早的交付时间。车站可以提前通知收货人货物的交付时间，以便能够更快地把货物运达目的地，同时还能减少集装箱在站的停留时间，节省储存费用和储存空间。

客户采用第二种方式。采用该种组织方式时，在班列到达前根据班列运行情况、班列最终到达时间，提前做好卸箱、掏箱、装车、车辆配送等工作，以达到快速的卸车、掏箱、装车、配送，在配送车辆派送货物到达指定交付地点以后，卸车、清点核对货物数量、检查货物完整性，完成交付。

客户采用第三种方式。采用该种组织方式时，在班列到达前根据班列运行情况班列最终到达时间，提前安排车站内部工作。在班列到达以后对集装箱进行卸箱，同时安排集卡进行集装箱配送，通知收货人准备货物掏箱。集卡把集装箱运送到承运人指定地点进行货物掏箱，并清点核对货物数量、检查货物完整性，完成交付。

二、集装箱班列类型

我国铁路集装箱运输主要集中在经济发达的大中型城市。为充分发挥集装箱运输的优质、高效和快速服务的特点，可以对照旅客运输组织的管理思想来对集装箱班列进行组织。根据全路集装箱站处理的箱流类型，综合考虑列车组织形式、车底组成、列车编组和作业方式等因素，适用于我国经济发展的铁路集装箱班列类型有以下几种形式。

1. 集装箱定期直达班列

根据市场需求确定货源的分布情况、区域大小以及铁路运输设备等多种因素，直达班列一般在运量稳定、箱源比较充足的集装箱中心站之间开行。定期直达班列包括定点、定期、定线，在列车运输图上铺画有专门的班列运行线，采取固定编组、准点发车、预约箱位与车底循环使用的模式运行。

2. 集装箱专运班列

国家规划建设的 18 个铁路集装箱中心站中,有 8 个是毗邻港口的。集装箱船舶到达港口时,一部分运输距离较近的集装箱由公路运输完成,而剩余运输距离较远的则都由集装箱班列进行运送。但集装箱船到达时间不统一,需要不定期地开行集装箱专列。集装箱专列与定期直达列车同时到达是因为均在铁路列车运行图上铺画特定的运行线,而且集装箱运送量大、运距长;到达时间不同是因为前者不定期开行,以解决箱源的不均衡性。

3. 普通集装箱班列

在集装箱运量不足或对时间要求较低,不能满足开行直达列车的情况下,可开行普通集装箱班列,班列沿途选择集装箱站进行集装箱装卸作业。普通集装箱班列同样采用固定编组、固定车底、定线、定点、定期、车底循环的组织模式。在运行速度、机车交路、运行等级等均采用普通货物列车的运行模式。普通集装箱班列的运达时间比快速班列要长,运到期限也比快速集装箱班列要长。

4. 小运转集装箱班列

对于零星运送的小批量集装箱,集装箱中心站辐射范围内集装箱的集疏箱流量较小的集装箱,以及中心站与吸引区内技术站产生的交换箱等,可利用小运转集装箱班列组织形式完成,不在运行图铺画专门的班列运行线。

三、铁路集装箱班列运到期限

为了体现铁路集装箱的运输的快捷性,铁路集装箱班列运到期限以小时(或者分钟)为单位进行计算,甚至部分货物在进行交付的时候就能够确定货物运到的具体时间。运到期限就是从货物承运到交付的时间期限。运到期限是在运输时间的基础上确定的货物交付时间,运输时间直接影响着运到期限。从客户在网上完成货物运输订单开始,就默认计时开始,因此在考虑运输时间时,要从订单提交的时候开始。集装箱货物运输时间主要包括四个方面,如图 5-2 所示。

铁路集装箱整个运输过程繁杂,环节较多,每一环节的时间能够为总时间消耗的确定提供理论支持。四个过程的时间消耗计算如下。

1. 集装箱集结端作业时间

集装箱集结端的作业量大,流程复杂,时间消耗较多。

(1)订单处理时间

客户通过网络或者电话进行运输请求,铁路集装箱运输系统根据运输实际处理客户提交的运输需求订单。提供相应的运输服务,同时安排下一步运输工作。一般该过程所消耗的时间很少,在时间计算中可以不予以考虑。在成功处理订单以后,铁路集装箱运输系统根据车站配送车辆的实际情况进行车辆指派,准备上门取货,这期间产生的时间是派车时间的一部分。还因为车站在设备配置上不可能无限制的大,所以不能满足任何时候均有车辆进行配送任务,则部分配送车辆就需要一个等待时间。在指派的过程中,如出现两个任务一个车辆,则按照集装箱对应班列等级安排先后顺序。该时间与集装箱运输系统的管理水平相关,可以根据实际情况取定值 $t_{订}$。

(2)车辆去程时间

车辆从接到指派任务时起到到达指定接取货物地点过程所消耗的时间为车辆去程时

间。车辆去程时间主要与车辆性能、路况以及路程相关。假设待运货物 m_i 到车站的距离为 l_i，集卡运输的平均速度为 v_i，则去程时间为：$t_{去} = l_i/v_i$。

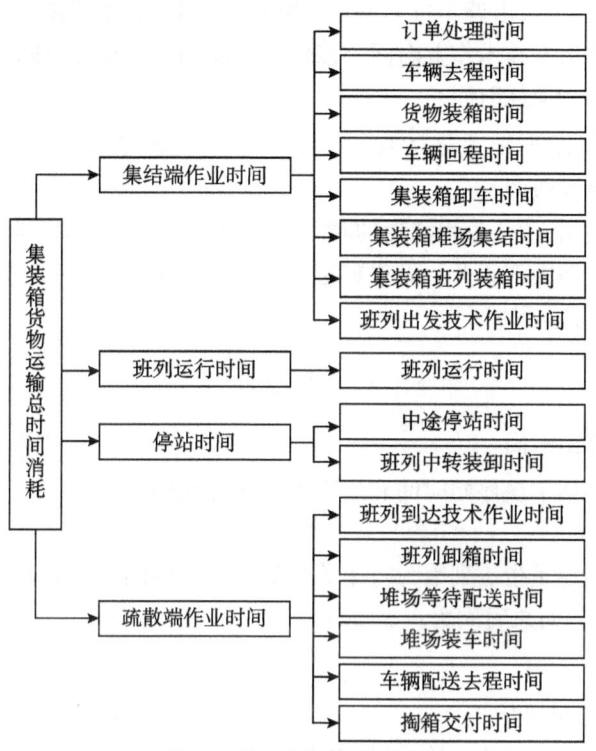

图 5-2　铁路集装箱时间消耗

（3）货物装箱时间（货物装车时间）

当车辆到达取货地点时开始对货物进行装箱，整个货物装箱过程所占用时间即为货物装箱时间。该时间与所装货物本身属性以及装载方式相关。同时，装载的过程进行货物的承运。装箱时间主要与装卸货物的数量 m_i，装载效率有关，货物装箱时间为：$t_{装箱} = m_i/\eta_i$。

（4）车辆回程时间

客户货物装箱完成以后回程，从装箱地到达指定车站所消耗的时间为车辆回程时间。车辆回程时间主要与车辆性能、路况以及路程相关。一般来说车辆回程与车辆去程时间相同。车辆回程时间为：$t_{回} = l_i/v_i$。

（5）集装箱卸车时间（货物卸车时间）

车辆到达车站以后，进行卸箱作业，该作业过程所消耗的时间为集装箱卸车时间。该作业为主要针对单个集装箱作业，与其余集装箱关联性不大，因此该作业时间较短，时间为 $t_{卸车}$。

（6）集装箱堆场集结时间

集装箱到达车站堆场以后，不一定都能够及时地进行班列装箱，需要一个集结等到的时间，该过程所消耗的时间就是集装箱堆场集结时间。该时间与该区域同班列集装箱量以及班列编成辆数相关，同时还与对应班列的运行时刻相关。设集装箱班列集结所用平均时间为 $t_{集结}^{列}$。

（7）集装箱班列装箱时间

车底通过调车机车送到装车线以后，就开始装车。这个装车过程所消耗的时间就是集装箱班列装箱时间。该时间与装箱机械的装箱效率以及班列的编成辆数相关。设单位集装箱装载到集装箱班列的时间为 $t_{单位}$，班列运输集装箱数量为 m，则该时间为：$t_{装车} = mt_{单位}$。

(8) 班列出发技术作业时间

班列在装箱结束以后，由调车机车取车，然后进行相关的发车技术作业，列车才能出发，该过程消耗的时间为出发技术作业时间。该作业时间为固定作业时间 $t_{出发}$。

在集装箱的集结端消耗时间：

$$T_{集结} = t_{订} + t_{去} + t_{装箱} + t_{回} + t_{卸车} + t^{列}_{集结} + t_{装车} + t_{出发} \tag{5-1}$$

2. 集装箱班列运行时间

从出发站到终点站，这个过程消耗的时间为班列运行时间。该时间与班列运行区段、运行速度以及途中作业等因素相关。设集装箱运输班列在第 j 个运行区段的运输距离为 l_j，运输的速度为 v_j，则班列运行时间为：

$$T_{运行} = \sum \frac{l_j}{v_j}$$

3. 集装箱班列停站时间

班列停站时间包括中途停站时间和班列中转装卸时间。

(1) 中途停站时间

中途停站时间主要是指班列因为行车等的需要而产生的停站时间。设平均每次停站时间为 $t^0_{停}$，则班列中途停站总时间为：

$$t_{停} = \sum t^0_{停}$$

(2) 班列中转装卸时间

由于部分集装箱不能直达运输，必须在中途进行装卸才能运达目的地，因此会消耗掉一部分时间。中转装卸主要与装卸量以及单位装卸效率有关。设单位集装箱装卸的时间为 $t_{单位}$，装卸数量为 m，则该时间为 $t_{装卸} = mt_{单位}$。

由此可得，班列停站时间为：

$$T_{停站} = t_{停} + t_{装卸} \tag{5-2}$$

4. 集装箱班列疏散端作业时间

疏散端的作业时间主要由到达结束作业、集装箱装卸、集装箱等待配送运输时间以及交付时间等组成。

(1) 班列到达技术作业时间

班列在到达车站以后，要进行相关的到达技术作业，列车才能进行卸车作业，该过程消耗的时间为到达技术作业时间。该作业时间为固定时间 $t_{到达}$。

(2) 集装箱班列卸箱时间

列车在完成了到达技术作业以后，由调车机车进行送车，然后进行集装箱的卸车作业，该作业过程所消耗的时间为集装箱班列卸箱时间。该时间与卸箱机械的卸箱效率以及班列的编成辆数相关。设单位集装箱从集装箱班列卸载的时间为 $t_{单位}$，班列运输集装箱数量为 m，则该时间为 $t_{卸车} = mt_{单位}$。

(3) 堆场等待配送时间

集装箱在卸下以后不能全部马上进行配送，在堆场有一个等待配送的时间。集装箱从卸下车以后到装载到配送车辆上过程中所消耗的时间为堆场等待配送的时间。该时间主要由车辆的组织能力、车辆配置数量等共同决定，可以由长期的统计数据获取，标记为 $t_{待配送}$。

(4)堆场装车时间

集装箱由堆场经过装车机械进行装车,该过程所消耗的时间为堆场装车时间。该作业主要是针对单个集装箱,与其余集装箱关联性不大,因此该作业时间较短,时间为 $t_{装车}$。

(5)车辆配送去程时间

车辆从车站出发,到达集装箱货物交付地点的过程所消耗的时间为车辆配送去程时间。车辆去程配送时间主要与车辆性能、路况以及路程相关。假设待运货物到车站的距离为 l_i,集卡运输的平均速度为 v_i,则去程时间为: $t_{去} = l_i/v_i$。

(6)掏箱交付时间

当车辆到达集装箱货物交付地点,对货物进行掏箱,同时进行货物交付,该过程所消耗的时间为掏箱交付时间。该时间与货物本身属性以及掏箱方式相关。可以通过统计数据获取,标记为 $t_{掏箱}$。

疏散端作业时间为:

$$T_{疏散} = t_{到达} + t_{卸车} + t_{待配送} + t_{装车} t_{去} + t_{掏箱} \tag{5-3}$$

通过上述分析可以看出,整个集装箱货物的时间消耗为:

$$T_{总} = T_{集结} + T_{运行} + T_{停} + T_{疏散} \tag{5-4}$$

铁路集装箱运输时间主要消耗在车站堆场停留、班列运行、车站停留三个方面。其中,堆场停留与区域内相同目的地的货物需求量以及班列的编组数量相关,在车站的吸引范围内,到达同一目的地的货物量较多,则平均集结等待时间短,货物量需求量较多,则平均集结等待时间较长。班列在运行中消耗时间主要是由距离和速度之比确定的,对于单位集装箱来说,货物的目的地是确定的,能够选择的只有班列运输路径和班列运输速度。提高铁路集装箱运输市场竞争力,增加区域内货物运输量的需求,能够减少集装箱箱体集结等待时间。同时,利用网络信息技术,针对已经下单的集装箱货物进行提前安排和计划,提前确定集装箱集结时间,减少堆场停留时间。

班列运输路径在能力满足的情况下均采用最短路径,在个别情况下采用其他路径,即便如此,采用其他路径相比于原来路径长度增加比例不大。班列运输速度主要取决于线路条件、牵引类型、牵引重量、编组数量等因素,采用电力机车进行牵引、编组量较小、干线运输等条件时,运输速度较高,部分运输能够与同线旅客运输列车相近,甚至超过旅客列车的运输速度。

车站停留包括越行、会车、班列车站技术作业时间等。越行主要是由于运行速度较低而生成的,当班列运行速度较大时越行停留时间就越少;汇车主要是在单线铁路线上避让对向列车而停留所产生的时间;班列车站技术作业时间包括班列运行的常规技术检查,也包括机车交路、装卸集装箱作业所消耗的时间。通过提高班列运输速度,减少被越行和会车,采用长交路等措施能够减少车站停留时间。

第三节 集装箱铁水联运组织

一、集装箱铁水联运的发展

1. 集装箱铁水联运概念

集装箱铁水联运是多式联运的一种重要形式,以铁路运输和水路运输为主体,配合其他运输方式,共同完成货物的运输,将公路运输、铁路运输、内河运输及海洋运输联合起来,形成一套能获得最佳经济效益的组合运输方案,能为货主提供手续简便、效率高、最佳经济效益的运输服务,只需"一次托运、一单到底、信息共享,全程服务"的运输方式。集装箱海铁联运是集装箱铁水联运的主要表现形式,是指进出口货物集装箱由铁路运输运到沿海港口,直接装船出口,或者是货物集装箱由船舶运输到沿海港口之后,直接经铁路运出的一种集装箱货物运输方式,是港口集疏运方式的一种。全程只需"一次申报,一次查验,一次放行,一份运输单证"就可以完成整个运输过程。海铁联运是连接内陆和沿海港口的快捷通道,具有高效、便捷、安全、低成本等优势。

情景导入

观看集装箱铁水联运演示。

集装箱铁水联运演示

我国集装箱多式联运以海公联运为主,海铁联运比例很低。目前,我国集装箱海公联运,约占港口集装箱集疏运量的83%左右;其次是水水联运,约占14%比重;铁水联运仅占3%左右。这与欧洲20%、美国30%~40%的铁水联运比例相差甚远,甚至还不如印度集装箱铁水联运所占的比例。集装箱铁水联运是多式联运中比较重要的一种形式,是将铁路运输和水路运输结合起来以集装箱运输为主的一种非常高效的联合运输方式,实施一次装箱、一单到底、信息共享、全程服务,在大宗散堆装货物和长途运输货物中具有无与伦比的优势。集装箱铁水联运作为"一带一路",特别是"21世纪海上丝绸之路"与海运衔接的通道加快建设,再次加大了铁水联运的推进力度。

2. 集装箱铁水联运在欧洲的发展

欧洲主要有三大集装箱港口,分别是荷兰的鹿特丹港、德国的汉堡港和比利时的安特卫普港,均位于欧洲西部北海海岸。欧盟成立以后,欧洲单一市场已经建立对运输的种种限制逐步取消,有利于欧洲多式联运的发展,三大港口共同拥有整个欧洲大陆广阔的腹地,这为三大港口集装箱海铁联运的发展提供有利条件。

欧洲最大的集装箱港口是荷兰鹿特丹港,该港处于欧洲中心的战略性地理位置,有着整个欧洲广阔的内陆腹地,是西欧的航运中心,也是世界货运体系的重要枢纽之一。港区内有2个铁路中转站,铁路可直接进入鹿特丹港码头。海运集装箱可以通过完善的铁路运输网,从鹿特丹港运达欧洲主要国家。港口每天都有多列集装箱班列发往欧洲各地,运输时间由于距离的差异而不同;到达比利时及德国只需12h,而运至捷克、意大利和波兰则需要48h。鹿特丹港的集装箱海铁联运比例为7%~8%。

德国汉堡港是欧洲第二大集装箱港口,该港口位于德国北部易北河下游、阿尔斯特河和比勒河汇合处,距北海出海口约120km。该港是世界上最大的自由港,拥有74km^2港区面积和16.7km^2自由港面积,自由仓储面积超过100万m^2。作为传统的铁路港口汉堡港,港口货物长距离运输基本依靠铁路,港口铁路中心站是欧洲最大的铁路集装箱转运中心。汉堡港所有码头都有铁路,铁路在进出汉堡的长距离运输竞争中占据超过70%的市场份额,每天大约有160列国际/国内集装箱班列进出港口,汉堡港铁路集疏运集装箱的份额呈增长趋势。

欧洲第三大集装箱港口比利时安特卫普港,位于比利时北部沿海斯凯尔特河、马斯河和莱茵河形成的三角洲上,西距北海约80km。安特卫普港位于汉堡—勒拉佛尔地区港口群最中心的位置,相比其他竞争性港口,几乎所有的欧洲消费和生产中心都在其最短距离范围之内。它的腹地包括比利时、法国的阿尔萨斯和洛林以及荷兰、德国等。安特卫普港是欧洲第二大铁路港口,多条国际铁路线也把此作为终点站,集装箱列车一日内可到达欧洲主要经济中心。每天的出发、到达列车数分别为 120 列和 100 列。全自动化铁路货运编组站 Antwerp – North 是欧洲最大的编组站之一,占地面积 $5km^2$,港区内有多个铁路集装箱中心站,2001 年建成的 Main Hub 站年吞吐能力为 35 万 TEU,并预留 65 万 TEU 的吞吐能力。

3. 集装箱铁水联运在美国的发展

美国东西部经济发展比较均衡,东西海岸东西部港口拥有广阔的内陆腹地,并通过大陆桥连接起来,这为集装箱海铁联运创造有利条件,美国集装箱铁水联运主要线路分布于东西海岸港口之间。

洛杉矶港是美国最大的集装箱港,位于加利福尼亚州南部的圣佩德罗湾洛杉矶市区南部,是美国西海岸与亚洲国家贸易活动的重要口岸之一,也是美国距离巴拿马运河最近的港口,具有重要的战略地位。洛杉矶是美国 3 条横贯大陆的干线铁路起点,并通过南北向铁路与太平洋沿岸各大城市相连,洛杉矶港区内的主要集装箱码头都建有铁路线。海运集装箱在港区卸下后,通过铁路运输 5 天可以到达纽约,美国铁路采用双层集装箱列车,班列使用 4 辆机车,每列可装载 300TEU。洛杉矶港集装箱铁水联运运量达到港口集装箱吞吐量的 24%。

美国第三大集装箱港纽约—新泽西港。纽约—新泽西港分为纽约、新泽西、纽瓦克三部分。纽约—新泽西港有 12 个铁路车站用于装卸集装箱,完善的码头铁路网络,服务于主要的集装箱码头。作为美国东海岸最大的集装箱港口,纽约-新泽西港目前的铁路集疏运比例仅为 10% 左右,集装箱铁水联运的发展主要受到铁路基础设施和运输能力的限制。因此,纽约港口当局制订了一系列改善铁路集疏运状况的发展计划,力争使铁路集疏港比例增加到 25%,以降低高速公路卡车运输的增长,缓解当地高速公路的压力。

铁水联运能够在美国发展与成熟,而在其他国家和地区尚未达到同样的发展水平,究其原因,在于美国独特的经济、地理环境,美国铁路集装箱运输的发展也离不开这个关键因素。美国东海岸地区经济发展水平较高,具有全美最高的人口密度和财富集中度。美国大量的生活用品需要从亚洲进口,其西部海岸的港口是亚洲货物的进口的入口港。由于巴拿马运河的运力限制,大量货物无法通过低成本的航运运到美国东部。这些原因导致美国从亚洲进口的大量货物必须经过铁路运输穿过美国大陆,送到美国东部地区,造就了繁荣的大陆桥运输。

4. 集装箱铁水联运在中国的发展

我国港口集装箱吞吐量从 2003 年开始一直排在世界第一位,但是这些集装箱集疏主要是通过公路和内河水运来承担,通过铁路疏运的比重很低。集装箱铁路运输在发达国家的铁路运量中所占的比重很大,像美国为 50% 左右,法国铁路为 40%,英国铁路为 30%,同为发展中国家的印度也达到 35% 左右。而我国集装箱铁路运输的比重多年来一直在 2% 左右,海铁联运还是分散经营,各自为政,由代理公司组织货源,港口出面帮助协调,铁路安排运力,没有形成多式联运的经营主体。这种操作模式与欧美港口的海铁联运还有很大的差距。并且,港口分布密集,港口腹地争夺激烈。我国工业主要分布在沿海发达地区,货源主要集中在港口附近,属于公路的经济运距之内,海铁联运缺乏竞争力。同时,由于港口分布相对密集,造成各港口腹地相对狭小,各大港口海铁联运的内陆腹地存在严重交叉。海铁联运无法实现"无缝衔接",阻碍了集装箱多式联运的发展。由于我国很多港口在建港时没有考虑到铁路疏运问题,港口内没有修建铁路与码头连接,船舶将货物运抵港口后,不能直接装载到火车上,必须经过汽车中转到铁路场站,然后通过铁路运输送达目的地。这种方式增加了集装箱海铁联运的成本,耗时也较多。海铁联运的落后,已经成为中国集装箱多式联运的严重障碍。集装箱运输过多依赖于公路运送,而公路运输的有效路径在300km内,必须要加强水路和铁路集疏系统的建设,才能构建良好的多式联运体系。而中国内河航道资源有限,不可能覆盖所有经济腹地,需更多地依靠铁路运输来实现,因此打造一个良好的海铁联运体系显得更加重要。发达国家的物流多式联运以其大幅度降低物流成本而广受追捧,而在我国,多式联运的优势却无法得到体现。我国集装箱多式联运特别是海铁联运应用范围较小,主要原因是运力资源的限制以及各运输部门之间的各自为政造成物流成本大幅度增加,使多式联运的成本优势不能体现出来。

坐落在上海的国际航运中心洋山港和上海市区之间没有火车,政府耗巨资建立的真正称得上是跨海大桥的东海大桥成为洋山港到上海市区的唯一连接通道,公路运输自然而然成为货物从洋山港到上海市区的唯一运输方式。从港口到上海市区要花费5h,跑250km左右,油费为600元,沿途还要缴纳过路费,来回一趟过路费就要110元,加上油费来回一趟的运输成本至少要700元。如果需要在上海洋山港卸载8000TEU并拉回市区,同时从市区装载8000TEU到洋山港出口,那就需要标准集装箱货车来回跑上16000趟,需要花费的油费高达960万元,通行费高达176万元。集装箱通过海铁联运运输成本至少能降低20%,但是因为规划原因,目前洋山港还没有开通铁路,如果铁路、水运能够在洋山港接驳起来,那对于物流成本的降低将起到巨大作用。

铁路运能不足,是我国铁路发展集装箱海铁联运的最大瓶颈。由于集装箱运输发展迅速,铁路集装箱的运量也随着逐年增加,导致铁路主要运输通道的运力逐渐紧张。我国铁路集装箱货源主要分布在上海、北京、沈阳、郑州、广州几个主要铁路局内,这些城市的集装箱办理点的集装箱发送量占全国总量的30%以上,集装箱到达量占总量的35%以上。集装箱运输通道也多集中在京广、京九、京沪、京哈、浙赣、陇海等铁路干线上,这些干线只占全国铁路里程的20%,承载着全国80%的铁路运量,运能利用率都在90%以上,在有些路段甚至超过100%。虽然铁路在加大建设力度,但难以使运量在短时间内大幅增加,而集装箱海铁联运要求快速准时,需要铁路具有较高的通过能力以满足海铁联运的重箱运输和空箱调配的需要。

5. 国外铁水联运的发展经验

国外发达国家集装箱铁水联运起步早、发展快,欧美集装箱铁水联运有以下几方面的经验。

(1)港口变成国际贸易的集散地、国际运输体系的枢纽

铁路连接港口、公路、铁路、水路、空港,形成集装箱多式联运中心,使集装箱快速、安全的集结和疏运非常顺利地进行。

(2)开发先进多式联运信息平台

利用电子操作系统进行数据处理和决策支持系统进行辅助决策,使公共货物运输信息平台可以被多式联运的各方共享。

(3)在内陆地区建立有口岸功能的"内陆港"

在"内陆港"设立海关、检验检疫等监管机构,方便客户办理货物出入境手续。

二、集装箱铁水联运运输组织模式

目前,铁路运输组织方案按空车运用方式有重空车模式、双向重车模式;按联运交接办法有路港直通列车运输模式、路港交接运输模式;按有无固定运行线划分为班列运输模式、传统货车集结组织运输模式等。

1. 重空车模式

铁水联运的重空车模式是指由于货物的特殊性和货运量的差异性,需要用专用的车辆和装卸工具对运输货物进行作业。通过对集装箱班列卸车和排出空箱作业进行合理地优化,尽量组织集装箱整列直达列车,做到集装箱利用效率最大化,实现列车的重来空往或空来重往,既可以满足货源地的货物运输需求,又对港口货物的集疏运起到巨大的推动作用。例如,大秦铁路由大同到秦皇岛口岸进行煤炭运输时,由于采用专业的重载列车,不能用来装载其他货物,所以采用重空车模式,再从秦皇岛开行到大同的空箱直达列车。这种方式不仅为港口提供了充足的货源,同时满足了内陆腹地的集装箱货物运输需求。但整列排空占用大量铁路运力,应根据实际情况,组织适箱货源和目的港之间的双向重车模式。

2. 双向重车模式

双向重车模式是指在两节点之间开行往返的货运列车,是对空箱利用率最高的一种形式,主要在大型港口和煤矿企业、大型化工企业、产粮基地等大宗货物产地之间进行的运输。货物运输到目的港之后,经过卸车作业、转场作业,继续装载其他货物,返回货源地。这种模式不但提高了空箱的使用率,而且提高了港口集疏运效率,优化了运力资源配置。例如,针对大连港与鞍山钢铁、本溪钢铁之间原材料与产品之间的相对运输,实现了铁矿石和钢铁之间"重来重往"循环运输,大大提高了运输效率。

3. 路港直通运输模式

路港直通运输模式是指列车在铁路和港口码头之间的直进直出,通过港口专用线,使铁路车辆直接进入港口进行货物装卸,减少了铁路与港口间的空箱、机车交接和铁路集装箱办理站集结解编等中转作业环节,加速货物中转。目前,从中亚经阿拉山口及乌西、乌北返往连云港开行重载集装箱东行班列,使连云港港口的海铁联运量大幅度增加。连云港、宁波、日照等港口先后开通了路港和路企直通列车。例如,连云港自2007年实行空车直通进港后,集装箱班列平均中转时间减少了2.9h。路港直通模式的发展有效地减少了海铁联运集装箱中转环节,提高了港口的利用效率,节约了相关作业成本,同时提高了列车的使用效率,实现了路港的双赢。

4. 五定班列模式

五定班列模式是指在主要港口、大型工矿企业、大型铁路集装箱办理站之间定点(始发点、终点固定)、定线、定车次、定时(开行日期、到达时刻、运输期限固定)、定价(费用固定、一次清算)的班列列车。五定班列模式弥补了传统货物运输时间不固定、适运货物范围窄的不足,同时实行了"五优先、五不准"的运输组织原则,共同为对外贸易运输服务,成为我国目前比较先进的铁水联运方式。

5. 集装箱班列模式

集装箱班列模式是指在港口和内陆主要货源地之间开行的以集装箱为运输载体的列

车,特点是安全、准时、方便、快捷,主要有以下几种方案:北京(大红门)上海(杨浦)开行双层集装箱班列;国际集装箱班列;特色国内集装箱班列。以大连港为例,大连港外贸集装箱的60%以上、内贸集装箱的85%以上及主要大宗散货均来自其东北腹地。然而,大连港港口口岸距东北腹地主要城市陆运距离长,使得内陆运输不占优势。而主要竞争对手营口港距东北三省和内蒙古腹地比大连港要近约200km,综合运输费用比大连口岸低。如黑龙江出口的40ft海运集装箱货物,采用公路运输时,每集装箱运费经营口港中转较之大连港约便宜1400多元,而通过铁路班列运输时,每集装箱运送至两港口的费用差可缩小至300元左右。可见,集装箱班列对于港口和主要货源地交通运输业和经济的发展都有重要的战略意义,可以促进内陆地区铁路沿线及纵深地区经济的快速发展。

三、集装箱铁水联运运输方式的衔接模式

连接集装箱码头的内陆运输方式,主要包括公路、铁路和内河支线,可以分为直达运输方式和中转运输方式。集装箱铁水联运系统中各种运输方式的合理分工,是通过设立合理的运输方案,经过比较和计算来确定的。在设立分工方案时,须根据连接集装箱港口码头的各种内陆运输方式的具体情况来考虑,即设计陆港直达运输方案还是设立五定,班列方案,都必须根据各个集装箱港口的实际情况而定,使设立的接运方式贴近生产实际,促进集装箱铁水联运方式的合理衔接。目前,中国集装箱港口铁水联运网络内部运输方式衔接主要有以下几种。

1. "水—公—铁"A 模式

港口设立集装箱码头,在港口地区或港口周边经济发达地区的合适位置由铁路部门设立集装箱办理站,但铁路集装箱办理站或内陆集装箱中转站与港口集装箱码头距离相对较远,并且没有设立港口与集装箱办理站之间的专用铁路线路。集装箱码头和集装箱办理站都能够为集装箱运输提供服务,但是必须经过一段时间的公路集卡运输才能实现两者之间的转移,从而实现铁水联运。这种模式的典型例子有:上海市洋山港区与上海芦潮港铁路集装箱物流中心站之间组织的集装箱海铁联运模式。

2. "水—公—铁"B 模式

港口的集装箱码头与铁路集装箱办理站或内陆集装箱中转站之间相距较近,铁轨已经铺到集装箱码头内的堆场,但铁路车辆交接仍在铁路设定的港口站进行,不能实现码头交接。由于港口码头和办理站或内陆集装箱中转站内部使用的装卸设备只能在各自区域内进行作业,当被社会道路所分隔时,集装箱码头与铁路集装箱办理站之间的集装箱运输仍需要由集装箱卡车或第三方物流企业来完成。其管理模式与"水—公—铁"A 模式相同。这种模式的典型例子有:深圳港盐田港区与平盐铁路盐田站之间组织的集装箱海铁联运模式。

3. "水—铁"模式

港口集装箱码头后方堆场铺设有铁路钢轨连接后方铁路场站,当集装箱进入码头堆场铁路装卸线后,使用港口集装箱码头堆场的机械设备对到达码头堆场的集装箱进行装卸作业。当铁路集装箱班列需要进行水路运输时,集装箱班列的装卸在铁路部门设立的港口站进行,视作完成铁路段运输,而码头内部的铁路作业机车在港口站进行集装箱班列车皮接(送),便视作开始(完成)港口端换装运输。由于铁路装卸线已建在码头堆场,对铁路车皮的装卸车作业成为码头生产的组成部分,集装箱海铁换装管理与"水—公—铁"模式显著不

同。这种模式的典型例子有：大连港、天津港、青岛港和连云港集装箱码头利用其后方堆场铺设的铁路装卸线开展海铁换装。

"水—铁"模式可在港口码头内实现直接换装，比"水—公—铁"模式环节更少，更为简便。而"水—公—铁"模式中如果码头外堆场和码头相距过远（如在几十乃至上百公里），则会严重依赖集装箱卡车做短途运输，铁水联运的优势不能充分发挥出来。

集装箱铁水联运可以把集装箱的优点及铁路运输的优点结合起来，相对于公路集装箱运输，具有成本低、能耗少、污染轻的优点，同时能够缓解港口城市的拥堵，是提高综合运输效率和现代物流效率的重要措施，符合国家的低碳节能环保政策目标，有利于建设资源节约型、环境友好型社会。但是应注意的是铁水联运有自己适合的运距，运距过短并不适合铁路运输方式，应该交给公路运输去完成。经计算，铁水联运与公路运输的运距临界点为210km；210km以内，公路运输的运价优势较为明显；210km以外，铁水联运的运价优势比较明显。同时，铁路运输对运量的规模要求高，达不到一定规模难以形成班列，不适合运送小批量货物。铁路集装箱适合的运输对象应当是大批量中长距离的集装箱货物。

四、集装箱铁水联运的作业流程

1. 外贸进口集装箱作业流程

外贸进口集装箱作业流程如图5-3所示。

流程步骤为：

①船代泊位申请。船代提前向拟靠泊港口申请泊位。港方根据船代提供的信息安排泊位，做出货物堆场计划。

②接收船舶到港预报、确报信息。按照船公司或其代理公司向港方提供的有关船舶动态、信息和相关单证资料，安排集装箱船舶靠港卸货计划。

③卸船准备。主要工作为收齐并整理相关资料，编制靠泊计划、装卸作业计划、卸船计划、堆场计划。

④卸船。船舶靠泊后，码头堆场人员上船与船方协商卸船事项后，按计划卸船。卸船完毕，码头堆场整理有关卸船的集装箱单证资料并归档。

⑤堆场堆放。货物由船上卸下后，一般不能马上完成疏运，需要在堆场进行堆放。集装箱从船上卸下后，按照预先编制好的堆场计划，用集卡将其搬运到预订箱区。

⑥报关、报检。货物在由下一个运输工具运输之前，需完成报关报检手续。货代在规定期限内，持报关单、提货单和提单副本以及装箱单等单证，到海关办理申报手续。经海关审核同意后，在提货单上盖章放行；如需查验，双方另约时间进行查验，同时与港方堆场沟通查验安排。

⑦制订装车计划。承运车计划不落空，检查现车等。

⑧送空车。无论港口是采取"国铁取送车方式"或"自己成立港铁公司取送车方式"，港口码头装卸公司都需与港口站沟通协调，安排合适的时机送空车。

⑨装车作业工序。报告空车送到达货物线时间。装车作业工序包括装车前的准备工作、实际装车过程及装车后的收尾作业。装车前进行票、箱、车三检，报告作业开始时间。将装载清单信息录入追踪系统。

⑩取车。由调机取回车站，简单集结，到发场发车。

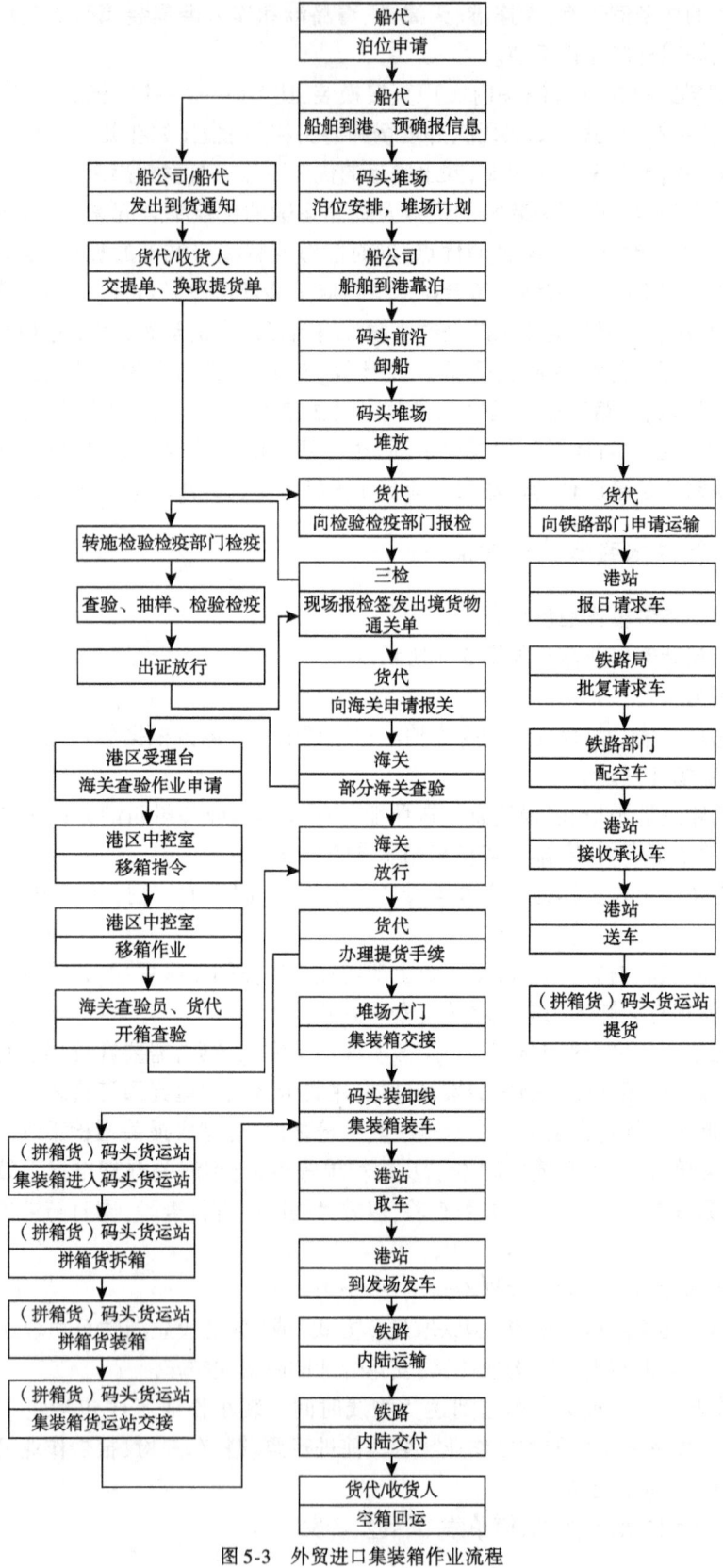

图 5-3 外贸进口集装箱作业流程

⑪装卸线或到发场发车。装卸线有整列发车能力的可安排直接装车地发车。
⑫内陆运输,完成内陆交付。

2. 外贸出口集装箱作业流程

外贸出口集装箱作业流程如图 5-4 所示。

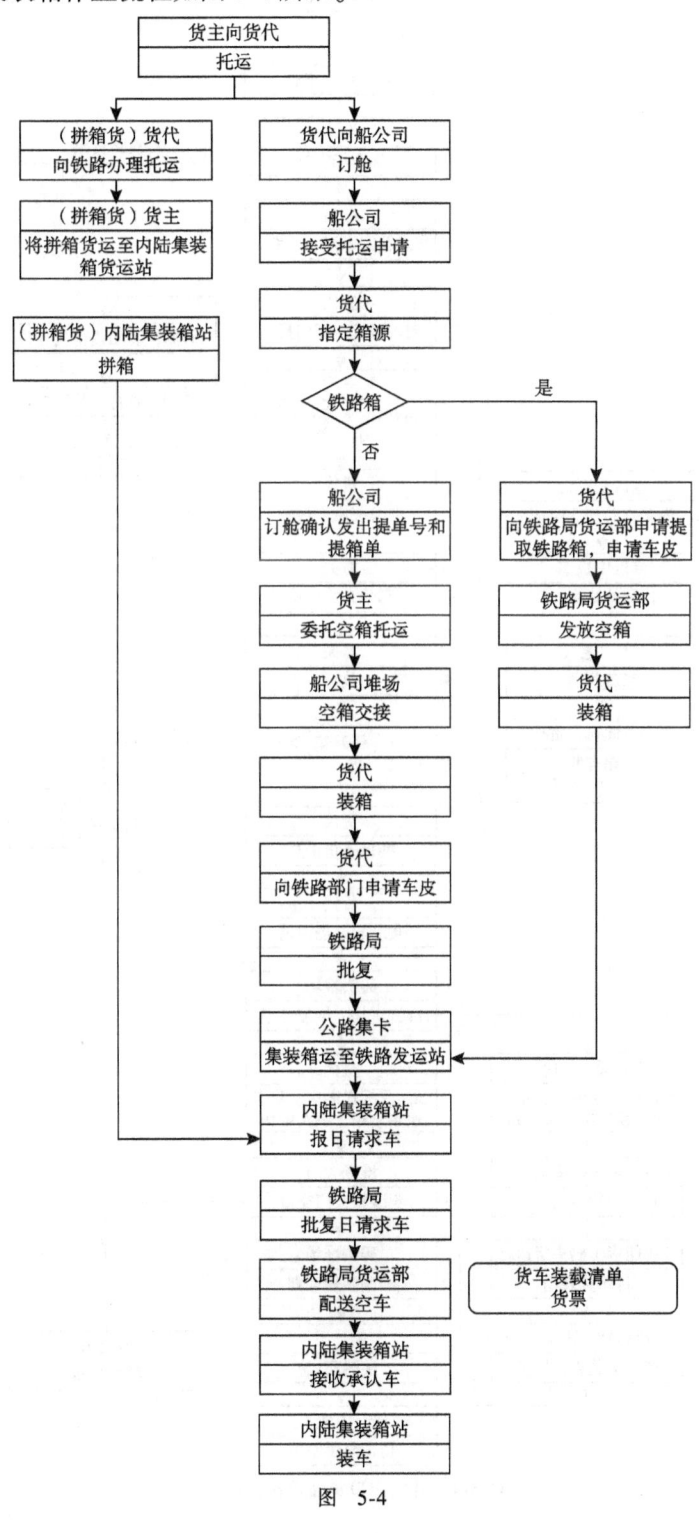

图 5-4

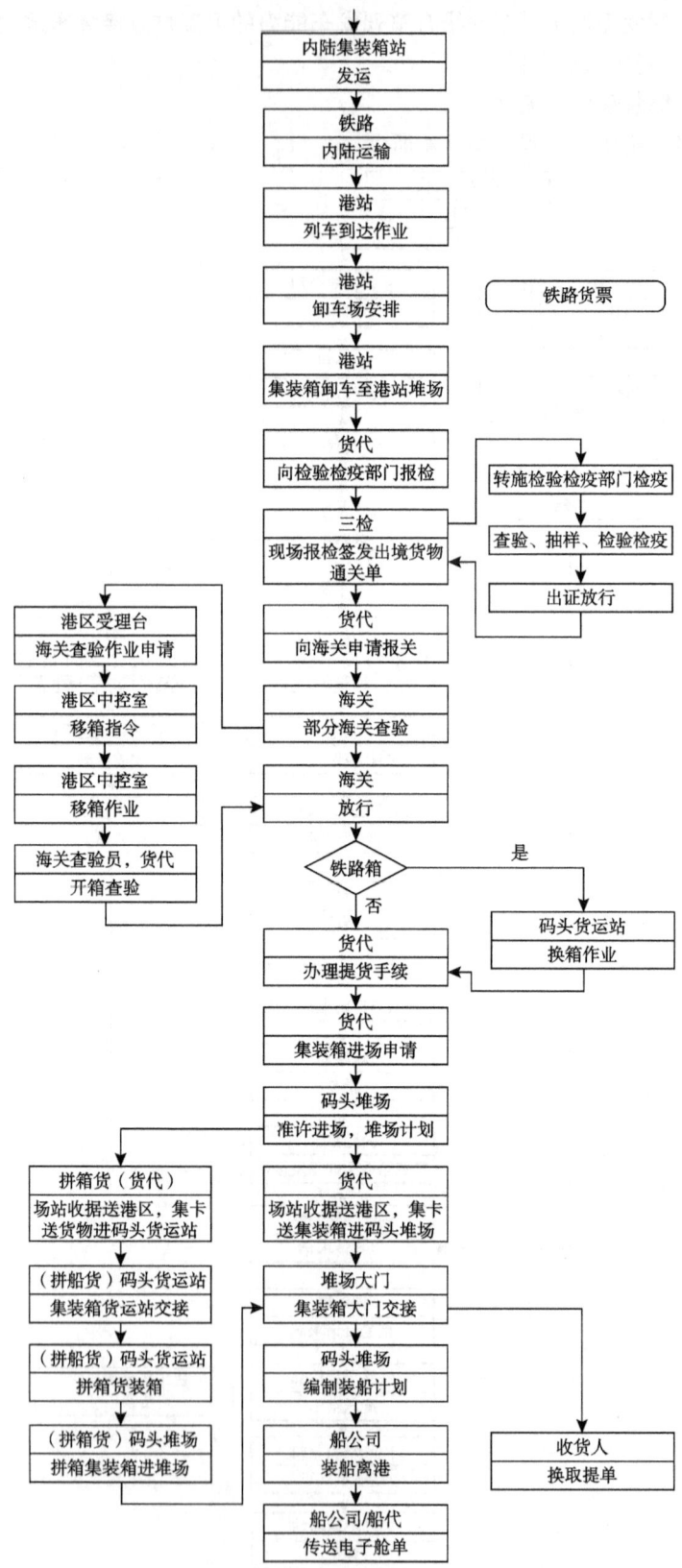

图 5-4 外贸出口集装箱作业流程

流程步骤为：

①货主向货运代理办理托运。

②订舱。货代接受货主运输委托后，由于其并不是实际承运人，还得向船公司租船、订船。

③接受托运申请。船公司或其代理在接受托运申请后编制集装箱预配清单。并将预配清单分送码头、堆场和货运站，安排货运交接事宜。

④提取空箱。凭出场设备交接单提取空箱。

⑤装箱。制作集装箱装箱单，并将货物及装箱单在规定时间内交由多式联运经营人的代理。

⑥货代安排由社会集卡将集装箱从发货人仓库运输到内陆集装箱办理站。车站货代签发铁路货物运单。货代将从铁路取得的领货凭证并交给出口港的货运代理人。

⑦内陆集装箱办理站在接受货物托运后，编制运输计划，向上一级铁路部门提交运输计划申请。

⑧集装箱列车到站。集装箱列车到站，若港口有专门的集装箱中心站，集装箱列车一般到达中心站。否则一般到达与港前站，以取送车的方式输送到相应卸车区。

⑨集装箱卸车。集装箱列车到达出口港集装箱中心站后，中心站安排卸车工作。集装箱根据预先制订好的堆场计划，卸到相应分区进行堆垛。

⑩报关报检。办理报关或转关等手续。若在内陆办理过报关，则只需要办理转关手续，否则应办理整套报关手续。代理持出口报关单、合同副本、商业发票、信用证副本、进口许可证等相应单证向海关报关。

⑪集装箱交接。根据船期计划，出口集装箱按期运至集装箱码头，堆场码头接收集装箱时，核对场站收据、装箱单、设备交接单，并代表船公司在场站收据上签字。

⑫堆场堆放。在货箱进入船公司堆场后，理货人员在与订船单核对后，出具收据，并提交船公司，由船公司签发无批注的清洁提单给货代，并作为物权凭证和双方运输合同的证明。集装箱运到港口后，一般不能立刻进行装船作业，需在港口码头堆场堆放一段时间，等待装船。

⑬集装箱装船。码头堆场人员将预配船图交船方审核，经核实后，根据装船顺序单、预备船图发箱装船。理货人员在船上计箱验残。装船主要工序为：堆场门吊将集装箱放到集卡上，集卡从堆场运来集装箱，装卸桥将集装箱装到对应箱位。装船完毕，理货人员编制理货报告单、集装箱船舶积载图。

⑭船舶离港。船舶在本次到港货物装卸完毕后，根据船舶离港计划，离港。

3. 内贸进港集装箱作业流程

内贸进港集装箱作业流程如图5-5所示。

流程步骤为：

①船代泊位申请。船代提前向拟靠泊港口申请泊位。港方根据船代提供的信息安排泊位，做出货物堆场计划。

②接受船舶到港预报、确报信息。按照船公司或其代理公司向港方提供的有关船舶动态、信息和相关单证资料，安排集装箱船舶靠港卸货计划。

③卸船准备。主要作业包括：收齐并整理必要的单证资料，编制船舶靠泊装卸作业计划，编制集装箱卸船堆场计划。

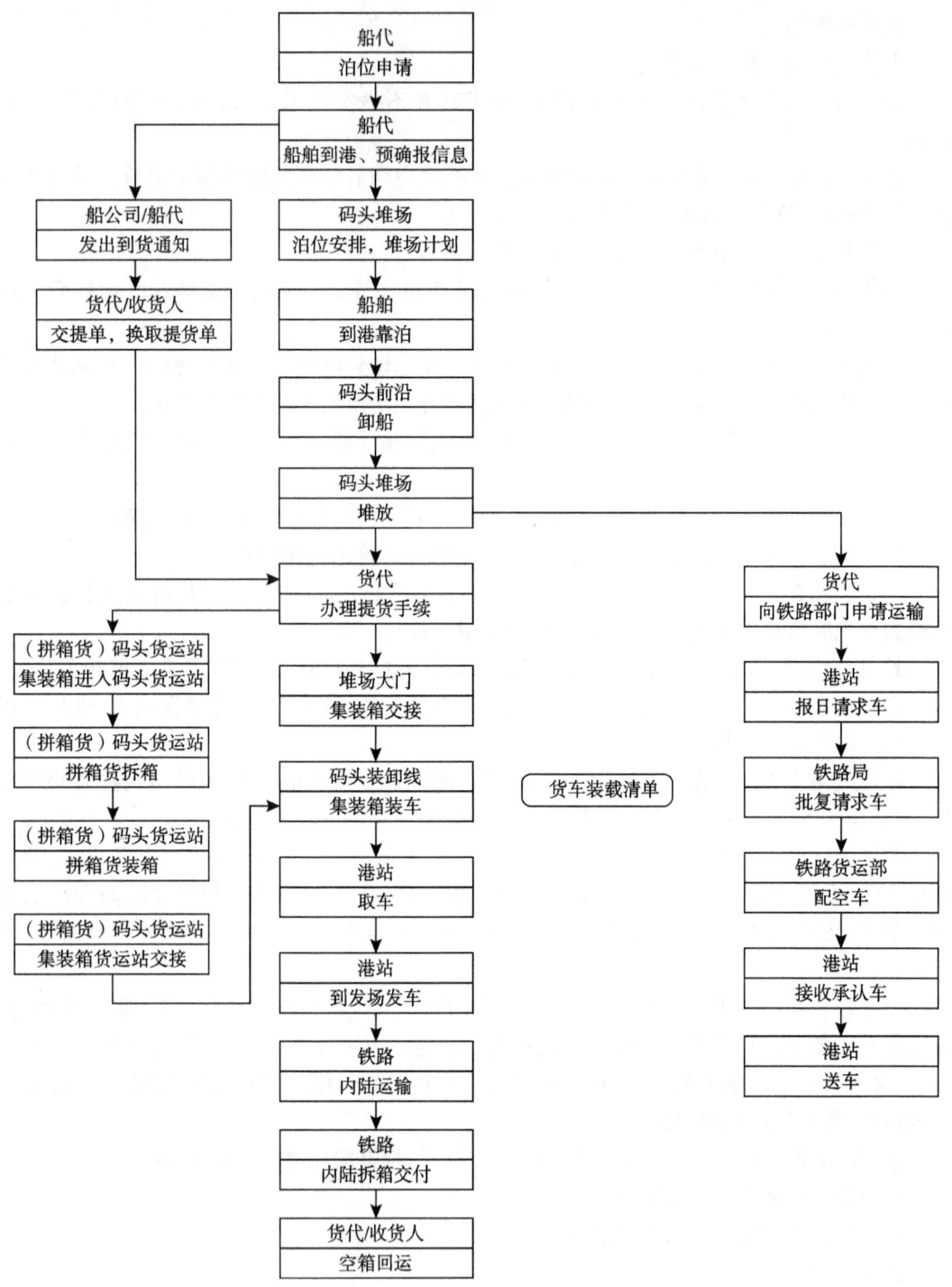

图 5-5 内贸进港集装箱作业流程

④卸船。船舶靠泊后,码头堆场人员上船与船方协商卸船事项后,按计划卸船,此时理货人员计箱验残并与码头堆场进行交接。

⑤堆场堆放。一方面由于货物需要报关,另一方面列车船舶的装载量不同,必然导致有些集装箱不能卸下就立刻疏运。卸下的货物在堆场完成堆放工作,期间货代应持相关单据进行报关。

⑥制订装车计划。承运车计划不落空,检查现车等。
⑦送空车。无论港口是采取"国铁取送车方式"或"自己成立港铁公司取送车方式",港口码头装卸公司都需与港口站沟通协调,安排合适的时机送空车。
⑧装车作业工序。报告空车送到货物线时间。装卸公司完成集装箱的装车作业。
⑨取车。由调机取回车站,简单集结,到发场发车。
⑩装卸线或到发场发车。装卸线有整列发车能力的可安排直接装车地发车。

4. 内贸出港集装箱作业流程

内贸出港集装箱作业流程如图 5-6 所示。

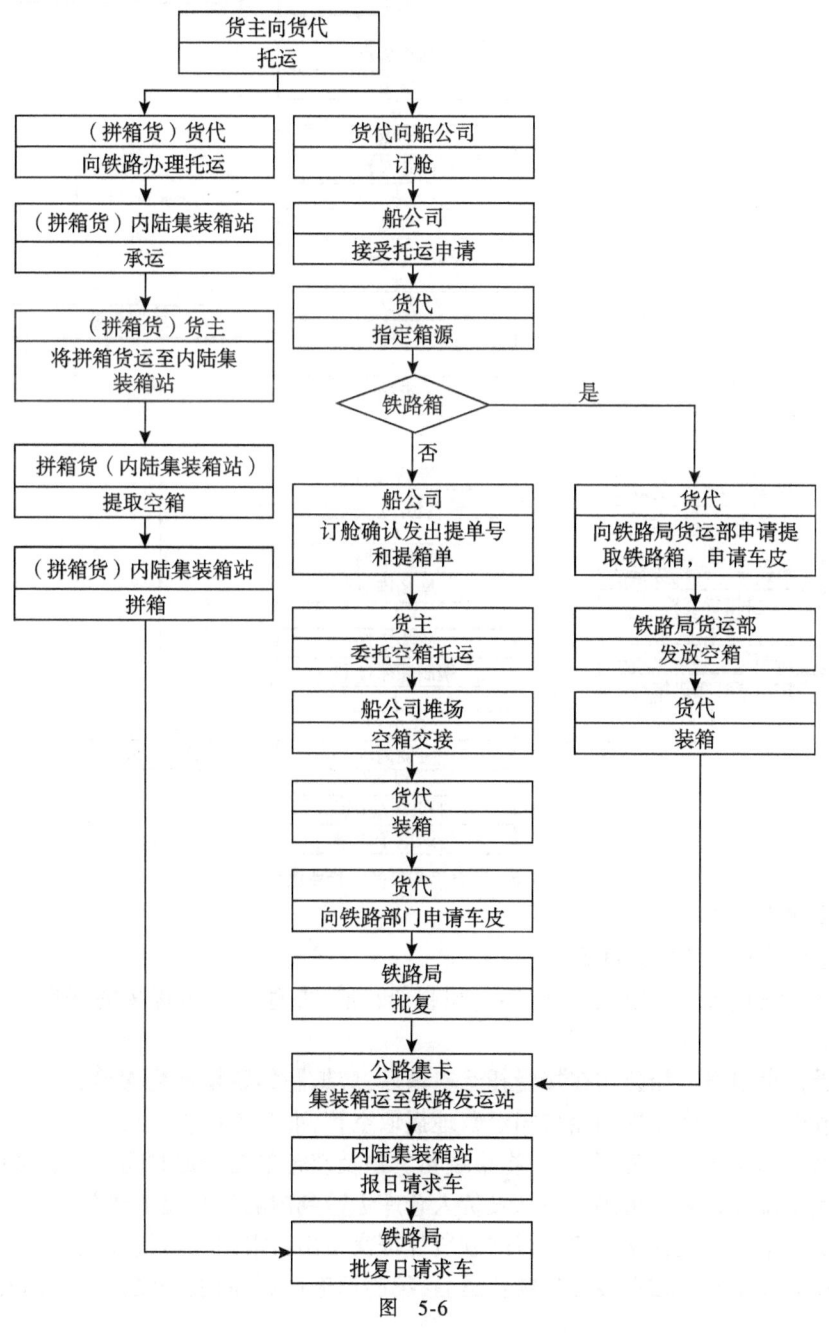

图 5-6

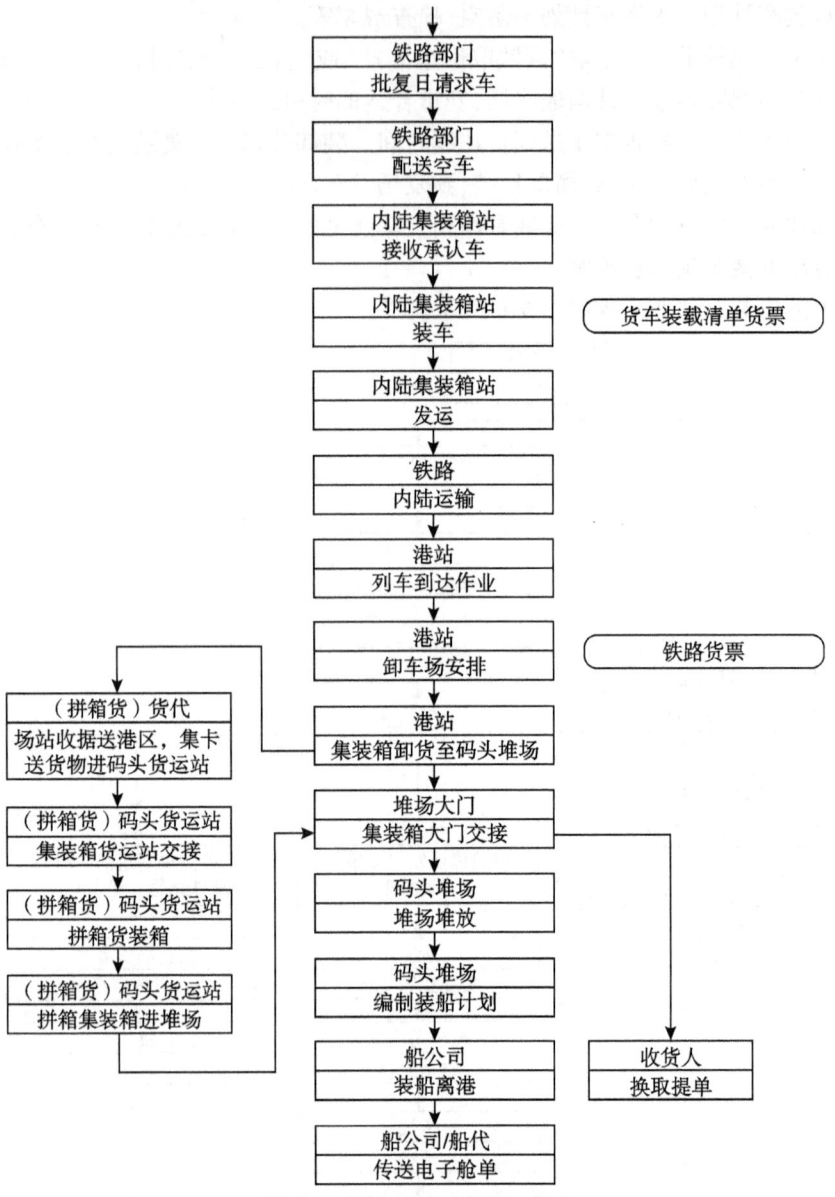

图 5-6 内贸出港集装箱作业流程

流程步骤为：

①货主向货运代理办理托运。

②订舱。货代接受其委托后，向船公司租船订舱，办理集装箱货物的托运，并填写集装箱货物托运单。

③接受托运申请。船公司在接受托运申请后，应编制集装箱预配清单。

④提取空箱。货代安排到船公司经营地提取空箱，准备装箱。

⑤装箱。制作集装箱装箱单，并将集装箱货物及装箱单在规定时间内一起交由货代。

⑥货代安排社会集卡将集装箱从发货人仓库运输到内陆集装箱办理站。车站向货代签发铁路货物运单。货代将从铁路取得的领货凭证交给出口港的货运代理人。

⑦内陆集装箱办理站在接受货物托运后，编制运输计划，向上一级铁路部门提交运输计划申请。

⑧集装箱列车到站。集装箱列车到站,若港口有专门的集装箱中心站,集装箱列车一般到达中心站。否则一般到达与港前站,以取送车的方式输送到相应卸车区。

⑨集装箱卸车。卸车作业可由港站完成,也可将要车送到码头作业线,由相关装卸公司完成。

⑩集装箱交接。根据船期计划,出口集装箱按期运至集装箱码头堆场码头堆接收集装箱时,根据场站收据、装箱单、设备交接单进行核对,并代表船公司在场站收据上签字。

⑪堆场堆放。货物在堆场堆放,应按照预先制订好的堆场计划,并完成相关手续。

⑫集装箱装船。装船主要工序为:堆场门吊将集装箱放到集卡上,集卡从堆场运来集装箱,装卸桥将集装箱装到对应箱位。装船完毕,理货人员编制理货报告单、集装箱船舶积载图。

⑬船舶离港。船舶在本次到港货物装卸完毕后,根据船舶离港计划,离港。

第四节 集装箱铁水联运港站组织

一、铁水联运港站集装箱作业区的运营组织模式

铁水联运港站是将铁路运输和水路运输衔接起来的关键节点,港站集装箱作业区是货物流通周转的必经之路。铁水联运港站的运营组织模式,影响着港站集装箱作业区内部的作业流程,也是作业区布局的根本决定因素之一,不同的运营组织模式对应着不同的布局形式。

1. 港站铁水联运换装模式

铁水联运运营的核心业务是完成集装箱铁水换装作业。早期的海铁换装,从本质上讲是指"铁—水车船直取",即将铁路车辆送到港口码头岸边前沿,由岸边装卸区的装卸机械直接将船舶中货物放入车辆中或将车辆中货物吊起放入船舶中,实现货物不落地换装。由于车船到达时间具有不确定性,港口装卸作业计划与铁路运输计划协调难度大,这种模式整体装卸效率比较低。我国早期港口在散货运输中普遍使用这种模式。随着港口多样化的发展和港口通过能力的提高,大宗散货在海铁联运中比例逐渐减小,国外在集装箱海铁联运发展的初期阶段曾采用过一段时间的车船直取,但随着集装箱多式联运的快速发展,集装箱量的增加以及港口装卸效率的大幅度提升,这种模式已经严重制约了港口的输送能力。

为了充分发挥港口的功能和铁路集疏运的能力,保证铁水联运无缝衔接,提高铁水联运的整体效率,铁水联运港站集装箱作业区比较合理的集装箱换装模式应为"铁—水"模式。它是指集装箱货物在铁路运输和水路运输方式间的换装由港口内部的装卸机械和内部集卡等设备共同完成,铁路运输装卸线延伸入港口内部,集装箱货物卸载后,可以先直接将货物卸载至集装箱堆场,完成集装箱的堆垛,或者由内部集卡直接转运至码头前沿装船,铁路车辆的装卸车作业作为港口列车装卸区生产的组成部分,并纳入港口装卸作业计划。在这种模式下,铁路运输的车站应与水路运输的港口紧密衔接,集装箱货物在铁路运输和水路运输之间的转换不需要借助较长的一段公路集卡运输或第三方运输企业来完成。"铁—水"换装模式,避免了不必要的外部运输环节,也便于铁水联运统一管理和衔接。

港站集装箱铁水联运换装模式不仅关系到港站衔接形式和集装箱货物的交接方式,更影响港站集装箱作业区的布局,"铁—水"模式是较理想的运输组织方式。

2. 港站铁水联运衔接形式

港站集装箱作业区是集装箱货源组织和集装箱的装卸换装、搬运等业务的办理区域,铁

路车站是为港口货物提供集疏运服务,港站内水路运输与铁路运输的衔接,即铁水联运业务是以铁路装卸线为纽带来实现的。铁路装卸线布置时,不仅要考虑港口作业区的布局,还要满足港口装卸工艺的基本要求,同时也需要考虑港口的施工建设情况和长远发展。铁路装卸线的布置可以从装卸线与码头岸线的相对位置和装卸线在港口内部区位两种情况分析。

(1)铁路装卸线与码头岸线平行布置

港区泊位较少吞吐量不大的港口中,集装箱运量比较少,集装箱搬运距离也比较短,为了充分利用港口的陆域部分,一般将装卸线与码头岸线垂直布置。这种布置形式是列车装卸区布置在港口的一侧,港口场地方正便于规划利用,港口集装箱作业集中。不足之处就是要求港口陆域纵深较大,不可避免地加宽了港区占地面积,码头后方不能得到有效地利用。铁水联运港站中集装箱装卸搬运作业繁忙,港口集装箱吞吐量大,港区用地也比较紧张,为了更好地开展铁水联运业务,一般采用装卸线与码头岸线平行布置的方式,且将装卸线直接延伸到港口内部,设置专门的列车装卸区,充分发挥铁路运输优势来完成港口的集疏运。这种布置形式能够充分利用港口的陆域部分,场地布置方正,使用和管理起来也比较方便,规划设计较容易,也利于港口未来的改造和扩建。不足之处是车辆取送作业与港口内横向交通发生干扰,若采用平交道口会影响码头前沿和后方堆场的水平运输作业,而这一缺陷可将列车装卸区布置于港站集装箱作业区的一侧来避免。

(2)铁路装卸线布置在港口后方堆场

装卸线平行布置在港口内部时,有延伸到码头前沿和布置在港口后方堆场两种方式,不同的区位布置方式则对应着港站不同的作业流程,同时也对应着港站集装箱作业区不同的布局方式。铁路装卸线直接延伸到港口码头前沿后,班轮上的集装箱货物可以通过装卸桥等装卸机械直接卸载到停放在装卸线上的铁路集装箱专用车辆,实现车船直取,对于大批货物可以成组或整列编组,这种模式减少了集装箱装卸搬运的次数,节约了装卸搬运的时间和成本,体现出了铁水联运高效率的优势。但是,对于大量拼箱货物的堆存需要跨越码头前沿的装卸区,增加了拼箱货物装卸搬运难度和成本。铁路装卸线也破坏了港口的完整性,严重影响了港区的交通流,阻断了公路与班轮的直接衔接,公路运输与铁路取送车作业存在交叉。此外,由于铁路建设的复杂性和高要求,铁路设置在海岸线附近,增加了工程实施的难度和费用,工程风险性大大提高。这种布置方式如图5-7所示。

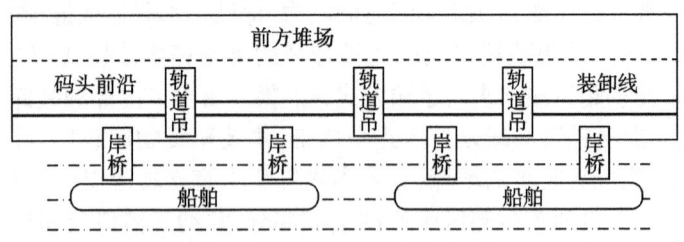

图5-7 铁路装卸线布置在码头前沿

装卸线设置在后方堆场时,集装箱班轮到达码头后,经由装卸桥卸载在码头前方堆场或集卡上,再由集卡转运到各个作业区。这样,集装箱从班轮到班列中,需要经过集卡至少转运一次,并且在港口内多进行一次装卸搬运作业,没有充分发挥铁水联运的优势,无法做到车船直取。由于需要借助公路短驳才能完成铁水联合运输,所以增加了港区内的交通压力。但是,这种布置方式避免了公路运输与铁路取送车作业交叉以及其他物流线路的交叉干扰,集装箱经班轮上卸载后去向灵活,适合港站多功能、全方位的综合发展,后堆场用地相对码头前沿比较空余,装卸线布置的限制因素较少,因此建设成本也会少一些,工程可行性高。这种布置方式如图 5-8 所示。

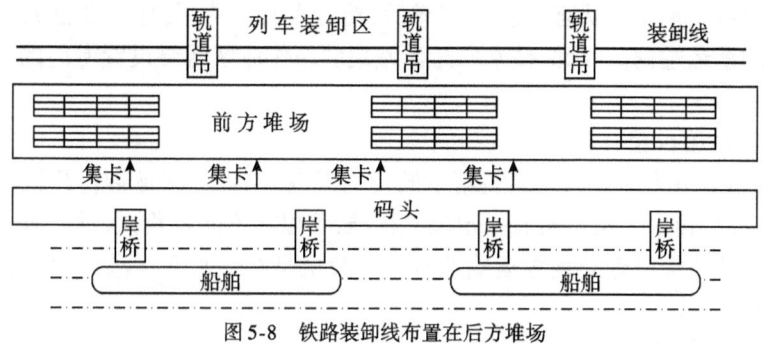

图 5-8 铁路装卸线布置在后方堆场

综上所述,铁路装卸线在很大程度上决定着港站集装箱作业区的布置,不管设置在码头前沿和后方堆场,均存在一些利与弊,布置形式往往需根据实际情况分析。一般集装箱运量大且多功能的港口,为了减少物流路线的交叉和增加作业的灵活性,通常将铁路装卸线布置在后方堆场。

二、铁水联运港站集装箱作业及流程

铁水联运港站集装箱作业区主要办理集装箱铁水换装和其他集装箱货运业务,采用一定的技术规范和运营模式,运用相关的技术手段,协调配合集装箱货物在铁水联合运输中的无缝衔接,安全、准确地实现多式联运任务。港站集装箱作业及流程从根本上影响着作业区的布局,对港站集装箱作业及流程的分析是作业区布局的基础。铁水联运港站集装箱作业流程主要分为港站装卸换装作业和集装箱货运作业两个环节。铁水联运港站总体作业流程如图 5-9 所示,其中虚线框即为港站集装箱作业区中办理的业务。

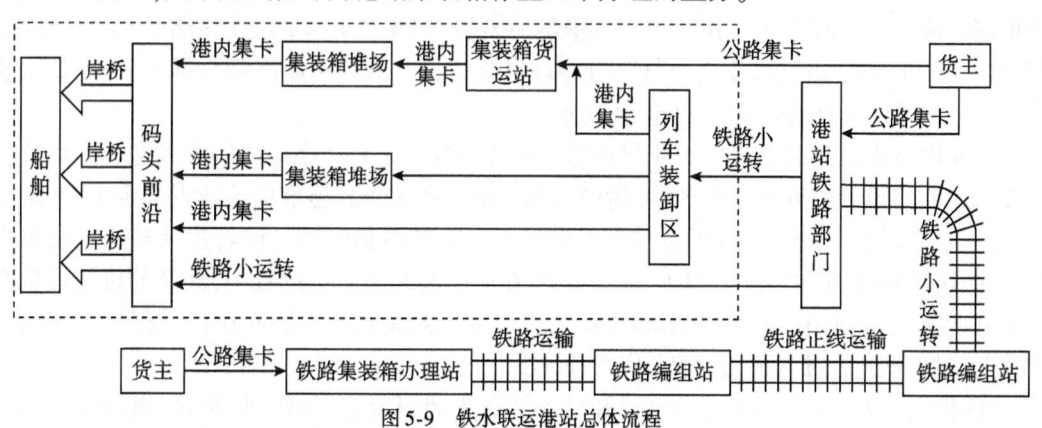

图 5-9 铁水联运港站总体流程

1. 港站集装箱货运作业

铁水联运港站集装箱作业区内集装箱货运作业主要分为集装箱的受理、承运和托运,集装箱拆箱和拼箱,集装箱的中转,集装箱的交付等主要环节。

(1)集装箱的受理、承运和托运

集装箱托运人在托运时应提交货物运单一份,使用自备集装箱或有其他注意事项时应在货物运单托运人记事栏中注明,港站在受理集装箱运单时,还需要根据要求对货物进行相关审核。然后,托运人在指定的日期领取空箱,完成集装箱货物的装箱和施封。托运人装箱后即可将重箱送入港口内,港站在验收集装箱时,检查集装箱货物的类型和重量是否与运单中的一致,并查看集装箱的状态。验收完成后,托运人支付费用,港站经营人加盖站名日期戳,完成货物的承运过程。因此,铁水联运港站集装箱作业区需要设置专门的集装箱货运站办理承运业务。

(2)集装箱拆箱拼箱

集装箱拆箱是指将一个标准集装箱中的货物拆散分装,拼箱是指将几批小批货物合并装于一个标准集装箱中。集装箱有一定尺寸标准,可以将不同收货人、同一到站的集装箱货物拼装成一箱,按整箱办理集装箱运输业务。一般也是在铁水联运港站集装箱作业区中的集装箱货运站内完成。

(3)集装箱的中转

集装箱中转业务主要指货物无须参与铁水联运过程,仅利用铁路车站或港口为停泊地实现集装箱目的地变更。若到达车列和发送车列停靠在同一列车装卸区时,则可利用轨道吊等装卸机械完成不落地换装;若不在同一列车装卸区,则需要经由集卡转运。集装箱班轮上的货物需要中转时,同样也是经装卸桥卸放在码头前沿堆场,再装上其他班轮。

(4)集装箱的交付

无须再办理铁水联运业务的集装箱货物卸载在堆场后,应及时通知收货人领取,或由铁水联运港站提供门到门服务。收货人凭有关凭证办理交付手续。若货主超过规定期限未能领取,则港站经营人会收取集装箱延期使用费。

2. 港站集装箱装卸换装作业流程

(1)港站装卸换装作业流程

根据铁水联运港站集装箱作业区的运输组织模式的分析,集装箱货物在港口作业区的操作环节一般为:"铁→堆场→水"。由集装箱班轮中卸在码头前沿的集装箱货物经过集装箱堆场完成铁水换装作业。其中,"车→堆场→船舶"实线箭头作业线为集装箱出口作业线,"船舶→堆场→车"虚线作业线为集装箱进口作业线。以出口作业流程为例来分析,铁水联运港站集装箱装卸作业示意如图5-10所示。

铁水联运港站集装箱出口作业流程是指集装箱货物车列经小运转的方式送达到集装箱作业区中专门设置的列车装卸区后,借助装卸机械卸载在集装箱堆场区或者集卡上,在堆场区中完成集装箱的堆垛,然后再通过集卡转运至码头前沿临时堆场或者集装箱班轮装船离开的过程,如图5-10中实线箭头所示。其中,在集装箱装卸搬运过程中,涉及的机械设备有轨道式起重机、轨道吊、集卡、叉车和装卸桥等。港口集装箱出口装卸作业流程按工序又可详细分为卸车作业、堆场作业、搬运作业和装船作业。

①卸车作业。先利用轨道吊等装卸设备卸载集装箱货物车列中集装箱,再根据集装箱货物的流向,将集装箱转运至不同去处:借助装卸机械将集装箱货物卸放在集装箱堆场中,待继续处理;借助装卸机械将集装箱货物卸放在集卡上,由公路运输直接送出站外货主,提供门到门服务;借助装卸机械将集装箱货物卸放在集卡上,通过集卡运送至码头前沿临时堆存或直接装船;借助装卸机械将集装箱货物卸放在集卡上,通过集卡运送至集装箱货运站等其他作业区。卸车作业基本分为以上四种。卸车前还需编制卸车计划和堆场运用计划,做好卸车准备;卸车作业完成后,还要进行集装箱收尾作业,港口工作人员需填报有关单证信息,核对并整理集装箱的信息。

②堆场作业。列车装卸区卸载下来的大部分集装箱均需先运送至堆场区,进行集装箱相关作业,完成集装箱的堆垛,装船集装箱货物运送至码头前沿后还需要在码头前沿拆垛。此外,集装箱堆场区能力紧张时,还需要在堆场区进行移箱、驳箱以及核箱等集装箱作业,尽量提高堆场区的利用率。

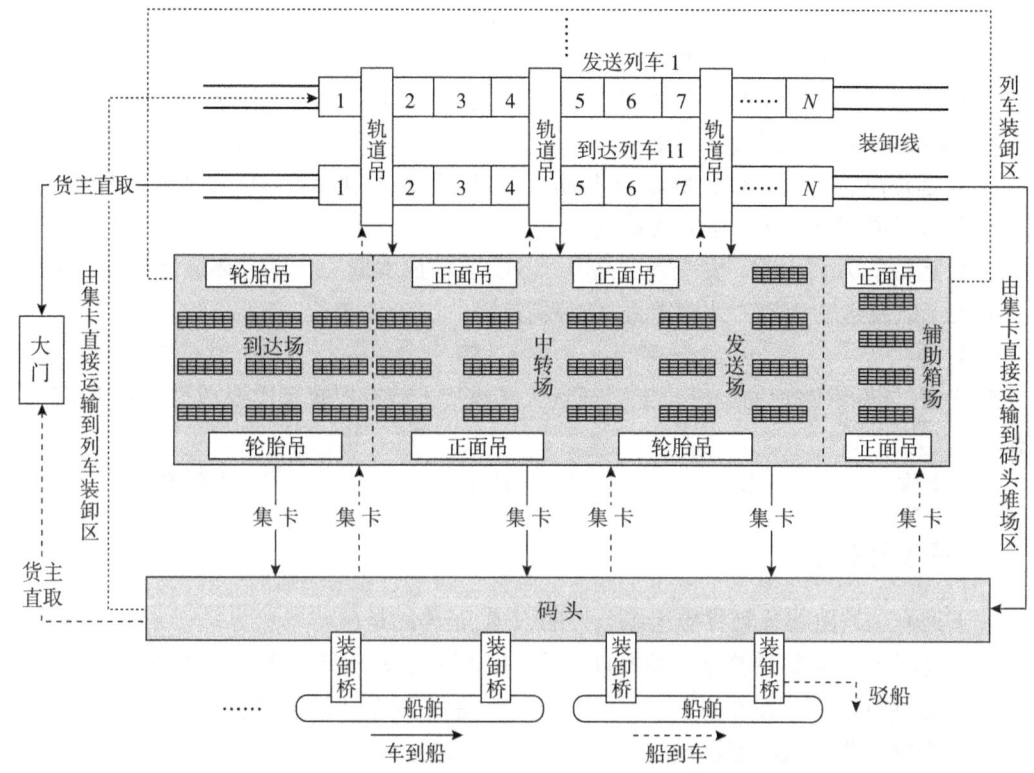

图 5-10 铁水联运港站集装箱装卸作业示意

③装船作业。一般在集装箱装船前还需要进行准备作业,预先编制船舶预配图以及集装箱实配图。理货员还需根据集装箱清单和船舶配置图排列摆放并记录集装箱信息;实际装船开始时,装卸桥按照装船计划将待装集装箱装载班轮上,并整理固定;装船结束后,需要整理船舶最终积载图,理货员还需要完成一般事务、编制单证和船方签证三项任务。

(2)港站装卸生产过程

港站集装箱装卸生产过程包含准备过程、装卸过程、辅助过程、服务过程,如表5-2所示。

港口集装箱装卸生产过程　　　　　　　　　表 5-2

准备过程	编制装卸作业计划,并且根据计划完成货物操作过程及装卸工艺的确定;装卸地点、场库、接运工具的确定与准备,装卸机械的准备,货运文件的准备
装卸过程(基本生产过程)	包括卸船过程、装船过程、卸车过程、装车过程、场库作业过程、港内运输过程及其他生产性过程
辅助过程	包括装卸机械的维修与保养、装卸工具的加工制造与管理、港口各项设施的维修,以及动力供应、场库和装卸区的整理工作等
服务过程	包括理货业务、仓储业务、计量业务,为船舶服务的有技术供应、生活必需品供应、燃物料、淡水供应、船舶检验与修理、压舱水的处理等;为货主服务的有货物鉴定、检验、包装等;还有集装箱清洗与检修、港内垃圾与污水处理等

综合练习题

一、单项选择题

1. 我国的集装箱运输最早是从(　　)开始的。
   A. 水路运输　　　B. 公路运输　　　C. 铁路运输　　　D. 航空运输
2. 铁路运输主要承担的货运是(　　)。
   A. 远距离、大批量　B. 近距离、大批量　C. 近距离、小批量　D. 远距离、小批量
3. 下列哪项不属于铁路运输的特点？(　　)
   A. 运输能力大　　B. 安全程度高　　C. 运输成本低　　D. 环境污染程度大
4. 关于铁路运输货物的计费重量，集装箱是以(　　)为单位。
   A. 吨　　　　　　B. 10千克　　　　C. 箱　　　　　　D. 20千克
5. 依据《国际铁路货物运输协定》，托运人和收货人都有权对运输要求进行变更，变更次数是(　　)。
   A. 1次　　　　　B. 2次　　　　　C. 3次　　　　　D. 无限制

二、多项选择题

1. 下列有关铁路集装箱货源组织条件的叙述，正确的是(　　)。
   A. 必须在铁路集装箱办理站办理运输　B. 必须是适合集装箱运输的货物
   C. 必须符合一批办理的手续　　　　　D. 由收、发货人装箱、拆箱
   E. 必须由收货人确定重量
2. 铁路的集装箱运输按照类型可以分为(　　)。
   A. 铁路集装箱　　B. 自备集装箱　　C. 通用集装箱　　D. 专用集装箱
3. 铁路集装箱货源组织形式主要有(　　)。
   A. 整列的集装箱货源　　　　　　　　B. 整车的集装箱货源
   C. 整箱的集装箱货源　　　　　　　　D. 拼箱的集装箱货源
4. 集装箱五定班列是指(　　)。
   A. 定点、定线　　B. 定车次　　　　C. 定车辆　　　　D. 定时间
   E. 定运价
5. 在国际货物运输中，集装箱可以用于(　　)。
   A. 多式联运　　　B. 公路运输　　　C. 铁路运输　　　D. 海洋运输

三、名词解释

1. 集装箱定期直达班列
2. 集装箱专运班列
3. 普通集装箱班列
4. 小运转集装箱班列
5. 集装箱铁水联运

四、简答题

1. 铁路集装箱场设置时应遵循的基本原则是什么?
2. 铁路通用集装箱运输的基本条件是什么?
3. 论述铁路集装箱货运程序。
4. 简要说明集装箱铁水联运运输组织模式。
5. 简要说明集装箱铁水联运运输方式的衔接模式。

第六章 公路集装箱货物运输

 学习目标

通过本章学习,学生应了解公路集装箱货物运输的基本知识;掌握公路集装箱运输的发展模式;掌握集装箱公铁联运组织的内容;了解集装箱公铁联运相关的单证。

 知识架构

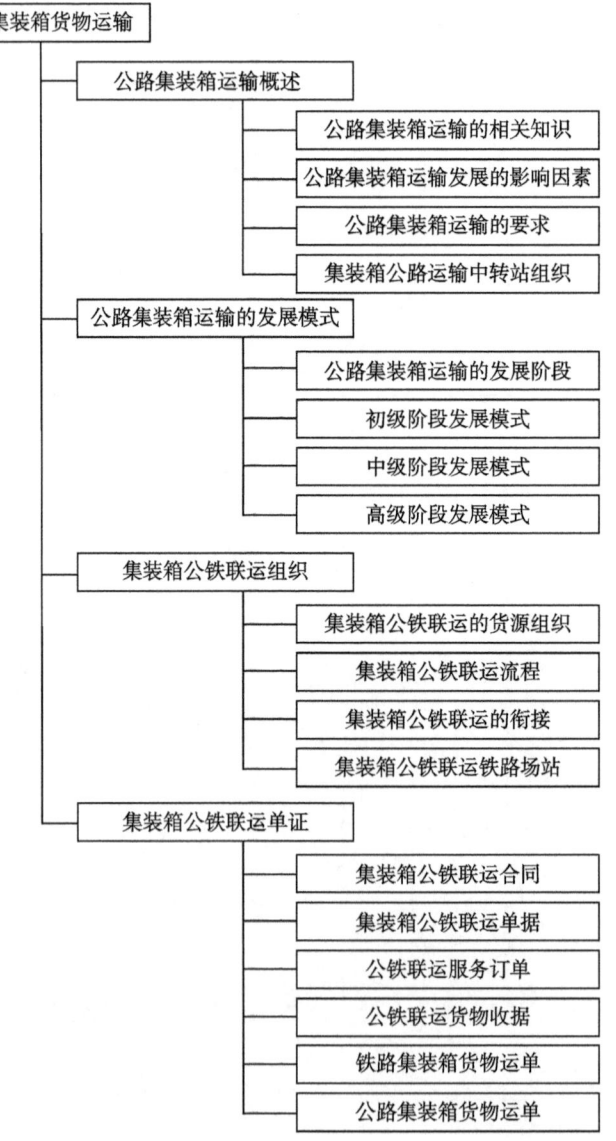

公路集装箱运输就是利用国际标准集装箱或者国家与部门规定的标准集装箱,依靠公路进行运输转移的集装箱运输方式,在集装箱多式联运中发挥了重要作用,可以有效地连接水运、铁运、航空港集装箱运输,使门到门运输服务成为现实。同时,作为一个独立的运输系统,公路集装箱运输可以承担中、短途的内陆货物运输,为货主提供物流服务。公路集装箱运输无论是在内陆运输系统或是海陆联运中,都发挥着重要的作用。

第一节 公路集装箱运输概述

一、公路集装箱运输的相关知识

1. 公路集装箱运输的概念

集装箱运输就是将货物装在集装箱内,以集装箱作为一个货物集合(成组)单元,进行装卸、运输(包括船舶运输、铁路运输、公路运输、航空运输以及这几种运输方式的联合运输)的运输工艺和运输组织形式。公路集装箱运输是指使用国际标准或国家与部门标准的集装箱,通过公路进行运输的一种集装箱运输形式。它是集装箱多式联运中的重要环节,能为铁路、港口(水运)、航空港集装箱提供集疏运服务,将它们有效地连接起来,实现门到门运输;同时,公路集装箱运输自成为一个独立的集装箱运输系统,承担中、短途的内陆集装箱运输,为货主提供运输服务。因此,公路集装箱运输在集装箱内陆运输系统和海陆联运中,都占有重要的地位。公路集装箱运输多采用以下几种形式,如表6-1所示。

公路集装箱运输的形式　　　　　　　　　表6-1

形　式	定　义
公路集装箱直达运输	汽车或汽车列车独立承担全程运输任务
公铁联运	汽车运输部门与铁路运输部门共同完成集装箱运输任务,利于发挥铁路运输能力大和公路运输机动灵活的特点
公水联运	汽车运输部门与水运部门共同完成集装箱运输任务,是进出口货物运输中的常用形式

2. 公路集装箱运输的特点

(1)公路集装箱运输在集装箱多式联运中成为重要的环节

发展集装箱多式联运,实现"门—门"运输,绝对离不开公路运输这种"末端运输"方式。所谓末端运输,是指运输活动开始和结束部分的活动,即从发货人那里取货然后将货送到收货人门上。纵观集装箱各种运输,不管是水路运输、铁路运输还是航空运输,其开始和结束,都不可能离开集装箱的公路运输。

(2)集装箱公路运输在集装箱的各种运输方式之间起衔接性、辅助性的作用

在大多数情况下,集装箱公路运输是通过陆上"短驳",将各种运输方式衔接起来,或最终完成一个运输过程。只在少数情况下,集装箱公路运输扮演"主力"角色,从头至尾完成一次完整的运输过程。公路集装箱运输以其机动灵活、快速直达的优势,可以为货主提供更加方便、快捷、安全、优质的服务。开展公路集装箱直达运输,能够减少货物流通环节,提高运输效率,节约包装材料,减少货损货差,改善运输质量。因此,在运输业的各个领域,已被广泛应用。它是现代物流环节中不可缺少的运输方式,也是现代化运输发展的必然趋势。

(3)表现出公路运输共有的缺点

不管是不是运输集装箱,公路运输均表现出一些共同的弱点:运力与速度低于铁路运输;能耗与成本却高于铁路、水路运输;安全性低于铁路和水路运输;对环境污染的程度高于铁路和水路运输。所以,在有些国家和地区(如欧洲的许多国家)都以立法和税收优惠政策等方式,鼓励内河运输与铁路运输,限制集装箱的长途公路运输。集装箱公路运输合适的距离,与各个国家和地区的经济发展程度、地理环境有关。如美国,由于内陆幅员辽阔,高速公路网发达,一般认为600km为集装箱公路运输的合适距离;日本四周环海,沿海驳运很方便,所以认为集装箱公路运输在200km之内比较合理;我国虽然内陆也幅员辽阔,但公路网络还不是很发达,所以一般认为公路运输应控制在300km左右。

3. 公路集装箱运输与其他公路运输形式的比较

公路集装箱运输与公路整车、零担等运输相比,具有明显的优越性,主要表现在以下几方面。

(1)保证货物安全

由于集装箱对货物起着外包装作用,货物不易被盗,也不易损坏;另外,在运输过程中装卸搬运都使用机械作业,减少了货物因人工搬运而造成的破损。

(2)节约包装费用

运用集装箱运输时,由于集装箱箱体屏障的保护作用,许多货物可以取消包装,以裸装或简化包装装入集装箱内,从而减少包装材料与费用,降低了成本。

(3)简化货运手续

采用集装箱运输后,原来对单件货物的查验标志、理货交接等烦琐手续大大得到了简化。

(4)提高运输效率

集装箱的装卸都是机械化作业,缩短了装卸时间,运输效率自然得到提高。而且由于货运手续的简化,货物流通时间减少,提高了运输效率。

(5)适于组织多式联运

由于采用集装箱运输的货物在途中不需倒载,换装方便,中转迅速,并且货运手续简单。因此,与其他公路货运形式相比,公路集装箱运输更适于不同运输方式之间进行联合运输。

4. 公路集装箱运输与其他运输方式的竞争

与公路集装箱运输竞争的其他运输方式是铁路集装箱运输和内河集装箱运输,这三种集装箱运输方式各有优势和劣势。

铁路集装箱运输的优劣势如表6-2所示。不难看出,铁路集装箱运输具有运输量大、运价较低、速度快、安全性强等优势,同时也具有运输时间较长、可达性差等不足之处,但是由于其在我国货物运输中占有重要地位,已经得到了货主的广泛认同。而且,集装箱运输发展战略的制定也给铁路集装箱运输带来竞争优势。

铁路集装箱运输的优劣势　　　　表6-2

优　势	劣　势
运输能力大,具有规模经济优势	及时性差,手续烦琐,需要等待较长时间
具有中长距离成本优势	可达性差,必须配合公路运输
网络覆盖面广,可深入内地	受铁路运输能力制约,准时性差
运输安全性较高	服务体系不健全,服务意识差
具有国际大陆桥网络	铁路集装箱不能参与国际流通,增加倒装成本

内河集装箱运输的优劣势如表6-3所示。内河集装箱运输虽然存在着班期不准、运输时间较长、服务质量差等劣势,但是随着沿海地区经济的增长和运输服务质量的改进,内河集装箱运输的优势将越来越被广大货主认同。

内河集装箱运输的优劣势　　　　　　　　　　　　　　　　　表6-3

优　　势	劣　　势
水运成本优势明显	短距离成本高
运输能力大,具有规模经济优势	及时性差,需要集结较长时间
运输准时性较高	可达性差,必须配合公路运输
便利性高,船舶可直接倒装或航行	灵活性差,受港口和航道条件制约
集中度高,运力富余	运输速度慢,时间长
运输安全性较高	现有船舶陈旧,投入大

公路集装箱运输的优劣势如表6-4所示。公路集装箱运输适于运输高附加值、对时间要求较高的产品,能够实现集装箱"门到门"运输,但是易受道路运输条件的影响。近几年,随着我国高等级公路网络的修建,公路部门地方割据现象的消除,公路运输的优势将更加明显。因此,我国的公路集装箱运输在未来一段时间内将保持较高的增长势头。

公路集装箱运输的优劣势　　　　　　　　　　　　　　　　　表6-4

优　　势	劣　　势
及时性高,随时可以运输	车辆载运量低,需要专用运输装卸设备
可达性高,能够实现"门到门"运输	运输进入门槛低,竞争激烈
准时性高,准时率能够达到90%以上	企业规模小,运力分散
便利性高,可实现不卸载掏箱装箱	受制于道路运输条件
短距离成本低,不需换装费用	安全性较低
运输手续简单,运输过程可控性好	不适宜长途运输
灵活性高,公路网络覆盖面广	造成道路拥挤和空气污染

二、公路集装箱运输发展的影响因素

1. 社会经济发展水平

运输是人类社会生产、经济、生活中一个不可缺少的重要环节,是社会经济重要的基础结构之一,也是国民经济的命脉,经济发展的"先行官"。运输与经济之间存在着相互依赖、相互作用的关系。一方面,经济的发展对运输在速度、安全、质量等方面提出更高的要求,对运输数量也提出更多的需求,促进了运输的发展;另一方面,运输的发展也推动了经济的发展,完善的运输体系为工农业提供了方便而廉价的运力,加速货物的运送和社会生产的流通过程、促进资源的开发、刺激生产的扩大、保证内外贸易渠道的通畅、保持市场供需的平衡,从而推动了经济的发展。

集装箱运输的发展是以经济发展为主因、为先导的派生性进步,其运量的大小是一个国家和地区经济实力及开放程度的反映。没有社会经济发展对运输的需求,尤其是对大批量、大范围、高质量的运输服务的需求,就没有集装箱发展植根的土壤。从根本上说,经济发展是交通运输进步的主要因素,也是集装箱运输发展的原动力。经济总量水平是公路集装箱运输发展的基本保证,它的快速发展,必将扩大对原材料和产成品的需求,带来频繁的物资流动,扩大公路集装箱的货源;同时,相当的经济总量水平为公路集装箱运输提供了充足的货源,为集装箱运输基础设施、运输装卸设备提供了资金保证。产业结构调整是公路集装箱运输发展的重要支撑,工业的加速增长和规模化、集约化发展,提升了第二产业的产值结构比重,改变了三次产业的比例结构;同时,产业结构的变化,使产品结构也发生变化,高技术、高附加值产品比重逐渐增加,对运输的"安全、高效、优质"提出更高的要求,扩大了对公路集装箱运输的需求。

2. 货运量分布

货运量的分布很大程度上取决于地区经济的发展和工农业生产力的布局,而货运量的地区分布直接影响我国公路集装箱货源的分布。

(1)东北地区

东北是全国的老工业基地,区内大体形成了以煤炭、石油为中心的黑龙江基地和以钢铁、化工、汽车工业为中心的辽宁与吉林工业基地。近几年,吉林省的农产品加工也成为它的一大支柱产业,同时吉林与辽宁两省的医药、电子、纺织、轻工等产业也快速发展。但是,改革开放以来,东北地区货运量增长不大,占全国货运量比重呈下降趋势,并且区内货物运输运出量大于运进量。运出的物资主要是石油、钢铁、木炭及机械工业产品,运进物资主要是煤、铁矿石及轻工业产品。

(2)华北地区

华北地区是我国重要的能源和重工业区,也是钢铁基地之一。其中煤炭储量占全国的60%,铁矿石储量占全国的1/4,钢产量占全国的1/3以上。近几年,医药、电子、机械设备等相关产品产量也相继增加。在货物运输上,该地区也是运出量大于运入量。运出的物资主要是煤炭、石油、钢铁,运入的物资主要有粮食、轻工产品等。

(3)华东地区

华东地区的大部分省市位于我国东部沿海,是全国工农业生产比较发达的地区,历年工业总产值都在全国的1/3以上。区内工业有两淮和徐州的煤炭,苏南的电子和机械,上海的石油化工、汽车、电子及轻工业等,华东地区已经成为全国工业技术和高科技比较发达的地区之一。但是,在货物运输上,华东地区却是运入量大于运出量。运入的主要物资有煤炭、木材、原油、铁矿石等,运出的主要物资是钢铁及制品、机电、轻工业产品等。

(4)中南地区

中南地区原有工业基础较差,但是经过五十多年的发展,已经取得了很大进步。广东省已是我国重要的汽车、电子、通信、轻工业等基地,湖北已经形成了钢铁和汽车生产基地。此外,以河南为中心的煤炭、石油、有色金属基地也已成型。从货物运输上看,中南地区货运量占全国的比重呈上升趋势,且物资运入量较大,主要是煤炭、石油和钢铁等,运出的物资相对少一些,主要有非金属矿石和轻工业产品等。

(5)西南地区

经过多年的发展,西南地区已经建设了四川的化工工业,攀枝花钢铁基地,贵州的六盘水煤炭基地,云南的有色金属,重庆的摩托车、化工和轻工等。这些年来,西南地区工业经济的增长稳步有序,货运量占全国的比重也有所提高。

(6)西北地区

该地区的多数省区地处我国西北边疆,交通和运输相对落后。随着经济的发展及不断地建设,煤炭、石油、化工、水电等工业取得了很大的进步。特别是宁夏和陕西的煤炭、兰州的石化、甘肃的有色金属等,都为该地区工业发展打下了坚实的基础,也带动了运输基础设施和运输业的进步。西北地区的货运量增长较快,占全国货运量的比重现在趋于平稳增长。

可以看出,经济和工业越发达地区,运输发展越快,货运量增长也越大。工业的飞速发展,为运输的快速进步打下了良好基础,在很大程度上给公路集装箱运输带来了充足的箱源,为集装箱运输全面大范围的扩展提供了空间。

3. 适箱货分布

公路集装箱运输量的大小,在一定程度上取决于适箱货物的多少。东北地区的公路集装箱运输主要是为大连港、营口港、吉林延边州港口等进行集疏运。通过港口运进和运出的货物主要有矿产品、化工产品、粮食、建材及机械设备等。根据公路集装箱运输的特点,适箱货主要是:农产品、医药、化工产品、纸类、小型汽车等。

华北地区是我国重工业和高科技工业区,该区通过公路集装箱运输的货物主要是电子产品、医药、酒、电器、装饰材料、服装以及少量的农产品。

华东地区是我国经济最发达的地区之一,该地区货源主要以上海为中心,包括江苏、江西和福建几个省份。区内货种丰富,钢铁、机械、电子、轻工业、石油、化工、汽车、煤炭、有色金属等都比较发达。主要公路集装箱适箱货为:轻纺产品、纸张、小型机电产品、化工产品、家电等。

中南地区区内深圳和广州两大港口,从货源结构看,集装箱运进货物主要以粮食、机械设备、化工原料、有色金属为主,运出货物主要以建筑材料、电气设备、轻工产品为主。因此,公路集装箱运输主要货物为:高档地砖、废旧五金、化工品等建材,陶瓷卫生洁具、家具、白糖、橡胶、日用百货、家电、海产品、瓜果蔬菜等。

西南和西北是我国内陆偏远地区,集装箱运输落后于东部沿海省份。但是,随着国家西部大开发政策的提出与实施,西部地区在工农业生产、产业结构调整、交通基础设施等方面将会取得飞速发展,逐步形成颇具潜力的集装箱运输市场。化工原料、小型机械、药材、土特产、轻工业产品等将为公路集装箱运输提供广阔的货源市场。

4. 运输成本

公路集装箱运输成本较高影响了公路集装箱运输的吸引力。无论是与普通公路货物运输相比还是与铁路集装箱运输相比,公路集装箱运输成本都偏高,这也就在一定程度上阻碍了公路集装箱运输的发展。公路集装箱运输成本是指公路集装箱运输企业为实现集装箱空间转移所支出的一切费用的总和。它是衡量集装箱运输企业生产耗费补偿的尺度,也是制订集装箱运价的重要依据。按成本性质分类,公路集装箱运输成本主要由固定成本和变动成本两部分构成。固定成本是指在一定时期内的开支总额不随运量和运距变动的费用,包括工资及职工福利基金、车辆使用税、车辆和货物保险、管理费用、其他费用(如房屋设备折旧维修)等。变动成本是指在一定时期内的开支总额与车辆行驶有关的费用,主要有燃料费、路桥通行费、车辆折旧、轮胎费用、修理费用、养路费、货运附加费、运管费、工商管理费等。

5. 港口集装箱运输

我国的公路集装箱运输主要承担着港口集装箱运输的集疏运服务,是港口运输向内陆延伸的主要方式,是发展我国大交通和集装箱多式联运模式的客观要求。因此,在对公路集装箱运输发展及其影响因素的分析中,港口集装箱运输也是其中一个重要的影响因素。公路集装箱运输的发展与港口集装箱运输发展有着密切的关系。一方面,随着港口集装箱的快速发展,使得件杂货运输逐步集装箱化,港口的集装箱运输量呈现较大幅度的增长,带来公路集装箱运输量大幅度增长。另一方面,公路集装箱运输为港口集装箱运输配套,不断地满足集装箱运输的需要,促进港口的发展。同时,其运输质量的好坏、运价的高低也会对港口集装箱运输产生影响。港口集装箱运输的飞速发展带动了公路集装箱运输的快速进步。近年来,我国的公路集装箱运输承担了港口集装箱98%以上的集疏运量,而且随着港口集装箱吞吐量的持续快速增长并向内陆腹地的不断延伸,公路集装箱运量也在逐年大幅增加。

三、公路集装箱运输的要求

1. 对公路技术规格的要求

一般来说,运输大型集装箱,最大轴负重10t,双轴负重16t就够了。为了最大限度利用轴负重,可使用不受高度限制的低拖车。所以,对公路基本建设的最低要求是公路网的载运能力至少必须等于轴和双轴的负重和车辆上载运一个按定额满载集装箱的总重量。运输6.1m、10.67m、12.2m(20ft、35ft、40ft)的集装箱,公路必须满足的要求有:①车道宽度3m;②路面最小宽度30m;③最大坡度10%;④停车视线最短距离25m;⑤最低通行高度4m。这些数据是以每小时行车速度每公里为基础计算的,有些国家因公路有关法规的限制,允许最大宽度、最大高度分别为3.8m。

2. 对运输车辆的要求

汽车集装箱运输的车辆是根据集装箱的箱型、种类、规格尺寸和使用条件来确定的。一般分为货运汽车和拖挂车两种,货运汽车一般适用于小型集装箱,做短距离运送;拖挂车适用于大型集装箱,适合长途运输,它的技术性能较好,在一些工业发达国家采用拖挂车较多。

(1)集装箱牵引车

集装箱牵引车本身不具备装货平台,集装箱牵引车必须与挂车连在一起使用。挂车本身没有发动机驱动,只有与牵引车一起方能构成一个完整的运输工具。牵引车按其司机室的形式可分为"平头式"和"长头式"两种,如图6-1、图6-2所示。

 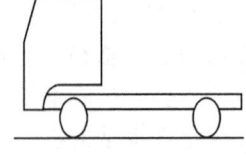

图6-1 "平头式"牵引车

平头式牵引车的优点是司机室短,视线好,车身和轴距短,转弯半径小;缺点是发动机安置在司机座位下面,易受到机器震动影响,舒适感较差。

长头式牵引车,又叫凸头式牵引车。发动机和前轮布置在司机室的前面,舒适感较好,即使撞车,司机也较为安全,并且修理发动机时发动机罩开启也较为方便;主要缺点是司机室较长,因为整个车身长,回转半径大。

由于各国对公路、桥梁和涵洞的尺寸有严格规定,使得平头式牵引车因车身短,被广泛应用。

图6-2 "长头式"牵引车

> **知识链接**
>
> 观看多功能集装箱半挂车运输车、分体式集装箱挂车和特雷克斯全自动集装箱运输车。
>
>
>
> 多功能集装箱　　集装箱装车　　分体式集装箱挂车　　特雷克斯全自动
> 半挂车运输车　　　　　　　　　　　　　　　　　　　集装箱运输车

(2)集装箱拖挂方式

按牵引车拖带挂车的方式分为半拖挂方式、全拖挂方式和双联拖挂方式。如图6-3所示。①半拖挂式。牵引车牵挂了装载了集装箱的挂车。②全拖挂式。通过牵引杆架与挂车连接,牵引车本身可作为普通载重货车使用。③双联拖挂式。半挂车后面再加上一个全挂车(牵引车拖带了两节底盘车)。

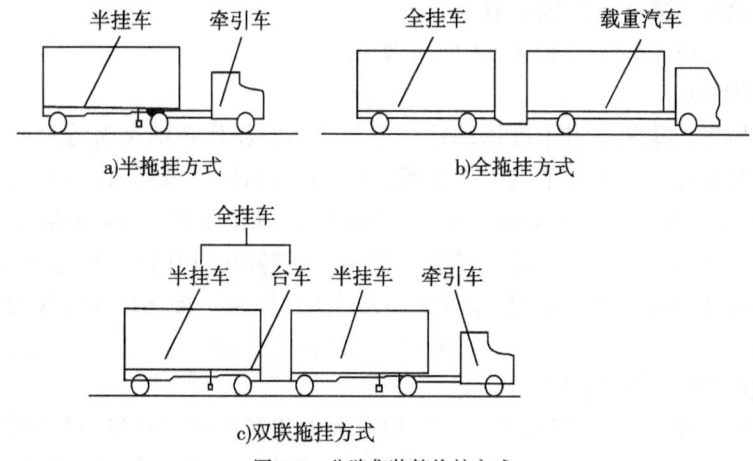

图6-3 公路集装箱拖挂方式

四、集装箱公路运输中转站组织

集装箱公路运输中转站,是指设在港口或铁路办理站附近,用于水运、铁路运输向内陆和经济腹地延伸的基地和枢纽,是集装箱内陆腹地运输的重要作业点之一。

1. 集装箱公路运输中转站的级别划分

按我国国家标准《集装箱公路中转站级别划分、设备配备及建设要求》(GB/T 12419—2005),集装箱公路运输中转站级别划分的主要依据是中转站设计年度的年箱运组织量和中转站设计年度的年箱堆存量。按集装箱公路运输中转站年箱运组织量和年箱堆存量及其所在地理位置,可划分成三级:分别为一级站、二级站和三级站。其划分标准如表6-5所示。

集装箱公路运输中转站划分标准　　　　表6-5

站级	地理位置	年箱运组织量(TEU)	年箱堆存量(TEU)
一级站	位于沿海地区	30000以上	9000以上
	位于内陆地区	20000以上	6000以上
二级站	位于沿海地区	16000~30000	6500~9000
	位于内陆地区	10000~20000	4000~6000
三级站	位于沿海地区	6000~16000	3000~6500
	位于内陆地区	4000~10000	2500~4000

2. 集装箱公路运输中转站的主要功能

①承担集装箱水运目的港、集装箱铁路办理站的终点站和收货人之间集装箱公路转移的任务,完成"门到门"运输。

②相当于一种内陆的集装箱货运站(CFS),办理集装箱拼箱货的拆箱与拼箱作业,同时发挥拼箱货集货、货物仓储及向货主接取、送达的作用。

③靠近大型集装箱口岸与铁路集装箱办理站的,可作为疏运集装箱的缓冲区域、集装箱堆场或集装箱集散点。

④进行空、重集装箱的装卸、堆存和集装箱的检查、清洗、消毒、维修等作业,并可作为船公司箱管或外轮代理公司在内陆指定的还箱点,进行空箱堆放和调度作业。

⑤为货主代办报关、报检、理货及货运代理等业务。

3. 集装箱公路运输中转站的布置

集装箱公路运输中转站的布置如图6-4所示。

(1)集装箱堆场

在这一区域完成集装箱卡车进场卸箱作业与出场装箱作业的全过程;同时在这一区域进行集装箱日常堆存。集装箱堆场可按空箱、重箱分别划分区域;如代理船公司、租箱公司作为内陆收箱点的,还可按箱主分别划分堆箱区域。在堆箱区域中,国内箱(小型箱)与国际标准箱要分开。通常国内箱区应放在较靠外的位置,国际标准箱放在较靠里的位置。集装箱堆场的地面必须做负重特殊处理,以满足相关的负荷要求。堆场地面必须符合规格,避免场地被损坏。

(2)集装箱拆装箱作业仓库

在这一区域主要完成集装箱拆箱、装箱作业和集装箱拼箱货集货、集装箱拆箱货分拣、暂时储存,以及某些中转货物的中转储存等工作。仓库的规模应能满足拼箱、拆箱量的需求,在仓库一侧一般设置"月台",以备集装箱卡车进行不卸车的拼箱、拆箱。应有适当开阔面积的拼箱、拆箱作业区,便于货物集中、分拣与叉车作业。按需要,可设置进行货物分拣的皮带输送机系统。同时,应有适当规模的货物储存区域。

(3)辅助作业区

①大门检查站主要负责进站集装箱的设备检查与交接,以便分清责任。②综合办公楼主要进行各种单证、票据的处理、信息交换、作业调度等。③加油站满足进出站集装箱卡车的油料补给。④停车场、洗车场。⑤修理车间主要满足集装箱卡车、装卸机械的修理任务;如有条件和必要,可配备集装箱修理的力量。同时,按照站内外运输道路及站内车辆的流向,合理确定各区域的进出口通道和中转站大门的位置,尽量避免站内外车辆的交叉流动。站内一般采用单向环形道路,路面宽4m,如采用双行道,路面宽取7~8m,以便于汽车在站内安全运行,主要通道的转弯直径宜为36m。

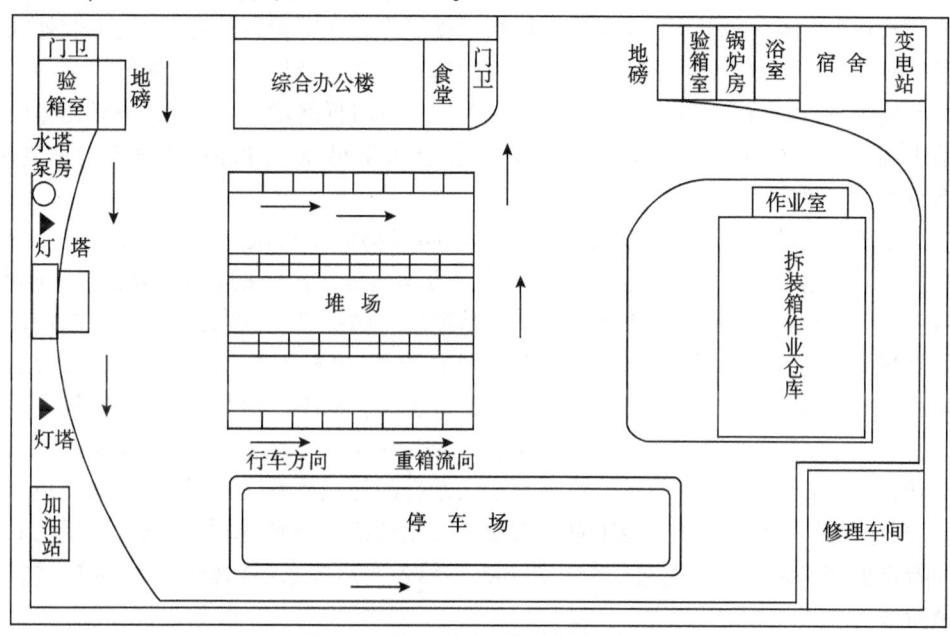

图6-4 集装箱公路运输中转站的布置

第二节 公路集装箱运输的发展模式

一、公路集装箱运输的发展阶段

1. 发展阶段划分的理论依据

从运输的发展来看,中外多数学者都是以历史上不同运输工具的出现和发展时期作为划分标志,他们按照水运→铁路→公路与航空→综合运输体系归纳运输业的发展轨迹。而与此不同的是,运输化理论的提出把运输与经济发展联系起来。运输化理论认为历史上任何具有革命性的现代运输技术,都是依靠世界上最强大的经济力量的支持才出现的。该理论阐述了交通运输与社会经济发展之间的关系,认为经济发展的运输化过程有一定的阶段性。所以,按照不同的经济发展阶段,把运输的发展分为前运输化、运输化和后运输化三个阶段。

在前运输化阶段,经济活动范围较小,人类主要从事游牧业、农业、小手工业和工场手工业生产。而游牧业和传统农业要运输的货物较少,小手工业和工场手工业的原料多数在当地就可以解决。所以,在这个阶段构成水陆运输量的主要是农产品和手工业品。这段时期运输的主要特征是:运输工具落后,运输速度慢,运输成本高,运输能力不足,社会运输设施增加缓慢,经济活动产生的人和物的位移总量很小。运输化是随着工业化的发生而出现的,在发达国家的工业化从纺织工业到冶金原材料工业、到机电化学工业、到高度加工工业的进程中,运输化也经历了一个从发生到发展、完善的演变。运输化分为初步运输化阶段和完善运输化阶段。在初步运输化阶段,工业处在纺织和冶金原材料工业阶段。这时期,总运输量的增长超过国民生产总值的增长,社会经济对运输业的需要主要表现在量的方面,要求迅速建成四通八达的铁路和水运网,大规模地提高运输能力。在完善运输化阶段,工业处在机电和化学工业为主的发展阶段。这时期,综合性的运输体系已经形成,但货物运输量的增长速度却开始放慢,逐渐与国民生产总值的增长变为同步或略低的增长,社会经济对运输的需要更多地表现在质的方面,即运输需求出现多样化,要求更迅速、更方便、更完善的运输网,以满足多方面的运输需求。

在后运输化阶段,发达国家经济的增长已经向提高加工层次、获得更大的附加价值方向,向更多地依赖深度加工、依赖技术、依赖信息方向转变。经济的转变、信息技术的发展,带来后工业化社会的出现,而作为工业化主要特征之一的运输化,也必然会发生向后运输化转变的趋势。在后运输化阶段,运输业的基础地位有所减弱,增长速度明显放慢,货运量和周转量逐渐减少,运输业在国民经济结构中的比重进一步缩小。但是,在运输质量方面却提出更严格的要求,运输速度和频率加快,小批量和特种运输的数量增加,运输服务更加方便可靠。随着运输化的成熟,货物运输将逐渐融入社会的物流体系之中,旅客运输将更多的依赖民航、高速铁路等快速公共交通工具。按照运输化理论,各种运输方式先后出现的时间顺序是与特定的经济发展阶段相对应的。图 6-5 表示各发达国家运输化阶段所对应的社会经济发展阶段。

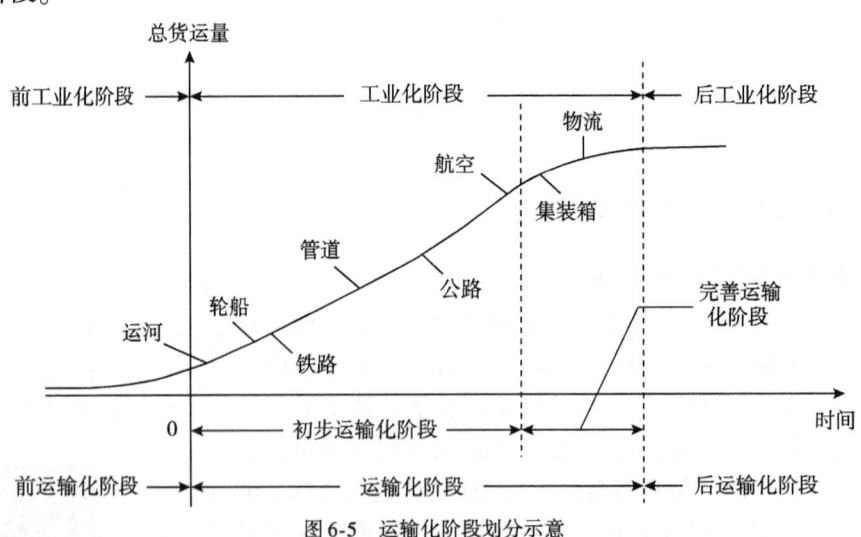

图 6-5　运输化阶段划分示意

2. 公路集装箱运输发展阶段的划分

(1) 初级阶段

该阶段处于我国改革开放的初期(1977—1986 年)。十一届三中全会上改革开放政策的提出加快了我国经济的发展,国内生产总值、工农业产值、交通运输等都有一定程度的增长。这时期,港口集装箱运输逐步发展起来,并带动了公路集装箱运输的兴起。但是由于改革刚刚开始,经济还相对增长较慢,道路运输还没有成为经济发展中的重要产业,港口集装箱运输也初步发展,公路集装箱运输因此处于发展起步阶段。由于刚刚起步,公路集装箱货运量很少,稳定的货源网络还没有形成,运输企业规模相对较小,集装箱运输配套基础设施的建设也刚起步,相应的政策法规和管理办法还不完善,集装箱标准化水平较低,公路集装箱整体运输能力相对落后。

(2)中级阶段

"七五"到"九五"是公路集装箱运输的推广与巩固提高阶段。这个阶段经济体制正在转型时期,国内生产总值增长速度很快。公路货运量也平稳增长,但其增长速度低于国内生产总值的增长。这段时期运输产品中技术含量高、附加值大的产品运量增加,也就加大了对运输优质、安全、高效的需求。而且,此时正值国家把交通运输列为国民经济发展的战略重点,加大对交通运输的投资力度时期。公路集装箱运输基础设施建设也因此掀起新高潮,集装箱运输企业更加专业化,货运场站规模扩大、技术装备水平提高、配套功能基本齐全,公路集装箱运输能力基本能够满足社会需求。同时,集装箱运输技术标准规范更加全面,现代化信息管理系统已有雏形,公路集装箱市场管理机制和政策法规体系初步形成。

"十五"到"十一五"及其之后的一段时期是公路集装箱运输的壮大完善阶段。在这个阶段,党的十六大确立的全面建设小康社会的目标把国民经济推向更高速发展,工业产品中对集装箱运输的需求日益增多,运输业已成为国民经济中的重要产业。随着港口集装箱运输的蓬勃发展,公路集装箱运输亦应逐渐壮大完善,以满足人们对运输在速度、服务等质量方面的柔性需求。此时,公路集装箱运输企业应向规模化、集约化、效率化方向发展,公路集装箱运输货源网络稳定扩大,运输市场基本成熟,内陆运输与进出海通道基本完善,公路与铁路、水路的多式联运也已完善,集装箱运输量增长很快。集装箱运输信息平台建设初步完成;对企业内部要形成信息化管理,对企业之间要实现资源共享,对企业与各部门之间要实现计算机联网开展工作和业务,对车辆和货物要实现实时跟踪。

(3)高级阶段

随着国民经济和社会的高速发展,对运输质量也提出了更高的要求,货物运输逐渐融入社会综合物流体系中。而且,伴随着信息与技术的发展,港口集装箱运输向物流服务的转变,公路集装箱运输也必将融入社会物流体系中,与其他集装箱运输方式形成集装箱综合物流服务链。因此,在这一阶段重点是引导集装箱运输向物流方向发展。引导公路集装箱运输企业向物流服务发展;引导集装箱货运站向多功能、覆盖面广并且节约的方向发展。同时,形成较为完善的集装箱运输物流体系,形成公平、合理、有序、健康的公路集装箱市场和完善的政策法规体系,形成完善的公路集装箱运输网络和先进的信息系统。

公路集装箱运输发展阶段的划分是依据我国公路集装箱整体运输情况而定的。在我国,由于地理位置的不同,各地区经济发展水平、产业结构、运输状况等存在很大差异,公路集装箱运因此也处于不同的发展阶段。

二、初级阶段发展模式

1. 行业发展模式

在初级发展阶段,公路集装箱运输各项工作都从零开始。从行业的角度来说,货源组织落后、技术水平低下、运输市场粗略、组织规模欠缺等。这一阶段公路集装箱运输行业发展模式是:立足于本阶段的发展重点,通过一系列途径,采取"统一领导,分头经营,互相协作,专业管理"方针,促进公路集装箱运输货源网络的形成,引导集装箱运输市场初步规模的形成。

(1)采用多种渠道组织货源,公路集装箱货源网络基本形成

进行公路集装箱运输的首要条件就是要有充足而稳定的货源,货源在相当长一段时间内仍然是企业发展的依托和市场竞争的焦点。因此,寻找适箱货源、建立揽货网点是本阶段发展重点。公路集装箱货源组织方式主要有以下几种:

①委托公路运输代理公司或配载中心组货。公路集装箱运输在这个时期主要是为港口服务。由于集装箱运输企业规模较小,将进出口的集装箱货源交给运输代理公司或配载中心统一受理,不仅因为专门的公路集装箱运输货运代理与集装箱运输有关单位有密切的联系,业务上熟悉,更重要的是对客户要方便得多,也解决了集装箱运输企业由于力量小带来的货源量少的弊端。

②建立集装箱运输营业受理点。由公路集装箱运输公司在主要货主、码头、货运站设立营业受理点。一方面能及时解决一些客户的急需或特殊需求,另一方面有利于集装箱运输公司更快地了解、掌握集装箱运输市场的信息动态,为其运输经营提供依据。

③等待货主和通过朋友关系组货。有些公路集装箱运输企业不采取主动形式去市场上寻找货源,而是等待一些短期的、临时的货主主动"送货上门"。另外,企业也通过内部人员在市场上的朋友关系建立业务。这种被动的组货方式不仅使运输企业可能失去一些货源,而且业务范围狭窄,影响了企业的发展。

(2)培育公路集装箱运输市场,引导市场初步规模的形成

市场是公路集装箱运输发展的载体,只有依靠市场的作用才能有效地配置资源,提高运输效率和服务水平。公路集装箱运输发展初级阶段,虽然企业发展水平较低,法律法规还不完善,经营秩序也不规范,但是,集装箱运输市场的初步形成已给公路集装箱运输提供了良好的发展空间。

①鼓励引导企业和场站建设。企业是市场的主体,场站是运输的纽带。公路集装箱运输企业和场站的建设是这阶段乃至今后一段时间运输发展的重点。在本阶段,中央与地方联合,采取鼓励措施,协助和引导交通部、各地区组建独资或合资的公路集装箱运输企业,兴建公路集装箱中转站。但是,这个时期企业或场站的成立与运营是由国家或地方规划限制的,对箱源组织、车辆调度、运费结算、企业核算等都有统一的规定。

②制定完善法律和法规体系。完备的法律体系是开展公路集装箱运输的前提和基本条件,只有通过法律才能使公路集装箱运输市场得以顺利进行和维护。因此,公路集装箱刚起步,国家就同步出台了一些法规和政策,主要从集装箱技术标准、运费计算等方面进行了法律约束,协调了公路集装箱运输与其他部门的关系,营造了公平的竞争环境。

③试制引进集装箱装备及技术。公路集装箱运输发展技术要先行。这个时期,集装箱运输装备的引进及技术开发主要是靠国家政策和资金的资助。国家安排技术措施费和以贷款的形式鼓励有条件并开展公路集装箱运输较好的省市购置专用车辆设备、集装箱装卸叉车、集装箱牵引车等,由国家牵头组织公路集装箱科技项目和研究会议,同时利用国内的已有技术改装运输车辆等。

2. 企业发展模式

由于这个时期,我国正处于计划经济向市场经济转型阶段,原先由交通部门独家垄断的

运输产业局面逐渐被取代,出现了全民所有制、集体所有制、股份制等多种运输经济组织形成的经营新格局。公路集装箱运输在这个转型时期兴起,因而也就兼有计划运输与多形式经营的特点。在这一阶段,公路集装箱运输企业主要以国有独资和合资的模式存在。

(1)国有独资企业模式

由国家或地方交通运输主管部门领导,企业独立经营与核算。这种企业或以车队为主或以场站为主,主要负责港口集装箱内陆运输和中转任务,其结构如图6-6所示。以运输车队为主的企业主要负责港口集装箱集疏运服务,自行组织货源或是由港口企业指定运输任务,由公司统一调度车辆,按照货主和船公司的意愿,将货物或集装箱运到港口或码头,同时将港口内货物或集装箱运送到货主手中。以场站为主的运输企业主要负责港口集装箱货物的中转和拆装箱任务。这种企业通常没有自己的车队,而是将货主或运输公司送到的货物在场站内拼装箱,将进口集装箱在此拆箱。可以看出,以场站为主的集装箱企业只单一经营拼装箱事务,其货物的集散都由上游企业和下游企业完成。我国1977年改造的原交通部汽车运输总公司就属于国有独资企业模式。

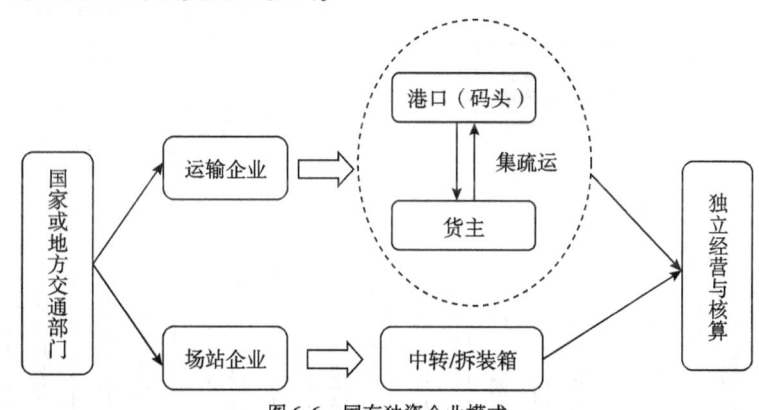

图6-6 国有独资企业模式

(2)国有合资企业模式

这种模式是在某一区域内(港口及腹地地区)由国家或地区交通部门、港务局、船公司及公路运输公司通过协商确定各自的出资份额,共同投资组建的公路集装箱运输企业或内陆中转站。由于当时处在经济转型时期,国家及地方政府在企业组织过程中仍然占有主要地位。主要有两种形式:由国家与地方交通部门组建和由国家或地方交通部门与企业组建,其实施结构如图6-7所示。股份制合资企业组建在港区附近,主要负责该港区与其周边地区的内陆集疏运任务。企业归国家或地方交通部门领导,各合资方共同参与企业建设,箱源由多方共同组织,车辆统一调度,运输区域固定,运输任务由多方统一协调,财务也实行统一管理,按股分利,合资方之间通过信息沟通,能够灵活掌握市场动态。合资企业模式在这个阶段是主体模式,像1980年组建的京津冀国际集装箱运输公司及分公司,1984年成立的上海市国际集装箱汽车运输股份有限公司都属于这种模式。

三、中级阶段发展模式

1. 行业发展模式

经过初级阶段的建设,公路集装箱运输取得了显著的成绩,因而中级发展阶段主要是公路集装箱运输的提高与完善过程。在这一阶段,公路集装箱运输行业发展模式是:以现有集装箱运输市场为基础,创新货源组织渠道,试用新型运输组织方式,提高运输服务质量,发展集装箱多式联运。

(1) 创新公路集装箱货源组织方式

随着公路集装箱运输的逐步巩固和提高,传统货源组织方式已无法满足运输发展需求,新型组货方式应运而生。在多竞争的运输市场中,公路集装箱运输企业积极采取各种组货手段。①利用公路对铁路、港口集装箱的集散作用获得货源。通过与他们保持密切联系,了解铁路、港区、货代、货主的货源情况,开发针对性服务项目。②利用区域高速公路实施直通关的有利条件,积极吸引异地货源。③利用集装箱货运站组织货源。在适箱货源不足的情况下,对同一到站、不同收货人的零星小批量的零担货物,根据到达箱源的具体情况,组织拼箱运输。④利用企业建立的货源组织开发系统开发货源。集装箱运输企业在条件较成熟的地区建立精品揽货网点,同时搞好横向联合,推进与驻地大货主、货代单位在业务上的合作,并且鼓励员工通过网络、宣传等多种渠道发展客户。

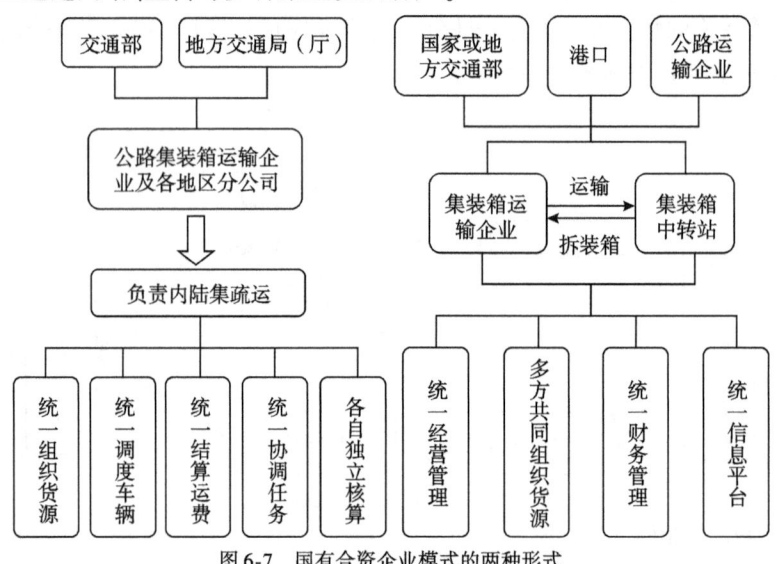

图 6-7 国有合资企业模式的两种形式

(2) 开展公路集装箱甩挂运输

公路集装箱运输发展到这一阶段已经开始尝试新的运输形式——集装箱甩挂运输。由于公路集装箱运输车辆往往是大吨位的,而现在的大吨位货车在满足提高车辆的燃油经济性和装载能力两方面的需求已经达到较高水平,无法从这两方面来提高汽车的货运效率或运输经济效益,因此需要通过运输组织技术和管理手段的变革来实现。集装箱运输是先进的运输设备与组织技术完美结合的产物,而甩挂运输是其主要的组织技术。与常规运输相比,甩挂运输利用汽车牵引甩挂挂车的形式提高了牵引车的利用效率、车辆实载率、里程利用率和车辆技术速度等,大大减少装卸等待时间,加快货物周转速度,提高运输效率,发挥了公路集装箱运输的优势。

(3) 发展集装箱多式联运

集装箱多式联运是以集装箱为运输,将不同的运输方式有机的组合在一起,构成连续的、综合性的一体化货物运输。它通过一次托运、一次计费、一份单证、一次保险实现了货物"门到门"运输,减少了中间环节,简化了运输过程,降低了运输成本,提高了运输质量和组织水平,实现了合理化运输。公路集装箱运输以其机动灵活、快速直达的优势成为多式联运的重要运输环节,它衔接了海上与陆地运输,是国际集装箱海上运输向内陆系统的延伸。公路集装箱运输在多式联运中主要是进行进出口集装箱的陆上运输,具体业务是接受托运、安排作业计划、向码头申请机械、提取空箱或重箱、装箱、送交空重箱等。

2. 企业发展模式

公路集装箱运输行业的发展带动了企业的发展与进步,新型企业组织模式和经营模式不断涌现。在这一时期,公路集装箱运输企业不再拘泥于初级阶段简单的发展模式,而是向专业化、特色化方向,向规模化、集约化方向发展。

(1)特色化专业运输企业模式

这种模式的公路集装箱运输企业是专门从事某一种组织形式的公路集装箱运输或利用某一优势进行公路集装箱运输的企业。从运输组织角度来说,在这一阶段主要存在两种具有专业特色的运输企业:公路零担集装箱运输企业和利用回程返空优势进行集装箱运输的企业。公路零担集装箱运输是将零担运输与集装箱运输结合起来的一种运输组织形式。零担运输具有丰富的货源和固定的线路,而公路集装箱运输的发展恰恰需要充足的货源和相对稳定的线路支持。集装箱运输企业利用固定的零担运输线路拼装箱货物,然后采用集装箱运输车辆将货物运达目的地,具体如图 6-8 所示。企业开展这种运输组织形式充分利用了零担运输的货源优势,扩大了公路集装箱运输范围,实现了零担运输集装箱化。

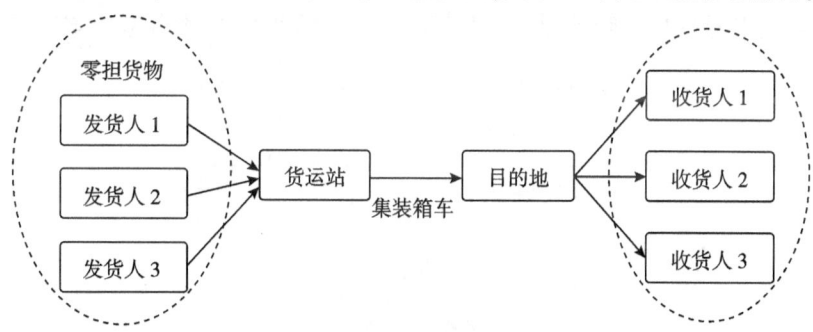

图 6-8　公路零担集装箱运输模式

公路集装箱运输成本高,回程利用率低是制约公路集装箱发展的主要因素。因此,充分利用回程运输优势已经受到集装箱运输企业的重视。从港口通过公路运往内陆的集装箱,返回港口时往往是空箱运回,成本造价高,又带来资源的浪费。为发挥这个优势,公路集装箱运输企业从当地的市场资源入手,建立货物组织网络,通过分析不同运输节点间的不同运输需求,利用低价进行回程空箱的货物运输,具体如图 6-9 所示。这种方式不仅能够合理利用集装箱资源,而且能够降低运输成本和价格,有效地吸引了更多货源,提高了公路集装箱运输企业的竞争力。随着回程空箱运输优势越来越明显,必将有更多的公路集装箱运输企业向这种模式靠拢。

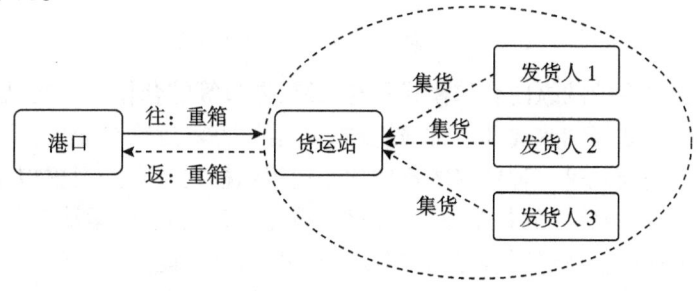

图 6-9　利用回程返空集装箱运输模式

（2）集团化运输企业模式

国际集装箱运输市场的高度竞争给公路集装箱运输市场也带来了竞争。一些公路集装箱运输企业逐渐意识到仅靠企业自身内部的发展难以应对市场上激烈的角逐，强强联合所产生的不仅仅是 1+1=2，而是 1+1>2 的经济效益，于是越来越多的企业走向了规模化、集约化的发展道路。综合我国道路运输行业发展实践经验和理论成果，集团化运输企业主要向横向和纵向两种合作形式发展。

公路集装箱运输企业横向合作的模式主要是联盟和并购两种形式。联盟是指两个以上的企业，以各自的经营实力为基础，相互补充，建立长久的合作关系，以期在竞争中占有优势的经营战略。其优势在于：共享各个成员的竞争优势，减少单个企业设备投资的费用和风险，更易开辟新市场，提高市场占有率。在实际中，有三种典型的联盟模式：其一是异地企业之间的联合，由一地运往另一地的集装箱，由当地的企业负责货物集散；其二是企业之间通过运力、设施、资源等共享来实现联盟；其三是两家企业联合起来在一条线路上运输，共同商量运价，统一经营。具体如图 6-10 所示。并购是在战略联盟的基础上发展起来的一种合作方式，是运输实力较强的企业将实力较弱的企业收购或实力相当的企业合并为一个较强的企业。这种模式是以资产为纽带把合作伙伴联结起来，实现了资源的完全一体化，并建立了一个有共同经济利益的单一管理层，实现了联盟无法达到的大幅度削减成本的目的。

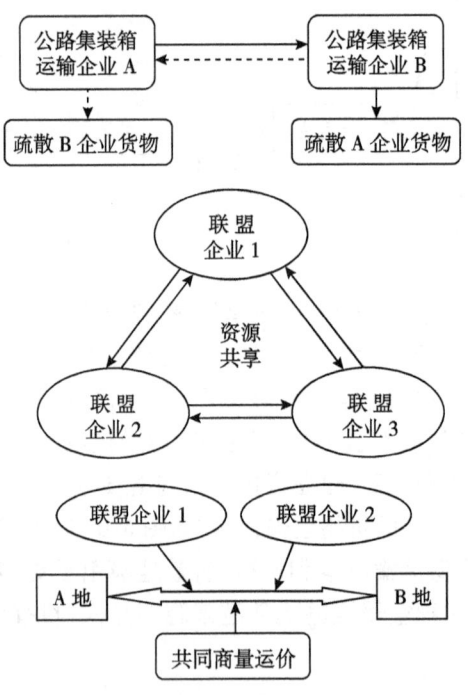

图 6-10　横向联盟集装箱运输企业模式

公路集装箱运输企业的纵向合作模式是与铁路、港口等的合作。上文已述及，公路集装箱运输是集装箱多式联运的重要环节，伴随多式联运的发展，运输企业提出了虚拟协同运输组织模式。虚拟协同模式是一种新兴的集约化企业组织模式。它是把虚拟企业的概念引入集装箱多式联运系统，由独立的各企业（包括多式联运承运人企业、运输企业等）将其核心能力聚合在一起所形成的企业联盟，通过共担成本和风险、共享能力来提供市场需要的集装箱多式联运服务。其具体实施框架如图 6-11 所示。公路集装箱运输企业是集装箱多式联运虚拟企业联盟的一部分,它通过信息网络与其他企业联结,受虚拟企业的核心企业——多式联运承运人企业统一管理。在虚拟企业联盟中,成员企业各自承担任务中某项或某些子任务,核心企业根据市场动态统一设计运输方案,为虚拟合作伙伴分配相应的任务,同时运用信息技术进行全程运输协同运作,对各种运输方式承运人进行集成管理。这种虚拟协同组织模式克服了空间和时间的局限性,保持了集中和分散之间的稳定、合理和平衡,具备系统优化组合和有效协调的优越性。

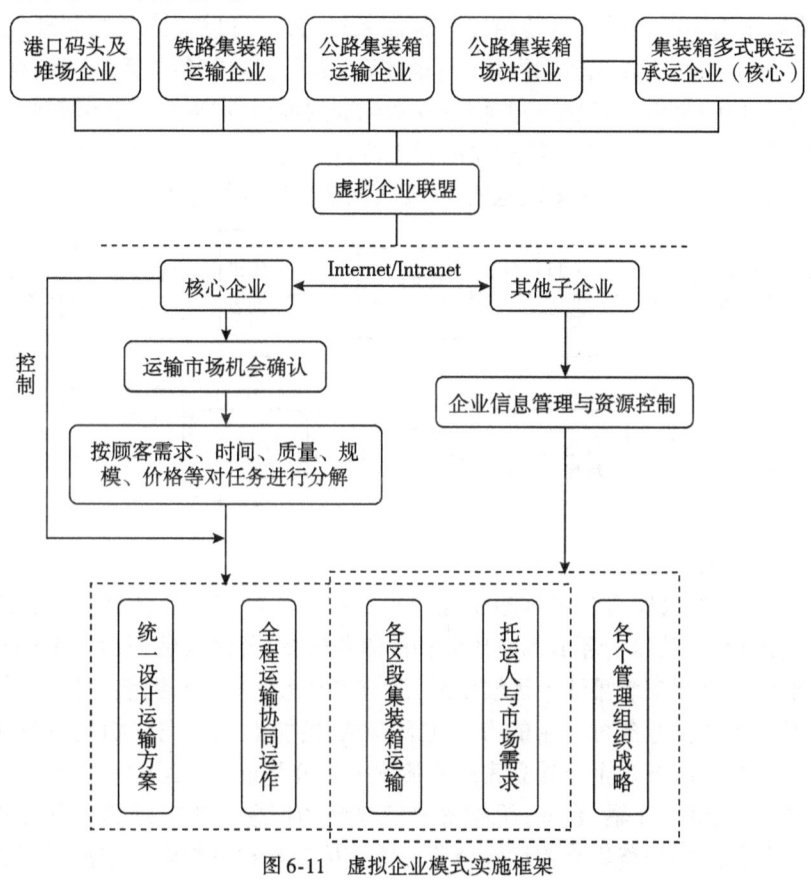

图 6-11　虚拟企业模式实施框架

四、高级阶段发展模式

运输化理论认为:后运输化的发生是由于后工业化社会的出现,而出现后工业化社会的主要原因是信息与技术的发展。对集装箱运输来说,随着货主对运输的质量、服务等提出的要求,出现了与之相适应的集装箱多式联运。而随着物流管理水平和技术的发展以及货主对运输服务质量要求的提高,集装箱多式联运必然会发生向综合物流转变的趋势。

集装箱多式联运以其简化运输手续、减少货主参与、加速货物周转等优势实现了货物"门到门"运输,它几乎满足了货主在运输上的全部需求。但是,由于集装箱运输市场上的激烈竞争使运输业者主动满足货主的运输服务以外的其他增值服务,同时货主对集装箱运输也提出了更多、更高的要求,他们希望以更快的速度和更低的费用来实现运输过程,而物流的出现和发展恰恰满足了运输业者和货主的需求。因此,在这一阶段,公路集装箱运输应积极融入综合物流系统中。集装箱综合物流是在集装箱多式联运基础上向前发展而产生的,它是以集装箱多式联运为核心,包括储存、装卸搬运、包装、流通加工、配送和信息跟踪等多个环节的运输,它能够实现货物从"门—门"到"货架—货架"的运输的转变。

1. 行业发展模式

从行业角度来说,公路集装箱运输应积极融入集装箱物流服务链中。货物从发货人的生产线上下来,装入集装箱,经过陆上运输到港口,再从海上运输向内地陆上运输,最后到达用户手中,这就是一个集装箱物流服务过程,如图 6-12 所示。在整个集装箱物流服务过程中,公路集装箱运输是陆上运输的一种方式,它负责货物的集散,起着重要的衔接作用。因此,公路集装箱运输不但要融入集装箱综合物流系统,其自身也应该积极向现代物流转型。公路集装箱运输应该通过加强运输网络、营销体系、信息管理等各子系统的结合,加强与货代企业和航运公司的合作,加强统一的物流技术标准的推行,加强公路集装箱物流中心和配送中心的建立等途径,为公路集装箱运输的发展营造大的物流环境,使其更好地融入物流链的大运输环节,实现集装箱的一体化运输,实现其向现代综合物流的转型。

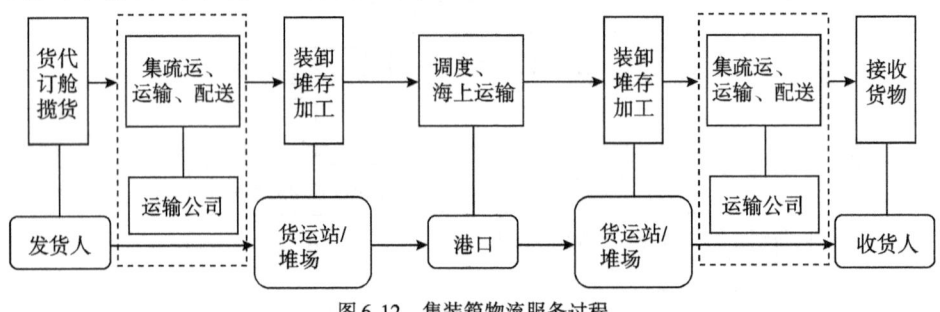

图 6-12　集装箱物流服务过程

2. 企业发展模式

从企业角度来说,公路集装箱运输企业应积极向现代物流企业转型。随着集装箱多式联运向综合物流转变,其每个环节也应该向物流服务转变,公路集装箱运输也如此。公路集装箱运输企业除了进行集装箱陆上运输以外,还应该介入揽货、仓储、装卸搬运、信息管理等物流服务。其开展物流服务可采用的方式主要有两种:企业独立完成物流服务和企业与货运代理合作完成物流服务。企业独立完成物流服务是公路集装箱运输企业在完成货主到港口这段运输过程中,通过车辆、仓库、机械等物流设施和信息系统提供的全方位和全过程的物流服务。这种形式的公路集装箱运输企业能够直接参与和控制整个物流过程的每一个实施环节,因而各环节之间协调比较容易,操作效率高。其实施结构如图 6-13 所示。

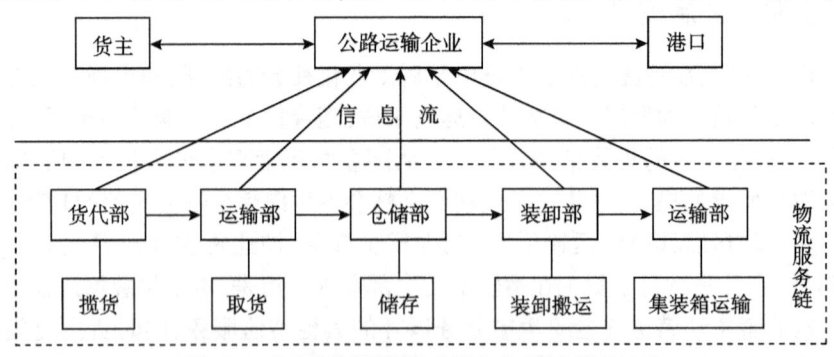

图 6-13　公路集装箱运输企业独立完成物流服务过程

企业与货运代理合作完成物流服务是在企业自身能力有限,无法完全满足客户需求的情况下,将部分或全部物流服务转包给货运代理企业来完成,而公路集装箱运输企业仍然掌握货物的情况。这种形式的公路集装箱运输企业可以不用进行大的固定资产投资,将主要的成本部门及产品服务的生产部门委托他人处理,避免了一些风险的存在。这种物流服务方式将是中小集装箱运输企业开展物流服务的一种有效方式。其实施结构如图6-14所示。

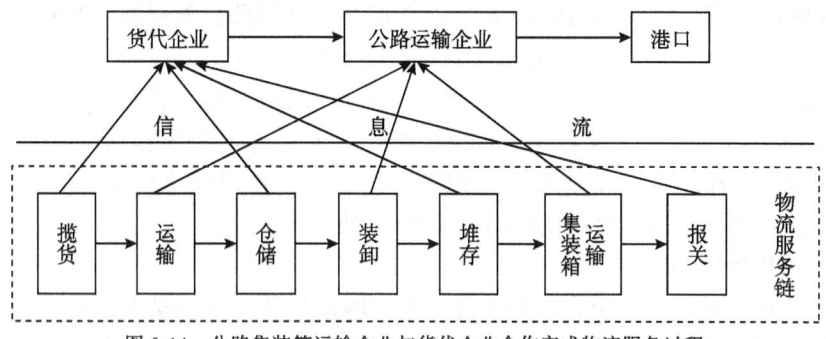

图6-14 公路集装箱运输企业与货代企业合作完成物流服务过程

第三节 集装箱公铁联运组织

公铁联运是根据所签订的联运合同,采用公路和铁路两种运输方式把货物从发送点运输到接收点的货物运输方式。运输事项由承运人办理,货主只用与联运经营人办理一次托运、签订一份运输合同、支付一次运费、交付一次运输保险、获得一份联运提单,这从很大程度上减轻了货主在办理托运时的麻烦,间接加快了货运办理的速度、节省了时间,也使得运输效率有所提高。

一、集装箱公铁联运的货源组织

有市场才能有发展,而有货源才能有稳定的市场。目前,国内集装箱公铁联运的货源组织主要依靠大客户,而在市场经济体制下,更多的适箱货源掌握在中、小客户手中,这也使公铁联运吸引的货源范围受到了较大的制约,不利于公铁联运的发展。

1. "门到门"货源组织

"门到门"运输是由托运人负责装箱并在其工厂将集装箱货物交与全程运输经营人,后者在托运人、仓库接收集装箱货物,负责运抵收货人仓库交与收货人,由全程运输经营人负责安排全程运输,包括货主仓库到铁路发站,铁路发站到到站运输、铁路到站到收货人仓库运输,收货人在其工厂或仓库接收集装箱货物并负责拆箱。

"门到门"货源组织由于发货单位多,运量不集中,货物品类繁多,为了组织好均衡运输和实现运输方案,组织更多的直达班列,必须对货源进行综合平衡。针对货源不稳定的特点,可以采取一些适应集装箱货源波动的措施。①组织机动货源:把时效性要求不强,拥有良好的储存设备和搬运条件的集装箱货物作为机动货源,货源多时缓运,货源少时提前运。②调整联运结构:当货源多时,大宗货物多装远距离的,近距离的可以采用公路来作为铁路的补充。③与货主协商:与不断生产、连续发运且去向多的货主协商,组织这些货源提前或者调后。

2. "门到站"货源组织

"门到站"运输是由货主负责装箱并在其仓库将集装箱货物交与全程运输经营人;后者在托运人的仓库接收集装箱货物,全程运输经营人负责安排从发货人仓库至铁路发站的公路段运输及铁路发站到铁路到站的铁路段运输,收货人在铁路到站提取集装箱货物,并自行将集装箱货物送回其仓库,然后在拆箱后将空箱送回铁路车站。

"门到站"货源组织的关键在于货主,这就要求货主的货源组织积极性高、利润空间大。但是,这也避免不了一定的安全隐患。可以采取的措施有:①将集装箱列车整列或部分出租给货主或者货主委托的物流公司,使得公铁联运利益最大化;②建立铁路部门与货主及物流公司的合作,签订合作协议,允许他们提前提箱,方便客户。

3. "站到门"货源组织

"站到门"运输是由货主负责装箱并自行用车辆将集装箱货物送至铁路发站,交与全程运输经营人,全程运输经营人在铁路发站接收集装箱货物,负责运到收货人的仓库交与收货人,由全程运输经营人负责安排铁路发站到铁路到站的铁路段运输及从铁路到站至收货人仓库的公路段运输;收货人在其仓库接收集装箱货物并负责拆箱,然后在拆箱后将空箱送回铁路车站。

站到门货源组织的关键在于铁路部门,铁路部门自行组织货源,安全性好,运输质量高。但是,货源来源较少,缺乏稳定的货源。可以采取的措施有:①实施大客户战略,大客户是保持货源稳定,降低经营风险的保证;②发展小客户,小客户虽然货源量少,但其影响面大,很多小客户都具有发展潜力,是公铁联运发展过程中不应忽视的货源基础。

4. 拼箱货源组织

在前种国内集装箱货物的交接方式中,都是以整箱货物进行货源组织,除整箱货物运输外,全程运输经营人还可通过拼箱组织货源。在办理拼箱货物运输时,通过签订协议,全程运输经营人可在集装箱铁路发站组织小批量货物,再以整箱货物向铁路托运;也可租用铁路车站的货场,直接将小批量货物送到铁路发站,在铁路发站货场完成拼箱作业,并以整箱货物向铁路车站托运。在运到铁路到站后,再由全程运输经营人负责掏箱并将货物分别送到各收货人仓库。

二、集装箱公铁联运流程

根据运输过程把集装箱公铁联运分为发送作业、途中作业和到达作业三个部分,其中发送作业主要包括货物托运、受理、验收、制票、装车、承运等环节;途中作业主要包括货物运输、交接、运输变更以及运输障碍处理等;到达作业主要是重车和货运单据的交接,卸车、货物保管、货物交付和最后清算等内容。

1. 发送作业

集装箱公铁联运发送作业流程如图6-15所示。公铁联运发送作业主要有以下步骤:

(1)托运

货主在网上填写订单,包括货运订单和物流订单,以此确定货运内容、目的地、是否自备箱以及是否需要物流服务等内容;客户能确定装箱日期的可同时提出订车申请,系统完成配箱后自动订车,若不能确定可在配箱后根据运单订车。

(2)审核受理

系统对货运订单进行自动审核,若填写有误系统返回重新填写,若通过则继续由车站货运室人工审核订单,进一步确认是否填写正确、是否危险货物等,如果填写正确并认为可以承运也可上报铁路局,若依然不通过则返回重新填写。对于物流订单,车站根据货主要求安排货运物流服务,以成都中铁联集为例,若货主需要物流服务,车站安排其签约物流公司与货主联系确定装车时间和地点等内容。

(3)装箱

铁路局进行空箱集配,物流公司根据所协定的装车时间地点进行集装箱装车,确定装箱方案。若货主不需要物流服务,则自行送重车到车站。

(4)运单填写

物流公司驻站人员填写运单,车站进行审核(无物流服务的货物货主自行填写)。

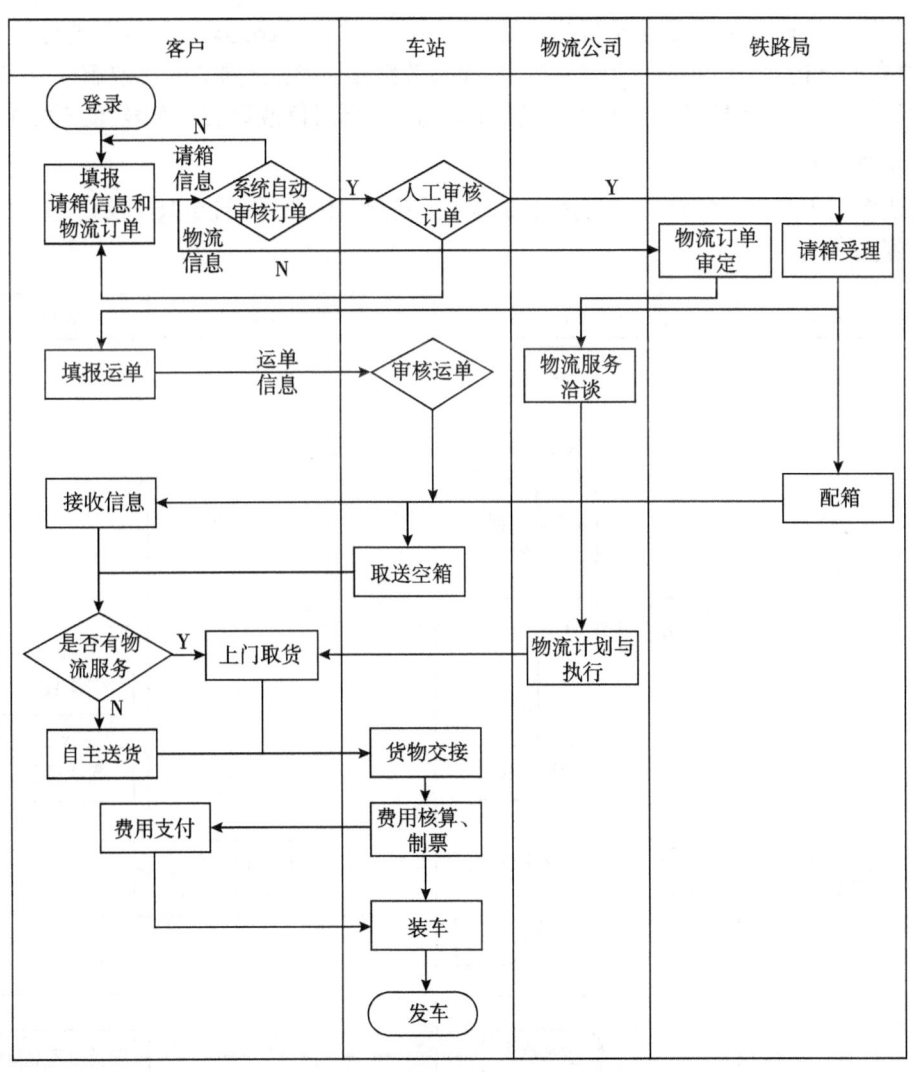

图6-15 集装箱公铁联运发送作业流程

(5)收货、验收

重箱进站,货运员按照运单核对货物品名、箱数以及装箱情况等对货物进行验收。

(6)制票、承运

根据货物运单填制货票作为铁路运输凭证。制票完成后,货运员核收运输费用,在托运人缴纳费用之后于运单上加盖站名日戳等以示承运。

(7) 货物保管

由于铁路运输的特殊性,铁路货车必须集结成列才能进行列车的发送,因此,集装箱重箱装车前车站需对货物进行保管。

(8) 装车检查

重箱装车后货运员根据运单进行对箱、对车和对货号等作业。

(9) 送票、发车

货运室整理货运票据交由运转室,完成票据的交接后准备列车发车。

2. 途中作业

集装箱公铁联运途中作业是货物在运输途中(主要为铁路运输)所需要进行的货运作业,主要有如下内容:中间站的货物交接,货物换装整理,运输合同的变更或解除,运输障碍的处理等。此外,在运输途中若有列车的解体重组,需同时修改集装箱车号,便于货主查询。

3. 到达作业

到达作业主要指集装箱货物在货运目的站所进行的作业,如图 6-16 所示。主要有以下几个步骤。

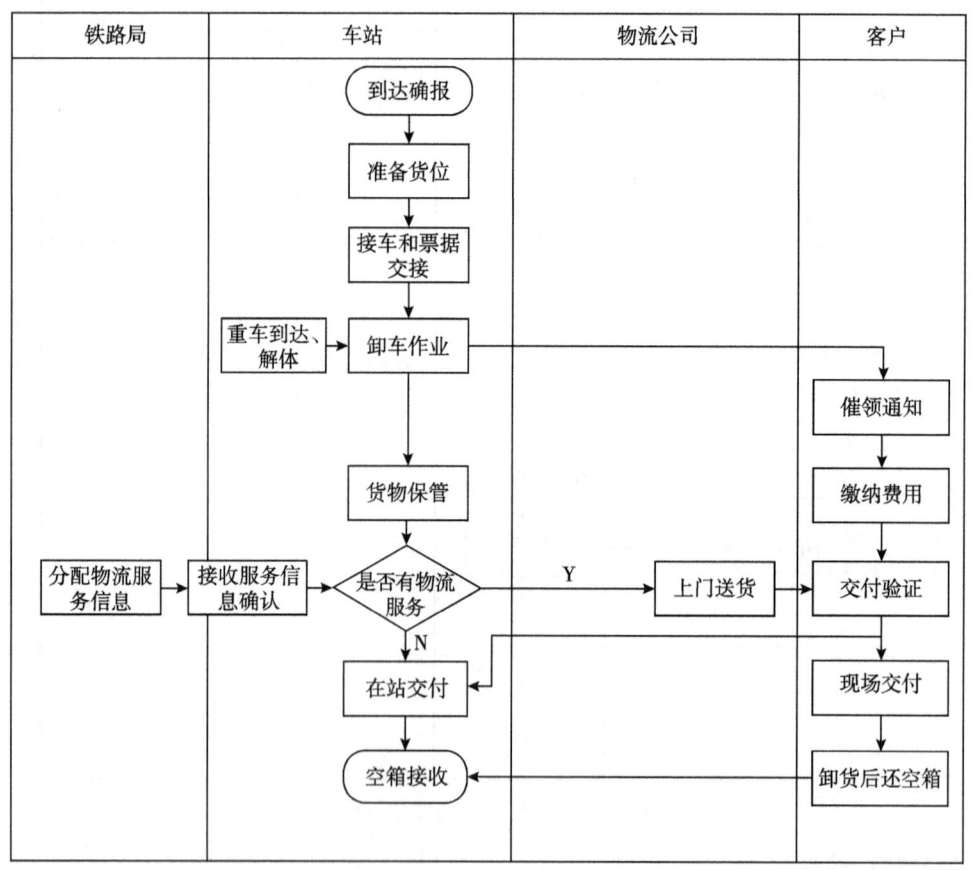

图 6-16 集装箱公铁联运到达作业流程

(1) 准备货位

到站收到到达预报之后,为列车准备装卸线以及货物装卸位置。

(2)重车及货运票据的接收

列车到达目的站之后,到站货运员对现车进行核对并进行货运检查,核对无误后进行重车和票据的交接,若在途中产生额外费用,到站根据票据进行核收。

(3)卸车

卸车前需进行卸车检查,主要有是否有空货位、到站是否相符、箱体、箱号、封条等;卸车作业完成后还需进行卸车后检查,主要有货物是否堆放在正确货位、货物件数是否正确以及货物间距离是否安全等。

(4)货物交付

到站发出催领通知,收货人可根据需要申请物流服务并缴纳费用。缴清费用之后车站根据物流订单进行货物交付(送货上门或者是在站交付)。

(5)还空箱

货主收货之后,集装箱若来自于铁路局还需还空箱,若有物流服务物流公司在进行卸货之后送回车站,进行统一调配。

三、集装箱公铁联运的衔接

集装箱公铁联运涉及公路和铁路两大运输方式,所以他们两者的衔接是联运开展顺利的关键,也是制约集装箱公铁联运发展的瓶颈所在。两大运输方式的衔接的组织效率直接影响到整个联运的效率,这也正是我国集装箱公铁联运面临最迫切最需要解决的问题。客运上将一种方便旅客换乘的方式叫作无缝,借用这个概念,在集装箱公铁联运中,如何把铁路和公路无缝连接起来,发挥最大的综合效率是最关键问题。

1. 生产作业过程衔接

在公铁联运衔接过程中,生产作业组织直接影响集装箱公铁联运衔接的效率。集装箱公铁联运全程经营人需要协调组织好铁路和公路现有的设施设备,进行高效率的集装箱技术作业。在联运开始时制订运输组织计划,尽量使用公铁通用的集装箱进行运输,减少中间作业过程。

我国铁路集装箱运输组织方式有五定班列等特色产品,可以根据客户的需求及设施设备配置情况选择适合的铁路集装箱运输,方便开展公铁联运。

集装箱、叉车、堆场构成铁路与公路两种运输方式的接口,公铁联运的效率与公铁联合运输中转平台的生产力紧密相关,提高接口的作业能力是实现公铁联运高效转换的有效途径。

2. 设施设备衔接

集装箱公铁联运是以集装箱为运输单元,通过集装箱的标准化可以实现货物整体运输的效益最优化。目前,世界上使用的是 20ft 和 40ft 的国际标准箱。标准化的集装箱既可以在铁路车辆上使用,也可以装载在公路集卡上;既符合铁路机车车辆限界,也符合公路运输的限制要求;既可以通过铁路装载机械装卸,也可以使用公路装卸机械作业。另外,使用统一的集装箱拖车也便于在公路和铁路间换装。装载集装箱的拖车标准统一了,集装箱拖车就可以互换,拖车的主梁和侧梁也可以自用变换,便于调整 20ft 或 40ft 集装箱的装载。德国科隆公司开发了一种公铁两用挂车,在公路上由汽车拖车牵引,在到达铁路发站时,挂车的活动支架放下,车身被顶起,汽车车体可以与铁路车底的转向架连接,这样一个一个地连起来,就组成了一列车;当到达铁路到站时再将各挂车打开,由汽车拖车牵引运送至客户的指定地点。

集装箱专用托盘也是保证公铁联运顺利开展的条件。托盘与集装箱的搬运、堆放等关系密切。合适的托盘尺寸应该符合既充分利用运输工具的空间又不超限,这样便于提高装载率,降低运输费用。

3. 信息化衔接

信息化是现代化物流的一个重要因素,广泛应用现代信息技术,可以全面推进信息化建设。围绕客户企业关心的集装箱跟踪查询、运到期限、集装箱运输作业紧密衔接、集装箱公铁联运服务质量等主要问题,构建和完善信息化平台。加快公铁联运网络系统的设计,完善信息系统的建设,充分利用铁路运输管理信息系统(TMIS),加快公路网系统的建设,建立符合集装箱公铁联运特点的信息网络。加快实现电子单证无阻碍传递技术,采用射频识别技术(RFID)进行检验货物,实现集装箱的信息化。

把物流跟踪技术、物流信息无缝对接转换技术运用在公铁联运中,实现对联运条件下的公路车辆、铁路车辆和货物本身进行实时监控,并开发信息即时查询功能,用以对车辆调度和仓库作业进行辅助,从而保证车辆和货物的准确、安全、及时到达。

货物信息在联运系统内的传输如图6-17所示。

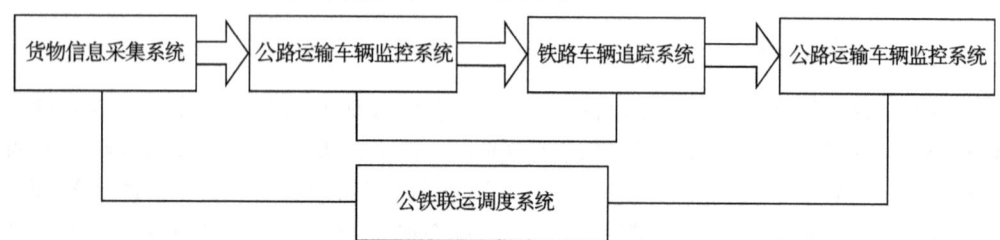

图6-17 货物信息在联运系统内的传输

此外,加强与汽车运输公司、物流公司等单位的信息交互,并与政府部门的紧密合作,争取最大限度地简化货源组织、申请、检查、税收、结汇等手续,缩短集装箱在各场站的停留时间,促进公铁联运效率的提高,促进公铁联运快速地持续发展。

四、集装箱公铁联运铁路场站

铁路在公铁联运过程中作为铁路区段承运人,负责集装箱货物在铁路段的运输。铁路部门拥有其他企业无法比拟的运输工具、设施设备上的优势,同时也可以成为天然的公铁联运全程联运经营人,与客户签订运输合同,对整个公铁联运负责。

1. 我国公铁联运铁路场站规划

我国规划的18个铁路集装箱中心站包括上海、北京、广州、天津、成都、昆明、重庆、乌鲁木齐、兰州、哈尔滨、西安、郑州、武汉、沈阳、青岛、大连、宁波、深圳,主要位于我国直辖市、主要省会城市及港口城市。规划建设的18个中心站具体布局为:东北地区的大连、沈阳和哈尔滨;华北地区的北京、天津和青岛;华东地区的上海和宁波;华中地区的武汉和郑州;华南地区的广州和深圳;西北地区的乌鲁木齐、兰州和西安;西南地区的成都、重庆和昆明。此外,在货源相对集中、区位优势较为突出但并不具备担当枢纽作用的较大城市,在现有的集装箱办理站基础上改造或易地建设33个集装箱专办站,成为区域性集装箱运输物流中心现已确定将长春、呼和浩特、石家庄、济南、太原、银川、西宁、拉萨、合肥、南京、杭州、南昌、长沙、贵阳、南宁、福州、海口、阿拉山口、满洲里、大庆、绥芬河、二连浩特、包头、连云港、宝鸡、襄阳、常州、义乌、厦门、湛江、防城、柳州、乐山这33个城市规划为集装箱专办站城市。

2. 公铁联运集装箱办理站站型选择

集装箱铁路场站站型也决定了联运作业的效率,铁路场站按到发及调车场与集装箱作业场的相互配置分为横列式和纵列式两种,如图6-18、图6-19所示。

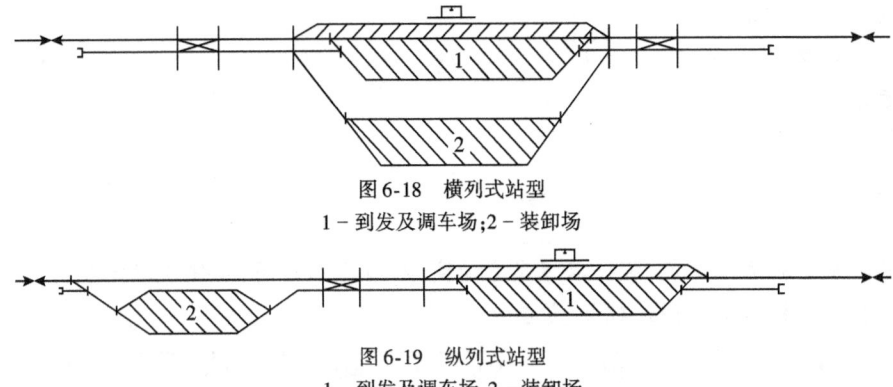

图6-18 横列式站型
1－到发及调车场;2－装卸场

图6-19 纵列式站型
1－到发及调车场;2－装卸场

横列式车站的优点是站坪占地小、设施集中、便于管理,缺点是调车作业不方便,需要通过牵出线进行转场作业;纵列式的优点是充分利用场地条件,装卸线直接接发列车,不需要转场作业,缺点是站坪较长、设施分散、管理混乱。应根据办理站的作业量、作业特点及当地条件综合比较确定最终站型。

对于新建的集装箱办理站,由于地形宽阔,同时预留未来发展的空间,宜采用装卸线两端与正线全部贯通的横列式布置图形,如图6-20所示。

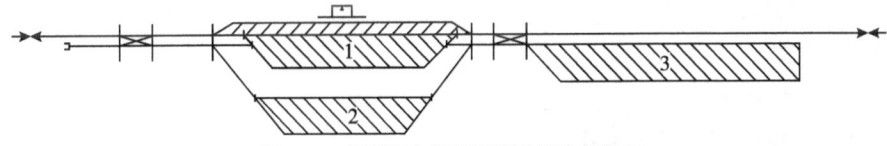

图6-20 调车场与装卸场横列贯通式站型
1－到发及调车场;2－装卸场;3－车底停留场

对于既有站改建的集装箱办理站,受地形条件限制,装卸场与调车场的相互布置可以设为纵列式,但装卸场应与正线贯通,如图6-21所示。

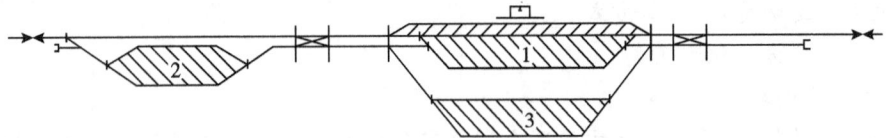

图6-21 调车场与装卸场纵列贯通式站型
1－到发及调车场;2－装卸场;3－车底停留场

第四节　集装箱公铁联运单证

在公铁联运的组织过程中,在全程经营人与货主之间有公铁联运合同、公铁联运单据、公铁联运服务订单及货物收据,全程经营人与承运人之间还有铁路货物运单和公路货物运单。

一、集装箱公铁联运合同

公铁联运合同是指全程运输经营人凭以收取运费、负责完成或组织完成公铁联运的合同。它是托运人与全程运输经营人之间签订的明确货物运输,并表明托运人及全程运输经营人权利与义务的协议。根据公铁联运合同,全程运输经营人。应负责完成或组织完成公铁联运,并将货物安全、及时、完整地运到托运人指定的目的地交与托运人指定的收货人,托运人或收货人应当按照公铁联运合同支付相应的运输费用。
　　公铁联运合同如下：
　　订立合同双方：
　　托运方＿＿＿＿＿＿＿＿＿＿
　　承运方＿＿＿＿＿＿＿＿＿＿
　　托运方详细地址＿＿＿＿＿＿＿＿＿＿
　　收货方详细地址＿＿＿＿＿＿＿＿＿＿
　　根据国家有关运输规定，经过双方充分协商，特订立本合同，以便使双方共同遵守。
　　第一条　货物名称、规格、数量、价款。

货物编号	品名	规格	单位	单价	数量	金额(元)

　　第二条　包装要求　托运方必须按照国家主管机关规定的标准包装；没有统一规定包装标准的，应根据保证货物运输安全的原则进行包装，否则承运方有权拒绝承运。
　　第三条　货物起运地点＿＿＿＿＿＿＿＿＿＿；
　　　　　　货物到达地点＿＿＿＿＿＿＿＿＿＿。
　　第四条　货物承运日期＿＿＿＿＿＿＿＿＿＿；
　　　　　　货物运到期限＿＿＿＿＿＿＿＿＿＿。
　　第五条　运输质量及安全要求＿＿＿＿＿＿＿＿＿＿。
　　第六条　运输方式＿＿＿＿＿＿＿＿＿＿。
　　第七条　货物装卸责任和方法＿＿＿＿＿＿＿＿＿＿。
　　第八条　收货人领取货物及验收办法＿＿＿＿＿＿＿＿＿＿。
　　第九条　运输费用、结算方式＿＿＿＿＿＿＿＿＿＿。
　　第十条　各方的权利义务
　　一、托运方的权利和义务
　　1.托运方的权利：要求承运方按照合同规定的时间、地点，把货物运输到目的地。货物托运后，托运方需要变更到货地点或收货人，或者取消托运时，有权向承运方提出变更合同的内容或解除合同的要求。但必须在货物未运到目的地之前通知承运方，并应按有关规定付给承运方所需费用。
　　2.托运方的义务：按约定向承运方交付运杂费。否则，承运方有权停止运输，并要求对方支付违约金。托运方对托运的货物，应按照规定的标准进行包装，遵守有关危险品运输的规定，按照合同中规定的时间和数量交付托运货物。
　　二、承运方的权利和义务
　　1.承运方的权利：向托运方、收货方收取运杂费用。如果收货方不交或不按时交纳规定的各种运杂费用，承运方对其货物有扣压权。查不到收货人或收货人拒绝提取货物，承运方应及时与托运方联系，在规定期限内负责保管并有权收取保管费用，对于超过规定期限仍无法交付的货物，承运方有权按有关规定予以处理。
　　2.承运方的义务：在合同规定的期限内，将货物运到指定的地点，按时向收货人发出货物到达的通知。对托运的货物要负责安全,保证货物无短缺、无损坏、无人为的变质,如有上述问题,应承担赔偿义务。在货物到达以后,按规定的期限负责保管。

三、收货人的权利和义务

1. 收货人的权利:在货物运到指定地点后有以凭证领取货物的权利。必要时,收货人有权向到站或中途货物所在站提出变更到站或变更收货人的要求,签订变更协议。

2. 收货人的义务:在接到提货通知后,按时提取货物,缴清应付费用。超过规定期限提货时,应向承运人交付保管费。

第十一条　违约责任

一、托运方责任

1. 未按合同规定的时间和要求提供托运的货物,托运方应按其价值的_____%偿付给承运方违约金。

2. 由于托运人的匿报、错报货物品名或重量等而导致货运事故时,托运方应承担法律和赔偿责任。

3. 由于货物包装缺陷产生破损,致使承运人运输工具、设备或第三者的货物造成损失时,托运方应承担赔偿责任。

4. 由托运方负责装箱的货物,在向收货人交付时,发现货物损坏、缺少,在集装箱施封完好或无异状的情况下,托运方应赔偿收货人的损失。

二、承运方责任

1. 不按合同规定的时间和要求发运的,承运方应偿付托运方违约金_____元。

2. 承运方如将货物错运到货地点或接货人,应无偿运至合同规定的到货地点或接货人。如果货物逾期到达,承运方应偿付逾期交货的违约金。

3. 公铁联运的货物发生灭失、短少、变质、污染、损坏,应由全程运输经营人承担向托运人的赔偿责任,并按货物的实际损失(包括包装费、运杂费)赔偿托运方,全程运输经营人再向负有责任的区段承运人追偿。

4. 在符合法律和合同规定条件下的运输,由于下列原因造成货物灭失、短少、污染、损坏的,承运方不承担违约责任:

①不可抗力;

②货物本身的自然属性;

③货物的合理损耗;

④托运方或收货方本身的过错。

本合同正本一式两份,合同双方各执一份;合同副本一式_____份,送_____等单位各留一份。

托运方:_____　　　　　　承运方:_____
代表人:_____　　　　　　代表人:_____
地　址:_____　　　　　　地　址:_____
电　话:_____　　　　　　电　话:_____
开户银行:_____　　　　　　开户银行:_____
账　号:_____　　　　　　账　号:_____

_____年____月____日订

二、集装箱公铁联运单据

中公铁联运单据是证明公铁联运合同以及全程运输经营人接管集装箱货物并负责按合同条款交付货物的单据。该单据包括双方确认的取代纸张单据的电子数据交换信息。

公铁联运单据并不是公铁联运合同,只是公铁联运合同的证明,公铁联运单据只能在公铁联运合同订立了之后,在全程运输经营人接管货物时才能够签发,公铁联运单据重申了公铁联运合同的各项条款,如果"公铁联运单据"所列的条款与双方事前的约定一致,那么全程运输经营人则有按照所列的条款完成公铁联运任务,将货物交付给单据持有人的义务。

公铁联运单据相当于货物收据,全程运输经营人向托运人签发公铁联运单据,则表明全程运输经营人确认已按公铁联运单据上载明的内容收到货物并已接管这些货物。

公铁联运单据还相当于物权的凭证。公铁联运单据代表货物,谁持有公铁联运单据,谁就有权要求全程运输经营人向他交付单据列明的货物。全程运输经营人将货物交给公铁联运单据的持有人,如果公铁联运单据交货而发生的错交不负责任,但对把货物交给非单据持有人则要承担责任。公铁联运单据如表6-6所示。

表6-6 公铁联运单据

发货地点							许可证编写:		
发站(局)							MTD No.		
到站(局)							单位中文名称 单位英文名称		
交货地点							单位地址: 电话: 公 铁 联 运 单 据		
托运人	名称						电话		
	地址						邮编		
收货人	名称						电话		
	地址						邮编		
门到门 □	站到站 □	门到站 □	站到门 □	单程重/空 □	往返重/空 □	往返空/重 □ 往返重/重 □	要求运到期限 ___天	付款方式: 现付 到付 后付 □ □ □	铁路保价运输 □
货物名称	箱数/件数	箱型/包装种类	箱号	施封号码		货物价值	托运人确定重量(kg)		体积(m³)
合计									
添附文件:									
托运人要求服务项目				托运人记载事项					
以上细目由托运人提供并填写									
承运人记载事项		承运人确定重量(kg):					托运人签字或盖章		
		承运人确定体积(m³):							
		计费重量(kg)/计费体积(m³):							
		收费单据号码:							

注:托运人签约前请详阅背面运输条款。

交付日期戳　　　　　　　　　　　　承运日期戳

公铁联运单据的背面条款:

运输条款

一般规定

公铁联运单据是全程运输经营人接管集装箱货物(以下简称货物)并负责按合同条款交付货物的单据。承运人接收货物并加盖承运日期戳后,该单据是公铁联运合同成立的初步证明。

托运人同意接受公铁联运单据正面及反面载的所有书写、印刷或打印的规定、免费事项和各种条件。

承运人与托运人责任划分

承运人自接收货物时起,至将货物交付收货人时止,对货物发生灭失、损坏负赔偿责任。但由于下列原因之一所造成的灭失、损坏除外:

1. 不可抗力;
2. 货物本身性质引起的碎裂、生锈、减量、变质或自燃等;
3. 货物的合理损耗;
4. 货物包装缺陷;
5. 托运人与收货人的过失;
6. 政府部门的行为、检疫或司法扣押。

承运人应在与托运人约定的期限内将货物运至目的地。

货物在运输过程中,由于下列原因之一,造成的滞留时间应从实际运到日数中扣除。

1. 因不可抗力的原因引起;
2. 由于托运人责任致使货物在途中发生滞留的。

货物运到期限自承运人承运货物的次日起算。

承运人与托运人及收货人交接货物,重集装箱凭箱体箱号、封印和箱体外状,空集装箱凭箱号和箱体外状、成件货物按件数、重量和包装进行交接。

托运人对其公铁联运单据内所提供的事项的真实性应负完全责任,匿报、错报货物品名或重量发生问题时,托运人负法律和赔偿责任。

由于托运人、收货人的责任使承运人运输工具、设备或第三者的货物造成损失时,托运人或收货人应负赔偿责任。

货物运抵目的地,承运人应及时通知收货人。收货人应及时领取。超过规定期间未将货物搬出,收货人应承担货物保管的费用。

收货人延迟、拒绝提取货物的,承运人可以将货物卸在仓库或者其他适当场所,由此产生的费用和风险由收货人(或托运人)承担。

货物运抵目的地,收货人拒绝领取时,承运人应及时通知托运人,征求处理意见。托运人自接到通知之日起,30日内提出处理意见答复承运人。

自承运人发出到货通知的次日起经过查找,满30日仍无人领取的货物或收货人拒领,托运人又未按规定期限提出处理意见的货物,承运人按无法交付货物处理。对性质不宜保存的货物,承运人根据具体情况,可以缩短通知和处理期限。

货物事故处理与赔偿

第十一条　承运人应对自接收货物时起,至将货物交付收货人时止,货物发生的灭失、损坏情况编制事故记录,交予收货人。

第十二条　如货物损坏或部分灭失,不能判明发生原因和损坏程度时,承运人应在交付前,主动联系收货人进行检查或邀请鉴定人进行鉴定。鉴定时,按每一事故记录分别编制鉴定书。如因技术条件关系,在现场难以办理时,经承运人与收货人协商同意后,可转移至适当的场地进行鉴定。因鉴定所支出的费用(包括整理、化验等附带费用),应在鉴定书中记明。属于托运人和收货人责任的,由承运人向收货人核收(在发站发生的向托运人核收);属于承运人责任的,由承运人承担。

第十三条　托运人或收货人向承运人要求赔偿货物损失时,应按批向承运人提出赔偿要求书,并附公铁联运单据、事故记录和有关证明文件。

承运人向托运人或收货人提出赔偿要求时,应提出事故记录、损失清单和必要的证明文件。

第十四条　经由铁路运输的货物,托运人要求办理铁路保价运输的,由承运人代为办理铁路保价运输手续。发生货物损失赔偿时,按铁路货物保价运输规定赔偿;托运人未要求铁路保价运输的,货物损失的赔偿价格为:灭失时,按灭失货物的价格;损坏时,按损坏货物所降低的价格;但均不超过《铁路货物运输规程》规定的最高赔偿限额,即每1000kg最高不超过2000元(人民币)。

承运人设备发生损失时,按实际损失赔偿。

第十五条　超过运到期限的,承运人按运费的比例向收货人支付违约金,不负其他赔偿责任。

第十六条　承运人同托运人或收货人相互间要求赔偿或退补费用的有效期间为180日,但要求承运人支付违约金的有效期间为60日。有效期间由下列日期起算:

1.货物灭失、损坏或承运人运输设备损坏,为承运人交给事故记录的次日;货物全部灭失未编有事故记录,为约定运到期限满期的第31天。

2.要求支付违约金,为交付货物的次日。

3.其他赔偿为发生货物损害的次日。

第十七条　承运人对托运人或收货人提出的赔偿要求,应自受理该项要求的次日起,60日内进行处理,答复要求人。要求人自收到答复的次日起60日内未提出异议,即为结案。

第十八条　超过赔偿请求时效提出的赔偿请求,承运人不再受理和赔偿。

扣押和拍卖

第十九条　应当向承运人交付的运费和承运人为货物垫付的必要费用以及应向承运人支付的其他费用未付清的,又没有提供适当担保的,承运人可以留置其货物。

第二十条　承运人根据本运单第十九条规定留置的货物,自货物卸到仓库的次日起满60日无人提取的,承运人可以申请法院裁定拍卖,易腐烂变质的货物保管费用可能超过其价值的,可以申请提前拍卖。拍卖所得价款,用于清偿保管、拍卖货物的费用和运费等。其他有关费用,不足的金额,承运人有权向托运人追偿,剩余的金额,退还托运人。

第二十一条　以上条款未尽事宜,按国内公铁联运相关法律法规及《铁路法》、铁路运输法规、规章办理。

三、公铁联运服务订单

公铁联运服务订单是托运人向全程运输经营人申请办理集装箱公铁联运时填写的由全程运输经营人制作的具有要约性质的单据。根据公铁联运服务订单全程运输经营人决定是否接受托运人的托运请求,并根据托运人的运输要求向铁路办理集装箱货物的托运。公铁联运服务订单如表6-7所示。

公铁联运服务订单的基本格式　　　　　　　　　　　　表6-7

托运人→营业网点

要求发货时间:

发货地点				交货地点			
发站(局)				到站(局)			
到站所属省(市)自治区							
托运人	名称			电话			
	地址			邮编			
收货人	名称			电话			
	地址			邮编			
门到门□		站到站□		门到站□		站到门□	
货物名称	箱数		箱型	货物声明价格	箱类		箱号
合计:							
添附文件:							
托运人记载事项:							

托运人盖章或签字　　　　　　　　　　　　　　　　公司受理日期戳

规格:210mm×297mm

　　　　　　　　　　　　　　　　　　　　　　　　年　月　日

四、公铁联运货物收据

货物收据是由全程运输经营人制订,然后签发,证明自身已经收到托运货物并对货物开始负有责任的凭证。货物收据由全程运输经营人制作后交由公路运输公司,由集卡司机带到发货人的仓库,在发货人仓库将集装箱货物装箱,施封后,由集卡的司机填写、签字并交给发货人,证明托运的货物已经收到。发货人凭货物收据向全程运输经营人或其代理换取公铁联运单据。公铁联运货物收据如表6-8所示。

五、铁路集装箱货物运单

"集装箱货物运单"一式两份,分别为"托运人→发站→到站→收货人联"及"提货联",其中"托运人→发站→到站→收货人联"随同货物运至到站,"提货联"由全程运输经营人寄给其在到站地区的分支机构或代理人,作为全程运输经营人向到站提取货物的凭证,或由发货人寄给收货人,收货人凭此向铁路到站提取货物。

公铁联运货物收据的基本格式　　　　表 6-8

发货人	单位中文名称			
收(接)货人	货物收据			
发货地点				
发站名称				
铁路运单号				
货物品名	包装种类	件数	重量	体积	货物价格
箱型	箱号	封志号	箱数	集装箱种类	
添附文件:					
收(接)货人签字:					

六、公路集装箱货物运单

公路货物运单分为甲、乙、丙三类,其中乙种运单适用于集装箱汽车运输。乙种公路货物运单共有一式四联,其中第一联存根作为领购新运单和行业统计的凭据;第二联为托运人存查联;第三联为承运人存查联,分别由运输合同当事人一方保存;第四联随货物同行,作为载货通行和核算运杂费的凭证,货物运达经收货人签收后,作为交付货物的依据。公路集装箱货物运单如表6-9 所示。

公路集装箱货物运单　　　　表 6-9

××省道路货物运单
（乙种：适用集装箱汽车运输）

本运单经托双方签章后具有合同效力,承运人与托运人、收货人之间的权利义务的责任界限适用于《集装箱汽车运输规则》及《集装箱汽车运价规则》等规定。

起运日期　年　月　日　　　　　　　　　　　　　　　　编号:××N0 000001

承运人		地址邮箱		电话传真		车牌号	运输证号		车型		挂车牌照	
托运人		地址		电话		接箱货地点						
收货人		地址		电话		卸箱货地点						
集装箱箱型及数量	箱号		封志号	船名	航次	场站货位	卸船或进港日期	提空箱地	还空箱地	箱货交接方式		第×联 ×××
箱内货物名称及规格	包装形式	体积长×宽×高(厘米)	件数	实际重量(吨)	计费重量(吨)	计费里程(公里)	货运周转量(吨公里)	货物等级	运价率	运费金额	其他杂项	保价、保险费
											费目 金额	金额
											装卸费	
											过路费	
											过桥费	
合　计												
货物运单签订地		结算方式		付款币种 计价单位		运杂费合计	万 千 百 拾 元 角 分					
特约事项				托运人签章或运输合同编号:　年 月 日		承运人签章　年 月 日			收货人签章　年 月 日			

说明:1.运单规格为17cm×28cm(含2cm 装订线),每本装订25 本。
2.运单一式四联,第一联存根,第二联托运人存查联,第三联承运人存查联,第四联随货同行联。

综合练习题

一、单项选择题

1. 公路运输主要承担的货运是( )。
   A. 远距离、大批量　　B. 近距离、大批量
   C. 近距离、小批量　　D. 远距离、小批量

2. 由载货汽车和挂车两部分组成的汽车列车叫( )。
   A. 半挂车　　B. 复合挂车　　C. 全挂车　　D. 满载挂车

3. 由牵引车和半挂车组成的汽车列车叫( )。
   A. 半挂车　　B. 复合挂车　　C. 全挂车　　D. 满载挂车

4. 根据汽车列车运行特点和对装卸组织工作的不同要求,拖挂运输一般可分为定挂运输和( )。
   A. 不定挂运输　　B. 甩挂运输　　C. 列车运输　　D. 半挂运输

5. 汽车列车在完成运行和装卸作业时,汽车(或牵引车)与全挂车(或半挂车)一般不予分离的运输组织形式是( )。
   A. 甩挂运输　　B. 定挂运输　　C. 全挂运输　　D. 半挂运输

二、多项选择题

1. 下列关于公路运输的特点,说法正确的是( )。
   A. 机动灵活,适应性强
   B. 可实现"门到门"的直达运输
   C. 原始投资少,资金周转快
   D. 安全性较低,污染环境较大

2. 根据交通量以及使用性质,公路可以分为( )。
   A. 高速公路　　B. 一级公路　　C. 二级公路　　D. 四级公路
   E. 五级公路

3. 公路集装箱运输的组织形式有( )。
   A. 合作运输　　B. 计划调拨运输　　C. 合同运输　　D. 临时托运
   E. 委托运输

4. 公路集装箱运输组织的手段表现在( )。
   A. 委托公路运输代理公司或配载中心组货
   B. 建立集装箱公路运输营业受理点
   C. 参加集装箱联办会议和造访货主
   D. 建立公铁联运办公室
   E. 承运铁路集装箱

5. 货运的基础设施包括( )。
   A. 公路　　B. 货运车辆　　C. 航道　　D. 货运场站
   E. 装卸设施

三、名词解释

1. 公路集装箱运输
2. 集装箱公路运输中转站
3. 集装箱牵引车
4. 集装箱拆装箱作业仓库
5. 公铁联运

四、简答题

1. 简要说明集装箱公路运输各级中转站划分标准。
2. 简要说明集装箱公路运输中转站的主要功能。
3. 简要说明集装箱的拖挂方式有哪些。
4. 简要说明集装箱公铁联运的衔接有哪些方面。
5. 集装箱公铁联运的货源组织有哪几种形式？

第七章 航空集装箱货物运输

 学习目标

通过本章学习,学生应掌握航空货物运输的基本知识;了解航空集装箱运输的经营方式和运输代码;了解航空集装箱运输设备;了解航空货运相关的单证。

 知识架构

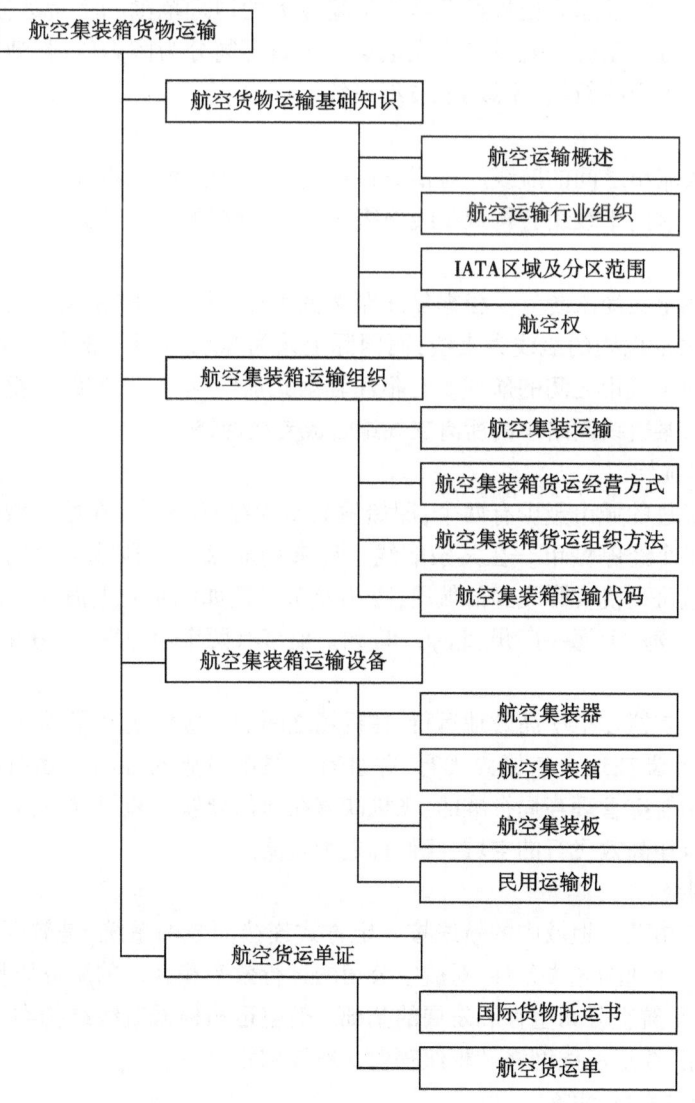

航空运输是目前世界上最先进、最理想的运输方式之一。航空运输与铁路、水路、公路和管道运输组成了整个运输业,航空货物运输是航空运输业的重要组成部分。航空集装箱货物运输是将适宜的货物、邮件装载于航空集装箱内,采用民用飞机装载集装箱进行运输的一种流通方式。

第一节　航空货物运输基础知识

一、航空运输概述

1. 航空运输的概念

(1) 航线

民航运输飞机的飞行路线,称为航线。航线由飞行的起点、经停点、终点、航路等要素组成。航线是航空运输承运人授权经营航空运输业务的地理范围和客货运输市场,是航空公司赖以生存的基础和条件。航线按起讫地点的归属不同分为国内航线、地区航线和国际航线。航线又可分为干线航线(干线)和支线航线(支线)。

(2) 干线

干线泛指大城市之间的航线。对枢纽辐射式航线网络而言,枢纽之间的航线称为干线。航线网络中的所有的干线组合构成干线网络,是整个网络的一个子集。

(3) 支线

关于支线的定义尚未统一。根据航线距离的长度,我国民航相关人士认为省内及邻省城市间航距500km以内的航线为支线,而国际上认为800km以下的航线为支线;有将支线定义为大城市与小城市之间的航线。在枢纽辐射式航线网络中,支线指枢纽城市与辐射城市之间的航线。某航线网络中的所有支线组合成支线网络。

(4) 航段和航节

一条航线经过的城市至少有两个,即始发城市和终点城市。在始发城市和终点城市间可以有一个或多个经停城市。在某条航线上能够构成航程一段或连续的多段,简称航段。在某条航线上航班飞机实际飞经的航段,称为航节。例如北京—上海—广州航线,航段有3种可能:北京—上海、上海—广州、北京—广州。航节有两个:北京—上海和上海—广州。

(5) 航路

为了保障航空器在空中高效地运行,在机场之间的空域中定义了具有一定方向、高度和宽度的空间,航空器在这个空域内飞行,并且有无线电设施对在其中运行的航空器进行导航。这种经民用航空管理当局批准的,飞机能够在通信导航设施引导下沿一定高度、宽度和方向在其中做有序高效飞行的空域,我们称之为航路。

(6) 航线网络

航线网络是指某一地域内的航线按一定方式连接而成的系统,是航空公司航班计划和机组安排等运行计划的先决条件,对航空公司的运行效率和客户的服务质量有着直接的、重要的影响作用,是航空公司生存和发展的基础。航空运输根据航线结构类型可分为三种:城市对式航线网络、线形航线网络和枢纽辐射式航线网络。

(7) 城市对式航线网络

城市对式航线网络又称为点对点式航线网络。这种航线网络中的航线为直飞航线,不经过第三个机场(或城市)进行客货中转。所谓线形航线,又被称为城市串式航线,是指飞机从始发地至目的地的途中,经一次或多次停留,在中途机场补充客货,以弥补起止机场间的客源不足。可见线形航线是城市对航线的衍生形式。

(8)枢纽辐射式航线网络

枢纽辐射式航线网络又称为枢纽辐射式航线网络或轮辐式航线网络,是指含有枢纽机场(或城市)和非枢纽机场(或城市)的航线网络模式。严格意义上的枢纽网络只有枢纽机场间开通直达航线,任意两个非枢纽机场之间没有直达航线,而是通过枢纽机场进行中转。根据枢纽数目是一个还是多个,这种航线网络模式又可分为单枢纽航线网络和多枢纽航线网络。

(9)航空港

航空港是指位于航线上的、保证航空运输和专业飞行作业用的飞机机场及其有关建筑物和其他设施的总称。狭义的航空港仅指地面起降系统,即指机场。广义的航空港可以泛指它所依托的城市。

2. 航空运输的特点

航空运输之所以随着世界经济发展得到快速的增长,是因为它与其他运输方式相比具有不能比拟的优势决定的。

(1)运输速度快

现代喷气式客机,巡航速度为 800~900km/h,比汽车、火车快 5~10 倍,比轮船快 20~30 倍,大大缩短了物流活动的时间。在快捷性方面更是其他运输方式无法比拟的。对于那些易腐烂、变质的鲜活商品,如鲜花、水果、海鲜农副产品、小件急需品、贵重物品、精密仪器、电子产品和高科技产品、时效性和季节性强的商品、抢险和救急品的运输,这一特点显得尤为突出。

(2)不受地面条件限制

航空运输可以深入铁路、公路、海洋、河流所不及的地区,受航线条件限制的程度要比火车、汽车、轮船小得多,对于地面条件恶劣交通不便的内陆地区非常合适。它可以将地面上任何距离的两个地方连接起来,尤其在国际紧急援助方面发挥着至关重要的作用。

(3)安全、准确

相对于其他运输方式而言,国际航空运输事故发生率和风险率都很小,加之航空运输制度管理比较完善,货物的破损率相对也较低,若采用空运集装箱的方式运送货物,则更为安全。

(4)节省包装、保险、利息等费用

国际航空运输在空运过程中震荡性小,所以包装简单、包装成本较低,而且货物缺损率较低,因而保险费用也相对较低,又由于国际航空运输节约了大量的时间,因此货物占用的资金能较快回收,由此带来的利息费用也会减少。另外,尽管国际航空运费一般较高,但由于空运比海运计算运费的起点低,因此在运送一些小件急需品和贵重物品上采用航空运输更有利。

(5)跨行业、跨国家的联盟

现在的专业国际航空物流企业一般是由航空公司转型而来的,优势在于航空公司原有的快捷而广泛的航线网络。因此,只要建立起跨行业、跨国家的联盟,甚至合资公司,做到优势互补,共同提供物流服务,就能有效地运营国际航空运输。

国际航空运输的主要缺点是:受天气变化影响较大;机舱容量相对较小;运输成本高,不适于体积大、价值低的货物的运输。

二、航空运输行业组织

1. 国际管理机构和行业协会

(1) 国际民用航空组织(ICAO)

国际民用航空组织(International Civil Aviation Organization, ICAO)简称国际民航组织,是联合国的一个专门机构,1944年为促进全世界民用航空安全、有序的发展而成立。民航组织总部设在加拿大蒙特利尔,制定国际空运标准和条例,是191个缔约国在民航领域中开展合作的媒介。2013年9月28日,中国在加拿大蒙特利尔召开的国际民航组织第38届大会上再次当选为一类理事国。

国际民航组织由大会、理事会和秘书处三级框架组成。大会是国际民航组织的最高权力机构,由全体成员国组成。大会由理事会召集,一般情况下每三年举行一次,遇有特别情况时或经1/5以上成员国向秘书长提出要求,可以召开特别会议。大会决议一般以超过半数通过。参加大会的每一个成员国只有一票表决权。理事会是向大会负责的常设机构,由大会选出的33个缔约国组成。理事国分为三类:第一类是在航空运输领域居特别重要地位的成员国,第二类是对提供国际航空运输的发展有突出贡献的成员国,第三类是区域代表成员国。比例分配为10∶11∶12。理事会设主席一名。主席由理事会选举产生,任期三年,可连选连任。秘书处是国际民航组织的常设行政机构,由秘书长负责保证国际民航组织各项工作的顺利进行。秘书长由理事会任命。秘书处下设航行局、航空运输局、法律局、技术合作局、行政局五个局以及财务处、外事处、此外,秘书处有一个地区事务处和七个地区办事处,分设在曼谷、开罗、达喀尔、利马、墨西哥城、内罗毕和巴黎。地区办事处直接由秘书长领导,主要任务是建立和帮助缔约各国实行国际民航组织制定的国际标准和建设措施以及地区规划。国际民用航空组织的标志如图7-1所示。

图7-1 ICAO标志

(2) 国际航空运输协会(IATA)

国际航空运输协会(International Air Transport Association, IATA)简称国际航协,是一个由世界各国航空公司所组成的大型国际组织,其前身是1919年在海牙成立并在第二次世界大战时解体的国际航空业务协会。截至2016年11月,国际航空运输协会共有265个会员:北美16个;北大西洋1个;欧洲100个;中东21个;非洲36个;亚洲50个;南美21个;太平洋6个;中美洲14个。国际航协总部设在加拿大的蒙特利尔,执行机构设在日内瓦,和监管航空安全和航行规则的国际民航组织相比,它更像是一个由承运人(航空公司)组成的国际协调组织,管理在民航运输中出现的诸如票价、危险品运输等问题,主要作用是通过航空运输企业来协调和沟通政府间的政策,并解决实际运作的问题。

国际航协由大会、执行委员会和专门委员会组成。年度大会是国际航空运输协会的最高权力机构,每年举行一次会议,经执行委员会召集,也可随时召开特别会议,所有正式会员在决议中都拥有平等的一票表决权,如果不能参加,也可授权另一正式会员代表其出席会议并表决,全体会议的决定以多数票通过。在全体会议上,审议的问题只限于涉及国际航空运输协会本身的重大问题,如选举协会的主席和执行委员会委员、成立有关的委员会以及审议本组织的财政问题等。执行委员会有27个执行委员,由年会选出的空运企业高级人员组成,任期三年,每年改选1/3,协会的年度主席是执委会的当然委员。专门委员会有运输业务、技术、财务和法律委员会,各委员会由专家、区域代表及其他人员组成并报执委会和大会批准,目前,运输委员会有30名成员,财务委员会有25名成员,技术委员会有30名成员,法律委员会有30名成员。国际航空运输协会的标志如图7-2所示。

(3)国际货运代理协会联合会(FIATA)

国际货运代理协会联合会(International Federation of Freight Forwarders Associations,FIATA)国际货运代理协会联合会是一个非营利性国际货运代理的行业组织。该会于1926年5月31日在奥地利维也纳成立,总部设在瑞士苏黎世,并分别在欧洲、美洲、亚太、非洲和中东四个区域设立了地区办事处,任命有地区主席。其中,亚洲和太平洋地区秘书处设在印度孟买。其目的是保障和提高国际货运代理在全球的利益。该会是一个在世界范围内运输领域最大的非政府和非营利性组织,具有广泛的国际影响,其成员包括世界各国的国际货运代理行业,拥有76个联盟会员,1751个个体会员,遍布124个国家和地区,包括3500个国际货运代理公司。

该联合会的会员分为4类:一般会员,代表某个国家全部或部分货运代理行业的组织和在某个国家或地区独立注册的唯一国际货运代理公司,可以申请成为一般会员;团体会员,代表某些国家货运代理行业的国际性组织、代表与该联合会相同或相似利益的国际性货运代理集团、其会员在货运代理行业的某一领域比较专业的国际性协会,可以申请成为团体会员;联系会员,货运代理企业或与货运代理行业密切相关的法人实体,经其所在国家的一般会员书面同意,可以申请成为联系会员;名誉会员,对该联合会或货运代理行业做出特殊贡献的人士,可以成为名誉会员。国际货运代理协会联合会的标志如图7-3所示。

图7-2　IATA标志

图7-3　FIATA标志

(4)国际航空电信协会(SITA)

国际航空电信协会(Society International De Telecommunication Aero - nautiques,SITA)是联合国民航组织认可的一个非营利的组织,是航空运输业世界领先的电信和信息技术解决方案的集成供应商。SITA带动全球航空业使用信息技术的能力,并提高全球航空公司的竞争能力,不仅为航空公司提供网络通信服务,还可为其提供共享系统,如机场系统、行李查询系统、货运系统、国际票价系统等。1949年12月23日,荷兰、法国、英国、瑞士、莎伯那等11家欧洲航空公司代表在布鲁塞尔成立了国际航空电信协会,将成员航空公司的通信设备相互连接并共同使用。随着成员不断增加和航空运输业务对通信需求的增长,SITA已成为一个国际化的航空电信机构,SITA经营着世界上最大的专用电信网络。

除全球通信网络外,SITA还建立并运行着两个数据处理中心,一个是设在美国亚特兰大的旅客信息处理中心,主要提供自动订座、离港控制、行李查询、旅客订座和旅行信息;另外一个是设在伦敦的数据处理中心,主要提供货运、飞行计划处理和行政事务处理业务。中国民航于1980年5月加入SITA。中国民航通信网络与SITA相连通,实现了国内各个航空公司、机场航空运输部门与外国航空公司和SITA亚特兰大自动订座系统连通,实现大部分城市订座自动化。中国民航还部分使用了SITA伦敦飞行计划自动处理系统,在商定的航线采用自动处理的飞行计划。国际航空电信协会的标志如图7-4所示。

2. 国内管理机构和行业协会

(1) 中国民用航空局(CAAC)

中国民用航空局(General Administration of Civil Aviation of China, CAAC)简称中国民航局或民航局,归交通运输部管理。其前身为中国民用航空总局,在1987年以前曾承担中国民航的运营职能;2008年3月,由国务院直属机构改制为部委管理的国家局,同时更名为中国民用航空局。

民航局职责是:①提出民航行业发展战略和中长期规划、与综合运输体系相关的专项规划建议,按规定拟订民航有关规划和年度计划并组织实施和监督检查。起草相关法律法规草案、规章草案、政策和标准,推进民航行业体制改革工作。②承担民航飞行安全和地面安全监管责任。负责民用航空器运营人、航空人员训练机构、民用航空产品及维修单位的审定和监督检查,负责危险品航空运输监管、民用航空器国籍登记和运行评审工作,负责机场飞行程序和运行最低标准监督管理工作,承担民航航空人员资格和民用航空卫生监督管理工作。③负责民航空中交通管理工作。编制民航空域规划,负责民航航路的建设和管理,负责民航通信导航监视、航行情报、航空气象的监督管理。④承担民航空防安全监管责任。负责民航安全保卫的监督管理,承担处置劫机、炸机及其他非法干扰民航事件相关工作,负责民航安全检查、机场公安及消防救援的监督管理。⑤拟订民用航空器事故及事故征候标准,按规定调查处理民用航空器事故。组织协调民航突发事件应急处置,组织协调重大航空运输和通用航空任务,承担国防动员有关工作。⑥负责民航机场建设和安全运行的监督管理。负责民用机场的场址、总体规划、工程设计审批和使用许可管理工作,承担民用机场的环境保护、土地使用、净空保护有关管理工作,负责民航专业工程质量的监督管理。中国民用航空局的标志如图7-5所示。

图7-4　SITA标志

图7-5　CAAC标志

(2) 中国航空运输协会(CATA)

中国航空运输协会(China Air Transport Association, CATA)简称中国航协,成立于2005年9月,是依据我国有关法律规定,经中华人民共和国民政部核准登记注册,以民用航空公司为主体,由企、事业法人和社团法人自愿参加组成的、行业性的、不以营利为目的的全国性社团法人。截至2015年12月,协会会员2371家,本级会员82家,分支机构会员2289家。行业主管部门为中国民用航空局。

中国航协设理事长、副理事长、秘书长等领导职务。秘书处下设综合人事部、财务部、研究部、市场部、培训部、交流部6个部门。分支机构有航空安全工作委员会、通用航空分会、航空运输销售代理分会、航空油料分会、飞行乘务员委员会、航空食品分会、法律委员会、收入会计工作委员会、海峡两岸航空运输交流委员会和航空货运发展专项基金管理委员会。在华北、华东、中南、西南、西北、东北分别设有代表处。中国航空运输协会的标志如图7-6所示。

三、IATA区域及分区范围

为了制定国际空运中运价的计算规则,国际航空运输协会(IATA)把全球划分为三个大的区域,各大区下面又细分为多个小区域(次区)。这样划分出的区域称为"国际航空运输协会运价协调区"(IATA Traffic Conference Areas),简称IATA区域。IATA区域和次区的概念非常重要,因为很多运价规则都是根据IATA区域给出的。IATA区域与地理上通常所说的区域并不完全一致,应特别注意。国

图7-6 CATA标志

际航协(IATA)将全球分为三大区域,区域主要示意如图7-7所示。也将全球分为两个半球:东半球(Eastern Hemisphere,EH),包括TC2和TC3;西半球(Western Hemisphere,WH),包括TC1,如表7-1所示。

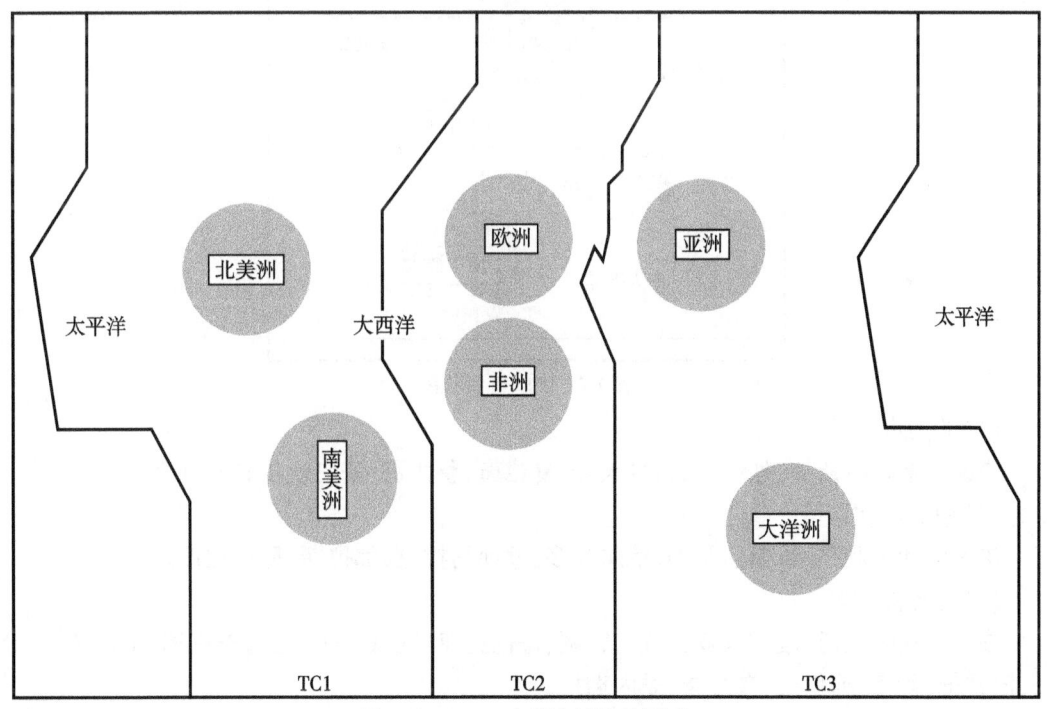

图7-7 IATA三大区域主要区域示意

IATA业务分区表 表7-1

半球	区域	地区
西半球 Western Hemisphere	Area1(TC1) 业务一区	North America(北美洲)
		Central America(中美洲)
		South America(南美洲)
		Caribbean Islands(加勒比海地区)

— 201 —

续上表

半　球	区　域	地　区
东半球 Eastern Hemisphere	Area2（TC2） 业务二区	Europe（欧洲）
		Africa（非洲）
		Middle East（中东）
	Area3（TC3） 业务三区	South East Asia（东南亚）
		North East Asia（东北亚）
		South Asian Subcontinent（南亚次大陆）
		South West Pacific（西南太平洋）

1. IATA 一区（Area 1 或 TC1）

IATA 一区包括北美洲次区、南美洲次区、中美洲次区和加勒比次区，如图 7-8 所示。

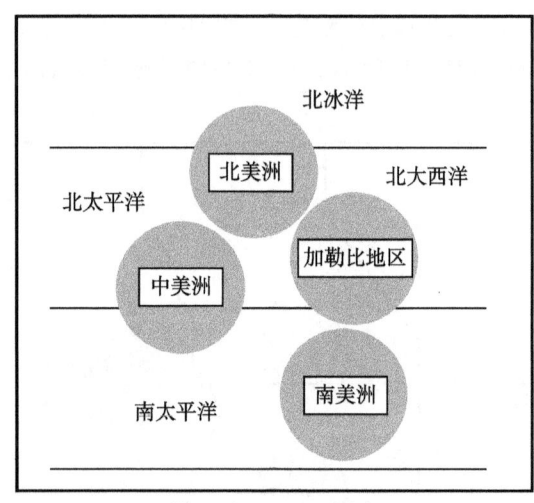

图 7-8　IATA 一区示意

（1）北美洲次区

该区包括阿拉斯加、加拿大、美国大陆、夏威夷、墨西哥、圣皮埃尔和密克隆。

（2）中美洲次区

该区包括伯利兹、哥斯达黎加、萨尔瓦多、危地马拉、洪都拉斯、尼加拉瓜。

（3）南美洲次区

该区包括阿根廷、玻利维亚、巴西、智利、哥伦比亚、厄瓜多尔、法属圭亚那、圭亚那、巴拿马、巴拉圭、秘鲁、苏里南、乌拉圭、委内瑞拉。

（4）加勒比次区

该区包括巴哈马、百慕大、加勒比群岛、圭亚那、法属圭亚那、苏里南。（注意：南美洲次区和加勒比次区有一部分是重合的）。

2. IATA 二区（Area 2 或 TC2）

IATA 二区包括欧洲次区、非洲次区和中东次区，示意如图 7-9 所示。

（1）欧洲次区

该区包括欧洲国家和摩洛哥、阿尔及利亚、突尼斯三个非洲国家和土耳其（既包括欧洲部分，也包括亚洲部分）。俄罗斯仅包括其欧洲部分。具体有：阿尔巴尼亚、阿尔及利亚、安道尔、亚美尼亚、奥地利、阿塞拜疆、白俄罗斯、比利时、波斯尼亚和黑塞哥维那、保加利亚、克罗地亚、塞浦路斯、捷克共和国、丹麦、爱沙尼亚、法罗群岛、芬兰、法国、格鲁吉亚、德国、直布罗陀、希腊、匈牙利、冰岛、爱尔兰、意大利、拉脱维亚、列支敦士登、立陶宛、卢森堡、马其顿、马耳他、摩纳哥、摩尔多瓦、摩洛哥、荷兰、挪威、波兰、葡萄牙（包括亚速尔群岛和马德拉群岛）、罗马尼亚、俄罗斯（乌拉尔山以西部分）、圣马力诺、斯洛伐克、斯洛文尼亚、西班牙（包括巴利阿里群岛和加那利群岛）、瑞士、瑞典、突尼斯、土耳其、乌克兰、英国、南斯拉夫。

(2) 非洲次区

该区含非洲大多数国家及地区，但北部非洲的摩洛哥、阿尔及利亚、突尼斯、埃及和苏丹不包括在内。

(3) 中东次区

该区包括巴林、塞浦路斯、埃及、伊朗、伊拉克、以色列、约旦、科威特、黎巴嫩、阿曼、卡塔尔、沙特阿拉伯、苏丹、叙利亚、阿拉伯联合酋长国、也门等。

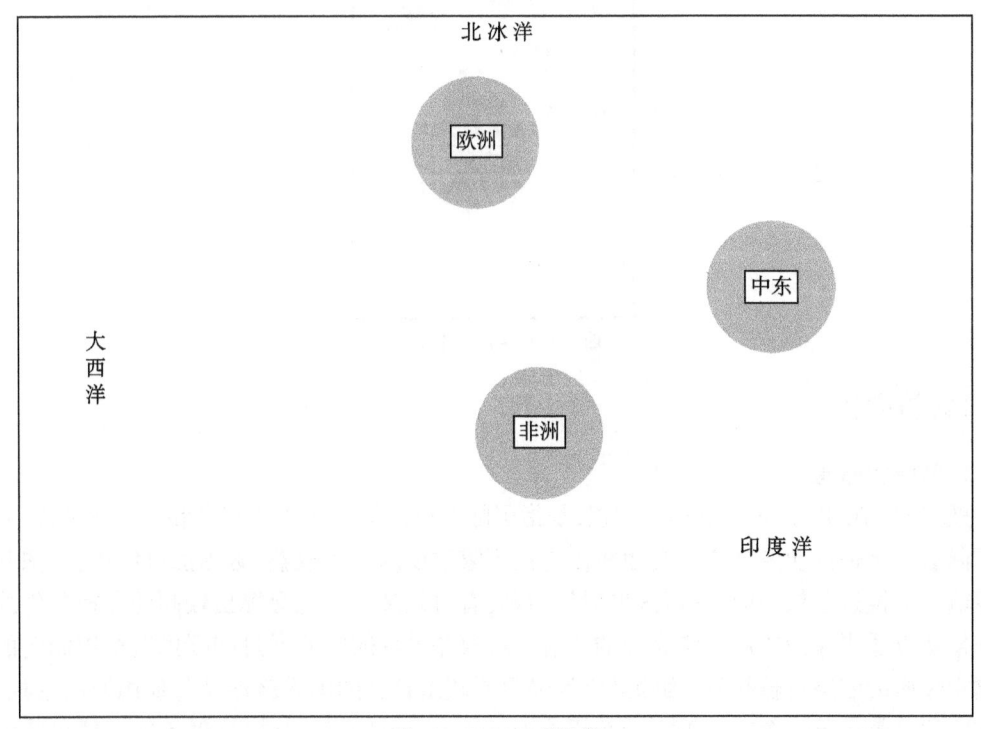

图 7-9　IATA 二区示意

3. IATA 三区（Area 3 或 TC3）

IATA 三区包括由整个亚洲大陆及毗邻岛屿（已包括在二区的部分除外），澳大利亚、新西兰及毗邻岛屿，太平洋岛屿（已包括在一区的部分除外），示意如图 7-10 所示。

(1) 南亚次大陆次区

该区包括阿富汗、孟加拉国、不丹、印度、马尔代夫、尼泊尔、巴基斯坦、斯里兰卡等南亚国家。

(2) 东南亚次区

该区包括中国（含港、澳、台）、东南亚诸国、蒙古、俄罗斯亚洲部分及土库曼斯坦等国家、密克罗尼西亚等群岛地区。

（3）西南太平洋次区

该区包括美属萨摩亚、澳大利亚、库克群岛、斐济、法属波利尼西亚、基里巴斯、瑙鲁、新喀里多尼亚、新西兰、纽埃、巴布亚新几内亚、萨摩亚、所罗门群岛、汤加、图瓦卢、瓦努阿图、瓦利斯和富图纳群岛以及中间的所有岛屿。

（4）日本、朝鲜次区

该区包括日本、朝鲜和韩国。

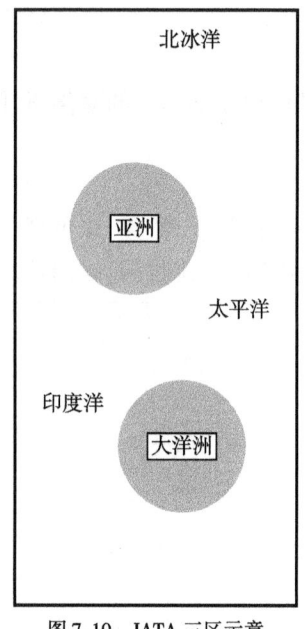

图7-10　IATA三区示意

四、航空权

1. 航空权概念

航空权（Traffic rights）也称为航权，是指国际航空运输中的过境权利和运输业务权利，也称国际航空运输的业务或空中自由权。它是国家重要的航空权益，必须加以维护，在国际航空运输中交换这些权益时，一般采取对等原则，有时候某一方也会提出较高的交换条件或收取补偿费以适当保护本国航空企业的权益。航权是世界航空业通过国际民航组织制定的一种国家性质的航空运输权利，因为航空运输只要超出自己的国界就涉及其他国家的主权，国际航空运输就需要一个在全球行业范围内有一个统一的规定，航权就属于这个规定其中的一部分。

航权是国际航空运输中的一个十分重要的问题，涉及市场准入权。航空公司经营国际航空运输业务，如果得不到航权，是不可能进入市场的；即使获得了一定的航权，但得到的权利不充分，那也是很难经营国际航空运输业务的。因此，不论作为主管民航事业的政府部门，还是航空运输企业，都对此高度重视。

2. 航空权类别

航空权是国际航空运输中的概念，最早出现于1944年芝加哥国际民航会议，是历史的产物。创设航权概念是国家保护本国航空资源的工具；而在经济全球化大趋势下的今天，不开放航权则成了束缚航空运输发展的障碍。航空权分为九种，如图7-11所示。

(1)第一航权:领空飞越权

飞出国界的第一个问题就是要飞入或飞越其他国家的领空,允许不允许,就形成了第一种权利。在不着陆的情况下,本国航机可以在协议国领空上飞过,前往其他国家目的地。例如北京—旧金山,中途飞越日本领空,那就要和日本签订领空飞越权,获取第一航权,否则只能绕道飞行,增加燃料消耗和飞行时间。

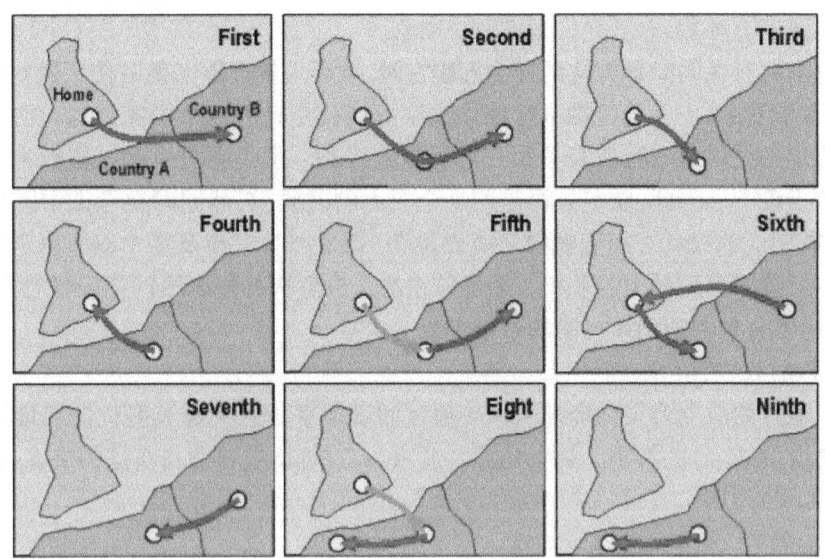

图 7-11　九种航空权示意

(2)第二航权:技术经停权

航空公司飞远程航线,由于距离太远无法从始发地直接的飞到目的地,需要选择一个地方中途加油或者清洁客舱等技术工作,那么在这个地方的起降就叫作技术经停。技术经停权,仅允许用于做非商业的技术处理,也就是不允许在当地上下客货。比如中国飞美国的航班,曾经在美国安克雷奇作技术经停。本国航机可以因技术需要(如添加燃料、飞机故障或气象原因备降)在协议国降落、经停,但不得作任何业务性工作如上下客、货、邮。例如北京—纽约,如果由于某飞机机型的原因,不能直接飞抵,中间需要在日本降落并加油,但不允许在该机场上下旅客和货物,此时就要和日本签订技术经停权。

(3)第三航权:目的地下客权

本国航机可以在协议国境内卸下乘客、邮件或货物。例如北京—东京,如获得第三航权,中国民航飞机承运的旅客、货物可在东京进港,但只能空机返回。

(4)第四航权:目的地上客权

本国航机可以在协议国境内载运乘客,邮件或货物返回。例如北京—东京,如获得第四航权,中国民航飞机能载运旅客、邮件或货物搭乘原机返回北京。第三、第四种航权,这是一对孪生兄弟。航空公司要飞国际航线,就是要进行国际客、货运输,将本国的客货运到其他国家,将其他国家的客货运到本国,这种最基本的商业活动权利就是第三、第四航权。

(5)第五航权:中间点权或延远权

可以先在第三国的地点作为中转站上下客货,第五航权是要和两个或两个以上的国家进行谈判。例如新加坡—厦门—芝加哥,新加坡航空获得第五航权,可以在新加坡—芝加哥航线上在厦门经停,上下客货。

①承运人本国(第一国始发地)——中途经停第三国——目的地国(第二国)。承运人从本国运输客货到另一国家时中途经过第三国(也就是始发地国家和目的地国家以外的其他国家),并被允许将途经第三国拉的客货卸到目的地国。这种权利是第五航权的一种。

②承运人本国(第一国始发地)——目的地国(第二国))——以远点第三国。第五航权的第二种是以远点国家的运输,承运人将自己国家始发的客货运到目的地国家,同时又被允许从目的地国家上客货,并被允许运到另一国家。

可以看出只有在同时具有这两种第五航权时,承运人就可以完整的使用这些权利了,否则,即便获得了其中之一,也很难进行操作。第五航权是针对两个国家的双边协定而言的,在两国的协定中允许对方行使有关第三国运输的权利。但是在没有第三国同意的情况下,这个权力等于没有。因此,航空公司在用这个权力的时候,必然同时要考虑中国与这个"第三国"有没有相应的权利。第五航权之所以复杂,就是因为它涉及多个双边协定,并且在不同的协定中意味着不同种类的航权。第五航权的开放意味着外航不仅要分享对飞国之间的市场,同时还要分享中国到第三国的市场资源。

(6)第六航权:桥梁权

某国或地区的航空公司在境外两国或地区间载运客货且中经其登记国或地区(此为第三及第四自由的结合)的权利。例如伦敦—北京—首尔,国航将源自英国的旅客运经北京后再运到韩国。

(7)第七航权:完全第三国运输权

某国或地区的航空公司完全在其本国或地区领域以外经营独立的航线,在境外两国或地区间载运客货的权利。例如伦敦—巴黎,由汉莎航空公司承运。

(8)第八航权:(连续的)国内运输权

某国或地区的航空公司在他国或地区领域内两地间载运客货的权利(境内经营权)。例如北京—成都,由日本航空公司承运。

(9)第九航权:(非连续的)国内运输权

本国航机可以到协议国作国内航线运营。所谓第九航权是指上述第八航权分为连续的和非连续的两种,如果是"非连续的国内载运权"即为第九航权。值得留意的是第八航权和第九航权的区别,虽然两者都是关于在另外一个国家内运输客货,但是第八航权即所谓的"cabotage"只能是从自己国家的一条航线在别国的延长;但是第九航权即所谓的"full cabotage"可以是完全在另外一个国家开设的航线。

第二节　航空集装箱运输组织

一、航空集装运输

1. 概念

航空集装运输是指利用航空集装设备装载货物、行李和邮件的运输。民用航空最早的集装运输,是在使用活塞式飞机和涡轮螺旋桨飞机时代,当时承运人使用托盘和货网将一定数量的单件货物组合为单元运输。随着大型飞机,特别是喷气式宽体飞机的问世,航空集装运输才得到较快的发展。

2. 航空集装运输的特点

(1)减少货物装卸机时间,提高作业效率

传统的操作方法,是在仓库将货物装上拖车,然后拉到停机坪,一件件装上飞机,逐一核对标签。使用集装设备,是在仓库将货物装入集装设备,使用升降平台,将集装设备迅速装入飞机,装卸机时间大为缩短。

(2)减少货运事故、提高运输质量

使用集装设备后,成组装机、装卸机,简化了货物交接手续,减少了货物装卸次数,货物的差错率、破损率明显降低,有效地提高了运输质量。

(3)有利于组织联合运输和"门到门"服务

使用集装设备后,便于开展接取送达的"门到门"服务,便于机械作业直接换装,有利于组织联运,提高运输效率和服务质量。

(4)航空集装箱缺少标准化和互换性

因受飞机机型的限制,目前尚缺少一种各类型飞机都通用的标准化集装箱。集装箱的外形和尺寸是为了充分利用飞机货舱的容积所而设计的。某种型号的集装箱只能在同种机型或者相似机型间使用,相差悬殊的机型间,集装箱不能互换使用,这是制约航空货物运输集装箱化的最大障碍。

(5)航空集装箱的造价较高,空箱回送浪费运力

航空集装箱现多由轻质的铝合金材料或玻璃钢制成,造价较高,由于不能互换使用,空箱、空板的回送浪费运力。近年来,国外就此问题提出解决办法,如采用折叠式集装箱,一箱多地运以及航空公司之间互用集装箱等,这些措施取得一定的效果。

3. 航空集装箱货源

开展航空集装箱运输需要航空集装箱货源,适合航空集装箱运输的设备、设施以及相应的组织机构等。航空集装箱运输的适箱货源主要是一些价值高,对运送速度、安全性能要求较高的货物。适箱货源的这些特点决定了航空集装箱运输的货源往往是小批量的,无法像海上、铁路集装箱运输那样可组织大批量货源。为了节省营运成本,航空承运人通常只负责货物从一个机场至另一个机场的运输,而揽货、接货等业务则由航空货运代为办理。因此,在航空集装箱运输中空运代理的作用特别重要。

4. 航空集装箱货物运输的特征

(1)航空货运市场就是集装箱货运市场

集装箱运输技术虽在全世界被广泛采用,然而无论是水路承运人、公路承运人或铁路承运人,在他们所承揽的货物中,有适合集装箱运输的货物,也有不适合集装箱运输的货物。但是,航空承运人所承载的货物,一般均为适箱货物。也就是说,航空承运人的货运市场,就是集装箱货运市场。

(2)货物的价值是判定其是否适合空运的主要条件

适合空运的特定货物的价值越高,其采用空运的可能性就越大。因为:①空运运费比水路、公路、铁路的运费都要高,而货物价值越高,则越容易承担较高的运费;②货物价值越高时,采用空运给货主带来的好处就越大,这种好处包括能保证货运质量,能使商品即时投放市场,能减少货物的库存量等。

(3)货物的运送时间要求是判定其是否采用空运的重要因素

有些货物的价值虽然并不是很高,但其运送的时间要求却很高,这类货物如特定的

普通件货物或急件货物在航空货运量中占有相当大的比重。这是由于区域经济的分工与协作以及不同的自然地理条件使产品产生差异,因而促使不同地区之间的货物进行流通。例如,我们生活中吃的海鲜,由于它的独特性,就需要空运销往各地,以满足市场的需求。

二、航空集装箱货运经营方式

1. 班机运输

(1)概念

班机是指在固定的航线上定期航行的航班,即有固定始发站、目的站和途经站的飞机。由于班机运输有固定的航线、挂靠港、固定的航期,并在一定时间内有相对固定的收费标准,对进出口商来讲可以在贸易合同签署之前预期货物的起运和到达时间,核算运费成本,合同的履行也较有保障,因此成为多数贸易商的首选航空货运形式。特别是货运业竞争加剧,航空公司为体现航空货运快速、准确的特点,不断加强航班的准班率(航班按时到达的比率),强调快捷的地面服务,在吸引传统的鲜活、易腐货物、贵重货物、急需货物的基础上,又提出为企业特别是跨国企业提供后勤服务的观点,正努力成为跨国公司分拨产品、半成品的得力助手。但是,不同季节同一航线客运量的变化也会直接影响货物装载的数量,使得班机运输在货物运输方面存在很大的局限性。

(2)特点

①班机由于固定航线、固定停靠港和定期开飞航,因此国际货物流通多使用班机运输方式,能安全迅速地到达世界上各通航天地点;②班机的航线基本固定,定期开航,收、发货人可以确切地掌握起运和到达时间,保证货物安全迅速地运达目的地,对运送鲜活、易腐的货物以及贵重货物非常有利;③班机运输一般是客货混载,货舱容量较小,运价较贵,不能满足大批量货物及时出运的需要,往往需要分期分批运输,这是班机运输不足之处。

2. 包机运输

(1)概念

包机运输(Chartered Carrier Transport)是指航空公司按照约定的条件和费率,将整架飞机租给一个或若干个包机人(包机人指发货人或航空货运代理公司),从一个或几个航空站装运货物至指定目的地。包机运输适合于大宗货物运输,费率低于班机,但运送时间则比班机要长些。包机运输可分为整架包机和部分包机运输。

(2)整架包机

整架包机是指航空公司或包机代理公司,按照与租机人双方事先约定的条件和运价,将整架飞机租给租机人,从一个或几个航空站装运货物至指定目的地的运输方式。运费随国际航空运输市场的供求情况而变化。包机人一般要在货物装运前一个月与航空公司联系,以便航空公司安排运载和向起降机场及有关政府部门申请、办理过境或入境的有关手续。包机的费用是一次一议,随国际市场供求情况变化。原则上包机运费,是按每飞行一公里固定费率核收费用,并按每飞行一公里费用的80%收取空放费。因此,大批量货物使用包机时,均要争取来回程都有货载,这样费用比较低。只使用单程,运费比较高。整架包机的优点是解决班机舱位不足的矛盾;货物全部由包机运出,节省时间和多次发货的手续;弥补没有直达航班的不足,且不用中转;减少货损、货差或丢失的现象;在空运旺季缓解航班紧张状况;解决海鲜、活动物的运输问题。

(3) 部分包机

部分包机是指由几家航空货运公司或发货人联合包租一架飞机或者由航空公司把一架飞机的舱位分别卖给几家航空货运公司装载货物,就是部分包机。联合包租一架飞机运用于托运适合一吨以上但不足装一整架飞机的货物,运费较班机低,但运送时间则比班机要长。部分包机与班机运输的比较:①部分包机运输时间比班机运输时间长,尽管部分包机有固定时间表,往往因其他原因不能按时起飞;②各国政府为了保护本国航空公司利益常对从事包机业务的外国航空公司实行各种限制,如包机的活动范围比较狭窄,降落地点受到限制,需降落非指定地点外的其他地点时,一定要向当地政府有关部门申请,同意后才能降落(如申请入境、通过领空和降落地点)。

3. 包舱、包集装板(箱)运输

(1) 包舱运输

包舱运输是指托运人根据所托运的货物,在一定时间内需要单独占用承运人的飞机货舱,而承运人需要采取专门措施给予保证的一种运输经营方式。包舱运输又分为两类。①固定包舱:托运人在承运人的航线上通过包板(舱)的方式运输时,托运人无论是否向承运人交付货物,都必须支付协议上规定的运费。②非固定包舱:托运人在承运人的航线上通过包板(舱)的方式运输时,托运人在航班起飞前72h如果没有确定舱位,承运人则可以自由销售舱位,但承运人对包板(舱)的总量有一个控制。

(2) 包板(箱)运输

包板(箱)运输是一种承包运输经营方式(不含正常运输中的集装箱、货物板运输)。即托运人承包承运人某航线航班飞机上一定数量的集装板,是与航空公司签订销售代理合同的货运代理(空运一级代理),向航空公司承诺,在其某个航线的每个航班(次)上,保证交付一个或几个"板"(箱)的货物。航空公司给予其相对散货比较低的集装货物运价,使其在航空货运市场上取得价格优势的一种承包运输方式。

(3) 有关规定

①包舱或包板(箱)运输的合同签订及双方应承担的责任和义务参照包机的有关条款办理;②托运人应凭有效证件(单位介绍信,证明信,个人身份证等)包用航空企业的飞机货舱舱位或集装设备,同时必须按照规定与承运人签订包舱或包板(箱)合同,并交纳相关费用;③承运人与托运人双方在签订包舱或包板(箱)合同时,承运人所提供的吨位或容积应略小于标定的最大业载或容积,以免在履行合同时造成不必要的争议;④包舱或包板(箱)运输只限于直达航班,不受理中转业务。

三、航空集装箱货运组织方法

1. 集中托运

(1) 概念

集中托运是指集中托运人(Consolidator)将若干批单独发运的货物组成一整批,向航空公司办理托运,采用一份航空总运单集中发运到同一目的站,由集中托运人在目的地指定的代理收货,再根据集中托运人签发的航空分运单分拨给各实际收货人的组织方式,也是航空货物运输中开展最为普遍的一种运输组织方式,这种托运方式,货主可以得到较低的运价,使用比较普遍,是航空货运代理的主要业务之一。

由于航空运价随着货物计费重量的增加而逐级递减,货物重量越重,航空货代或集运商就可以从航空公司获取越优惠的运价。与货运代理人不同,集中托运人的地位类似多式联运中的多式联运经营人。他承担的责任不仅仅是在始发地将货物交给航空公司,在目的地提取货物并转交给不同的收货人,集中托运人承担的是货物的全程运输责任,而且在运输中具有双重角色。他对各个发货人负货物运输责任,地位相当于承运人;而在与航空公司的关系中,他又作为被视为集中托运的一整批货物的托运人。

(2)特点

①节省运费:航空货运公司的集中托运运价一般都低于航空协会的运价。发货人可得到低于航空公司运价,从而节省费用。②提供方便:将货物集中托运,可使货物到达航空公司到达地点以外的地方,延伸了航空公司的服务,方便了货主。③提早结汇:发货人将货物交与航空货运代理后,即可取得货物分运单,可持分运单到银行尽早办理结汇。集中托运方式已在世界范围内普遍开展,形成较完善、有效的服务系统,为促进国际贸易发展和国际科技文化交流起到了良好的作用。集中托运成为我国进出口货物的主要运输组织方式之一。

(3)流程

①将每一票货物分别制定航空运输分运单,即出具货运代理的运单HAWB(House Airway Bill)。②将所有货物区分方向,按照其目的地相同的同一国家、同一城市来集中,制订出航空公司的总运单MAWB(Master Airway Bill)。总运单的发货人和收货人均为航空货运代理公司。③打出该总运单项下的货运清单(Manifest),即此总运单有几个分运单,号码各是什么,其中件数、重量各多少等。④把该总运单和货运清单作为一整票货物交给航空公司。一个总运单可视货物具体情况随附分运单(也可以是一个分运单,也可以是多个分运单)。如一个MAWB内有10个HAWB,说明此总运单内有10票货,发给10个不同的收货人。⑤货物到达目的地站机场后,当地的货运代理公司作为总运单的收货人负责接货、分拨,按不同的分运单制订各自的报关单据并代为报关、为实际收货人办理有关接货关货事宜。货人办理有关接货送货事宜。⑥实际收货人在分运单上签收以后,目的站货运代理公司以此向发货的货运代理公司反馈到货信息。

(4)托运限制

①集中托运只适合办理普通货物,对于等级运价的货物,如贵重物品、危险品、活动物以及文物等不能办理集中托运。②目的地相同或邻近的可以办理,如某一国家或地区,其他则不宜办理。例如,不能把去日本的货发到欧洲。

2. 航空快递

(1)概念

航空快递是指航空快递企业利用航空运输,收取收件人的快件并按照向发件人承诺的时间将其送交指定地点或者收件人,掌握运送过程的全部情况并能将即时信息提供给有关人员查询的门对门速递服务。

(2)特点

①运送速度快:快捷的交通工具大大缩短了货物在途时间,对于那些易腐烂、变质的鲜活商品,时效性、季节性强的报刊、节令性商品,抢险、救急品的运输,这一特点显得尤为突出。快速加上全球密集的航空运输网络才有可能使我们从前可望而不可即的鲜活商品开辟远距离市场,使消费者享有更多的利益。②安全准确:航空快递运输与其他运输方式相比安全性较高,风险率约为三百万分之一。航空公司的运输管理制度也比较完善,货物的破损率

较低,如果采用空运集装箱的方式运送货物,则更为安全。③节约费用:由于采用航空运输包装管理方式,货物在途时间短,周转速度快,企业存货可以相应的减少。一方面有利资金的回收,减少利息支出,另一方面企业仓储费用也可以降低。又由于航空货物运输安全、准确,货损、货差少,保险费用较低。

(3)流程

①快递企业由各分点收取航空快件,在规定时间运转到快递企业总运转中心;②总运转中心对应分拣货物,确定对应机场发货总量同外包装件数;③快递企业向航空代理预订舱位,并将航空货物交给航空代理;④航空代理接到快递企业订舱资料,根据快递企业要求时效,对应向航空公司预订舱位;⑤航空公司批舱后,航空代理在对应的航班起飞前3h交机场主单,对应起飞前2h完成安检;⑥航空代理将对应机场资料给快递企业;⑦快递企业在飞机落地后2~3h提取货物,分拣后运到各派送点安排派送。

3. 陆空联运

(1)概念

陆空联运是火车、飞机和卡车的联合运输组织方式,简称TAT(Train-Air-Truck),或火车、飞机的联合运输方式,简称TA(Train-Air)。通过运用这几种复合一贯制运输组织的方式,可以真正地实现"门到门"的运输服务模式,从而能够更好地适应现代物流对及时性和准确性的要求。

(2)特点

我国空运出口货物通常采用陆空联运方式,因为我国幅员辽阔,而国际航空港口岸主要有北京、上海、广州等。虽然省会城市和一些主要城市每天都有班机飞往上海、北京、广州,但班机所带货量有限,费用比较高。如果采用国内包机,费用更贵。因此,在货量较大的情况下,往往采用陆运至航空口岸,再与国际航班衔接。由于汽车具有机动灵活的特点,在运送时间上更可掌握主动,因此一般都采用TAT方式组织出运。

(3)分类

陆空联运分三种:一是TAT,即Train-Air-Truck的联运;二是TA,即Truck-Air的联运;三是TA,即Train-Air的联运。

4. 海空联运

(1)概念

海空联运又被称为空桥运输(Air-bridge Service)。在运输组织方式上,空桥运输与陆桥运输有所不同,陆桥运输在整个货运过程中使用的是同一个集装箱,不用换装,而空桥运输的货物通常要在航空港换入航空集装箱。

(2)发展历史

海空联运方式始于20世纪60年代,但到80年代才得以较大的发展。采用这种运输方式,运输时间比全程海运少,运输费用比全程空运便宜。20世纪60年代,将远东船运至美国西海岸的货物,再通过航空运至美国内陆地区或美国东海岸,从而出现了海空联运。当然,这种联运组织形式是以海运为主,只是最终交货运输区段由空运承担,1960年年底,原苏联航空公司开辟了经由西伯利亚至欧洲航空线。1968年,加拿大航空公司参加了国际多式联运,20世纪80年代,出现了经由中国香港、新加坡、泰国等至欧洲航空线。

(3)海空联运线

这种联运组织形式是以海运为主,只是最终交货运输区段由空运承担。目前,国际海空联运线主要有以下几种。①远东—欧洲，远东与欧洲间的航线有以温哥华、西雅图、洛杉矶为中转地，也有以香港、曼谷、海参崴为中转地。还有以旧金山、新加坡为中转地。②远东—中南美，近年来，远东至中南美的海空联运发展较快，因为此处港口和内陆运输不稳定，所以对海空运输的需求很大。该联运线以迈阿密、洛杉矶、温哥华为中转地。③远东——中近东、非洲、澳洲，这是以中国香港、曼谷为中转地至中近东、非洲的运输服务。在特殊情况下，还有经马赛至非洲、经曼谷至印度、经中国香港至澳洲等联运线，但这些线路货运量较小。

四、航空集装箱运输代码

1. 国家代码

在航空货运中，由于缮制单证的限制、操作的方便程度等缘故，使得整个货运流程中的代码作用非常显著。国家名称是用两个代码表示的，常见的国家两个字代码如表7-2所示。

常见的国家两字代码　　　　　　　　　　　　　表7-2

国家的中文全称	两字代码	国家的中文全称	两字代码
中国	CN	日本	JP
美国	US	韩国	KR
英国	GB	新加坡	SG
德国	DE	加拿大	CA
法国	FR	澳大利亚	AU

2. 城市代码

城市的三字代码在航空运输中，每票货物都涉及城市的三字代码，常见的城市三字代码如表7-3所示。

常见的城市三字代码　　　　　　　　　　　　　表7-3

城市的中文全称	三字代码	城市的中文全称	三字代码
北京	BJS	大连	DLC
广州	CAN	伦敦	LON
上海	SHA	东京	TYO
重庆	CKG	名古屋	NGO
天津	TSN	大阪	OSA
深圳	SZX	芝加哥	CHI
杭州	HGH	纽约	NYC
昆明	KMG	巴黎	PAR
青岛	TAO	首尔	SEL

3. 机场代码

机场名称通常也用三个字代码表示，有些机场的三字代码与城市的三字代码一样。常见的机场三字代码如表7-4所示。

常见的机场三字代码　　　　　　　　　　　　　　　　　　　表 7-4

机场的中文全称	三 字 代 码	所 在 国 家
首都国际机场	PEK	中国
戴高乐机场	CDG	法国
成田机场	NRT	日本
大阪关西国际机场	KIX	日本
杜勒斯国际机场	LAD	美国
希斯罗国际机场	LHR	英国
奥黑尔国际机场	ORD	美国

4. 航空公司代码

航空公司一般既有两字代码也有三字代码,常见的航空公司代码如表 7-5 所示。

常见的航空公司代码　　　　　　　　　　　　　　　　　　　表 7-5

航空公司中文全称	二字英文代码	三位数字代码	所 在 国 家
中国国际航空公司	CA	999	中国
中国东方航空公司	MU	781	中国
中国南方航空公司	CZ	784	中国
中国西北航空公司	WH	783	中国
美国西北航空公司	NW	012	美国
加拿大航空公司	AC	014	加拿大
汉莎航空公司	LH	020	德国
港龙航空公司	KA	043	中国
意大利航空公司	AZ	055	意大利

5. 货运操作代码

货运操作代码这些代码主要供操作人员在运输的各个环节中,注意运输货物的性质,采取相应的操作策略。常见的货运操作代码如表 7-6 所示。

常见的货运操作代码　　　　　　　　　　　　　　　　　　　表 7-6

中 文 全 称	英 文 全 称	操 作 代 码
航材	Aircraft on Ground	AOG
活动物	Live Animal	AVI
超大货物	Outsized	BIG
仅限货机	Cargo Aircraft Only	CAO
外交邮袋	Diplomatic Mail	DIP
食品	Foodstuffs	EAT
冷冻货物	Frozen Goods	FRO
报纸,杂志	Newspaper/Magazine	NWP
有强烈异味的货物	Obnoxious Cargo	OBX
鲜花	Flowers	PEF

中文全称	英文全称	操作代码
肉	Meat	PEM
易腐货物	Perishable Cargo	PER
鱼/海鲜	Fish/Seafood	PES
贵重物品	Valuable Cargo	VAL
湿潮货	Shipment of Wet Material	WET
单件150kg以上的货物	Heavy cargo, 150kgs and over per piece	HEA

6. 危险品代码

常见的危险品代码,如 RCL 代表低温液体,RCM 代表易腐蚀的货物,RFL 代表易炸液体,RPG 代表有毒气体。常见的危险品代码如表 7-7 所示。

常见的危险品代码　　　　　　表 7-7

中文全称	英文全称	危险品代码
低温液体	Cryogenic Liquids	RCL
易腐蚀的货物	Corrosive	RCM
爆炸物1.3C类	Explosives 1.3C	RCX
易炸液体	Flammable Liquid	RFL
有机过氧化物	Organic Peroxide	ROP
有毒气体	Toxic Gas	RPG

7. 常见的缩写

如 AWB 代表货运单,CC 代表运费到付,NVD 代表无声明价值,SLI 代表托运书,ULD 代表集装器。常见的缩写如表 7-8 所示。

常见的缩写　　　　　　表 7-8

中文全称	英文全称	缩写代码
货运单	Air Waybill	AWB
货运账目清算系统	Cargo Accounts Settlement System	CASS
运费到付	Charges Collect	CC
总运单	Master Air Waybill	MAWB
分运单	House Air Waybill	HAWB
货物运费更改通知书	Cargo Charges Correction Advice	CCA
无声明价值	No Value Declared	NVD
运费预付	Charges Prepaid	PP
托运书	Shipper's Letter of Instruction	SLI
集装器	Unit Load Device	ULD

第三节 航空集装箱运输设备

一、航空集装器

在航空货物运输中,除特殊情况外,货物均是以集装箱、集装板等集装器的形式进行运输。装运集装器的飞机,其机舱内应有固定集装器的设备,把集装器固定于飞机上,这时集装器就成为飞机的一部分,所以飞机的集装器的大小有严格的规定。

1. 集装器的分类

(1) 按注册与非注册划分

①注册的飞机集装器:注册的飞机集装器是国家政府有关部门授权集装器生产厂家生产的,适宜于飞机安全载运的,在其使用过程中不会对飞机的内部结构造成损害的集装器。②非注册的飞机集装器:非注册的集装器是指未经有关部门授权生产的,未取得适航证书的集装器,非注册的集装器不能看作飞机的一部分,因为它与飞机不匹配,一般不允许装入飞机的主货舱,它仅适合于某些特定机型的特定货舱。

(2) 按用途分类

①集装板(Pallet)和网套:集装板是具有标准尺寸的,四边带有卡锁轨或网带卡锁限,中间夹层为硬铝合金制成的平板,以使货物在其上码放;网套是用来把货物固定在集装板上,网套是靠专门的卡锁装置来固定。②结构与非结构集装棚:非结构式集装棚,无底、前端敞开,套到集装板及网套之间;结构式集装棚与集装板固定成一体,不需要网套。③集装箱:类似于结构式集装棚。

2. 航空集装器识别代码

集装器识别代码是指由国际航协规定的表示集装器种类、规格和所属人的一组代码。集装器在投入使用前,必须在国际航协进行代码注册。集装箱的识别代码一般标识在集装箱的两个侧面。集装板的识别代码一般标识在集装板四个角正面的边框上。按照国际航协规定,集装器的识别代码三部分组成,包括十位字母与数字,例如 AKE30914CA:A——集装器代码;K——集装器底板尺寸代码;E——标准拱外形和适配代码;30914——集装器识别编号;CA——集装器所属承运人。AKE 属于第 1 部分,表示集装器的种类、底板尺寸及标准轮廓的三字代码;30914 属于第 2 部分,表示该集装器的编号,自 1996 年 10 月起,集装器全部使用 5 位数字编号(此前为 4 位数字);CA 属于第 3 部分,为该集装器所属人的两字代码。

(1) 每一位

首位字母是集装器的种类码。如 A/D——集装箱;P/F——集装板;R——保温集装箱。集装器的种类码如表 7-9 所示。

集装器的种类码一览表　　　表 7-9

字母代码	集装器英文名称	集装器中文名称
A	Certified Aircraft Container	注册(适航审定)的飞机集装箱
D	Non-Certified Aircraft Container	非注册的飞机集装箱
P	Certified Aircraft Pallet	注册的飞机集装板

续上表

字母代码	集装器英文名称	集装器中文名称
F	Non-Certified Aircraft Pallet	非注册的飞机集装板
G	Non-Certified Aircraft Pallet Net	非注册集装板网套
J	Thermal Non-Structured Igloo	保温的非结构集装棚
M	Thermal Non-Certified Aircraft Container	保温的非注册的飞机集装箱
N	Certified Aircraft Pallet Net	注册的飞机集装板网套
R	Thermal Certified Aircraft Container	注册的飞机保温箱
U	Non Structural Igloo	非结构集装棚
H	Horse Stall	马厩
V	Automobile Transport Equipment	汽车运输设备
X、Y、Z	Reserve For Airline Use Only	供航空公司内部使用

(2)每二位

集装器的第二位字母表示集装器的底板尺寸。如 K 代表底面尺寸为 153cm×156cm 的集装箱;P 代表底面尺寸为 153cm×120cm 的集装箱。底板尺寸代码如表 7-10 所示。

表 7-10
集装器底板尺寸代码一览表

字母代码	集装器底板尺寸	
	公制(cm)	英制(in)
A	224×318	88×125
B	224×274	88×108
E	224×135	88×53
F	244×299	96×117 3/4
G	244×606	96×238 1/2
H	244×913	96×359 1/4
V	244×122	96×480
K	153×156	60×62
L	153×318	60×125
M	244×318	96×125
N+	156×244	62×96
P+	120×153	47×60
Q+	153×244	60×96

(3)第三位

第三位表示集装器的外形以及与飞机的适配性(为适配代码)。如 E 适配于宽体机型的底舱无叉槽;N 适配于宽体机型的底舱有叉槽。适配代码如表 7-11 所示。

(4)其他

第四至第七位:集装器序号码,由各航空公司对其所拥有的集装器进行编号。第八位:校验码,为序列号除以七的余数。第九、第十位:注册号码(字母表示),一般为航空公司的 ITAT 二字代码。

适配代码一览表		表7-11
字母代码	飞机的适配性	
E	适用于 B747、A319、DC10、L1011 下货舱无叉眼装置的半型集装箱	
N	适用于 13747、A310、DC10、L1011 下货舱有叉眼装置的半型集装箱	
P	适用于 B747COMB 上舱及 B747、DC10、L1011、A310 下舱的集装板	
A	适用于 B747F 上舱集装箱	

二、航空集装箱

1. 航空集装箱定义

航空集装箱是一种常用的航空集装器,是指在飞机的底舱与主舱中使用的一种专用集装箱,与飞机的固定系统直接结合,不需要任何附属设备。航空集装箱是根据飞机货舱的形状设计的,以保证货舱有限空间的最大装载率,所以航空集装箱有部分是截角或圆角设计。而飞机的形状又是由其空气动力学特性决定的。所以,航空集装箱不可能采用同一个标准。在航空运输系统中,把航空集装箱列为集装器中的一个品种,利用飞机载运的集装箱,其规格和型号甚多。

2. 航空集装箱结构特点

航空集装箱与国际标准集装箱在箱体结构、使用材料方面都存在巨大的差异,一般说来,航空集装箱结构上的特点包括:

①须尽量降低空运集装箱的自身质量,因而构成箱体的材料以铝合金为主,并符合现行《航空货运集装单元技术要求》(GB/T 15140)的规定;

②在符合强度和刚度要求的前提下,应尽可能减少其自身质量;

③箱体本身及其内部结构均应考虑限动装置,其中包括货物在箱内的限动和箱体在机舱内的限动;

④当机舱内出现快速失压时,箱体的内压要能够与机舱压力相适应,要求箱体至少有 $5cm^2/m^3$ 的通气面积;

⑤箱体的内、外表面要避免出现尖角和棱边以及过于粗糙的表面;

⑥对于设有叉槽的箱体,进叉口和支承座应能将其承受的载荷传至下底座,但下底座所承受的压力不可超过 9.55kPa;

⑦在箱体外部的适当位置要装有供人力移箱的拉手,每处拉手在任何方向均应当能够承受 4449N 的拉力。

3. 航空集装箱分类

①根据放置在飞机机舱的位置,分为主货舱用的集装箱和下部货舱用集装箱。主货舱集装箱,只能用于全货机或客机的主货舱,高度是 163cm 以上;下货舱集装箱,只能装于宽体飞机的下货舱。

②根据适用的联运方式,分为空陆联运集装箱和空陆水联运集装箱。空陆联运集装箱,分为 20ft 或 40ft,高和宽为 8ft,只能装于全货机或客机的主货舱,主要适用于空运和陆运系统的装卸工具进行装卸和搬运,有的上部无角件而下部有角件,所以不能堆放;有的上下部都有角件,既可吊装,也可堆装,还有的除上下都有角件外,还有叉槽,可举可叉。空陆水联运集装箱指的是适合于空中运输并可与地面运输(如公路、铁路、水路)联运的集装箱,虽然尺寸与海运集装箱相同,但是为了满足其便于空陆水联运的特殊要求,空陆水联运集装箱具

有一些普通集装箱所没有的功能、结构以及操作规范,例如其箱底可冲洗,有顶角件和底角件,有与飞机机舱内栓固系统相配合的装置,用滚装装卸系统进行装运,该集装箱的强度仅能堆码两层等。因此,空陆水联运集装箱应当具有一个特殊的指示标记,以区别于其他国际标准的集装箱,标记如图7-12所示,是作业标记的一种,国际标准化组织对该集装箱规定了特殊的标志,该标记位于集装箱侧壁和端壁的左上角。标记规定飞机符号至少应为高130mm(5in)和长360mm(14in),堆码符号至少应为高280mm(11in)和宽260mm(10in),图形的比例要适当。大写字母符号至少应为高80mm(3in),标志为黑底。如果集装箱的颜色与符号颜色近似,应选择一块合适底色,最好是白色,作为符号的底板。

空/陆/水(联运)

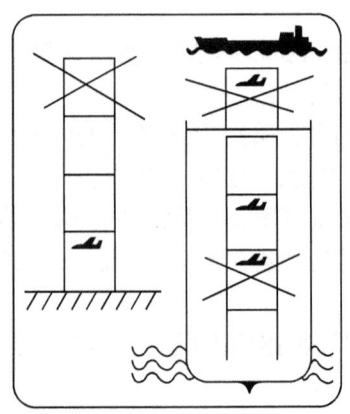

图 7-12 空陆水联运集装箱表示符号

③根据装运的货物,分为普通货物集装箱和特殊货物集装箱。特殊货物集装箱如保温箱,分为密闭保温主箱和动力控制保温箱两种;还有运载活体动物和特种货物的专用集装箱,如马厩(HORSESTALL)、牛栏(CATTLE STALL)、汽车运输设备等。

④根据制造材料,分为硬体集装箱和软体集装箱。

4. 常用航空集装箱

国外航空集装箱种类、规格很多,目前常用的航空集装箱主要有 AVE 集装箱、AKE 集装箱、RKN 集装箱、DPE 集装箱等,如表7-12所示;常用集装箱的识别代码、板箱规格、限高和尺寸如表7-13所示。

常用集装设备种类　　　　　　　表 7-12

类　型	特　征	适用机型
AVE	LD3 普通集装箱	宽体飞机下货舱
AKE	LD3 普通集装箱	宽体飞机下货舱

续上表

类　型	特　征	适用机型
DPE	LD2 普通集装箱	限 767 下货舱
RKN	LD3 冷藏集装箱	宽体飞机下货舱
RAK	LD7 进口冷藏箱	宽体飞机上/下货舱
AAP	LD7 集装箱	宽体飞机上/下货舱
AMA	244cm 高集装箱	宽体飞机上货舱
DQF	767 双体集装箱	限 767 下货舱
ALF	双体集装箱	宽体飞机下货舱(767禁用)
HMJ	马匹运输专用箱	747.MD-11 主货舱
PAP/P1P	标准集装板	宽体飞机上/下货舱
PMC/P6P	加强型集装板	宽体飞机上/下货舱
PMW	边框加强型翼板	宽体飞机上/下货舱
PLA	普通集装板	宽体飞机下货舱(767禁用)
PLB	高强度集装板	宽体飞机下货舱(767禁用)
FQA	普通集装板	限 767 下货舱使用
FQW	边框加强型翼板	限 767 下货舱使用
PGE/P7E	20ft 集装板	747 主货舱
PRA	16ft 集装板	747 主货舱

常用集装箱识别代码、板箱规格、限高和尺寸　　表7-13

	ATA 类型	IATA 代码	底板尺寸 (mm)	高度 (mm)	容积 (m^3)	自重 (kg)	最大毛重 (kg)	适用机型
集装箱	LD-3	AVE AKE	1534×1562	1630	4.3	91~135	1588	通用
	LD-3	RKN	1534×1562	1630	3.6	235	1588	通用
	LD-2	DPE	1194×1534	1630	3.4	90~105	1250	767专用
	LD-6	DQF	2438×1534	1630	7.2	135	2449	767专用
	LD-8	ALF	3175×1534	1630	8.9	159	3175	767禁用

5.集装箱图例及参考数据

①LD2 集装箱如图 7-13 所示。

②LD3 集装箱如图 7-14 所示。

③LD6 集装箱如图 7-15 所示。

④LD7 集装箱如图 7-16 所示。

⑤LD8 集装箱如图 7-17 所示。

⑥三马位马厩(封顶)集装箱如图 7-18 所示。

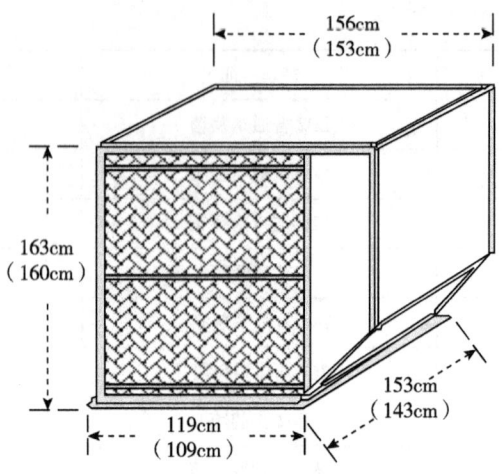

集装箱代号：DPE、APA、DPA

最大毛重：1225kg（含箱重100kg左右）

轮廓容积：3.8m³，可用容积：3.4m³

适用机型：波音767飞机下货舱

图 7-13　LD2 集装箱

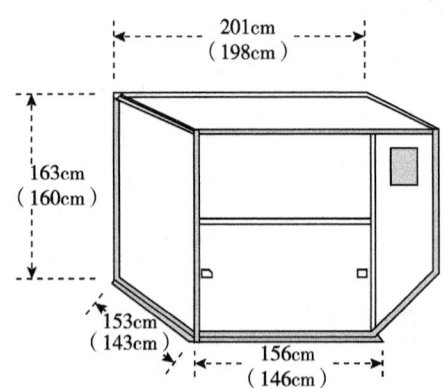

集装箱代号：AVE、AKE、AVA、AVB、AVM、DVA、DVP、DVE

最大毛重：1588kg（含箱重100kg左右）

轮廓容积：4.8m³

可用容积：4.3m³

适用机型：所有宽体飞机下货舱

图 7-14　LD3 集装箱

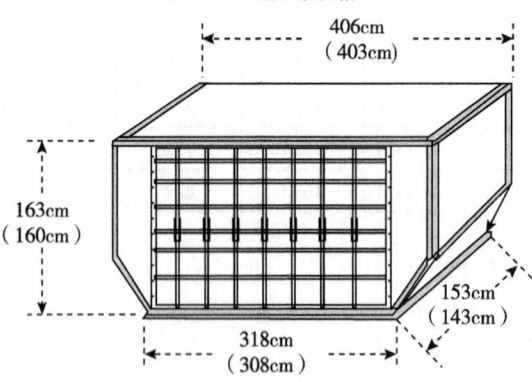

集装箱代号：ALF、AWA、AWF

最大毛重：3175kg（含箱重160kg左右）

轮廓容积：9.6m³，可用容积：8.9m³

适用机型：所有宽体飞机下货舱（波音767除外）

图 7-15　LD6 集装箱

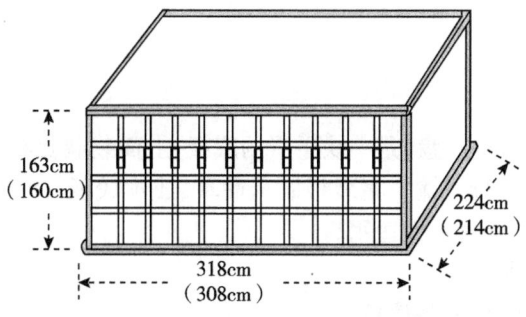

集装箱代号：AAP、AA2
最大毛重：6033kg（包括箱重200kg左右）
轮廓容积：11.3m³
可用容积：10.6m³
适用机型：所有宽体飞机下货舱、主货舱

图 7-16　LD7 集装箱

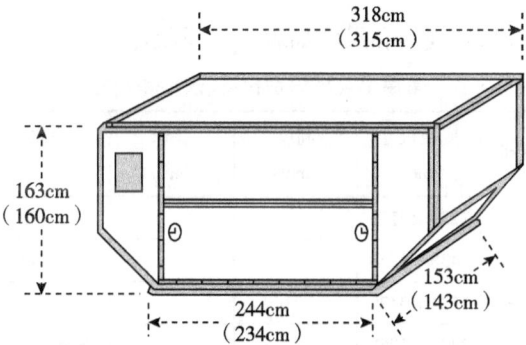

集装箱代号：ALE、DLA、DLF、MQP、DQF
最大毛重：2449kg（含箱重125kg左右）
轮廓容积：7.9m³
可用容积：7.2m³
适用机型：波音767飞机下货舱

图 7-17　LD8 集装箱

代码：HMJ
标准自重：805kg
容积：可装3匹马
最大毛重：3800kg
适用机型：B-747COMBI、B-747F主货舱

图 7-18　三马位马厩集装箱

三、航空集装板

1. 航空集装板定义

航空集装板也称为航空托盘,是一块平滑的底板,上面装载货物、行李或邮件,并用货网加以固定组成一个单元进行运输。集装板制造简单、成本较低,使用方便,但对装载的货物形状要求规则,对于散杂货就不太适用。

2. 航空集装板制造条件

集装板的制造必须满足的条件是：

① 集装板的四周有用于挂货网的槽和挂钩,能用货网将货物固定起来。

② 能方便地装在货舱内的固定位置。货网是用绳子或带子编成菱形或方形的网眼组成。也可用集装棚、集装罩固定货物。通常使用的集装板厚度 2cm,称为半应力集装板或挠性集装板。适合装运较重货物的厚度为 6cm 的集装板,称为应力集装板或刚性集装板。

3. 常用集装板

常用集装板的识别代码、规格和尺寸如表 7-14 所示。

常用集装板识别代码、规格和尺寸　　　　　表 7-14

	ATA 类型	IATA 代码	底板尺寸（mm）	高度（mm）	容积（m³）	自重（kg）	最大毛重（kg）	适用机型
集装板		PIP	2235×3175			120~126	6804	通用
		P6P PMC	2438×3175			131~135	6804	通用
		PLA PLB	1534×3175			80~97	3174	767 禁用
		P7E PG	2438×6058			540~665	13608	747combi 747F
		FQA	1534×2438			100	2449	767 专用
		FQW	1534×2438			118	2449	767 专用
		PMW	2438×3175			175	6804	767 禁用

4. 集装板图例及参考数据

① P1 型集装板(标准集装板)如图 7-19 所示。

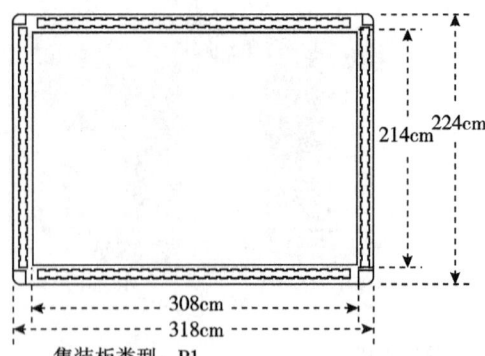

集装板类型：P1

集装板代号：P1P、PAP、PAG、P1A、P1C、PAJ、PAX

最大毛重：6804kg(含板网质量125kg左右)

适用机型：所有宽体飞机主货舱、下货舱(含波音707F、727F/QC、737F/QC主货舱)

图 7-19　P1 型集装板

②P6 型集装板(标准集装板)如图 7-20 所示。

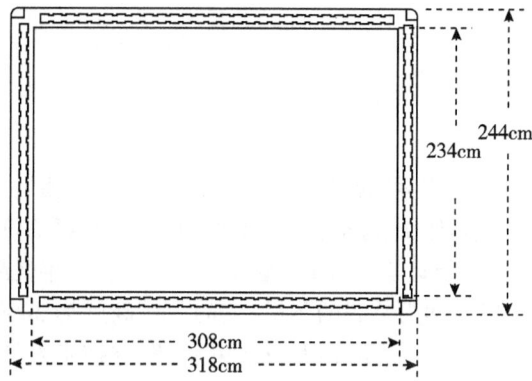

集装板类型：P6
集装板代号：P6P、PMC、P6C、P6Q、PMP、PQP
最大毛重：6804kg（含板网重量135kg左右）
适用机型：所有宽体飞机主货舱、下货舱

图 7-20　P6 型集装板

③P9 型集装板(标准集装板)如图 7-21 所示。

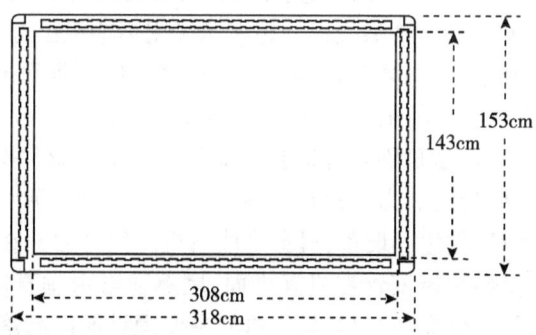

集装板类型：P9
集装板代号：P9A、P9B、P9P、P9R、P9S、PLA、PLB、FLA
最大毛重：3175kg（含板网重量150kg左右）
适用机型：所有宽体飞机下货舱（波音767除外）

图 7-21　P9 型集装板

5. 集装货物的基本原则

①检查所有待装货物，设计货物组装方案。

②一般情况下，大货、重货装在集装板上；体积较小、重量较轻的货物装在集装箱内。组装时，体积或重量较大的货物放在下面，并尽量向集装器中央集中码放；小件和轻货放在中间；危险物品或形状特异可能危害飞机安全的货物，应将其固定，可用填充物将集装器塞满或使用绳、带捆绑。合理码放货物，做到大不压小、重不压轻、木箱或铁箱不压纸箱。同一卸机站的货物应装在同一集装器上，一票货物应尽可能集中装在一个集装器上，避免分散装在集装器。

③在集装箱内的货物应码放紧凑，间隙越小越好。

④如果集装箱内没有装满货物，即所装货物的体积不超过集装箱容积的 2/3，且单件货物重量超过 150kg 时，就要对货物进行捆绑固定。

⑤特别重的货物放在下层，底部为金属的货物和底部面积较小重量较大的货物必须使用垫板。

⑥装在集装板上的货物要码放整齐,上下层货物之间要相互交错,骑缝码放,避免货物与货物坍塌、滑落。

四、民用运输机

1. 运输机概述

运输机分为军用运输机、民用运输机(货机)。民用运输机是指航空运输中用于从事客货运输的非军用飞机,主要特点是经济、舒适,要求最大限度地提高燃油效率,降低飞行成本。

1918年5月,始用飞机进行运输,民用运输机于20世纪30年代趋于成熟。当时美国和德国生产了以活塞式发动机为动力装置的飞机,它的飞行高度为3000~4000m,可载运旅客20~30人或装运货物2~3t。第二次世界大战结束后,航空技术发展很快,20世纪50年代出现了涡轮螺旋桨飞机,载客量可达50~100人,飞行速度低于800km/h,最大航程不超过5000km。同一时期,涡轮喷气式运输机研制成功,这被认为在民用运输机的发展史上具有划时代的意义。这类飞机载量大,飞行速度快,飞行高度可在10000m以上,最大航程约为12000km,但耗油多。其代表性飞机有波音707型飞机、DC-8型飞机等。通过对涡轮喷气发动机的改进,20世纪70年代出现高流量比涡轮风扇发动机,它被广泛用于民用运输机,这种飞机耗油率小,起飞推力大,噪声小,远程宽体飞机的载客量可超过500人,最大航程超过10000km。其代表性飞机有波音747型飞机。超音速民用运输机已进入实用阶段,生产了协和号飞机和图-144型飞机,但因技术经济性能差和环境污染严重而未广泛应用。

民用运输机主要由机身、机翼、尾翼、起落架和发动机几部分组成。机身是飞机的主体,布置有客舱、行李舱和服务舱(货机则安排货舱),前部布置驾驶舱和操纵系统。飞机的其他组成部分也都直接安装在机身上。为了保证旅客的安全和舒适,现代客机的客舱都是增压密封舱,舱内装有空调、供氧、救生等设备,机翼是使飞机产生升力并在空中保持稳定性的主要部分,多数机型还把主要燃油箱安置在机翼里面,尾翼通常由垂直尾翼和水平尾翼组成。前者装有方向舵,后者安装升降舵,它们都是飞机的主要操纵面。起落架由机轮组及其支架组成,一般在飞机升空后收入机身。发动机是飞机的动力装置。现代民用运输机主要是装用涡轮喷气发动机、涡轮风扇发动机的喷气飞机和涡轮螺旋桨飞机。以活塞式发动机为动力装置的飞机已不被用于主要航班运输,并正在逐渐被淘汰。

2. 民用运输机的分类

(1)按机身的宽窄分类

①窄体飞机(Narrow-Body Aircraft)是指飞机的机身宽约3m,舱内只有一条通道,这类飞机往往只在其下货舱内装载包装尺寸较小的散件货。如MD-80、MD-90、A318、A319、A320、A321、B707、B717、B727、B737、B757等。②宽体飞机(Wide-body Aircraft)是指飞机的机身较宽,舱内有两条通道,机身宽一般在4.72m以上,这类飞机下货舱内可以装运集装货物和散货,如B767、B777、B747、MD-11、A300、A310、A330、A340、A380。

(2)按机舱载货方式分类

①全货机是指货机主舱及下舱全都用于装载货物的飞机。全货机一般为宽体飞机,主舱可装载大型集装箱。目前,世界上最大的全货机装载量达250t,通常的商用大型全货机载重量在100t左右,全货机如图7-22所示。②客货混用机是指普通客机,上舱(主舱)用于载客,下舱(腹舱)用于载货,客货混用机如图7-23所示。

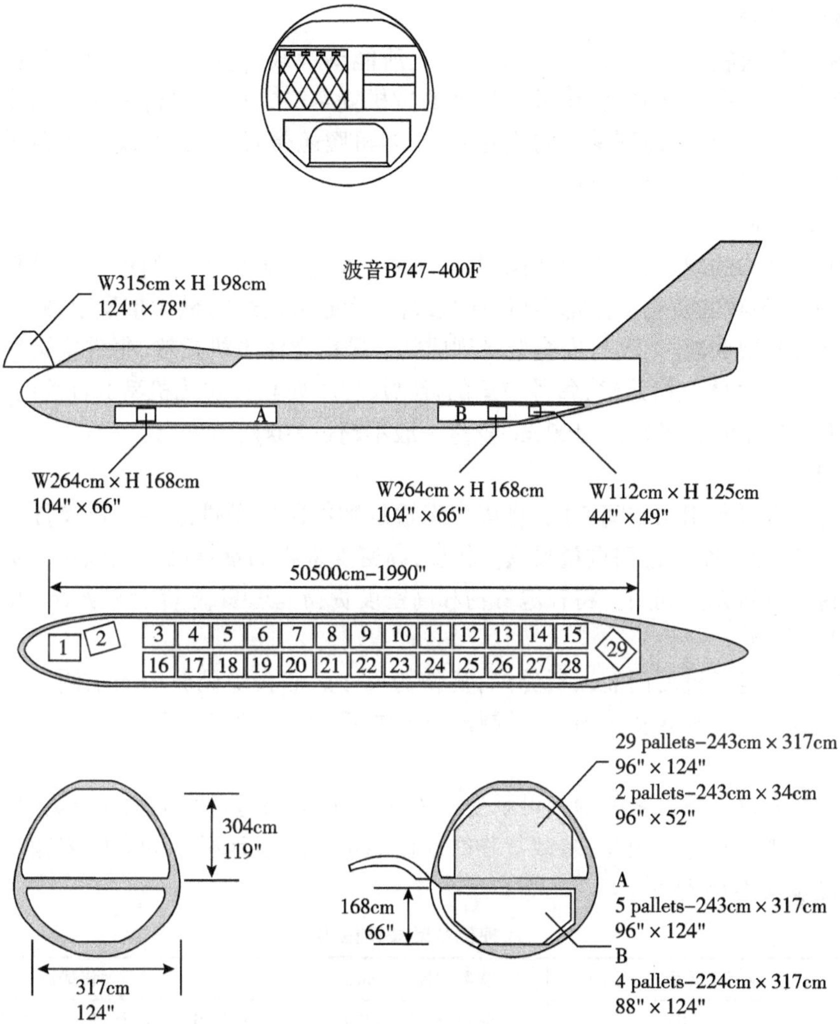

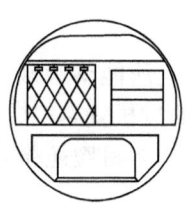

波音B747–400F
W315cm × H 198cm
124" × 78"
A
B
W264cm × H 168cm
104" × 66"
W264cm × H 168cm
104" × 66"
W112cm × H 125cm
44" × 49"
50500cm–1990"
1 2 3 4 5 6 7 8 9 10 11 12 13 14 15 29
16 17 18 19 20 21 22 23 24 25 26 27 28
304cm
119"
317cm
124"
168cm
66"
29 pallets–243cm × 317cm
96" × 124"
2 pallets–243cm × 34cm
96" × 52"
A
5 pallets–243cm × 317cm
96" × 124"
B
4 pallets–224cm × 317cm
88" × 124"

图 7-22　全货机示意

A300–600F
Main Dock Cargo Door
1 2 3 4 5 6 7 8 9 10 11 12 13 14

图 7-23　客货混用机示意

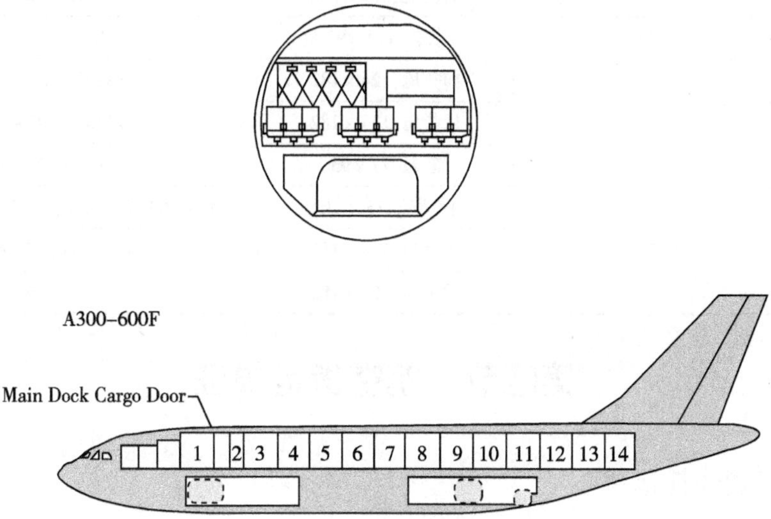

3. 飞机的装载限制

全货机空运货物,因为它是只装载货物,它所能够承载的重量很大,所以对货物的尺寸大小也没有什么太多的限制,就像世界最大的货机安－225,连城铁这么庞大尺寸的货物都能装下。客机不一样,考虑到乘客的人身安全,客机腹舱带货,货物的尺寸要有所规范和限制,要根据不同的机型来决定空运货物尺寸。

(1)重量限制

由于飞机结构的限制,飞机制造商规定了每一货舱可装载货物的最大重量限额。任何情况下,飞机所装载的货物重量都不可以超过每一货舱可装载的最大重量限额。否则,飞机的结构很有可能遭到破坏,飞行安全会受到威胁。采用宽体飞机运输,每件空运货物的重量不要超过250kg;窄体飞机运输,每件空运的货物尺寸不要超过航线机型的货舱门尺寸为宜,体积一般不超过40cm×60cm×100cm,重量一般不超过80kg。

(2)容积限制

由于货舱内可利用的空间有限,也成为运输货物的限定条件之一。轻泡货物已占满了货舱内的所有空间,而未达到重量限额。相反,高密度货物的重量已达到限额而货舱内仍会有很多的剩余空间无法利用。将轻泡货物和高密度货物混运装载,是比较经济的解决方法。

(3)舱门限制

由于货物只能通过舱门装入货舱内,货物的尺寸必然会受到舱门的限制。为了便于确定一件货物是否可以装入货舱内,飞机制造商提供了舱门尺寸表。

(4)地板承受力

飞机货舱内每一平方米的地板可承受一定的重量,如果超过它的承受能力,地板和飞机结构很有可能遭到破坏。因此,装载货物时应注意不能超过地板承受力的限额。几种机型的装载能力如表7-15所示。

几种机型的装载能力　　　　表7-15

机　型	地面承受力(kg/m²)	货舱门尺寸(cm)	最大装载量
B777－200	976	前货舱:170×270	6块P1P/P6P板或18个AVE集装箱
	976	后货舱:175×180	14个AVE集装箱
	732	散舱:114×97	17m³(4082kg)
A320	732	前货舱:124×182	3AKH/PKC箱位
		后货舱:124×182	4AKH/PKC箱位
		散舱:77×95	5m³(1479kg)
MD－80	732	前货舱:75×135	4块P1P/P6P板或12个AVE集装箱
		中货舱:124×182	10个AVE集装箱
		后货舱:124×182	14.7m³(2770kg)

第四节　航空货运单证

一、国际货物托运书

1. 托运书概念

货运单应由托运人填写,也可以由承运人或其代理人代为填写。实践中,目前货运单是由承运人或其代理人代为填制的。因此，作为填开货运单的依据——托运书，应由托运人自己填写，而且托运人必须在上面签字或盖章。托运书(Shippers Letter of Instruction,SLI)是托运人用于委托承运人或其代理人填开航空货运单的一种单证，其上列有填制货运单所需各项内容，并印有授权于承运人或其代理人代其在货运单上签字的文字说明。托运书的内容和货运单基本相似，其缮制要求却不如货运单严格。国际货物托运书如表7-16所示。

国际货物托运书 表7-16

<table>
<tr><td colspan="2">托运人姓名及地址
SHIPPER'S NAME AND ADDRESS</td><td>托运人账号
SHIPPER'S ACCOUNT NUMBER</td><td>供承运人用
FOR CARRIAGE USE ONLY</td></tr>
<tr><td colspan="3">CHINA LIGHT HOUSEWARE CO. ,LTD,BEIJING P. R. CHINA
TEL:86(010)×××××××× FAX:86(010)××××××××</td><td>班期/日期 FLIGHT/DAY　航班/日期 FLIGHT/DAY
CA921/30 JUL,2002</td></tr>
<tr><td colspan="2">收货人姓名及地址
CONSIGNEE'S NAME AND ADDRESS</td><td>收货人账号
CONSIGNEE'S ACCOUNT NUMBER</td><td>已预留吨位
BOOKED</td></tr>
<tr><td colspan="3">NEW YORK LIGHT HOUSEWARE IMPORTERS,NEW YORK,U. S. A
TEL:××××××××</td><td>运费 CHARGES
CHARGES PREPAID</td></tr>
<tr><td colspan="3">代理人的名称和城市
ISSUING CARRIER'S AGENT NAME AND CITY
KUNDAAIR FRIGHT GO. ,LTD</td><td rowspan="3">ALSO NOTIFY</td></tr>
<tr><td colspan="3">始发站 AIRPORT OF DEPARTURE
CAPITAL INTERNATIONAL AIRPORT</td></tr>
<tr><td colspan="3">到达站 AIRPORT OF DESTINATION
JOHN KENNEDY AIRPORT(JFK)</td></tr>
<tr><td colspan="2">托运人声明价值
SHIPPER'S DECLARED VALUE</td><td rowspan="2">保险金额
AMOUNT OF INSURANCE
×××</td><td rowspan="2">所附文件
DOCUMENT TO ACCOMPANY AIR WAYBILL
1 COMMERCIAL INVOICE</td></tr>
<tr><td>供运输用
FOR CARRIAGE
NVD</td><td>供海关用
FOR CUSTOMS
NCV</td></tr>
<tr><td colspan="4">处理情况(包括包装方式、货物标志及号码)
HANDING INFORMATION(INGL METHOD OF PACKING IDENTIFYING AND NUMBERS)
KEEP UPSIDE</td></tr>
</table>

件数 NO. OF RACKAGES	实际毛重 ACTUAL GROSS WEIGHT(KG.)	运价种类 RATE CLASS	收费重量 CHARGEABLE WEIGHT	费率 RATE/CHARGE	货物品名及数量(包括体积或尺寸) NATUER AND QUANTITY OF GOODS (INCL. DIMENSION OF VOLUME)
4	58.3		58.3	18.00	DIMS: (80×30×25)cm×4

2. 托运书的内容

①托运人姓名及地址(Shipper's Name and Address)。填列托运人的全称、街名、城市名称、国家名称及便于联系的电话、电传或传真。

②收货人姓名及地址(Consignee's Name and Address)。填列收货人的全称、街名、城市名称、国家名称(特别是在不同国家内有相同城市名称时,更加注意填上国名)以及电话号、电传或传真号,本栏内不得填写"To Order""To Order of the Shipper"等字样,航空货运单不能转让。

③始发站机场(Airport of Departure)。始发站机场的全称。

④目的地机场(Airport of Destination)。填目的地机场(机场名称不明确时,可填写城市名称),如果某一城市名称用于一个以上国家时,应加上国名。

⑤要求的路线/申请订舱(Requested Routing/ Requested Booking)。本栏用于航空公司安排运输路线时使用,如果托运人有特别要求时,也可以填入本栏。

⑥供运输用的声明价值(Declared Value for Carriage)。填列供运输用的声明价值金额,该价值即为承运人赔偿责任的限额。承运人按有关规定向托运人收取声明价值费。如果所交运的货物毛重每千克不超过20美元(或等值货币),则无须填写,并可在本栏内填入"NVD(No Value for Declared,未声明价值)",如本栏空着可视为货物未声明价值。

⑦供海关用的声明价值(Declared Value for Customs)。海关根据此栏填数额征税。

⑧保险金额(Amount of Insurance)。我国没有开展这个业务,本栏可不填。

⑨处理事项(Handing Information)。填列附加的处理要求。例如:另请通知,除填收货人之外,如托运人还希望在货物到达的同时通知他人,应另填写通知人的全名和地址;外包装上的标记;操作要求。

⑩货运单所附文件(Documentation to Accompany Air Waybill)。填列随附在货运单上运往目的地的文件,应填上所附文件的名称。例如:托运人所托运的动物证明书。

⑪件数和包装方式(Number and Kind of Packages)。填列该批货物的总件数,并注明其包装方法。例如:包裹(Packages)、纸板盒(Carton)、盒(Case)、板条箱(Crate)、袋(Bag)等。没有包装时,注明散装(Loose)。

⑫实际毛重(Actual Gross Weight)。本栏重量应由承运人或其代理人在称重后填入。

⑬运价类别(Rate Class)。填写所适用的运价、协议价、杂费、服务费。

⑭计费重量(Chargeable Weight)。本栏计费重量应由承运人或其代理人在量过货物的尺寸(以厘米为单位)后,由承运人或其代理人算出计费重量后填入。

⑮费率(Rate/Charge)。本栏可不填。

⑯货物的品名及数量(包括尺寸或体积)。若一票货物包括多种物品时,托运人应分别申报货物的品名,填写品名时不能使用"样品""部件"等字样比较笼统的名称。货物中的每一项均分开填写,并尽量填写详细,如"新闻短片(美国制),本栏目的内容应于出口报关发票列明相符。

⑰托运人签字(Signature of Shipper)。托运人必须在本栏内签字。

⑱日期(Date)。填托运人或其代理人交货的日期。

3. 托运书的审核

①在接受托运人委托后、单证操作前,代理公司会对托运书进行审核,或称为合同评审。

②审核的主要内容是价格和航班日期等。

③货运单上显示的运价与托运书上的运价有联系也有区别。货运单上显示的是 TACT 上公布的适用运价或费率,托运书上显示的是航空公司优惠运价加上杂费和服务费或使用协议价格。

二、航空货运单

1. 航空货运单概念

航空货运单(Air Waybill,AWB)也称航空运单是由托运人或者以托运人的名义填制,是托运人和承运人之间在承运人的航线上运输货物所订立的运输合同的证明。航空货运单由承运人制订,托运人在托运货物时要按照承运人的要求进行填制。根据《华沙公约》规定,航空货运单应当由托运人填写,承运人根据托运人的要求填写航空货运单的,在没有相反证据的情况下,应当视为是代替委托人填写的。这表明托运人应对货运单所填各项内容的正确性、完备性负责。由于货运单所填内容不准确、不完全,致使承运人或其他人遭受损失,托运人负有责任。航空货运单的条款有正面、背面条款之分。各航空公司所使用的航空货运单则大多借鉴 IATA 所推荐的标准格式,不同的航空公司会有自己独特的航空运单格式,但差别并不大。值得注意:海运提单的条款也有正背面之分,但各个航运公司的海运提单可能千差万别。航空货运单如表 7-17 所示。

2. 航空货运单的种类

(1)根据是否印有承运人标志来划分

航空货运单包括航空公司货运单和中性货运单。①航空公司货运单(Issue Carrier)是印有出票航空公司标志的航空货运单,货运单承运人的标识部分包括承运人名称、承运人总部地址、承运人的图案标志、承运人的票证代号(三位数字)以及包括检查位在内的货运单序号。②中性货运单(Neutral Air Waybill)是指无承运人任何标志、供代理人使用的航空货运单。航空货运单不可转让,属于航空货运单所属的空运企业。

(2)根据航空货运单签发人不同划分

航空货运单包括主运单和分运单。①航空主运单(Master Air Waybill,MAWB)是指凡由航空运输公司签发的航空运单就称为主运单,它是航空运输公司据以办理货物运输和交付的依据,是航空公司和托运人订立的运输合同,每一批航空运输的货物都有自己相对应的航空主运单。航空主运单作为航空运输公司与集中托运人之间的货物运输合同,当事人则为集中托运人和航空运输公司。集运商在收取货物之后,进行集中托运,把不同托运人的货物集中一起,交给航空公司,集运商和航空公司之间需要个凭证,这就是主运单。主运单是集运商与承运人交接货物的凭证,同时又是承运人运输货物的正式文件。其托运人和收货人栏都是集运商。在我国只有航空公司才能颁布主运单。提货时,航空货运公司凭借航空主运单向航空公司提货;货主即收货人凭借航空分运单向航空货运公司提货。由此可见,在集中托运情况下,从货物的托运到提取,货主与航空公司不发生直接关系。②航空分运单(House Air Waybill,HAWB)即集中托运人在办理集中托运业务时签发的航空运单。在集中托运的情况下,除了航空运输公司签发主运单外,集中托运人还要签发航空分运单。航空分运单作为集中托运人与托运人之间的货物运输合同,合同双方分别为托运人 A、托运人 B 和集中托运人,货主与航空运输公司没有直接的契约关系。集运商在进行集中托运货物时,首先从各个托运人处收取货物,在收取货物时需要给托运人一份凭证,这个凭证就是分运单,标明托运人把货物交给了集运商,集运商收到了托运人的货物,所以分运单是集运商与发货人交接货物的凭证。集运商可自己颁发分运单,不受航空公司限制。是根据主运单来制作的。分运单的托运人栏和收货人栏都是真正的托运人和收货人。各方的关系如图 7-24 所示。

航 空 货 运 单　　　　　　　　　　　　　　　　　　表 7-17

999											999 —	
Shipper's Name and Address CHINA LIGHT HOUSEWARE CO.LTD. BEIJING P.R.CHINA TEL:86（010）64596666, FAX: 86（010）64598888			Shipper' Account Number			NOT NEGOTIABLE　　中国民航　　　　　　　　CAAC AIR WAYBILL AIR CONSIGNMENT NOTE ISSUED BY:THE CIVIL AVIATION ADMINIASTRATION OF CHINA BEIJING GHINA						
						Copies 1,2 and 3 of this Air Waybill are originals and have the same validity.						
Consignee's Name and Address NEW YORK LIGHT HOUSEWARE IMPORTERS.NEW YORK.U.S.A TEL:78789999			Consignee' Account Number			It is agreed that the goods described herein are accepted in apparent good order and condition（except as noted）for carriage SUBJECT TO THE CONDTIONS OF CONTRACT ON THE REVERSE HEREOF.THE SHIPPERS ATTENTION IS DRAWN TO THE NOTICE CONCERNING CARRIER'S LIMITATION OF LIABILITY.Shipper may increase such limitation of liability by declaring a higher value for carriage and paying a supplemental charge if required. ISSUING CARRIER MAINTAINS CARGO ACCIDENT LIABILITY INSURANCE						
Issuing Carrier's Agent Name and City KUNDA AIR FRIGHT CO.LTD						Accounting Information						
Agent's IATA Code			Account No.									
Airport of Departure（Addr.of First Carrier）and Requested Routing CAPITAL INTERNATIONAL AIRPORT												
By First Carrier	Routing and Destination			to	by	to	by	Currency USD	CHGS Code	WT/NAL PPD COLL ×	Other PPD COLL ×	Declared Value for Carriage NVD	Declared Value for Customs NCV
Airport Destination JOHN KENNEDY AIRPORT（JEK）	Flight/Date	For Carrier Use only	Flight/Date			Amount of Insurance			INSURANCE if carrier offers insurance, and such insurance is requested in accordance with conditions on reverse here of, indicate amount to be insured in figure in box marked amount of insurance.				
Handling Infomation												
No.of Pieces RCP	Gross Weight	Kg Lb	Rate Class Commodity Item No.	Chargeable Weight		Rate Charge		Total		Nature and Quantity of Goods （incl.Dimensions or Volume）		
4	58.3	K		58.3		18.00		1049.40		SAMPLE DIMS:（80×30×25）cm×4		
Prepaid 1049.40	Weight Charge Valustion Charge Tax		Collect	Other Charges AWA:50								
Total Other Charges Due Agent 50				Shipper certifies that the particulars on the face hereof are correct and that insofar as any part of the consignment contains dangerous goods, such part is properly described by name and is in proper condition for carriage by air according to the applicable Dangerous Goods Regulations. ．．．．．．．．．．．．．．．．．．．．．．．．． Signature of Shipper or his Agent								
Total Other Charges Due Carrier												
Total Prepaid 1099.40			Total Collect	JUL.30.2003　　BEIJING Executed on（date）　　at（place）　　Signature of Issuing carrier or its Agent								
Curreency Conversion Rates			CC Charges in Dest.Currency									
For Carrier s'use only at Destination			Charges at Destination	Total Collect Charges			999 —					

由于在起运地货物由集中托运人将货物交付航空运输公司,在目的地由集中托运人或其代理从航空运输公司处提取货物,再转交给收货人,因而货主与航空运输公司也没有直接的货物交接关系。

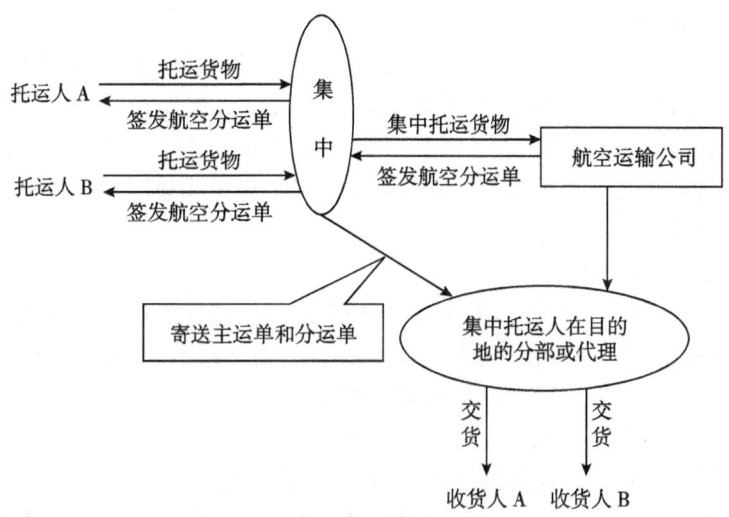

图 7-24 航空主运单和分运单的关系

3. 航空货运单的作用

航空货运单是托运人或其代理人所使用的最重要的货运文件,由承运人或其代理人签发的重要的货物运输单据,是承托双方的运输合同,其内容对双方均具有约束力。航空运单不可转让,持有航空运单也并不能说明可以对货物要求所有权。在货物所有权这一点,航空运单与国际铁路运单相似,与海运提单有很大不同。具体来讲,航空运单有6项作用。

(1)航空运单是运输合同

航空运单是发货人与航空承运人之间的运输合同。与海运提单不同,航空运单不仅证明航空运输合同的存在,而且航空运单本身就是发货人与航空运输承运人之间缔结的货物运输合同,在双方共同签署后产生效力,并在货物到达目的地交付给运单上所记载的收货人后失效。

(2)航空运单也是货物收据

航空运单是承运人签发的已接收货物的证明,在发货人将货物发运后,承运人或其代理人就会将其中一份交给发货人(即发货人联),作为已经接收货物的证明。除非另外注明,它是承运人收到货物并在良好条件下装运的证明。

(3)航空运单是承运人据以核收运费的账单

航空运单分别记载着属于收货人负担的费用,属于应支付给承运人的费用和应支付给代理人的费用,并详细列明费用的种类。

(4)航空运单是报关单证之一

出口时,航空运单是报关单证之一。在货物到达目的地机场进行进口报关时,航空运单也通常是海关查验放行的基本单证。

(5)航空运单同时可作为保险证书

如果承运人承办保险或发货人要求承运人代办保险,则航空运单也可用来作为保险证书。

(6)航空运单是承运人内部业务的依据

航空运单随货同行,证明了货物的身份。运单上载有有关该票货物发送、转运、交付的事项,承运人会据此对货物的运输做出相应安排。

4. 货运单的填开、限制和异议

(1) 货运单填开的责任

托运人有责任填制航空货运单。托运人对货运单所填各项内容的正确性、完备性负责。由于货运单所填内容不准确、不完全,致使承运人或其他人遭受损失,托运人负有责任。根据《中华人民共和国民用航空法》第113条和第114条规定,托运人应当填写航空货运单正本一式三份,连同货物交给承运人。航空货运单不符合规定或航空货运单遗失,不影响运输合同的存在或者有效。

(2) 航空货运单的限制

一张货运单只能用于一个托运人在同一时间、同一地点托运的由承运人承运的,运往同一目的站同一收货人的一件或多件货物。任何IATA成员都不允许印制可以转让的航空货运单,货运单上的"不可转让"字样不可被删去或篡改。

(3) 交付货物时收货人异议

①货物的明显损坏,应在发现损坏时立即提出,最迟在收到货物后14天内提出;②货物的其他损坏,自收到货物之日起14天内提出;③货物延误,自其自由支配货物之日起21天内提出;④货物没有交付,自填开货运单之日起120天内提出。诉讼应在货物到达目的地之日起,或从飞机应该到达之日当日起,或从运输停止之日起两年内提出,否则即丧失承运人诉讼的权利。

5. 货运单有效期及填制要求

(1) 货运单的有效期

航空货运单自填制完毕、托运人或其代理人和承运人双方签字后开始生效。货物运到目的地,收货人提取货物并在货运单交付联(或提货通知单)上签字认可后,货运单作为运输凭证,其有效期即告终止。

(2) 填制货运单的要求

①运单要求使用英文打字机或计算机,用英文大写字母打印,各栏内容必须准确、清楚、齐全,不得随意涂改;②货运单已填内容在运输过程中需要修改时,必须在修改项目的近处盖章注明修改货运单的承运人名称、地址和日期;③货运单的各栏目中,有些栏目印有阴影,其中有标题的阴影栏目仅供承运人填写。

6. 货运单的构成

我国国际航空货运单由一式十二联组成,包括三联正本、六联副本和三联额外副本。航空货运单各联的分发如表7-18所示。

国际航空货运单联数构成表　　　　　　　　　　表7-18

序　号	名称及分发对象	颜　色
A	Original 3(正本3,给托运人)	浅蓝色
B	Copy 9(副本9,给代理人)	白色
C	Original 1(正本1,交出票航空公司)	浅绿色
D	Original 2(正本2,给收货人)	粉红色
E	Copy 4(副本4,提取货物收据)	浅黄色

续上表

序　号	名称及分发对象	颜　色
F	Copy 5(副本5,给目的地机场)	白色
G	Copy 6(副本6,给第三承运人)	白色
H	Copy 7(副本7,给第二承运人)	白色
I	Copy 8(副本8,给第一承运人)	白色
J	Extra Copy(额外副本,供承运人使用)	白色
K	Extra Copy(额外副本,供承运人使用)	白色
L	Extra Copy(额外副本,供承运人使用)	白色

航空运单的正本一式三份,每份都印有背面条款。正本3(托运人联):在货运单填制后,此联交给托运人,作为承托双方运输合同成立的证明;同时也可作为货物预付运费时交付运费的收据;还是承运人收到货物的依据。正本1:由承运人留存,其作用一是作为承托双方运输合同成立的证明;二是交承运人财务部门,作为记账凭证。正本2:随货同行,在货物到达目的地,交付给收货人时作为核收货物的依据。

7. 货运单的填制内容

(1)货运单号码(The Air Waybill Number)

货运单号码是货运单不可缺少的重要组成部分,每套(本)货运单都有一份号码,它直接确定航空货运单的所有人——出票航空公司,是托运人、发货人或其代理人向承运人询问货物运输情况的重要依据。如某货运单号码是999—6473　6276,货运单的号码由11位阿拉伯数字组成,货运单号码应清晰地印在货运单的左右上角以及右下角(中性货运单自行填制),其中第七位数字与第八数字之间应留有比其他数字之间较大的空间。1~3位是航空公司的数字代号(Airline Code Number);4~10位是货运单序号(Serial Number);11位是货运单检验号(Check Number)。其中第11位数字是检验号,是4~10位数值对7取模的结果。

(2)始发站机场(Airport of Departure)

填制始发站机场的ITAT三字代号。

(3)货运单所属承运人的名称及地址(Issuing Carrier's Nature and Address)

此处,一般印有航空公司的标志、名称和地址。

(4)正本联说明(Reference To Originals)

无须填写。

(5)契约条件(Reference To Conditions of Contract)

一般情况下无须填写,除非承运人需要。

(6)托运人栏(Shipper)

①Shipper's Name and Address(托运人姓名和地址);②Shipper's Account Number(托运人账号),此栏不需填写,除非承运人需要。

(7)收货人栏(Consignee)

①Consignee's Name and Address(收货人姓名和地址);②Consignee's Account Number(收货人账号),此栏仅供承运人使用,一般不需填写,除非最后的承运人需要。

(8)填开货运单的承运人的代理人栏

Issuing Carrier's Agent Name and City(名称和城市),填制向承运人收取佣金的国际航空协会代理人的名称和所在机场或城市。根据货物代理机构管理规则,佣金必须支付给目的站国家的一个国际航协代理人,则该国际航协代理人的名称和所在机场或城市必须填入本栏。填入"收取佣金代理人"(Commissionable Agent)字样和①Agent's ITAT Code 国际航协代号。

(9)始发站机场及所要求的航线(Airport of Departure and Requested routing)

填写始发站机场的英文全称和所要求的运输路线。实务中一般仅填写起航机场的名称或所在城市的全称。具体填写如下:①当始发站机场全称不清楚时,只填始发站所在城市名称;②相同城市的不同国家,需填国家名称;③同一城市的不同机场,需填机场名称。注意:与前面所有的单据填写一样,当L/C上要求"Any Chinese Airport"时,不能照填,必须写具体的机场,如"Shanghai Airport",或写其代码"PVG"。

(10)to(by first carrier)

填写目的站机场或第一个转运点的IATA三字代号。

(11)by(first carrier)

填写第一个承运人的名称或IATA两字代号。

(12)to(by second carrier)

填写目的站机场或第二个转运点的IATA三字代号。

(13)by(second carrier)

填写第二个承运人的名称或IATA两字代号。

(14)to(by third carrier)

填写目的站机场或第三个转运点的IATA三字代号。

(15)by(third carrier)

填写第三个承运人的名称或IATA两字代号。

(16)目的港(Airport of Destination)

该栏填最后目的站机场的名称或三字代码,具体说来:①机场的三字代码按IATA规范标准填报,如上海浦东国际机场填为"PVG";②机场名称不明确时,可填城市名称,当城市名称有重名时,应加上国名,如悉尼。如果是加拿大悉尼,填写为"SYD,CA."。当是澳大利亚悉尼时,则填写为"SYD,AU"。

(17)航班/日期(Flight/Date for Carrier's use only)

填写飞机航班号及实际起飞日期。

(18)财务说明(Accounting Information)

该栏填写运费缴付方式及其他财务说明事项,具体包括以下几项。①运费支付方式:Freight Prepaid或Freight Collect。②付款方式:现金(Cash)、支票(Check)或旅费证(MCO)(用该证付款时,要填MCO号码、旅客客票号码、航班及日期)等。③货物飞离后运费更改,将更改通知单号(CCA NO.)填在本栏内。

(19)货币(Currency)

填入ISO货币代码。

(20)收费代号(CHGS Code)

本栏一般不需填写,仅供电子传送货运单信息时用。

(21)运费及声明价值费(WT/VAL,Weight Charge/Valuation Charge)

此时可以有两种情况:预付(PPD,Prepaid)或到付(COLL collect)。需要注意的是,航空货物运输中运费与声明价值费支付的方式必须一致,不能分别支付。

(22)其他费用(Other)

有预付和到付两种支付方式。

(23)运输声明价值(Declared Value for Carriage)

此栏填写托运人向承运人办理货物声明价值的金额。在此栏填入发货人要求的用于运输的声明价值。当托运人不办理货物声明价值时,此栏必须打上"NVD"(No Value Declaration)。

(24)海关声明价值(Declared Value for Customs)

托运人向海关申报的货物价值,当托运人不办理此项声明,则填入"NCV(No Customs Valuation)",表明没有声明价值。

(25)保险金额(Amount of Insurance)

只有在航空公司提供代保险业务而客户也有此需要时才填写。中国民航不代理国际货物运输保险,则该栏须打上"XXX"或"NIL(nothing)"。

(26)操作信息(Handling Information)

一般填入承运人对货物处理的有关注意事项,具体填写如下:①当有2个收货人时,第二通知人相应信息填写在该栏;②货运单有随附文件的如"Attached Files Including Commercial Invoice、Packing List",则显示文件的名称;③货物上的标志、号码、包装方法等;④如果是危险品有两种情况,需要附托运人危险品申报单时,本栏一般打上"Dangerous Goods as per Attached Shipper's Declaration",不需要附托运人危险品申报单时,本栏则打上"Shipper's Declaration not required";⑤货物所需的特殊处理,如未完税交付"DDU";⑥其他事项。

(27)货物件数和运价组成点(No. of Pieces RCP,Rate Combination Point)

填入货物包装件数。如10包即填"10"。当需要组成比例运价或分段相加运价时,在此栏填入运价组成点机场的IATA代码。

(28)毛重(Gross Weight)

填入货物总毛重,以千克为单位时可保留小数后一位。

(29)重量单位(kg/lb)

可选择千克(kg)或磅(lb)。以千克为单位时代号为"K",以磅为单位时其代号为"L"。

(30)运价等级(Rate Class)

依航空公司的资料,按实际填写运价等级的代号,其代号如表7-19所示。

(31)计费重量(Chargeable Weight)

此栏填入航空公司据以计算运费的计费重量,该重量可以与货物毛重相同也可以不同。①当货物是重货时,可是货物的实际毛重,计费重量=实际毛重(重货);②当货物是轻泡货时,可以是货物的体积重量,计费重量=体积重量(轻泡货);③可以是较高重量较低运价的分界点的重量,计费重量=较高重量分界点重量。

(32)费率(Rate/Charge)

填入该货物适用的费率:①当使用最低运费时,填写与"M"相对应的最低运费;②当使用代号"N"、"Q"、"C"运价代号时,填写相对应的运价;③当货物为特级货物时,填写与运价"S"、"R"对应的附加、附减后的运价。

运价等级代号 表7-19

代码	运价英文名称	运价中文名称
M	Minimum	起码运费
N	Normal	45kg以下货物适用的普通货物运价
Q	Quantity	45kg以上货物适用的普通货物运价
C	Specific Commodity Rates	特种运价
S	Surcharge	高于普通货物运价的等级货物运价
R	Reduced	低于普通货物运价的等级货物运价
U	Unit Load Device Basic Rate	集装化设备基本运费
E	Unit Load Device Additional Rate	集装化设备附加运费
X	Unit Load Device Additional Information	集装化设备附加说明
Y	Unit Load Device Discount	集装化设备折扣

(33)运费总额(Total)

此栏数值应为起码运费值或者是运价与计费重量两栏数值的乘积。

(34)货物的品名、数量、含尺码或体积(Nature and Quantity of Goods incl. Dimensions or Volume)

填写合同或信用证中规定的货物名称、数量及尺码时应注意:①当托运货物中含有危险货物时,应分别填写,并把危险货物列在第一项;②当托运货物为活动物时,应依照IATA活动物运输规定填写;③对于集合货物,填写"Consolidation as Per Attached List";④货物的体积,表示为"长×宽×高",如"DIMS:50×30×20";⑤当合同或信用证要求标明原产地国时,可在此栏标出货物的原产地国。

(35)声明价值附加费(Valuation)

如托运人对托运货物声明价值,则在对应的"预付"或"到付"栏内填入声明价值附加费金额,其公式为:声明价值附加费金额 = (声明价值 − 实际毛重×最高赔偿额)×0.5%。

(36)税款(Tax)

在对应的"预付"或"到付"栏内填入适当的税款。在对应的"预付"或"到付"栏内填入由代理人收取的其他费用,通常填"AS ARRANGED"。

(37)由承运人收取的其他费用(Total other Charges due Carrier)

在对应的"预付"或"到付"栏内填入由承运人收取的其他费用,通常填"AS AR-RANGED"。

(38)预付费用总额(Total Prepaid)

通常填"AS ARRANGED"。

(39)到付费用总额(Total Collect)

通常填"AS ARRANGED"。

(40)货币兑换比例(Currency Coversion Rate)

填写目的站国家货币代号及兑换比率。

(41)用目的站国家货币付费(CC Charges in Destination Currency)

填写目的站国家货币到付的费用总额。

(42) 仅供承运人在目的站使用(For Carrier's Use only at Destination)

此栏一般不填。

(43) 在目的站的费用(Charges at Destination)

填写最后承运人在目的站发生的费用金额包括利息等。

(44) 到付费用总额(Total Collect Charges)

填写到付费用总额。

(45) 其他费用(Other Charges)

指除运费和声明价值附加费以外的其他费用。根据 IATA 规则各项费用分别用三个英文字母表示。其中前两个字母是某项费用的代码,如运单费就表示为 AW(Air Waybill Fee)。

第三个字母是 C 或 A,分别表示费用应支付给承运人(Carrier)或货运代理人(Agent)。

(46) 发货人或其代理人签名(Signature of Shipper On His Agent)

签名后以示保证所托运的货物并非危险品。

(47) 承运人或其代理人签字及签发运单日期、地点(Executed on Date at Place, Signature of Issuing Carrier or It's Agent)

签单以后正本航空运单方能生效。本栏所表示的日期为签发日期,也就是本批货物的装运日期。如果信用证规定运单必须注明实际起飞日期,则以该所注的实际起飞日期作为装运日期。本栏的日期不得晚于信用证规定的装运日期。以代理人身份签章时,如同提单一样,需在签章处加注"As Agents";承运人签章则加注"As Carrier"。

综合练习题

一、单项选择题

1. 空运的集运商要会填(　　)。
   A. HAWB　　　　B. MAWB　　　　C. Main Deck　　　　D. Upper Deck
2. 空运时,国际货物托运单应由(　　)填具。
   A. 货主　　　　B. 空代　　　　C. 承运人　　　　D. 航空公司
3. 托运单上声明价值一栏,如货物毛重每公斤未超过 20 美元则此栏可填(　　)。
   A. 20 美元　　　B. 未超过 20 美元　　C. NVD　　　　D. ALSO NOTIFY
4. 航空公司的运价类别,以"M"表示(　　)。
   A. 最低运价　　B. 指定商品运价　　C. 附加运价　　D. 附减运价
5. 航空公司运价以"Q"表示(　　)。
   A. 最低运价　　　　　　　　　　B. 指定商品运价
   C. 45kg 以上普货运价　　　　　D. 45kg 以下普货运价
6. 航空公司运价以"C"表示(　　)。
   A. 最低运价　　　　　　　　　　B. 指定商品运价
   C. 45kg 以上普货运价　　　　　D. 45kg 以下普货运价
7. 航空公司运价以"R"表示(　　)。
   A. 最低运价　　　　　　　　　　B. 指定商品运价
   C. 附加运价　　　　　　　　　　D. 附减运价

8. 航空公司运价以"S"表示( )。
   A. 最低运价					B. 指定商品运价
   C. 附加运价					D. 附减运价
9. 国际空运货物的计费重量以( )为最小单位。
   A. 0.3kg			B. 0.5kg			C. 0.8kg			D. 1kg
10. 空运单共一式十二联,其中正本为( )。
    A. 一联			B. 二联			C. 三联			D. 四联
11. 空运承运人对没有办理声明价值的货物损失,其最高赔偿限额为毛重每公斤为( )。
    A. 15 美元		B. 20 美元		C. 25 美元		D. 30 美元
12. 空运的索赔时限最迟为( )之内。
    A. 12 天			B. 14 天			C. 18 天			D. 20 天
13. 空运货物的运输延误,其索赔时限自货物由收货人支配之日起( )之内。
    A. 20 天			B. 21 天			C. 24 天			D. 25 天
14. 空运货物灭失或损坏的索赔时限为自填开货运单之日起( )之内提出。
    A. 100 天		B. 110 天		C. 120 天		D. 125 天

二、多项选择题

1. 航空运输的特点有( )。
   A. 速度快					B. 安全准确
   C. 节省运杂费				D. 不受气候影响
2. 空运的主要经营方式有( )。
   A. 班机			B. 包机			C. 集中托运			D. 快递
3. 空运货物的计算重量分:( )。
   A. 按实际毛重				B. 按体积重量
   C. 按较高重量分界点的重量	D. 按较低重量分界点的重量
4. 航空货运单的作用,除是承运人与托运人之间缔结的运输契约和承运人收运货物的证明文件之外还是( )。
   A. 运费结算凭证及运费收据	B. 承运人在货物运输全过程中的依据
   C. 办理清关的证明文件		D. 保险证明
5. 航空快运业务的形式分( )。
   A. 门到门服务		B. 门到机场服务		C. 专人派送		D. 货到付款
6. 航空快运中的"POD",除具有商务合同作用外还有( )。
   A. 分运单					B. 服务时效、服务水平
   C. 配合电脑检测、分类、分拨	D. 结算
7. TC1 区主要分为( )四个次区。
   A. 加勒比		B. 墨西哥		C. 远程		D. 南美
8. TC3 区分为( )四个次区。
   A. 南亚次大陆	B. 东南亚		C. 西太平洋		D. 日本/朝鲜

三、名词解释

1. 航空集装板
2. 支线
3. 航段和航节
4. 航路
5. 航空权

四、简答题

1. 简要说明航空权分为哪些类别。
2. 简要说明我国包舱、包集装板(箱)运输。
3. 航空运单的作用有哪些?
4. 航空运单中 M、N、Q、C、R、S 各是何种含义?
5. 航空货运的特点有哪些?

第八章　内河集装箱货物运输

 学习目标

通过本章学习,学生应了解内河集装箱货物运输的基本知识;掌握内河集装箱运输的组织形式;掌握集装箱江海联运的模式;掌握集装箱顶推船队甩挂水水联运模式。

知识架构

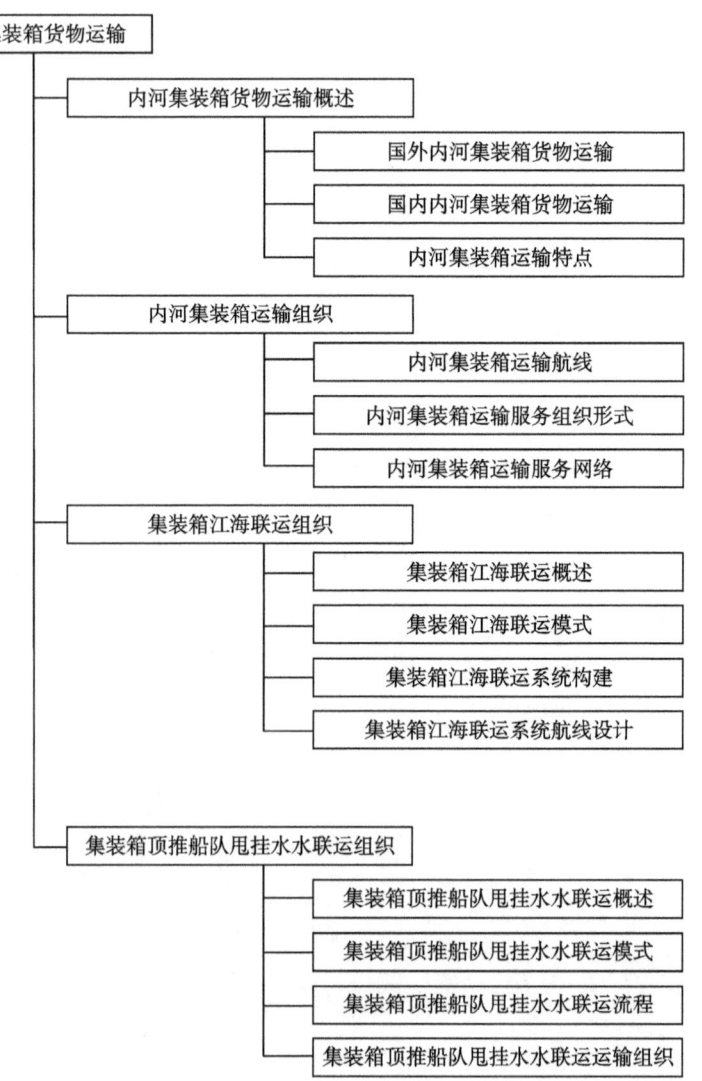

内河集装箱货物运输是依托内河航道,利用集装箱船舶开展的一种集装箱运输方式,它具有运量大、成本低、污染小、占地少、安全性高等优势,已经成为第三大集装箱运输方式,对改善运输结构和促进经济发展具有重要的作用。

第一节　内河集装箱货物运输概述

一、国外内河集装箱货物运输

1. 国外内河集装箱运输发展现状

内河水运已发展成为现代综合运输体系中一种重要的货物运输方式,内河集装箱运输是以内河航运为手段的一种集装箱运输方式。从20世纪70年代开始,欧美一部分内河航道资源条件优越的地区开始将集装箱运输方式引进内河航运,开展内河集装箱货运。目前,在欧美内河航运网络发达地区,都密布了内河集装箱港口,内河集装箱运输发展比较成熟,物流企业热衷于采用内河集装箱运输方式来运送货物。其中,以西欧地区的内河集装箱运输发展最为典型,我国可以借鉴国外发达国家内河集装箱运输发展的成功经验来促进我国集装箱运输事业的发展。国外内河航运发达地区采取航道、港口及船型配套一致的建设措施促进内河集装箱运输的发展。

(1)航道

西欧地区多数河流流量不大,季节分布比较均匀,水流平稳,非常适合发展内河航运。以莱茵河为主干线,通过修建人工运河的方式将各天然航道连接起来,构成纵横交错的内河航道网络运输系统,并通过塞纳河、罗纳河、多瑙河、易北河等通海河道与北海、波罗的海、黑海、地中海等海上航线连通,形成了河海连接、通江达海的水运航道网络体系。美国内河航道发达,等级高,全境拥有约4.1万km的内河通航等级航道,有近半等级航道分布在密西西比河航运水系,五大湖区航道等级高、通航能力好。密西西比河流域通过大规模的航道整治,形成了以伊利诺伊州南端的开罗城为界的南北两段。北段为上游受控航道,水深约为2.7m,航道比较窄,航道长约1448km,建有多座防洪堤现和船闸;开罗城以南为自由航段,水面较宽,水流较缓,水深较深,航运条件较好。

(2)港口

欧美开展内河集装箱运输业务的港口可分为三大类。第一类是建有集装箱专用码头的内河港口。此类港口的特点是集装箱吞吐量大,设施配套好,安装有大型起重设备,进行集装箱中转作业。该类港口一般为内河航线上的集装箱枢纽港,如莱茵河航线上的杜伊斯堡港。第二类是建有多用途集装箱码头的内河港口。这种多用途码头一般建在内河支流、集装箱吞吐量规模较小的港口。第三类是建有集装箱滚装船码头的内河港口。滚装船船体高稳定性较差,因此该类码头一般建在航道干线、航行条件较好的码头。

(3)运输船舶

随着集装箱运量的增加,内河航道不断改善,集装箱船型也向大型化、标准化方向发展。目前,莱茵河上最大的集装箱运输船长有443ft,宽56ft,最大载重量为7500t,可承载400TEU。定期班轮航线上的载运船舶及其组织方式主要有三种。第一种是120TEU载箱量的机动驳船自航运营,主要特点是机动灵活,运输速度快。第二种是采用大型驳船队装运集装箱,组编一拖四驳船队营运,载箱量在360TEU左右;组编一拖六驳船队营运,载箱量在

540TEU左右,极大地提高了内河集装箱运输效率。第三种是滚装船运输,以载重量2300t级滚装船为代表船型,该船型一层可装载堆码166TEU及3辆拖挂车。

2. 国外内河集装箱运输发展特点

内河集装箱运输具有成本低、污染少、运输安全性高、装载量大且易实现通江达海运输等优点。通过对欧美开展内河集装箱运输的航道、码头和运输船舶的分析,总结出了国外发达国家内河集装箱运输的特点。

(1)积极创造条件,开展河海直达集装箱运输

河海直达运输减少了集装箱的中转环节,对运输效率的提高和运输成本的降低都有直接的作用。欧美国家积极采取措施有:建造人工运河的方式连通主要水系,构建航道格子网络;大力疏浚整治内河航道,提高航道等级;扩建改造集装箱码头、完善配套基础设施设备、积极创造航运条件来实现河海直达运输,加快集装箱中转效率等。

(2)注重发挥水运运力大、成本低、污染小的优势

西欧国家为了充分发挥内河集装箱运输的经济效益和社会效益,采取一系列措施来加快集装箱水运的发展,通过政府大力宣传、对采用内河集装箱运输的企业给予优惠优待政策、对集装箱物流企业在政策和税费上给予鼓励和支持、制定内河通航标准规范运输市场、提升桥梁高度、整治航道等措施发挥集装箱水运的优势。

(3)充分发挥多式联运的作用

水路运输和铁路运输的经济运距较长,公路、铁路、内河运输网几乎联系着欧洲的主要生产和消费中心,充足的内河运力、密集的内河航线航班和完善的综合运输网络为开展多式联运提供了优越条件,极大地促进了欧洲集装箱多式联运的发展。

(4)完善的基础设施和广泛应用高新技术

欧美国家的内河集装箱运输业之所以发展迅速,一方面是因为欧美国家具有完善的基础设施和四通八达、纵横交织的航道网络;另一方面是大力研发和推广新设备和新技术,大幅提高了集装箱港口现代化的程度。同时,还大力推进集装箱船舶的标准化,研发推广使用快速、环保的节能型集装箱船,进行科学化、人性化管理。

二、国内内河集装箱货物运输

1. 国内内河集装箱运输发展现状

《全国内河航道与港口布局规划》将全国内河航道划分为两个层次:高等级航道和其他等级航道。高等级航道是全国内河航道的核心和骨干,是国家综合运输体系的重要组成部分,有时还可与其他交通方式共同发展组成综合运输大通道,主要是指现有的和规划建设为可通航千吨级船舶的三级及以上航道,个别地区的航道受条件限制为可通航500吨级船舶的四级航道。同时,将全国内河港口划分为三个层次:主要港口、地区重要港口和一般港口。

(1)航道

我国地势西部高东部低,主要水系干道都自西向东流,注入大海,我国境内有大小天然河流5800多条,可通航大小湖泊900多个。

中国内河航道主要分布在长江水系、珠江水系和淮河水系,经过多年的建设和发展,基本形成了以长江航运干线、西江航运干线、京杭运河、长三角航道网、珠三角航道网为骨干的干支相连、江海直达的航道网。国家标准《内河通航标准》(GB 50139—2014)规定,我国内

河航道等级按照可通行船舶的吨位进行分类,级别由低到高划分为Ⅶ、Ⅵ、Ⅴ、Ⅳ、Ⅲ、Ⅱ、Ⅰ七级,通航标准低于Ⅶ级的航道称为等级外航道。我国航道等级划分标准如表8-1所示。

我国内河航道等级划分表　　　　　　　表8-1

航道等级	Ⅶ	Ⅵ	Ⅴ	Ⅳ	Ⅲ	Ⅱ	Ⅰ
船舶吨级(t)	50	100	300	500	1000	2000	3000

(2)内河港口

我国内河港口通常划分为主要港口、地区重要港口和一般港口3个层次。主要港口的特点是地理位置重要、对经济发展影响大、吞吐量大;地区重要港口指各省级政府依据《港口法》的规定确定的本地区的重要港口;一般港口指除主要港口和地区重要港口以外的其他港口。目前,我国形成了以长江、淮河、京杭运河、珠江、黑龙江和松辽水系为主体的28个内河主要港口的水运布局体系,如表8-2所示。

全国28个主要内河港口　　　　　　　表8-2

水　系	内　河　主　要　港　口
长江水系	泸州港、重庆港、宜昌港、荆州港、武汉港、黄石港、长沙港、岳阳港、南昌港、九江港、芜湖港、安庆港、马鞍山港、合肥港、湖州港、嘉兴内河港
珠江水系	南宁港、贵港港、梧州港、肇庆港、佛山港
京杭运河与淮河水系	济宁港、徐州港、无锡港、杭州港、蚌埠港
黑龙江和松辽水系	哈尔滨港、佳木斯港

(3)运输船舶

我国的内河运输中一个主要问题就是船型杂乱,没有统一的标准,这不仅不便于运输营运及安全的管理,而且也严重制约了内河运输的发展。19世纪六七十年代,我国的内河集装箱运输刚开始兴起时,所用船型标准不一,载箱量小且船速较慢。此后,我国的内河集装箱船型大致经历了从普通甲板驳船、改造的集装箱船(散货船改造的集装箱船和客船改造的集装箱船)到专用的集装箱船的转变。20世纪80年代,出现并开始使用专用的集装箱船,设计更加合理,同时船速逐渐提高。内河中干线船舶的大型化趋势最为明显,这与干线航道不断加深、等级不断提升是一致的。在内河船舶的大型化趋势下,为了充分利用其规模经济性,内河集装箱网络规划更凸显其重要性,航线的设计和网络的规划可以使集装箱流量进行合理分配,充分提高了船舶的载箱量利用率、缩短了发船间隔。

2.国内内河集装箱运输发展问题

(1)发展滞后且不平衡

我国除珠江三角洲、长江三角洲等部分经济发达地区外,多数地区内河港口存在规模较小、资金缺乏、经验不足、重视程度不够等问题,内河运输滞后于公路运输、铁路运输和航空运输;发展的不平衡表现在运力发展不平衡、季节发展不平衡和地区间发展不平衡上。

(2)恶性竞争,供求矛盾突出

由于行政单位和自然条件的限制以及港口规划存在的不足,导致港口经济腹地重叠,每个集装箱港口都想成为地区里的主导码头,不切实际地投巨资兴建集装箱码头,抢夺货源,甚至有港口打出了零运价、负运价的宣传口号,展开不正当的竞争,逐渐形成了恶劣竞争的局面,造成了资源的极大浪费。

(3)港口功能较单一,市场化程度较低

目前,我国多数内河港口,尤其是中小港口,港口功能单一,仅能满足货物的装卸、搬运作业要求,个性化服务水平低,很难满足现代物流发展对综合交通运输体系的市场化需求。

(4)硬件落后,人才缺乏

集装箱港口码头总体现代化水平不高,基础设施建设滞后,尤其是许多中小型集装箱码头的装卸、驳运等配套设施设备不完善且比较落后,生产作业较粗放;港口信息化水平总体不高,码头的科技含量较低,现代物流综合信息平台的建设和应用相对滞后;缺乏高水平专业型人才,从业人员的整体素质有待提高。

(5)缺乏现代物流理念,生产管理水平不高

现代物流是结合商流、物流、信息流与资金流的新型的社会化生产方式,是高度信息化且覆盖面广、技术密集型的现代服务模式,但目前多数内河集装箱港口缺乏现代物流经营理念。由于港口规模小、标准化程度低、生产管理水平落后,加之不注重环境保护等问题,造成内河港口脏乱差现象较为严重。

三、内河集装箱运输特点

内河运输是"绿色运输",具备可持续发展的特点。据测算,美国内河运输的能耗是铁路的40%、公路的11%。我国内河运输的单位能耗也比铁路低33%。随着基础设施条件的改善、船舶技术的进步和新管理方法及技术的采用,内河运输能耗还有进一步降低的空间。与公路运输和铁路运输相比,内河运输在节约资源、环境保护方面具备以下优势。

(1)占地少,投资少

内河运输依靠天然河道,不需占用土地。而建设1km长四车道的高速公路的占地约为100亩(1亩≈666.67m^2),1km长的复线铁路也要占地30亩左右。近几年来,为应对交通量的增长而拓宽道路占用了大量的土地。同样是因为依靠天然河道,内河航道的建设不需要大量的耗资,码头港口的建设及航道的疏浚等是航道建设的主要项目,但是总体来评价,每千米航道的建设费用也仅为高速公路建设费用的1/20。

(2)运能大

一条5000吨级船舶的运力,相当于100节火车皮或者250辆20t的拖车的运输能力。以长江干线运输为例,内河船舶的平均吨位已经达到每艘800t,其中大型的顶推船队已经达到3万t。

(3)运费低

船舶运输巨大的运能产生运输的规模经济,结果平均分摊到每个集装箱上的运输费用就大大降低。据了解,内河货运的价格约为每吨公里0.07元,而铁路、公路货运每吨公里运价是内河货运的4~7倍,约为0.3~0.5元。

(4)油耗少,污染小

相对于公路和铁路,水运是最"环保"的运输方式。火车和卡车的耗油量分别约为水运的2~7倍。

由于具备以上优势,欧美地区非常重视内河航运的发展,并且通过国际组织的协调,形成四通八达的航道网。发展内河集装箱运输既是推进我国西部大开发的重要举措,也是我国可持续发展战略的要求之一,但是我国内河集装箱运输发展水平依然较低。

第二节 内河集装箱运输组织

在综合运输体系中,内河运输发挥着越来越重要的作用,其中集装箱运输模式作为现代化的先进组织形式,因为其运输的标准化、便捷性、安全性等在内河运输中的作用也日益凸显,其发展对于提高内河运输的市场份额具有重要的意义。但是内河集装箱运输发展才刚刚起步,其运输的经济性和优势仍然没有充分地发挥出来。其中一个重要的原因在于,现在还没有充分结合内河集装箱运输的特点进行科学有效的运输组织。

一、内河集装箱运输航线

1. 航线挂靠港口的顺序性

内河集装箱运输是借助于河流进行的运输(本书不考虑在湖泊中运输的情况)受制于内河的线形和走向,所有港口呈线性依次排列在内河的上下游,如图8-1所示,船舶只能沿着河流的走向在内河航道中从上游港口航行到下游港口,或者从下游港口航行到上游港口,挂靠港口之间有相对严格的挂靠顺序。

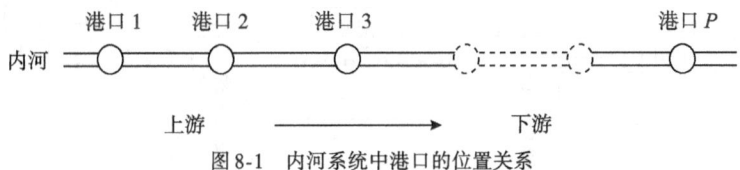

图8-1 内河系统中港口的位置关系

这不同于海洋运输的航线线形。海洋运输中船舶的挂靠港口先后顺序是不受此限制的,船舶的航行路线不规则,可以自由变化,所以海洋航线的规划需要同时确定挂靠港口的数量和挂靠港口的顺序。内河运输的航线只需要确定去程和回程各自挂靠哪些港口就可以确定一条航线的形状。

2. 航线的闭合性

内河运输的航线由从上游到下游和从下游到上游两部分被分成了去程航线和回程航线(反之亦可)。在一条内河航线上,船舶从上游起始港依次挂靠去程航线的港口到下游终点港,然后返回,从下游终点港依次挂靠回程航线所需挂靠的港口返回起始港,形成闭环回路,如图8-2所示,然后继续开始下一个航次,提供周期性的运输服务。

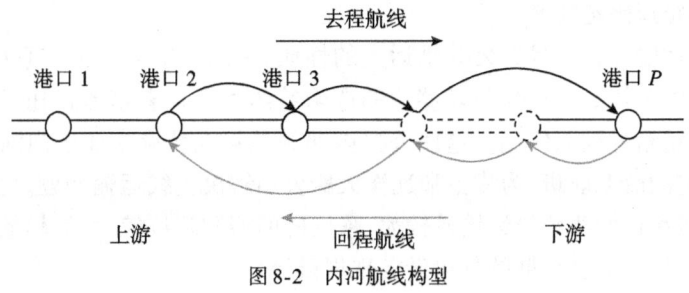

图8-2 内河航线构型

3. 航线水深受限制

不同于海洋运输,内河运输受航道地理条件影响较大。不同航段的水深条件不一,上下游水深差异大,往往上游水深较小,下游水深较大。受其影响,不同航段能通航的船舶型号

— 245 —

是不同的。如果航线同时挂靠内河的上游和下游港口,就只能使用载箱量较小的船型,如果航线只挂靠内河的下游港口就可以使用大载箱量的船型,如长江航道的长三角区域可以使用400TEU的集装箱船。另外,由于江河的水深受上下游多种水文因素的影响,处于涨落变化状态,因此,水位是一个经常变化的值。航线水深还要受季节的影响,雨季水深大,旱季水深小。

4. 航线受船闸和桥梁影响

受航道地形的影响,部分内河航道的水深达不到通航要求或者水位变化明显,因此不适宜直接通航船舶,需要建设闸坝进行梯级渠化来提高航道标准,梯级渠化是提高内河航道标准的有效手段。另外,内河的资源利用具有多样性,除了通航之外,水力发电也是一项重要内容,如长江上的三峡水电站。水利枢纽的建设又会对通航造成阻碍作用,如果不能同步建设船闸还会导致翻坝运输,产生二次倒载。截至2011年,我国内河共有水利枢纽4186座,其中有通航功能的水利枢纽有2359座,升船机44座,碍航闸坝有1827座之多。闸坝的建设对内河航运具有双面性质,一方面可以提高航道通航标准,但是另一方面也将河流切断,破坏了航道的连续性,延长了运输时间,所以在进行航线规划的时候需要同时考虑船闸的通航时间。航闸示意如图8-3所示。

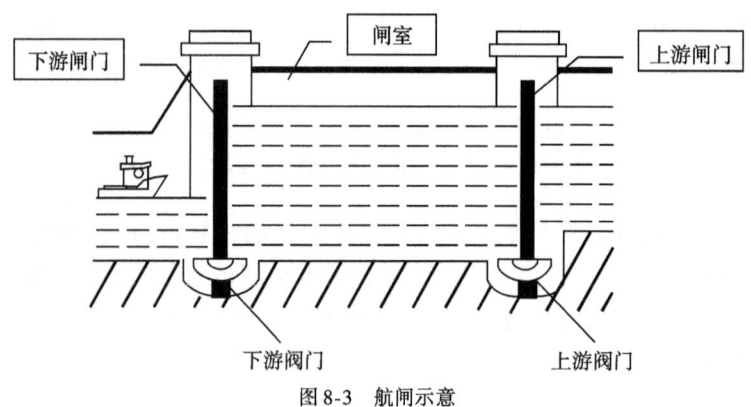

图8-3 航闸示意

二、内河集装箱运输服务组织形式

内河集装箱运输按照运输服务的提供者可以分为三类:公共集装箱运输经营商、客户自有集装箱船舶运输及两种形式的结合。

1. 公共集装箱运输经营商

公共集装箱运输经营商具有公共承运人的性质,专门从事某一区域系统或航线内运输的集装箱班轮运输公司。可接受与其签约的或未签约而以自有箱形式托运的各类货物,或者也可提供集装箱给托运人使用。这些公共内河集装箱经营商专业于内河运输,不涉及远洋运输,通过稳定的船期航班,为货主和远洋大船公司解决支线运输问题。公共集装箱船面对公共客户,一般承运的集装箱运输量较大,采用的船型和吨位较大,运输效率较高,单位运输成本相对较低,易于集合零散的货运量实现规模经济。

2. 客户自有集装箱船舶运输

此类内河集装箱运输的服务提供者通常与干线运输公司或远洋运输公司同为一家,通过自营的集装箱船解决自己的支线运输需求的集装箱船公司、货代公司的内河集装箱船运输部门。此类运输服务不对外公共承运。客户除运营内河集装箱运输船外,一般提供全程的运输服务。客户自有的集装箱船舶运输又可以分为江海直达型和水水转运型。其中,江海直达型船舶不需要在河口港进行集装箱的转船,同一艘船舶同时服务于内河运输航段和远洋运输;水水转运型则是指内河运输部分和远洋运输部分分别由两条船完成,内河运输的船舶只负责集装箱从装运港到江海转运港的运输。为减少中间二次装卸的成本,各国都大力发展江海直达型船舶。

3. 两种形式的混合

客户自有内河集装箱船运输在满足自身需求下,富余运力部分对外提供公共服务。这种运输形式可以提高驳船运输效率。由于客户会选择优先满足自身运输需求,在运输需要高峰期下,对外公共运输的服务难以得到公平、稳定的保障。由于客户自有集装箱船舶运输通常是在客户自己的集装箱运输量足够大的情况下产生的,专船专运,所以船舶的利用率通常较大,不需要进一步的优化。

三、内河集装箱运输服务网络

内河集装箱运输按照运输的模式可以分为点对点式直达服务网络、直线捆绑式服务网络和轴辐式服务网络。

1. 点对点式直达服务网络

点对点式直达服务网络(Point to Point Network)的服务模式中,所有集装箱均由起始港口通过直达航线直接运到终点港口卸下,中间不需要挂靠其他港口,不需要转运或者转船。此种服务网络中,船上装运的集装箱具有相同的起始港口和到达港口,因此适应于两个港口之间的集装箱运输量需求大、能够实现船舶满载运输的情况。点对点直达服务网络的规模经济显著、时间可靠性强,是大运量条件下的最优服务组织。点对点式直达服务网络如图8-4所示。

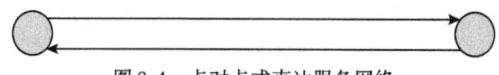

图8-4 点对点式直达服务网络

2. 直线捆绑式服务网络

直线捆绑式服务网络(Line Bundling Network)的服务模式中,航线上的船舶按照港口的挂靠顺序,依次挂靠需要进行装卸的多个港口(去程挂靠港口和回程挂靠港口不一定一样)。由于内河运输受河道的限制,沿着河道的方向只有去程和回程两个方向,可将同一路径方向的集装箱进行捆绑运输,将集装箱流量小的港口纳入到通道的运输体系之中,集装箱在航线的途中可以转运到其他港口的船舶,也可以只是经停该港,仍然由同一艘船舶继续运输。直线捆绑式航线下,船舶通过中间挂靠更多的港口将许多小的集装箱流集中起来,因此会提高船舶的箱位利用率,适合于内河的干线运输,以发挥网络化和规模化的优势。另外,如果两个港口之间的直达集装箱运输量较小,点对点式直达运输船舶利用率低,如果要提高船舶利用率,势必会延长发船间隔时间,降低发船频率。发船间隔大,在一定程度上会影响内河集装箱运输的时效竞争力,而直线式捆绑运输则可以联合同去向的小集装箱流,短时间内装满船舶,缩短运输的发船间隔。但是,此种运输模式由于要挂靠多个集装箱港口,挂靠港口的费用会增加,时间会变长,因此如何平衡捆绑运输下的高船舶箱位利用率与因此增加的运输时间,以达到运输成本最小化或者运输效益最大化,成为此种服务模式的重点问题。直线捆绑式服务网络如图8-5所示。

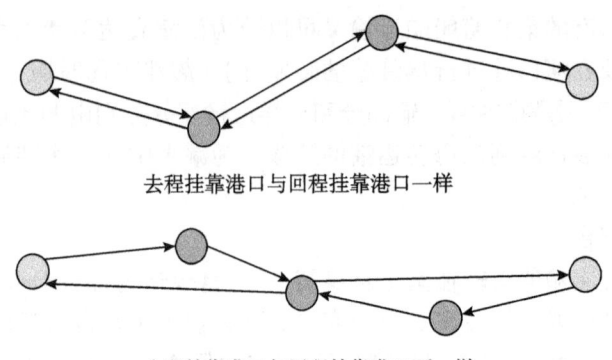

去程挂靠港口与回程挂靠港口一样

去程挂靠港口与回程挂靠港口不一样

图8-5 直线捆绑式服务网络

3. 轴辐式服务网络

轴辐式服务网络(Hub – and – spoke Network)是较为先进的网络模式,由集装箱的启运港口、目的港口和中间的枢纽港口组成。不同启运地的集装箱先由小型集装箱船舶运输到枢纽港,统一换装大船再继续运往目的港,或者运往另一个枢纽港再进行分流,此种联合运输网络能够最大限度地提高船舶的利用率,为小批量货流的客户提供灵活的运输服务。在海洋运输中,由于集装箱运输量大,而且随着船舶大型化的趋势,轴辐式服务网络得到了广泛应用,成为一种主要的服务网络,与之对应,学术界对于此种海运服务网络也已有大量的研究。而内河运输由于其运输特点,获得此种运输服务网络的应用受限,但是也有学者对此进行了初步研究。轴辐式服务网络如图8-6所示。

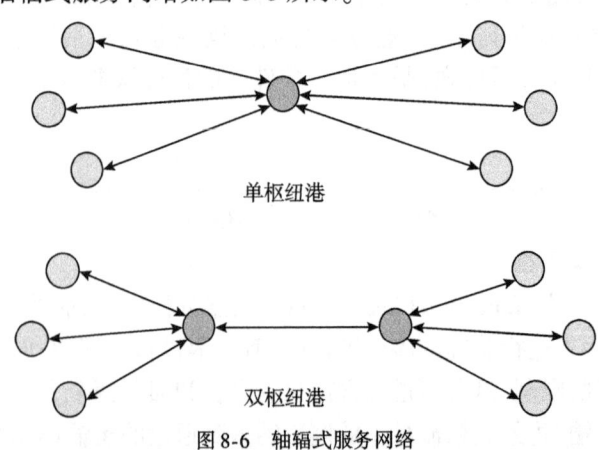

单枢纽港

双枢纽港

图8-6 轴辐式服务网络

综合三种运输模式的优缺点,如果以公共集装箱经营商为研究对象,其面向的是零散的小批量货物,所以不适用于直达运输,而且轴辐式服务网络模式在内河集装箱运输中应用有限。

第三节 集装箱江海联运组织

一、集装箱江海联运概述

1. 集装箱江海联运概念

集装箱江海联运,也可称为集装箱海河联运,是指使用船舶将货物从外海(或内河)码头运送到内河(或外海)码头的一种运输组织方式,它是集装箱运输实现"门到门"集疏运的重要方式之一。目前,从外海(或内河)码头运送到内河(或外海)码头的航运主要有两种方式:江海直达运输和江海中转运输。江海中转运输,指采用分段运输的方式,中途在江海联运枢纽港进行换装作业,进行水水中转。江海中转运输需要使用两种以上运输工具(船舶)和依靠江海联运枢纽实现。江海联运还包括江海直达运输,是指使用江海两用船,直接将货物从内河始发港运输到沿海港口,或者是从沿海港口运输到内陆目的港。集装箱作为最为先进的运输组织方式,一旦实现江海联运,将极大地改变沿海港口的集疏运方式,也可能进一步带动沿河地区的开发开放。

2. 发展江海联运障碍

我国在沿海港口集疏运体系建设中,没有处理好公路、铁路、内河水路的协同,没有充分发挥各自优势,制约江海联运发展的关键因素还在内河运输方面。

(1)基础设施限制

一是内河航道等级偏低。截至2015年年末,全国内河航道通航里程12.7万公里,其中等外航道6.07万公里。

二是碍航桥梁多。有些桥梁在施工前,未充分考虑内河集装箱运输的发展,导致了目前的信道容量的限制。而要实施航道提升改造,难度很大。尤其是城市建成区,桥梁抬高到标准高度的空间有限,造成大批桥梁改造滞后于航道等级。有的干线航道上有跨航桥梁高度不足,严重影响了船舶的堆箱层数,极大地影响了船舶运能的发挥。

三是海港枢纽不配套。江海联运枢纽建设不足。四是专业码头少,专门设施少。由于缺乏专业规划,一些不需要航道岸线的企业大量占用航道岸线,需要占用航道岸线的企业却得不到满足,造成航道岸线资源的浪费。

(2)现有标准阻碍

现有管理制度和标准与江海联运之间存在冲突,管理制度与现有航运形势和需求不匹配。在航道通行方面,2003年国家规定京杭运河运行船舶总长不能超过45m,而有的公司最小的30TEU船型船长52m,新建的48TEU船型船长55m,均超长,按规定不能通航。虽然目前对超尺度的集装箱船舶暂时给予办理通行证,但是从长期来说,必须对此进行研究,及时修订有关规定。否则,江海联运集装箱船舶大型化难以推进,集装箱江海联运的优势无法充分发挥。

(3)配套管理滞后

支撑集装箱江海联运发展的管理体系建设滞后。开展外贸集装箱业务必须获得海关和检验检疫部门的支持,否则就无法运营。有的码头运作不畅,就是因为关、检等机构尚未入驻。因此,在发展江海联运时,关、检等机构需要与码头布点规划同步研究、同步建设。电子口岸信息系统不完善,导致内河码头管理信息系统无法与沿海码头管理信息系统相链接和交换数据,从而造成数据信息多次申报、多次录入。

(4)市场开拓不足

从货源组织上来看江海联运尚未替代公路运输,市场开拓力度不足。从运营主体来看,有的内河国际集装箱码头在实际运营中基本采用码头公司(部)、航运公司(部)或代理公司(部)等一体化模式进行运作,由该公司负责集装箱订舱、配载和运输业务。从长期来看,可以考虑采用专业化和规模化来发展集装箱江海联运。从联运体系来看,沿海港口和国际船舶公司、船务代理公司合作不够。

二、集装箱江海联运模式

1. 运输模式

(1) 江海中转

江海中转又称"三程运输",是指因水深和港口装卸能力的限制,大吨位的海轮通常不能直接进入长江中上游,必须进行中转。近洋航线的进口货物进入长江的运输情况如图 8-7 所示。

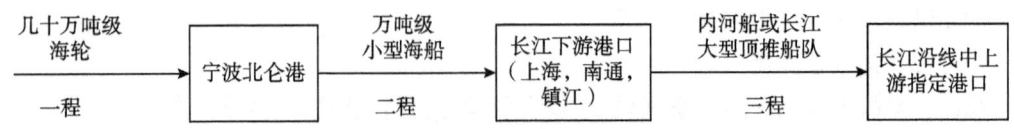

图 8-7　近洋航线的进口货物进入长江的运输情况

江海中转模式,在时间方面,船舶的非生产性在港时间具有很大的不确定性,集装箱在中转港的堆存期较长,因此花费时间较长;在运输成本方面,中转环节会出现额外的中转费用,费用可能较高;在运输质量方面,中转环节会增加货物损坏的概率,由于较长的堆存时间,可能受到天气等自然因素的影响。

(2) 江海直达

江海直达是将传统的"三程运输"减为"二程运输",货轮从江上到海上直接通达,中途不经其他港口中转货物。江海直达运输如图 8-8 所示。

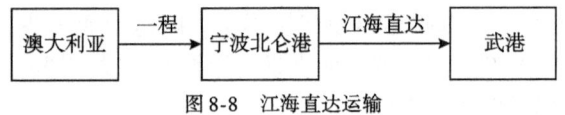

图 8-8　江海直达运输

实现江海直达运输有两个重要措施:一是改进江海两用船的结构;二是应用顶推船队,在内河航道使用更加经济的推船。

(3) 江海直驳运输

江海直驳是指用既可以在江上行驶又可以在海上行驶的直达驳船运输的运输方式。在海段,江海直达驳与海上推(拖)船组成顶推船队(吊拖船队),海上推船将江海直达船舶推至长江段;在江段,江海直达驳再与长江推船组成船队,将江海直达驳推至江段目的港,是中转运输模式发展的新型运输模式。江海直驳运输如图 8-9 所示。

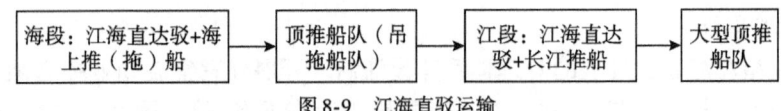

图 8-9　江海直驳运输

江海直驳省去了中转装卸环节,节约了一定的装卸费用,同时避免了中转环节对环境的污染。

(4) 载驳运输

载驳运输是指一艘载驳母船载着许多驳船的一种运输方式。集装箱装在驳船里,再将驳船装到载驳母船上进行运输,当载驳母船到达某港口时,就卸下驳船,卸下的驳船经重新编队后由拖船送往江河的目的港。载驳运输如图 8-10 所示。

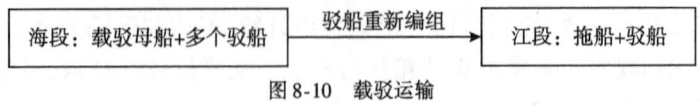

图 8-10　载驳运输

载驳运输模式,在运输时间方面,运输工艺系统能缩短海船在港停泊时间,从而缩短运输周期;在运输成本方面,可以一定程度上节约换装作业成本,可以用较大的载驳船,但是由于载驳运输系统需要专用的驳母船,驳船及推(拖)船和停泊船设施,前期投资比较大;在运输质量方面,载驳运输在一定程度上降低货损货差,但是载驳船队的机动性一般不高。

(5)减载运输

减载运输又称"一船两卸运输",是指海轮到达某个海港后,卸下部分集装箱后,驶向目的港(属于江海直达),卸下的集装箱通过江轮运输到长江沿岸的目的港。减载运输如图 8-11 所示。

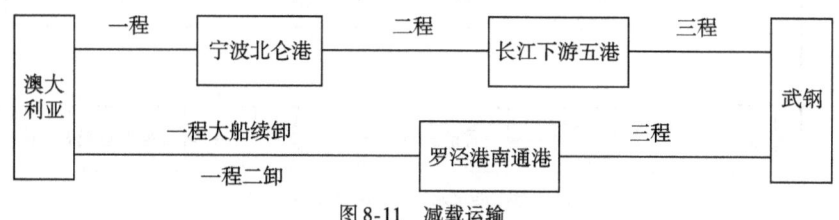

图 8-11 减载运输

(6)海船直靠

海船直靠指海轮直接到达长江下游港口,此方式避免了中转,货损小,但该方式对长江口航道条件要求较高。海船直靠运输如图 8-12 所示。

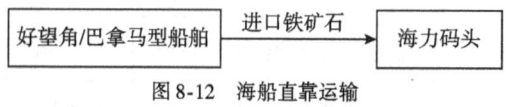

图 8-12 海船直靠运输

(7)海上穿梭巴士

上海港有洋山、外高桥两大集装箱港区,外高桥港区主要靠挂沿海沿江内支线和国际近洋航线的集装箱船舶,洋山港区则主要挂靠国际远洋航线的集装箱船舶,虽发挥了功能互补和规模优势,但不利于发展水水中转国际集拼。解决外高桥港区和洋山港区之间水上短驳的主要方式是穿梭巴士航线。广州港集团也与顺德区勒流港合作,开通了南沙港区与广州港的穿梭巴士。海上穿梭巴士运输如图 8-13 所示。

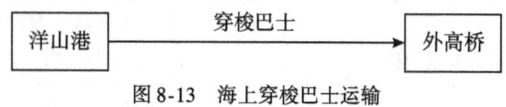

图 8-13 海上穿梭巴士运输

(8)水水中转

水水中转是指集装箱从初始港出发,经过中转港中转运往目的港的一种运输模式。采用水水中转主要原因是解决航道问题和航班问题,可以利用规模效应,从而缩短货物等待时间,节约物流成本。水水中转已经成为一些枢纽港(比如上海港水水中转比例超过35%,南沙港水水中转比例高达90%多)集装箱业务发展的增长点。以洋山港为例,水水中转集疏运主要有国际中转,沿海中转和长江内支线中转三种方式,如图 8-14、图 8-15 和图 8-16 所示。

(9)水水联运

水水联运是以上各种运输模式的扩展,在此将涉及两段水路运输的运输模式统一都归属为水水联运。该模式的重点在于区域内港口或区域间港口的联动发展,通过港口之间、航运企业之间的资源共享,达到运输规模和快速集疏运的效应。

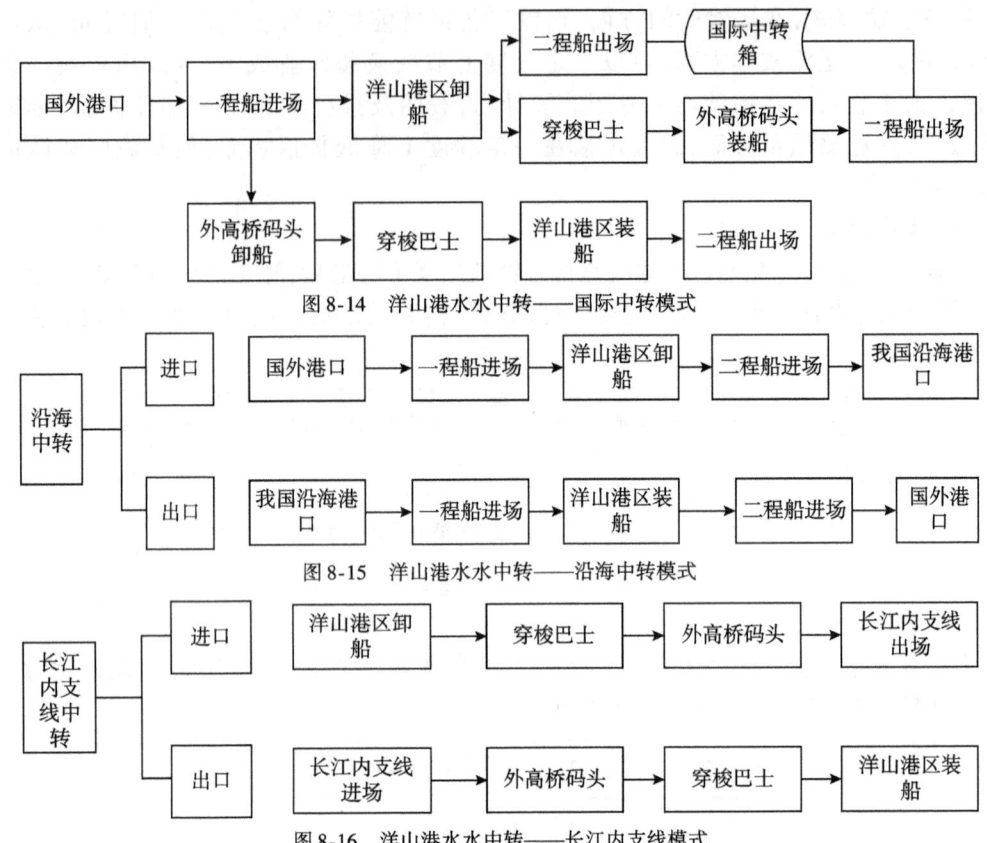

图 8-14 洋山港水水中转——国际中转模式

图 8-15 洋山港水水中转——沿海中转模式

图 8-16 洋山港水水中转——长江内支线模式

2. 运输模式对比

集装箱在长江沿线的运输随着经济、技术、政策等发展,运输模式也在不断地发展,但是各种模式都有自己的优缺点,存在着多种运输模式并存的局面,如表 8-3 所示。

各种运输模式对比 表 8-3

运输模式	优点	缺点
江海中转运输	运量大 充分利用规模效应	中转港堆存期长,存在中转环节繁多,成本高,中转货损
载驳船运输	能缩短船舶停泊时间 降低换装作业费用 载驳船周转率比较高	载驳船利用率不高 需要专门的载驳母船、子驳等设施,投资比较高 子驳吨位小,运输成本比内河驳船高 船队的机动性不高
江海直驳运输	避免了繁重的换装作业 运营效率高、货损小 换装造成的污染小 比中转运输成本低	海段运量小(一般 3000t) 编组环节繁多,效率低的话,导致成本增加
江海直达	具有较高的运输质量,减少了中转环节,较低的货损货差,加快了运输速度在途库存低 中转港压力小	海轮进江受到航道、政策、长江沿岸港口码头卸载海轮能力及自然条件限制

续上表

运输模式	优 点	缺 点
穿梭巴士	解决了枢纽港与小港之间或不同港区之间的衔接 增加了枢纽港的集装箱货源 调控灵活,高效环保 价格低廉,有效缓解陆路拥挤问题	目前配套设施缺乏 箱量波动大可能出现亏损经营 与现有海关监管模式不适应 船型统一性要求高
水水中转	运量大,成本低 环境污染小 集疏运有效方式	环节多 管理复杂
水水联运	联动效应 集疏运效率高 集约化程度高	管理水平要求高 信息依赖程度高

由于受到货量、航线、港航条件和运输水平因素的影响,内河集装箱运输主要有以下三种运输模式,如表8-4所示。

内河主要运输模式　　　　　　　　　　表8-4

内河运输方式	适用范围
机动货船运输	时间要求较高、运价高和装卸较快的特殊货物
驳船队运输	内河中普遍采用,因其造价低,需要的船员少,船队的载货量大
机动船顶推船组运输	介于货船和驳船队之间,在欧洲内河中较为普遍

三、集装箱江海联运系统构建

1. 集装箱江海联运系统

为了充分发挥江海联运的巨大潜力和水运系统规模化、集成化、高效率、低成本的优势,先进合理的运输方式、多级化网络平台和配套的实施装备、优化的业务流程是必不可少的。从系统论的角度来看,集装箱江海联运是一个由运营系统、支撑系统和服务系统三个子系统构成的体系。其中,运营系统是集装箱江海联运的基础,其他系统应围绕这个核心来发展和建设,运营系统必须要有其他系统的支持和配套。在这个体系中,运营系统和服务系统的发展建设属于市场(企业)行为,支撑系统的建设属于政府行为,而配套系统需要由政府和市场(企业)共同打造。集装箱江海联运相关企业示意如图8-17所示。

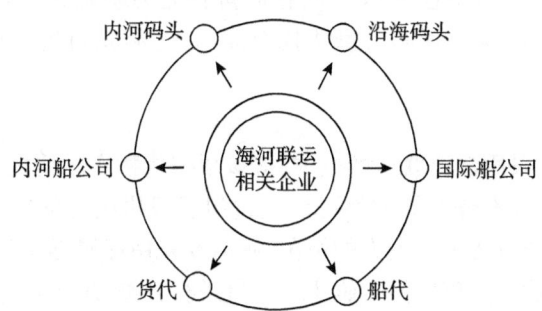

图8-17 集装箱江海联运相关企业示意

2. 运营系统构建

(1) 运营组织

组织先进高效的江海联运、实现优化的多级网络平台需要将港口集团、航运公司、内陆物流企业、港航经营企业、相关政府部门等与江海运输相关的各行各业以资源为纽带构建利益共同体,实现资源共享、利益分享。集装箱运输的优势在于可以实现"门到门"的交接。以外贸出口为例,首先通过短途陆路运输,将货物从工厂通过集装箱卡车运输送到内河港码头;然后通过江海联运将集装箱货物运到世界各地的目的港(集装箱堆场)海港。外贸进口货物的联运方式与出口类似,只是方向相反。这种运输实际上是多式联运,即由两种及其以上的交通工具相互衔接、转运而共同完成的运输过程,统称为复合运输,我国习惯上称为多式联运。实践证明,实现多式联运的关键要素是扶持和培育多式联运经营人。

(2) 运营模式

在运输市场上,多式联运经营人主要有实际承运人(办理全程或部分运输业务)和无船承运人(将全程运输交由各段实际承运人来进行)两大类。结合我国内河集装箱运输实际情况,可采用以下三种方式培育多式联运经营人。①以沿海港口企业为基础培育多式联运经营人。沿海港口企业沿物流链实现纵向一体化发展,是其提升货物吞吐量和竞争力的有效手段,是推动交通运输企业向现代物流企业转型的政策导向。各个港口都有实力雄厚的港务有限公司、外轮供应有限公司、物流有限公司等港口企业从事着与国际货物运输相关的业务。建议各省政府和有关部门积极发挥自身的协调能力,与港口企业构建合作网络,参与内河集装箱港口码头的布局和建设,将沿海港口企业培育成集装箱江海联运的多式联运经营人,实现我国集装箱江海联运的跨越式发展。②引入大型船公司培育多式联运经营人。目前,船公司为了在激烈的海运中求生存和发展,具有较高的积极性去拓展业务,将自身打造成多式联运经营人。因此,我国集装箱江海联运在发展中也可以考虑寻求与中远等大型船公司的合作。事实上,中远已经成功运作了国际海运业务并与国内铁路运输业务接轨,将国内外大型船务公司引入到江海联运,将国际海运业务拓展到内河运输并非不可行。只是此种方式的主要问题在于海上航线受限制。由于每个船公司都有自己的国际海运航线,而内河只能承运一家干线船公司的集装箱,选择与某个船公司合作就意味着江海联运业务将只能拓展到该公司的航线范围内,船公司海运不能到达的地区江海联运也不能运送到。③培育现有内河集装箱码头或物流企业培育成多式联运经营人。目前,从企业组织结构上来看,有的内河国际集装箱码头有限公司、物流有限公司为发展内河集装箱运输业务,都在向着多式联运经营人的方向发展,具有培育成多式联运经营人的条件。因此,我国集装箱江海联运在发展中也可以以现有运营企业为基础成立运输联盟,以参股入股等方式不断吸收集装箱码头公司和大型货代企业加入,形成利益共同体,培育出具备强大实力的多式联运经营人。

(3) 运输组织方式

我国外贸货物如果采用江海联运的方式,应该根据货物实际情况选择运输方式,大批量货物、散货、对时限要求标准较低的货物可以通过租船或拼租船的方式进行运输;航线较长且途经港口较多、每个港口货量不太大的情况,则需要采用穿梭巴士的方式进行多点停靠运输。①方案一:班轮运输。按班轮停靠码头的数量进行分类,班轮运输可分为两点之间的班轮运输和多点式的班轮运输。班轮运输的优点是一般航次比较固定,货物可以按时运出,班轮运输降低了货物在港等待的风险,是货代公司比较喜欢选择的一种运输方式。但对班轮公司来说,开展班轮运输会面临着空载率高的风险,即在任何情况下,都必须按规定时间开船运输,因此,班轮公司一般不会在货源不充分的港口开展班轮运输。②方案二:租船运输。租船运输这种方式是根据货物情况租船进行货物运输,也可能是租舱位进行运输。货物量大的时候租船运输方式是比较可行的,租船运输既能体现出经济性又能保证时效性,而货物量小的时候选择租船运输就失去了水运这种运输方式的经济性。租舱位运输这种方式对于小货量运输是一种可选方式,但是在保证经济性的同时又有可能失去时效性。因为租舱运输的船期不是定时、定点始发,为了降低集装箱船舶空载率,货代公司一般要将集装箱货物都先安排堆放在内河码头堆场,等达到一定数量以后,便安排集装箱船舶进行运输。虽然降低了船舶运输成本,但是集装箱内的货物在堆场等待时间过长,不能进行及时转运。如果集装箱规模达不到一定规模,将致使货物的运转周期过长。③方案三:多点式的班轮运输——穿梭巴士。由于两个港口之间往来的货物量相当有限,为了减少班轮运输的空载率,可以采用穿梭巴士这种运输方式在几个内河码头之间建立多点式班轮运输,这样可以加密航线密度,减少班轮的空载率。原先内河码头一周只有三班集装箱船舶停靠,有了穿梭巴士以后,一艘集装箱船舶一天可以停靠多个内河码头,通过这种方式即加密了集装箱航线,又减少了集装箱货物在堆场的滞留时间。通过构建我国集装箱江海联运体系,采用多种模式混合经营的方式,既可以吸引更多货源由公路转到水运上来,又可以减少我国内河集装箱船舶空仓率,同时,便于各个码头公司、船代公司、货代公司更紧密的合资、合作。

3. 支撑系统构建

为构建高效实用的江海联运集疏运体系,各种服务系统是必不可少的,除了要重视基础设施建设,还要完善相关服务体系。主要包括口岸服务体系、应急保障体系,能够促进各支撑系统体系的有效运行。

(1)口岸服务系统

口岸服务是对外贸易的重要环节,也是江海联运的一个重要环节。例如浙江省江海联运口岸服务平台(如图 8-18 所示),将海关、出入境检验检疫局、边检站、海事局、港口管理局、内河码头、船代、货代、拖车、报关行、外经贸企业全部纳入口岸服务平台,实行信息化管理,采用网上电子报关的方式,由外贸出口企业网上申报进出口货物。如图 8-19 所示,以属地报关为原则,改革现行海关通关制度,在各内河港口设立海关监管点,货物在内河港货运站转船时就进行报关报检工作,并装箱上锁施封,通过内河港卡口。从内河港将货运运送至海港码头时,直接开锁解封,装入海运船舶出港,不再进行关检等各类查验工作,减少通关时间。

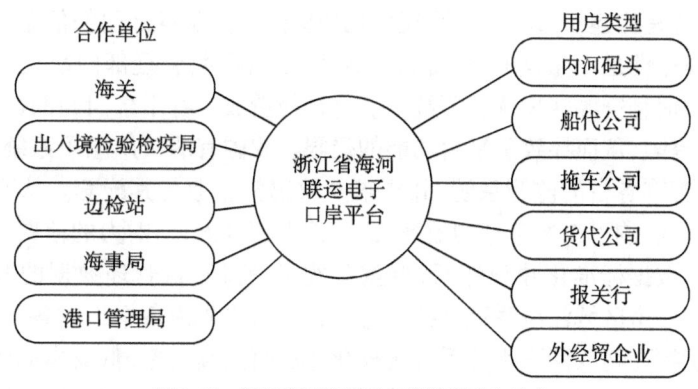

图 8-18 浙江省江海联运口岸服务平台示意

在此过程中,江海联运电子口岸平台联合海关边检等管理部门对货物进行全程监管。外贸货物可以自由选择在内河港报关或者集中到出海港报关,所有的报关信息网上数据库集成,这样不但货物可以自由选择最合理、最便捷的通关方式,监管部门也可以尽职尽责避免纰漏。

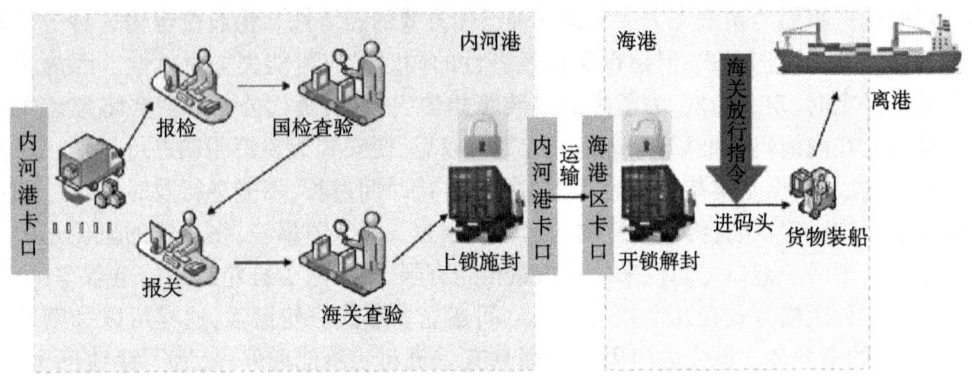

图 8-19　江海联运外贸货物出口通关示意

(2) 应急保障系统

应急保障体系的建立可以确保船舶有线通航,能有效地降低海河联运的风险系数。首先,设立较高的准航条件。对于我国内河网可以按照河道情况进行等级划分,对于等级较高的内河干线航道设立较高的准航条件,限制非标准化的船舶进入干线航道。其次,建立船舶故障预警、交通事故抢修应急机制,各地海事部门参与管理,在管辖范围内遇到船舶故障、水上交通事故启动抢修应急机制,联系维修机构或人员尽快抢修。内河集装箱船舶常见的事故有集装箱落水、船舶碰撞或船舶故障、火灾、危化品污染等。应对内河水域出现突发状况后的应急工作主要是形成交通运输部、发展和改革委员会、公安部、财政部、水利部、安全生产监督管理总局、海事局等部门各司其职的应急处置联动机制。内河沿线每个城市都要制定《内河突发公共事件应急预案》《突发公共事件道路水路运输应急保障行动方案》等应急方案,明确规定内河突发事故灾难后的应急指挥机构、日常办事机构等,明确现场指挥、内河各救助力量的职责等,并对险情种类和分级、应急响应和处置、后期处置、应急保障等方面的程序和内容委托进行具体详细的规定。

4. 服务系统构建

江海联运服务系统与海洋运输服务系统大同小异,鼓励从事海运业务的港口经营企业进入江海联运市场,可以大大加快江海联运服务系统的构建,提高江海联运服务的起点。

信息服务系统是构建江海联运体系现代化的保障。由于各部门的信息数据平台是相对独立的状态,互操作性是不完整的,资源共享程度低。同时,管理部门都是出于自身职能管理主体的考虑,对信息资源共享认识不统一。这样便造成了各个部门间的数据无法共享,各个部门之间合作有限,从而导致了平台功能的受限。我国有的口岸电子系统比较多,各口岸相关单位基本上都有各自的监管系统,并要求开放码头企业与其配套。从而造成口岸电子系统多、兼容性差,影响了口岸管理的效率,造成很大程度人力、财力的浪费。缺乏相对统一的管理信息平台,数据标准化建设滞后,严重制约了信息平台管理数据的开发和利用。因此,首先是要建设一个区域江海联运公共信息平台。可以先由各个地方各个部门自行构建,然后统一联网,发挥在物联网下水运系统规模化、集成化、高效率、低成本的优势。其次是要重视信息收集和共享,只要是与江海联运有关的经营人、使用人和管理人,都有权利和义务提供和分享有关安全、业务、航运等方面的信息,保持江海联运的高度透明,共同平等使用江海联运资源,确保江海联运供应链的持续性畅通。其功能包括客户服务支持、全程物流跟踪、江海联运管理、决策支持、水上交通安全管理、市场监控、港监、港政、海事、航道等监控等模块,可实现如下功能:提供江海联运货物运输的各类车辆、集装箱班轮、穿梭巴士及所运货物、主要站点情况的全程动态信息查询服务;实现江海联运信息资源的整合,保证江海联运全程可控的信息跟踪,提升客户服务的水平;与外贸、内贸尤其是进出口等业务操作紧密绑定,促进业务流程的优化,提高物流协作效率,缩短办理各种手续的时间。利用综合信息平台可以对航道网和航线进行统一协调,对由船舶运输进出各个港区的集装箱实行统一计划、统一调度、统一配载,有效避免货船空载航运、对无货码头多次靠泊,实现内河沿岸各港区码头间集装箱互拖、装卸的统一管理。

四、集装箱江海联运系统航线设计

我国现有江海联运系统规模有限,联运系统的运营都仅仅集中在局部区域;联运系统运作机制单一,沿海中转港与内河上游港口、运输企业、货主之间很少建立合作关系,货源控制力较弱,联运系统运行可靠性较差;内河支线投入运营的船型比较小,单位运输成本较高,无法形成规模经济。在集装箱江海联运水运系统航线设计中,针对这些不足,合理规划设计江海联运水运系统,力求提高系统运行的可靠性和稳定性。

1. 内河支线航线设计

内河支线航线设计又具体包括航线区域选择、挂靠港口选择、运营船型选择、航线班期制订、发展阶段安排等。航线设计不仅要考虑航线运营效率和效益,而且还要兼顾到联运系统建设的可靠性和可操作性。

(1)内河支线区域选择

根据江海联运系统的腹地货源生成区域分布与货物流向分布,以及江海联运系统主要经营区域分析,重要的是该流域港口对开展江海联运的热情高、积极参与的欲望强。因此,在该流域开辟内河支线,不但具有良好的市场基础,同时还具有广阔的发展空间。作为江海联运系统发展的经营区域,主要以市场运作方式,介入该区域的市场竞争,开设航线,吸引货源。

(2)内河支线挂靠港口选择

内河支线挂靠港口的选择主要取决于以下几方面。①合作意向。保障系统运营的可靠性与稳定性是江海联运系统建设的基本要求,航线挂靠港口的合作意向,不仅有利于提高联运系统建设的可靠性与稳定性,而且还有利于联运系统建设一体化的形成,实行统一操作、制定规范化与标准化等,提高水运系统对货物及单证的操作效率。②货源潜力。货源需求和开发潜力是内河支线选择挂靠港口的重要经济指标,考虑到航线开设与货运需求的相互依存、相互吸引,相互带动的关系,充分发挥航线开设带动货运需求增加的效用,考察挂靠港口的货源开发潜力就显得十分重要。③港口设施。航线挂靠港口的设施设备配置情况是影响船舶在港停泊作业时间的重要因素,它不仅影响着船舶在港停泊安全和作业速度,还将影响整个航线的运营效率。因此,考察内河港口设施也应成为航线港口选择的重要指标,同时敦促和参与内河港口基础设施建设也可能会成为江海联运系统建设的一项内容。

(3)内河支线船型选择

内河支线船型选择与航线挂靠港口货运需求和航线挂靠港口数量密切相关。根据江海联运系统水运系统未来经营的区域,在实施多港挂靠的航线运营方式下,航线运营适合选择较大型驳船,其理由与航线挂靠港口选择相同。为了保证内河支线运输与海上干线运输有效对接,各内河支线航线最理想班期制订应为周班。以周班为基准,可以根据航线挂靠最远港口的距离确定每条内河支线配置的基本驳船数量。

2. 海上干线航线设计

开设海上干线与开设内河支线一样,对拉动货运需求尤为重要。考虑到海上干线航线开设的投资规模和经营的巨大风险,合理设计海上干线航线必然是江海联运系统水运系统设计的重要内容。

(1)海上干线经营区域选择

考虑到海上干线航线的投资规模与开设风险,以及航线运营许可与航线进入壁垒的因素,在海上干线经营区域选择上,应首先选择经营风险相对较小,投资规模不大,适应中小航运公司介入和从事运营的航线。对于港口相对分散的情况,开设航线要投入的船舶数量将相对较多,投资规模相对较大,经营风险也相对较大,采用有效的经营方式可以在一定程度上规避这些风险。

(2)海上干线挂靠港口选择

由于国内沿海集装箱航线发展比较成熟,因此根据海上干线经营区域的选择,针对华东和环渤海沿海南下货源较大的港口进行选择就可以了。目前,国内沿海航线主要为两大航运通道,即华南至华东与环渤海,华东沿海港口主要有上海与宁波港等,环渤海沿海港口主要有大连、天津、青岛港等,根据华东与环渤海这两大区域港口货运流量的特点,建议首选华东地区的上海港和宁波港。开设珠海港与上海及宁波港,既可以载运华南去华东的当地货,又可以载运华南去世界各地的中转货物,在上海港或宁波港进行中转,这样既可以减少航线配置船舶数量,又可以大大减少航线开设初期由于货源不稳定造成的船舶亏舱损失,降低航线开设初期的经营风险。其次选择大连、天津、青岛港,开设环渤海航线,实行多港挂靠,以保证船舶满载,提高航线收益效益,降低经营亏损风险。至于开设东南亚航线,可以选择胡志明港、新加坡港、巴生港、哥打基纳巴卢港、马尼拉港等,进行多港挂靠,开展环绕运营。

(3)海上干线船型选择

海上干线船型选择与航线挂靠港口货运需求量、航线挂靠港口数量、港口间距离密切相关,因此根据上述建议的三大航线,参考现行这些航线运营的船舶船型,10000 吨级船舶,即载箱量为 550~600TEU 的船舶,比较适应华南至华东航线;28000~36000 吨级船舶,即载箱量为 2000~2500TEU 的船舶,比较适应华南至环渤海航线,同样这类船也比较适合东南亚环绕航线。同样,班期以周班为宜。

第四节 集装箱顶推船队甩挂水水联运组织

一、集装箱顶推船队甩挂水水联运概述

1. 相关概念

(1)集装箱顶推船队运输

集装箱顶推船队运输是指将顶推船在集装箱驳船的后方,依靠推船的推力顶推前进的一种运输方式。根据航道条件的不同,顶推船可以顶推从几艘到几十艘(40多艘)的驳船

队。集装箱顶推船队运输主要有以下特点:①成本低,在造价方面,驳船的成本远远小于货船,且需要配备的船员少,能耗少,营运成本低;②速度快、载量大,集装箱顶推船队载货能力比普通船队高8%~14%,比航速快6%~15%;③船队航行阻力小,顶推船队驳船在前顶推船在后的结构,使顶推船处在驳船队伴流中,推轮船体上的阻力降低,另外由于多个驳船连在一起在水里成为一光顺的整体,也使阻力下降;④操纵性能好,集装箱顶推船队可通过推轮的操舵,直接控制驳船的转向、前进和后退,操作灵活;⑤便于调度和编队,集装箱顶推船队易于标准化和系列化,加减驳方便。

集装箱顶推船队由于其优越性,成为一些发达国家(如美国、西欧)内河运输的主要运力,但是该运输方式也具有一些缺点:①在航道条件及航行环境比较差的条件下,其适航性不如拖带运输;②集装箱顶推船队运输对驳船船体的强度要求比较高。

(2)集装箱顶推船队甩挂运输

集装箱顶推船队甩挂运输是指推轮按照预定的运行计划,推轮将集装箱驳船队推至目的地,在目的地甩下所推的驳船,换上其他集装箱驳船继续往另外一个目的地的集装箱运输组织方式。集装箱顶推船队甩挂运输具有以下特点。①船舶使用率高,在集装箱顶推船队甩挂运输运作模式中,集装箱顶推船队甩挂运输由于可以即时甩下或加挂驳船,免去了集装箱顶推船的驳船装卸的等待时间,加快了顶推船的周转率,降低了对船舶的需求,同时提高了驾驶员的工作效率。②节能减排、绿色运输,集装箱顶推船队甩挂运输既可以"一推一驳"又可以"一推多驳",灵活调度驳船和顶推船,提升了驳船和顶推船的吨位利用率和工作效率,减少了推船对航道的占用,降低了能源消耗,减少排放污染。③减低物流成本,一方面甩挂运输减少了仓储、堆存和装卸环节,提高船舶的利用率,降低了物流成本;另一方面甩挂运输通过顶推船和驳船的合理比例配置(发达国家可以达到1:70),可以有效减少顶推船和船员的配置,降低运营成本。另外,甩挂运输通过驳船的甩挂,减少了集装箱的装卸次数,同时可以通过运输需求加减顶推船队的规模,使运输随时可以变为可能,创造了时间效应,增强了货物的流动性,适应目前出现的零库存(JIT)发展需求。④集约化程度高,甩挂运输需要较完善的航道网络和集装箱港口网络,需要各相关企业间的密切合作,物流资源整合率高,航运业的集约化经营程度高。⑤现代化程度高,甩挂运输对集装箱运输的一体化、组织化、规模化、网络化、信息化、自动化和标准化要求高,同时也利于促进运输体系和现代物流业的发展。

甩挂运输因其成本、效益优势,在一些欧洲国家,已得到较好的发展。虽然我国也开始大力鼓励发展甩挂运输,但目前还存在以下问题:①相关政策不完善,不同企业、不同区域的管理制度还没有统一明确的规定;②信息化程度不高,货运信息网络滞后,不能充分实现资源的整合;③运力分散,组织化水平低。

(3)水水联运

水水联运相关的概念很多,如江海直达、江海联运、河海联运、水水中转、水水联运等。水水联运是结合了长江水系各种运输模式的特点后提出的新的运输组织概念,也是随着企业发展,各企业之间关系日益密切提出的新的合作模式。同时,顶推船队运输也是长江水系运输趋势,因此集装箱顶推船队甩挂水水联运运输模式是新形势下提出的先进的有竞争力的运输组织模式。水水联运是指经过两段或两段以上水路运输的运输组织方式,所以除了研究得较多的江海联运、江海直达、水水中转等外,一艘顶推船停靠不同港口进行集装箱集疏运,也属于水水联运范畴。其关键是各港口之间、航运企业之间结成战略联盟关系,相互合作,互利共赢,一方面降低航运物流成本,另一方面促进港口、航运业的联动发展及城市和区域的联动发展。结合江海联运、江海直达、水水中转和多式联运等运输组织方式的特点,水水联运有以下特点。①集疏运的绿色通道:由于水水联运要求货运代理、港口、航运企业、政府等相互合作,减少了通关环节,加大了货运的集疏运速度和范围。②信息化程度高:水水联运是通过信息资源共享,使货物和各单证在不同港口之间快速准确流转。③具有联动效应:水水联运需要在信息标准化、管理机制和协调机制等方面协同联动,从而实现联动发展的经济效应、资源节约效应和产业链效应。

2. 集装箱顶推船队甩挂水水联运特点

集装箱顶推船队甩挂水水联运是指将集装箱顶推船队用于水水联运中,通过甩挂的方式进行运输组织的运输方式。通过以上分析,可以看出它是先进的港口操作模式、先进的船舶运输模式、先进的多式联运运作模式和具有先进的综合配套系统,除了具有集装箱顶推船队运输、甩挂运输和水水联运的一些特点外,还具有以下特点。

(1) 协调性和整合性

集装箱顶推船队甩挂运输水水联运是一个整体合作、协调一致的系统工程,需要多个合作者的通力合作、紧密配合,实现系统利益最大化。

(2) 复杂性和虚拟性

集装箱顶推船队甩挂水水联运是跨企业、跨地区甚至是跨国的联合与合作,涉及的组织较多,衔接环节要求高,各个组织的文化、技术、人员素质等都有差异,其实施具有一定的复杂性。集装箱顶推船队甩挂水水联运各组织一般是以合作的方式结合在一起的,依靠信息技术和相互的信赖,为了共同的利益,多方联合,优势互补,协调运输。

(3) 灵活性和动态性

集装箱顶推船队甩挂水水联运的灵活性和动态性不仅体现在甩挂运输货物组织和船舶调运的灵活性上,还体现在合作伙伴的选择上,其合作关系是灵活的、动态的、不断调整的。

(4) 优势互补性

集装箱顶推船队甩挂水水联运通过甩挂解决了水水联运存在的驳船装卸等待问题,而通过水水联运为甩挂提供了基础(货源、设备、衔接等)。

3. 集装箱顶推船队甩挂运输水水联运条件

基于以上特点,集装箱顶推船队甩挂水水联运的实施需要具备一些条件。

(1) 长期稳定的集装箱运量

顶推船队的运输运力远远高于内河其他运输方式,虽然通过甩挂可以在一定程度上降低集装箱顶推船队运输对批量大、到发点集中的要求,但是集装箱货源分布均匀更能有效地发挥甩挂运输的优势。

(2) 较强的组织管理能力

集装箱顶推船队甩挂水水联运是一种高度组织的运输组织方式,对经营组织者有非常高的要求,集装箱顶推船队运输能够在密西西比河广泛应用,就是因为美国有高度系统化管理和明确的分工。

(3) 健全的政策法规

集装箱顶推船队甩挂水水联运涉及江、海、河运输的衔接,需要港口、航运、船公司等多方面的合作,为了保证其顺利实施,需要系统的法律规定和良好的口岸通关环境。

(4)全流域运输网络信息化

集装箱顶推船队甩挂水水联运建立在全流域运输信息化的基础上的,必须以信息化为手段,建立信息资源共享机制,对集装箱运输做出灵活安排。

(5)全方位的标准化

集装箱顶推船队甩挂水水联运涉及较多的衔接环节,为了使企业顺利合作,设施设备顺利组合,航道、船舶、集装箱、信息等必须实现统一标准。

(6)技术条件

目前,内河集装箱船队的整体趋势是逐渐淘汰拖驳运输,发展顶推船队和顶推船组运输,并且船队向着大型化、驳船和推船向着系列化、标准化发展,同时船舶技术也在不断进步,运输范围不断扩大,编队时间不断缩短,操纵性和航行性也在不断改善。国家制定的相关甩挂运输技术标准,为甩挂运输在水路的扩展提供了参考。这些技术的发展为集装箱顶推船队甩挂水水联运模式的开展提供了基础技术支持。

(7)航道条件

长江流过11个省市,共长6300多km,是中国第一大河流,其航线达13.3万km,长江水系的通航里程达5.7万km,占我国内河航道的52.6%,位居世界内河第一,其长度、水深、流域面积都远远超过美国的密西西比河和欧洲的莱茵河。长江已经是世界上运量最大、运输最繁忙的河流,对推动流域经济的快速发展具有重要作用。根据长江航道通航情况和经济发展水平,长江干线航道分为上、中、下游航道,里程图如图8-20所示。

图8-20 长江干线航道里程图

长江干线航道有通航里程长、水深变化大的特点,枯水期和洪水期差异较大,长江中下游的航道条件优于上游航道条件。围绕长江干线航道,分别以重庆、长沙、武汉、上海为中心,形成了西南、洞庭湖、江汉和长江三角洲四大航道网。长江黄金水道四通八达的航道条件,为内河集装箱运输创造了良好条件。随着长江航道的全面治理,长江黄金水道的建设,以及长江水道自身特点,在长江内河开展集装箱顶推船队甩挂水水联运具有其独特优势。

(8)港口条件

在港口布局方面,长江水系以长江干线、长江三角洲江南水网和湘江、赣江等内河港口组成了集装箱港口体系,其中干线港口达27个,多个港口还拥有专业化集装箱泊位,上海、南京、张家港、南通和镇江为主要集装箱港口。长江下游的港口体系靠近东亚—欧洲和东亚—北美两大世界运输系统,在东亚运输市场具有重要地位。同时,长江沿岸是集装箱生成量较为集中的地区,长江下游地区是长江沿岸、南北沿海和远洋集装箱运输的中转运输的主要枢纽。如此重要的优势为集装箱顶推船队甩挂水水联运提供了充足的集装箱货源,同时也需要先进的运输模式稳定其战略地位。在港口基础设施和技术装备方面,长江干线港口27个,专用集装箱泊位26个,但因为长江沿岸区域经济发展水平不一致,仅有少数港口集装箱达到一定规模,基础设施比较完备,多数港口设施还较落后,堆场和货运能力不足,很大程度上影响了集装箱的装卸和转运,急切需要先进的运输模式解决集装箱货源不均衡和装卸能力限制等问题。重庆16个港口,安徽省长江干线上有28个港口,江苏省长江干线上有17个港口,众多港口形成的港口网络,利于集装箱顶推船队甩挂水水联运模式的开展。长江沿线港口示意如图8-21所示。

集装箱顶推船队甩挂水水联运是长江内河新的运输方式的尝试,是一种现代化的运输组织方式,具有现代运输的特点,同时长江水系具备较好的经济、航道条件,有一定的技术基础支持和优越的政策条件,在长江水系逐渐开展这种运输方式将会是对传统运输模式的突破。

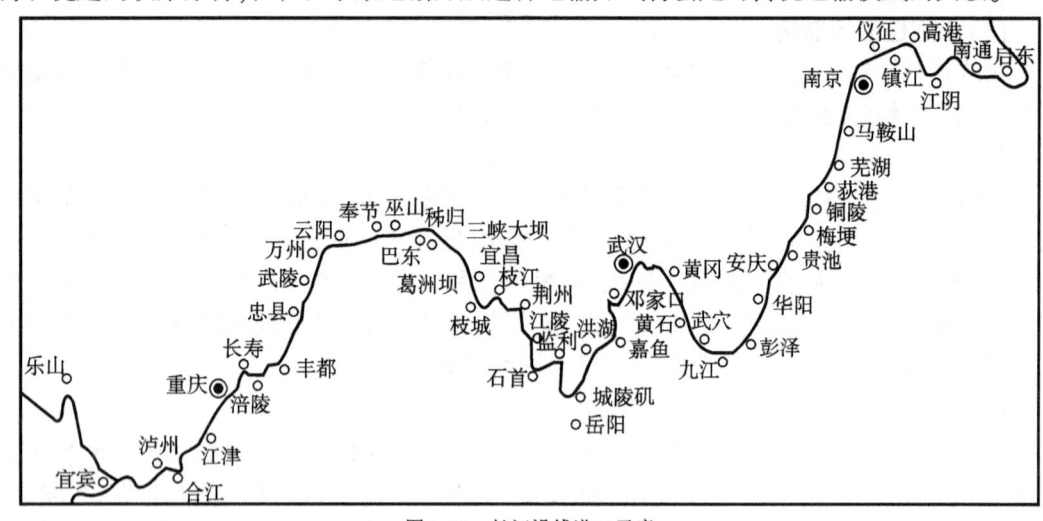

图 8-21　长江沿线港口示意

二、集装箱顶推船队甩挂水水联运模式

1. 集装箱顶推船队甩挂水水联运结构

集装箱顶推船队甩挂水水联运集合了集装顶推船队运输、甩挂运输和水水联运模式,集装箱顶推船队甩挂水水联运重点是竞争和合作的协调,将同行业之间的竞争和不同行业之间的合作有机结合起来,促进企业之间的和谐发展。集装箱顶推船队甩挂水水联运结构如图 8-22 所示。

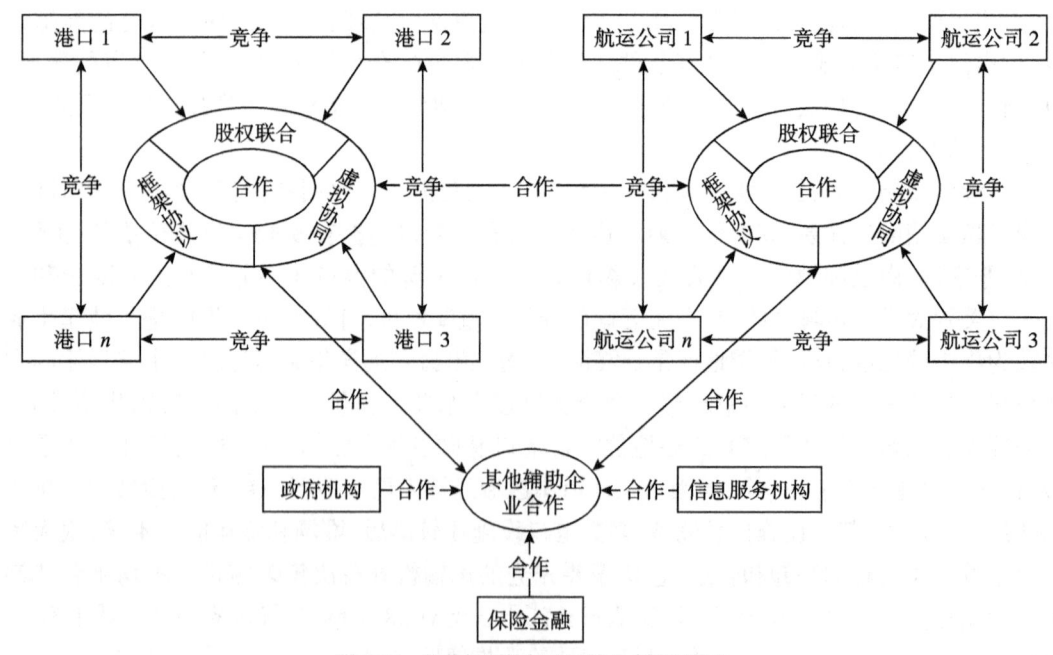

图 8-22　集装箱顶推船队甩挂水水联运结构

2. 集装箱顶推船队甩挂水水联运运作模式设计

综合分析了集装箱顶推船队甩挂水水联运的模式,设计了"两点甩挂""循环甩挂""网络甩挂"三种运作模式。

(1)两点甩挂

水水联运的"两点甩挂"模式是指驳船队的停靠港口只有两个的甩挂模式,示意如图8-23所示,顶推船在A港口挂上驳船队运到D港口甩下该驳船队,再挂上到A港口的驳船队返回,当此时没有到A港口的驳船队,则会被派往其他航线或者等待被调度,B港口—D港口、C港口—D港口的情况也如此。该模式中顶推船和驳船队可以共享,但是每个驳船队每次运输停靠次数只有两次,这种模式具有停靠次数少、批量小的优点,比较适用于支线港口到枢纽港之间的运输。

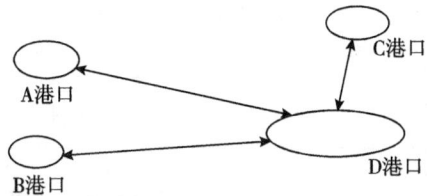

图8-23 两点甩挂示意

(2)循环甩挂

水水联运的"循环甩挂"模式是指从集装箱的流向和航线出发,将有同方向同航线的集装箱港口进行分组,在同组内开展甩挂运输,其示意如图8-24所示,顶推船在A港口加挂上A港口—D港口航线上的驳船组合成顶推船队A,到达B港口甩下驳船队A中到B港口的驳船并加挂上B港口—D港口航线上的驳船组合成顶推船队B,到达C港口甩下驳船队B中到C港口的驳船并加挂上C港口—D港口航线上的驳船组合成顶推船队C,到达D港口后甩下驳船队,等待其他调度,回程也是一样。该模式的思想来源于"Milk-run"模式,也具有小批量,多频次的优点,可以增加航班的班次,充分利用联合运输,减少货物的等待时间,比较适合于同航线上港口的集疏运。

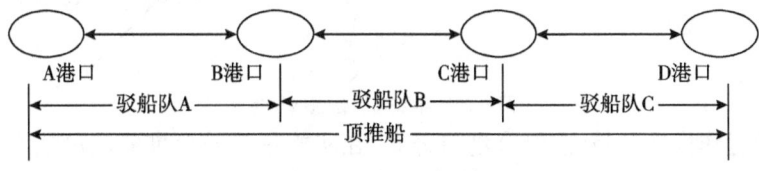

图8-24 循环甩挂示意

(3)网络甩挂

水水联运的"网络甩挂"模式是指各个区域之间都有经济往来,甩挂可以发生在任何两个港口之间形成一种网络式的航运线,如图8-25所示;A港口—D港口顶推船队可能的运输航线如表8-5所示。该模式船舶调度更加灵活,能充分利用顶推船和驳船,极大程度上提高了船舶的有效运输时间,提高了船舶的利用率,节省船舶的购置成本。

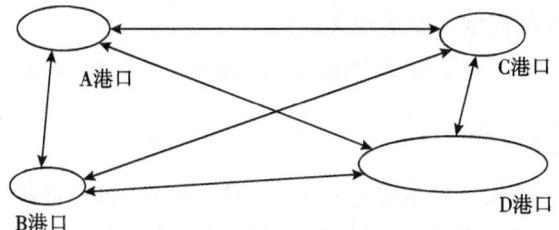

图8-25 网络甩挂示意

根据港口之间的距离、港口吞吐量等分布特点和港口之间的航道条件,将集装箱运输航线分为干线和支线,航线结构如图8-26所示。

表 8-5　各种运作模式情况

模　式	航　线	甩挂过程
一次甩挂（两点之间甩挂）	A 港口—B 港口 A 港口—C 港口 A 港口—D 港口 B 港口—C 港口 B 港口—D 港口 C 港口—D 港口	A 港口—D 港口航线上只有 A 港口到 B 港口的货物，顶推船在 A 港口加挂上驳船队运输到 B 港口甩下后等待调整，其他航线类似
两次甩挂（三个港口联合）	A 港口—B 港口—C 港口 A 港口—B 港口—D 港口 A 港口—C 港口—D 港口	A 港口—D 港口航线上顶推船靠挂三个港口，顶推船在 A 港口加挂上驳船队运输到 B 港口和 C 港口的驳船，到达 B 港口根据需要甩下或加挂一定的驳船，继续运输到 C 港口，到达 C 港口甩下驳船队后等待调度，其他航线类似
三次甩挂（四个港口联合）	A 港口—B 港口—C 港口—D 港口	A 港口—D 港口航线上顶推船靠挂三个港口，顶推船在 A 港口加挂上驳船队运输到 B 港口和 C 港口的驳船，到达 B 港口根据需要甩下或加挂一定的驳船，继续运输到 C 港口，到达 C 港口甩下驳船队后等待调度，其他航线类似

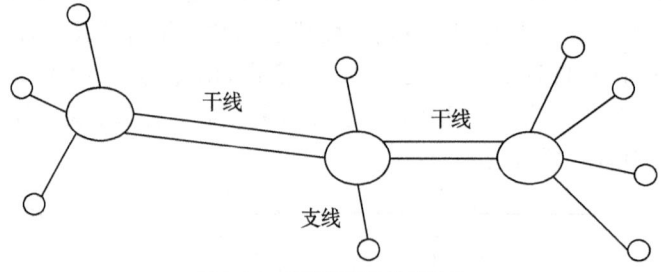

图 8-26　集装箱运输航线结构

根据各种运作模式的特点，结合港口分布，在实施集装箱顶推船队甩挂水水联运时，可以采用以下策略：

①在支线主要采用"两点甩挂"运作模式；
②在干线主要采用"循环甩挂"运作模式；
③在采用以上两种运作模式适当配合使用"网络甩挂"运作模式。

三、集装箱顶推船队甩挂水水联运流程

1. 集装箱顶推船队甩挂水水联运相关组织

集装箱顶推船队甩挂水水联运是个系统化的运输组织方式，涉及较多的组织，如图 8-27 所示。

（1）货主企业

货主企业（托运人）是集装箱运输的需求者，生产企业、加工企业、贸易企业都可能是集装箱运输的货主企业，一般会根据运输市场信息选择货代企业，并给出货物的基本信息和运输要求。

（2）货代企业

货代企业一般直接与货主接触，根据货主的要求，选择合适的物流承运企业，并不直接

负责运输,但会从事验收、报关、收款、突发事件处理等与运输合同相关的活动。

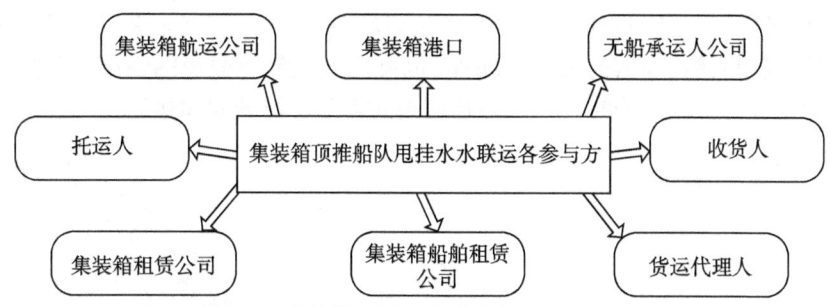

图 8-27　集装箱顶推船队甩挂水水联运相关组织

(3) 船代企业

船代(无船承运人)一般是货代的委托人,直接负责订舱、签单、装卸、改单、船舶靠泊、放箱等集装箱的水路运输工作,办理船舶营运业务和集装箱进出港口手续。

(4) 航运企业

航运企业是船舶运输经营企业,负责市场分析、航线布局、船舶配置、班期安排和价格的制定。

(5) 港口企业

港口企业是提供集装箱中转、装卸、仓储等物流服务功能的企业,现代港口还建立了电子数据交换系统(EDI),为客户提供订单查询、跟踪等信息服务功能。为了增强港口竞争力,有些港口还具有代理、保险、金融、货代、船代、通关等一体化的商业功能。

(6) 集装箱租赁公司

为航运企业提供集装箱,同时提供集装箱清洗、维修、检查等服务。

(7) 船舶租赁公司

提供顶推船、驳船,同时提供船舶清洗、维修等服务。

(8) 政府

政府是行业的监督者和管理者,是集装箱顶推船队甩挂水水联运相关政策和法律的制定者,同时是航运信息平台的构架者,政府的指导和鼓励可以推动新的运输方式快速发展,政府对航道的治理、标准化的推进是集装箱顶推船队甩挂水水联运的基础条件,政府建立的公共航运业信息平台有助于集装箱顶推船队甩挂水水联运的开展。

集装箱顶推船队甩挂水水联运需要突破传统的运输组织方式,港口和航运企业之间实行联合经营,互利互惠,并对分段运输和各区段衔接按一体化设计。

2. 集装箱顶推船队甩挂水水联运流程图

集装箱顶推船队甩挂水水联运是一种先进的运输组织方式,涉及面广、环节多、组织多,所以其作业流程也较复杂,如图 8-28 所示给出了简化的集装箱顶推船队甩挂水水联运的流程。

3. 集装箱顶推船队甩挂水水联运作业流程

以下是集装箱顶推船队甩挂水水联运的一般作业流程,此处的流程仅包括从始发港到目的港的流程。

(1) 港口集货与信息采集

需要经过水路运输的集装箱到达始发港,港口信息中心采集集装箱的数量、目的港等信息,供装载驳船使用。

(2) 集装箱装船

运输方案组根据信息中心提供的信息和港口驳船信息,制订出集装箱装载方案,并将集装箱装载在相应的驳船上(有时候为了拼船,也可能出现等待驳船的情况,但是由于甩挂运输允许小规模运输,所以等待时间比一般运输模式需要等待的时间短)。

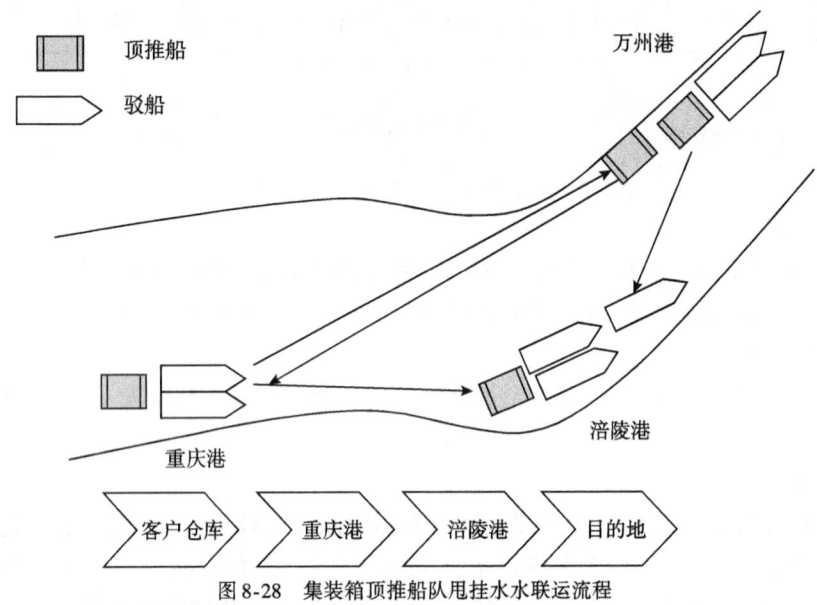

图 8-28 集装箱顶推船队甩挂水水联运流程

(3) 驳船的编队与加挂

调度中心根据各个驳船要到达的目的港和经过此港口的顶推船队顶推情况,给出驳船的编队方案及顶推船队的加挂和甩挂的方案(当没有合适的顶推船队时,会另调顶推船)。

(4) 沿途港口的靠挂

由于所在船队中有些驳船的目的港在沿途港口,所以在沿途港口可能出现靠挂情况,如果该驳船的目的港是最近的港口,那么该驳船仅靠挂起始港和目的港。

(5) 顶推船队甩挂与重新编队

有些驳船仅仅是利用过路的船队到达某港口(多种情况下是枢纽港),然后进行中转到达目的港,该情况下,需要对驳船进行甩挂,然后重新编队,进入第三个环节,直到到达目的港。

(6) 集装箱的卸载

到达目的港的集装箱从驳船上卸下,继续铁路或公路运输。集装箱顶推船队甩挂水水联运简化的作业流程如图 8-29 所示。

四、集装箱顶推船队甩挂水水联运运输组织

集装箱运输、顶推船队运输、甩挂运输都是成组化运输,三者结合成的集装箱顶推船甩挂水水联运大大增加了这种成组化运输运营管理的难度。集装箱顶推船甩挂水水联运涉及货源组织问题,设施设备、作业、信息等的衔接问题,船舶调运问题等。

1. 货源组织方式

随着国际集装箱运输进一步发展,顾客对集装箱运输的质量、服务、时间和价格的要求在不断提高,集装箱运输已经进入持续快速增长时期,不断地向国际集装箱运输看齐,并且

显示出旺盛的生命力。集装箱顶推船队甩挂运输需要多方的配合与协调,并且越多的企业参与,其效果越好,所以需要政府的鼓励、支持与协调。优化集装箱运输市场结构,鼓励水上运输,降低报关费用等,直接增加集装箱货源,同时提供海关异地报关等支持,增加集装箱运输的竞争力,吸引集装箱进行水上运输。

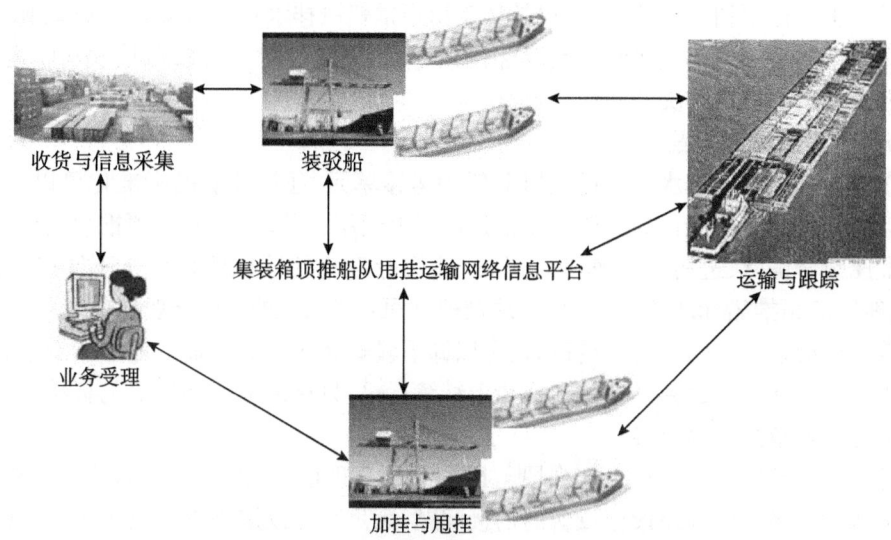

图 8-29　集装箱顶推船队甩挂水水联运简化的作业流程

港航双方密切配合,共同做好货源组织问题。过去,一方面,由于一些船公司不熟悉本地市场,很难获得货主的信任;另一方面,由于港口不积极参与货源组织中,不能及时了解市场动态,在规划建设时盲目,大大增加了其风险。通过港航双方的合作,很好地解决了以上问题,成为有效的货源组织方式。目前,中小航运企业具有运营规模小、设施设备不足、资金有限及管理水平低、信息化程度不高等问题,各自组织货源明显吃力,且相互之间竞争激烈,加强这些企业之间的合作,不仅可以互利多赢,而且解决了货源不平衡的问题。集装箱顶推船队甩挂水水联运可以采取以下运输组织形式。

(1)"一港一甩"短驳运输

这种运输有利于水水中转集拼业务,例如在洋山港和外高桥之间开展这种甩挂运输,顶推船将洋山港的驳船推至外高桥甩下驳船,挂上洋山港的驳船回到洋山港,这种集装箱运输主要适用于两港之间业务比较频繁、比较稳定和不需要换推、也不需要加减驳船的甩挂运输组织方式。

(2)阶段连续运输

阶段连续运输组织货源是指始发港没有到终点港的足够货源,而且各区段顶推定数存在差异,不能组织直达运输,而通过快速甩挂和换装作业,而形成的货源运输组织方式。例如,万州港有至上海港的货物,在无法组织直达上海港的船舶时,可以组织加挂至武汉的货物以满轴开船。到武汉后甩下武汉船队,加挂上武汉—上海港的驳船队,从而形成阶段连续运输。通过该运输组织形式,可以完成货物在港口间的快速运输,对提升港口的经济辐射范围和扩大航运市场具有非常重要的意义。

(3)"多港一甩"运输

一推船在沿线多个港口加挂到同一目的港的驳船,在目的港甩下,类似于"循环取货"式的集货模式,这种集疏运有利于多频次少批量的运输,比较适用于枢纽港的集疏货。

集装箱顶推船队甩挂水水联运相关组织应根据集装箱货源分布和流向分布情况,合理应用以上不同集装箱货源运输组织方式,提高运输效率和服务水平,降低运输成本。

2. 联运衔接问题

集装箱顶推船甩挂水水联运涉及顶推船的增减驳和多个运输环节,所以各个环节之间的衔接是水水联运顺利开展的关键,也是集装箱顶推船甩挂水水联运发展的瓶颈所在,各个环节之间衔接的组织效率直接影响到联运的效率,也是集装箱顶推船甩挂水水联运能够得到应用和发展迫切需要解决的问题。

(1)设施设备衔接问题

集装箱顶推船队甩挂水水联运是以驳船为运输单元,通过驳船的标准化可以实现整体运输效益的最大化。标准化的驳船可以在顶推船上通用,可以与不同的顶推船组合,也可以与多个驳船组合编队,进行运输作业。另外,使用标准化的顶推船也便于不同驳船队的换推,推驳船队的顶推船标准统一了,那么顶推船就可以互换,便于顶推船队的甩挂。当一顶推船推着一个或多个驳船到达一港口时,可以卸下驳船队或加载其他驳船继续运输,卸下的驳船队也可以方便地加载到其他的顶推船上继续运输,只有顶推船和驳船的标准统一了,才能实现这各个环节的无缝对接。

此外,设置合理的运输节点,加强段与段之间的合理衔接,也是联运的关键。在规划港口和运输基础设施就该考虑设施设备的衔接问题,满足联运发展需求。具体来讲,在规划建设港口时,合理设置集装箱码头、泊位、换装点,充分考虑当地和外贸集装箱运输特点,为集装箱水水联运的开展提供良好的基础保障。驳船的箱位及顶推船的马力也是顶推船甩挂水水联运顺利开展的条件,合适的箱位和马力应该既能充分利用船舶又能提高运输效率、降低运输成本。

(2)作业过程衔接问题

在集装箱顶推船甩挂水水联运衔接过程中,生产作业组织会直接影响到集装箱顶推船甩挂水水联运的效率。集装箱顶推船甩挂水水联运的全程经营人需要协调好相关组织和相关设备,进行高效率的集装箱顶推船甩挂作业,制订好运输组织计划,尽量减少中间作业过程。集装箱水路运输有江海直达、江海联运等多种运输方式,可以根据需求和设施设备配置情况合理选择不同运输方式开展水水联运,同时甩挂水水联运有上文分析的三种模式,可以根据需要选择不同模式进行甩挂运输。

驳船、顶推船、港口构成集装箱顶推船队甩挂水水联运的接口,集装箱顶推船队甩挂水水的效率与中转环节的效率和港口的生产力紧密相关,提高接口的作业效率是提高水水联运的有效途径。同时,加强伴随着作业过程的单证的标准化、简便化、严谨性、统一性,保证作业与作业之间不因单证的原因阻碍作业的连续性。

(3)时间衔接问题

集装箱顶推船甩挂水水联运运输模式的运输过程决定了在各个港口换装作业时间的重要性,顶推船到达港口和驳船队准备好的时间必须一致才能保证甩挂运输的顺利进行,任何一方出现时间上的超前或延迟,就可以导致甩挂的间断,造成其他驳船的等待,从而影响运输服务质量,而且还会提高运输成本。为了保证顶推船和驳船队时间衔接的紧密性,需要各个港口和航运公司及时跟踪更新驳船信息和顶推船信息,保证信息的透明化,使顶推船和驳船都能在一定的时间窗口完成相应的作业,通常可以使用计划评审法和关键路线法来分析各个环节之间的时间衔接,保证集装箱顶推船甩挂水水联运的顺利进行。

（4）信息衔接问题

信息化是现代物流的重要特征,是企业联盟供应链协作的关键,也是先进运输模式的基础,充分利用现代化信息技术,推进信息化建设,是集装箱顶推船队甩挂水水联运成功的必要条件。围绕客户和企业关心的集装箱跟踪查询、运到期限、船舶跟踪查询、船舶使用和可以使用情况、港口货源和装卸能力情况、集装箱运输装卸作业衔接情况、水水联运服务质量等问题,构建完善信息化平台。加快集装箱航运网络系统的设计和信息平台的建设,充分利用全球卫星定位系统(GPS)、地理信息系统(GIS)和运输管理信息系统(TMIS),加快水路网系统的建设,建立符合集装箱水水联运特点的信息网络。加快普及EDI电子单证无阻碍传递技术,使用射频识别(RFID)技术对集装箱货物信息和船舶信息全面检验、采集、追溯和管理,实现集装箱运输和船舶调度的信息化。将物流追踪技术、信息无缝对接技术运用在水水联运中,实现对联运模式中的各港口船舶和集装箱本身进行实时监控,实现即时查询功能,为船舶调度和装卸作业提供决策支持,从而实现船舶和集装箱货物的及时、准确、安全到达。

3. 驳船调运问题

集装箱顶推船队甩挂水水联运的航运企业首先需要有一定数量的驳船保证水水联运的顺利进行,而驳船的数量直接关系到航运企业的成本,在利润最大化和成本最小化的原则下,航运企业需要购置或租用适当数量的驳船,既要保证驳船的周转,满足集装箱顶推船甩挂运输的需求,也不能过多,使驳船利用率不高,造成浪费。所以何时、何地、如何调运驳船成了集装箱顶推船甩挂水水联运中驳船调运的核心问题。

（1）何时调运驳船

随着航运物流的快速发展,竞争越来越激烈,客户对时间的要求也越来越高,面对不稳定的客户需求,能及时供应需要的驳船成了保证新的联运模式顺利进行的第一步。何时调运驳船可以参照以下几步。第一,预测。预测驳船的需求量,可以应用相关因素法、时间序列等预测方法对驳船需求量进行预测;第二,跟踪。对系统的驳船进行实时跟踪,及时了解更新在用驳船到各港口的预期时间、可用时间;第三,调度。在了解了需求和供给的相关信息后,及时调运已有的驳船满足需求,或在拟定期限条件下等待或租用或准备出租,尽可能在满足客户需求的条件下提高重驳装载率;第四,评估,针对每次的调度方案进行评估分析,需要找更多的战略合作伙伴,实现企业的长远发展。

（2）何处调运驳船

当本港口的驳船不够使用时,就要考虑从其他港口调运,从其他港口调运驳船需要考虑以下几个问题:第一,调运的距离;第二,调运时间和可达性;第三,各个港口驳船的需求量是无时无刻不在变化的,在选择驳船调运地时充分考虑以上因素,尽量减少空驳船的调运,缩短空驳船的调运距离,降低驳船调运成本。

（3）调运多少驳船

空驳船的调运直接增加了系统的运输成本,调运多少驳船要充分考虑驳船需求港口和调运港口驳船的需求量和供给量。调运不足,影响客户满意度,造成直接的经济效益损失,调运过多会直接导致驳船的空置浪费,或会造成调运到其他港口的重复调运,大大增加驳船调运成本,所以在做决策时,要对成本和效益进行权衡,做出科学的驳船调运数量决策。

（4）采取何种甩挂方式调运

集装箱顶推船队甩挂水水联运共有两种调度方式(专门调度和与载货驳船一起编队调度)、三种甩挂方式(两点甩挂、循环甩挂和网络甩挂),为了最大限度地降低驳船的调运成本,可以结合甩挂方式,将空驳船与载货驳船结合起来调度,这样一方面避免了顶推船的"空跑",另一方面平衡运力满足了驳船需求。

集装箱顶推船队甩挂水水联运是一种新的运作模式和运输组织方式,在开展这种运输方式之前,必须考虑和解决涉及的货源组织、衔接、驳船调运等问题。通过合作保证甩挂水水联运充足的货源,做好各个方面的衔接,保证甩挂水水联运的顺利进行。

综合练习题

一、单项选择题

1. 水路运输主要承担的货运是( )。
   A. 远距离、大批量　　　　　　　　B. 近距离、大批量
   C. 近距离、小批量　　　　　　　　D. 远距离、小批量
2. 以下货物在我国内河货运量占比最小的是( )。
   A. 煤炭　　　　B. 金属矿石　　　　C. 矿建材料　　　　D. 棉花
3. 全国内河航道划分为( )航道和其他等级航道两个层次。
   A. 特级　　　　B. 高等级　　　　C. 普通级　　　　D. 重量级
4. 我国内河航道应按可通航船舶的吨级划分为( )级。
   A. 九　　　　B. 八　　　　C. 七　　　　D. 六
5. 下列属于一个发货人发货给几个收货人收货的货物组织形式是( )。
   A. 拼箱货装,整箱货拆　　　　　　B. 拼箱货装,拼箱货拆
   C. 整箱货装,整箱货拆　　　　　　D. 整箱货装,拼箱货拆

二、多项选择题

1. "十三五"期间我国内河港口发展的重点包括( )。
   A. 专业化码头　　B. 集疏运系统　　C. 港口物流　　D. 客运码头
2. 我国内河水运资源较为丰富的水系包括( )。
   A. 长江水系　　B. 珠江水系　　C. 黄河水系　　D. 淮河水系
3. 内河主要港口是指( )内河港口。
   A. 地理位置重要　　　　　　　　B. 吞吐量较大
   C. 对经济发展影响较广　　　　　D. 人口较多
4. 水路运输按其航行的区域,大体上可划分为( )三种类型。
   A. 远洋运输　　B. 沿海运输　　C. 内河运输　　D. 国际运输
5. 下列关于水路运输的特点,正确的是( )。
   A. 运输能力大,可实现长距离运输　　B. 水路运输劳动生产率高,运输成本低
   C. 受自然条件影响大,风险大　　　　D. 连续性很强,速度比较快

三、名词解释

1. 内河集装箱货物运输
2. 航线的闭合性

3. 集装箱江海联运
4. 集装箱顶推船队运输
5. 集装箱顶推船队甩挂运输

四、简答题

1. 简要说明内河集装箱运输优点有哪些。
2. 内河集装箱运输服务组织形式有哪些？
3. 简要说明内河集装箱运输服务网络有哪些。
4. 简要说明集装箱顶推船队运输的特点。
5. 简要说明集装箱顶推船队甩挂运输的特点。

第九章 国际集装箱多式联运费用计收

 学习目标

通过本章学习,学生应掌握集装箱运费的基本知识;掌握国际集装箱海运运费的计算;掌握铁路运费的计算;掌握公路运费的计算;掌握航空运费的计算。

 **知识架构**

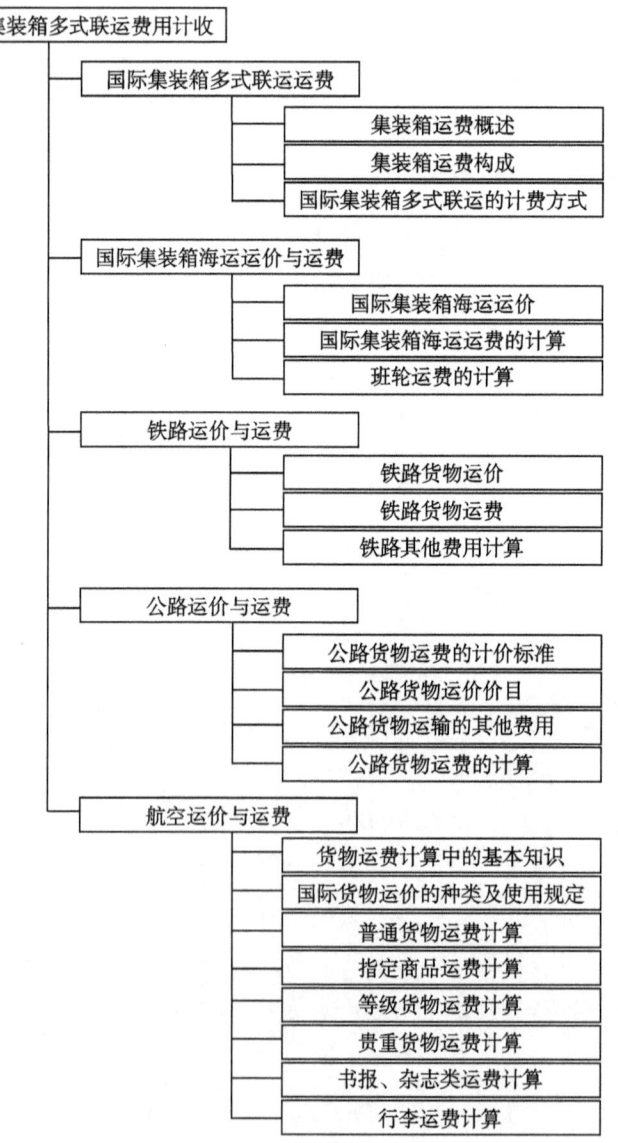

集装箱运输费用的单位价格称为集装箱运价。国际集装箱运价不是一个简单的价格金额,而是包括费率标准、计收办法、承托双方责任、费用、风险划分等的一个综合价格体系。由于集装箱运输打破了"港到港"交接的传统,可以实现"门到门"的运输,使得承运人的运输路线增长,运输环节增多,运输过程中花费的成本构成也与传统运输有很大区别,而且由于以集装箱为运输单元,其计费方式也有了很大变化。

第一节　国际集装箱多式联运运费

一、集装箱运费概述

1. 集装箱运输与国际贸易价格条件

常用的国际贸易价格条件主要有离岸价格(FOB)、运费到岸价格(CFR)及运费保险费到岸价格(CIF)。这三种常用价格条件是建立在"港到港"交接的基础上,主要适用于传统的散杂货物海上和内河运输。

现代国际贸易中,集装箱运输和国际多式联运的使用越来越广泛,货物交接向内陆延伸,实现"门到门"交接。在这种情况下,上述三种常用价格条件难以完全适应新形势发展的需要。鉴于此,国际商会(ICC)在《INCOTERMS 1990》(《1990年国际贸易术语解释通则》)中推出了三种贸易价格条件:货物交指定地点承运人价格(FCA)、运费付至目的地价格(CPT)、运费保险费付至目的地价格(CIP)。这三种贸易价格条件不仅适用于公路、铁路、海运、内河、航空等单一运输方式,而且适用于两种或两种以上运输方式相结合的国际集装箱多式联运。

在目前常用的三种价格体系中,买卖双方的责任和风险划分是以装货港或卸货港的船边为界线,而新的价格条件中,买卖双方的责任和风险划分是以货物交给承运人或收货人为界线。尽管目前国际集装箱运输中货物的交接地点已延伸到内陆,但习惯上仍然沿用三种常用的价格条件。

2. 集装箱运费的基本结构

从运输全程来看,集装箱运输产生之前,传统的件杂货运价是分方式、分段计算的。作为承担绝大部分国际运输的海运段运价,其结构是建立在"港到港"交接基础上的,仅包括货物的海上运费和船边装船、卸船费用,一般把这三项费用称为海运费。

在国际多式联运下,集装箱货物交接从港口向内陆延伸,交接地点延伸使运输经营人的责任和风险扩大到内陆港口、货运站、货主工厂或仓库等内陆地点,因此集装箱运费构成不仅包括海运运费,还包括内陆集疏运费、堆场服务费、货运站服务费、集装箱及设备使用费和港口中转费等。

(1)海运运费

包括基本运费和各种附加费,是集装箱运费收入的最主要组成部分。

(2)港区服务费

①堆场服务费:或称码头服务费,即装船港堆场接收出口的整箱货,以及堆存和搬运至装卸桥下的费用;卸货港包括装卸桥下接收进口箱及搬运至堆场和堆存的费用,还包括装卸港单证等费用。堆场服务费可以在装卸港分别向收货人和发货人收取,也可在CY/CY条款下并入海运费,在某些国家以附加费形式计收。

②货运站服务费:指拼箱货(LCL)经由货运站作业时的各种操作费用,包括提还空箱、装箱、拆箱、封箱、做标记,在货运站内货物的正常搬运与堆存,签发场站收据、装箱单,必要的分票、理货与积载等费用。就拼箱货的总费用,船公司可分海运费及拼箱服务费两部分分别收取,也可合并计收。

(3)集疏运费

集疏运费也称转运费,指由发货地运往集装箱码头堆场或由集装箱码头堆场运往交货地的费用。经由水路和陆路的转运运费分别为:

①集散运输费:指将集装箱货物由收货地经水路(内河、沿海)运往集装箱码头堆场间的运费。

②内陆运输费:指经陆路(公路或铁路)将集装箱货物在港口与交货地之间的运费。

采用陆路运输时,通常可由承运人或货主自行负责运输。如果由承运人运输,费用包括区域运费(空、重箱运费)、无效拖运费、变更装箱地点费、装箱时间延迟费及清扫费;由货主自行运输时,承运人通常根据协议将空箱出借给货主或将重箱交由货方自行负责拖运,费用仅包括集装箱装卸车费、超期使用费等。

二、集装箱运费构成

集装箱不同交接方式下的运费构成如表9-1所示。

集装箱不同交接方式下的运费构成 表9-1

交接方式	交接地——装港				海运	卸港——收货地				费用结构 T
	A_1	B_1	C_1	D_1	E	D_2	C_2	B_2	A_2	
Door – Door	A_1	B_1			E			B_2	A_2	$A_1 + B_1 + E + B_2 + A_2$
Door – CY	A_1	B_1			E		C_2	B_2		$A_1 + B_1 + E + C_2 + B_2$
Door – CFS	A_1	B_1			E	D_2		B_2		$A_1 + B_1 + E + D_2 + B_2$
CY – Door		B_1	C_1		E			B_2	A_2	$B_1 + C_1 + E + B_2 + A_2$
CY – CY		B_1	C_1		E		C_2	B_2		$B_1 + C_1 + E + C_2 + B_2$
CY – CFS		B_1	C_1		E	D_2		B_2		$B_1 + C_1 + E + D_2 + B_2$
CFS – Door		B_1		D_1	E			B_2	A_2	$B_1 + D_1 + E + B_2 + A_2$
CFS – CY		B_1		D_1	E		C_2	B_2		$B_1 + D_1 + E + C_2 + B_2$
CFS – CFS		B_1		D_1	E	D_2		B_2		$B_1 + D_1 + E + D_2 + B_2$

注: A_1、A_2 分别为装港与卸港的转运费(集疏运费);

B_1、B_2 分别为装港与卸港的堆场服务费;

C_1、C_2 分别为装港与卸港的装卸车辆费;

D_1、D_2 分别为装港与卸港的货运站服务费;

E 为海运运费。

1. 承运人整箱接收货物,整箱交付货物

①门到门(Door – Door):发货地集装箱集散运费 + 装货港集装箱码头堆场服务费 + 海运运费 + 卸货港集装箱码头堆场服务费 + 交货地集装箱集散运费,即 $A_1 + B_1 + E + B_2 + A_2$。

②门到场(Door – CY):发货地集装箱集散运费 + 装货港集装箱码头堆场服务费 + 海运运费 + 卸货港的装卸车辆费 + 卸货港集装箱码头堆场服务费,即 $A_1 + B_1 + E + C_2 + B_2$。

③场到门(CY – Door):装货港集装箱码头堆场服务费 + 装货港的装卸车辆费 + 海运运

费+卸货港集装箱码头堆场服务费+交货地集装箱集散运费,即 $B_1+C_1+E+B_2+A_2$。

④场到场(CY-CY):装货港集装箱码头堆场服务费+装货港的装卸车辆费+海运运费+卸货港的装卸车辆费+卸货港集装箱码头堆场服务费,即 $B_1+C_1+E+C_2+B_2$。

2. 承运人拼箱接收货物,拼箱交付货物

站到站(CFS-CFS):装货港集装箱货运站服务费+装货港集装箱码头堆场服务费+海运运费+卸货港集装箱码头堆场服务费+卸货港集装箱货运站服务费,即 $B_1+D_1+E+D_2+B_2$。

3. 承运人整箱接收货物,拼箱交付货物

①门到站(Door-CFS):发货地集散运费+装货港集装箱码头堆场服务费+海运运费+卸货港集装箱码头堆场服务费+卸货港集装箱货运站服务费,即 $A_1+B_1+E+D_2+B_2$。

②场到站(CY-CFS):装货港集装箱码头堆场服务费+装货港的装卸车辆费+海运运费+卸货港集装箱码头堆场服务费+卸货港集装箱货运站服务费,即 $B_1+C_1+E+D_2+B_2$。

4. 承运人整拼接收货物,整箱交付货物

①站到门(CFS-Door):装货港集装箱货运站服务费+装货港集装箱码头堆场服务费+海运运费+卸货港集装箱码头堆场服务费+收货地集散运费,即 $B_1+D_1+E+B_2+A_2$。

②站到场(CFS-CY):装货港集装箱货运站服务费+装货港集装箱码头堆场服务费+海运运费+卸货港的装卸车辆费+卸货港集装箱码头堆场服务费,即 $B_1+D_1+E+C_2+B_2$。

三、国际集装箱多式联运的计费方式

国际集装箱多式联运全程运费是由多式联运经营人向货主一次计收。目前,多式联运运费的计收方式主要有单一运费制、分段运费制以及在两者基础上产生的混合运费制。

1. 按单一运费制计算运费

单一运费制是指集装箱从托运到交付,所有运输区段均按照一个相同的运费率计算全程运费。在西伯利亚大陆桥(SLB)运输中采用的就是这种计费方式。原苏联从1986年起修订了原来的7级费率,采用了不分货种的以箱为计费单位的FAK统一费率。陆桥运输开办初期,从日本任何一个港口到布列斯特(原苏联西部边境站)的费率为:385卢布/TEU,陆桥运输的运费比班轮公会的海运运费低20%~30%。一般要求单一费率要有相对的稳定性,并且要有一定的透明度。由于各区段的运费可能发生变化,因此,确定单一费率时使用的数据应是较长一段时间内各数据的平均值。

2. 按分段运费制计算运费

分段运费制是按照组成多式联运的各运输区段,分别计算海运、陆运(铁路、汽车)、空运及港站等各项费用,然后合计为多式联运的全程运费,由多式联运经营人向货主一次计收。各运输区段的费用,再由多式联运经营人与各区段的实际承运人分别结算。目前,大部分多式联运的全程运费均采用这种计费方式,例如欧洲到澳大利亚的国际集装箱多式联运。日本到欧洲内陆或北美内陆的国际集装箱多式联运等。

3. 混合计算运费

混合计算运费是预付运费与到付运费相结合的计算办法。理论上讲,国际多式联运企业应制定全程运价表,且应采用单一运费率制。然而,由于制定单一运费率是一件较为复杂的问题。因此,作为过渡方法,目前有的多式联运经营人尝试采取混合计收办法:从国内接收货物地点至到达国口岸采取单一费率,向发货人收取的预付运费;从到达国口岸到内陆目

的地的费用按实际成本确定,另向收货人收取的到付运费。

第二节 国际集装箱海运运价与运费

国际海运运价大体可以分为两种类型:不定期船运价和班轮运价。不定期船运价的费率水平随航运市场的供求关系而波动。在市场繁荣时期,不定期船运费率就会上涨;在市场不景气时,就会随之下跌。班轮运价由班轮公会和班轮经营人确定,它们多与经营成本密切相关,在一定时期内保持相对稳定。由于海上集装箱运输大都是采用班轮营运组织方式经营的,因此集装箱海运运价实质上也属班轮运价的范畴。集装箱海运运费的计算方法与普通的班轮运输的运费计算方法是一样的,也是根据费率和计费办法计算运费的,并有基本运费和附加运费之分。

一、国际集装箱海运运价

1. 国际集装箱海运运价的确定原则

通常,班轮公会或班轮经营人对其确定班轮运费率的基本原则并不是公开的。一般来说,传统的"港—港"或称"钩—钩"交接方式下海运运价的确定,基于下列三个基本原则。

(1)运输服务成本原则

所谓运输服务成本原则(The Cost of Service),是指班轮经营人为保证班轮运输服务连续,有规则地进行,以运输服务所消耗的所有费用及一定的合理利润为基准确定班轮运价。根据这一原则确定的班轮运价可以确保班轮运费收入不至低于实际的运输服务成本。该原则被广泛应用于国际航运运价的制定。

(2)运输服务价值原则

运输服务价值定价原则(The Value of Service)是从需求者的角度出发,依据运输服务所创造的价值的多少进行定价。它是指货主根据运输服务能为其创造的价值水平而愿意支付的价格。运输服务的价值水平反映了货主对运价的承受能力。如果运费超过了其服务价值,货主就不会将货物交付托运,因为较高的运费将使其商品在市场上失去竞争力。因此,如果说按照运输服务成本原则制定的运价是班轮运价的下限的话,那么,按照运输服务价值原则制定的运价则是其上限,因为基于运输服务价值水平的班轮运价可以确保货主在出售其商品后能获得一定的合理收益。

(3)"运输承受能力"原则

这是一个很古老,也是在过去采用较为普遍的运价确定原则。考虑到航运市场供求对班轮运输的巨大影响,"运输承受能力"原则("What the Traffic Can Bear")采用的定价方法是以高价商品的高费率补偿低价商品的低费率,从而达到稳定货源的目的。按照这一定价原则,承运人运输低价货物可能会亏本,但是,这种损失可以通过对高价货物收取高费率所获得的盈利加以补偿。虽然,价值较高货物的运价可能会高于价值较低货物的运价很多倍,但从运价占商品价格的比重来看,高价货物比低价货物要低得多。根据联合国贸发会的资料统计,低价货物的运价占该种货物 FOB 价格的 30% ~ 50%,而高价货物运价仅占该类货物 FOB 价格的 1% ~ 28%。因此,尽管从某种意义上说,运输承受能力定价原则对高价商品是不大公平的,但是这种定价方法消除或减少了不同价值商品在商品价格与运价之间的较大差异,从而使得低价商品不致因运价过高失去竞争力而放弃运输,实现了稳定货源的目的,因而对于班轮公司来说,这一定价原则具有十分重要的意义。

2. 国际集装箱海运运价的形式

目前,国际集装箱海上运输,有几种不同的运价形式,其中主要包括:均一费率(FAK)、包箱费率(CBR)以及运量折扣费率(TVC)等。

(1)均一费率

均一费率(Freight for All Kinds Rates,FAK)是指对所有货物均收取统一的运价。它的基本原则是集装箱内装运什么货物与应收的运费无关。换句话说,所有相同航程的货物征收相同的费率,而不管其价值如何。它实际上是承运人将预计的总成本分摊到每个所要运送的集装箱上所得出的基本的平均费率。

这种运价形式从理论上讲是合乎逻辑的,因为船舶装运的以及在港口装卸的都是集装箱而非货物,且集装箱占用的舱容和面积也是一样的。但是,采用这种运价形式,对低价值商品的运输会产生负面影响,因为低费率货物再也难以从高费率货物那里获得补偿。这对于低费率商品的货主来说可能难以接受。例如,集装箱班轮公司对托运瓶装水和瓶装酒的货主统一收取同样的运价,尽管瓶装酒的货主对此并不在意,但瓶装水的货主则会拒绝接受这种状况,最终,船公司被迫对这两种货物分别收取不同的运价。因此,在目前大多数情况下,均一费率实际上还是将货物分为 5~7 个费率等级。

(2)包箱费率

包箱费率(Commodity Box Rates,CBR),或称货物包箱费率,是为适应海运集装箱化和多式联运发展的需要而出现的一种运价形式。这种费率形式是按不同的商品和不同的箱型,规定了不同的包干费率,即将各项费率的计算单位由"吨"(重量吨或体积吨)简化为按"箱"计。对于承运人来说,这种费率简化了计算,同时也减少了相关的管理费用。

按不同货物等级制定的包箱费率,等级的划分与件杂货运输的等级分类相同(1~20级)。不过,集装箱货物的费率级别,大致可分为 4 组,如 1~7 级、8~10 级、11~15 级和 16~20 级,或 1~8 级 J 级、10~11 级以及 12~20 级等,但也有仅分 3 个费率等级的。

(3)运量折扣费率

运量折扣费率(Time - volume Rates,又称 Time - volume Contracts,简称 TVC)是为适应集装箱运输发展需要而出现的又一费率形式。它实际上就是根据托运货物的数量给予托运人一定的费率折扣,即:托运货物的数量越大,支付的运费率就越低。当然,这种费率可以是一种均一费率,也可以是某一特定商品等级费率。由于这种运量激励方式是根据托运货物数量确定运费率,因而大的货主通常可以从中受益。

起初,这种折扣费率的尝试并不十分成功,原因是有些多式联运经营人在与承运人签订 TVC 合同时承诺托运一定数量的集装箱货物,比如说 500TEU,从而从承运人那里获得了一定的费率折扣,但到合同期满时,他们托运的集装箱并未达到合同规定的数量,比如说仅托运了 250TEU。显然,承运人就会认为自己遭受了损失。正因如此,使得所谓的"按比例增减制"越来越普遍。根据这种方式,拥有 500TEU 集装箱货物的货主,当他托运第一个 100TEU 集装箱时支付的是某一种运价,那么他托运第二个 100TEU 集装箱时支付的是比第一次低的运价,而他托运第三个 100TEU 集装箱时支付的是一个更低的运价,以此类推。目前,这种运量折扣费率形式采用得越来越广泛,尤其是多式联运经营人可以充分利用这种方式节省费用,不过,采用 TVC 形式并非都是有利可图的。对于一个新的,当然经营规模也可能是较小的多式联运经营人,相比大的多式联运经营人来说,如果采用 TVC 费率形式,将处于不利的局面,这是由于其集装箱运量十分有限而不得不支付较高的运费率。

二、国际集装箱海运运费的计算

国际集装箱海运运费的计算办法与普通班轮运费的计算办法一样,也是根据费率本规定的费率和计费办法计算运费,同样也有基本运费和附加费之分。不过,由于集装箱货物既可以交集装箱货运站(CFS)装箱,也可以由货主自行装箱整箱托运,因而在运费计算方式上也有所不同。主要表现在当集装箱货物是整箱托运,并且使用的是承运人的集装箱时,集装箱海运运费计收有"最低计费吨"和"最高计费吨"的规定,此外,对于特种货物运费的计算以附加费的计算也有其规定。

1. 拼箱货海运运费的计算

目前,各船公司对集装箱运输的拼箱货运费的计算,基本上是依据件杂货运费的计算标准,按所托运货物的实际运费吨计费,即尺码大的按尺码吨计费,重量大的按重量吨计费;另外,在拼箱货海运运费中还要加收与集装箱有关的费用,如拼箱服务费等。由于拼箱货涉及不同的收货人,因而拼箱货不能接受货主提出的有关选港或变更目的港的要求,所以,在拼箱货海运运费中没有选港附加费和变更目的港附加费。

2. 整箱货海运运费的计算

对于整箱托运的集装箱货物运费的计收:一种方法是同拼箱货一样,按实际运费吨计费;另一种方法是目前采用较为普遍的,即根据集装箱的类型按箱计收运费。

(1)集装箱运费按自然箱计,即通常说的包箱费率

按集装箱(通用集装箱、冷冻集装箱、危品集装箱等)对 20′GP、40′GP、40′HQ、45′HQ 分别标出。

例如:USD1800/20′,USD2420/40′ = USD2420/40′GP,USD2750/40HQ = USD2750/HQ,USD3000/45HQ。

上述报价也可简化为:USD1800/2420/2750/20′/40′/HQ 或 USD1800/2420/2750/20′/40′GP/40′HQ。

现在大多集装箱班轮公司采用均一包箱费率制,英文叫 FAK(Freight for All Kinds Rates),即除 DG、Reefer Ctnr、Pen Ctnr(活动物集装箱)等特殊柜外,不管集装箱内装什么货物均按箱收取一样的运费——当然集装箱箱型不同运价也不同。

(2)对 FCL,有的公司不按包箱费率计算 O – FRT 而规定一个"最低运费"与"最高运费"

①最低运费。各航运公会或船公司对不同箱型的货柜规定了各自的最低运费吨。若柜内所装货物未达到最低运费吨时,按最低运费吨乘以运价而得运费。如某船公司按 20′干货柜的最低运费吨为:重量吨 17.5,尺码吨 21.5。

例 9-1 一只集装箱内(FCL)装有 10 级货橱具(16MT,18CBM),查知所走航线上 10 级货 Freight Rate 为 USD160/RT,求其 Freight? (该船公司使用公制单位)

解:由于此货为尺码货(以尺码吨作运费吨的货),故其 R.T 为 18,未达到尺码方面的最低运费吨,应收运费为:$21.5 \times 160 = 3440$(美元)。

②最高运费。最高运费吨的规定仅适于尺码货(密度小于 $1t/m^3$)。若集装箱中的所装货物之尺码大于"最高运费吨",对高出部分免收运费;若一个集装箱中装几种属不同运费等

级的货,则免收部分应是运价便宜的。COSCON 之 Tariff(运价本)规定 40′的最高运费吨为 67,20′最高运费吨为 31。

例 9-2 一只 40′HQ 集装箱中内装 A、B、C 三种货(属同一货主 FCL 货)分别属 COSCON Tariff 中的第 5、第 8、第 15 级货,查此集装箱所走航线的 Rate 分别为:5 级货为 USD85/R.T.,8 级货为 USD100/R.T.,15 级货为 130/R.T.。A、B、C 之材积分别为 15CBM、20CBM、40CBM,求此集装箱的运费?(知 A、B、C 的重量与尺码分别为:A——15CBM,10MT;B——20CBM,9MT;C——40CBM,8MT)

解:C 货运费:40×130

B 货运费:20×100

A 货:$[67 - (40 + 20)] \times 85 = 595$(美元)

说明:由于最高运费吨的规定,使 A 货免掉了 $8m^3$ 的运费($8 \times 85 = 680$)。

例 9-3 上题中若将 A、B、C 之尺码分别改为 4CBM、10CBM、60CBM,求此集装箱运费?

解:所求 $= 60 \times 130 + (67 - 60) \times 100$

说明:此例中免掉 B 货 $3m^3$(3×100),A 货 $4m^3$(4×85)的运费。

例 9-4 上题中若将 A、B、C 之尺码分别改为 A——$1m^3$,B——$2m^3$,C——$68m^3$,则所求为:$67 \times 130 = 8710$。

3. 特殊货物海运运费的计算

一些特殊货物如成组货物、家具、行李及服装等在使用集装箱进行装运时,在运费的计算上有一些特别的规定。

(1) 成组货物

班轮公司通常对符合运价本中有关规定与要求,并按拼箱货托运的成组货物,在运费上给予一定的优惠,在计算运费时,应扣除货板本身的重量或体积,但这种扣除不能超过成组货物(货物加货板)重量或体积的 10%,超出部分仍按货板上货物所适用的费率计收运费。但是,对于整箱托运的成组货物,则不能享受优惠运价,并且,整箱货的货板在计算运费时一般不扣除其重量或体积。

(2) 家具和行李

对装载在集装箱内的家具或行李,除组装成箱子再装入集装箱外,应按集装箱内容积的 100% 计收运费及其他有关费用。该规定一般适用于搬家的物件。

(3) 服装

当服装以挂载方式装载在集装箱内进行运输时,承运人通常仅接受整箱货"堆场—堆场"(CY-CY)运输交接方式,并由货主提供必要的服装装箱物料如衣架等。运费按集装箱内容积的 85% 计算。如果箱内除挂载的服装外,还装有其他货物时,服装仍按箱容的 85% 计收运费,其他货物则按实际体积计收运费。但当两者的总计费体积超过箱容的 100% 时,其超出部分免收运费。在这种情况下,货主应提供经承运人同意的公证机构出具的货物计量证书。

(4) 回运货物

回运货物是指在卸货港或交货地卸货后的一定时间以后由原承运人运回原装货港或发货地的货物。对于这种回运货物,承运人一般给予一定的运费优惠,比如,当货物在卸货港或交货地卸货后六个月由原承运人运回原装货港或发货地,对整箱货(原箱)的回程运费按原运费的 85% 计收,拼箱货则按原运费的 90% 计收回程运费。但货物在卸货港或交货地滞留期间发生的一切费用均由申请方负担。

(5) 货物滞期费

在集装箱运输中,货物运抵目的地后,承运人通常给予箱内货物一定的免费堆存期(Free Time),但如果货主未在规定的免费期内前往承运人的堆场提取货箱,或去货运站提取货物,承运人则对超出的时间向货主收取滞期费(Demurrage)。货物的免费堆存期通常系从货箱卸下船时起算,其中不包括星期六、星期天和节假日。但是一旦进入滞期时间,便连续计算,即在滞期时间内若有星期六、星期天或节假日,该星期六、星期天及节假日也应计入滞期时间,免费堆存期的长短以及滞期费的计收标准与集装箱箱型、尺寸以及港口的条件等有关,同时也因班轮公司而异,有时对于同一港口,不同的船公司有不同的计算方法。

根据班轮公司的规定,在货物超过免费堆存期后,承运人有权将箱货另行处理。对于使用承运人的集装箱装运的货物,承运人有权将货物从箱内卸出,存放于仓储公司仓库,由此产生的转运费、仓储费以及搬运过程中造成的事故损失费与责任均由货主承担。

(6) 集装箱超期使用费

如货主所使用的集装箱和有关设备为承运人所有,而货主未能在免费使用期届满后将集装箱或有关设备归还给承运人,或送交承运人指定地点,承运人则按规定对超出时间向货主收取集装箱期使用费。

4. 附加费的计算

附加费的计算一般有两种规定:一是以基本运费率的百分比表示;二是用绝对数字表示,取每运费吨增收若干元。根据一般费率表规定:不同的商品如混装在一个包装内(集装箱除外),则全部货物按其中收费高的商品计收运费。同一种货物因包装不同而计费标准不同,但托运时如未申明具体包装形式时,全部货物均要按运价高的包装计收运费。同一提单内有两种以上不同计价标准的货物,托运时如未分列货名和数量时,计价标准和运价全部要按高者计算。这是在包装和托运时应该注意的。在班轮运输中基本港是指港口设备较好,货运量大,班轮公司按期挂靠的港口。运往基本港的货物,均按基本费率收取运费。非基本港指班轮公司不常挂靠的港口,去该港货物要加收附加费。在基本运费的基础上,加收一定百分比;或者是按每运费吨加收一个绝对值计算。在班轮运输中,常见的附加费有下列几种。

(1) 超重附加费(Heavy Lift Additional)

货物单件重量超过一定限度而加收的费用。

(2) 超长附加费(long Length Additional)

单件货物长度超过规定长度而加收的费用。

各班轮对超重或超长货物的规定不一。是我国中远公司规定每件货物达到 5t 或 9m 以上时,加收超重或超长附加费。超重货一般以吨计收,超长货按运费吨计收。无论是超重、超长或超大件,托运时都须注明。如船舶需转船,每转船一次,加收一次附加费。

(3) 选卸附加费(Optional Surcharge)

指装货时尚不能确定卸货港,要求在预先提出的两个或两个以上港口中选择一港卸货,船方因此而加收的附加费。所选港口限定为该航次规定的挂港,并按所选港中收费最高者计算及各种附加费。货主必须在船舶抵达第一选卸港前(一般规定为 24h 或 48h)向船方宣布最后确定的卸货港。

(4) 转船附加费(Transshipment Surcharge)

凡运往非基本港的货物,需转船运往目的港,船舶所收取的附加费,其中包括转船费(包括换装费、仓储费)和二程运费。但有的船公司不收此项附加费,而是分别另收转船费和二程运费,这样收取一程、二程运费再加转船费,即通常所谓的"三道价"。

(5)直航附加费(Direct Additional)

非运往非基本港的货物达到一定的数量,船公司可安排直航该港而不转船时所加收的附加费。一般直航附加费比转船附加费低。

(6)港口附加费(Port Additional Or Port Surcharge)

指船舶需要进入港口条件较差、装卸效率较低或港口船舶费用较高的港口及其他原因而向货方增收的附加费。

(7)港口拥挤附加费(Port Congestion Surcharge)

有些港口由于拥挤,致使船舶停泊时间增加而加收的附加费。该项附加费随港口条件改善或恶化而变化。

(8)燃油附加费(Bunker Surcharge Or Bunker Adjustment Factor, B. A. F)

指因燃油价格上涨而加收一绝对数或按基本运价的一定百分数加收的附加费。

(9)货币贬值附加费(Devaluation Surcharge Or Carrency Adjustment Factor, C. A. F)

在货币贬值时,船方为保持其实际收入不致减少,按基本运价的一定百分数加收的附加费。

(10)绕航附加费(Deviation Surcharge)

指因战争、运河关闭、航道阻塞等原因造成正常航道受阻,必须临时绕航才能将货物送达目的港需增加的附加费。

除以上各种附加费外,还有一些附加费需船货双方议定。如洗舱费、熏舱费、破冰费、加温费等,各种附加费是对基本运价的调节和补充,可灵活地对各种外界不测因素的变化做出反应,是班轮运价的重要组成部分。

三、班轮运费的计算

1. 班轮运费构成

班轮公司运输货物所收取的运输费用,是按照班轮运价表的规定计收的。班轮运价表一般包括说明及有关规定、货物分级表、航线费率表、附加费表、冷藏货及活牲畜费率表等。目前,我国海洋班轮运输公司使用的"等级运价表",即将承运的货物分成若干等级,每个等级的货物有一个基本费率,称为"等级费率表"。

班轮运费包括基本运费和附加费两部分,前者是指货物从装运港到卸货港所应收取的基本运费,它是构成全程运费的主要部分;后者是指对一些需要特殊处理货物,或者突然事件的发生或客观情况变化等原因而需另外加收的费用。

2. 基本运费计收标准

在班轮运价表中,根据不同的商品,班轮运费的计算标准通常采用下列几种。

①按货物毛重(重量吨 Weight Ton)计收,运价表内用"W"表示。按此计算的基本运费等于计重货物的运费吨乘以运费率。

②按货物的体积计收(尺码吨 Measurement),运价表中用"M"表示。按此法计算的基本运费等于容积货物的运费吨乘以运费率。

上述计费的重量吨和尺码吨统称为运费吨,又称计费吨,按照国际惯例、容积货物是指每公吨的体积大于 $1.1328m^3(40ft^3)$ 的货物;而我国的远洋运输运价表中则将每公吨的体积大于 $1m^3$ 的货物定为容积货物。

③按毛重或体积计收,由船公司选择其中收费较高的作为计费吨,运价表中以"W/M"表示。

④按货物价格计收,又称为从价运费(Ad Val)。运价费内用"A·V"表示。从价运费一般按货物的 FOB 价格的一定百分比收取。按此法计算的基本运费等于物资的离岸价格(FOB)乘以从价费率,从价费率一般为 1%~5%。

⑤在货物重量、尺码和价值三者中选择最高的一种计收,运价表中用"W/M or Ad Val"表示。

⑥按货物重量或尺码最高者,再加上从价运费计收。运价表中以"W/M plus Ad Val"表示。

⑦按每件货物作为一个计费单位收费,如活牲畜按"每头"(Per Head),车辆按"每辆"(Per Unit)收费。

⑧临时议定价格,即由货主和船公司临时协商议定。此类货物通常是低价的货物或特大型的机器等。在运价表中此类货物以"Open"表示。

3. 班轮运费的计算公式

(1)班轮运费的具体计算方法

先根据货物的英文名称,从货物分级表中,查出有关货物的计算等级及其计算标准;然后再从航线费率表中查出有关货物的基本费率;最后加上各项需支付的附加费率,所得的总和就是有关货物的单位运费(每重量吨或每尺码吨的运费),再乘以计费重量吨或尺码吨,即得该批货物的运费总额。如果是从价运费,则按规定的百分率乘 FOB 货值即可。

(2)运费计算公式: $F = F_b + \Sigma S$

在公式中,F 表示运费总额;F_b 表示基本运费;S 表示某一项附加费。基本运费是所运货物的数量(重量或体积)与规定的基本费率的乘积。即:

$$F_b = fQ$$

在公式中,f 表示基本费率;Q 表示货运量(运费吨)

附加费是指各项附加费的总和。在多数情况下,附加费按基本运费的一定百分比计算,其公式为:

$$\Sigma S = (S_1 + S_2 + \cdots + S_n)F_b = (S_1 + S_2 + \cdots + S_n)fQ$$

其中,S_1、S_2、$S_3\cdots S_n$ 为各项附加费,用 F_b 的百分数表示。

例 9-5 上海运往肯尼亚蒙巴萨港口"门锁"(小五金)一批计 100 箱。每箱体积为 20cm×30cm×40cm。每箱重量为 25kg。当时燃油附加费为 40%。蒙巴萨港口拥挤附加费为 10%,费率如表 9-2 所示。

中国—东非航线等级费率表(港元)　　　　表 9-2

货　　名	计算标准	等级(CLASS)	费率(RATE)
农业机械	W/M	9	404.00
棉布及棉织品	M	10	443.00
小五金及工具	W/M	10	443.00
玩具	M	20	1120.00
基本港口:路易港(毛里求斯)、达累斯萨拉姆(坦桑尼亚)、蒙巴萨(肯尼亚)等			

解:①查阅货物分级表。门锁属于小五金类,其计收标准为 W/M,等级为 10 级。
②计算货物的体积和重量。
100 箱的体积为:$(20cm \times 30cm \times 40cm) \times 100 = 2.4(m^3)$
100 箱的重量为:25×100 箱 $= 2.5$(公吨)
由于 $2.4m^3$ 的计费吨小于 2.5 公吨,因此计收标准为重量。
③查阅"中国—东非航线等级费率表",10 级费率为 443 港元,则基本运费为:
$443 \times 2.5 = 1107.5$(港元)
④附加运费为:
$1107.5 \times (40\% + 10\%) = 553.75$(港元)
⑤上海运往肯尼亚蒙巴萨港 100 箱门锁,其应付运费为:
$1107.50 + 553.75 = 1661.25$(港元)

第三节 铁路运价与运费

一、铁路货物运价

1. 铁路货物运价核收依据

铁路货物运输费用根据《铁路货物运价规则》(简称《价规》)核收。

(1)《铁路货物运价规则》适用范围

《铁路货物运价规则》是计算铁路货物运输费用的依据,承运人和托运人、收货人必须遵守《价规》的规定。国铁营业线的货物运输,除军事运输、国际铁路联运过境运输及其他另有规定的货物运输费用外,都按本规则计算货物运输费用。

(2)《铁路货物运价规则》基本内容

《铁路货物运价规则》规定了在各种不同情况下计算货物运输费用的基本条件,各种货物运费、杂费和其他费用的计算方法及国际铁路联运货物国内段的运输费用的计算方法等。

《价规》包含有四个附件。①附件一为铁路货物运输品名分类与代码表(简称分类表)和附件三为铁路货物运输品名检查表(简称检查表),都是用来判定货物的类别代码和确定运价号的工具。分类表由代码、货物品类、运价号(整车、零担)、说明等项组成。根据货物所属的类项,便可确定货物的运价号。代码由 4 位阿拉伯数字组成,是类别码(前 2 位表示货物品类的大类,第 3 位表示中类,第 4 位表示小类),对应运价号。铁路运输的货物共分 26 类,每一类都是按大类、中类、小类的顺序排列。②附件三、附件四为货物运价里程表(分上、下两册)。使用货物运价里程表可以很快查到需要找的站名、有关事项、确定运输里程。

(3)货物计费单位的确定

铁路货物计费单位:整车是以吨为单位,吨以下四舍五入;零担是以 10kg(10 公斤)为单位,不足 10kg 进为 10kg;集装箱是以箱为单位。每项运费的尾数不足 1 角时,按四舍五入处理;每项杂费不满 1 个计算单位,均按 1 个计算单位计算。零担货物的起码运费每批为 2 元。

2. 铁路货物运价类别

(1)整车货物运价

整车运价是《价规》中规定的按整车运送的货物的运价,由按货种别的每吨的发到基价和每吨的公里或每轴公里的运行基价组成。

(2)零担货物运价

零担货物运价是铁路对按零担运送的货物所规定的运价,由按货种别的每10kg的发到基价和每10kg·km的运行基价组成。

(3)集装箱货物运价

集装箱货物运价是铁路对按集装箱运送的货物所规定的运价,由每箱的发到基价和每箱公里的运行基价组成。

我国现行铁路货物运价是将运价设立为若干个运价号,即实行的是分号运价制。整车货物运价为7个号(1~7号);冷藏车货物运价按加冰冷藏车和机械冷藏车两类来确定,相当于2个运价号;零担货物运价分为2个号(21~22号);集装箱货物按箱型不同进行确定。铁路货物运价率如表9-3所示。

铁路货物运价率表　　　　　　　　　　　表9-3

办理类别	运价号	基价1(发到基价)		基价2(运行基价)	
		单位	标准	单位	标准
整车	1	元/t	5.6	元/t·km	0.0288
	2	元/t	6.3	元/t·km	0.0329
	3	元/t	7.4	元/t·km	0.0385
	4	元/t	9.3	元/t·km	0.0434
	5	元/t	10.2	元/t·km	0.0491
	6	元/t	14.6	元/t·km	0.0704
	7			元/轴公里	0.2165
	加冰冷藏车	元/t	9.2		0.0506
	机械冷藏车	元/t	11.2	元/t·km	0.073
零担	21	元/10kg	0.115	元/10kg·km	0.0005
	22	元/10kg	0.165	元/10kg·km	0.0007
集装箱	1吨箱	元/箱	10	元/箱·km	0.0336
	10吨箱	元/箱	118.5	元/箱·km	0.4234
	20ft箱	元/箱	215	元/箱·km	0.9274
	40ft箱	元/箱	423	元/箱·km	1.4504

注:运费计算办法:整车货物每吨运价 = 基价1 + 基价2 × 运价·公里;零担货物每10kg运价 = 基价1 + 基价2 × 运价·公里;集装箱货物每箱运价 = 基价1 + 基价2 × 运价·公里;整车农用化肥基价1为4.20元/t,基价2为0.0257元/t。

二、铁路货物运费

1. 铁路货物运费计算步骤

①按货物运价里程表计算出发站至到站的运价里程。

②根据货运单上填写的货物名称查找铁路货物运输品名分类与代码表、铁路货物运输品名检查表,确定适用的运价号。

③整车、零担货物按货物适用的运价号,集装箱货物根据箱型、冷藏车货物根据车种分别在铁路货物运价率表中查出适用的运价率(即基价1和基价2)。

④货物适用的发到基价加上运行基价与货物的运价里程相乘之积后,再与按本规则确定的计费重量(集装箱为箱数)相乘,计算出运费。

⑤计算其他费用。

2. 铁路整车货物运费计算

整车货物运费计算公式为:运费 =(发到基价 + 运行基价 × 运价里程)× 计费重量。

计费重量:除下列情况外,均按货车标记载重量作为计费重量,货物重量超过标重时,按货物重量计费。

①使用矿石车、平车、砂行车,装运铁路货物运输品名分类与代码表"01(煤)、0310(焦炭)、04(金属矿石)、06(非金属矿石)、081(土、砂、石、石灰)"和"14(盐)"类货物按40t计费,超过时按货物重量计费。

②使用自备冷藏车装运货物时按60t计费;使用标重低于50t的自备罐车装运货物时按50t计费。

③标重不足30t的家畜车,计费重量按30t计算。

④铁路配发计费重量高的货车代替托运人要求计费重量低的货车,如托运人无货加装,按托运人原要求车的计费重量计费。例如:托运人在某站托运化工机械设备一套,货物重量15.7t,托运人要求用40t敞车装运,经调度命令承认一辆50t敞车代用,托运人无货加装,则其计费重量按40t计算。如有货物加装,如加装5t,则按加装后按50t标重计费。

⑤表9-4所列货车装运货物时,计费重量按表中规定计算,货物重量超过规定计费重量的,按货物重量计费。

整车货物规定计费重量表 表9-4

车 种 车 型	计费重量(t)	车 种 车 型	计费重量(t)
$B_6 B_{6N} B_{6A} B_7$(加冰冷藏车)	38	$B_{22} B_{23}$(机械冷藏车)	48
BSY(冷板冷藏车)	40	B_{15E}(冷藏车改造车)	56
B_{18}(机械冷藏车)	32	SQ_1(小汽车专用平车)	80
B_{19}(机械冷藏车)	38	QD_3(凹底平车)	70
$B_{20} B_{21}$(机械冷藏车)	42	$GY_{95S} GY_{95} GH_{40} GY_{40} GH_{95/22} GY_{95/22}$(石油液化气罐车)	65
B_{10}(机械冷藏车)	44	$GY_{100S} GY_{100} GY_{100-I} GY_{100-II}$(石油液化气罐车)	70

例9-6 兰州西站发银川站机器一台重24t,从兰州西站至银川站运价里程为479km。用50t货车一辆装运,计算其运费。

解:货物检查表,机器的运价号为6号。再查运价率表,运价号为6号,发到基价(基价1)为14.6元/t,运行基价(基价2)为0.0704元/t·km。

运费 =(发到基价 + 运行基价 × 运价里程)× 计费重量 =(14.6元/t + 0.0704元/t·km × 479)× 50 = 2416.08元 ≈ 2416.1元。

答:运费为2416.1元。

例9-7 山西大同站发南京站原煤35t,用60t平车一辆装运,运价里程为1524km,计算其运费。

解:查货物品名表,运价号为4号。再查运价率表,运价号为4号,发到基价为9.3元/t,

运行基价为 0.0434 元/t·km。

运费 = (发到基价 + 运行基价 × 运价里程) × 计费重量 = (9.3 元/t + 0.0434 元/t·km × 1524) × 40 = 3017.664 元 ≈ 3017.7 元。

答：运费为 3017.7 元。

3. 铁路零担货物运费计算

零担货物运费计算公式为：运费 = (发到基价 + 运行基价 × 运价里程) × 计费重量/10。

计费重量：零担货物的计费重量以 10kg 为单位，不足 10kg 进为 10kg。具体分三种情况计算重量：

①按规定计费重量计费，如表 9-5 所示。

零担货物规定计费重量表 表 9-5

序号	货物名称	计费单位	规定计费重量(kg)
1	组成的摩托车： 双轮 三轮(包括正、侧带斗的,不包括三轮汽车)	每辆 每辆	750 1500
2	组成的机动车辆、拖斗车(单轴的拖斗车除外)： 车身长度不满 3m 车身长度 3m 以上,不满 5m 车身长度 5m 以上,不满 7m 车身长度 7m 以上	每辆 每辆 每辆 每辆	4500 15000 20000 25000
3	组成的自行车	每辆	100
4	轮椅、折叠式疗养车	每(辆)件	60
5	牛、马、骡、驴、骆驼	每头	500
6	未装容器的猪、羊、狗	每头	100
7	灵柩、尸体	每具(个)	1000

②按货物重量计费。

③按货物重量和折合重量择大计费。

为保持零担货物运价与整车货物运价之间合理的比价关系，避免货物运输中发生运费倒挂、化整为零的现象，除前两项特殊规定外，凡不足 500kg/m³ 的轻浮零担货物均按其体积折合重量与货物重量择大确定计费重量，折合重量 = 500 × 体积(kg)。货物长、宽、高的计算单位为 m，小数点后取两位小数(以下四舍五入)。体积的计算单位为 m³，保留两位小数，第三位小数四舍五入。例如：某站发送一批零担货物，重 225kg，体积为 0.81m³，在确定计费重量时，其折合重量 = 500 × 0.81 = 405kg，因此计费重量应为 410kg。

起码运费：零担货物每批的起码运费为 2 元。

例 9-8 广安门发包头车站灯管 4 件,重 46kg,货物每件长 1m,宽 0.35m,高 0.16m,从广安门发包头车 798km,试计算运费。

解：查货物检查表，灯管的运价号为 22 号。再查运价率表，运价号为 22 号，发到基价为 0.165 元/10kg，运行基价为 0.0007 元/10kg。

体积 = 4 × 1 × 0.35 × 0.16 = 0.224(m³)

折合重量 = 500 × 0.224 = 112(kg)

计费重量 = 120(kg)

因此,该批货物运费为:

运费 = (发到基价 + 运行基价 × 运价里程) × 计费重量/10 = (0.165 + 0.0007 × 798) × 120/10 = 8.6832 元 ≈ 8.7 元

答:运费为 8.7 元。

分项计费:在货物运单内分项填记重量的零担货物,应分项计费。

①运价率相同时,重量应合并计算。

例 9-9 某托运人从包头站发石家庄南站双轮及三轮摩托车各两辆,每辆重分别为 116kg 和 166kg,运价里程为 1091km,按一批托运,分项填记重量,试计算其运费。

解:按一批托运,分项填记重量,应分项计算,但该批货物中两种货物的运价率相同,应先合并重量。摩托车为按规定计费重量计费的货物,查货物检查表,运价号为 22 号。再查运价率表,运价号为 22 号,发到基价为 0.165 元/10kg,运行基价为 0.0007 元/10kg。

该批货物的计费重量为:

$2 \times (750 + 1500) = 4500$ kg

运费 = (发到基价 + 运行基价 × 运价里程) × 计费重量/10 = (0.165 + 0.0007 × 1091) × 4500/10 = 417.915 元 ≈ 417.9 元

答:运费为 417.9 元。

②运价率不同的零担货物在一个包装内或按总重量托运时,按该批或该项货物中运价率高的计费。

例 9-10 某托运人从西安西站发送锦州站暖水瓶 5 件,搪瓷杯 10 件,共重 364kg,总体积 1.224m³,西安西站发送锦州站 1698km,计算运费。

解:从西安西站发送锦州站 1698km。查货物检查表,暖水瓶运价号为 22,搪瓷杯为 21,因而选择 22。再查运价率表,运价号为 22 号,发到基价为 0.165 元/10kg,运行基价为 0.0007 元/10kg。

体积为 1.224(m³)

折合重量 = 500 × 1.224 = 612(kg)

计费重量 = 620(kg)

运费 = (发到基价 + 运行基价 × 运价里程) × 计费重量/10 = (0.165 + 0.0007 × 1698) × 620/10 = 83.9232 元 ≈ 83.9 元

答:该批货物的运费为 83.9 元。

4. 铁路集装箱货物运费计算

$$运费 = (发到基价 + 运行基价 \times 运价里程) \times 箱数$$

集装箱货物的运费按照使用的箱数和"铁路货物运价率表"中规定的集装箱运价率计算。

罐式集装箱、其他铁路专用集装箱按"铁路货物运价率表"中规定的运价率分别加 30%、20% 计算;标记总重量为 30.48t 的通用 20ft 集装箱的按"铁路货物运价率表"中规定的运价率加 20% 计算,按规定对集装箱总重限制在 24t 以下的除外。

装运一级毒害品(剧毒品)的集装箱按"铁路货物运价率表"中规定的运价率加 100% 计算;装运爆炸品、压缩气体和液化气体,一级易燃液体(代码表 02 石油类除外)、一级易燃固体、一级自燃物品、一级遇湿易燃物品、一级氧化剂和过氧化物、二级毒害品、感染性物品、放射性物品的集装箱,按"铁路货物运价率表"中规定的运价率加 50% 计算。

装运危险货物的集装箱按上述两款规定适用两种加成率时,只适用其中较大的一种加成率;自备集装箱空箱运价率按"铁路货物运价率表"规定重箱运价率的40%计算;承运人利用自备集装箱回空捎运货物,按集装箱重箱适用的运价率计费,在货物运单铁路记载事项栏内注明,免收回空运费。

三、铁路其他费用计算

1. 铁路电气化附加费

凡货物运输中途经某些电气化区段时,按《铁路电气化附加费核收办法》的规定收取电气化附加费,电气化附加费费率如表9-6所示。

电气化附加费费率表　　　　　　　表9-6

项目种类		计费单位	费率
整车货物		元/t·km	0.012
零担货物		元/10kg·km	0.00012
自轮运装货物		元/轴·km	0.036
集装箱	1t 箱	元/箱·km	0.0072
	10t 箱	元/箱·km	0.1008
	20ft 箱	元/箱·km	0.192
	40ft 箱	元/箱·km	0.408
集装箱 自备空箱	1t 箱	元/箱·km	0.0036
	10t 箱	元/箱·km	0.0504
	20ft 箱	元/箱·km	0.096
	40ft 箱	元/箱·km	0.204

电气化附加费计算公式:

$$电气化附加费 = 附加费费率 \times 计费重量(箱数或轴数) \times 电气化里程$$

2. 新路新价均摊运费

铁路建设中新建线路不断增加,为了既体现国家实行新路新价的原则,又方便计算运费,凡经国家铁路运输的货物,按发站至到站国铁正式营业线和实行统一运价的运营临管线的运价里程,均按《新路新价均摊运费核收办法》的规定收取新路新价均摊运费,新路新价均摊运费费率如表9-7所示。

新路新价均摊运费费率表　　　　　　表9-7

项目种类		计费单位	费率
整车货物		元/t·km	0.011
零担货物		元/10kg·km	0.000011
自轮运装货物		元/轴·km	0.0033
集装箱	1t 箱	元/箱·km	0.000066
	10t 箱	元/箱·km	0.00924
	20ft 箱	元/箱·km	0.0176
	40ft 箱	元/箱·km	0.0374

续上表

项目种类		计费单位	费率
集装箱	自备空箱 1t 箱	元/箱·km	0.00033
	10t 箱	元/箱·km	0.0504
	20ft 箱	元/箱·km	0.088
	40ft 箱	元/箱·km	0.0187

注：整车货物中，化肥、磷矿石、棉花（籽棉、皮棉）的费率为 0.0021 元/t·km。

新路新价均摊运费计算公式：

新路新价均摊运费 = 均摊运费费率 × 计费重量（箱数或轴数）× 运价里程

3. 铁路建设基金

铁路收取建设基金的目的是专款专用，保证铁路建设的不断发展。按《铁路建设基金计算核收办法》的规定收取铁路建设基金，铁路建设基金费率如表 9-8 所示。

铁路建设基金费率表　　　　　　　　　　　　　　　表 9-8

项目种类		计费单位	农药	磷矿石棉花	其他货物
整车货物		元/t·km	0.019	0.028	0.033
零担货物		元/10kg·km	0.00019	0.00033	
自轮运装货物		元/轴·km	0.099		
集装箱	1t 箱	元/箱·km	0.0198		
	10t 箱	元/箱·km	0.2772		
	20ft 箱	元/箱·km	0.528		
	40ft 箱	元/箱·km	1.122		
	自备空箱 1t 箱	元/箱·km	0.0099		
	10t 箱	元/箱·km	0.12386		
	20ft 箱	元/箱·km	0.264		
	40ft 箱	元/箱·km	0.561		

注：整车化肥、黄磷免征铁路建设基金。

表中棉花仅指籽棉、皮棉。

铁路建设基金的计算公式：

铁路建设基金 = 基金费率 × 计费重量（箱数或轴数）× 运价里程

例 9-11　湖南长沙绿化站发往湖北武汉中卫站一批钢管。货重 30t，以一辆 60t 敞车装运。已知：运价里程 729km，电气化里程 244km，基价 1 为 10.2 元/t，基价 2 为 0.0491 元/(t·km)，建设基金费率为 0.033 元/(t·km)，电气化附加费率为 0.012 元/(t·km)，印花税为运费的万分之五，计算发站应收的费用。

解：铁路运费的计算公式为

运费 = (发到基价 + 运行基价 × 运价里程) × 计费重量

杂费 = 建设基金费 + 电气化附加费 + 印花税

发到基价 = 10.2 元/t；运行基价 = 0.0491 元/(t·km)；运价里程 = 729km；计费重量 = 60t

建设基金费 = 0.033 × 60 × 729 = 1443.42 元

电气化附加费 = 0.012 × 60 × 244 = 175.68 元
运费 = (10.2 + 0.0491 × 729) × 60 = 2759.634 元
印花税 = 运费 × 0.0005 = 2759.634 × 0.0005 ≈ 1.38 元
杂费 = 1443.42 + 175.68 + 1.38 = 1620.48 元
运杂费 = 运费 + 杂费 = 2759.634 + 1620.48 = 4380.114 ≈ 4380.1 元

答：运杂费为4380.1元。

第四节　公路运价与运费

一、公路货物运费的计价标准

1. 计费重量(箱数)

(1) 计量单位

①整批货物运输以吨为单位；②零担货物运输以千克为单位；③集装箱运输以箱为单位。

(2) 计费重量(箱数)的确定

①一般货物。整批、零担货物的计费重量均按毛重(含货物包装、衬垫及运输需要的附属物品)计算。货物计费重量一般以起运地过磅重量为准。起运地不能或不便过磅的货物，由承、托双方协商确定计费重量。

②轻泡货物。整批轻泡货物的计费重量按车辆标记吨位计算。零担运输轻泡货物以货物包装最长、最宽、最高部位尺寸计算体积，按每立方米折合333kg计算其计费重量。

③包车运输的货物。按车辆的标记吨位计算其计费重量。

④散装货物。如砖、瓦、砂、石、土、矿石、木材等，按体积由各省、自治区、直辖市统一规定的重量换算标准计算其计费重量。

⑤托运人自理装车的货物。按车辆额定吨位计算其计费重量。

⑥统一规格的成包成件货物。根据某一标准件的重量计算全部货物的计费重量。

⑦接运其他运输方式的货物。无过磅条件的，按前程运输方式运单上记载的重量计算。

⑧拼装分卸的货物。按最重装载量计算。

2. 计费里程

(1) 计费里程的单位

公路货物运输计费里程以公里为单位，尾数不足1km的，进整为1km。

(2) 计费里程的确定

①货物运输的计费里程，按装货地点至卸货地点的实际载货的营运里程计算；营运里程以省、自治区、直辖市交通行政主管部门核定的营运里程为准，未经核定的里程，由承、托双方商定。

②同一运输区间有两条(含两条)以上营运路线可供行驶时，应按最短的路线计算计费里程或按承、托双方商定的路线计算计费里程。

③拼装分卸的货物，其计费里程为从第一装货地点起至最后一个卸货地点止的载重里程。

④出入境汽车货物运输的境内计费里程以交通主管部门核定的里程为准；境外里程按

毗邻国(地区)交通主管部门或有权认定部门核定的里程为准。未核定里程的,由承、托双方协商或按车辆实际运行里程计算。

⑤因自然灾害造成道路中断,车辆需绕道而驶的,按实际行驶里程计算。

⑥城市市区里程按当地交通主管部门确定的市区平均营运里程计算;当地交通主管部门未确定的,由承、托双方协商确定。

3. 计时包车货运计费时间

①计时包车货运计费时间以小时为单位,起码计费时间为4h;使用时间超过4h,按实际包用时间计算。

②整日包车,每日按8h计算;使用时间超过8h,按实际使用时间计算。

③时间尾数不足半小时的舍去,达到半小时的进整为1h。

4. 运价的单位

各种公路货物运输的运价单位分别为:①整批运输:元/(t·km);②零担运输:元/(kg·km);③集装箱运输:元/(箱·km);④包车运输:元/(吨位·h);⑤出入境运输,涉及其他货币时,在无法按统一汇率折算的情况下,可使用其他自由货币为运价单位。

二、公路货物运价价目

1. 基本运价

①整批货物基本运价:指一等整批普通货物在等级公路上运输的每吨公里运价。

②零担货物基本运价:指零担普通货物在等级公路上运输的每千克公里运价。

③集装箱基本运价:指各类标准集装箱重箱在等级公路上运输的每箱公里运价。

2. 吨(箱)次费

①吨次费:对整批货物运输,在计算运价费用的同时按货物重量加收吨次费。

②箱次费:对汽车集装箱运输,在计算运价费用的同时按不同箱型加收箱次费。

3. 普通货物运价

普通货物实行分等计价,以一等货物为基础,二等货物加成15%,三等货物加成30%。

4. 特种货物运价

(1)大型特型笨重货物运价

①一级大型特型笨重货物在整批货物基本运价的基础上加成40%~60%;②二级大型特型笨重货物在整批货物基本运价的基础上加成60%~80%。

(2)危险货物运价

①一级危险货物在整批(零担)货物基本运价的基础上加成60%~80%;②二级危险货物在整批(零担)货物基本运价的基础上加成40%~60%。

(3)贵重、鲜活货物运价

在整批(零担)货物基本运价的基础上加成40%~60%。

5. 特种车辆运价

按车辆的不同用途,在基本运价的基础上加成计算。特种车辆运价和特种货物运价两个价目不准同时加成使用。

6. 非等级公路货运运价

在整批(零担)货物基本运价的基础上加成10%~20%。

7. 快速货运运价

按计价类别在相应运价的基础上加成计算。

8. 集装箱运价

(1) 标准集装箱运价

重箱运价按照不同规格箱型的基本运价执行,空箱运价在标准集装箱重箱运价的基础上减成计算。

(2) 非标准箱运价

重箱运价按照不同规格的箱型,在标准集装箱基本运价的基础上加成计算,空箱运价在非标准集装箱重箱运价的基础上减成计算。

(3) 特种箱运价

在箱型基本运价的基础上按装载不同特种货物的加成幅度加成计算。

9. 出入境汽车货物运价

按双边或多边出入境汽车运输协定,由两国或多国政府主管机关协商确定。

三、公路货物运输的其他费用

(1) 调车费

应托运人要求,车辆调出所在地而产后的车辆往返空驶,计收调车费。

(2) 延滞费

车辆按约定时间到达约定的装卸或卸货地点,因托运人或收货人责任造成车辆和装卸延滞,计收延滞费。

(3) 装货落空损失费

因托运人要求,车辆行至约定地点而装货落空造成的车辆往返空驶,计收装货落实损失费。

(4) 排障费

运输大型特型笨重物件时,需对运输路线的桥涵、道路及其他设施进行必要的加固或改造所发生的费用,由托运人负担。

(5) 车辆处置费

因托运人的特殊要求,对车辆改装、拆卸、还原、清洗时,计收车辆处置费。

(6) 检验费

在运输过程中国家有关检疫部门对车辆的检验费以及因检验造成的车辆停运损失,由托运人负担。

(7) 装卸费

货物装卸费由托运人负担。

(8) 通行费

货物运输需支付的过渡、过路、过桥、过隧道等通行费由托运人负担,承运人代收代付。

(9) 保管费

货物运达后,明确由收货人自取的,从承运人向收货人发出提货通知书的次日(以邮戳或电话记录为准)起计,第四日开始核收货物保管费;应托运人的要求或托运人的责任造成的,需要保管的货物,计收货物保管费。货物保管费由托运人负担。

四、公路货物运费的计算

1. 整批货物运费的计算

整批货物运费的计算公式为：

整批货物运费(元) = 吨次费(元/t) × 计费重量(t) + 整批货物运价(元/t·km) × 计费重量(t) × 计费里程(km) + 货物运输其他费用(元)

其中,整批货物运价按货物运价价目计算。

例 9-12 某货主托运一批瓷砖,重 4538kg,承运人公布的一级普货费率为 1.2 元/t·km,吨次费为 16 元/t,该批货物运输距离为 36km,瓷砖为普货三级,计价加成 30%,途中通行收费 35 元,计算货主应支付运费多少?

解：(1)瓷砖重 4538kg,超过 3 吨按整车办理,计费重量为 4.5t;

(2)瓷砖为三级普货,计价加成 30%：

运价 = 1.2 × (1 + 30%) = 1.56 元/t·km

(3)运费 = 16 × 4.5 + 1.56 × 4.5 × 36 + 35 = 359.72 ≈ 360 元

运费尾数以元为单位,不足 1 元时四舍五入。

2. 零担货物运费的计算

零担货物运费的计算公式为：

零担货物运费(元) = 计费重量(kg) × 计费里程(km) × 零担货物运价(元/kg·km) + 货物运输其他费用(元)

其中,零担货物运价按货物运价价目计算。

例 9-13 某商人托运两箱毛线玩具,每箱规格为 1m × 0.8m × 0.8m,毛重 185.3kg,该货物运输费率为 0.0025 元/kg·km,运输距离为 120km,货主应支付多少运费?

解：①每箱玩具毛重 185.3kg

体积 = 1m × 0.8m × 0.8m = 0.64m^3,按每立方米折合 333kg 计算

体积重量为：0.64 × 333kg ≈ 213kg > 185.3kg

计费重量为：213kg

②两箱运费 = 2 × 213 × 0.0025 × 120 = 127.8 ≈ 128 元

3. 集装箱运费的计算

集装箱运费的计算公式为：

重(空)集装箱运费(元) = 重(空)箱运价(元/箱·km) × 计费箱数(箱) × 计费里程(km) + 箱次费(元/箱) × 计费箱数(箱) + 货物运输其他费用(元)

其中,集装箱运价按计价类别和货物运价费目计算。

4. 计时包车运费的计算

计时包车运费的计算公式为：

包车运费(元) = 包车运价(元/t·h) × 包用车辆吨位(t) × 计费时间(h) + 货物运输其他费用(元)

其中,包车运价按照包用车辆的不同类别分别制定。

例 9-14 某人包用运输公司一辆 5t 货车 5 小时 40 分钟,包车运价为 12 元/t·h,应包用人要求对车辆进行了改装,发生工料费 120 元,包用期间运输玻璃 3 箱、食盐 3t,发生通行费 70 元,行驶里程总计 136km,计算包用人应支付多少运费?

解：包车运费 = 包车运价 × 包用车辆吨位 × 计费时间 + 货物运输其他费用
　　　　　 = 12 元/t·h × 5t × 6h + 120 + 70 = 550 元

由以上公路货物运费的计算公式可以看出，计算公路货物运费，关键在于明确公路货物运输的运价价目、计费重量(箱数)、计费里程(时间)以及货物运输的其他费用。

第五节　航空运价与运费

货物的航空运费是指将一票货物自始发地机场运输到目的地机场所应收取的航空运输费用。一般地说，货物的航空运费主要由两个因素组成，即货物适用的运价与货物的计费重量。由于航空运输货物的种类繁多，货物运输的起讫地点所在航空区域不同，每种货物所适用的运价亦不同。

一、货物运费计算中的基本知识

1. 基本概念

(1) 航空货物运价所使用的货币

货物的航空运价一般以运输始发地的本国货币公布，即运输始发地货币。有的国家以美元代替其本国币公布运价，此时，美元即为运输始发地货币。

(2) 货物运价的有效期

销售航空货运单所使用的运价应为填制货运单之日的有效运价。即在航空货物运价有效期内适用的运价。

(3) 航空运费(Weight Charge)

航空运费是指承运人将一票货物自始发地机场运至目的地机场所收取的航空运输费用。该费用根据每票货物所适用的运价和货物的计费重量计算而得。每票货物是指使用同一份航空货运单的货物。由于货物的运价是指货物运输起讫地点间的航空运价，航空运费就是指运输始发地机场至目的地机场间的运输货物的航空费用，不包括其他费用。

(4) 其他费用(Other Charges)

其他费用是指由承运人、代理人或其他部门收取的与航空货物运输有关的费用。在组织一票货物自始发地至目的地运输的全过程中，除了航空运输外，还包括地面运输、仓储、制单、国际货物的清关等环节，提供这些服务的部门所收取的费用即为其他费用。

2. 计费重量(Chargeable Weight)

计费重量是指用以计算货物航空运费的重量。货物的计费重量或者是货物的实际毛重，或者是货物的体积重量，或者是较高重量分界点的重量。

(1) 实际毛重(Actual Gross Weight)

包括货物包装在内的货物重量，称为货物的实际毛重。

(2) 体积重量(VolumeWeight)

按照国际航协规则，将货物的体积按一定的比例折合成的重量，称为体积重量。换算标准为每 $6000 cm^3$ 折合 $1kg$。

(3) 计费重量

一般地，采用货物的实际毛重与货物的体积重量两者比较取高者；但当货物按较高重量分界点的较低运价计算的航空运费较低时，则此较高重量分界点的货物起始重量作为货物的计费重量。

国际航协规定,国际货物的计费重量以 0.5kg 为最小单位,重量尾数不足 0.5kg 的,按 0.5kg 计算;0.5kg 以上不足 1kg 的,按 1kg 计算。

当使用同一份运单,收运两件或两件以上可以采用同样种类运价计算运费的货物时,其计费重量规定为:计费重量为货物总的实际毛重与总的体积重量两者较高者。综上所述,较高重量分界点重量也可能成为货物的计费重量。

3. 最低运费(Minimum Charge)

最低运费是指一票货物自始发地机场至目的地机场航空运费的最低限额。货物按其适用的航空运价与计费重量计算所得的航空运费,应与货物最低运费相比,取高者。

4. 货物航空运价、运费的货币进整

货物航空运价及运费的货币进整,因货币的币种不同而不同。运费进整时,需将航空运价或运费计算到进整单位的下一位,然后按半数进位法进位,计算所得的航空运价或运费,达到进位单位一半则入,否则舍去。采用进整单位的规定,主要用于填制航空货运单(AWB)。销售 AWB 时,所使用的运输始发地货币,按照进整单位的规定计算航空运价及运费。

二、国际货物运价的种类及使用规定

1. 国际货物运价的种类

国际货物运价按运价的组成形式划分,国际货物运价包括协议运价、公布直达运价和非公布直达运价;按货物的性质划分,国际货物运价包括普通货物运价、指定商品运价、等级运价和集装货物运价。

2. 国际货物运价使用规定

①使用顺序:优先使用协议运价;如果没有协议运价,使用公布直达运价;如果没有协议运价和公布直达运价,使用比例运价;最后采用分段相加运价(最低组合)。

②货物运价应为填开货运单当日承运人公布的有效货物运价。

③货物运价的使用必须严格遵守货运运输路线的方向性,不可反方向使用运价。

④使用货物运价时,必须符合货物运价注释中要求和规定条件。

3. 公布直达运价的使用

公布直达运价是指承运人直接在运价资料中公布的从运输始发地至运输目的地的航空运价。运价的公布形式有 N、Q45 等运价结构,也有 B、K 运价结构(欧洲内特有的运价结构)。N 运价,即 Normal General Cargo Rate,指的是标准的普通货物运价;Q 运价则为 Quantity Rate,指的是重量等级运价。

指定商品运价与普通货物运价同时公布在 TACT RATES BOOKS 中。等级货物运价计算规则在 TACT RULES 中公布,需结合 TACT RATES BOOKS 一起使用。公布直达运价的运价结构如表 9-9 所示。

公布直达运价的运价结构表　　　　　　表 9-9

Date/type	Note	Item	Min. wight	Local curr.
BEIJING		CN	BJS	
Y. RENMINBI		CNY	KGS	

续上表

Date/type	Note	Item	Min. wight	Local curr.
TOKYO		JP	M	230.00
N	37.51			
45	28.13			
0008	300	18.80		
0300	500	20.61		
1093	100	18.43		
2195	500	18.80		

说明:第一栏,DATE/TYPE——公布运价的生效或失效日期以及集装器运价代号;本栏中若无特殊标记,说明所公布的运价适用于在本手册有效期内销售的AWB。

第二栏,NOTE——相对应运价的注释,填制货运单时,应严格按照注释所限定的内容执行。

第三栏,ITEM——指定商品运价的品名编号。

第四栏,MIN. WIGHT——使用相对应运价的最低重量限额。

第五栏,LOCAL CURR——用运输始发地货币表示的运价或最低运费。

三、普通货物运费计算

1. 普通货物运价

普通货物运价(General Cargo Rate,GCR)是指除了等级货物运价和指定商品运价以外的适合于普通货物运输的运价。一般地,普通货物运价根据货物重量不同,分为若干个重量等级分界点运价。例如,"N"表示标准普通货物运价(Normal General Cargo Rate),指的是45kg以下的普通货物运价(如无45kg以下运价时,N表示100kg以下普通货物运价)。同时,普通货物运价还公布有"Q45""Q100""Q300"等不同重量等级分界点的运价。这里"Q45"表示45kg以上(包括45kg)普通货物的运价,依此类推。对于45kg以上的不同重量分界点的普通货物运价均用"Q"表示。用货物的计费重量和其适用的普通货物运价计算而得的航空运费不得低于运价资料上公布的航空运费的最低收费标准(M)。这里,代号"N""Q""M"在AWB的销售工作中,主要用于填制货运单运费计算栏中"RATE CLASS"一栏。

2. 运费计算

例9-15 由北京运往东京一箱服装,毛重31.4kg,体积尺寸为80cm×70cm×60cm,计算该票货物的航空运费。公布运价如下:

BEIJING		CN		BJS
Y. RENMINBI		CNY		KGS
TOKYO		JP	M	230.00
N	37.51			
45	28.13			

解:

体积(Volume): 80cm×70cm×60cm=336000cm^3

体积重量(Volume Weight): 336000cm^3÷6000cm^3/kg=56.0kg

毛重(Gross Weight): 31.4kg

计费重量(Chargeable Weight): 56.0kg

适用运价(Applicable Rate): GCR Q28.13 CNY/KG

例 9-16 北京运往新加坡一箱水龙头接管,毛重 35.6kg,计算其航空运费。公布运价如下:

BEIJING		CN		BJS
Y. RENMINBI		CNY		KGS
SINGAPORE		SG	M	230.00
N	36.66			
45	27.50			
300	23.46			

解:①按实际重量计算:

Gross Weight: 35.6kg
Chargeable Weight: 36.0kg
Applicable Rate: GCR N 36.66CNY/KG
Weight Charge: 36.0×36.66=CNY1319.76

②采用较高重量分界点的较低运价计算:

Chargeable Weight: 45.0kg
Applicable Rate: GCR Q 27.50CNY/KG
Weight Charge: 27.50×45.0=CNY1237.50

①与②比较,取运费较低者,即航空运费为 CNY 1237.50。

例 9-17 由上海运往日本大阪一件洗发香波样品 5.3kg,计算其航空运费。公布运价如下:

SHANGHAI		CN		SHA
Y. RENMINBI		CNY		KGS
OSAKA		JP	M	230.00
N	30.22			
45	22.71			

解:

Gross Weight: 5.3kg
Chargeable Weight: 5.5kg
Applicable Rate: GCR N30.22 CNY/KG
Weight Charge: 5.5×30.22=CNY166.21
Minimum Charge: 230.00CNY

此票货物的航空运费应为 230.00CNY。

四、指定商品运费计算

1. 指定商品运价

指定商品运价是指适用于自规定的始发地至规定的目的地运输特定品名货物的运价。通常情况下,指定商品运价低于相应的普通货物运价。就其性质而言,该运价是一种优惠性质的运价。鉴于此,指定商品运价在使用时,对于货物的起讫地点、运价使用期限、货物运价的最低重量起点等均有特定的条件。使用指定商品运价计算航空运费的货物,其航空货运单的"Rate Class"一栏,用字母"C"表示。

在使用指定商品运价时,只要所运输的货物满足下述三个条件,则运输始发地和运输目的地就可以直接使用指定商品运价:①运输始发地至目的地之间有公布的指定商品运价;②托运人所交运的货物品名与有关指定商品运价的货物品名相吻合;③货物的计费重量满足指定商品运价使用时的最低重量要求。

2. 运费计算

先查询运价表,如有指定商品代号,则考虑使用指定商品运价;查找 TACT RATES BOOKS 的品名表,找出与运输货物品名相对应的指定商品代号;如果货物的计费重量超过指定商品运价的最低重量,则优先使用指定商品运价;如果货物的计费重量没有达到指定商品运价的最低重量,则需要比较计算。

例 9-18 北京运往大阪 20 箱鲜蘑菇共 360kg,每件体积长、宽、高为 60cm × 45cm × 25cm,计算航空运费。公布运价如下:

BEIJING		CN		BJS
Y. RENMINBI		CNY		KGS
OSAKA		JP	M	230.00
N	37.51			
45	28.13			
0008	300	18.80		
0300	500	20.61		
1093	100	18.43		
2195	500	18.80		

解:查找 TACT RKTES BOOKS 的品名表,蘑菇可以使用 0008(新鲜蔬菜和水果)的指定商品运价。由于货主交运的货物重量符合"0850"指定商品运价使用时的最低重量要求,运费计算如下:

Volume:	60cm × 45cm × 25cm × 20 = 1350000cm³
Volume Weight:	1350000cm³ ÷ 6000cm³/kg = 225kg
Chargeable Weight:	360.0kg
Applicable Rate:	SCR 0008/Q300 18.80CNY/kg
Weight Charge:	360.0 × 18.80 = CNY6768.00

注:在使用指定商品运价计算运费时,如果其指定商品运价直接使用的条件不能完全满足,例如货物的计费重量没有达到指定商品运价使用时的最低重量要求,使得按指定商品运价计得的运费高于按普通货物运价计得的运费时,则按低者收取航空运费(见例 9-14)。

例 9-19 上例中,如果货主交运 10 箱蘑菇,毛重为 180kg,计算其航空运费。

解:①按指定商品运价使用规则计算:

Actual Gross Weight:	180.0kg
Chargeable Weight:	300.0kg
Applicable Rate:	SCR0008/Q300 18.80CNY/kg
Weight Charge:	300.0 × 18.80 = CNY5640.00

②按普通运价使用规则计算：

Actual Gross Weight：　　　　180.0kg

Chargeable Weight：　　　　　180.0kg

Applicable Rate：　　　　　　GCR/045 28.13CNY/kg

Weight Charge：　　　　　　 180.0×28.13=CNY5063.40

对比①与②，取运费较低者，即航空运费为CNY5063.40。

例9-20 上例中，如果货主交运2箱蘑菇，毛重为36kg，计算其航空运费。

分析：由于货物计费重量仅36kg，而指定商品运价最低重量要求300kg，因此采用普通货物运价计算，求得较低运费。

①按NORMAL GCR运价计算运费：

Actual Gross Weight：　　　　36.0kg

Chargeable Weight：　　　　　36.0kg

Applicable Rate：　　　　　　GCR/N 37.51CNY/kg

Weight Charge：　　　　　　 36.0×37.51=CNY1350.36

②按Q45运价计算运费：

Actual Gross Weight　　　　　36.0kg

Chargeable Weight：　　　　　45.0kg

Applicable Rate：　　　　　　GCR/Q45 28.13CNY/kg

Weight Charge：　　　　　　 45.0×28.13=CNY1265.85

对比①与②，取运费较低者，即航空运费为CNY1265.85。

五、等级货物运费计算

1. 等级货物运价

等级货物运价是指在规定的业务区内或业务区之间运输特别指定的等级货物的运价。等级货物运价是在普通货物运价基础上附加或附减一定百分比的形式构成，附加或附减规则公布在TACT RULES中，运价的使用须结合TACT RATES BOOKS一同使用。通常附加或不附加也不附减的等级货物用代号(S)表示(S-Surcharged Class Rate)。附减的等级货物用代号(R)表示(R-Reduced Class Rate)。以下所述的各种等级货物运价均为运输始发地至运输目的地之间有公布的直达运价，并且可以直接使用情况下的运价计算。"Normal GCR"，使用45千克以下的普通货物运价，如无45kg以下的普通货物运价，可使用100kg以下普通货物运价；不考虑较高重量点较低运价；"Normal GCR or Over45kg"，使用45kg以下普通货物运价，或者45千克以上普通货物运价；即使有较高重量分界点的较低运价，也不可以使用；"Appl. GCR"，使用相适应的普通货物运价；"as a percentage of Appl. GCR"，按相应的普通货物运价附加某个百分比使用。

2. 活动物运输的最低收费标准

①IATA三区内：相应M的200%；

②IATA二区与三区之间：相应M的200%；

③IATA一区与三区之间(除到/从美国、加拿大以外)：相应M的200%；

④从IATA三区到美国：相应M的110%；

⑤从美国到IATA三区：相应M的150%；

⑥IATA 三区与加拿大之间,相应 M 的 150%。

注:对于冷血动物,有些区域间有特殊规定,应按规则严格执行。

例 9-21 从北京运往温哥华一只大熊猫,重 400.0kg,体积尺寸长、宽、高为 150cm×130cm×120cm,计算航空运费。公布运价如下:

BEIJING		CN		BJS
Y. RENMINBI			CNY	KGS
VANCOUVER	BC	CA	M	420.00
N	59.61			
45	45.68			
100	41.81			
300	38.79			
500	35.77			

解: 查找活动物运价表,从北京运往温哥华,属于自三区运往一区的加拿大,运价的构成形式是 "150% of Appl. GCR"。

① 按查找的运价构成形式来计算:

Volume: $150\text{cm} \times 130\text{cm} \times 120\text{cm} = 2340000\text{cm}^3$

Volume Weight: $2340000\text{cm}^3 \div 6000\text{cm}^3/\text{kg} = 390.0\text{kg}$

Chargeable Weight: 400.0kg

Applicable Rate: S 150% of Applicable GCR

$150\% \times 38.79\text{CNY/kg} = 58.185\text{CNY/kg} = 58.19\text{CNY/kg}$

Weight Charge: $400 \times 58.19 = \text{CNY}23276.00$

② 由于计费重量已经接近下一个较高重量点 500kg,用较高重量点的较低运价计算:

Chargeable Weight: 500.0kg

Applicable Rate: S 150% of Applicable GCR

$150\% \times 35.77\text{CNY/kg} = 53.655\text{CNY/kg} = 53.66\text{CNY/kg}$

Weight Charge: $500.0 \times 53.66 = \text{CNY}26830.00$

对比①与②,取运费较低者。

因此,运费为 CNY23276.00。

例 9-22 从上海运往巴黎两箱幼禽,每一箱重 25.0kg,体积尺寸长、宽、高为 70cm×50cm×50cm,计算航空运费。公布运价如下:

SHANGHAI		CN		SHA
Y. RENMINBI			CNY	KGS
PARIS		FR	M	320.00
N	68.34			
45	51.29			
500	44.21			

解: 查找活动物运价表,从上海运往巴黎,属于三区运往二区,运价的构成形式是 "Normal GCR or Over 45kg"。

按查找的运价构成形式来计算：

Total Gross Wight：	$25.0 \times 2 = 50.0$ kg
Volume：	$70cm \times 50cm \times 50cm \times 2 = 350000cm^3$
Volume Weight：	$350000cm^3 \div 6000cm^3/kg = 58.33kgs = 58.5kg$
Chargeable Weight：	58.5kg
Applicable Rate：	S Normal GCR or Over 45kg

$100\% \times 51.29CNY/kg = 51.29CNY/kg$

Weight Charge：	$58.5 \times 51.29 \approx CNY3000.47$

因此，运费为 CNY3000.47。

六、贵重货物运费计算

1. 贵重货物运价（Valuable Cargo）

1000kg 或 1000kg 以上贵重货物的运费，按普通货物 45kg 以下运价 150% 收取（150% of the Normal GCR）。贵重货物的最低运费按公布最低运费的 200% 收取，同时不低于 50 美元或其等值货币。

2. 运费计算

例 9-23
Routing： Beijing, CHINA (BJS)
to London, GB (LON)
Commodity： Gold Watch
Gross Weight： 32.0kg
Dimensions： 1 Piece 60cm × 50cm × 40cm,

公布运价如下：

BEIJING		CN		BJS	
Y. RENMINBI		CNY		KGS	
LONDON		GB	M	320.00	
N	63.19				
45	45.22				
300	41.22				
500	33.42				

解：运费计算如下：

Volume：	$60cm \times 50cm \times 40cm = 120000cm^3$
Volume Weight：	$120000cm^3 \div 6000cm^3/kg = 20.0kg$
Chargeable Weight：	32.0kg
Applicable Rate：	S 200% of the Normal GCR
	$200\% \times 63.19CNY/kg = 126.38CNY/kg$
Weight Charge：	$32.0 \times 126.38 = CNY4044.16$

因此，运费为 CNY4044.16。

七、书报、杂志类运费计算

1. 书报、杂志类货物运价

①With IATA Area 1;Between IATA Area 1 and 2:67% of the Normal GCR。

②All other Areas:50% of the Normal GCR。

书报、杂志类最低运费按公布的最低运费的 M 收取。可以使用普通货物的较高重量点的较低运价。

2. 运费计算

例 9 - 24　Routing：　　　　　Beijing,CHINA(BJS)
　　　　　　　　　　　　　　　to ROME,IT(ROM)
Commodity：　　　　　　　　Books
Gross Weight：　　　　　　　980.0kg
Dimensions：　　　　　　　　20 Pieces 70cm×50cm×40cm each

公布运价如下：

BEIJING		CN		BJS
Y. RENMINBI		CNY		KGS
ROME		IT	M	320.00
N	45.72			
45	37.98			
100	36.00			
500	31.26			
1000	28.71			

解：运费计算如下：

Volume：　　　　　　　　　70cm×50cm×40cm×20＝2800000cm³

Volume Weight：　　　　　　2800000cm³÷6000cm³/kg＝466.67kg＝467.0kg

Chargeable Weight：　　　　 980.0kg

Applicable Rate：　　　　　　R 50% of the Normal GCR

　　　　　　　　　　　　　　50%×45.72CNY/kg＝22.86CNY/kg

Weight Charge：　　　　　　980.0×22.86＝CNY22402.8

八、行李运费计算

货物运输的行李运价,All IATA area:50% of the Normal GCR;最低运费按公布的最低运费的 M 收取;可以使用普通货物较高重量点的较低运价。

例 9 - 25　Routing：　　　　　Beijing,CHINA(BJS)
　　　　　　　　　　　　　　　to Tokyo,JAPAN(TYO)
Commodity：　　　　　　　　Personal Effects
Gross Weight：　　　　　　　25.0kg
Dimensions：　　　　　　　　1 Pieces 70cm×47cm×35cm

公布运价如下：

BEIJING		CN		BJS	
Y.RENMINBI		CNY		KGS	
TOKYO		JP	M	230.00	
N	37.51				
45	28.13				

解:运费计算如下:

Volume: $70\text{cm} \times 47\text{cm} \times 35\text{cm} = 115150\text{cm}^3$

Volume Weight: $115150\text{cm}^3 \div 6000\text{cm}^3/\text{kg} = 19.19\text{kg} = 19.5\text{kg}$

Chargeable Weight: 25.0kg

Applicable Rate: R 50% of the Normal GCR

$50\% \times 37.51\text{CNY}/\text{kg} = 18.755\text{CNY}/\text{kg} = 18.76\text{CNY}/\text{kg}$

Weight Charge: $25.0 \times 18.76 = \text{CNY}469.00$

因此,航空运费为 CNY469.00。

综合练习题

一、单项选择题

1. 国际航空货物体积重量的折算标准为每( )cm³ 折合 1kg。
   A. 3000　　　　B. 4000　　　　C. 5000　　　　D. 6000
2. 航空货运中"N"表示标准普通货物运价,是指( )kg 以下的普通货物运价。
   A. 45　　　　　B. 50　　　　　C. 55　　　　　D. 60
3. 国际多式联运的费率是( )。
   A. 单一费率　　B. 分别计收　　C. 等级费率　　D. 包箱费率
4. 在集装箱班轮运输中,FAK(Freight for All Kinds Rates)是指( )。
   A. 不同等级费率　　　　　　　B. 均一包箱费率
   C. 重量/尺码选择费率　　　　　D. 选择航线费率
5. 集装箱港区服务费不包括下列哪项?( )
   A. 清扫费　　　　　　　　　　B. 集装箱堆场服务费
   C. 集装箱货运站服务费　　　　D. 拼箱服务费

二、多项选择题

1. 在集装箱班轮运输中,主要的附加费包括( )。
   A. 直航附加费　B. 海运运费　　C. 转船附加费　D. 燃油附加费
2. 航空货物的计费重量可以是( )。
   A. 货物的实际净重　　　　　　B. 货物的实际毛重
   C. 货物的体积重量　　　　　　D. 较高重量分界点的重量
3. 目前国际航空货物运价按制定的途径划分,主要分为( )。
   A. 法定运价　　　　　　　　　B. 协议运价

C. 国际航协运价 D. 各国航空运价

4.按照 IATA 货物运价公布的形式划分,国际航空货物运价可分为(　　)。

A. 公布直达运价 B. 协议运价

C. 国际航协运价 D. 非公布直达运价

5.国际货运中,如果某种活动物采用"Normal GCR"计费时,其计费结果应为(　　)比较,取高者。

A. 普通货物的 M

B. 活动物的 M

C. 45kg 以下普通货物运价(N)计费结果

D. 45kg 以上普通货运价(Q)计费结果

E. N 与 Q 计费结果比较取高者

三、名词解释

1. 均一费率
2. 包箱费率
3. 运量折扣费率
4. 新路新价均摊运费
5. 公布直达运价

四、简答题

1. 简述集装箱运费的基本结构。
2. 简要说明国际集装箱多式联运的计费方式。
3. 简要说明国际集装箱海运运价的确定原则。
4. 《铁路货物运价规则》基本内容有哪些?
5. 公路货物运输的其他费用有哪些?

五、计算题

Routing: BEIJING, CHINA (BJS)　　to AMSTERDAM, HOLLAND (AMS)

Commodity: TOY

Gross Weight: 27.9kg

Dimensions: 80cm × 51cm × 32cm

计算该票货物的航空运费并填制航空货运单的运费计算栏。

公布运价如下:

BEIJING Y. RENMINBI		CN CNY		BJS KGS
AMSTERDAM		NL	M N 45 300	320.00 50.22 41.53 37.52

第十章 国际货物运输公约

通过本章学习,学生应掌握国际海上货物运输公约;掌握国际铁路货物运输公约;掌握航空货物运输公约;了解公路货物运输公约;了解多式联运相关的法律法规。

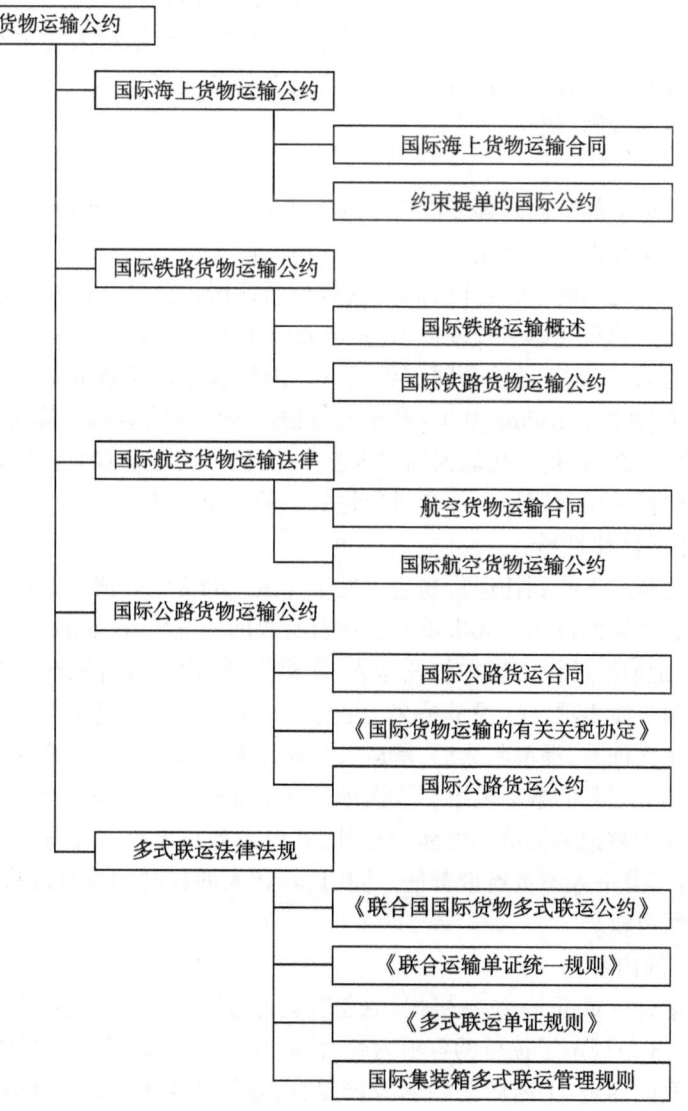

国际货物运输是指采用一种或多种运输工具,把货物从一个国家的某一地点运至另一个国家的某一个地点的运输。在整个国际货物流通中,国际货物运输是相对独立的一环,尽管国际货物买卖合同一般都订有运输条款,但各种国际货物运输方式通常都是通过承运人和托运人签订和履行专门的运输合同来进行的,这类合同一般都以一方当事人签字的运货单证为表现形式。国际货物运输的主要特点在于货物必须跨越国境,使货物从一国境内的卖主手中运达另一国境内的买主手中。这一特点使国际货物运输比较复杂,所涉及法律问题也十分特殊。

第一节 国际海上货物运输公约

一、国际海上货物运输合同

国际海上货物运输合同是指承运人或出租人以船舶运送货物,负责将货物从一国的港口经由海路运至另一国的港口交给收货人,而由托运人或承租人支付约定运费的合同。国际海上货运合同可分为两类:班轮运输合同、租船运输合同。

1. 班轮运输合同(提单)

(1)概念

由于班轮运输的书面内容多以提单的形式表现出来,所以班轮运输又被称为提单运输,班轮运输合同又称件杂货运输合同,提单一经托运人背书,转让给收货人,提单就成为承运人与提单受让人之间的运输合同,而不仅是合同证据。它是托运人与承运人就件杂货达成的协议。托运人填写托运单和装货单,并送船公司或其代理人之后,经签署手续即认为船方接受该货物的承运,此时运输合同宣告成立。班轮运输合同通常是以提单这种书面文件予以证明。提单(Bill of Lading, B/L)是海上货物运输中的承运人或其代理人在接受其承运的货物或者把货物装船后,应托运人的请求签发给托运人,证明双方已经订立运输合同并保证在目的港按照提单所载明的条件交付货物的一种书面凭证。

(2)提单的法律性质

①提单是承运人收到托运货物后签发给托运人的货物收据。②提单是承运人与托运人相互订立运输合同的证明。③提单是货物所有权的凭证(A document of Title)。④提单是要式证券,必须记载能够说明货物的托运人、承运人、收货人各自职责以及货物的外表、性质、数量或重量等具体事项。⑤提单是文义证券。证券上的权利完全依证券上记载的文字意义所决定的为文义证券,提单制成后,承运人与托运人或者其他提单合法持有人之间的权利与义务均按提单上记载的事项确定。⑥提单是有价证券。买卖提单等于买卖货物。⑦提单是流通证券。除少数记名提单不可能转让外,其他大多数提单可经背书或交付连续多次地转让。不过,连续背书人不负连带责任。同时,转让人的权利如果有瑕疵时,善意受让人不能取得货物的所有权。

(3)提单的内容

提单通常是一页纸、无统一格式,由各航运公司按照自己的提单格式事先印刷好。我国《海商法》第73条规定了提单的各项内容,背面内容是:运输条款,主要规定当事人双方的权利义务。正面内容是:①船舶之船名及国籍;②承运人名称;③装运地和目的地,或运输路线;④托运人名称;⑤收货人名称;⑥货物名称、标志、包装、件数、重量或体积;⑦运费和应当付给承运人的其他费用;⑧提单签发日期、地点、份数;⑨承运人或其代理人或船长的签字。注意:①前六项由托运人填写,由于填写失误造成的损失,引起的货物灭失或损害,托运人负责赔偿承运人;②承运人如果怀疑货物与提单内容不符,可以在提单上批注;③后三项由承运人填写;④提单一式三份,根据实际需要可以增减。承运人凭其中一份交货之后,其余提单一律作废。

(4)提单的种类

提单的种类很多,在此只介绍几种主要的分类。

①以货物是否装船分为已装船提单和收货待运提单。已装船提单(Shipped B/L 或 on Board B/L)是指在货物装船以后,承运人签发的载明船名及装船日期的提单;收货待运提单(Received for Shipment B/L)主要适用于集装箱运输,承运人在收取货物以后,实际装船之前签发的表明货物已收管待运的提单。

②以提单上是否有批注分为清洁提单和不清洁提单。清洁提单(Clean B/L)指单据上无明显地声明货物及(或)包装有缺陷的附加条文或批注;不清洁提单(Unclean B/L 或 Foul B/L)指附有不良批注的提单,如"包装不固""破包""沾有油污",这种提单表明货物是在表明状况不良的条件下装船的,在卸货时如果因此造成损失可以减免承运人的责任。根据《跟单信用证统一惯例》的规定,除非信用证明确规定可以接受者外,银行拒绝接受不清洁提单。此外,不清洁提单也难于作为物权凭证自由转让。在国际贸易实践中,银行或买方或提单的受让人只接受已装船清洁提单。

③按收货人抬头分为记名提单、不记名提单和指示提单。记名提单(Straight B/L)是指托运人指定特定人为收货人的提单,例如"交某公司",这种提单不能通过背书方式转让,它只能按照债权转让方式转移,故也称作"不可转让提单"。它有几个特性:A.安全性,遗失后不会被冒领;B.缺乏流通性,银行不愿意接受它为议付货款的单据;C.记名提单在国际贸易中少用,一般在运送贵重物品、援助物资、展览品时用。不记名提单(Open B/L)是指托运人不具体指定收货人,在收货人一栏只填写"交与持票人"(To Bearer)字样,故又称作"空白提单"。这种提单不经背书即可转让,手续简单,凡持票人均可提取货物。因此,在国际贸易中因风险太大而很少使用。指示提单(Order B/L)是指托运人在收货人栏内填写"凭指示"(To Order),叫作"空白抬头空白指示提单",它虽然没有指明指示人是谁,实际是凭托运人指示,由托运人背书才能转让。指示提单或是指托运人在收货人栏内填写"凭某人指示"(To order of...)字样,又叫作凭特定人提单。记名指示提单是指包括凭托运人、收货人、银行的指示提货和交货。指示提单通过背书可以转让,故又称作"可转让提单",在国际贸易中得到普遍使用。

2. 租船合同

(1)概念

租船合同(Charter Party)是指采用船舶运输方式的出租人与承租人之间关于租赁船舶所签订的一种海上运输合同。它规定出租人提供适航的船舶给承租人使用;承租人按规定支付给出租人相应的运费和租金以及双方的权利与义务、责任与豁免等条款,以明确双方的经济关系和法律关系。

租船合同当事人在不违反强制性法规和公共秩序的前提下可以自由订立合同条款。为了给出租人和承租人提供方便,洽商时可采用国际上特定的标准合同为蓝本,如:由波罗的海国际海运协会制订并于1994年修订的"统一杂货租船合同"(Uniform General Charter Party),其代号为"金康"(GENCON)合同;波罗的海航运公会制订的"统一定期租船合同"(Uniform Time Charter Party,BALTIME);"巴尔的摩班轮条件谷物租船合同"(Baltime Berth C/P);"澳大利亚谷物租船合同"(Australian Grain C/P,Austwheat);"古巴食糖租船合同"(Cuba Sugar C/P);"太平洋沿岸谷物租船合同"(Pacific Coast Grain,C/P);"纽约土产交易所期租合同"(New York Produce Exchange Charter);"中国定期租船合同"(China National Chartering Corporation Time C/P,SINOTIME 1980)等。

(2)航次租船合同及其主要条款

航次租船合同(Voyage Charter Party),又称航程租船合同、定程租船合同,指采用航次运输方式的承租人与出租人订立的租船合同。承租人既可以按约定租用一个航次,又可以租用若干个航程。无论是单航次租船、来回程租船,还是连续完成若干个相同的航程,或者租用若干艘船包运一批货物,都是由出租人负责调动船舶,安排船长与船员,支配船舶的营运,并且支付船员工资以及各种营运费用。承租人不直接参与船舶的营运,只是承担运费、货物装卸费和船舶滞期费等费用。航次租船合同通常就是货物的运输合同。双方当事人订妥合同之后,船方应将约定的船只驶往约定的装货港装载货物,然后开往合同规定的目的港交货。

(3)定期租船合同及其主要条款

定期租船合同(Time Charter Party)又称期租船合同,指采用定期运输方式的承租人与出租人为在一定期限内租用船舶而订立的合同。按照期租合同的规定,承租人享有调动船舶的权利,并支付全部营运所需的燃料、物料、港口费、引水费拖带费、码头费等费用,出租人负责支付船长与船员的工资给养、船舶的保险费、修理费等与船舶有关的费用。

(4)光船租船合同及其主要条款

光船租船合同(Bareboat Charter Party),又称船壳租船合同,指采用光船租船运输方式的承租人因租用船舶而与出租人订立的合同。光船租船合同在法律性质上是一种财产租赁合同。承租人按照合同规定配备船长与船员,提供给养,负责船舶经营管理,支付一切营运费用。出租人只提供空船,收取租金。

二、约束提单的国际公约

有关提单的国际公约有三个:1924年《海牙规则》(Hague Rules 1924)、1968年《维斯比规则》(Visby Rules 1968)、1978年《汉堡规则》(Hamburg Rules 1978)。

1. 产生背景及过程

(1)《海牙规则》产生背景及过程

19世纪末,世界海上航运业迅速发展,以英国航运为代表的船舶所有人,利用手中雄厚的航运资本,以及法律的"契约自由"原则,在自己制订的海运提单中任意加进许多免责条款,使力量弱小的货方利益失去保障。特别是提单作为一种物权凭证具有可以自由转让的特性,名目繁多的免责条款往往限制或阻碍了提单的转让,由此影响了国际贸易和海上运输的发展。当时,这种尖锐的矛盾存在于英国承运人与美国货主之间。英国承运人的这种做法(似乎承运人除了收取运费外,海运过程中造成的一切损失都与其无关)严重损害了美国贸易商的利益。为了维护美国贸易商利益,美国国会于1893年制定《哈特法》(Harter Act),确定了承运人应负的最低限度责任。即承运人必须恪尽职责使船舶适航,并对因货物的装载、照料和交付等方面的过失所造成的损失负责。凡是免除由于承运人管货方面的过失责任的提单条款,美国法院就以违反公共秩序为由,宣告其无效。随后,某些英联邦国家也纷纷"立法",1904年澳大利亚颁布了《海上货物运输法》,1908年新西兰颁布了《航运及海员法》,1910年加拿大颁布了《水上货物运输法》,这些法律都是根据《哈特法》的基本精神制定的。第一次世界大战后,提单条款更加复杂化,对于航运业发展不利。因此,贸易界强烈要求提单规范化。为此,国际法协会所属的海洋法委员会于1921年在海牙召开会议,采纳《哈特法》基本原则,草拟了规则草案,之后在1924年的布鲁塞尔会议上做了修改,正式名称为《关于统一提单的若干法律规定的国际公约》。由于该规则草案在海牙起草,故简称为《海牙规则》。实践中,几乎所有的提单都规定适用《海牙规则》,可以说,《海牙规则》是管辖国际海运的规则。

(2)《维斯比规则》产生背景及过程

《海牙规则》1931年生效后,使国际海上货物运输有章可循,对提单规范化起了积极的促进作用。但随着国际政治、经济形势变化,航海、造船技术的进步,它的某些内容显得陈旧,不适应新形势的需要。其中,突出的是关于承运人的大量免责条款和对货损赔偿限额的规定。再加上集装箱运输方式的出现,到了20世纪50年代,几乎各国都认为有必要修改《海牙规则》。到1968年2月,终于在布鲁塞尔签署了《关于修订统一提单若干法律规定的国际公约议定书》。由于该议定书草案在斯德哥尔摩讨论通过,期间参加会议的成员到过哥特兰岛的威斯比城签署该草案,为了借用中世纪《维斯比海法》的名声,故将议定书简称为《维斯比规则》(The Visby Rules),并于1977年正式生效,航运界常将其与《海牙规则》合称为《海牙—维斯比规则》。

(3)《汉堡规则》产生背景及过程

《维斯比规则》对《海牙规则》的修改很不彻底,只是做些小修小补,并未涉及其实质问题,特别是原来就准备修改的承运人免责范围问题没有任何反映。国际上主要货主国对此极为不满,尤其是许多发展中国家也强烈反对。自1969年起,修改工作由联合国国际贸易法委员会设立的国际航运立法工作组负责。终于在1978年联合国汉堡会议讨论通过《1978年联合国海上货物运输公约》,又名《汉堡规则》。该公约于1992年11月1日生效,绝大多数为发展中国家(奥地利、埃及、智利、肯尼亚、摩洛哥、尼日利亚、突尼斯、乌干达、赞比亚等),占全球外贸或船舶吨位数90%的国家都未承认该规则,但它对货方和承运人的权益做了较为公平的、合理的调整。

2. 承运人的义务及责任基础

(1)《海牙规则》

海牙规则其最重要的内容是规定了承运人最低限度的责任和免责。自1924年制定以来,经久不衰。我国制定《海商法》时,吸取了其中的内容。承运人最低限度的责任有以下几方面。①提供适航的船舶:在开航前与开航时船舶适用于航行;船员的配备、船舶装备和供应适当;船舶要适合货物的安全运送和保管。②妥善保管货物的责任,承运人应当谨慎地装载、搬运、配送、保管、照料货物、卸载货物。③签发提单(《海牙规则》第3条第3款规定)。④不做不合理绕航的义务,合理绕航指救助或企图救助海上遇险人员、财产或有其他正当理由(如避免船舶碰撞或其他海上危险)而发生的绕航。如英国货轮"ANRONG"号承运一批运往阿姆斯特丹的小麦从印度起航,为搭载船长在科威特的私人物品,该轮离开印度后先进入波斯湾,然后沿正常航线从红海经苏伊士运河及地中海进入大西洋,最后到达阿姆斯特丹,但到港日比预订日期晚了20天,而货物市场价格15日前一落千丈,使货主蒙受巨大损失,承运人是否应当赔偿货主损失?上述货轮若在正常航线上遭遇暴风雨,由于运送的货物是小麦,船长为避免小麦受潮绕道100海里,避开雨区,造成到港迟延3天,承运人是否应当承担由此给货主造成的损失?前者答案是承运人应当赔偿货主损失,因为搭载私人物品绕道属不合理绕航;后者是不承担由此给货主造成的损失,因为这属于合理绕航。

(2)《维斯比规则》

《维斯比规则》承运人的义务及责任基础和《海牙规则》一样。

(3)《汉堡规则》

《汉堡规则》规定:①采取完全过失责任制,取消了承运人航行过失免责条款;②推定过失责任制,即货损一经发生即推定承运人存在过失,除非承运人证明为避免事故的发生及其后果已采取一切所能合理要求的措施。

3. 承运人的责任期间

(1)《海牙规则》

《海牙规则》承运人的责任期限是"钩至钩"或"舷至舷",是承运人在自货物装上船时起,至卸下船时止的一段期间才承担责任。这对承运人是有利的,因为承运人在码头接货以后,到装船以前还有一段时间,同时承运人在目的港卸货以后,到交货给收货人以前,也还有一段时间,这两段时间没有人承担责任,或者说承运人根据海牙规则是不承担责任的。如德国某公司租用中国天津远洋运输公司货轮装载袋装化肥从汉堡运至上海,货物于签订航次租船合同的当天运抵汉堡港码头仓库,准备第二天装船。但是船未如期到港。当天夜里码头仓库失火,全部货物烧毁。该德国公司向承运人天津远洋运输公司索赔,承运人认为其承担的是"钩至钩"责任,本案货物尚未装船,承运人的责任还未开始,因此,承运人对在码头上的货物损失不能承担赔偿责任。"钩至钩"是《海牙规则》规定承运人应履行其管货义务的责任期限:从货物装上船起至货物卸离船时止的整个期间。《海牙规则》第1条第5款规定:"货物运输,包括自货物装上船舶开始至卸离船舶为止的一段时间。"本案中如果适用的法律是《海牙规则》,由于货物尚未装船,承运人的责任还未开始,因此,承运人对在码头上的货物损失不能承担赔偿责任。本案中如果合同规定适用的法律是《汉堡规则》,则承运人应对在码头上的货物损失承担责任。

(2)《维斯比规则》

《维斯比规则》承运人的责任期限和《海牙规则》一样。

(3)《汉堡规则》

《汉堡规则》承运人的责任期限是"接到交",承运人对货物的责任期间包括在装货港,在运输途中以及在卸货港,货物在承运人掌管的全部期间。

4. 承运人的责任限制

承运人的责任限制是指货物发生灭失或残损时,把承运人的赔偿责任限制在一定限度之内的赔偿制度。责任限额是承运人对每一货物数量单位的最高赔偿限额。如中远和中外运均规定每件或每一计费单位不超过700元。

(1)《海牙规则》

①每件或每单位不超过100英镑(100英镑是1924年的价值)。②例外:双方另有更高协议;托运人在装货前已就货物的性质和价值提出声明,并已在提单中注明;承运人放弃责任限制并在提单上注明的。

(2)《维斯比规则》

①采用双重责任限额制,即将每件或每单位的赔偿责任限额提高为10000金法郎(相当于430英镑)或毛重每公斤30金法郎,以两者中较高者为准。其后《海牙—维斯比规则》议定书修改为每件666.67SDRs(SDRs:特别提款权,国际货币基金组织的成员国政府之间用于结算国际收支的一种新的国际清偿手段储备)或每公斤2SDRs。②增加了拼装货件数的计算方法,比如是集装箱,以提单中载明的内装件数作为计算赔偿限额的件数;如果未在提单中注明件数,则以运输工具的件数为计算赔偿限额的件数。③又增加了一个例外:承运人蓄意造成货损或有重大轻率过失的,承运人不得享受责任限制。④增加了承运人的雇用人和代理人也可以享有责任限制的规定,而这一点在《海牙规则》中并未明确规定。⑤上述限制无论索赔人以侵权还是以违约为依据进行索赔都享有。

(3)《汉堡规则》

①承运人的责任限额为每件或每单位835SDRs或每千克2.5SDRs,以高者为准,汉堡规则比维斯比规则的限额提高了约25%。②如货损是由于承运人、其雇用人或代理人故意造成的,则丧失责任限制权利。如"不赖森"号货轮承运两部冷气压缩机,从美国费城运往德国不来梅,托运人在装船前声明了该货物的价值。该轮在卸货时发现其中一部压缩机已损坏,该部压缩机价值为34550马克。承运人承认其对货损负有责任,但主张应依《海牙规则》将其责任限制在每件100英镑之内。货主认为受损的压缩机并非一个"包件",承运人应按损失负责全额赔偿。什么是承运人的责任限制呢?赔偿责任限制是指以法律形式给予承运人对其承运货物的灭失或损坏按件或单位在一定数额内负赔偿责任的制度。实质上是承运人对货物灭失或损害的赔偿责任的部分免除。赔偿责任限额的目的可帮助船东减低责任,同样货主可对所承担的责任心中有数,进行责任投保时有依据;还有就是不鼓励托运人隐瞒货物价值使船东收一般的运费而负额外风险。压缩机是否应为一个"包件",承运人能否享有责任限制?承运人不能以一个"包件"限制其赔偿责任。《海牙规则》第4条第5款规定:不论承运人或船舶,在任何情况下,对货物或与货物有关的灭失和损害,每件或每单位超过100英镑或与其等值的其他货币的部分,都不负责;但托运人于装货前已就该项货物的性质和价值提出声明,并已在提单上注明的,不在此限。本案中涉及的问题是托运人在装船前声明了该货物的价值,因此不应受每件或每单位100英镑的赔偿限制,而应按事先声明的货物价值进行赔偿。

5.责任期间的承运人免责

(1)《海牙规则》

《海牙规则》列举了17项承运人可以免责的情况,经常被引用的是船长、船员、引航员或承运人的其他所受雇人驾驶船舶或管理船舶的过失免责,这是开先例的过错免责,因此被称为"不完全的过失免责制"。《海牙规则》第4条规定,不论承运人或船舶,对由于下列原因引起或造成的灭失或损坏,都不负责:①航行与管理船舶的过失;②火灾;③不可抗拒的自然力量;④不可抗拒的人为力量;⑤托运人过失;⑥非由于承运人的过失引起的货损等。其中①属过失免责事项,②~⑥属无过失免责事项。

(2)《维斯比规则》

《维斯比规则》责任期间的承运人免责和《海牙规则》一样。

(3)《汉堡规则》

①《汉堡规则》废止了备受谴责的航行及管船过失责任;②在过失认定上,采用推定过失

原则;③在火灾免责方面,要求索赔人证明承运人有过失。

(4)关于免责演变

①海牙规则的许多原则都是对承运人有利的。其中承运人免责事项,大部分没有贯彻"有过失就应该承担损害赔偿责任的原则",现在看来是不合理的。这是由于过去航海技术落后,远洋运输风险很大,所以给承运人许多保护。②现在技术先进了,如果继续让承运人享受对雇员的疏忽或过失免责的权利,缺乏合理依据。在《汉堡规则》中,终于确立了以过失来确定赔偿责任的原则。③按照汉堡规则,除非承运人能够证明,承运人本人、雇员、代理人没有过失或疏忽,否则承运人就应该对货物的灭失、损害、延迟交货负责。④在火灾问题上,《汉堡规则》让步了。因火灾造成货损时,《汉堡规则》要求货主证明承运人本人、雇员、代理人有过失或疏忽,才能使承运人对此承担责任。

6. 迟延交货的责任

《海牙规则》和《维斯比规则》对承运人迟延交货没有规定。

《汉堡规则》规定:①迟延交货是指承运人未在约定时间内,或在没有约定的情况下,未在合理时间内交货;②承运人对因自己过失而迟延交货所造成的货损应负赔偿责任,如果迟延交货达60天以上,索赔人可视为货物已经灭失;③承运人对迟延交货的赔偿责任限额为迟交货物运费的2.5倍,但不能超过总运费。如关于海上货物运输中的迟延交货责任,下列哪一表述是正确的呢? A.《海牙规则》明确规定承运人对迟延交付可以免责;B.《维斯比规则》明确规定了承运人迟延交付的责任;C.《汉堡规则》只规定了未在约定时间内交付为迟延交付;D.《汉堡规则》规定迟延交付的赔偿为迟交货物运费的2.5倍,但不应超过应付运费的总额。答案应该是D。

7. 托运人的义务与责任

托运人有如实提供货物信息的义务,托运人应对其所提供的资料不正确所造成的损失负赔偿责任。

托运人托运危险品时:①若托运人隐瞒货物的危险性的,承运人可随时将其卸下或销毁,并且不负赔偿责任,托运人应对由于装载该货物引起的损害或费用负责;②若托运人已表明危险性,承运人只有在面临威胁时,才可将其卸下或销毁而无须负责,此时托运人对由于运送该货物引起的损失无须负责,共同海损例外。

8. 活动物与舱面货

《海牙规则》和《维斯比规则》适用的货物不包括活动物和舱面货。

《汉堡规则》规定:①活动物,如果由于其固有的特殊风险造成的损失,承运人可免责,但承运人需证明已按托运人的特别指示办理了与货物有关的事宜;②舱面货,如果货物被合法地(根据法律、惯例或当事人协议)装在舱面,对由于此种装载的特殊风险造成的货物灭失或损坏,承运人不负赔偿责任。承运人如果违反与托运人货装舱内的约定将货物装在舱面上,不能享受责任限制。如甲公司委托乙海运公司运送一批食品和一台大型设备到欧洲,并约定设备可装载于舱面;甲公司要求乙海运公司即日启航,乙海运公司告知:可以启航,但来不及进行适航检查,随即便启航出海。乙海运公司应对本次航行中产生的哪一项损失承担责任? A.因遭受暴风雨致使装载于舱面的大型设备跌落大海;B.因途中救助人命耽误了航行,迟延交货致使甲公司受损;C.因船舱螺丝松动,在遭遇暴风雨时货舱进水淹没了2/3的食品。答案应该是C。因为A属于舱面货固有风险所致不负责;B属于免责事由;C属于承运人未尽到合理谨慎确保船舶适航。再如A公司委托B海运公司运送一批货物,B公司在责任期间对下列哪些损失无须承担赔偿责任？A.因 B 公司过失迟延交货而造成 A 公司在商业上的经济损失；B.因船长在驾驶船舶中的过失致使货物损坏；C.船舶在正常航线上发生意外致使货物灭失；D.船舶航行中为救助他船而使货物部分损毁。答案应该是 B、C、D。

9. 索赔与诉讼时效

(1)《海牙规则》

①索赔通知：收货人提货时如发现短卸或残损,应立即向承运人提出索赔。如残损不明显,则在 3 日内提出索赔。如 3 日内未提出,就是交货时货物表面状况良好的初步证据。②诉讼时效：货方对承运人提起索赔的诉讼时效为 1 年,自货物交付时起算,在货物灭失的情况下,自货物应交付之日起算。

(2)《维斯比规则》

①诉讼时效为 1 年,经双方协商,可将这一期限延长。②对第三方的追偿诉讼,在 1 年的诉讼时效期满后,仍有 3 个月宽限期。

(3)《汉堡规则》

①索赔通知：应在收货后第一个工作日内提出索赔。在损害不明显时,应在收货后 15 日内提交；延迟交付应在收货后连续 60 天内提交索赔通知。②诉讼时效：诉讼时效为 2 年；承运人向第三方追偿时可以协议延长时效。

10. 公约的适用范围

(1)《海牙规则》

①适用在缔约国签发的一切提单中；②不适用于租船合同,但如提单在船舶出租情况下签发,便应符合本规则的规定。

(2)《维斯比规则》

有下列情况之一,即可适用公约：①提单在缔约国签发；②从一个缔约国的港口起运；③提单中列有法律选择条款,当事人合意选择适用公约。

(3)《汉堡规则》

适用于两个不同国家间的所有海上运输合同,并且须满足以下条件之一：①提单在某一缔约国签发；②提单中载有适用该规则或采纳该规则的任何国内法的法律选择条款；③装货港或卸货港位于缔约国；④公约不适用于租船合同,但适用于租船合同项下的提单。

第二节 国际铁路货物运输公约

一、国际铁路运输概述

1. 国际铁路运输发展

国际铁路货物运输是指通过各个国家既有铁路的衔接,经铁路运输方式办理的进出口货物运输。国际铁路运输是在国际贸易中仅次于海运的一种主要运输方式。其最大的优势是运量较大,速度较快,运输风险明显小于海洋运输,能常年保持准点运营等。目前,美国铁路营业里程居世界第一位,现有本国铁路 260423km,其中一级铁路为 212742km,轨道延长里程为 354813km；另外还有美国拥有使用权,非本国在国内修建的铁路 23112km。美国于 19 世纪 50 年代,筑路规模开始扩大,80 年代形成高潮。从 1850—1910 年的 60 年间,共修筑铁路 37 万余 km,平均年筑路 6000 余 km。1887 年筑路达 20619km,

创铁路建设史上的最高纪录。世界上铁路总长度在5万km以上的国家有：中国、美国、俄罗斯、加拿大、印度。西欧、北美各国间铁路相互衔接沟通。世界铁路发展的主要趋势是运输设备的现代化和运输管理的自动化。从20世纪40年代中期起，世界各国尤其是美国和西欧极力发展内燃机车和电气机车，如瑞士铁路已全部实现电气化。德国、日本、法国等电气化比重高达80%以上。世界各国采用的铁路轨距不尽相同，其中以1435mm的最多，称标准轨距，大于标准轨的为宽轨，其轨距多为1520mm，小于标准轨的为窄轨，其轨距有1067mm和1000mm两种。

2. 国际铁路运输中的主要铁路干线

(1) 西伯利亚大铁路

东起海参崴，途经伯力、赤塔、伊尔库茨克、新西伯利亚、鄂木斯克、车里雅宾斯克、古比雪夫，止于莫斯科，全长9300多km。以后又向远东延伸至纳霍德卡—东方港。该线东连朝鲜和中国；西接北欧、中欧、西欧各国；南由莫斯科往南可接伊朗。我国与俄罗斯、东欧国家及伊朗之间的贸易，主要用此干线。

(2) 加拿大连接东西两大洋铁路

①鲁珀特港—埃德蒙顿—温尼伯—魁北克（加拿大国家铁路）；②温哥华—卡尔加里—温尼伯—散德贝—蒙特利尔—圣约翰—哈利法克斯（加拿大太平洋大铁路）。

(3) 美国连接东西两大洋铁路

①西雅图—斯波坎—俾斯麦—圣保罗—芝加哥—底特律（北太平洋铁路）；②洛杉矶—阿尔布开克—堪萨斯城—圣路易斯—辛辛那提—华盛顿—巴尔的摩（圣菲铁路）—洛杉矶—图森—帕索—休斯敦—新奥尔良（南太平洋铁路）；③旧金山—奥格登—奥马哈—芝加哥—匹兹堡—费城—纽约（联合太平洋铁路）。

(4) 中东—欧洲铁路

从伊拉克的巴士拉、向西经巴格达、摩苏尔、叙利亚的穆斯林米亚、土耳其的阿达纳、科尼亚、厄斯基色希尔至博斯普鲁斯海峡东岸的于斯屈达尔。过博斯普鲁斯大桥至伊斯坦布尔，接巴尔干铁路，向西经索菲亚、贝尔格莱德、布达佩斯至维也纳，连接中欧、西欧铁路网。

3. 中国的国际铁路运输

我国的国际铁路运输大致上分为两种：一种是国际铁路联运，另一种是对港澳地区的铁路运输。

(1) 国际铁路联运

国际铁路联运，发货人由始发站托运，使用一份铁路运单，铁路方面便根据运单将货物运往终点站交给收货人。在由一国铁路向另一国铁路移交货物时，不需收货人、发货人参加，亚欧各国按国际条约承担国际铁路联运的义务。我国通往欧洲的国际铁路联运线有两条：一条是利用俄罗斯的西伯利亚大陆桥贯通中东、欧洲各国；另一条是由江苏连云港经新疆与哈萨克斯坦铁路连接，贯通俄罗斯、波兰、德国至荷兰的鹿特丹。后者称为新亚欧大陆桥，运程比海运缩短9000km，比经由西伯利亚大陆桥缩短3000km，进一步推动了我国与欧亚各国的经贸往来，也促进了我国沿线地区的经济发展。

(2) 对港澳地区的铁路运输

对港澳地区的铁路运输按国内运输办理，但又不同于一般的国内运输。货物由内地装车至深圳中转和香港卸车交货，为两票联运，由外运公司签发《货物承运收据》。京九铁路和沪港直达通车后,内地至香港的运输更为快捷,由于香港特别行政区系自由港。放货物在内地和香港间进出,需办理进出口报关手续。对澳门地区的铁路运输,是先将货物运抵广州南站再转船运至澳门。

二、国际铁路货物运输公约

目前,关于国际铁路货物运输的公约有两个:《关于铁路货物运输的国际公约》和《国际铁路货物联合运输协定》。

1.《关于铁路货物运输的国际公约》

《关于铁路货物运输的国际公约》(简称《国际货约》,CIM),1961年在伯尔尼签字,1975年1月1日生效。其成员国包括了主要的欧洲国家,如法国、德国、比利时、意大利、瑞典、瑞士、西班牙及东欧各国,此外,还有西亚的伊朗、伊拉克、叙利亚、西北非的阿尔及利亚、摩洛哥、突尼斯等共28国。

《国际货约》是1890年欧洲各国在瑞士首都伯尔尼举行的各国铁路代表会议上制定的。1938年修改时称为《国际铁路货物运送公约》,又称《伯尔尼货运公约》,同年10月1日开始实行。在第一次和第二次世界大战期间曾经中断,战后又重新恢复,以后为适应国际形势的不断发展变化又屡经修改。当时参加国主要以欧洲国家为主,共有24个成员。因铁路技术的进步和各国经济发展铁路变化,又有多次修改。还是以欧洲国家铁路为主,但已有部分中亚和北非国家铁路参加。1980年5月9日再次对该公约又进行了较大修订,修订后的英文全称为Convention Concerning International Carriage of Goods by Rail,英文简称COTIF,中文依旧是《国际铁路货物运送公约》(简称《国际货约》)。当时参加成员有39个国家参加。在东欧剧变后,又有部分独联体国家陆续参加,现在《国际货约》正式成员国共有49个:阿尔巴尼亚、阿尔及利亚、亚美尼亚、奥地利、比利时、波斯尼亚－黑塞哥维那、保加利亚、克罗地亚、捷克、丹麦、爱沙尼亚、芬兰、法国、德国、格鲁吉亚、希腊、匈牙利、伊朗、伊拉克、爱尔兰、意大利、拉脱维亚、黎巴嫩、列支敦士登、立陶宛、卢森堡、马其顿、摩纳哥、黑山、摩洛哥、荷兰、挪威、巴基斯坦、波兰、葡萄牙、罗马尼亚、俄罗斯、塞尔维亚、斯洛伐克、斯洛文尼亚、西班牙、瑞典、瑞士、叙利亚、突尼斯、土耳其、乌克兰、联合王国(英国)、约旦。

2.《国际货约》的主要内容

(1)适用范围

适用按联运单托运的,其运程至少通过两个缔约国的领土。

(2)运输契约

运单是运输契约。

(3)发货人的权利和义务

①发货人对运单记载和声明的正确性负责;②发货人应遵守载货限制,按要求包装货物;③发货人对包装标记同运单相符负责,否则,承担由此引起的装车不当而带来的损失,并应赔偿铁路损失;④发货人可以按规定变更和修改运输合同。

(4)收货人的权利和义务

①交付应付一切费用,并于到达站领取运单和货物;②如已证实货物灭失或在规定期限内未到达,收货人有权以本人名义按合同向铁路提出赔偿请求;③收货人有权在发货人未支付有关运费或未按规定填写运单时,变更运输合同,如指示货物中途停留、延迟交付货物或将到达货物交于非运单中的指定收货人。

(5)承运人的权利和义务

①承运人有权检查运单记载事项是否正确,并可将实际检查结果载入运单上;②发货人超装时,有权收取差额运费并对可能产生的损失提出索赔要求;③承运人对全程运输负责;④对因发货人或收货人的错误、疏忽行为或货物固有缺陷等所致的损害灭失,承运人免责。

(6)关于运费、期限和索赔规定

《国际货约》规定了运费计算标准。索赔应以书面形式提出,诉讼时效为期一年。

3.《国际铁路货物联合运输协定》

(1)《国际货协》概述

《国际铁路货物联合运输协定》(简称《国际货协》,CMIC),1951 年在华沙订立。中国铁路于 1954 年 1 月 1 日正式加入。我国对外铁路货物运输主要以《国际货协》为法律依据。现在《国际货协》的正式成员国铁路有 25 个,构成了《国际货协》的适用范围,共 27 万多公里。目前,我国通过满洲里、绥芬河、珲春、二连、阿拉山口、霍尔果斯、丹东、图们、集安、凭祥、山腰 11 个铁路口岸与俄罗斯、蒙古、哈萨克斯坦、朝鲜、越南 5 个国家开办两国间直通国际铁路货物联运和过境运输;并通过上述国家与中亚各国和一些欧洲国家实现了国际直通货物联运。《国际货协》的东欧国家又是《国际货约》的成员国,这样《国际货协》国家的进出口货物可以通过铁路转运到《国际货约》的成员国去,这为沟通国际铁路货物运输提供了更为有利的条件。我国是《国际货协》的成员国,凡经由铁路运输的进出口货物均按《国际货协》的规定办理。

知识链接

了解《国际铁路货物联合运输协定》全文。

国际铁路货物联合运输协定

(2)新版《国际货协》主要特点

为适应各国铁路发展的新情况、促进国际铁路货物联运进一步发展,近几年来,铁路合作组织对《国际货协》进行了重大修改补充,并于 2014 年 6 月在立陶宛举行的第四十二届部长会议上通过,在 2015 年 7 月 1 日正式实施。本次对《国际货协》的补充修改,主要有以下几个方面的特点。

①对《国际货协》的结构进行了重大调整。将原文本中的 8 章、41 条和 199 项,调整成 4 章、60 条和 174 项。将原货协的第 2 章(运输合同的缔结)、第 3 章(运输合同的履行)、第 4 章(运输合同的变更)、第 5 章(铁路的责任)、第 6 章(赔偿请求,诉讼,赔偿请求时效)、第 7 章(各铁路间的清算)6 章的内容归纳为新货协的第 2 章运输合同,并与第 1 章总则一起,构成了新《国际货协》的基本内容和主要规定。此外,新货协中增加了关于"作为运输工具的非承运人所属车辆的使用"的规定。

②新版《国际货协》更能适应各国铁路管理体制的变革,将政府的行业管理与铁路企业的运营管理有机地结合起来。尤其是引入"承运人"概念,用其代替各国铁路,更能满足各国铁路实际的需求。此外,对原货协中的重要和原则性问题的规定保留在新货协的本文中,而对办理国际铁路货物运送的一些具体规定纳入了《国际货协》的附件中。

③新版《国际货协》表述更加简明扼要,从法律和规章的角度看,它更加规范化。但它原则性规定多,实际操作规定少,给铁路员工实际执行带来很大困难。

④新版《国际货协》取消了一些较为详细的规定或只适用某些国别的规定,如不准运送的货物、对运送到越南的物品的限制等。而对一些重大问题进行了原则性的规定,如增加了"运送的预先商定"。这为办理各种货物运送或按特殊条件运送货物提供了可能。

旧版《国际货协》经过几十年的使用和补充修改,对国际铁路货物联运各个环节都做了明确的规定。如货物的承运、装车,口岸站货物的交接、商务记录的编制等。尤其是针对实际铁路联运工作中产生的问题,都进行了相应的规定,这对保证国际铁路货物联运工作的顺利进行发挥了重要作用。而新版《国际货协》在这方面进行了弱化,特别是取消了一些针对具体情况进行实际操作的相关规定,这使得新货协在执行过程中,可能对实际的联运工作,尤其是口岸站的工作产生了很大的影响。

(3)国际铁路货物运输合同的订立

《国际货协》第6条、第7条规定,发货人在托运货物的同时,应对每批货物按规定的格式填写运单和运单副本,由发货人签字后向始发站提出。从始发站在运单和运单副本上加盖印戳时起,运输合同即告成立。运单是铁路收取货物、承运货物的凭证,也是在终点站向收货人核收运杂费用和点交货物的依据。与提单及航空运单不同,运单不是物权凭证,因此不能转让。运单副本在加盖戳后退还发货人,并成为买卖双方结清货款的主要单据。

(4)托运人的权利义务

依《国际货协》的规定,托运人承担以下义务。

①如实申报。

托运人应对其在运单中所填的和声明的事项的正确性负责,并对于记载和声明的事项的不正确、不确切或不完备以及未将应报事项记入运单造成的一切后果承担责任。

②文件完整。

托运人必须将货物在运送途中为履行海关和其他规章所需要的添附文件附在运单上。托运人要对没有添附这些文件或文件不齐全、不正确造成的后果负责。托运人在填写运单的同时,要提交全部货物和付清运费和有关费用。提交的货物可以是整车,也可以是零担。但不得属于下列货物:邮政专运物品;炸弹、炸药和军火;不属于《国际货协》附件四中所列的危险物品;重量不足10kg 的零担货物。

③运送费用的支付和计算。

运送费用包括货物的运费、押运人的乘车费、杂费及与运送有关的其他费用。按照《国际货协》第13条和第15条规定:a. 发送国铁路的运送费用,按发送国的国内运价计算,在始发站由发货人支付;b. 到达国铁路的运送费用,按到达国铁路的国内运价计算,在终点站由收货人支付;c. 如货物始发站和到达的终点站属于两个相邻国家且无须经由第三国过境运输,且两国间订有直通运价规程时,则按运输合同订立日有效的直通运价规程计算;d. 如货物需经第三国过境运输时,过境铁路的运输费,应按运输合同订立日有效的《国际货协统一运价规程》(简称《统一货价》)的规定计算,可由始发站向发货人核收,也可由到达站向收货人核收。

④变更合同。

按照《国际货协》的规定,发货人和收货人在填写变更申请书后,有权在该协定允许的范围内对运输合同做必要的变更。但无论是发货人还是收货人,都只能各自对合同变更一次,并且在变更合同时,不得将一批货物分开办理。同时,变更合同的当事人时应对变更合同发生的费用和损失负责。

(5)承运人的权利义务

①承运人的责任期间。

根据《国际货协》的规定,从签发运单时起到终点交付货物时止为承运人的责任期间。

在这期间,承运人对货物因逾期以及全部或部分灭失、毁损造成的损失负赔偿责任。

②核查运单的货物。

铁路有权检查发货人在运单中所记载事项是否正确,并在海关和其他规章有规定的情况下,或为保证途中行车安全和货物完整,在途中检查货物的内容。

③执行或拒绝变更合同。

根据《国际货协》的规定,在下列情况下,铁路承运人有权拒绝托运人(发货人或收货人)变更运输合同或延缓执行这种变更:执行变更的铁路车站在收到变更申请或发站到站的通知后无法执行;与参加运送的铁路所属国家现行的法令和规章相抵触;违反铁路营运管理;在变更到站的情况下,货物价值不能抵偿运到新指定到达站的一切费用。当铁路承运人按托运人指示变更运输合同时,有权按有关规定核收变更运输合同后发生的各项运杂费用。

④连带责任。

按《国际货协》第21条的规定,按运单承运货物的铁路,应负责完成货物的全程运输,直到在到达站交付货物时止。每一继续运送货物的铁路,自接收附有运单的货物时起,即作为参加这项运输合同并因此而承担义务。

(6) 承运人的免责

根据《国际货协》第22条的规定,在下列情况发生时,免除承运人责任:

①铁路不能预防和不能消除的情况;

②因货物的特殊自然性质引起的自燃、损坏、生锈、内部腐坏及类似结果;

③由于发货或收货人过失或要求而不能归咎于铁路的;

④因发货人或收货人装卸车原因造成;

⑤由发送铁路规章许可,使用敞车类货车运送货物;

⑥由于发货人或收货人的货物押运人未采取保证货物完整的必要措施;

⑦由于承运时无法发现的容器或包装缺点;

⑧发货人用不正确、不确切或不完全的名称托运违禁品;

⑨发货人在托运时需按特定条件承运货物时,未按本协定规定办理;

⑩货物在规定标准内的途耗。

(7) 赔偿请求与诉讼时效

①赔偿限额。

根据《国际货协》第22条的规定,铁路对货物损失和赔偿金额在任何情况下,不得超过货物全部灭失时的金额。当货物遭受损坏时,铁路赔付额应与货价减损金额相当。当货物全部或部分灭失时,赔偿额按外国售货者在账单上所开列的价格计算;如发货人对货物价格另有声明时,按声明的价格给予赔偿。当逾期交货时,铁路应以所收运费为基础,按逾期长短,向收货人支付规定的逾期罚金。逾期不超过总运到期限的1/10时,支付相当于运费的6%的罚款;逾期超过总运到期限的4/10时,应支付相当于运费30%的罚款等。

②赔偿方式。

《国际货协》第28条规定,发货人和收货人有权根据运输合同提出赔偿请求,赔偿请求可以书面方式由发货人向发送站提出,或由收货人向收货站提出,并附上相应根据,注明款额:运单项下货物全部灭失时,由发货人提出,同时须提出运单副本;或收货人提出,同时提出运单或运单副本;货物部分灭失、毁损或腐坏时,由发货人或收货人提出,同时须提出运单及铁路在到达站交给收货人的商务记录;逾期交货时,由收货人提出,同时须提出运单;多收运送费用时,由发货人按其已交付的款额提出,同时必须提出运单副本或发送站国内规章的其他文件;或由收货人按其所交付的运费提出,同时须提出运单。

③诉讼时效。

铁路自有关当事人向其提出索赔请求之日起,必须在 180 天内审查该项请求,并予以答复。发货人或收货人在请求得不到答复或满足时,有权向受理赔偿请求的铁路所属国家的法院提起诉讼。根据《国际货协》第 30 条规定,有关当事人依据运输合同向铁路提出的赔偿请求和诉讼,以及铁路对发货人和收货人关于支付运送费用、罚款和赔偿损失的要求和诉讼,应在 9 个月期间内提出;关于货物运到逾期的赔偿请求和诉讼,应在 2 个月期间内提出。其具体诉讼时效起算日如下:①关于货物毁损或部分灭失以及运到逾期的赔偿,自货物交付之日起算;②关于货物全部灭失的赔偿,自货物运到期限届满后 30 天起算;③关于补充运费、杂费、罚款的要求,或关于退还此项款额的赔偿请求,或纠正错算运费的要求,应自付款之日起算,如未付款时,应自交货之日起算;④关于支付变卖货物的余款的要求,自变卖货物之日起算;⑤在其他所有情况下,自确定赔偿请求成立之日起算。时效期间已过的赔偿请求和要求,不得以诉讼形式提出。

第三节 国际航空货物运输法律

一、航空货物运输合同

1. 航空货物运输合同概念

航空货物运输合同是航空承运人与货物托运人之间,依法就提供并完成以民用航空器运送货物达成的协议。航空承运人是利用民用航空器实施货物运输的公共航空运输企业。航空货物运输合同的承运人包括缔约承运人和实际承运人,所谓缔约承运人是指以本人名义与旅客或者托运人,或者与旅客或托运人的代理人,订立航空运输合同的人。所谓实际承运人是指根据缔约承运人的授权,履行全部或者部分运输的人。缔约承运人对合同约定的全部运输负责,实际承运人对其履行的运输负责。货物托运人是指与航空承运人订立合同,要求使用航空器运输特定货物的当事人,它可以是法人,其他经济组织、个体工商户、农村承包经营户和公民个人等。收货人是航空运输合同指定的货物被运送至约定地点后提取货物的当事人,收货人可以是托运人,也可以是托运人之外的第三人。

2. 航空货物运输合同的特点

(1)航空货物运输合同是标准合同

航空货物运输合同中包含大量格式条款,合同的形式和条款基本上都是由承运人依法律、行业惯例、经营需要单方预先制定的,国家对这些条款要加以审核,既要保护航空运输企业的利益,又要保护托运人的利益,这体现了国家对航空货物运输合同的监管和控制。因此,说航空货物运输合同具有标准合同的性质。

(2)航空货物运输合同是双务、有偿合同

航空货物运输合同双方互负义务,并且其义务具有对应性,这体现了它的双务性,托运人需为其得到的运输服务支付报酬,这体现了它的有偿性。

3. 航空货物运输合同的订立

订立航空货物运输合同,要遵守国家法律法规的规定,不得损害国家利益和社会公众利益。根据《航空货物运输合同实施细则》的有关规定，托运人利用航空运输方式运送货物时，承运人有权要求托运人填写航空货运单，托运人应当向承运人填交航空货运单，并根据国家主管部门规定随附必要的有效证明文件。托运人应对航空货运单上所填写内容的真实性和正确性负责。托运人填交的航空货运单经承运人接受，并由承运人填发货运单后，航空货物运输合同即告成立。

此外，托运人可以与承运人订立包机运输合同。托运人要求包用飞机运输货物，应填写包机申请书，经承运人同意接受并签订包机运输协议书后，航空运输合同即告成立。

托运人在托运货物时，应当填写航空货运单正本一式三份，连同货物交给承运人。航空货运单第一份注明"交承运人"，由托运人签字、盖章；第二份注明"交收货人"，由承运人和托运人签字、盖章；第三份由承运人在接收货物后签字、盖章，交给托运人。承运人根据托运人的请求填写航空货运单的，在没有相反证据的情况下，应当视为代托运人填写。

4. 航空货物运输合同中的义务

(1) 托运人的义务

①托运人应认真填写航空货运单，对货运单内容的真实性、准确性负责，并在货运单上签字或者盖章。托运人托运政府规定限制运输的货物以及须向公安、检疫等有关政府部门办理手续的货物，应当随附有效证明。

②托运人要求包用飞机运输货物，应先填交包机申请书，并遵守民航主管机关有关包机运输的规定。

③托运人对托运的货物，应按照国家主管部门规定的标准包装，没有统一标准的，应当根据保证运输安全的原则，按货物的性质和承载飞机等条件包装。凡不符合上述包装要求的，承运人有权拒绝承运。

④托运人必须在托运的货件上标明发站、到站和托运人单位、姓名和详细地址，按照国家规定标明包装储运指示标志。

⑤托运国家规定必须保险的货物，托运人应在托运时投保货物运输险。对于每千克价值在10元以上的货物，实行保险与负责运输相结合的补偿制度，托运人可在托运时投保货物运输险，具体办法另行规定。

⑥托运人在托运货物时，应接受航空承运人对航空货运单进行查核，在必要时，托运人还应接受承运人开箱进行安全检查。

⑦托运货物内不得夹带国家禁止运输、限制运输物品和危险物品。如发现托运人谎报品名，夹带上述物品，应按有关规定处理。

⑧托运在运输过程中必须有专人照料、监护的货物，应由托运人指派押运员押运。押运是对货物的安全负责，并遵守民航主管机关的有关规定，承运人应协助押运员完成押运任务。

⑨托运人托运货物，应按照民航主管机关规定的费率缴付运费和其他费用。除托运人和承运人另有协议外，运费及其他费用一律于承运人开具货运单时一次付清。

(2) 承运人的义务

①承运人应按照货运单上填明的地点，按约定的期限将货物运达到货地点。货物错运到货地点，应无偿运至货运单上规定的到货地点，如逾期运到，应承担逾期运到的责任。

②承运人应于货物运达到货地点后24小时内向收货人发出到货通知。收货人应及时凭提货证明到指定地点提取货物。货物从发出到货通知的次日起，免费保管3日。

③货物从发出提货通知的次日起,经过30日无人提取时,承运人应及时与托运人联系征求处理意见;再经过30日,仍无人提取或者托运人未提出处理意见,承运人有权将该货物作为无法交付货物,按运输规则处理。对易腐或不易保管的货物,承运人可视情况及时处理。

④承运人应按货运单交付货物。交付时,如发现货物灭失、短少、变质、污染、损坏时,应会同收货人查明情况,并填写货运事故记录。收货人在提取货物时,对货物状态或重量无异议,并在货运单上签收,承运人即解除运输责任。

(3)收货人的义务

①收货人在接到提货通知后,应持提货证明或者其他有效证件在规定的时间内提取货物,逾期提取货物的,应当向承运人支付保管费。

②托运货物发生损失,收货人最迟应在收到货物之日起10日内提出异议。货物发生延误的,收货人最迟应自货物交付或者处理之日起21日内提出异议。收货人应将所提异议写在运输凭证上或者另以书面提出。收货人未在上述规定期限内提出异议的,不能向承运人提起索赔诉讼,但承运人有欺诈行为的情形除外。

5. 航空货物运输合同的违约责任

(1)承运人的主要违约责任

①从承运货物时起至货物交付收货人或依照规定处理完毕时止,货物发生灭失、短少、变质、污染、损坏的,如果是已投保货物运输险的货物,由承运人和保险公司按规定赔偿;除上述情况外,均由承运人按货物的实际损失赔偿。但由于以下原因造成货物灭失、短少、变质、污染、损坏的,承运人不承担责任:不可抗力;货物本身性质所引起的变质、减量、破损或灭失;包装方法或容器质量不良,但从外部无法发现;包装完整,封志无异状而内件短少;货物的合理损耗;托运人或者收货人的过错。

②如果托运人或收货人证明损失的发生确属承运人的故意行为,则承运人除按规定赔偿实际损失外,由合同管理机关处其造成损失部分10%~50%的罚款。

③货物超过约定期限运达到货地点,每超过1日,承运人应偿付运费5%的违约金,但总额不能超过运费的50%。但因气象条件或不可抗力原因造成货物逾期运到,可免除承运人的责任。

④免责条件。承运人证明货物的毁灭、损灭或者损坏完全是由于下列原因之一造成的,不承担责任。

⑤货物在航空运输中因延误造成的损失,承运人应当承担责任;但是,承运人证明本人或者其受雇人、代理人为了避免损失的发生,已经采取一切必要措施或者不可能采取此种措施的,不承担责任。

⑥在货物运输中,经承运人证明,损失是由索赔人或者代行权利人的过错造成或者促成的,应当根据造成或者促成此种损失的程度,相应免除或者减轻承运人的责任。

(2)托运人的主要违约责任

①签订包机航空货物运输合同后,包机人因故要求解除合同时,应按规定交付退包费,并承担在此之前,承运人已经发生的调机等项费用。

②托运人未按照规定缴纳运输费用的,应承担违约责任。

③因航空货运单上的说明和声明不符合规定,不正确或者不完全,给承运人或者承运人对之负责的其他人造成损失的,托运人应承担赔偿责任。

④托运人在托运货物内夹带、匿报危险物品,错报笨重货物重量,或违反包装标准和规定,而造成承运人或第三者的损失,托运人应承担赔偿责任。

(3)收货人的责任

①由于收货人的过错,造成承运人或第三者的损失的,收货人应承担赔偿责任。

②收货人应在规定的期限内提取货物,逾期提取的,应向承运人支付保管费用和其他应付费用。

托运人或收货人要求赔偿时,应在填写货运事故记录的次日起180日内,以书面形式向承运人提出,并随附有关证明文件。承运人对托运人或收货人提出的赔偿要求,应在收到书面赔偿要求的次日起60日内处理。航空运输的诉讼时效期间为2年,自民用航空器到达目的地或者运输终止之日起计算。

6. 航空货物运输合同的变更和解除

①货物承运后,托运人可以按照有关规定要求变更到站、变更收货人或运回原发站。托运人对已承运的货物要求变更时,应当提供原托运人出具的书面要求、个人有效证件和货运单托运人联。要求变更运输的货物,应是一张货运单填写的全部货物。

②对托运人的变更要求,只要符合条件的,航空承运人都应及时处理;但如托运人的变更要求违反国家法律、法规和运输规定,承运人应予以拒绝。

③由于承运人执行国家交给的特殊任务或气象等原因,需要变更运输时,承运人应及时与托运人或收货人商定处理办法。对于托运人的指示不能执行的,承运人应当立即通知托运人,并说明不能执行的理由。承运人按照托运人的指示处理货物,没有要求托运人出示其所收执的航空货运单,给该航空货运单的合法持有人造成损失的,承运人应当承担责任,但不妨碍承运人向托运人追偿。

④货物发运前,经合同当事人双方协商同意,或任何一方因不可抗力不能履行合同时,可以解除航空运输合同,但应及时通知对方。承运人提出解除合同的,应退还已收的运输费用;托运人提出解除合同的,应付给承运人已发生的费用。

二、国际航空货物运输公约

1. 华沙体系

从事国际航空货运业务必须遵守国际航空组织和有关国家的法令和规定。航空业的跨国特征是与生俱来的,因而航空货物运输的产生、发展必然伴随着调整这种运输方式的统一实体法规范的国际公约的产生、发展。又因为航空业历史较短,得以吸收了包括海运在内的其他各种运输方式有关国际公约、惯例的精神,并根据航空业的自身特征做出

> **知识链接**
>
> 了解《蒙特利尔公约(1999)》和《华沙公约》。
>
>    
>
> 蒙特利尔公约(1999)　　华沙公约

了修改。有关的国际航空运输公约,这其中较有影响力的国际航空运输公约有:①《华沙公约》(1929年);②《海牙议定书》(1955年);③《瓜达拉哈拉公约》(1961年);④《危地马拉议定书》(1971年);⑤《蒙特利尔第一号附加议定书》(1975年);⑥《蒙特利尔第二号附加议定书》(1975年);⑦《蒙特利尔第三号附加议定书》(1975年);⑧《蒙特利尔第四号附加议定书》(1975年)。这些文件中《华沙公约》是最基本的,随后的各项议定书都是对《华沙公约》

的补充或修改,所以这八份文件又被合称为华沙体系。它们彼此内容相关却又各自独立,《华沙公约》的缔约国并不自然成为以后各次议定书的参加国,也不一定受其管辖。其中以 1929 年 10 月 12 日在华沙签订的《统一国际航空运输某些规则的公约》(《华沙公约》)和 1955 年 9 月 28 日在海牙订立的《修改 1929 年 10 月 12 日在华沙签订的统一国际航空运输某些规则的公约的议定书》(《海牙议定书》)和 1961 年 9 月 18 日在墨西哥瓜达拉哈拉签订的《统一非缔约承运人所办国际航空运输某些规则以补充华沙公约的公约》(《瓜达拉哈拉公约》)的三大公约适用最为广泛,已经为世界大多数国家所认可。它们分别调整着不同国家货物运输方面的法律问题。中国先后于 1958 年 7 月 15 日和 1975 年 8 月 20 日递交了加入《华沙公约》和《海牙议定书》的通知书,这两个公约分别自 1958 年 10 月 18 日和 1975 年 10 月 15 日起对中国生效。

2.《华沙公约》《海牙议定书》和《瓜达拉哈拉公约》的关系

调整国际航空货物运输的公约都是独立的公约,对某个国家来说,可以参加其中的一个,或同时参加两个或三个。就参加国之间的关系来说,如果某个国家同时参加了三大公约,则它与《华沙公约》参加国之间的关系适用《华沙公约》的规定;与《海牙议定书》参加国之间或与同时参加《华沙公约》和《海牙议定书》国家之间的关系适用《海牙议定书》的规定;与同时参加上述三公约国家之间的关系亦适用《海牙议定书》的规定,因为《瓜达拉哈拉公约》是以适用《华沙公约》或《海牙议定书》的有关规定为前提的。从公约的实质内容看,除了《瓜达拉哈拉公约》未对实质性的条款做出单独的规定外,其他两个公约已在内容上达到了很大程度的一致,其中《华沙公约》是最基本的,《海牙议定书》和《瓜达拉哈拉公约》都是从《华沙公约》中派生出来的,是对《华沙公约》的修正和补充。根据《华沙公约》中规定的统一实体规范,就可确知运输双方当事人的权利和义务。

3.《华沙公约》《海牙议定书》的内容

《华沙公约》是由德国、英国、法国、瑞典、苏联、巴西、日本、波兰等国家在华沙签订的,它是最早的国际航空私法,也是目前为止为世界上大多数国家接受的航空公约。第二次世界大战后,由于航空运输业的飞速发展以及世界政治形势的急剧变化,《华沙公约》的某些内容与现实的要求脱节,于 1929 年在华沙签订的《海牙议定书》正是此时诞生的,我国是《华沙公约》与《海牙议定书》的加入国。与《华沙公约》成员国之间的货物运输,适用《华沙公约》;与《海牙议定书》成员国之间的货物运输,适用《海牙议定书》。这两个公约的主要内容包括以下几个方面。

(1)公约的适用范围

关于公约的适用范围,《华沙公约》与《海牙议定书》的精神是一样的,只是措辞稍有不同,它们都规定公约不仅适用于商业性的国际航空货物运输,还适用于包括旅客、行李在内的其他取酬的和免费的国际航空运输,但邮件和邮包的运输因为另有国际邮政公约管辖,所以不适用。所谓国际航空运输,按照《华沙公约》的规定需满足以下两个条件中的任一个:①航空运输的出发地和目的地分别在两个缔约国的领土内;②虽然航空运输的出发地和目的地处于同一个缔约国的领土内,但在另一个国家(无论该国是否《华沙公约》的缔约国)的领土内有一个协议规定的经停地。《海牙议定书》对此并无异议,只是针对《华沙公约》签订时所使用的过时的政治术语如宗主国、委任统治权等做了删改。

(2)运输凭证

在《华沙公约》中航空货物运输的凭证被称为"航空货运单"(Air Consignment Note,

ACN)。航空货运单是订立合同、接受货物和运输条件的初步证据,换句话讲航空货运单本身就是托运人与承运人订立的航空货物运输合同,这也是航空货运单与海运提单的重要区别之一。传统的海商法理论中海运提单是货物所有权的证明,提单的背书转让就意味着货物所有权的转移。而航空货运单并不能代表其项下的货物,通常也是不可转让的,虽然《华沙公约》对签发可转让的航空货运单不置可否,《海牙议定书》则明文规定可以签发可转让的航空货运单,但在实际业务中航空运单一般都印有"不可转让"(Not Negotiable)字样,所以事实上,航空运单仍不具有可转让性。

(3)航空期间

航空期间也称为航空运输期间,也是承运人的责任期间,是指货物交由承运人保管的全部期间,不论在航空站内、在航空器上或在航空站外降停的任何地点,不包括航空站外任何陆运、海运或河运。但如果这种运输是为了履行空运合同,是为了装货、交货或转运,则也视为航空期间。但对于在机场外陆运、海运或河运过程中发生的货物的灭失或损坏,只有当这种运输是为了履行航空运输合同,或者是为了装货、交货或转运时,承运人才予以负责。

(4)承运人责任

《华沙公约》与《海牙规则》相类似,制定时由于航空运输仍处于发展的初期,技术水平有限,因此也采用了不完全的过失责任制,即在一般问题上采用推定过失原则,一旦出现货物损失,首先假定承运人有过失,但如果承运人能够举证说明自己并无过失,则不必负责。但当承运人的过失是发生在驾驶中、飞机操作中或者在领航时,则承运人虽有过失,也可要求免责。《海牙议定书》保持了过失责任制的基础,并顺应历史的潮流取消了驾驶、飞机操作和领航免责的规定。与同时代的海运公约所不同的是,《华沙公约》根据航空运输的特点明确规定了承运人对货物运输过程中"因延迟而造成的损失应负责任"。这在当时是极有远见的。《华沙公约》同样也对承运人的责任限额做出了规定,并明确"企图免除承运人的责任,或定出一个低于本公约所规定的责任限额的任何条款都属无效",这样避免了承运人在运输合同中随意增加免除或者降低承运人自身赔偿责任的做法。《海牙议定书》只是增加了承运人对旅客的赔偿责任,对货物的责任限额不变。根据《华沙公约》的规定,承运人的责任如下:①承运人对航空期间发生的货损、货物灭失、延误承担责任;②承运人对货物损失的赔偿责任为每公斤250法郎,如托运人在交货时特别声明货物价值,并交纳了必要的附加费,则承运人的赔偿额以所声明的价值为限。

(5)托运人责任

根据《华沙公约》的规定,托运人承担如下责任:①托运人对货运单上关于货物的各项说明和声明的正确性及由于延误、不合规定、不完备,给承运人及其代理人造成的损失承担责任;②托运人在履行运输合同所规定的一切义务的情况下,有权在启运地、目的地将货物提回或在途中经停时终止运输,或将货物运交非货运单上指定的收货人,但不得使承运人或其他托运人遭受损害;③托运人需提供各种必要资料以便完成货交收货人前的海关、税务或公安手续,并将有关证件附货运单交给承运人并承担因资料或证件缺乏、不足或不合规定给承运人造成的损失。

(6)发货人、收货人的权利和义务

根据《华沙公约》发货人的权利主要指在收货人提取货物之前或者收货人拒收货物后或者无法与收货人联系的情况下,对货物处理的权利,包括:有权在货物运输的途中将货物提回;对已运至目的地的货物要求回运或改运;对在经停机场的货物要求中止运输;要求将货物交付给航空货运单指定的收货人以外的第三人等。但托运人"不得因行使这种权利而使承运人或其他托运人遭受损失,并应偿付由此产生的一切费用"。在收货人行使提货权后,发货人的上述权力丧失。

发货人或收货人的义务包括:①支付运费;②填写航空货运单、提交必要的单证,同时应对航空货运单中有关货物的各项说明、声明的正确性负责,如因填写不当使承运人或其他任何有关方遭受损失,托运人应予以赔偿;③受领货物。

(7)索赔与诉讼时效

对于索赔时效,《华沙公约》分成货物损害和货物延迟的情况区别对待。收货人在发现货损时,最迟应在收货后 7 天内提出异议,如发生延误,最迟应在收货后 14 天内提出异议。《海牙议定书》对此做了全面的修改。将货物损害时的索赔时效延长至 14 天,将货物延迟时的索赔时效延长至 21 天。异议要写在运输凭证上或以书面方式提出。

有关赔偿的诉讼时效,《华沙公约》规定的是两年,自"航空器到达目的地之日起,或应该到达之日起,或运输停止之日起"。除非承运人有诈欺行为,否则超过规定期限,收货人不能对承运人起诉,丧失追诉权。《海牙议定书》对此未加修改。

诉讼地点由原告选择,可以是承运人营业所在地、目的地或合同订立地的法院。根据公约的规定,由几个连续承运人办理的航空运输,第一承运人和每一段运输的承运人要对托运人和收货人负连带责任。

第四节 国际公路货物运输公约

一、国际公路货运合同

1. 概念

国际公路货运合同是指合同中规定的接管和交付货物的地点位于不同国家,承运人以营运车辆进行货物运输,托运人支付运费并明确合同双方当事人权利、义务关系的合同,其中营运车辆,是指用于国际货物运输公路营运的机动车、拖挂车、拖车和半拖车等公路交通货运工具。国际公路货运合同的当事人是托运人(又称发货人)和承运人。承运人的代理人、受雇人或其他受雇为履行运输合同服务的人员,在承运人授权范围或雇佣范围内的行为(或不为),视同承运人本人的行为,由承运人承担所产生的一切权利义务。代托运人与承运人订立国际公路货运合同,须有托运人的授权委托证明,在托运人授权范围内所为的一切行为,直接由托运人承担其权利义务。

2. 特点

在国际公路货运业务中,常常把运单视为运输合同而不另订运输合同。国际公路货运合同是双务合同,必须由合同双方当事人的意思表示一致,合同方可成立。合同应当是合法行为,应符合有关的国际规则,如汉堡规则和有关国家的法律,不得妨害社会公共秩序,不得损害他人利益。国际公路货运合同的条款直接或间接违背有关国际公约或有关国家的法律的无效。特别是给予承运人的保险利益或其他类似条款或任何转嫁举证责任的条款均属无效。但是该条款无效并不影响其他条款的效力。

3. 运单的签发

运输合同应以签发运单来确认,无运单、运单不正规或丢失不影响运输合同的成立或有效性。运单应签发有托运人(发货人)和承运人签字的三份正本,这些签字可以是印刷的或如运单签发国的法律允许,可由托运人(发货人)和承运人以盖章代替。第一份应交托运人(发货人),第二份应交付跟随货物,第三份应由承运人留存。当待装货物在不同车内或装有不同种类货物或数票货物,托运人(发货人)或承运人有权要求对使用的每辆车、每种货或每票货分别签发运单。

二、《国际货物运输的有关关税协定》

1. 相关概念

《国际货物运输的有关关税协定》(Customs Convention on the International Transport of Goods under Cover of TIR Carnets),也称为《国际运输车辆规则担保下国际货物运输的有关关税协定》或《根据 TIR 手册进行国际货物运输的关关税协定》,简称《TIR 协定》。1959 年,在联合国欧洲经济委员会主持下制定,有欧洲 23 个国家参加,并于 1960 年正式生效。该协定曾于 1975 年进行修订,同年 3 月 20 日生效。新的《TIR 协定》对原协定的定义等进行了补充和修改。在《TIR 协定》之前,为了有利于开展集装箱联合运输,联合国欧洲经济委员会成员国之间曾于 1956 年缔结了《关于集装箱的关税协定》。参加该协定的有欧洲 21 个国家和欧洲以外的 7 个国家,协定的宗旨是相互间允许集装箱免税过境。根据规则规定,对装运集装箱的公路承运人,如持有 TIR 手册,允许由发运地至目的地,在海关封志下途中不受检查,不支付税收,也可不付押金。这种 TIR 手册是由有关国家政府批准的运输团体发行,这些团体大多是参加国际公路联合会的成员,他们必须保证监督其所属运输企业遵守海关法则和其他规则。协定的正式名称为《根据 TIR 手册进行国际货物运输的有关关税决定》。该协定有欧洲 23 个国家参加,并从 1960 年开始实施。从某种意义上说尽管上述公约或协定有地区性限制,但仍不失为当前国际公路运输的重要公约和协定,并对今后国际公路运输的发展具有一定的影响。

2. 相关规定

①缔约国对铅封于集装箱,由公路车辆运输的货物,免除其经由地海关进口税或出口税的征收,或免除交纳担保金。

②原则上免除经由地海关的检查。如对集装箱的公路运输承运人,若持有 TIR 手册,允许由发运地到达目的地,在海关签封下,中途可不受检查、不支付关税、也可不提供押金。这种 TIR 手册是由有关国家政府批准的运输团体发行,这些团体大都是参加国际公路联合会的成员,他们必须保证监督其所属运输企业遵守海关法规和其他规则。

3. 前提条件

若要得到《TIR 协定》的利益,公路车辆或集装箱必须具备以下条件:

①要符合规定的技术标准,并于事先得到批准;

②要在发货地由海关铅封;

③运输时,要办理获取"公路车辆运输规则"手册的担保手续。当货物在经由国发生灭失事故时,该手册作为保函,对事故发生国的海关负责支付关税。同时,负责交纳在该手册担保下进行运输时发生的税款、罚款等。《TIR 协定》是国际货物运输的重要协定,并对国际

运输的发展具有一定影响。

三、国际公路货运公约

1. 相关概念

为了统一公路运输所使用的单证和承运人的责任,联合国所属欧洲经济委员会负责草拟了《国际公路货物运输合同公约》(Convention on the Contract for the International Carriage of Goods by Road,CMR),简称《国际公路货运公约》,并于1956年5月19日在日内瓦由欧洲17个国家参加的会议上一致通过并签订。该公约共有12章,对公约的适用范围、承运人责任、合同的签订与履行、索赔与诉讼,以及连续承运人履行合同等做了较详细的规定。2016年7月26日,中国签署了《国际公路货运公约》,该公约对中国已经于2017年1月5日生效,为中国建设通往欧洲的快速"新丝绸之路"迈出了重要一步,在中国与欧洲之间创造新的更具效率、更快捷的运输机遇和运输路线。《国际公路货运公约》规定,对于装运集装箱的公路承运人,如持有TIR手册,可以由发运地至目的地,在海关封志下途中不受检查,不支付税收,也可不付押金。中国的货物集装箱可以通过公路径直运到爱尔兰,中国加入《国际公路货运公约》使得该公约缔约国数目增加至70个,覆盖五大洲。

原先中国与欧洲之间的平均运输时间为28天,现在公路运输在此基础上减少了一个星期的时间,铁路运输减少了两个星期的时间,《国际公路货运公约》所制定的机制为陆路运输提供极大的便利条件。按照《国际公路货运公约》规定,一辆卡车在始发地装车以后,在持有所有通关文书的情况下,抵达目的国之前可以不必打开密封的货物检验,直接跨越所有必要途经的国家,前提是这些国家全部都是《国际公路货运公约》的缔约国。这可以减少运输的时间和成本,提高效率和加强安全保障。同时,《国际公路货运公约》交通系统也是一种联运系统,对于运输和贸易均构成一种主要的便利工具。

2. 适用范围

该公约主要内容是公约适用范围、承运人责任、合同的签订与履行、索赔与诉讼,以及连续承运人履行合同等。公约适用范围如下:

①适用于由公路以车辆运输货物而收取报酬的运输合同,接受货物和指定交货地点依据合同的规定在两个不同的国家,其中至少有一国是缔约国。

②如车辆装载运输的货物在运输过程中经由海上、铁路、内陆水路或航空,但货物没有从车辆上卸下,公约仍对整个运输过程适用。但应证明以其他运输方法运输时所发生的有关货物的灭失,或损害并非系由于公路承运人的行为或不行为所致,而仅是由于其他运输方式或由于此种运输方式运输时才会发生的原因所致。若发货人与其他运输方式的承运人订立了仅是关于货物运输合同的,则公路承运人之责任不得依本公约予以确定,则应依照使用其他运输条件的承运人的责任规定予以确定。如没有这些规定的条件,公路承运人的责任仍依据本公约的规定予以确定。

③若公路承运人本人也为其他运输方式下的货物运送人,其责任也应依照上述①的规定予以确定,但在作为公路承运人和其他运输方式的承运人时,则具有双重身份。

④公路承运人应对其受雇人、代理人或其他人为执行运输而利用其服务的任何其他人的行为或不行为一样承担责任。

第五节　多式联运法律法规

一、《联合国国际货物多式联运公约》

1. 相关概念

发展中国家为了摆脱海运发达国家对国际多式联运的控制,发展自己的多式联运业务,从 1973 年开始,经过 7 年谈判,《联合国国际货物多式联运公约》(United Nations Convention on International Multimodal Transport of Goods)于 1980 年 5 月 24 日在日内瓦召开的联合国贸易和发展会议全权代表会上通过,但至今未能生效。我国参加了公约的起草,但没有参加该公约。

知识链接

了解《联合国国际货物多式联运公约》(中英文对照)。

联合国国际货物多式联运公约（中英文对照）

①《联合国国际货物多式联运公约》是关于国际货物多式联运中的管理、经营人的赔偿责任及期间、法律管辖等的国际协议,旨在对多式联运经营人和托运人之间的权利义务关系进行规定,解决因国际货物多式联运的发展而带来的一系列法律问题。公约由总则、单据、联运人的赔偿责任、发货人的赔偿责任、索赔和诉讼、补充规定、海关事项及最后条款八个部分组成,共 40 条。

②国际货物多式联运合同是指由多式联运经营人以"本人"的身份和至少两种不同的运输方式将货物从一国境内接管货物的地点运至另一国境内指定的交付货物的地点,完成或组织完成国际货物多式联运并收取费用的契约。多式联运合同一方为托运人或发货人,另一方为多式联运经营人(简称联运人)。多式联运经营人是指其"本人"或通过其代表同发货人订立多式联运合同的当事人,其具有履行整个联运合同的责任,并以"本人"的身份对联运的全程负责。

2. 公约的主要内容

①公约序言规定,要照顾发展中国家的特殊利益和问题,保证多式联运的提供者和使用者之间的利益均衡,以及有必要考虑联运过境国家的特殊问题。

②该公约适用于货物起运地和(或)目的地位于缔约国境内的国际货物多式联运合同。多式联运单据是证明多式联运合同和多式联运人接受货物并负责按照合同条款交付货物的单据。在一般情况下,它就是多式联运合同,还可以作为货物收据和提货凭证。

③该公约并不排除各缔约国国内法律管辖。

④公约采取了过错推定责任原则,即除非经营人证明其一方为避免事故的发生已采取了一切合理的措施,否则,即推定损坏是由经营人一方的过错所致,并由其承担赔偿责任。

⑤多式联运经营人的责任期间为自接管货物之时起,至交付货物之时止。

⑥在赔偿责任限额方面公约规定:如国际多式联运中包括海运或内河运输,多式联运经营人的赔偿责任限额为每件 920 特别提款权,或货物毛重每公斤 2.75 特别提款权,两者以较高者为准;如国际多式联运中未包括海运或内河运输,多式联运经营人的赔偿责任限额为毛重每公斤 8.33 特别提款权;因延迟交付造成损失的赔偿限额为延迟交付货物的应付运费的 2.5 倍,但不得超过多式联运合同规定的应付运费的总额。

⑦货物损害索赔通知应于收到货物的次一工作日之前以书面形式提交多式联运经

营人,延迟交付损害索赔通知必须在收到货物后60日内书面提交,诉讼或仲裁时效期间为两年。自货物交付之日起或应当交付之日起算。如果在货物交付之日起6个月内,没有出具书面索赔通知来说明索赔的性质和主要事项,则诉讼在此期间届满后即失去时效。

⑧有管辖权法院有:被告主要营业所,如无主要营业所,则为被告的经营居所;订立多式联运合同的地点,且合同是通过被告在该地的营业所、分支或代理机构订立;接管国际多式联运货物的地点或交付货物的地点;多式联运合同中为此目的所指定并在多式联运单据中载明的任何其他地点。公约允许双方在索赔发生后达成协议选择其他地点的法院进行诉讼。此外,公约还允许双方订立仲裁协议,将有关争议提交仲裁,索赔人可选择的仲裁地点与上述诉讼管辖地基本相同。

⑨公约附有国际多式联运海关事项的条款,规定缔约国海关对于运输途中的多式联运货物,一般不做检查,但各起运国海关所出具的材料应完整与准确。

二、《联合运输单证统一规则》

1. 相关概念

《联合运输单证统一规则》(Uniform Rules for a Combined Transportation Document),是国际货物运输中的规则,其适用不具有强制性。国际商会于1973年制定,1975年进行了修改,它是最早的关于联运单证的国际民间协议。作为民间规则,被国际货物多式联运合同双方当事人经常协议采用。在本规则内联运(Combined Transport,CT)是指至少使用两种不同的运输方式,将货物从其在一国被掌管的地方,运到另一国指定交付的目的地的运输。联运经营人是指签发联运单证的人(包括任何法人、公司或法律实体)。如果国内法规定,任何人在有权签发联运单证之前,须经授权或发照,则联运经营人只指这种经过授权或领照的人。联运单证(CT Document)是指证明从事货物联运工作和/或组织货物联运工作合同的一种单证。单证证明应标有"可转让的联运单证,根据联运单证统一规则(国际商会第298号出版物)签发",或"不可转让的联运单证,根据联运单证统一规则(国际商会第298号出版物)签发"字样。

2. 主要内容

(1)多式联运经营人的责任形式

规则对于多式联运经营人实行网状责任制。对于发生在多式联运经营人责任期间内的货物灭失或损坏,如果知道这种灭失或损坏发生的运输区段,多式联运经营人的赔偿责任,依据适用于该区段的国际公约或国内法予以确定;在不能确定货物发生灭失或损坏的区段时,即对于隐藏的货物损失,其赔偿责任按完全的过错责任原则予以确定。赔偿责任限额为,按灭失或损坏的货物毛重每公斤30金法郎计算。如果发货人事先征得多式联运经营人的同意,已申报超过此限额的货物价值,并在多式联运单据上注明,则赔偿责任限额应为所申报的货物价值。

(2)多式联运经营人的责任期间

规则规定,为从接管货物时起,至交付货物时止的整个运输期间。

(3)多式联运经营人对货物运输延迟的责任

只有在确知发生延迟的运输区段时,多式联运经营人才有责任支付延迟赔偿金。赔偿金的限额为该运输区段的运费。但适用于该区段的国际公约或国内法另有规定时除外。

(4)货物灭失或损坏的通知与诉讼时效

收货人应在收货之前或当时,将货物灭失或损坏的一般性质书面通知多式联运经营人。如果货物灭失或损坏不明显,应在 7 日内提交通知,否则便视为多式联运经营人按多式联运单据所述情况交付货物的初步证据。就货物灭失、损坏或运输延迟而向多式联运经营人提出索赔诉讼的时效期间为 9 个月,自货物交付之日或本应交付之日,或自收货人有权认为货物已灭失之日起计算。

三、《多式联运单证规则》

1. 相关概念

《联合国国际贸易和发展会议/国际商会多式联运单证规则》是《多式联运单证规则》(UNCTAD/ICC Rules for Multimodal Transport Documents)的全称,是 1991 年由联合国贸易和发展会议与国际商会在《联合运输单证统一规则》的基础上,参考《联合国国际货物多式联运公约》共同制定的一项国际规则,供当事人自愿采纳。本规则不论以书面、口头或其他方式将"贸发会议/国际商会多式联运单证规则"纳入运输合同,不论是订有涉及一种运输方式或者多种运输方式的合同,也不论是否签发了单证,本规则将予以适用。规则共 13 条。

2. 主要内容

①本规则经当事人选择后适用,一经适用就超越当事人订立的条款,除非这些条款增加多式联运经营人的义务。

②对一些名词做了定义。如"多式联运单证"是指证明多式联运合同的单证,该单证可以在适用法律的允许下,以电子数据交换信息取代,而且以可转让方式签发,或者表明记名收货人,以不可转让方式签发;"特别提款权"(SDR)是指国际货币基金的记账单位。

③多式联运单证是多式联运经营人接管货物的初步证据,多式联运经营人不得以相反的证据对抗善意的单据持有人。

④多式联运经营人责任期间自接管货物时起到交付货物时止。多式联运经营人为其受雇人、代理人和其他人的作为或不作为承担一切责任。

⑤多式联运经营人的赔偿责任基础是完全责任制,并且对延迟交付应当承担责任。

⑥多式联运经营人的责任限制为每件或每单位 666.67 特别提款权,或者毛重每千克 2 特别提款权。

⑦如果货物的损坏或灭失的原因是多式联运经营人的作为或不作为造成的,则不得享受责任限制。

⑧如果货物的损坏或者灭失是由托运人的原因造成的,则多式联运经营人应先向单据的善意持有人负责,而后向托运人追偿。

⑨货物损坏明显,则收货人立即向多式联运经营人索赔,如不明显,则在 6 日内索赔。

⑩诉讼时效为 9 个月。

⑪规则对无论是侵权还是违约均有效。

⑫本规则适用于所有多式联运关系人。

四、国际集装箱多式联运管理规则

1. 相关概念

为了加强国际集装箱多式联运的管理,促进通畅、经济、高效的国际集装箱多式联运的发展,满足对外贸易的需要,根据《中华人民共和国海商法》《中华人民共和国铁路法》的有关规定,我国交通运输部经国务院批准于 1997 年 5 月发布了《国际集装箱多式联运管理规则》,并自 1997 年 10 月 1 日起生效。该规则适用于水路、公路、铁路的国际集装箱多式联运。交通运输部是我国国际集装箱多式联运的主管部门。各省、自治区、直辖市交通运输主管部门根据本规则管理本地区的国际集装箱多式联运。国际集装箱多式联运是指按照国际集装箱多式联运合同,以至少两种不同的运输方式,由多式联运经营人将国际集装箱从一国境内接管的地点运至另一国境内指定交付的地点。国际集装箱多式联运合同是指多式联运经营人凭以收取运费、负责完成或组织完成国际多式联运的合同。国际集装箱多式联运单据是指证明多式联运合同以及证明多式联运经营人接管集装箱货物并负责按合同条款交付货物的单据。该单据包括双方确认的取代纸张单据的电子数据交换信息。区段运输承运人是指与多式联运经营人签订区段运输合同,完成此项多式联运中的某区段运输的人,不管他是否与多式联运经营人属于同一人。规则共 8 章 43 条。

2. 主要内容

①第 1 章"总则"共 4 条,规定了本规则的宗旨、主管部门、适用范围和名词定义。

②第 2 章"多式联运管理"共 9 条,规定了多式联运经营人的资格和许可证制度。

③第 3 章"多式联运单据"共 3 条,规定了多式联运单据的内容和形式。

④第 4 章"托运人责任"共 4 条,规定了托运人的责任。

⑤第 5 章"多式联运经营人责任"共 12 条,规定了多式联运经营人的责任期间、多式联运单据的法律效力、多式联运经营人和实际承运人的责任划分、多式联运经营人对货物损坏或灭失或延迟交付的责任等。

⑥第 6 章"书面通知、时效"共 2 条。

⑦第 7 章是"罚则"共 3 条。

⑧第 8 章"附则"共 6 条,对本规则的适用范围做了适当扩展,并规定了解释权和实施日期。

综合练习题

一、单项选择题

1. 关于提单中承运人的责任制问题,《海牙规则》实行的是(　　)。
   A. 严格责任　　　　　　　　B. 不完全过失责任
   C. 完全过失责任　　　　　　D. 过失责任

2.《海牙规则》是国际海上货物运输,特别是(　　)中的一个十分重要的公约。
   A. 定期租船　　B. 航次租船　　C. 光船租船　　D. 班轮运输

3.《联合国国际货物多式联运公约》迄今(　　)。
   A. 已经生效　　B. 尚未生效　　C. 正在拟定中　　D. 正在颁布

4.《修改统一提单规则的若干法律规则的国际公约的议定书》又称为(　　)。
   A. 汉堡规则　　　　　　　　B. 海牙规则
   C. 华沙—牛津规则　　　　　D. 维斯比规则

5.《联合国 1978 年海上货物运输公约》又称为(　　)。
   A. 海牙规则　　　　　　　　B. 维斯比规则

C. 华沙—牛津规则　　　　　　　　D. 汉堡规则
6. 多式联运公约规定,提单对每一件货物的赔偿责任限额是(　　)。
　　A. 100 英镑　　　B. 920 特别提款权　　　C. 10000 金法郎　　　D. 835 特别提款权

二、多项选择题

1. 根据《海牙公约》的规定,下列哪些情况下,承运人应承担责任?(　　)
　　A. 由于船长过失,发生火灾导致货物灭失
　　B. 在海上为救助人员绕道航行
　　C. 未尽谨慎义务,装载货物时发生货物的损失
　　D. 开航时,船舶未处于适航状态
2. 与《海牙—维斯比规则》相比,《汉堡规则》的适用范围更为明确。下列哪几项属于《汉堡规则》的适用范围?(　　)
　　A. 提单或作为海上运输合同证明的其他单证在某一缔约国签发
　　B. 海上运输合同所规定的备选卸货港之一为实际卸货港,并且该港位于一个缔约国内
　　C. 海上运输合同所规定的装货港位于一个缔约国内
　　D. 提单或证明海上运输合同的其他单证规定,本公约各项规定或实行本公约的任何国家的立法,应约束该合同
3. 国际货物运输根据运输方式的不同,提单分为(　　)。
　　A. 直达提单　　　B. 转船提单　　　C. 联运提单　　　D. 班机运输
4. 下列哪些属于是《汉堡规则》对《海牙规则》的改进?(　　)
　　A. 延长了诉讼时效　　　　　　　B. 扩展了承运人责任的期间
　　C. 改变了承运人承担责任的原则　　D. 就延迟交货做出了规定
5. 我国加入的有关航空运输的国际公约包括下列哪项?(　　)
　　A.《华沙公约》　　B.《海牙议定书》　　C.《海牙公约》　　D.《蒙特利尔公约》

三、名词解释

1. 班轮运输合同
2. 提单(Bill of Lading, B/L)
3. 租船合同
4. 国际公路货运合同
5. 《联合国国际货物多式联运公约》

四、简答题

1. 提单的法律性质是什么?
2. 简要说明国际海运公约的适用范围。
3. 航空货物运输合同的特点有哪些?
4. 简要说明《国际货协》的赔偿限额。
5. 简要说明《华沙公约》《海牙议定书》和《瓜达拉哈拉公约》关系。

第十一章 国际多式联运责任、保险及货损处理

学习目标

通过本章学习,学生应掌握国际集装箱多式联运的责任形式;了解国际集装箱多式联运的保险的基本知识;了解货损事故索赔的内容;掌握各种货损事故处理的内容。

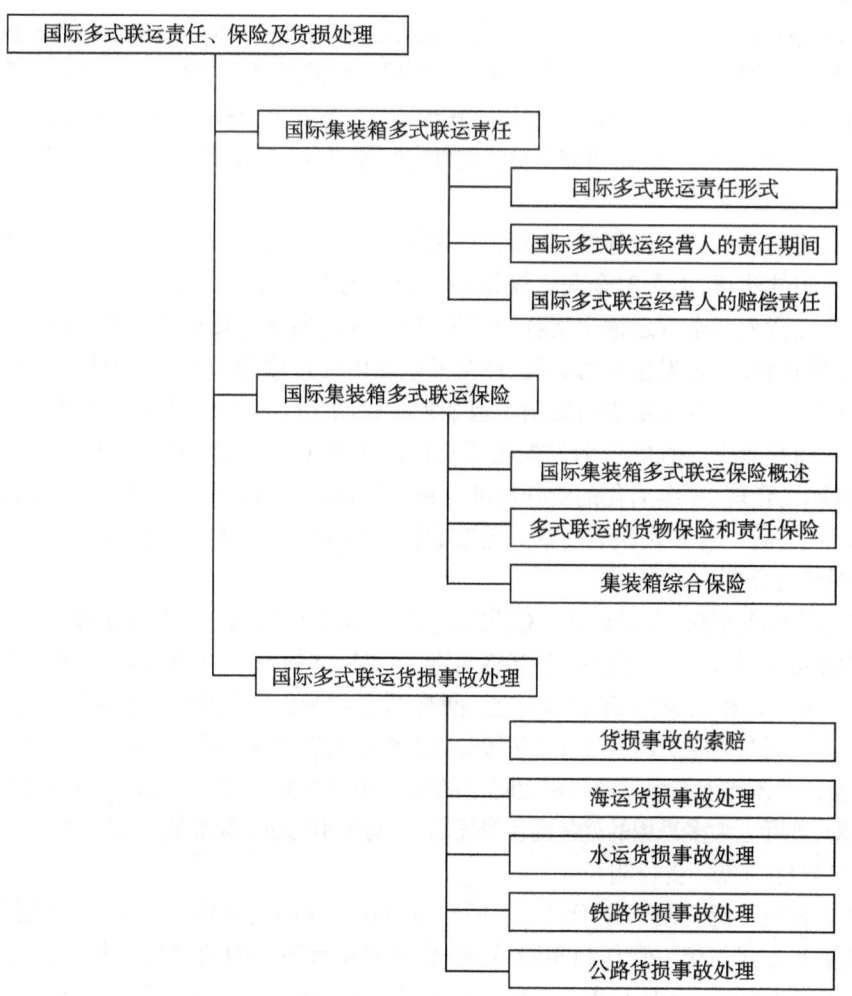

国际集装箱多式联运的发展改变了传统的货物交接界限,也从根本上改变了多式联运经营人的承运责任范围。根据联合国国际多式联运公约的规定,当多式联运经营人从托运人处接管货物时起,即表明责任已经开始。并且随着多式联运经营人责任范围的扩大,运输责任保险的范围、保险期限及保险费率也随之发生变化。因此,既有的约束和调整单一运输方式下,国际运输承运人责任与保险的公约和法规已难以适应国际多式联运。

第一节　国际集装箱多式联运责任

一、国际多式联运责任形式

1. 国际多式联运责任制的类型

对多式联运经营人赔偿责任的分析,首先必须确定责任制(Liability Regime),即其应承担的责任范围。在目前的国际集装箱多式联运中,经营人责任形式主要有以下四种类型。

(1)责任分担制

责任分担制也称分段责任制,是多式联运经营人对货主并不承担全程运输责任,仅对自己完成的区段货物运输负责,各区段的责任原则按该区段适用的法律予以确定。由于这种责任形式与多式联运的基本特征相矛盾,因此,只要多式联运经营人签发了全程多式联运单据,即使在多式联运单据中声称采取这种形式,也可能会被法院判定此种约定无效而要求其承担全程运输责任。

(2)统一责任制

统一责任制又称同一责任制,是指多式联运经营人对货主赔偿时不考虑各区段运输方式及其所适用的法律,而是对全程运输按一个统一的原则并一律按一个约定的责任限额进行赔偿。即经营人对全程运输中货物的灭失、损坏或延期交付负全部责任,无论事故责任是明显的,还是隐蔽的,是发生在海运段,还是发生在内陆运输段,均按一个统一原则由多式联运经营人统一按约定的限额进行赔偿。但如果多式联运经营人已尽了最大努力仍无法避免的或确实证明是货主故意的行为过失等所造成的灭失或损坏,经营人则可免责。统一责任制是一种科学、合理、手续简化的责任制度。由于现阶段各种运输方式采用不同的责任基础和责任限额,因而目前多式联运经营人签发的提单均未能采取此种责任形式。

(3)网状责任制

网状责任制是指多式联运经营人对货主承担的全部责任局限在各个运输部门规定的责任范围内,也就是由经营人对集装箱的全程运输负责,而对货物的灭失、损坏或延期交付的赔偿,则根据各运输方式所适用的法律规定进行处理。同时,赔偿限额也是按各区段的国际法或国内法的规定进行赔偿,当无法确定货事故发生区段时则按海运法规或双方约定原则加以赔偿。也就是该责任制在责任范围方面与统一责任制相同,而在赔偿限额方面则与区段运输形式下的分段责任制相同。目前,国际上大多采用的就是网状责任制,我国采用的也是网状责任制。

(4)经修订的统一责任制

经修订的统一责任制是介于统一责任制与网状责任制之间的责任制,也称混合责任制。它在责任基础方面与统一责任制相同,在赔偿限额方面则与网状责任制相同。目前,《联合国国际货物多式联运公约》基本上采取这种责任形式。该公约规定:多式联运经营人对全程运输负责,各区段的实际承运人仅对自己完成区段的运输负责。无论货损发生在哪一区段,多式联运经营人和实际承运人都按公约规定的统一责任限额承担责任。但如果货物的灭失、损坏发生于多式联运的某一特定区域,而对这一区段适用的一项国际公约或强制性国家法律规定的赔偿责任限额高于多式联运公约规定的赔偿责任限额时,多式联运经营人对这种灭失、损坏的赔偿应按照适用的国际公约或强制性国际法律予以确定。由于目前各个单一运输方式国际公约和国内法律对承运人的责任基础和赔偿责任限额的规定并不统一,所以相互之间存在较大差别。即使采用经修订的统一责任制也将会对现有的运输法律体系产生一定的冲击,因此,这也是造成该公约至今尚未生效的主要原因。

2. 我国多式联运采用的责任形式

(1) 我国多式联运采用网状责任制

根据我国《海商法》第104、第105、第106条的规定以及《合同法》第317和第321条的规定,我国采用的责任制形式是网状责任制,即国际集装箱多式联运业务中,海上区段按《海牙规则》处理,铁路区段按《国际铁路运输公约》处理,公路区段按《国际公路货物运输公约》处理,航空区段按《华沙公约》处理。在不适用上述国际公约时,则按相应的国内法规定处理。我国现行法律对于国际海上货物运输和国内水路货物运输承运人的归责原则,做了不同规定。对于国际海上货物运输,根据《海商法》第51条对国际海上货物运输承运人实行的是"不完全过错责任原则",即如果货物的损害是由于船长、船员、引航员或者承运人的其他雇用人,在驾驶船舶或管理船舶中的过失所致或者是对其代理人或受雇人造成的火灾可以免责,但承运人本人过失所造成的火灾不得免责。对国内水路货物运输承运人的责任,实际是实行"完全过错责任原则"。与国际货物运输承运人"不完全过错责任制度"相比较,两者的主要区别体现在于承运人对驾驶船舶和管理船舶的过错也要承担责任。

(2) 我国采用网状责任制的优势

①与国际商会1975年修订的《联合运输单证统一规则》有关精神相一致,也与大多数航运发达国家采用的责任形式相同;②我国各运输区段如海上、公路、铁路等均有成熟的运输管理法规可以遵循,采用网状责任制,各运输区段所适用的法规可保持不变;③相对于统一责任制而言,网状责任制减轻了多式联运经营人的风险责任,对保护我国多式联运经营人的积极性,保证我国多式联运业务顺利、健康地发展具有积极意义。

但是,从国际多式联运发展来考虑,网状责任制并不理想,容易在责任轻重、赔偿限额高低等方面产生分歧。因此,随着我国国际多式联运的不断发展与完善,统一责任制更符合国际多式联运的要求。

3. 国际多式联运公约采用的责任形式

(1) 国际多式联运公约采用经修订的统一责任制

联合国国际货物多式联运公约对于多式联运经营人的责任制形式采用了经"修订的统一责任制",排除了网状责任制。根据这一责任形式,多式联运经营人对货损的处理,不管是否能确定造成货损的实际运输区段,都将适用本公约的规定。但是,多式联运公约又做了这样的规定,如果货物的灭失或损坏发生于多式联运的某一特定区段,而对这一区段适用的一项国际公约或强制性国家法律规定的赔偿责任限额高于本公约规定的赔偿责任限额,则多式联运经营人对这种灭失或损坏的赔偿,应按照该国际公约或强制性国家法律予以确定。显然,该规定又是完全的网状责任制形式。根据这一规定,一旦发生货物的灭失或损坏,多式联运经营人对货损的赔偿首先要依据所适用的法律规定来确定所适用的责任制形式。

(2) 存在问题

多式联运公约中采用的这种责任形式,使国际多式联运中出现了双层赔偿责任关系,即多式联运经营人与货主(托运人)之间的赔偿责任关系,以及多式联运经营人与其分包人之间的赔偿责任关系。前者的赔偿责任关系受制于多式联运公约的规定。由于多式联运公约的强制性,这一规定中多式联运经营人不能放弃或降低赔偿责任限制,也不能将自己承担的责任转嫁货主。而对多式联运经营人与其分包人的赔偿责任,多式联运公约并未做任何规定,这在国际多式联运中极易产生纠纷。如海运方面至今采用的是"不完全过失责任制",航空方面则采用"完全过失责任制",而陆路运输方面无论是公路,还是铁路均采用"严格责任制"。在上述几种责任制中,海上承运人的责任最轻。

(3) 不适用于该公约的规定

由于多式联运公约采用了经修订的统一责任制,下列情况将不适用于该公约的规定:①凡属于单一运输方式下合同的货物接送业务;②对于公约缔约国与非缔约国之间所发生的有关多式联运的诉讼,如两国均受同一其他公约的制约,该缔约国法院则适用该其他公约的规定;③国际公路货物运输公约和国际铁路货物运输公约第2条规定的货物运输,不能视为国际多式联运。

二、国际多式联运经营人的责任期间

责任期间(Period of Responsibility)是指行为人履行义务、承担责任在时间上的范围。不言而喻,承运人责任期间的长短,也在一定程度上体现了承运人承担义务的多少和责任的轻重。

1. 单一运输公约下承运人的责任期间

(1)《海牙规则》的规定

对于海上承运人的责任期间,根据《海牙规则》的规定,承运人的责任期间是"自货物装上船时起至卸下船时止"这一段时间。就是说货物的灭失或损坏系在该期间产生的,才适用《海牙规则》。然而,由于人们对"装上船"和"卸下船"的理解存在差异,因而《海牙规则》的这一规定不是很明确的。例如,在使用船上起重机的情况下,货物装上船至少可以有以下四种理解:货物被吊离地面,货物被吊过船舷,货物被吊至甲板上或与舱口围垂直的舱底,货物被放在预定的积载位置上。从中可以发现,根据每一种理解,承运人责任期间开始的时间是不同的。至于卸货,也不同程度地存在一些不同的理解。基于这种情况,提单条款必须定出一个精确的时间,作为承运人责任期间的开始与结束,而大多数船公司的提单,都以"钩到钩"作为承运人的责任期间。

"钩到钩原则"(Tackle to Tackle)规定,在使用装运船舶起重机起吊货物时,对于货物的风险,承运人只在货物被吊离地面时起至货物被吊离船落地时止这一段时间内负责。由于"钩到钩原则"所表示的责任期间在《海牙规则》规定的范围内,因此这样的规定是有效的。当然,在不使用船上起重机时,就可不以此原则来确定承运人的责任期间。一般规定,在使用岸上起重机的情况下,承运人的责任期间为船舷至船舷;在使用驳船装卸时,承运人的责任期间为货物被吊上钩起至全部货物被卸至驳船上止。石油和散货运输如使用管道和输送带,承运人的责任期间为:货物被输送至管道或输送带的人舱口起至货物被送到船舶与管道或输送带的最后一个接点止。

对于责任期间以外发生的货损货差,可由承托双方在合同上自由约定。因此,《海牙规则》又进一步规定:"对货物没有装上船或货物已从船上卸下后,承运人的权利、义务不受本规则的限制,承托双方自由协商,即使其责任或权利大于本规则,也为法律所允许。"值得注意的是,《海牙规则》中所规定的承运人的责任期间并非绝对的,还要受有些国家国内法律的规定和港口惯例的约束。这是因为《海牙规则》对于承运人责任期间的规定是较为有利于承运人的,因而有些国家为了保护货主的利益,以法律、港口规章或惯例的形式,要求承运人负更多的责任。鉴于港口所在国法律对提单的强制适用,承运人就不得不承担这种责任。当然,承运人可以与港口、仓储经营人订立合同,对于他们的过失造成的货物损失保留追偿的权利。

(2)《汉堡规则》的规定

1978年通过的《汉堡规则》延长了承运人的责任期间,规定:"承运人对货物的负责时间包括货物在装船港、运输途中和卸船港承运人掌握的整个期间。"也就是说,从收到货物时起到交付货物时止。当然,收货和交货都有区域限制,在港口以外收交货物的,就不能以此收交为责任期间的开始和结束。《汉堡规则》的这一规定,突破了《海牙规则》对承运人的最低责任期间,向装卸前后两个方向发展,在一定程度上加重了承运人的责任。

对于承运人接受和交付货物的方式,《汉堡规则》规定,承运人可以按通常的方式从托运人或其代表处接受货物,也可依照法律或规章,从海关或港口当局处接受货物;在交付货物方面,承运人可以把货物交给收货人,也可依照法律或规章,把货物交给有关当局或第三人。如果收货人提货延迟,承运人将货物置于收货人的支配之下便无责任。通常,在将货物交给港口当局,并向收货人发出通知后,货物即可被认为已处于收货人的支配之下。

根据《汉堡规则》的规定,无论货物的灭失或损坏发生在哪一区域,只要是在承运人掌管期间发生的,收货人均可向承运人提出赔偿要求,即使是实际上的货物灭失或损坏并非属于承运人的责任。当然,这并不排除承运人向有关责任人行使追偿的权利。

(3)其他公约的规定

至于其他国际货物运输公约,如《国际公路货物运输合同公约》(CMR)、《国际铁路货物运输公约》(CIM)、《华沙公约》等对承运人责任期间的规定,与《汉堡规则》的规定大体相同,即承运人的责任期间为:从承运人接管货物时起至交付货物后止,差别主要在于接管和交付货物的方式与地点。由于在货物运输实务中,接管和交付货物的方式涉及实际责任期间的长短和风险的大小,因此各货运公司通常都在其章程、运输条件中予以明确。

2. 国际多式联运公约下承运人的责任期间

联合国国际货物多式联运公约规定在集装箱运输过程中,货物在货主仓库、工厂以及集装箱货运站、码头堆场进行交接的特点,仿照《汉堡规则》,对多式联运经营人规定的责任期间是:"多式联运经营人对于货物的责任期间,自其接管货物之时起至交付货物时止。"

(1)多式联运经营人接管货物的形式

依照多式联运公约条款的规定,多式联运经营人接管货物有两种形式:①从托运人或其代表处接管货物,这是最常用、最普遍的规定方式;②根据接管货物地点适用的法律或规章,货物必须交其运输的管理当局或第三方,这是一种特殊的规定,在这种接管货物的方式中,有一点应予以注意,即使多式联运公约规定多式联运经营人的责任从接管货物时开始,但在从港口当局手中接收货物的情况下,如货物的灭失或损坏系在当局保管期间发生的,多式联运经营人可以不负责任。

(2)多式联运经营人交付货物的形式

多式联运公约对交付货物规定的形式有三种:①将货物交给收货人;②如果收货人不向多式联运经营人提取货物,则按多式联运的合同或按照交货地点适用的法律或特定行业惯例,将货物置于收货人支配之下;③将货物交给根据交货地点适用法律或规章必须向其交付的当局或第三方。

在收货人不向多式联运经营人提取货物的情况下,多式联运经营人可按上述第二、第三种交货形式交货,责任即告终止。在实践中,经常会发生这种情况,如收货人并不急需该批货物,为了节省仓储费用,或者市场价格下跌,在运费到付的情况下,都有可能造成收货人延迟提货。因此,多式联运公约的这种规定不仅是必要的,也是合理的。

三、国际多式联运经营人的赔偿责任

1. 多式联运经营人为其受雇人、代理人和其他人所负的赔偿责任

国际多式联运是由多式联运经营人将货物从一国境内接管货物的地点运至另一国境内指定地点交付货物。这里重要的是必须订立多式联运合同。由于多式联运全过程要通过各种代理人、实际承运人等共同来完成,因而各有关方之间的法律关系十分复杂。其中,既有多式联运经营人与托运人之间的合同关系,又有多式联运经营人与其受雇人之间的雇佣关系、与其代理人之间的代理关系、与分包承运人之间的承托关系,以及托运人、收货人与多式联运经营人及其受雇人、代理人、分包人之间可能发生的侵权行为关系。对于如此错综复杂,且权利、义务又各不相同的法律关系,应掌握一点,即多式联运下的法律结构是调整多式联运经营人与托运人之间的合同关系的,而其他法律关系都附着在这一合同关系上,并比照这一合同关系统一其权利和义务。

根据联合国多式联运公约的有关规定,多式联运合同的一方是多式联运经营人,包括其本人或通过其代表订立多式联运合同的任何人,他是事主,而不是托运人的代理人或代表或参加多式联运的承运人的代理人或代表,并且,负有履行合同的责任。多式联运合同的另一方是托运人,这也是指其本人或通过其代理与多式联运经营人订立多式联运合同的任何人。多式联运经营人和他的受雇人、代理人和分包人的关系都适用代理关系,货物交由他们掌管应视为与交给多式联运经营人掌管具有相同效力。所以,多式联运公约规定:多式联运经营人应对他的受雇人或代理人在其受雇范围内行事时的行为或不行为负赔偿责任,或对他为履行多式联运合同而使用其服务的任何其他人在履行合同的范围内行事时的行为或不行为负赔偿责任,一如他本人的行为或不行为。

同样,虽然托运人和收货人与多式联运经营人的代理人、受雇人没有合同关系,但可依据侵权行为提起诉讼。不过,在这种诉讼中,经营人的代理人、受雇人可享受与经营人同样的辩护理由和责任限制。这样,既有利于货主与承运人之间行使追偿的权利,又使承运人一方得到应有的保护,而且也保障了以各种形式起诉都能得到同一法律效果,达到法律的统一性和公正性。

2. 多式联运经营人的赔偿责任基础

目前,对承运人赔偿责任的基础,各单一运输公约的规定不一,但大致可分为严格责任制和过失责任制两种。

(1)严格责任制

严格责任制是指排除了不可抗力等有限的免责事由外,不论有无过失,承运人对于货物的灭失或损坏均负责赔偿。国际铁路货运公约、公路货运公约等都采用了该种责任制。

(2)过失责任制

过失责任制是当承运人和其受雇人在有过失时负赔偿责任。这种责任制为《海牙规则》和《华沙公约》所采用。但海运过失责任制并不是完全过失,它附有一部分除外规定,如航行

过失(船舶碰撞、触礁、搁浅),《汉堡规则》则实行过失推定原则,实现了较完整的过失责任制。

(3)多式联运公约对多式联运经营人规定的赔偿责任

基础包括:①多式联运经营人对于货物的灭失、损坏和延迟交付所引起的损失,如果造成灭失、损坏或延迟交付的事故发生于货物由其掌管期间,应负赔偿责任,除非多式联运经营人证明其本人、受雇人或代理人或其他人为避免事故的发生及其后果已采取一切能符合要求的措施;②如果货物未在明确议定的时间交付,或者如无此种协议,未在按照具体情况对一个勤奋的多式联运经营人所能合理要求的时间内交付,即为延迟交付;③如果货物未在按照上述条款确定的交货日期届满后连续90日内交付,索赔人即可认为这批货物业已灭失。

3. 延迟交货的规定

在国际货物运输中,一般的国际货运公约对延迟交货均有相应的规定。如铁路货运公约、公路货运公约、华沙航空货运公约等,对延迟交货的规定较明确。但有的对此则无明确规定。如海上运输,由于影响海上运输的因素很多,较难确定在什么情况下构成延迟交货,因而《海牙规则》对延迟交货未做任何规定。相比之下,多式联运公约的规定是明确的。在运输实务中,延迟交货的情况一旦发生,收货人通常会采取以下处理办法。

(1)接受货物,再提出由于延迟交货而引起的损失赔偿

在这种情况下,收货人提出的仅是由于运输延误而引起的损失赔偿。如由于延误造成工厂停工、停产、市场价格下跌等引起的损失以及由于延迟交货使收货人积压资金而产生的损失。

(2)拒收货物,并提出全部赔偿要求

这种情况的发生通常是指延迟交货超过多式联运公约规定的期限,即超过"确定的交货日期届满后连续90日"仍未交货,收货人则视该货物已经灭失。对此,收货人必须以书面形式通知多式联运经营人,否则,多式联运经营人对延迟交货造成的损失不予赔偿。

4. 多式联运经营人的赔偿方法

(1)单一标准的赔偿方法

在现有的国际货运公约中,对于承运人的赔偿责任限制采用的赔偿标准都不尽相同。《海牙规则》采用的是单一标准的赔偿方法,即只对每一件或每一货运单位负责,而不对毛重每千克负责。这种规定方法在实际应用中存在较大缺陷,不符合国际贸易和运输业发展的需要。

(2)双重标准的赔偿方法

《维斯比规则》采用双重标准的赔偿方法列入公约,既对每一件或每一货运单位负责,又对毛重每千克货物负责。同时,对集装箱、托盘或类似的成组工具在集装或成组时的赔偿也做了规定。《汉堡规则》也采用了这种赔偿方法。

5. 多式联运经营人的赔偿标准

国际多式联运公约仿照了《汉堡规则》的规定,将双重赔偿标准列入了公约中。不同的是,多式联运公约不仅规定了双重标准的赔偿方法,同时也规定了单一标准的赔偿方法。多式联运公约按国际惯例规定多式联运经营人和托运人之间可订立协议,制定高于公约规定的经营人的赔偿限额。在没有这种协议的情况下,多式联运经营人按下列赔偿标准赔偿。

①如在国际多式联运中包括了海上或内河运输,也就是在构成海陆、海空等运输方式

时,多式联运经营人对每一件或每一货运单位的赔偿按920个特别提款权(SDR),或毛重每千克2.75个特别提款权,两者以较高者为准。关于对集装箱货物的赔偿,多式联运公约基本上采用了《维斯比规则》规定的办法。因此,当根据上述赔偿标准计算集装箱货物的较高限额时,公约规定应适用以下规则:如果货物是采用集装箱、托盘或类似的装运工具集装,经多式联运单证列明装在这种装运工具中的件数或货运单位数应视为计算限额的件数或货运单位数,否则,这种装运工具中的货物视为一个货运单位;如果装运工具本身灭失或损坏,而该装运工具并非为多式联运经营人所有或提供,则应视为一个单独的货运单位。

多式联运公约的这一赔偿标准中还包括了延迟交付赔偿限额的计算方法。根据公约的规定,不管多式联运是否包括海上或内河运输,经营人对延迟交货造成损失所负的赔偿责任限额,相当于被延迟交付的货物应付运费的2.5倍,但不得超过多式联运合同规定的应付运费的总额。同时,延迟赔偿或延迟与损失综合赔偿的限额,不能超过货物全损时经营人赔偿的最高额。

由此可见,多式联运公约对运输延误的赔偿是建立在运费基础上的,与运费基数成正比。如延迟交付货物的运费没有超过运费总额的40%,则按该票延误货物的运费乘上2.5倍,反之,如果超过运费总额的40%,2.5倍的标准失效,其最高运输延误赔偿不超过多式联运合同规定的应付运费的总额。关于货物延迟交付的赔偿限额,各国际货运公约均有不同规定。

②如在国际多式联运中根据合同不包括海上或内河运输,即构成陆空、铁公等运输方式时,多式联运经营人的赔偿责任限制,按毛重每千克8.33个特别提款权。

多式联运公约采用不包括海运或内河运输在内时的单一标准赔偿方法,实际上是对其所奉行的统一责任制做出一种例外,这是非常必要的。因为多式联运如果不包括海上或内河运输,其风险就比较小,经营人收取的运费也比较高,所以采用高限额赔偿是理所当然的。但实际上,多式联运公约确定的限额并不高,8.33SDR的赔偿限额与国际公路货运公约下承运人的赔偿限额25金法郎相等。这说明对不包括水运的多式联运,经营人是按最低限额施行赔偿的,因为事实上多式联运不可能只由公路运输组成,它必须与铁路运输或航空运输一起组成,否则,就称不上是多式联运。而国际铁路公约和华沙航空公约下的承运人的赔偿责任限额均高于公路货运公约。

此外,多式联运公约采用这一赔偿标准,显然也是为了有利于与除海上或内河运输外的其他运输方式下承运人的赔偿责任制保持一致,以避免问题的复杂化。因为,《华沙公约》《国际铁路货物运输公约》及《国际公路货物运输合同公约》都采用的是毛重每千克单一标准的赔偿方法。

③如果货物的灭失或损坏已确定发生在多式联运的某特定的区段,而这一区段所适用的国际公约或强制性国家法律规定的赔偿限额高于上述两个标准,则经营人的赔偿应以该国际公约或强制性国家法律予以确定。

公约之所以规定这一赔偿标准,是因为上述第一赔偿标准的限额有时会显得很低,比如海空联运时,空运赔偿限额按《华沙公约》是很高的,但采用多式联运公约的有关标准赔偿却较低,故按区段赔偿实际上可弥补第一赔偿标准的不足。至于第二赔偿标准,如按有关国际公约衡量,对货主绝对不利,因而这一赔偿标准的采用无疑也是起了一种平衡作用。

第二节　国际集装箱多式联运保险

国际货物运输保险作为国际贸易业务中的一个重要交易条件已成为国际经济不可缺少的组成部分。它是随国际贸易和国际航运业的发展而发展起来的,同时,国际货物运输保险的发展,又对国际贸易和国际多式联运业的发展起着重要的促进作用。

一、国际集装箱多式联运保险概述

1. 国际货物运输保险

国际集装箱多式联运的发展,在为货主提供便利的"门到门"服务,减少了部分集装箱货物运输风险的同时,也增加了一些新的风险,从而给运输保险提出了一些新的问题,如保险人责任期限的延长、承保责任范围的扩大、保险费率的调整以及集装箱运输责任保险等。国际货物运输保险是一种对被保险货物遭受承保范围内的风险而受到损失时由保险人(Insurer)负赔偿责任的制度。它通常分为两种类型:

(1)运输货物保险

运输货物保险包括海上、陆上和航空等运输货物保险以及国际货物多式联运保险等;

(2)运输工具保险

运输工具保险包括船舶、火车、卡车、飞机以及船东互保等。

随着现代货物运输方式的不断变化,运输保险的内容、范围和方式也随之发生变化。运输保险已从原来的海上运输保险单一形式发展成为与现在的陆上运输、航空运输保险同时并存的综合运输保险体系。

与传统的运输方式相比,国际集装箱多式联运使得货物在运输过程中的许多风险将得以减少,其中包括:①装卸过程中的货损事故;②货物被偷窃行为;③货物水湿、雨淋事故;④污染事故;⑤货物数量溢短现象等。然而,随着集装箱多式联运的开展也出现了一些新的风险,如:①由于货物使用集装箱运输,货物包装从简,因而货物在箱内易造成损坏;②由于货物在箱内堆装不当、加固不牢造成损坏;③在发生货物灭失或损坏时,责任人对每一件或每一货损单位的赔偿限额大为增加;④装运舱面集装箱货物的风险增大等。

由于上述原因,尤其是舱面装载集装箱,运输风险增大,保险公司会据此提出缩小承保责任范围,或对舱面集装箱征收高保险费率,或征收保险附加费。

2. 投保主体

在国际集装箱多式联运下,保险利益所涉及的范围有所变化,主要如下。

(1)海运经营人

从某种意义上讲,由谁投保集装箱,与谁拥有集装箱或对集装箱承担责任有关:如果该集装箱由船公司拥有,则应该由船公司进行投保。可采取的投保方式包括延长集装箱船舶保险期、扩大承保范围、单独的集装箱保险等。在实际保险业务中,单独的集装箱保险比延长船舶保险期应用得更为广泛。

(2)陆上运输经营人

陆上运输经营人通常是指国际货运代理人、公路承运人、铁路承运人等。当他们向货主或用箱人提供集装箱并提供全面服务时,必须对集装箱进行投保,以保护其巨额资金投入。

(3)租箱公司

在租箱业务中,不仅要确定租赁方式,同时,确定由谁对集装箱进行投保也是十分重要的。根据目前的实际情况看,无论是集装箱的长期租赁,还是程租,较为实际的做法是由租箱公司继续其保险,而向承租人收取费用。

(4)第三者责任

在集装箱多式联运过程中,除因箱子损坏而产生经济损失外,还有可能使第三方产生法律责任,如集装箱运输过程中造成人身伤亡及其他财产损失等。由于对第三者的损失责任可能发生在世界任何用箱地,因此其签订的保险单也必须是世界范围内的。

3. 国际集装箱多式联运保险的特征

国际集装箱多式联运保险承保的是运输货物从一国(地区)到另一国(地区)之间的"位移"风险。由于所承保的保险标的在整个运输过程中,无论是地理位置,还是运输工具以及操作人员等均频繁变更,使得承保标的时刻暴露在众多的自然或人为的风险之中,因此与其他财产保险相比,多式联运运输保险有着下列不同的特征。

(1)事故发生的频度高,造成损失的数量大

国际集装箱多式联运以其安全、简便、优质、高效和经济的特点已广为国内外贸易界和运输业所接受,业务量迅猛增加。与此同时,由于其覆盖面广、涉及环节多,因而不可避免地使得货物在运输过程中发生事故的频率增加,造成的损失也大。

(2)集装箱多式联运保险具有国际性

国际集装箱多式联运保险的国际性主要表现在它涉及的地理范围超越了国家的界限。多式联运所涉及的保险关系方不仅包括供箱人、运箱人、用箱人和收箱人,而且包括不同国家和地区的贸易承运人和货主等。因此,运输保险的预防与处理,必须依赖于国际公认的制度、规则和方法。这是国际集装箱多式联运保险的一个显著特征。

(3)运输保险人责任确定的复杂性

国际集装箱多式联运保险涉及多种运输方式。一般以海运为主体,铁路运输、公路运输以及内河运输等为辅助。在承运过程中,保险人对被保险货物所遭受的损失是否负赔偿责任,首先应以导致该损失的危险事故是否属于保险合同上所约定的承保事项为依据。也就是说,只有因保险合同上所约定的危险事故造成的损失,保险人才负赔偿责任。其次是货物受损的程度限制。当损失尚未达到保险合同约定的程度时,保险人也不负赔偿责任。由此可见,多式联运下货物损失赔偿的确定是一个非常复杂的问题。它不仅涉及保险合同本身的承保范围,同时也涉及与运输有关的货物承运人的责任问题。因此,为了划清损失的责任范围,必须深入了解各国以及国际上公认的法律和惯例。

4. 国际多式联运与海上货物运输保险

无论是从保险的基本概念,还是从保险合同条款的内容来看,海上货物运输保险与国际多式联运的风险保护,在某种意义上说是一致的。目前,以国际贸易运输货物为承保对象的英文保险单大都是以英国《1906年海上保险法》为依据,在货物运输过程中,货运保险应就运输全程所发生的危险,向被保险人提供连续、不间断的保险。从这一传统的海上货物运输保险的基本概念来看,海上货物运输保险与保护因集装箱化而出现的真正意义上的多式联运过程中所发生的货物风险,从体制上讲是相适应的。

此外,从构成保险合同的条款和保险期限等方面看,海上货物运输保险也能提供适应于集装箱化和国际多式联运下的"门到门"运输的全程货物保险体制。以目前世界各国保险市

场上广泛使用的英国保险协会货物条款为例,根据该条款第1条(运输条款)中所规定的"仓到仓"条款(Warehouse to Warehouse Clause),不论贸易当事人之间对于货物的风险、责任转移的时间和地点等的约定有什么差异,从货物离开起运地仓库或其他场所时开始,至进入最终目的地的仓库时止(但有时有卸船后 60 天的限制或其他约束),货物保险均应对货物运输给予全程保险。

二、多式联运的货物保险和责任保险

1. 货物保险和责任保险的关系

运输保险可以分为两种形式:一种是由货主向货物保险公司投保的货物保险;另一种是由承运人(经营人)向互保协会投保的责任保险。

①在多式联运条件下,多式联运经营人作为多式联运单证的签发人,当然应对该多式联运负责。不过,多式联运经营人对于运输过程中造成的货物损坏或灭失的赔偿责任,通常都是以货物赔偿(Cargo Indemnity)责任保险(简称责任保险)向保险公司或保赔协会投保。当然,经营人的责任保险所承担的风险,取决于他签发的提单中所规定的责任范围,即货物保险承保的是货主所承担的风险,而责任保险所承保的则是经营人所承担的风险。

②尽管很难确切地说明货物保险和责任保险的全部关系,但根据有关的国际公约和规则的规定可以看出,两者之间既存在着互为补充的关系,也有共同承保货物运输风险的关系。也就是说,尽管以多式联运经营人所签发的提单上规定的赔偿责任为范围的责任保险和以与货主(托运人或收货人)的可保利益(除作为所有人利益的货物的 CIF 价格外,还包括预期利益、进口税、增值利益等)有关的各种损害为范围的货物保险之间存在着各种各样不同领域的保护范围,但是两者之间的相互补充作用也是很明显的。例如,在多式联运提单下由于不可抗力以及罢工、战争原因所造成的损害是免责的,而在全损险、战争险和罢工险条件下的货物保险则包括上述事项。换句话说,不论把多式联运经营人的责任扩大到什么范围,或严格到什么程度,货主都需要货物保险。

③责任保险是以由运输合同约束的货主与承运人(经营人)之间的权利、义务为基础的保险。与此相对,货物保险则是由有无损害发生的事实约束的货主与保险人之间以损害赔偿合同约定的保险。因承运人保留权利而不得不由货主负担的各种风险,理所当然地属于货物保险的范围。这一点不但是货物保险的实质功能,而且也是国际贸易中货物保险之所以不可缺少的重要原因。

2. 货物保险和责任保险的特点

①货物保险的保险费率是在考虑了该种货物的性质、数量、包装、运输船舶或其他运输工具的详细情况、运输区间、港口条件、季节和其他自然条件、签约人(被保险人)过去承保的得失等因素后,精确地计算出来的。由于签约人可以直接和保险人交涉保险条件和费率,所以他可以将商品的运费和保险费置于自己的管理之下。发生索赔时,只要损害是由保险所承保的危险造成的,就能迅速地从分布于世界各地、港口的理赔代理人那里得到保险金。

②责任保险中,承运人以一定的赔偿责任限额为基础,根据运输合同应由自己承担的责任,向保险人投保。因此,这种保险费率的确定,难以考虑各种货物和不同货主的差别,只能以承运人的责任限额和船舶吨位为基准统一决定。如果从货主的角度来看这一问题,这种做法对货主是很不利的,因为即使货主在包装、托运、运输工具、保管方法或其他方面都采取了确实非常细致的防止损害的措施,他也不能直接享受到因采取这些措施而取得的实效。

而且,这种保险不论对过去索赔保险费比率(损失率)低的货主,还是比率高的货主,都是以同一的保险费率承保。另外,即使货主是与承运人签订运输合同的当事人,对于承运人承保的责任保险来说,他也是局外人,所以发生损害时,仅由承运人举证证明所发生的损害属于运输合同所规定的承运人的责任范围,而货主则只能通过承运人间接地享受责任保险的利益。

③货物保险和货物损害赔偿责任保险是功能完全不同的两种保险。作为国际贸易主体的货主,在责任保险中只能通过承运人间接地享受保险利益,而在货物保险中,货主本身就是保险合同的当事人,他可以直接享受全部保险范围内的利益。

④如果从多式联运的货主(托运人或收货人)、多式联运经营人和保险公司之间的关系来看,货物保险和责任保险之间也存在差别。在货物保险中,通过签发保险单,保险公司与托运人和收货人建立了关系,不过,索赔求偿则是仅由收货人与保险公司的索赔代理人直接发生关系。而在责任保险中,保险公司与托运人和收货人之间并无直接关系,通常只是以承运人(经营人)为媒介,享受保险赔偿的利益。

三、集装箱综合保险

1. 集装箱综合保险概念

集装箱保险是指集装箱的所有人或租借人,对因在集装箱运输过程中的各种危险而产生的集装箱箱体的损坏或灭失进行的保险。或者,当因集装箱运输事故而使集装箱对第三者(人或物)造成损害时,由于集装箱所有人负有法律上的责任,有必要预先对此赔偿责任进行保险。进而,由于集装箱运输中的事故,也可能使装在箱内的货物发生损害,此时,由于集装箱承运人负有法律上的以及运输合同上的赔偿责任,因此承运人也必须把对货主的损害赔偿责任进行保险。集装箱综合保险是上述所提及的各类保险的总称。

2. 集装箱综合保险的类型

由于集装箱综合保险这一名称与集装箱自身的保险易于混同,所以在此作为总称,称为集装箱综合保险。也就是说,集装箱综合保险包括下列三种类型。

(1)集装箱自身保险

集装箱自身保险是赔偿因集装箱箱体的灭失、损坏而产生的经济损失的保险,占集装箱保险的主要部分。一般而言,集装箱自身保险是以一切险或全损险承保条件受理的。这里的一切险承保条件是以伦敦保险人协会制定的一切险条款为基础的。而全损险承保条件则是以伦敦保险人协会制定的全损承保条款为蓝本的。集装箱自身的保险,一般是由集装箱所有人作为投保人。而在租赁集装箱情况下,则由租借人作为准所有人签订合同。另外,租借人也可以把其对所有人的赔偿责任加以投保。此时,租借人须签订赔偿责任保险的特约。

(2)集装箱所有人对第三者的赔偿责任保险

集装箱所有人或租借人,当因集装箱的有关事故而使他人的身体遭受伤害或财物受到损坏时,在法律上便有赔偿的义务。通过此种保险,可以使集装箱所有人或租借人因之而蒙受的损失得到赔偿。另外,施救费用、为保全权利的费用,以及得到保险人同意的有关诉讼、仲裁等费用,也可以得到赔偿。此种保险分两种情形:一是只承保集装箱所有人或租借人的赔偿责任;二是承保包括集装箱所有人的责任在内的集装箱经营人的赔偿责任。但是无论是哪种情形,一旦判明是集装箱制造者对集装箱自身的制造缺陷所造成的责任,则本保险不予赔偿。此外,对于清除集装箱内部残骸的费用及消毒费用等,可以依据保险特约对依法必须支付的费用损失加以保险。或者,如果在集装箱经营人的货物损害赔偿责任保险合同中加订特约,那么,对于集装箱内部的货物进行特别检疫消毒所需费用也可以得到赔偿。不过,此种保险对于某些赔偿责任是免责的。这些免责事项包括,因合同而加重的赔偿责任;从事被保险人方面业务的工作人员所遭受的身体伤害;被保险人所有、使用管理的财物或由被保险人所运输的货物的损害等。此外,由被保险人的故意或重大过失,由战争、暴动、叛乱、罢工等危险所造成的损害,由地震、火山爆发、风暴、洪水、涨潮等天灾所造成的损害,以及由与核动力相关的放射性污染等所造成的损害也是免责的。

(3) 集装箱经营人的货物损害赔偿责任保险

通常,船舶所有人在船舶航行过程中,对第三者的赔偿责任以及货物赔偿责任,一直是由具有悠久历史的船东保赔协会受理的。但是,随着集装箱运输的发展,集装箱运输过程中的各种责任保险只由保赔协会负责是不够的。因此,在集装箱保险中,对于货物损失投保赔偿责任险具有极为重要的作用,尤其是没有自己的保赔协会的货运代理人,其作为集装箱的所有人或租借人应负的责任,更可以通过集装箱保险加以全面的保护。由前述可知,当货主采用集装箱进行货物运输,并由其投保海上运输货物保险时,根据货物保险条款规定,在货主所得到的赔偿中,如有承运人的赔偿责任,则货物保险人可以根据代位求偿原则向承运人索赔。由此,集装箱经营人(承运人)投保的货物赔偿责任保险便发挥了作用。它使得货物运输中的危险与责任通过货物保险和责任保险得到充分的保险保障。需要强调的是,由于集装箱承运人投保的赔偿责任险是集装箱综合保险的一个不可分割的部分,因而承运人是不能单独投保责任险的,通常都是与集装箱自身保险一起投保。

这三种保险,可以一并在一张保单(Blanket Policy)上加以承保,但一般应签订特约书(Open Contract)形式的综合预定保险合同。除这三种保险外,还可根据投保人的要求签订清除残骸、消毒、检疫费用等的特约。

在上述三类保险形式中,由于第(1)类保险占集装箱综合保险的绝大部分,因此可以仅就集装箱自身保险进行单独投保。但是第(2)类和第(3)类保险原则上不能单独投保,必须与第(1)类保险相配套,组合成(1)与(2)或(1)与(3)的形式加以投保。这是因为集装箱自身保险与责任保险的关系是密不可分的,而且集装箱自身保险是责任保险的基础。

3. 集装箱综合保险的特征

(1) 保险期间与责任范围

一般的货物海上保险的保险期间和责任范围,根据该货物的运输期间以及买卖条件,是有长短差别的。原则上,都是以航次(一个或几个)为单元办理保险的。而集装箱的保险是以一年为单位签订期间合同(亦称流动合同)的,这是因为集装箱保险的对象很多,同时又伴随着频繁的运输,因此,不可能在集装箱的每次海上营运时都签订保险合同,而是像船舶保险一样,以一定的期间为限制签订合同,对在合同所商定的这一期间中所发生的损害进行综合保险。不过,对于船公司、货主等的短期或特定的航行,在其投保集装箱险的时候,也可以签订航次保险合同。另外,还可以对不满一年的短期保险合同减免一定比例的保险费。

集装箱保险的责任范围,包括集装箱在保险期间中的世界各地与各港口间的运输过程、保管过程,甚至也包括修理检查过程以及因此所进行的搬运过程。

(2) 保险对象

作为保险合同对象的集装箱,是指符合国际标准化组织(ISO)标准的,用于国际运输的大型集装箱。至于各国国内运输的集装箱保险,则另外规定有关的受理办法。

(3) 损害赔偿限额

在国际集装箱运输中,经营人保险标的的累加额极为巨大,这是由集装箱运输特点所决定的。因此,在签订保险合同时,保险人在与投保人协商的基础上,将赔偿限额分别按不同的保险类别加以设定:集装箱自身、对第三者的赔偿、对货物的赔偿等。这里的赔偿限额,包括一次事故的赔偿限额与对一个被保险人总的责任赔偿。

(4) 小额损害免责特约

为避免因逐一查验、索赔小额损害(Petty Claims)而给保险公司和被保险人带来各种手续上的烦琐,集装箱综合保险在适当降低保险费率的基础上,通常签订关于集装箱小额(通常都控制在一定的金额范围内)损害免责的特约。由于集装箱运输过程中,特别是集装箱自身,每一航次,多少都会受到一点损害,而且不属于偶然性保险事故的自然损耗也时常发生,因此设定一个小额损害免责额也是一个合理的保险受理条件。通常,一次事故中的单个集装箱都有一定的扣除免责额。

(5) 保单流通受限制

以在国际买卖的各种商品为保险对象的一般货物保单,是可以在商品买卖的当事人之间流通的。但是,在集装箱保险中,对于投保人乃至于被保险人所拥有(或租赁)的众多集装箱而言,不可能将它们都记入一张保险单中予以综合承保,不仅如此,将它们一次性买卖通常也是不可能的。所以,集装箱的保单就不具备转让性。

第三节　国际多式联运货损事故处理

货损事故是指货物运输中发生的货物由于运输问题造成的损失,这就产生了受损方向责任方要求损害赔偿,责任方根据受损方提出的赔偿要求进行处理的索赔和理赔工作。

情景导入

观看发生在世界各地的集装箱货船海上事故。

发生在世界各地的集装箱货船海上事故

一、货损事故的索赔

货物的索赔和理赔是一项政策性较强、涉及面较广、情况复杂,并具有一定法律原则的涉外工作。因此,在实际工作中,应坚持实事求是,有根有据,合情合理,区别对待,讲究实效。

1. 索赔的提出

国际贸易运输中货物索赔的提出,一般有这样几种情况:①货物数量或件数的缺少或货物残损、灭失;②货物的质变或货物实际状况与合同规定的要求不符;③承运人在货物运输途中没有适当地保管和照料货物;④货物的灭失、损害属保险人承保的责任范围内等。因此,根据货物发生灭失或损害的不同原因,受损方提出索赔的对象也是不同的。

2. 索赔的部门

(1) 向发货人提出索赔

如果货物是由于下列原因造成灭失或损坏,收货人凭有关部门、机构出具的鉴定证书向发货人(卖方)提出索赔:①原装货物数量不足;②货物的品质与合同规定不符;③包装不牢致使货物受损;④未在合同规定的装运期内交货等。

(2) 向承运人提出索赔

如果货物是由于下列原因造成灭失或损坏,收货人凭有关部门、机构出具的鉴定证书向承运人提出索赔:①在卸货港交付的货物数量少于提单中所记载的货物数量;②收货人持有正本清洁提单提取货物时,货物发生残损、缺少,且系承运人的过失;③货物的灭失或损害是由于承运人免责范围以外的责任所致等。

(3)向保险公司提出索赔

如果货物的灭失或损害属下列范围,这种情况则由受损方凭有关证书、文件向保险公司提出索赔:①承保责任范围内,保险应予赔偿的损失;②承保责任范围内,由于自然灾害或意外原因等事故使货物遭受损害;③在保险人责任期限内。

3. 索赔的原则

不论是哪一种原因发生的索赔,也不管是向谁提出索赔,一项合理的索赔必须具备下列原则。

(1)提赔人要有正当提赔权

提出货物索赔的人原则上是货物所有人,或提单上记载的收货人或合法的提单持有人。此外,还可能是货运代理人或其他有关当事人。

(2)责任方必须负有实际赔偿责任

事实上,索赔方提出的索赔并非都能得到赔偿,如属于承运人免责范围之内的,或属保险人承保责任外的货损,在很大程度上是不能得到赔偿的。确定或证明责任方负有实际赔偿责任的文件通常有卸货记录、检验报告、交货记录、残损报告和合同责任条款等。

(3)赔偿的金额必须是合理的

合理的赔偿金额是以货损实际程度为基础。但是,在实际中责任方则往往受赔偿责任限额的保护,如承运人的赔偿可享受提单中的赔偿责任限额,保险人的赔偿以保险金额为基础。

(4)在规定的期限内提出索赔

一项有效的索赔必须在规定的期限内提出,这就是通常所说的"索赔时效"。否则,货物的损害即使确由责任方的过失所致,索赔人提出的索赔在时效过后很难得到赔偿。

4. 索赔时具备的单证

(1)索赔申请书

索赔申请书是表明受损方向责任方提出赔偿要求,主要内容包括:①索赔人的名称和地址;②船名、抵港日期、装船港及接货地点名称;③货物有关情况;④短缺或残损损失情况;⑤索赔日期、索赔金额、索赔理由。

(2)提单

提单是划分责任方与受损方责任的主要依据,在提出索赔时,索赔人应出具提单正本或其影印本。

(3)货物残损检验证书

该证书是受损方针对所发生的货损原因不明或不易区别时,向检验机构申请对货物进行检验后出具的单证。

(4)货物残损单

该单是对货物运输、装卸过程中货物残损所做的实际记录,受损方依据经责任方签署的货物残损单提出索赔。

(5)索赔清单

索赔清单主要列明货损事故所涉及的金额,通常按货物的到岸价计算。

另外，提出索赔时应出具的单证还有商业发票、短损单、修理单等。

二、海运货损事故处理

1. 货损事故的确定

由于海上风险的存在和货物运输过程中涉及很多作业环节的特点，海上货物运输事故的发生实属难免。虽然可根据有关合同条款、法律、公约等规定，对所发生的货损事故进行处理。但是，在实际处理过程中，受损方与责任方之间往往会发生争议。一般而言，海运货损事故虽有可能发生于各个环节，但很大程度上是在最终目的地收货人收货时或收货后才被发现。

当收货人提货时，如发现所提取的货物数量不足，外表状况或货物的品质与提单上记载的情况不符，则应根据提单条款的规定，将货物短缺或损坏的事实，以书面的形式通知承运人。或承运人在卸港的代理人，以此表明提出索赔的要求。如果货物的短缺或残损不明显，也必须是在提取货物后的规定时间内，向承运人或其代理人提出索赔通知。

在海运货损事故索赔或理赔中，提单、收货单、过驳清单、卸货报告、货物溢短单、货物残损单、装箱单、积载图等货运单证均可作为货损事故处理和明确责任方的依据，对海上承运人来说，为保护自己的利益和划清责任，应该妥善处理这些单证。

通常，货运单证的批注是区分或确定货运事故责任方的原始依据，特别是在装货或卸货时，单证上的批注除确定承运人对货物负责的程度外，有时还直接影响到货主的利益，如能否持提单结汇、能否提出索赔等。

海上风险多变，这也是造成货运事故的主要原因之一。凡船舶在海上遭遇恶劣气候的情况下，为明确货损原因和程度，应核实航海日志、船方的海事声明或海事报告等有关资料和单证。

货运事故发生后，收货人与承运人之间未能通过协商对事故的性质和程度取得一致意见时，则应在共同同意的基础上，指定检验人对所有应检验的项目进行检验，检验人签发的检验报告是确定货损责任的依据。

2. 提出索赔的程序

海上货运公约，如《海牙规则》《维斯比规则》和业已生效的《汉堡规则》，以及各船公司的提单条款，一般都规定货损事故发生后，根据运输合同或根据提单有权提货的人可向承运人或其代理人提出书面通知，声明保留索赔权，否则承运人或其代理人将免除责任。

无论是根据《海牙规则》还是航运习惯，一般都把交付货物时是否提出书面货损通知看作表明按提单记载事项将货物交付给收货人的推定证据。也就是说，即使收货人在接受货物时未提出书面通知，以后也可根据货运单证上的批注，或检验人的检验证书，作为相反的证据提出索赔。而且，即使收货人在收货时提出了书面通知，但在提出具体索赔时，也必须出具原始凭证，证明其所收到的货物不是清洁提单上所记载的在外表良好状况下接受装船的货物。因而，索赔方在提出书面索赔通知后，应尽快地备妥各种有关单证，然后向承运人或其代理人提出货损索赔要求。

货物一旦发生灭失或损坏，通常由收货人向承运人或其代理人提出索赔。但是，当收货人根据货物保险条款从承保货物的保险人那里得到了赔偿后，保险人可代位（指代替收货人）向承运人或其代理人进行追偿。

3. 索赔单证

作为举证的手段,索赔方出具的索赔单证不仅可证明货损的原因、种类、程度,还可确定最终责任方。海运中使用的主要货损索赔单证有:

①索赔申请书或索赔清单。索赔方一旦正式向承运人递交索赔申请书或索赔清单,则意味着索赔方正式提出了索赔要求。因此,如果索赔方仅仅提出货损通知,而没有出具作为举证手段的货运单证和向承运人递交索赔申请书、索赔清单,事实上可解释为索赔方并没有提出正式索赔要求。

②提单。提单既是货物收据、交货凭证,又是确定承运人与收货人之间责任的最终证明,是收货人提出索赔依据的主要单证。

③过驳清单或卸货报告,货物残损单和货物溢短单。

④重理单。重理单是对货物件数或其他有疑问时,承运人要求复查而做的单证,是复查结果的证明文件。

提出索赔时使用的其他单证还有货物发票、修理单、装箱单、拆箱单等。

4. 权益转让

货物在海上运输过程中一旦发生灭失或损害,此项货物灭失或损害系由承运人的过失造成时,通常由收货人向承运人提出索赔,但也有时收货人根据提货单或保险合同,直接向保险人提出赔偿。当收货人从保险人那里得到赔偿后,则通过签署一份权益转让证书,将向承运人提出的索赔权利转让给保险人,保险人凭以向承运人进行索赔。

5. 担保与扣船

如货损确由承运人的过失所造成,责任已明确,证据也充分,且损害金额较大,作为受损方除做好一般正常的索赔工作所需要的各种手续外,为保证索赔得以顺利了结,可在船舶离港前采取保全措施,要求船方提供担保。这种担保分现金担保、银行担保、担保函三种方式。①现金担保由承运人或船东保赔协会汇给索赔人一定数额的现金作为担保,以后的索赔款项可在保证金内支付。②银行担保和担保函都是书面担保形式,前者由银行出具,后者一般由船东保赔协会出具。③如受损方认为通过正常途径不能取得担保,则可采取扣船措施,即在责任方(承运人)未提供担保前,向法院或有关当局申请扣押船舶,不准船舶离港。但采取扣船措施时,必须慎重,以防因扣船措施不当而产生不良的影响及不必要的纠纷和经济损失。

6. 索赔的受理与审核

索赔的受理与审核是承运人的一项理赔工作,是海上货物运输全过程中一个很重要的组成部分。这是因为货物运输质量的好坏直接关系到理赔工作。在运输质量好的情况下,索赔案件就会减少,理赔工作也会随之减少。一般来说,国外提赔人往往是通过国外代理提出索赔,由运输货物的承运人受理,承运人在国外的代理无权处理,除非经承运人委托或授权。

(1)分清责任

承运人在处理索赔时,首先应分清发生货损的原因和应承担的责任范围。当受损方向承运人提出某项具体索赔时,承运人可根据提单中有关承运人的免责条款解除责任。因此,在索赔和理赔过程中,往往会发生举证和反举证。原则上,受损方要想获得赔偿,必须予以举证,而责任方企图免除责任或减少责任,则必须予以反举证和举证,反举证是分清货损责任的重要手段,有时在一个案件中会多次进行,直到最终确定责任。

(2)审核

审核是处理货损事故中细致且重要的工作,在从事理赔工作时主要审核的内容有:①索赔的提出是否在规定的期限内,如果期限已过,提赔人是否已要求展期;②提出索赔所出具的单证是否齐全;③单证之间有关内容是否相符,如船名、航次、提单号、货名、品种、检验日期等;④货损是否发生在承运人的责任期限内;⑤船方有无海事声明或海事报告;⑥船方是否已在有关单证上签字确认;⑦装卸港的理货计数量是否准确。

(3) 承运人免责或减少责任应出具的主要单证

承运人对所发生的货损欲解除责任,或意图证明自己并无过失行为,则应出具有关单证以证明对所发生的货损不承担或少承担责任。除前述的收货单、理货计数单、货物溢短单、货物残损单、过驳清单等货运单证外,承运人还应提供:①积载检验报告;②舱口检验报告;③海事声明或海事报告;④卸货事故报告。

(4) 索赔金的支付

通过举证与反举证,虽然已明确了责任,但在赔偿金额上未取得一致意见时,则应根据法院判决或决议支付一定的索赔金。关于确定损失金额的标准,海牙规则并没有做出规定,但在实际业务中大多以货物的 CIF 价做确定赔偿金额的标准。

三、水运货损事故处理

根据《水路货物运输规则》的规定,货运质量事故是指自货物承运验收开始至货物运达目的地向收货人交付货物时止,由于承运人的责任,在装卸、运输、保管过程中所发生的货物灭失、短缺、损坏、质变,以及在运输过程中所发生的件数或重量短少等。货损的范围是指由于火灾、爆炸、落水、海损等原因导致货物的损坏、灭失,以及在装卸、运输、保管货物过程中,由于操作不当,保管不善而引起的货物破损、受潮、变质、污染等。货差的范围是指:由于错转、错交、错装、错卸、漏卸,以及货运手续办理错误等原因而造成的,有单无货或有货无单等单货不符、件数或重量溢短等差错。

1. 货损事故记录编制

事故记录是对货运事故发生经过或事实的记录。编制该记录时必须认真严肃,并能反映事故的真实情况,以便作为分析事故原因、确定责任的依据。由交通运输部统一规定的事故记录有三种:货运记录、港航内部记录和普通记录。

(1) 货运记录

货运记录是记载承运人和货物托运人之间责任的记录。根据有关规定,货运记录的编制,除起运港对装船前发生的并由其负责受理赔偿的部分事故可由起运港编制外,其余的货运记录均由到达港编制。在实际中,当发生下列情况之一时,则应编制货运记录:①货物品名、件数、标志与运单记载标志不符;②货物灭失、短少、变质、污染、损坏;③有货无票或有票无货。货运记录必须使用印有编号的规定格式,按每一运单编制,并由记录编制人及收货人共同签章。

(2) 港航内部记录

港航内部记录是承运部门与各港之间的内部记录,主要记载事故的原始情况,对外不发生效力,不交给收货人。货物在装卸、运输、保管过程中遇有下列情况之一时,港口应在事故发生或发现的当时会同船方编制港航内部记录:①货物的灭失、损坏、污染、腐烂、变质;②件数溢短、单货分离、单货不符;③标志脱落或不清,包装破损或经过整修等。

虽然港航内部记录对外不发生效力,但它却是承运人内部各环节之间判明责任和采取保证质量措施的依据,同样具有重要作用。

(3) 普通记录

普通记录是承运人向发货人或收货人提供证明的记录,不涉及承托双方之间的责任事项,遇有下列情况之一时,应编制普通记录:①货物托运人自理装船并按舱封或装载现状与承运人进行交接的货物,以及其他封舱(箱)运输的货物,发生非属承运人责任的货物灭失、短少、变质、污染、损坏和内容不符;②托运人随附在货物运单上的单证丢失;③托运人派人押运的货物和押运货物发生非属承运人责任所造成的损失;④收货人要求证明与货物数量、质量无关的其他情况。

上述三种记录在不同的范围内起着不同的作用,是判明、检查与运输全过程有关的各方在履行各自的权利、义务和责任方面的重要书面依据。因此,对记录内容的填写力求准确、真实,并应按照统一规定的格式做具体、详细的记录。

2. 货损事故的确定

货运事故一旦发生后,承运部门应查明事故真相、分析原因、划清责任,为货运事故处理提供可靠的依据,事故记录是进行调查的书面依据之一。此外,还必须查询有关资料,其内容和范围可视事故的性质和产生事故的条件来确定,主要包括在承运、中转、到达等各个环节上的有关内容记载(如交接清单、船图),以及有关货运单证上的批注、发货人事先声明等。此外,在确定事故原因的损失程度方面,还可借助各种技术进行化验、测定、试验等。

3. 货损事故的处理

货物抵目的港后,一旦发生货损货差,水运部门应负赔偿责任。然而,凡属下列原因引起的货运事故,水运部门不承担任何赔偿责任:

①不可抗力;

②货物的自然特性和潜在缺陷;

③货物自然耗损或合理耗损,以及托运人确定货物重量不准确所致;

④包装不牢或包装材料不足;

⑤标志不清、漏列;

⑥非水运部门责任造成的损失;

⑦托运人自行押运货物,因照料不当造成损失,以及动物疾病、死亡等;

⑧经承运人举证,或经合同管理机关查证非属承运人过失造成的损失。

承运人在接到索赔人提出的赔偿要求时,则应审查:

①索赔人提出索赔的时效;

②索赔人的合法身份;

③索赔应具有的单证等。

对经审查不合规定的赔偿要求,承运人则应向索赔人说明理由,并退回赔偿要求书。

水运货损事故处理的时效,自货运记录编写的次日起180天,受理人应在接到索赔要求60天内做出答复。货损赔偿金额原则上按实际损失金额确定。

四、铁路货损事故处理

在铁路货物运输中,凡涉及铁路与发货人、收货人之间,或参加运送铁路间、铁路内部各单位之间发生货物损害时,应在事故发生当日编制记录,作为分析事故原因、确定责任的原始证明和处理赔偿的依据。

1. 货损事故记录编制

货运事故记录分为商务记录、普通记录、技术记录三种。

(1)商务记录

商务记录是货物运送过程中对发生的货损、货差或其他不正常情况的如实记载,是具体分析事故原因、责任和请求赔偿的基本文件。在商务记录中,应确切地记载货物的实际情况和运送当时发现的不良状况以及发生货物损坏的原因。记录中应列举事实,而不应包括关于责任问题和发生损失原因的任何判断。同时,对商务记录各栏内容应逐项填记。

遇有下列情况之一,应编制商务记录:①发现货物的名称、重量、件数等同运单和运行报单中所记载的事项不符;②货物发生全部或部分灭失或损害,或包装破损;③有货无票或有票无货;④由国境站开启装有危险货物的车辆时。

商务记录必须在发现事故的当日编制,并按每批货物分别编制。如果运送同一发货人和同一收货人的同一种类的货物时,准许在到达站对数批货物编制一份商务记录。接受商务记录的铁路部门,如对记录有异议,则应从收到记录之日起45天内,将异议通知编制商务记录的人。超过这一期限则被认为记录业已接受。

(2)普通记录与技术记录

货物运送过程中,发现上述属商务情况以外的情况时,如有需要,车站应编制普通记录,普通记录不作为赔偿的依据。

当查明货损原因系车辆状况不良所致,除编制商务记录外,还应按该货损情况编制有关车辆状态的技术记录,并附于商务记录内。

2. 确定事故的赔偿

(1)赔偿请求的提出与受理

发货人、收货人均有权根据运输合同提出赔偿要求。发货人必须以书面形式向发送站提出赔偿,收货人则以书面形式向到达站提出赔偿。如果由发货人或收货人的代理提出赔偿要求时,该代理必须出示发货人或收货人的委托书,以证明这种赔偿请求权是合法的。委托书应该根据赔偿请求按铁路的法令和规章办理。自赔偿请求提出之日(凭发信邮局戳记或铁路在收到提出的赔偿请求书出具的收据为凭)起,铁路必须在180天内审查此项请求,并对赔偿请求人给予答复。

(2)索赔的依据及有关文件

索赔人在向铁路部门提出赔偿要求时,必须同时出具下列文件:①一旦货物发生全部灭失,由发货人提出赔偿时,发货人应出具运单副本,如由收货人提出赔偿时,则应同时出具运单副本或运单;②货物发生部分灭失或质变、毁损时,收货人、发货人均可提出索赔,同时应出具运单以及铁路到达站给收货人的商务记录;③货物发生运输延误时,应由收货人提出赔偿,并提交运单;④对于承运人多收运送费用的情况,发货人可按其已付的款额向承运人追回多收部分的费用,但同时应出具运单副本或铁路规定的其他有关文件。如由收货人提出追回多收费用的要求,则应根据其支付的运费为基础,同时还需出具运单。

在提出索赔的赔偿请求书上,除应附有运单或运单副本外,在适当情况下还需附商务记录,以及能证明货物灭失、损坏和货物价值的文件。

(3)索赔请求时效

凡根据运输合同向铁路部门提出的索赔,以及铁路对发货人、收货人关于支付运费、罚款的赔偿要求应在9个月内提出;有关货物运输延误的赔偿,则应在2个月内提出。上述时效的计算方法是：①关于货物损坏或部分灭失以及运输延误的赔偿，自货物交付之日或应交付之日起计算；②关于货物全部灭失的赔偿，自货物按期运到后 30 天内提出；③关于补充支付运费、杂费、罚款的要求，或关于退还此项款额的赔偿要求，则应自付款之日起计算；如未付款时，从货物交付之日起计算；④关于支付变卖货物的货款要求，则自变卖货物之日起计算。

五、公路货损事故处理

1. 货损事故责任的确定

公路承运人对自货物承运时起至交付货物期间内所发生的货物灭失、损害系由于装卸、运输、保管以及交接过程中发生运输延误、灭失、损坏、错运等负赔偿责任。

①货损。货损是指货物磨损、破裂、湿损、变形、污损、腐烂等。
②货差。货差是指货物发生短少、失落、错装、错卸、交接差错等。
③有货无票。货物存在而运单及其他票据未能随货同行，或已遗失。
④运输过失。因误装、误卸，办理承运手续过程中的过失，或漏装、过失等。
⑤运输延误。已接受承运的货物由于始发站未及时运出，或中途发生变故等原因，致使货物未能如期到达。

造成货损货差的其他原因，还有破包、散捆、票据编制过失等。

对下列原因造成的货损事故，公路承运人不承担赔偿责任：
①由于自然灾害发生的货物遗失或损坏；
②包装完整，但内容业已短少；
③由于货物的自然特性所致；
④因根据卫生机关、公安、税务机关有关规定处理的货物；
⑤由托运人自行保管、照料所引起货物损害；
⑥货物未过磅发生数量短少；
⑦承托双方订有协议，并对货损有特别规定者。

2. 货损事故记录的编制

货损货差商务事故记录的编制过程，一般根据下列要求进行：

①事故发生后，由发现事故的运送站或就近站前往现场编制商务记录，如果是重大事故，在有条件时还应通知货主一起前往现场调查，分析责任与原因；
②如发现货物被盗，应尽可能保持现场，并由负责记录的业务人员或司机根据发现的情况，会同有关人员做好现场记录；
③对于在运输途中发生的货运事故，司机或押运人应将事故发生的实际情况如实报告车站，并会同当地有关人员提供足够的证明，由车站编制一式三份的商务事故记录；
④如货损事故发生于货物到达站，则应根据当时情况，会同司机、业务人员、装卸人员编制商务记录。

3. 货损事故的赔偿

受损方在提出赔偿要求时，首先应做好赔偿处理手续。具体做法如下：
①向货物的发站或到站提出赔偿申请书；
②提出赔偿申请的人必须持有有关票据，如行李票、运单、货票、提货联等；
③在得到责任方给予赔偿的签章后，赔偿申请人还应填写"赔偿要求书"，连同有关货物

的价格票证,如发票、保单、货物清单等,送交责任方。

在计算货损货差的金额时,主要有三种情况:

①发货前的损失,应按到达地当天同一品类货物的计划价或出厂价计算,已收取的运费也应予以退还;

②到达后损失,应按货物运到当天同一品类货物的调拨价计算赔偿;

③对价值较高的货物,则应按一般商品调拨价计算赔偿。

综合练习题

一、单项选择题

1. 国际多式联运下的网状责任制是指(　　)。
   A. 对全程运输负责,且对各运输区段承担的责任相同
   B. 对全程运输负责,且对各运输区段承担的责任不同
   C. 对全程不负责任,由实际承运人负责
   D. 仅对自己履行的运输区段负责

2. 国际多式联运下的统一责任制是指(　　)。
   A. 对全程运输负责,且对各运输区段承担的责任相同
   B. 对全程运输负责,且对各运输区段承担的责任不同
   C. 对全程不负责任,由实际承运人负责
   D. 仅对自己履行的运输区段负责

3. 多式联运经营人在整个运输中都使用同一责任向货主负责,称为(　　)。
   A. 分段责任制　　　　　　　　B. 统一责任制
   C. 网状责任制　　　　　　　　D. 平均责任制

4. 多式联运经营人对货物承担的责任期限是(　　)。
   A. 自己运输区段　　　　　　　B. 全程运输
   C. 实际承运人运输区段　　　　D. 第三方运输区段

5. 多式联运单据对承运人规定的责任形式为(　　)。
   A. 单一责任制　　　　　　　　B. 网状责任制
   C. 统一责任制　　　　　　　　D. 经修订的统一责任制

二、多项选择题

1. 根据我国海洋货物运输保险条款的规定,基本险有(　　)。
   A. 水渍险　　　B. 战争险　　　C. 平安险　　　D. 一切险
   E. 工险

2. 依据我国海商法的规定,承运人对下列(　　)原因造成的货损不负责任。
   A. 船舶不适航　　B. 管货过失　　C. 航行过失　　D. 货物固有缺陷

3. 海上保险欺诈的主要原因有(　　)。
   A. 单证风险　　　　　　　　　B. 航运市场管理不善
   C. 各国法律上的不统一　　　　D. 业务人员缺乏防骗意识和防骗能力

4. 承运人凭保函签发清洁提单所带来的风险有(　　)。
   A. 承运人不能以保函对抗善意第三人
   B. 承运人可能丧失责任限制的权利
   C. 船东保赔协会通常不负责给予赔偿
   D. 向托运人追偿也比较困难
5. 在海上货损事故的索赔过程中,索赔方要出具的单据有(　　)。
   A. 货运单证　　　　B. 检验证书　　　　C. 商业发票　　　　D. 货物溢短单和残损单

三、名词解释

1. 责任分担制
2. 统一责任制
3. 网状责任制
4. 经修订的统一责任制
5. 责任期间

四、简答题

1. 简要说明国际多式联运公约下承运人的责任期间。
2. 集装箱综合保险概念是什么?
3. 简要说明多式联运经营人的赔偿方法。
4. 简要说明国际集装箱多式联运保险的特征。
5. 货损事故索赔时具备的单证有哪些?

附录 教学参考资源

一、相关规则和公约

中华人民共和国国际海运条例	中华人民共和国国际海运条例实施细则	道路货物运输及站场管理规定	铁路集装箱运输规则
国际铁路货物联合运输协定	蒙特利尔公约（1999）	华沙公约	联合国国际货物多式联运公约(中英文对照)

二、综合练习题参考答案

第一章	第二章	第三章	第四章
第五章	第六章	第七章	第八章
第九章	第十章	第十一章	

参 考 文 献

[1] 杨家其,涂敏.国际集装箱运输与多式联运[M].武汉:武汉理工大学出版社,2014.
[2] 杨志刚,王立坤.国际集装箱多式联运实务、法规与案例[M].北京:人民交通出版社,2006.
[3] 吴铁锋,朱晓宁.集装箱海铁联运发展的方案研究[J].北京交通大学学报(社会科学版),2011,10(2).
[4] 钟伟.公路集装箱运输发展模式研究[D].长春:吉林大学,2007.
[5] 杨茅甄.集装箱运输实务[M].北京:高等教育出版社,2003.
[6] 李勤昌.国际货物运输实务[M].北京:清华大学出版社,2008.
[7] 王艳艳.集装箱运输管理[M].北京:北京理工大学出版社,2007.
[8] 武德春,武骁.集装箱运输实务[M].北京:机械工业出版社,2007.
[9] 孙家庆.集装箱多式联运[M].北京:中国人民大学出版社,2010.
[10] 朱宝玉.集装箱多式联运发展研究[D].西安:长安大学,2010.
[11] 周伟.多式联运承运人法律责任问题研究[D].上海:复旦大学,2012.
[12] 朱晓宁.集装箱运输与多式联运[M].北京:中国铁道出版社,2005.
[13] 宋德星.努力提高我国集装箱铁水联运发展水平[J].大陆桥视野,2013(1).
[14] 邓溪.铁水联运集装箱运价规制与定价研究[D].成都:西南交通大学,2010.
[15] 彭其渊,闫海峰,魏德勇.集装箱班列运输组织[M].成都:四川科学技术出版社,2005.
[16] 张玉梅.洋山港水—水联动模式研究[D].上海:上海海事大学,2005.
[17] 姜瑶.上海港与国外港口水水中转系统比较研究[J].中国港口,2010(12).
[18] 杨昌,初大智,卢少平.甩挂运输作业法及其实施策略研究[J].物流技术,2010,29(7).
[19] 朱润.集装箱公铁联运模式与运输组织研究[D].北京:北京交通大学,2012.
[20] 范宁宁.烟大滚装甩挂运输牵引车调度优化研究[D].大连:大连海事大学,2012.
[21] 柴海波.中国航空运输业发展蓝皮书[M].北京:中国民航出版社,2013.
[22] 杨浩,何世伟.铁路运输组织学[M].北京:中国铁道出版社,2001.
[23] 杨清波.集装箱铁路多式联运箱型及办理站[M].北京:中国铁道出版社,2008.
[24] 陈心德,姚红光.集装箱运输与国际多式联运管理[M].北京:清华大学出版社,2008.
[25] 吴立媛.国际集装箱多式联运的发展及合理组织[J].中国储运,2008(8).
[26] 张志华.我国国际多式联运发展对策初探[J].中国水运,2010(10).
[27] 肖平安.我国国际集装箱多式联运之探讨[J].交通企业管理,2006,21(8).
[28] 张北平.我国国际集装箱多式联运面临的问题及对策[J].交通企业管理,2008,23(1).
[29] 张戎,黄科.多式联运发展趋势及我国的对策[J].综合运输,2007(10).
[30] 薛贵明.集装箱运输与国际多式联运[J].科技咨讯,2007(35).
[31] 闫光伟.国际多式联运的应用及在我国的发展研究[D].天津:天津财经大学,2010.
[32] 胡杨.国际多式联运的优越性[J].大陆桥视野,2010(8).

[33] 江瑞.国际多式联运的运输组织形式[J].大陆桥视野,2010(8).
[34] 郑雄艳.面向多式联运的信息集成[M].南京师范大学,2012.
[35] 袁加琳.集装箱多式联运标准化及其经济动因分析[M].北京交通大学,2010.
[36] 江静.国际集装箱运输与多式联运[M].北京:中国对外经济贸易出版社,2013.